자폐스펙트럼장애

최신 뇌과학 이론과 임상적 실제의 모든 것

자폐스펙트럼장애

최신 뇌과학 이론과 임상적 실제의 모든 것

대표저자 **천근아**

TEXTBOOK OF AUTISM SPECTRUM DISORDERS

학지사

저자 소개

■ 대표저자 · 총괄편집인

천근아(千槿雅, Keun-Ah Cheon)
연세대학교 의과대학 졸업
연세대학교 대학원 의학박사
연세대학교 의과대학 정신과학교실 교수
세브란스병원 소아정신과 과장
세브란스 발달장애인거점병원-행동발달증진센터 센터장

미국 펜실베이니아 의과대학 필라델피아 아동병원
자폐연구센터 방문교수 역임
미국 뉴욕대학교 의과대학 소아뇌과학연구소 연수
현 대한소아청소년정신의학회 이사장
    한국자폐학회 이사
    한국자폐인사랑협회 이사

■ 편집위원

하성지(Sung-Ji Ha)
연세대학교 의과대학 정신과학교실
연세대학교 의과대학 의학행동과학연구소
연세자폐증연구소

김희연(Hee-Yeon Kim)
연세대학교 의과대학 정신과학교실
용인세브란스병원 정신건강의학과

■ 집필진

김남욱(Nam-Wook Kim) 12장
연세나무정신건강의학과의원

김민애(Min-Ae Kim) 2장
가톨릭관동대학교 의과대학 정신과학교실
가톨릭관동대학교 국제성모병원 정신건강의학과

김은주(Eun-Joo Kim) 11장
연세대학교 의과대학 정신과학교실
강남세브란스병원 정신건강의학과

김휘영(Hwi-Young Kim) 16장
연세대학교 의과대학 신경외과학교실
세브란스병원 신경외과

김희연(Hee-Yeon Kim) 7, 10장
연세대학교 의과대학 정신과학교실
용인세브란스병원 정신건강의학과

박정훈(Jeong-Hoon Park) 4장
세브란스병원 소아정신과 소아심리실

안재은(Jae-Un Ahn) 15장
국민건강보험 일산병원 정신건강의학과

이나현(Na-Hyun Lee) 19장
로운정신건강의학과 의원

이정한(Jung-han Lee) 5, 8, 15장
연세대학교 의과대학 정신과학교실
세브란스병원 소아정신과

이희진(Hee-Jin Lee) 13, 14장
세브란스병원 소아정신과 언어치료실

임우영(Woo-Young Im) 9장
건양대학교 의과대학 정신건강의학과
건양대학교병원 정신건강의학과

정경운(Kyung-Un Jhung) 18장
가톨릭관동대학교 의과대학 정신과학교실
가톨릭관동대학교 국제성모병원 정신건강의학과

천근아(Keun-Ah Cheon) 1, 6장
연세대학교 의과대학 정신과학교실
세브란스병원 소아정신과

최항녕(Hang-Nyoung Choi) 1, 2, 6장
연세대학교 의과대학 정신과학교실
세브란스병원 소아정신과

하성지(Sung-Ji Ha) 3, 13, 14장
연세대학교 의과대학 정신과학교실
연세대학교 의과대학 의학행동과학연구소
연세자폐증연구소

한태선(Tae-Sun Han) 17장
연세성모정신건강의학과의원

머리말

지난 20여 년간 수많은 자폐스펙트럼장애 환자와 가족들로부터 "자폐에 대해서 잘 이해할 수 있는 책을 한두 권 소개해 달라"는 요구가 끊이지 않았다. 그때마다 나는 자폐스펙트럼장애를 설명한 영상이나 외국 서적 번역서, 소아정신의학 교과서의 관련 챕터 등을 그들에게 소개해 왔다. 그러던 중 해외 학술지 출판사로 유명한 'Elsevier'로부터 자폐스펙트럼장애 관련 교과서 집필에 대한 제안을 받게 되었다. 지금으로부터 약 2년 전 일이다. 영광스러운 제안이라 생각하고 수락을 한 후 집필 구성과 편집 방향에 대해 고심하기 시작했다. 주변의 여러 동료에게도 집필 방향에 대해 조언을 구했다. 뜻밖에 한 동료가 해외에 널리 읽히는 교과서를 쓰는 것도 좋지만 한국인을 대상으로 한 자폐스펙트럼장애 교과서를 쓰는 것은 어떠냐고 역제안을 했다. 나도 그 동료의 제안에 무척 공감하여 해외 출판사에는 양해를 구하고 국내에서 교과서를 집필하는 것으로 방향을 선회했다.

의과대학생들과 정신건강의학과 전공의 그리고 소아정신과 전임의들에게 자폐스펙트럼장애에 대해 강의하고 교육하면서 의학적 최신 지견을 담은 마땅한 교과서가 없다는 것을 깨달았다. 최근 10여 년간 자폐스펙트럼장애는 진단체계의 변화, 유병률의 증가, 대중들의 인식률 제고(提高)에 발맞춰 신경생물학적 연구 측면에서 많은 진보가 있었다. 자폐스펙트럼장애는 양육 과정에서 후천적으로 발생하는 병이 아닌, 태내 뇌발달 과정에서 발생하는 '신경발달장애'로 알려져 있으나 아직까지 전 세계 연구자들은 자폐스펙트럼장애의 핵심 원인과 치료약제를 발견하지 못하고 있는 실정이다.

병원에서 환자들을 진료하는 임상의사이자 뇌과학 연구자로서 자폐스펙트럼장애의 근본적인 원인을 찾아내고 핵심 증상을 개선시킬 치료제를 개발해야 한다는 무한한 책임감을 느낀다. 핵심 치료법이 개발되어 있지 않다 보니 많은 자폐스펙트럼장애의 부모 중에는 주변의 검증되지 않은 치료 방법에 눈을 돌리는 사례가 적지 않다. 따라서 나는 이 교과서를 통해 자폐스펙트럼장애에서 현재까지 근거가 확립된 원인론과 '근거 중심

치료'가 무엇인지 말하고 싶었다.

교과서는 총 4부, 19개의 장으로 구성되어 있다. 제1부는 역사 및 역학, 진단과 평가에 대한 내용을 수록하였고, 제2부는 유전학적, 뇌과학적 원인론에 대한 최신 신경생물학적 지견, 제3부는 약물치료 및 근거기반치료와 각종 새로운 치료법, 제4부는 발달 과정에서 생기는 공존질환, 청소년과 성인기의 진로와 자립에 대해 다루었다. 특히 각 장마다 관련 사례들을 복수로 소개함으로써 이론적인 내용이 실제 환자에 어떻게 적용될 수 있는지 이해시키고자 노력했다.

이 책은 "자폐는 왜 생기는 병인가요?" "무슨 치료를 어디서부터 어떻게 해야 하나요?" "예후는 어떤가요?"라고 묻는 환자와 가족들, 환자를 진료하고 연구하는 제자들과 동료 선후배들, 아이들을 가르치는 학교 교사들, 발달센터에서 언어치료와 행동치료, 특수교육을 담당하는 치료사들, 더 나아가 자폐스펙트럼장애에 대해 보다 전문적으로 이해하길 원하는 모든 분을 위한 교과서이다.

책의 기획 단계에서 총 19개 장으로 구성하기로 하고 각 장의 저자들에게 집필을 요청하는 과정에서 벅찬 감정을 경험했다. 국내에 '자폐스펙트럼장애'의 최신 지견을 담은 교과서가 필요하다는 데에 모두가 적극 공감하였고 한 명도 빠짐없이 기꺼이 집필을 수락해 주었기 때문이다. 저자들의 초고를 읽으며 그들이 얼마나 진정성을 담아 집필했는지 느낄 수 있었다. 사랑하는 제자이자 존경하는 동료인 15명의 공동저자들께 머리 숙여 진심으로 감사의 말씀을 전한다. 교과서 구성과 편집 과정에서 각별한 헌신과 노고를 아끼지 않으신 편집간사 하성지 선생님, 김희연 선생님께 특별히 감사드리고 싶다.

교과서 집필을 어느 누구보다 적극 격려해 주시고 출판까지 흔쾌히 맡아 주신 학지사 김진환 대표님께도 진심으로 감사드린다. "구슬이 서 말이라도 꿰어야 보배다"라는 속담처럼 머릿속으로 구상만 하던 것들을 체계적으로 구성하여 보기 좋게 세상에 내놓을 수 있도록 만들어 주셨다. 교과서가 완성되기까지 크고 작은 난관이 있었지만 세심하게 배려해 주신 학지사 편집부에도 다시 한번 감사의 말씀을 드린다.

마지막으로, 그동안 나를 찾아와 인연을 맺은 모든 자폐스펙트럼장애 환자분들과 그 가족들에게 이 교과서를 헌정하고 싶다. 이 책이 환자와 가족들의 삶에 작지만 단단한 나침반이 될 수 있기를 희망한다.

2024년 10월
대표 저자 천근아

차례

자폐스펙트럼장애의 원인

PART
04

자폐스펙트럼장애에서의 공존질환과 청소년 및 성인기

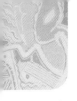

PART ① 자폐스펙트럼장애의 진단 및 평가

역사 및 역학

천근아, 최항녕

　자폐스펙트럼장애(Autism Spectrum Disorder: ASD)는 신경발달장애의 하나로, 전 세계적으로 많은 관심을 받고 있는 질환이자 연구 주제이다. 이 장에서는 자폐스펙트럼장애의 역사적 배경부터 현대에 이르기까지의 발전 과정을 종합적으로 살펴볼 것이다. 초기에는 자폐스펙트럼장애와 관련된 명확한 진단기준이 존재하지 않아 다양한 설명이 시도되었는데, 종교적인 설명에서 시작되어 최종적으로 과학적 이해로의 전환이 이루어지게 된다. 20세기 중반, 레오 카너(Leo Kanner)와 한스 아스퍼거(Hans Asperger)와 같은 연구자들에 의해 '자폐증'이라는 용어가 도입되었고, 그들의 연구는 자폐스펙트럼장애의 개념화와 진단에 중요한 기초를 제공하였다. 이후 행동주의, 인지심리학, 신경과학 등의 분야에서의 연구와 함께 자폐스펙트럼장애의 다양한 표현형과 그 원인에 대한 논의가 발전되었다('1. 자폐스펙트럼의 역사'에서는 '자폐스펙트럼장애' 대신 '자폐증'이라는 단어를 사용하였다). 더불어 자폐스펙트럼장애의 유병률 변화와 역학적 연구에 대한 자료를 살펴보고 고찰함으로써, 자폐스펙트럼장애가 현대 사회에서 어떻게 이해되고 있는지에 대해 다각적인 이해를 돕고 학문적 연구와 임상적 적용을 위한 기초를 제공하고자 한다.

1. 자폐스펙트럼장애의 역사

1) 자폐증(autism)의 출현 전 단계(20세기 이전)

오늘날 자폐스펙트럼장애로 분류될 수 있는 개인들의 역사적 기록은 보통 몇 세기 전으로 거슬러 올라가지만, 현대 생물학적 개념에 따르면 자폐증은 인류 역사를 통해 존재했을 것으로 보인다. 자폐증의 역사적 기록이 더 이전으로 거슬러 올라가지 않는 다양한 이유가 있는데, 그중 하나는 자폐증의 징후와 증상이 다양하고 다른 상태들과 겹쳐서 식별과 해석을 복잡하게 만든다는 점이다. 과학적 접근으로 자폐증의 근본적인 메커니즘을 이해하려는 시도는 상대적으로 최근에 시작되었으며, 때때로 비선형적이고 퇴행적인 노력이었다. 20세기 이전의 기록에서는, 자폐증의 특징을 포함하여 '전형적인' 발달 및 행동 패턴에서의 이탈이 종교적 교리와 민속 이야기를 통해 설명되었다. 계몽 시대(약 1680~1799)는 과학적 방법으로의 전환과 종교 및 민속 이야기에서 영감을 받은 장애 개념에서 벗어나 장애에 대한 더 의학적인 이해를 가져왔다(Waltz, 2013). 그럼에도 불구하고 근본적 원인을 부모나 자신에게 돌리는 등의 이전의 뿌리 깊은 신념은 여전했다.

프리스(Frith)와 휴스턴(Houston)의 휴 블레어(Hugh Blair) 사례를 소개하고자 한다(Frith & Houston, 2000). 39세였던 휴 블레어는 정신능력에 의문을 제기한 형과의 법정 분쟁에 휘말렸다. 이들의 연구에서, 프리스와 휴스턴은 29명의 증인의 증언을 분석하고 블레어의 발달 및 행동 역사를 재구성하여 이를 자폐증 기준에 대비해 평가했다. 블레어는 초기 방치나 심각한 질병에 노출되었다는 징후는 없었으며, 이 사실은 일반적으로 받아들여지는 대안적 설명들을 배제하는 근거가 되었다. 블레어는 여러 해 동안 학교에 다녔으며 일상생활의 몇 가지 활동을 수행할 수 있었다. 그는 제한된 사회적 이해력을 가지고 있었으며, 비정상적인 눈맞춤과 언어(예: 반향어)를 보였다. 블레어는 또한 비정상적인 운동 동작/매너리즘, 깃털과 막대기를 수집하는 특이한 관심, 그리고 교회와 집까지 이어지는 동일성에 대한 선호를 나타냈다. 그들이 검토한 다른 보고서들, 예를 들어 '상식이 부족하다'나 '조용한 광기'에 대한 것들은 지능과 적응기능이 제한적임을 암시했을 수 있다. 징후와 증상을 나열하는 것을 넘어서, 블레어의 일상생활이 어떠했는지도 생생하게 묘사하며, 당시 신경발달문제를 가진 개인들이 어떻게 대우받았는지에 대한 통찰을 제공했다. 프리스와 휴스턴은 블레어가 일반적 남성으로서 적합하지 않다고 여겨질

일에 참여할 가능성이 있다고 지적했으며, 신경발달문제는 개인마다 다양하게 나타난다는 점을 강조했다(Frith & Houston, 2000).

2) '자폐증(autism)'의 초기 명명화 및 구축 단계
―범주의 출현, 카너와 아스퍼거의 발견

수용화(institutionalization)는 자폐증의 초기 및 이후 개념화에 중대한 영향을 미쳤으며, 환자와 임상가 사이의 상호작용에 지속적인 영향을 끼쳤다. 수 세기에 걸쳐 시설은 주로 성인을 위해 사용되었으며, 아동에게 널리 사용되기 시작한 것은 그 이후의 일이다. 이는 당시 아동들의 정상발달의 규준에 대한 이해가 미흡했던 점에서 비롯된다. 20세기 초에 이르러서야 의학적 모델을 활용하게 되면서 문제행동이 심각하거나 의학적 문제를 보이는 아동들뿐 아니라, 모든 신경발달문제를 지닌 사람들을 장기간 수용시키는 현상을 보이게 되었다(Nadesan, 2007). 이러한 수용화 시대, 때로는 '대규모 강제수용'이라고 불리는 시대(Waltz, 2013)가 바로 기관 내에서 근무하는 임상가들에 의해 자폐증이 장애로 분류될 수 있게 된 가장 주된 이유라는 주장이 있다.

1943년, 레오 카너는 그의 기념비적인 논문「감정 접촉의 자폐적 장애(Autistic Disturbances of Affective Contact)」에서 이전에는 이름이 없었던 증후군을 자폐증이라 명명하고 문헌에 포함시켰다(Kanner, 1943). 존스 홉킨스 대학의 오스트리아 소아 정신과 의사였던 카너는 비정상적인 행동 패턴을 보이는 11명의 아동에 대한 임상적 특징을 기술하고 '유아기 자폐증'이라고 명명하였다. 카너는 사회적 어려움(예: 타인과의 관계 형성의 어려움, '극단적인 자폐적 고립'), 언어 이상(예: 대명사 반전, 문자 그대로의 언어, 반향어, 의사소통 불능, 무언증, 단조로운 말투), 반복적/제한적 행동(예: 동일성에 대한 고집, 특정 물체에 대한 집착, 반복적 행동)을 포함한 다양한 임상적 특징을 기술했다.

카너의 1943년 논문 발표 후 1년 이내에, 한스 아스퍼거는 독립적인 일련의 사례 연구를 발표했다(Asperger 1944). 아스퍼거는 오스트리아의 소아과 의사이자 교수로, 아동의 정신장애에 대한 연구를 수행했다. 아스퍼거는 카너와 직접 소통한 적이 없었지만, 그의 행동 기술은 카너의 것과 놀랍도록 유사했다(Lyons & Fitzgerald, 2007). 아스퍼거는 '자폐성 정신병증(autistic psychopathy)'이라는 용어를 사용했으며 이 장애를 성인 조현병과 비슷하다고 언급했다. 카너의 초기 견해와 유사하게 아스퍼거는 '자폐성 정신병증'과 소아기 조현병의 차이로, '자폐성 정신병증'은 출생부터 비정상적인 인격 특징을 가진 반면, 소아기 조현병은 시간이 지남에 따라 발병한다고 구별하였다. 아스퍼거는 아동들이 보이는 사회-정서적 관계에서의 어려움, 좁고 제한적인 관심사, 특별한(천재적인) 기술, 언어 능력의 유지, 비정상적인 사회-의사소통 패턴을 주목했다. 아스퍼거는 이 아동들의 부모가 자녀와 유사한 특성을 가지고 있는 것을 관찰했다. 아스퍼거는 '자폐성 정신병증'이 다양한 표현을 이끌어 내는 다유전자 현상이라고 이론화했다. 아스퍼거의 자폐증에 관한 저술은 사실상 그의 시대보다 수십 년 앞서 있었지만, 카너의 저술에 비해 훨씬 덜 주목받았다. 그의 저작들은 1980년대에 로나 윙(Wing, 1981)에 의해 영어 과학 문헌으로 소개될 때까지 약 30년 동안 널리 읽히지 않았으며, 1990년대에 우타 프리스(Frith, 1991)에 의해 독일어에서 영어로 번역되었다. 또한 흥미로운 점은 아스퍼거가 자폐증 치료에 있어서 의학적 접근보다는 교육적이고 서비스 지향적인 접근을 취했다는 것이다.

3) 심인성 vs 정신의학적 자폐증(psychogenic and psychiatric viewpoints)

1950년대 자폐증 연구에 중요한 기여를 한 인물 중 대표주자는 뉴욕의 벨뷰 병원에서 근무하였던 미국 소아 정신과 의사 로레타 벤더(Lauretta Bender)였다. 벤더의 견해는 당시 세대 사람들의 사고방식에 영향을 받았으며, 벤더 이전의 많은 연구자들과 임상가들처럼 자폐증을 소아 정신병의 초기 형태로 간주했다(Faretra, 1979). 그러나 벤더는 자폐증과 관련된 행동들이 다른 유형의 발달 및 신경학적 장애를 가진 아동들에서도 나타날 수 있다고 지적했다(Bender, 1959). 그녀는 아동이 발달하는 '정신병'의 유형이 유전적 요인, 생활 경험, 발병 연령 및 기타 요인들에 따라 달라진다고 덧붙였다. 벤더는 자신이 '자폐형 정신병'이라고 명명한 아동들의 행동을 광범위하게 기술했으며, 여기에는 언어 및 의사소통 결함, 융통성 부족, 사회적 철수(withdrawl), 그리고 혼자 있기를 선호하는 것이 포함되었다(Bender, 1969). 벤더의 또 다른 기여는 정신질환, 특히 정신병 및 발달장애가 가족들 사이에서 어떻게 유전되는지에 대한 관찰이었다(Faretra, 1979). 그녀는 자폐증이 '만성적인 경과'를 가지며, '자폐형 정신병'의 증상이 성인기까지 지속된다는 것을 보여 주는 종단 연구를 수행했다(Bender & Faretra, 1972). 벤더의 연구는 낮은 지능지수와 빈약한 언어가 장애의 더 심각하고 만성적인 경과를 예측하는 요인이라고 기록했다(Bender, 1970). 벤더는 자폐증 아동을 위한 가능한 치료 옵션을 연구한 최초의 연구자 중 하나로, 그녀의 그룹은 밀접한 신체적 관계와 보조 생리적 치료를 사용한 자폐증 아동을 위한 집중적 정신치료의 효과성을 연구했다(Bender & Gurevitz, 1955). 그녀는 또한 리세르그산 디에틸아미드(Lysergic Acid Diethylamide: LSD)와 전기경련치료와 같은 생물정신의학적 치료를 지지했다. 이러한 치료법들은 대체로 부작용이 더 컸지만, 자폐증 치료를 위한 초기 시도로서 의미가 있었고, 후일의 치료 연구에 대한 초석을 마련하였다.

자폐증이 정신병과 구별되는 것은 중요한 이정표였지만, 정확한 개념화에 대한 여러 질문이 남아 있었으며, 이는 진단 매뉴얼의 수정을 통해 수십 년에 걸쳐 해결되어야 했다. 예를 들어, DSM-III[American Psychiatric Association(APA), 1980]에서 처음 개념화된 유아기 자폐증(전반적 발달장애, PDD로 묘사됨)은 언어의 사회적 사용보다는 구조적 언어 결함을 강조했으며, 그 과정과 영향에 대한 생애주기 관점이 부족했다(Goldstein & DeVries, 2013). 따라서 DSM-III의 후속 수정판(APA, 1987)은 새롭게 명명된 '자폐장애'를 아동의 정신 연령과 관련하여 정의해야 한다고 명확히 했으며, 이전에는 더 나이 많은(즉, 필수 발병 기준 30개월 전 삭제) 및 기능이 더 높은(즉, 더 경미한 증상을 위한 PDD-Not Otherwise Specified 추가, '스펙트럼' 접근 방식으로의 첫 단계) 개인을 진단에서 배제했던 진단기준을 제거했다(Factor et al., 1989). DSM-III 수정판(APA, 1987)은 자폐증 역사에서 '현대 자폐증'이 탄생된 중요한 기준점으로 간주된다.

4) 연구의 팽창 시기(천성 vs. 양육)

1960년대와 1970년대는 행동주의, 신경과학, 유전학의 발전으로 인해 자폐증 연구가 확산되는 시기였으며, 이는 조기 식별, 진단 및 치료에 대한 새로운 동기를 부여했다. 자폐증의 원인을 심리적인 것과 기질적인 것 중 어느 것에 더 무게를 두어야 하는지에 대한 양육 대 천성 논쟁은 이 시기에 불붙은 중요한 논쟁이었다. 1961년, 퍼스터(Ferster)와 드마이어(DeMyer)는 행동 원리를 적용하여 자폐증 아동 2명의 행동 범위를 증가시키고 문제행동을 감소시키는 방법에 대한 연구를 발표했다. 리슬리(Risley)와 동료들은 운동 조건화 원리를 사용하여 발달지연이 있는 아동의 반향어와 발작을 치료했다(Wolf et al., 1964). 울프(Wolf) 등(1964)은 자연스러운 환경(예: 집과 학교)에서 행동중재를 제공하고, 부모/교사를 행동수정 방법으로 훈련시키는 것을 제안했다. 배어(Baer)는 행동/발달 문제가 있는 아동들에게 이 기법을 적용하는 구체적인 사례를 포함하여 응용행동분석(ABA)의 특정 원칙에 대한 연구를 발표했다(Baer et al., 1968). ABA 접근법의 가장 유명한 선구자는 이바르 로바스(Ivar Lovaas)였는데, 그의 연구는 ABA 치료의 결과, 유지 및 일반화에 초점을 맞췄다(Lovaas et al., 1973; Smith & Eikeseth, 2011). 로바스는 나중에 자폐증 아동에 대한 ABA의 효과를 조사하면서 40%의 환자를 완전히 '치료'했다는 대담하지만 입증되지 않은 주장을 했다(Lovaas, 1987). 당시의 다른 치료법에는 초기 특수교육 접근법(Bartak & Rutter, 1973; Elgar, 1965; Schopler & Reichler, 1976), 부모 관리 기술(Schopler, 1976), 구조적 치료법(Ward, 1968) 등이 포함되었다.

　자폐증에 대한 개념은 마침내 공식적으로 확장되기 시작했고, 수십 년 동안의 잘못된 관념들을 벗어나기 시작했다. 1981년, 로나 윙(Lorna Wing)과 독일어를 구사하는 그녀의 남편은 자신들을 자폐증 아동의 사랑스럽고 애정 어린 부모로 자처하며 아스퍼거의 저작을 번역했는데, 특히 중증도가 높은 자폐증 아동들에 대한 그의 글과 아동들과 함께하는 포괄적인 접근법에 주목을 끌었다(Wing, 1981). 영국 정부에게 자폐증을 가진 아동과 가족들을 위한 지원을 늘리라고 압력을 가하기 위해, 윙은 영국에서 인상적인 역학연구를 조직하고 수행했으며, 이는 결국 자폐증을 지적기능의 높은 단계와 낮은 단계 모두를 포함하는 스펙트럼으로 확장하는 데 도움을 주었다(Wing & Gould, 1979). 이는 지적장애와 재능의 영역을 모두 가진 자폐증 개인의 비율에 대한 주요 역학 데이터를 제공하고, 다른 원인으로 인한 사회-의사소통 장애를 가진 아동들과 자폐증 아동을 구별하는 데 도움이 되었다. 그녀는 자폐증에 특이적인 주요 증상 패턴을 분명히 함으로써, 자폐증이 지적장애, 발달지연, 그리고 의사소통장애로부터 명확히 구별되도록 기여했다(Wing, 1979). 윙은 사회적 상호작용의 질에 기초한 분류체계와 사회적 · 언어적 · 행동적 비정상성의 분류집단화를 제안했으며, 이는 자폐증을 다른 임상 그룹으로부터 구별하는 데 도움이 될 것이라고 주장했다. 윙의 작업은 결국 후속 진단 시스템에 포함된 '자폐의 3가지 주증상(triad of autism)'의 기초를 형성했다.

5) 자폐증의 유전학화, 뇌와 자폐증

　1980년대에는 인지심리학의 인기와 함께, 자폐증의 인지적 원인을 찾기 위한 연구가 활발히 이루어졌다. 이론은 인지적 검사에서 비롯되었으며, 핵심적인 인지 결함에 근거한 자폐증의 원인을 찾으려고 시도했다. 이때 사이먼 배런-코언(Simon Baron-Cohen), 우타 프리스(Uta Frith), 앨런 레슬리(Alan Leslie)는 유인원의 마음이론과 관련된 프리맥(Premack)과 우드러프(Woodruff)의 연구(Premack, Woodruff, 1978)를 기반으로 하여, 자폐증 아동은 마음이론과 관련된 기본 기능이 부족한 것으로 이해될 수 있다고 제안했다.

다시 말해, 그들은 자폐증 아동이 다른 사람들의 정신 상태(예: 믿음, 욕망, 감정, 의도 등)를 고려하여 자신이 알고 있는 지식을 사회적 맥락에서 적용하는 것이 어렵다는 연구결과를 보고하였다. 이를 통해 자폐증의 '마음이론(Theory of mind)' 가설을 만들어 냈으며, 정신 상태를 대표하는 사회적 인지 메커니즘의 결핍이 사회적 이해의 장애를 초래하는 것으로 설명했다(Baron-Cohen et al., 1985). 또한 자폐증의 사회적 처리 과정은 감정 처리(Moldin et al., 2006) 및 사회적 지향성(Klin et al., 1992)의 핵심적인 결함을 시사한다. 우타 프리스의 대학원생인 프란체스카 하페(Francesca Happe)는 이를 바탕으로 자폐증에서 언어와 마음의 이론 간의 관계, 특히 언어 사용에서 실용적인 측면을 평가하였고 자폐증에서의 언어 결함은 화용언어의 결함과 관련성이 높다고 주장했다.

1990년대에 미국 심리학자인 샐리 오조노프(Sally Ozonoff)는 자폐증에서 인지에 초점을 맞춘 실행기능을 조사했다. 이 연구는 자폐증의 "실행기능 장애 이론" 또는 자폐증 증상이 실행기능의 핵심 결함으로 인한 결과라는 아이디어를 낳았다. 오조노프는 자폐증 아동들의 인지적 유연성을 측정하는 위스콘신 카드 분류 테스트(Wisconsin card sorting test) 점수가 정상발달 아동들보다 일관되게 낮음을 입증했고(Ozonoff, 1995) 이후에도, 자폐증 아동들의 특정 실행기능의 결함을 식별하는 데 초점을 맞췄다.

6) 인식, 옹호 그리고 발전의 시기(awareness, adovacacy and adavancement)

1990년대와 2000년대에는 의사, 정신건강 전문가 및 일반 대중 사이에서 자폐증에 대한 인식이 증가했다. 자폐증을 가진 개인들의 목소리는 역사 전반에 걸쳐 존재했지만, 장애의 대변 및 인터넷의 등장, 의학적 권위에 대한 보다 큰 회의 등이 자폐증 커뮤니티가 조사 및 치료에 더 적극적인 역할을 하도록 이끌었다(Silverman & Brosco, 2007). 1986년에는 템플 그랜딘(Temple Grandin)이 자신의 책인 『Emergence-Labeled Autistic』을 통해 자폐증으로 삶을 살아가는 첫 번째 주류의 직접적인 경험을 제시했다(Grandin & Scariano, 1986). 이후 1988년에는 〈레인맨(Rain Man)〉이라는 영화가 개봉되어 자폐증을 가진 성인을 묘사하며 자폐증을 대중의 시선으로 옮겼다. 그 이후로 자폐증은 미국에서 3,500개의 건강 관련 뉴스 기사를 검토한 2008년의 리뷰에서 가장 많이 보도된 5대 질병 중 하나로 소개되었다(Pew Research Center, 2008). 대중의 인식에 대한 일부 반응으로 다양한 자폐증 관련 단체 및 대변 단체가 등장하여 자폐증 환자 및 그들의 가족을 지원하는 프로그램 및 교육을 제공했다[예: Global and Regional Asperger Syndrome Partnership (GRASP), Autistic Self Advocacy Network 등]. 2006년에 당시 조지 부시 대통령은 자폐증 대응법(Combating Autism Act: CAA)에 서명하여 자폐증 관련 연구, 진단, 치료를 위한 자금을 지원하여 자폐증 관련 출판물이 급속도로 증가했다(McKeever, 2013). 실제로 펍메드(PubMed) 데이터베이스의 검토에 따르면 1998~2009년까지 미국에서 자폐증과 관련된 연구논문이 기하급수적으로 늘었으며, 특히 2004년 이후에는 뚜렷한 증가가 관찰되었다(Thompson, 2013). 마지막으로, 진단된 자폐증 케이스의 수가 증가하기 시작했으며(Matson & Kozlowski, 2011), 이는 '자폐증 유행'의 원인과 치료를 찾는 노력의 시발점이 되었다. 이러한 분위기 속에서, 소화기 내과 의사인 앤드류 웨이크필드(Andrew Wakefied)가 이끈 1998년의 란셋(Lancet) 게재물은 어린이용 홍역-유행성이하선염-풍진(MMR) 백신이 아동의 자폐증을 유발한다는 주장을 제기했으며, 이는 백신 접종에 대한 광범위한 두려움을 심어 주었다(Wakefield et al., 1998). 이후의 연구에서는 이 발견을 반박하고, 웨이크필드의 논문은 부정직하고 비윤리적인 연구 방법을 근거로 2010년에 공식적으로 철회되었다. 백신이 자폐증을 유발하지 않는 것이 과학계에서 잘 받아들여졌지만(Brown et al., 2012; Institute of Medicine, 2012), 불행하게도 일반 대중 사이에서는 아직까지도 백신에 대한 회의적인 시각이 지속되고 있다. 식이 및 글루텐 민감성과 자폐증 사이의 잠재적 관계와 같은 다른 환경적 요인들도 조사되었지만, 결과는 현재까지는 유의미하지 않았다(Batista et al., 2012; Molloy & Manning-Courtney, 2003).

자폐증 연구 및 임상 실무를 위해 더 정교한 선별도구들이 개발되기 시작했다. 이 시기 이전에는 자폐증 특이적인 도구가 제한적으로 존재했으나[예: 어린이 자폐증 평가 척도; CARS(Schopler et al., 1980)], 1990년대의 주요 발전 중 하나는 자폐증 진단을 위한 동반 관찰 및 면접 도구인 자폐증 진단 관찰 일정(ADOS) 및 자폐증 진단 면접/개정판(ADI-R)의 발표와 수용이었다(Lord et al., 1994, 1999). 이러한 표준화된 도구들은 연구 및 임상 실무에 적용되어 자폐증 증상의 존재 유무, 중증도 및 경과를 보다 객관적으로 기록하는 수단을 제공했다(Le Couteur et al., 2008; Lord & Corsello, 2005).

진단 측면에서 DSM-III-R(APA, 1987)가 DSM-IV(APA, 1994), DSM-IV-Text Revision(TR; APA, 2000)로 이어지고 이후에는 DSM-5(APA, 2013)로 대체되었다. DSM-IV-TR 시스템은 자폐증을 전반적 발달장애(PDD)의 범주로 분류하였으며, 증상의 중증도와 표현 방식에 따라 다른 하위 범주의 자폐증을 포함하였다[예: 자폐증, 아스퍼거 증후군, 상세불명의 전반적 발달장애(Pervasive developmental disorder not otherwise specified,

PDD-NOS), 소아기 붕괴성 장애]. 그러나 이 범주적 접근 방식에는 여러 가지 제한이 있었는데, 특히 서로 배타적인 다른 PDD가 있다는 가정이 그중 하나였다. 이는 서로 다른 '자폐증 관련' 장애 사이의 진단적 경계에 대한 어려움을 야기하였으며, 원인 또는 치료에 대한 차이적 대응을 고려하는 것이 간과되었다(Volkmar & Reichow, 2013). 또한 DSM-IV-TR은 자폐증과 다른 일반적으로 동반되는 상태 사이의 진단적 공존장애를 허용하지 않았으며, 이로 인해 해당 공존장애를 식별하고 치료하는 데 실제적인 문제가 발생했다(Gillberg et al., 2004). 이러한 문제를 극복하기 위해 DSM-5는 자폐증 진단에 대한 범주적 및 차원적 접근 방식으로 개념적 전환을 이뤘다(DSM-5; APA, 2013). 여기서 PDD의 하위 범주는 제외되고 포괄적인 스펙트럼 진단(즉, '자폐스펙트럼장애')과 주요 명시자(specifier)가 허용되었으며, 이전에 제외되었던 공존장애의 진단이 허용되었다. DSM-5를 개선된 것으로 보는 사람들도 많았지만, 이러한 변화는 논란이 있었으며 비판을 받았다(Fung & Hardan, 2014). 특히 아스퍼거 증후군과 PDD-NOS의 제거가 논란이 되었는데, 이는 낙인 효과가 덜하다고 인식되었거나 증상이 더 가벼운 사람들이 서비스를 제공받을 수 있는 기회가 생긴 것으로 받아들여졌다(Fung & Hardan, 2014). 또한 DSM-IV에서 5로의 변화로 연구도 크게 도전받았는데, 대표적으로 DSM-IV 기준으로 자폐증 진단을 받은 사람들 중 최대 40%가 DSM-5에서 자폐스펙트럼장애 기준을 충족하지 못할 수 있다는 점이 대두되었다(Fung & Hardan, 2014; Worley & Matson, 2012). DSM-IV를 사용하여 연구된 인구에서 DSM-5로 진단받은 인구로 연구 결과를 추정할 때 이러한 변화가 일반화에 영향을 미칠 가능성이 매우 높다.

7) '자폐(自閉)' 용어의 개정 필요성

국내에서는 가족 협회 중심으로 오래전부터 '자폐(自閉)'라는 용어의 개정 필요성에 대해 주장하는 사람들이 많다. 자폐라는 용어가 세간의 편견과 낙인을 불러일으키고 환자와 부모들에게 진단을 받아들이기 어렵게 만들기 때문이다. 자폐의 영문명 'Autism'은 그리스어 'self'를 뜻하는 'autos'와 '-ism'의 합성어이다. 스위스 정신과 의사 오이겐 블로일러(Eugen Bleuler)가 조현병(schizophrenia)의 증상 중 하나를 기술하기 위해 1900년대 초에 처음 사용했다. 앞서 언급했듯이, 1943년에 레오 카너가 사회성이 부족하고 반복적인 행동을 보이는 아동 11명의 사례를 보고하면서 'Autism'이라는 용어를 차용했고, 현재까지 쓰이고 있는 것이다. 그렇다면 'Autism'은 어떻게 '자폐(自閉)'라고 번역되었을까?

일본 번역어 연구의 대가 야나부 아키라는 저서 『프리덤, 어떻게 자유로 번역되었는가?』
(야나부 아키라, 2020)에서 'society'라는 영어 단어가 초기에는 '인간 교제' '세간'이라고 번
역됐다가 최종적으로 '사회(社會)'로 번역되기까지의 과정을 흥미롭게 기술하고 있다. 우
리가 자주 사용하는 '사회성'의 진정한 의미가 '사람끼리의 교제라는 것'을 제대로 이해하
게 된 대목이다. 이 저서는 영문 원어들, 특히 서양의학의 의학용어들이 어떤 과정을 통
해 일본에서 한자로 번역되고 이후 우리나라까지 건너와 널리 쓰이게 되었는지를 설명
한다. 그만큼 번역된 용어가 단어의 본질을 잘 반영하기도 하지만 제대로 반영하지 못한
단어도 있다는 것을 여러 번역 단어들을 예로 들어 기술하고 있다.

'Autism'이라는 용어 속에 '자기(self)'는 포함되어 있지만 '닫을 폐(閉)'는 어디에도 포함
되어 있지 않다. 아마 일본에서 초기 한자로 번역될 당시 대인관계를 피하고 특정 관심
사에만 몰두하는 'Autism'의 증상을 반영해 '폐(閉)'를 차용한 것이 아닐까 추측한다.[1] 한
국에서는 '자폐'라는 용어가 주는 낙인 효과로 인해 부모들은 자녀가 '자폐스펙트럼장애'
라고 진단받는 것에 대해 좌절과 두려움이 크다. 그래서 한국의 많은 부모들이 '자폐스
펙트럼장애'를 보다 모호한 명칭인 '발달장애'라고 부르는 경향이 있다. 이와 같이 '자폐'
라는 단어가 주는 낙인 효과에 대해 한국 정부와 사회가 자폐스펙트럼장애 가족들의 입
장을 충분히 경청하여 궁극에는 '자폐'라는 용어가 병의 본질을 더 잘 반영하는 새로운
명칭으로 개정되기를 바란다.

2. 자폐스펙트럼장애의 역학

자폐스펙트럼장애의 유행 및 사회경제적 영향에 대한 데이터가 여러 개의 개별 국가
에서 보고되었다. 예를 들어, 덴마크에서 최근에 6,989,627명의 주민을 대상으로 한 대
규모 등록 기반 코호트 연구에서 자폐스펙트럼장애의 유병률이 100,000명당 400명으로
나타났다. 자폐스펙트럼장애는 장애로 인한 연도 수명(YLD) 측면에서 남성들 중 5위, 여

---

1) 현재 일본에서는 한국과 마찬가지로 '自閉'(자폐, "ガコ"「」)를 사용하고 있다. 대만과 중국에서도 '自閉症'(자
폐증)'을 사용하며 중국에서는 '自閉症' 이외에도 '孤=症'(고독증)'이라는 용어를 사용한다. 최근 일본에서
는 용어 개정의 움직임이 있다.

성들 중 8위를 차지하며, 아동 및 청소년 장애의 대부분을 차지했다. 이에 반해 조현병 및 인격장애와 관련된 장애는 성인기에 더 많이 나타났다. 특히 자폐스펙트럼장애와 조현병은 질병 특이적 건강 손실 비율(HeLP; 특정 정신 또는 물질 장애로 인해 개인이 경험하는 건강 손실의 평균 비율 및 추가적인 동반 정신 및 물질 장애)과 직접적으로 관련되었으며(자폐스펙트럼장애의 경우 77%, 조현병의 경우 89%), 다른 장애들은 공존장애가 대부분의 HeLP를 차지했다. 유럽 프로젝트 '유럽의 자폐스펙트럼장애(ASDEU)'에서 7~9세 아동의 자폐스펙트럼장애 유병률은 남부 프랑스에서 100,000명당 476명에서 아이슬란드에서 100,000명당 3,130명으로 범위가 나타났다. 또 다른 인도 연구에서는 2017년에 100,000명당 400명의 자폐스펙트럼장애 유병률이 추정되었으며, 장애 조정 수명 연도(DALYs; 전체 질병 부담 지수) 측면에서 자폐스펙트럼장애는 정신장애 중 7위에 해당되었다. 이란에서 6~18세 대상의 가중치가 적용된 자폐스펙트럼장애 유병률 추정치는 100,000명당 63~160명으로, 중국은 100,000명당 177명으로 나타났으며, 아랍에미리트 연합에서는 0~14세 아동을 대상으로 한 최근 추정치(100,000명당 290명)보다 낮았으며, 이스라엘에서는 1~12세 아동을 대상으로 한 최근 추정치(100,000명당 480명)보다 낮았다. 한편, 방글라데시에서는 2009년에 100,000명당 842명, 스리랑카에서는 2009년에 100,000명당 1,070명, 레바논에서는 2016년에 100,000명당 1,530명, 우리나라에서는 김영신 등이 2011년 7~12세 아동 55,266명을 대상으로 시행한 대규모 전수조사에서 자폐스펙트럼장애의 유병률이 100,000명당 2,640명(2.64%)으로 나타났다(Kim et al., 2011). 2020년 조사 기준 미국 질병통제예방센터의 보고에 따르면 8세 미만에서 100,000명당 2,760명의 합계 유병률로 추산되어 국내와 비슷한 수준의 보고를 보였다(Solmi et al., 2022).

　다양한 국가에서 일관되게 여성보다 남성에서 자폐스펙트럼장애의 유병률이 더 높은 것으로 나타났다. 시간의 흐름과 관련하여, 각 국가에서 다양한 수치가 보고되었는데, 예를 들어 인도에서는 1990~2017년까지 자폐스펙트럼장애 유병률과 DALYs에서 미미한 연령 표준화 변화가 있었으며(유병률 변화 <1%, 유의미한 DALY 변화 없음), 이에 반해 스웨덴에서는 유아 및 청소년에서 상당한 유병률 증가가 있었다[2001년(100,000명당 420명)부터 2011년(100,000명당 1,440명)으로 250% 증가, 특히 지적장애가 없는 아동·청소년에서 700% 증가]. 전 세계적인 추정에 따르면, 2010년 전 세계적으로 약 5,200만 건의 자폐스펙트럼장애 사례가 있었으며(100,000명당 760명의 유병률, 100,000명당 58 DALYs), 2016년에는 전 세계적으로 5세 미만 아동의 자폐스펙트럼장애 유병률이 100,000명당 723명으로 추정되었다. 그동안 자폐스펙트럼장애의 유병률, 유병률 추이 및 자폐스펙트럼장애에 대한 데

이터는 개별 국가 또는 전 세계적으로 발표되었고, 가장 최근의 메타분석 연구에서는 전 세계적 유병률은 100,000명당 369명으로 추정되었다(Solmi et al., 2022).

자폐스펙트럼장애 유병률을 추산할 때 성별, 국가 및 사회−인구 지수(SDI)에 따른 유병률의 차이를 파악하는 것은 중요하다. 2019년의 '세계 질병, 부상 및 위험 요인 연구(GBD)'는 자폐스펙트럼장애를 포함하여 360가지 이상의 유병률과 장애를 추정하였는데, 이 연구에서 204개 국가와 영토(22개 국가의 1차 행정 수준 분할 포함)에서 3,500만 건 이상의 건강 및 건강 시스템 지표 추정치를 성별 및 연령 그룹별로 제공하며, 1990~2019년까지 공통 표준화 지표로 측정되었다. GBD 2019를 기반으로 한 이 연구의 목표는 지난 30년간의 자폐스펙트럼장애의 전 세계적 유병률과 장애에 대한 가장 포괄적인 보고서를 제공하는 것이다(Vos et al., 2020). 진단률의 추이를 평가하는 것은 질병 분뷰체계의 변화로 인한 행정적 유병률 및 발병률의 가능한 변화에 대한 우려를 고려할 때 특히 중요하다. 예를 들어, DSM−IV에서 DSM−5로의 자폐스펙트럼장애 진단기준의 변화로 인해 동일한 데이터 세트 내에서 추정된 유병률이 13~20% 감소한 것으로 나타났다. 실제로 DSM−5 기준이 DSM−IV 기준보다 엄격하다는 전문가들의 주장이 있으며, DSM−IV−TR의 전반적 발달장애 기준을 충족하는 일부 아동들이 DSM−5의 자폐스펙트럼장애 기준을 충족하지 못할 수 있지만 사회적 의사소통장애 기준을 충족할 수도 있다. 중요한 언어 결함을 가진 사람들, 전반적으로 높은 기능 수준, 제한적이거나 반복적 행동의 낮은 수준 및 PDD−NOS 기준을 거의 충족하는 사람들은 이러한 변화에 가장 크게 영향을 받는다. 그러나 자폐스펙트럼장애에 대한 부모와 대중의 인식의 증가, 진단도구의 정교화 및 진단 전문가의 증가, 오염물질과 같은 잠재적 환경적 위험 요인에 노출 등이 자폐스펙트럼장애의 유병률 증가와 상관이 있을 것이라고 추정된다.

3. 역학연구의 진보 및 난제점

1) 사례 정의 및 사례 상태 결정

여러 나라에서의 연구 결과에 따르면 남성에서 자폐스펙트럼장애의 유병률과 장애가 여성보다 더 높은 것으로 나타났다. 또한 각 연구에서 사례의 정의와 참여자의 사례 상태 결정 방법에는 일관된 접근 방식이 없다. 대부분의 연구에서는 직접적으로 참여자의 자폐스펙트럼장애 진단을 확인하기 위해 증상 및 발달력을 검토하고 국제질병분류(ICD) 또는 정신질환의 진단 및 통계 편람(DSM)과 같은 확립된 진단기준을 참조하려고 하였다. 그러나 '진단기준 충족'이라는 용어는 데이터의 품질과 임상가의 판단이 연구 과정에 얼마나 많이 반영되었는지에 주의를 기울이지 않는 한, 사례의 유효성을 정확히 보장하지는 않는다. 또한 데이터 수집 방법, 수집자, 정보제공자 및 사용 방법, 데이터베이스 간의 불일치 해소 방법 등은 특정 조사에서 사례 확인의 유효성을 평가하는 데 중요한 요소이다. 이 문제들은 사례 확인의 신뢰도를 높이는 데는 도움이 되지만, 신뢰도가 먼저 달성되어야 하는 것이며, 유효성은 단순히 일치하는 것 이상의 다른 증명이 필요하다.

2) 부모보고의 문제점

기존의 역학조사 중 부모 응답만을 의존하는 조사는 사례 정의의 타당성과 유병률 추정에 대한 우려가 있다. 미국 아동건강조사(NSCH)와 같이 대규모 국가 대표 표본을 사용한 조사는 중증도의 심각한 사례 결정에 의존하여 유병률을 추정하며, 정보제공자의 간단한 '예/아니오' 답변으로만 진단을 확인하기 때문에 유병률이 과대 추정되었을 가능성이 높다. 또한 이 경우 임상적으로 충분히 훈련받지 않은 면접관이 응답자의 말을 그대로 기록하고, 아동을 직접 확인하지 않으며, 추가 진단 평가 보고서를 수집하거나 검토하지 않는다. 실제로 이전의 부모보고에만 의존한 방식의 조사들에서는 유병률이 동시에 동일 국가에서 수행된 보다 엄격한 역학조사에서 도출된 유병률보다 더 높게 추정되었다(Xu et al., 2018). 따라서 조사 결과를 해석하거나 사용할 때 매우 신중해야 한다.

3) 사례 발견 및 조사에서의 편향

과거에는 조사에서 자폐스펙트럼장애나 다른 행동 또는 발달 문제로 이미 진단받은 아동에 중점을 두어 사례를 식별했다. 이러한 사례 확인 방식은 이전에 인식된 상태 없이 사례를 식별하는 것을 허용하지 않았으며, 사례 확인 절차에서 위음성을 초래했다. 또한 초기 스크리닝 및 진단 확인 단계에서 상대적으로 낮은 참여율(30~70%)을 보였다. 이러한 복잡한 조사 설계의 통계 분석은 각 조사 단계에서의 참여율과 표본 비율을 고려한 일련의 가중치를 적용함으로써 적절하게 이루어졌다. 그러나 이를 위해 연구 참여가 장애 여부와 관련이 있는지(또는 그렇지 않은지)에 대한 강력하고 검증되지 않은 가정을 필요로 하게 되었다. 자폐스펙트럼장애를 가진 아동의 부모는 조사에 비정상적으로 높은 참여율을 보이며, 비참여자가 참여자보다 자폐스펙트럼장애의 유병률이 낮을 수 있기 때문에 유병률 추정치가 상향 편향될 수 있다. 반대로, 자폐스펙트럼장애를 가진 아동의 부모가 참여할 가능성이 적을 경우 유병률이 과소 추정될 수 있다는 것을 고려해야 한다(Fombonne et al., 2022).

4) 자폐스펙트럼장애의 남아 쏠림

Loomes 등(2017)의 최근 메타분석에서는 1990~2011년까지 수집된 54개의 조사에서 남성 대 여성 유병률 비율이 4.2:1로 유사하게 나타났다. Zeidan 등(2022)의 체계적 문헌고찰에서도 2012~2021년까지 수집된 전 세계 추정 유병률 성비는 4.2:1로 추산되었다. 저자들은 남성에 따른 증가된 위험을 적절하게 포착하지 못하는 성비의 전통적인 계산(이환된 남성 수를 이환된 여성 수로 나눈 것)에 대해 지적하였다. 실제로 더 나은 측정 방법은 남성에서의 유병률을 여성에서의 유병률로 나눈 유병률 오즈 비(Prevalence Odds Ratio: POR)이다.

자폐스펙트럼장애뿐만이 아니라 대부분의 신경발달장애는 남아의 비율이 약 3~4배 높으며 다양한 원인 가설이 있으나, 아직 정확한 이해를 위해서는 추가적인 연구들이 필요하다. 태아기 동안의 높은 테스토스테론 수치가 자폐스펙트럼장애의 위험을 높일 수 있다는 연구가 있으며, 여성에서는 자폐스펙트럼장애를 진단받기 위해 더 많은 유전자 돌연변이나 변화가 필요하다는 '여성 보호효과 이론'이 있다. 또한 X 염색체 관련 유전자가 자폐스펙트럼장애에 영향을 미칠 가능성이 제기되는데 남성은 X 염색체를 하나만 가지고 있어 돌연변이의 영향을 더 크게 받을 수 있다. 마지막으로, 여성들이 증상을 더 잘 감추거나 사회적 기대에 따라 행동을 조절하는 경향이 있기 때문에 과소 진단될 가능성이 남성보다 높다(Baron-Cohen et al., 2011; Ferri et al., 2018).

5) 나이에 따른 고려

조사 결과를 해석할 때는 포함된 참여자의 연령 범위에 주의를 기울여야 한다. 대부분의 조사는 일반적으로 초등학교 학령 아동에 중점을 두었으며, 6~10세에는 진단을 견고한 도구와 방법으로 확인하고 검증할 수 있기 때문이다. 낮은 연령에서는 진단 과정에서 일부 아동들을 놓칠 수 있으며, 진단 연령이 종종 초등학교 입학 이후나 그 이후로 늦어질 수 있다. 더 높은 연령에서는 자폐스펙트럼장애의 표현형이 일부 개선되면서 진단이 어려워질 수 있기 때문이다. 또한 초등학교 학령에 초점을 맞추는 이유 중 하나는 대부분의 국가에서 6세 이후로는 의무적으로 학교에 다녀야 하기 때문에 조사 연구자들이 포괄적이고 공개적으로 사용가능한 표본추출 시스템이 사용될 수 있기 때문이다. 그리고 대부분의 자폐스펙트럼장애 아동은 학습 및 적응 행동에 일부 장애가 있으므로 학교의 특별 지원 서비스를 받을 자격이 생김으로써 조사에서 더 쉽게 식별될 수 있다.

기존 데이터베이스를 활용한 일부 연구에서는 분모에 유아 및 노인이 모두 포함될 경우 유병률 추정치가 낮은 값으로 편향될 수 있다. 다른 이유로 인해 이러한 연령군은 자폐스펙트럼장애 진단을 받을 가능성이 적다. 따라서 유병률 계산에 매우 어린아이나 성인 연령군을 포함하는 것은 유병률 추정치를 낮은 값으로 편향시킬 수 있으므로 권장되지 않는다. 다양한 연령에서의 유병률을 보고하는 것은 유용할 수 있지만, 학령기 아동 표본에서 유래된 유병률이 유병률에 따른 개입 및 공중보건 정책에 대한 정보로서 더 유효하고 정확할 가능성이 높다(Fombonne et al., 2022).

사례

10세 남아 영한이(가명)는 만 5세 때 산만함과 사회성의 어려움을 주 호소로, 친구들과 어울려 놀기를 힘들어하여 소아정신과에 첫 내원하였다. 완벽주의적 기질과 부모–자녀 갈등이 원인으로 생각되어 한 번 내원 후, 경과 관찰 소견만 듣고 병원에 다시 내원하지는 않았다. 만 10세 무렵 학교에서 친구들과의 관계 문제, 선생님에게 적대적인 행동, 자살사고를 이유로 다시 소아정신과에 내원하였고, 자폐 진단 평가 등 정밀 평가를 통해 자폐스펙트럼장애를 진단받게 되었다. 영한이는 어린 시절 초기에 비교적 경미했던 자폐 증상이 일부 호전되고, 위와 같은 공존 문제행동이 생겨 병원에 다시 내원하여 자폐스펙트럼장애 진단이 뒤늦게 된 사례이다.

영한이는 발달력상 36개월 이전에 놀이 행동이 다양하지 않았고 가상놀이나 인형놀이를 하지 않았으며 주로 지하철 장난감을 끌고 다니며 놀았다고 한다. 어렸을 때부터 친한 동네 친구와 어울렸으나 또래 무리에서 떨어져 겉도는 모습을 보였고 어린이집에서는 또래와 어울리지 않았으며 새로운 또래에게 관심이 없었다고 한다. 1년 정도 다닌 문화센터에서는 강사가 제시하는 활동에 관심이 없었고 주변에 있는 사물을 만지고 다녔으며 문을 여닫거나 공기 청정기 버튼을 반복적으로 누르는 등 산만하게 주변을 돌아다녔다고 한다. 영한이는 만 4~5세 사이에 상호작용과

의사소통 상황에서 눈맞춤의 반응이 일관적이었고 의사소통 상황에서 사용하는 얼굴 표정이 또
래 수준으로 다양하였으나 상대방에게 자발적으로 미소를 짓고 상호교환적으로 사회적 미소를
나누는 반응은 제한적이었다고 한다. 또래에게 관심을 가지고 다가갔고 또래의 접근에 반응하였
으나 관심사에 따라 반응이 달랐고 자신에게 맞추어 주는 또래와만 어울렸다고 한다.

　　영한이는 반복되는 일상을 선호하고, 학교에서 정해진 시간표대로 활동이 진행되지 않으면 수
용하지 못하는 모습을 보였다고 한다. 학교에서 있었던 일을 시간 순서대로 세부적인 정보까지
세세하게 설명하지만 또래 수준으로 대화가 원활하게 확장되지 않고 대화 상황에서 자신의 관심
사(예: 양자역학 이론, 우주론 등)에 대해 설명하려고만 했다.

6) 사회적 상태, 인종에 따른 차이

　　최근 미국 기반의 연구들은 높은 사회경제적 지위(Socioeconomic Status: SES)와 높
은 자폐스펙트럼장애 유병률 간의 연관성을 시사한다. 더킨(Durkin) 등은 미국 질병통
제센터(Centers for Disease Control and Prevention: CDC)의 Autism and Developmental
Disabilities Monitoring(ADDM) 네트워크 데이터를 사용하여 최근 여러 조사 연도에서
백인, 흑인, 히스패닉 아동들 모두에서 SES(부모 교육 수준으로 정의)와 자폐스펙트럼장애
유병률 사이의 양의 상관관계를 발견했다(Durkin et al., 2017). 이 차이는 성별, 이전 자폐
스펙트럼장애 진단 여부, 기록 출처(의무기록 또는 학교정보)에 관계없이 동일하게 관찰되
었다. 그러나 지적장애가 동반되어 있는 경우에는 유의한 차이가 없었으며, 비히스패닉
아동들에서의 차이는 시간이 지남에 따라 감소하는 것으로 나타났다. 디커슨(Dickerson)
등의 미국 인구조사 지역 데이터를 사용한 연구에서는 소득 정도(중위 가구 소득 또는 가
난한 인구의 비율로 정의)와 자폐스펙트럼장애 유병률이 반비례하였다(Dickerson et al.,
2017). 영국의 최근 연구에서는 출생 코호트를 사용하여, 어머니의 교육 수준이 높은 아
동들이 낮은 교육 수준을 가진 어머니의 아동들에 비해 두 배로 높은 자폐스펙트럼장애
진단율을 보였지만, 어머니의 교육을 고려한 후에는 가구 소득이나 지역의 경제적 고립
에 따른 진단율의 차이는 없었다. 또한 영국 남템스 지역의 전체 인구 코호트를 대상으
로 한 이전 연구에서는 교육과 복합 SES 지표가 모두 낮은 부모를 가진 아동들에서 자폐
스펙트럼장애의 유병률이 낮았지만, 통계적 조정 후에는 교육만이 유의미했다. 또한 보
건 의료 접근이 보다 공정한 지역에서의 국제적 연구들은 상이한 결과를 보여 주고 있

다. 예를 들어, 라르손(Larsson) 등은 SES에 따른 유병률에 차이가 없었으며, 스웨덴에서는 낮은 SES를 가진 아동들 사이에서 더 높은 자폐스펙트럼장애 유병률이 관찰되었다 (Larsson, 2005). 인종/민족 소수자들에 대한 다수의 연구들은 백인 또는 유럽계 인구에 비해 낮은 자폐스펙트럼장애 발병률을 보여 주었지만, 이러한 차이는 최근 연구에서 좁혀지고 있는 것으로 나타났다. CDC ADDM 네트워크의 8세 아동들을 대상으로 한 최근 데이터는 미국에서 흑인이나 아시아/태평양 섬 주민 아동과 백인 아동 사이의 유병률 차이가 일반적으로 더 이상 유의미하지 않았지만, 주별로는 차이가 있었다. 이 추세는 4세 아동들에서도 관찰되었으며, 대부분의 최근 조사에서는 인종/민족 간의 차이가 좁혀지거나 사라지고 있는 것으로 나타났다.

4. 결론 및 요약

초기에는 자폐스펙트럼장애에 대한 이해가 부족하여 다양한 비과학적 설명이 존재했지만, 시간이 흐르며 과학적 연구와 의학적 접근이 도입되면서 점차 정확한 진단기준과 치료 방법이 정립되었다. 레오 카너와 한스 아스퍼거의 연구는 자폐스펙트럼장애를 독립된 장애로 인식하는 데 중요한 전환점이 되었고, 그 후 여러 연구자들의 기여를 통해 진단기준이 개선되고 치료 방법이 발전해 왔다. 현대에 이르러, 자폐스펙트럼장애는 신경발달장애의 하나로 널리 인식되고 있으며, 그 원인과 치료에 대한 연구는 더욱 발전되고 있다. 유전적 요인, 신경과학적 기초, 그리고 사회적 요인 등 다양한 측면에서 자폐스펙트럼장애를 이해하려는 노력이 지속되고 있으며, 이러한 연구는 보다 효과적인 중재와 지원 방안을 마련하는 데 기여하고 있다.

자폐스펙트럼장애의 유병률은 국가별로 큰 차이를 보이며, 이는 연구 방법, 진단기준, 사회적 인식 수준 등에 따라 다르게 나타난다. 남성에서 여성보다 유병률이 높게 나타나는 경향이 있으며, 최근 몇십 년간 유병률이 증가하고 있는 것으로 보인다. 유병률의 증가 원인은 진단기준의 변화, 진단도구의 개선, 대중의 인식 증가 등으로 설명될 수 있다. 또한 사회경제적 지위와 인종 간의 차이가 유병률에 영향을 미치는 것으로 나타났다. 이러한 결과들은 자폐스펙트럼장애에 대한 이해와 치료 접근을 개선하기 위한 중요한 기초 자료를 제공한다.

참고문헌

야나부 아키라(柳父章). (2020) 프리덤, 어떻게 자유로 번역되었는가?(김옥희 역). AK 커뮤니케이션즈.

American Psychiatric Association. (1980). *Diagnostic and statistical manual of mental disorders* (3rd ed.). Author.

American Psychiatric Association. (1987). *Diagnostic and statistical manual of mental disorders* (3rd ed., rev.). Author.

American Psychiatric Association. (1994). *Diagnostic and statistical manual of mental disorders* (4th ed.). Author.

American Psychiatric Association. (2000). *Diagnostic and statistical manual of mental disorders* (4th ed., text rev.). Author.

American Psychiatric Association. (2013). *Diagnostic and statistical manual of mental disorders* (5th ed.). Author.

Asperger, H. (1944). Die "Autistischen Psychopathen" im Kindesalter. *Archiv für Psychiatrie und Nervenkrankheiten, 117*, 76-136.

Baer, D. M., Wolf, M. M., & Risley, T. R. (1968). Some current dimensions of applied behavior analysis. *Journal of Applied Behavior Analysis, 1*(1), 91-97.

Baron-Cohen, S., Leslie, A. M., & Frith, U. (1985). Does the autistic child have a "theory of mind"? *Cognition, 21*(1), 37-46.

Bartak, L., & Rutter, M. (1973). Special educational treatment of autistic children: A comparative study: I. Design of study and characteristics of units. *Journal of Child Psychology and Psychiatry, 14*(3), 161-179.

Baron-Cohen, S., Lombardo, M. V., Auyeung, B., Ashwin, E., Chakrabarti, B., & Knickmeyer, R. (2011). Why are autism spectrum conditions more prevalent in males? *PLoS Biology, 9*(6), e1001081.

Batista, I. C., Silva, M. L., & Azevedo, M. M. (2012). Autism spectrum disorder and celiac disease: No evidence for a link. *Arq Gastroenterol, 49*(1), 2-3.

Bender, L. (1959). *Autistic schizophrenia in children: Neurosis and psychosis in childhood.* Charles C. Thomas.

Bender, L. (1969). A longitudinal study of schizophrenic children with autism. *Hospital and Community Psychiatry, 20*(8), 230-237.

Bender, L. (1970). The life course of children with autism and mental retardation. *Psychiatric approaches to mental retardation*, 149-191.

Bender, L., & Faretra, G. (1972). Childhood schizophrenia: The sequels. *The British Journal of Psychiatry, 121*(562), 569-574.

Bender, L., & Gurevitz, H. (1955). Intensive psychotherapy with schizophrenic children. *The Psychoanalytic Study of the Child, 10*(1), 383-405.

Brown, A. S., Begg, M. D., Gravenstein, S., Schaefer, C. A., Wyatt, R. J., Bresnahan, M., ⋯ & Susser, E. S. (2012). Serologic evidence of prenatal influenza in the etiology of schizophrenia. *Archives of General Psychiatry, 61*(8), 774-780.

Dickerson, A. S., Rahbar, M. H., Han, I., Bakian, A. V., Bilder, D. A., Harrington, R. A., ⋯ & Durkin, M. S. (2017). Autism spectrum disorder reporting in lower socioeconomic neighborhoods. *Autism, 21*(5), 470-480.

Durkin, M. S., Maenner, M. J., Baio, J., Christensen, D., Daniels, J., Fitzgerald, R., ⋯ & Wingate, M. S. (2017). Autism spectrum disorder among US children (2002-2010): Socioeconomic, racial, and ethnic disparities. *American Journal of Public Health, 107*(11), 1818-1826.

Elgar, S. (1965). Special education for autistic children. *American Journal of Orthopsychiatry, 35*(4), 556-567.

Factor, D. C., Freeman, N. L., & Kardash, A. (1989). Brief report: A comparison of DSM-III and DSM-III-R criteria for autism. *Journal of Autism and Developmental Disorders, 19*(4), 637-640.

Faretra, G. (1979). Childhood schizophrenia: The sequels. *The British Journal of Psychiatry, 121*(562), 569-574.

Ferri, S. L., Abel, T., & Brodkin, E. S. (2018). Sex differences in autism spectrum disorder: a review. *Current psychiatry reports, 20*, 1-17.

Fombonne, E., MacFarlane, H., Salem, A. C., & Zuckerman, K. E. (2022). Epidemiological surveys of ASD: Current findings and new directions. In *Handbook of autism and pervasive developmental disorder: Assessment, diagnosis, and treatment* (pp. 135-184). Cham: Springer International Publishing.

Frith, U. (1991). Autism and Asperger syndrome. In U. Frith (Ed.), *Autism and Asperger syndrome*. Cambridge University Press.

Frith, U., & Happe, F. (1994). Autism: Beyond "theory of mind". *Cognition, 50*(1-3), 115-132.

Frith, U., & Houston, R. (2000). *Autism in history: The case of Hugh Blair of Borgue*. Oxford University Press.

Fung, L. K., & Hardan, A. Y. (2014). Autism in DSM-5 under the lens of the past: How do we measure up? *Journal of Autism and Developmental Disorders, 44*(8), 1963-1970.

Gillberg, C., Cederlund, M., Lamberg, K., & Zeijlon, L. (2006). Brief report: "The autism epidemic." Is autism getting more common? *Journal of Autism and Developmental Disorders, 36*(3), 429-431.

Gillberg, C., Gillberg, I. C., Rasmussen, P., Kadesjö, B., Söderström, H., Råstam, M., Johnson, M., Rothenberger, A., & Niklasson, L. (2004). Co-existing disorders in ADHD-implications for diagnosis and intervention. *European Child & Adolescent Psychiatry, 13*(Suppl. 1), i80-i92.

Goldstein, S., & DeVries, M. (2013). *Handbook of DSM−5 disorders in children and adolescents.* Springer Publishing Company.

Grandin, T., & Scariano, M. M. (1986). *Emergence: Labeled autistic.* Warner Books.

Happé, F., Ronald, A., & Plomin, R. (2006). Time to give up on a single explanation for autism. *Nature Neuroscience, 9*(10), 1218-1220.

Institute of Medicine. (2012). *Adverse effects of vaccines: Evidence and causality.* National Academies Press.

Jones, E. J., Gliga, T., Bedford, R., Charman, T., & Johnson, M. H. (2015). Developmental pathways to autism: A review of prospective studies of infants at risk. *Neuroscience & Biobehavioral Reviews, 55,* 35-46.

Kanner, L. (1943). Autistic disturbances of affective contact. *Nervous Child, 2*(3), 217-250.

Kanner, L. (1949). Problems of nosology and psychodynamics of early infantile autism. *American Journal of Orthopsychiatry, 19*(3), 416-426.

Klin, A., Jones, W., Schultz, R., Volkmar, F., & Cohen, D. (1992). Defining and quantifying the social phenotype in autism. *American Journal of Psychiatry, 159*(6), 895-908.

Kim, Y. S., Leventhal, B. L., Koh, Y. J., Fombonne, E., Laska, E., Lim, E. C., Cheon, K. A., Kim, S. J., Kim, Y. K., Lee, H., Song, D. H., & Grinker, R. R. (2011). Prevalence of autism spectrum disorders in a total population sample. *American Journal of Psychiatry, 168*(9), 904-12.

Larsson, H. J., Eaton, W. W., Madsen, K. M., Vestergaard, M., Olesen, A. V., Agerbo, E., ⋯ & Mortensen, P. B. (2005). Risk factors for autism: Perinatal factors, parental psychiatric history, and socioeconomic status. *American Journal of Epidemiology, 161*(10), 916-925.

Le Couteur, A., Haden, G., Hammal, D., & McConachie, H. (2008). Diagnosing autism spectrum disorders in pre-school children using two standardised assessment instruments: The ADI−R and the ADOS. *Journal of Autism and Developmental Disorders, 38*(2), 362-372.

Loomes, R., Hull, L., & Mandy, W. P. (2017). What is the male-to-female ratio in autism spectrum disorder? A systematic review and meta-analysis. *Journal of the American Academy of Child & Adolescent Psychiatry, 56*(6), 466-474.

Lord, C., & Corsello, C. (2005). Diagnostic instruments in autistic spectrum disorders. *Handbook of Autism and Pervasive Developmental Disorders, 2*, 730-771.

Lord, C., Rutter, M., DiLavore, P. C., & Risi, S. (1999). *Autism diagnostic observation schedule* (ADOS). Western Psychological Services.

Lord, C., Rutter, M., & Le Couteur, A. (1994). Autism Diagnostic Interview-Revised: A revised version of a diagnostic interview for caregivers of individuals with possible pervasive developmental disorders. *Journal of Autism and Developmental Disorders, 24*(5), 659-685.

Lord, C., Risi, S., Lambrecht, L., Cook, E. H., Leventhal, B. L., DiLavore, P. C., ⋯ & Rutter, M. (2000). The Autism Diagnostic Observation Schedule-Generic: A standard measure of social and communication deficits associated with the spectrum of autism. *Journal of Autism and Developmental Disorders, 30*(3), 205-223.

Lovaas, O. I. (1987). Behavioral treatment and normal educational and intellectual functioning in young autistic children. *Journal of Consulting and Clinical Psychology, 55*(1), 3-9.

Lovaas, O. I., Koegel, R., Simmons, J. Q., & Long, J. S. (1973). Some generalization and follow-up measures on autistic children in behavior therapy. *Journal of Applied Behavior Analysis, 6*(1), 131-166.

Lyons, V., & Fitzgerald, M. (2007). Asperger (1906-1980) and Kanner (1894-1981), the two pioneers of autism. *Journal of Autism and Developmental Disorders, 37*(10), 2022-2023.

Matson, J. L., & Kozlowski, A. M. (2011). The increasing prevalence of autism spectrum disorders. *Research in Autism Spectrum Disorders, 5*(1), 418-425.

McKeever, A. (2013). Autism Cares Act signed into law by President Bush. *Autism Research, 6*(5), 1-3.

Moldin, S. O., Rubenstein, J. L. R., & Hyman, S. E. (2006). Can autism speak to neuroscience? *Journal of Neuroscience, 26*(26), 6893-6896.

Molloy, C. A., & Manning-Courtney, P. (2003). Prevalence of chronic gastrointestinal symptoms in children with autism and autistic spectrum disorders. *Autism, 7*(2), 165-171.

Nadesan, M. H. (2007). *Constructing autism: Unraveling the "truth" and understanding the social.* Routledge.

Ozonoff, S. (1995). Reliability and validity of the Wisconsin Card Sorting Test in studies of autism. *Neuropsychology, 9*(4), 491-500.

Pew Research Center. (2008). Health news coverage in the U.S. media. https://www.

journalism.org/2008/11/24/health-news-coverage-in-the-u-s-media.

Premack, D., & Woodruff, G. (1978). Does the chimpanzee have a theory of mind? *Behavioral and Brain Sciences, 1*(4), 515-526.

Risley, T. R., Wolf, M. M., & Baer, D. M. (1964). Operant behavior and levels of aggression. *Psychological Review, 71*(5), 408-421.

Schopler, E. (1976). Toward reducing behavior problems in autistic children. *Journal of Autism and Childhood Schizophrenia, 6*(1), 1-13.

Schopler, E., & Reichler, R. J. (1976). Parents as co-therapists in the treatment of psychotic children. *Journal of Autism and Childhood Schizophrenia, 6*(3), 279-290.

Schopler, E., Reichler, R. J., DeVellis, R. F., & Daly, K. (1980). Toward objective classification of childhood autism: Childhood Autism Rating Scale (CARS). *Journal of Autism and Developmental Disorders, 10*(1), 91-103.

Silverman, C., & Brosco, J. P. (2007). Understanding autism: Parents and pediatricians in historical perspective. *Archives of Pediatrics & Adolescent Medicine, 161*(4), 392-398.

Smith, T., & Eikeseth, S. (2011). O. Ivar Lovaas: Pioneer of applied behavior analysis and intervention for children with autism. *Journal of Autism and Developmental Disorders, 41*(3), 375-378.

Solmi, M., Song, M., Yon, D. K., Lee, S. W., Fombonne, E., Kim, M. S., ⋯ & Cortese, S. (2022). Incidence, prevalence, and global burden of autism spectrum disorder from 1990 to 2019 across 204 countries. *Molecular Psychiatry, 27*(10), 4172-4180.

Thompson, L. (2013). The rise of autism: An inside look at the diagnosis. CBS News. Retrieved from https://www.cbsnews.com/news/the-rise-of-autism-an-inside-look-at-the-diagnosis/

Volkmar, F. R., & Reichow, B. (2013). Autism in DSM-5: Progress and challenges. *Molecular Autism, 4*(1), 1-6.

Vos, T., Lim, S. S., Abbafati, C., Abbas, K. M., Abbasi, M., Abbasifard, M., Abbasi-Kangevari, M., Abbastabar, H., Abd-Allah, F., Abdelalim, A., Abdollahi, M., Abdollahpour, I., Abolhassani, H., Aboyans, V., Abrams, E. M., Abreu, L. G., Abrigo, M. R. M., Abu-Raddad, L. J., Abushouk, A. I., ⋯ & Murray, C. J. L. (2020). Global burden of 369 diseases and injuries in 204 countries and territories, 1990-2019: A systematic analysis for the Global Burden of Disease Study 2019. *The Lancet, 396*(10258), 1204-1222.

Wakefield, A. J., Murch, S. H., Anthony, A., Linnell, J., Casson, D. M., Malik, M., ⋯ & Thompson, M. (1998). Ileal-lymphoid-nodular hyperplasia, non-specific colitis, and pervasive developmental disorder in children. *The Lancet, 351*(9103), 637-641.

Ward, C. (1968). The special class for autistic children. *Education, 88*(1), 37–41.

Wolf, M. M., Risley, T. R., & Mees, H. L. (1964). Application of operant conditioning procedures to the behavior problems of an autistic child. *Behaviour Research and Therapy, 1*(2), 305–312.

Wing, L. (1981). Asperger's syndrome: a clinical account. *Psychological Medicine, 11*(1), 115–129.

Wing, L. C. (1979). Differentiation of retardation and autism from specific communication disorders. *Child: Care, Health and Development, 5*(1), 57-68.

Wing, L., & Gould, J. (1979). Severe impairments of social interaction and associated abnormalities in children: Epidemiology and classification. *Journal of Autism and Developmental Disorders, 9*(1), 11–29.

Worley, J. A., & Matson, J. L. (2012). Comparing symptoms of autism spectrum disorders using the current DSM−IV−TR diagnostic criteria and the proposed DSM−V diagnostic criteria. *Research in Autism Spectrum Disorders, 6*(2), 965-970.

Waltz, M. (2013). *Autism: A social and medical history.* Palgrave Macmillan

Xu, G., Strathearn, L., Liu, B., & Bao, W. (2018). Prevalence of autism spectrum disorder among US children and adolescents, 2014-2016. *JAMA, 319*(1), 81-82.2

Zeidan, J., Fombonne, E., Scorah, J., Ibrahim, A., Durkin, M. S., Saxena, S., ⋯ & Elsabbagh, M. (2022). Global prevalence of autism: A systematic review update. *Autism Research, 15*(5), 778-790.

진단기준, 임상양상

김민애, 최항녕

자폐스펙트럼장애는 인지, 언어, 사회성, 적응능력 등 다양한 발달 영역에 장애를 야기한다. 자폐스펙트럼장애 아동들은 개인에 따라, 발달 과정에 따라 다양한 임상양상을 보이며, 여러 공존질환이 흔하게 동반되기 때문에 진단에 어려움이 있다. 자폐스펙트럼장애의 치료는 가능한 한 조기에 발견하여 개입을 시작해야 효과적이기 때문에 정상발달, 다른 발달장애 및 정신장애와 구분되는 자폐스펙트럼장애의 임상양상과 진단기준을 정확히 알고 있을 필요가 있다. 이 장에서는 자폐스펙트럼장애에서 사용되는 진단분류체계 및 진단 과정, 자폐스펙트럼장애의 핵심 증상, 핵심 증상 이외의 임상적 특성, 공존질환에 대해 소개함으로써 자폐스펙트럼장애에 대한 이해를 증진시키고자 한다.

1. 진단기준

자폐스펙트럼장애는 사회적 의사소통과 사회적 상호작용의 질적인 결함, 제한적이고 반복적인 행동 및 관심사를 핵심 증상으로 하는 신경발달장애이다. 자폐스펙트럼장애의 핵심 증상은 아동마다 다르게 표현될 수 있고 발달 단계에 따라 상당히 다양하고 복잡한 행동양상으로 나타난다. 핵심 증상 외에도 광범위한 발달 영역에 장애를 초래하며 다른 의학적 질환 및 정신장애를 동반하는 경우도 흔하다. 따라서 자폐스펙트럼장애를 진단하려면 직접적인 임상관찰, 의무기록 검토, 보호자가 제공하는 과거력, 표준화된 진단검사 등의 다양한 정보를 얻고 의학적 및 정신과적 상태, 유전적 요인, 발달적 영향, 환경적 요인 등에 대해 평가하고 임상적 판단을 내려야 한다. 최근에는 정신과 의사, 소아과 의사, 신경과 의사, 심리학자, 언어치료사, 작업치료사, 물리치료사, 사회복지사 등이 참여하는 다학제적 접근을 통한 평가가 장려되고 있다.

1) 현재의 분류체계: DSM, ICD, RDoC

자폐스펙트럼장애를 진단하기 위해 많은 도구가 개발되었음에도 불구하고 여전히 행동양상에 근거한 숙련된 정신과 의사의 임상적 판단이 자폐스펙트럼장애를 진단하는 데에 있어서 가장 중요한 기준이 되고 있다. 따라서 자폐스펙트럼장애를 정의하는 방식은 진단과 이에 따른 치료에 상당한 영향을 미치게 된다. 가장 보편적으로 사용되는 진단기준은 미국 정신의학회(American Psychiatric Association: APA)에서 편찬한 『정신질환의 진단 및 통계 편람(5판)(Diagnostic and Statistical Manual of Mental Disorders, Fifth Edition: DSM-5)』이다. DSM-5 외에도 국제질병분류 11차 개정판(International statistical Classification of Diseases and related health problems, eleventh revision: ICD-11), 연구 도메인 진단 편람(Research Domain Criteria: RDoC) 등의 분류체계가 사용되고 있다.

(1) DSM-5 진단기준

DSM-5가 2013년에 개정되면서 경험적 · 임상적 근거를 바탕으로 자폐스펙트럼장애 진단기준에 몇 가지 변화가 있었다(Constantino & Charman, 2016). 첫째, 자폐스펙트럼장애가 지적장애, 주의력결핍 과잉행동장애(Attention-Deficit/Hyperactivity Disorder: ADHD) 등과 함께 신경발달장애(neurodevelopmental disorder)의 범주 안에 포함되었다. 둘째, DSM-IV에서 전반적 발달장애(Pervasive Developmental Disorder: PDD)의 하위 범주였던 자폐성장애(autistic disorder), 아스퍼거장애(Asperger's disorder), 아동기 붕괴성장애(childhood disintegrative disorder), 달리 명시되지 않은 전반적 발달장애(PDD-Not Otherwise Specified: PDD-NOS)가 자폐스펙트럼장애라는 단일 진단명으로 통합되면서 연속적인 스펙트럼상의 장애로 간주되었다. PDD-NOS에 속했던 사람들 중 제한적이고 반복적인 행동 없이 사회적 의사소통의 문제만 있는 사람들은 사회적 의사소통장애(Social

Communication Disorder: SCD)라는 새로운 진단으로 분류되었다. 변경된 DSM-5의 기준이 DSM-IV에 비해 제한적이라는 우려도 있으나, 많은 임상가들은 현재의 진단기준이 임상적인 합의와 실제를 더 잘 반영한다고 평가한다. 셋째, 증상의 요인 구조를 반영하기 위해 사회적 의사소통의 결함과 사회적 상호작용의 결함이 하나의 영역으로 통합되었다. 넷째, DSM-IV에서는 '3세 이전'으로 발병 연령이 정의되었으나, DSM-5에서는 증상이 '발달 초기'부터 나타난다고 변경되면서 사회적 요구가 제한된 능력을 초과할 때까지 증상이 완전히 나타나지 않을 수 있다는 주의를 덧붙였다. 이러한 변화는 자폐스펙트럼장애의 발달적 특성을 반영한 것으로, 일부 고기능 자폐스펙트럼장애의 경우 아동기 중반, 청소년기가 될 때까지 명확한 증상이 드러나지 않을 수 있다. 다섯째, DSM-5에서는 증상의 심각도를 평가하기 위한 척도가 추가되었다(〈표 2-2〉 참고). 심각도 척도는 필요로 하는 지원의 정도로 구분되며, 핵심 증상이 적응 기능에 미치는 영향을 반영한다. 핵심 증상의 수와 기능상의 장애가 항상 비례하지는 않으며, 자폐스펙트럼장애의 치료적인 개입들도 핵심 증상의 수보다는 적응 기능을 높이는 것에 목표를 두고 있다.

표 2-1 자폐스펙트럼장애의 DSM-5 진단기준

다음 A, B, C, D, E 진단기준을 모두 만족해야 한다.

A. 사회적 의사소통 및 사회적 상호작용의 지속적인 결핍이 다양한 맥락에서 나타나며 현재 또는 과거력상 다음과 같은 특징이 모두 나타난다.
1. 사회적-감정적 상호성의 결핍: 비정상적인 사회적 접근과 정상적인 대화의 실패, 흥미나 감정 공유의 감소, 사회적 상호작용의 시작 및 반응의 실패
2. 사회적 상호작용을 위한 비언어적인 의사소통 행동의 결핍: 언어적, 비언어적 의사소통의 불완전한 통합, 비정상적인 눈맞춤과 몸짓 언어, 몸짓의 이해와 사용의 결함, 얼굴 표정과 비언어적 의사소통의 전반적 결핍
3. 관계 발전, 유지 및 관계에 대한 이해의 결핍: 다양한 사회적 상황에 적합한 적응적 행동의 어려움, 상상놀이를 공유하거나 친구 사귀기가 어려움, 타인에 대한 관심 결여

현재의 심각도를 명시할 것: 심각도는 사회적 의사소통 손상과 제한적이고 반복적인 행동양상에 기초하여 평가한다.

B. 제한적이고 반복적인 행동이나 흥미, 활동이 현재 또는 과거력상 다음 항목들 가운데 적어도 2개 이상 나타난다.
1. 상동화되고 반복적인 행동, 물건 사용 또는 말하기: 단순한 운동 상동증, 장난감 정렬하기, 물체

튕기기, 반향어, 특이한 문구 사용

2. **동일성에 대한 고집, 일상적으로 반복되는 것에 대한 융통성 없는 집착, 또는 의례적인 언어나 비언어적 행동양상**: 작은 변화에 대한 극심한 고통, 변화의 어려움, 완고한 사고방식, 의례적인 인사, 같은 길로만 다니기, 매일 같은 음식 먹기

3. **강도나 초점에 있어서 비정상적으로 극도로 제한되고 고정된 흥미**: 특이한 물체에 대한 강한 애착 또는 집착, 과도하게 국한되거나 고집스러운 흥미

4. **감각 자극에 대한 과잉 또는 과소 반응, 또는 환경의 감각적 측면에 대한 유별난 관심**: 통증/온도에 대한 명백한 무관심, 특정 소리나 감촉에 대한 부정적 반응, 과도한 냄새 맡기 또는 사물 만지기, 빛이나 움직임에 대한 시각적 매료

현재의 심각도를 명시할 것: 심각도는 사회적 의사소통 손상과 제한적이고 반복적인 행동양상에 기초하여 평가한다.

C. 증상은 반드시 초기 발달 시기부터 나타나야 한다(그러나 사회적 요구가 개인의 제한된 능력을 넘어서기 전까지는 증상이 완전히 나타나지 않을 수 있고, 나중에는 학습된 전략에 의해 증상이 감춰질 수 있다).

D. 이러한 증상은 사회적, 직업적 또는 다른 중요한 현재의 기능 영역에 임상적으로 뚜렷한 손상을 초래한다.

E. 이러한 장애는 지적장애 또는 전반적 발달지연으로 더 잘 설명되지 않는다. 지적장애와 자폐스펙트럼장애는 자주 동반된다. 자폐스펙트럼장애와 지적장애를 함께 진단하기 위해서는 사회적 의사소통이 전반적인 발달 수준에 기대되는 것보다 저하되어야 한다.

다음의 경우 명시할 것:
지적 손상을 동반하는 경우 또는 동반하지 않는 경우
언어 손상을 동반하는 경우 또는 동반하지 않는 경우
알려진 의학적, 유전적 상태 또는 환경적 요인과 연관된 경우
다른 신경발달, 정신 또는 행동장애와 연관된 경우
긴장증 동반

출처: APA (2013).

표 2-2 자폐스펙트럼장애의 심각도 수준

심각도 수준	사회적 의사소통	제한적이고 반복적인 행동
3단계 상당히 많은 지원을 필요로 하는 수준	언어적, 비언어적 사회적 의사소통 기술에 심각한 결함이 있고, 이로 인해 심각한 기능상의 손상이 야기된다. 사회적 상호작용을 맺는 데 극도로 제한적이며, 사회적 접근에 대해 최소한의 반응을 보인다. 예) 이해할 수 있는 말이 극소수의 단어뿐인 사람으로서, 좀처럼 상호작용을 시작하지 않으며, 만일 상호작용을 하더라도 오직 필요를 충족하기 위해 이상한 방식으로 접근을 하며, 매우 직접적인 사회적 접근에만 반응한다.	융통성 없는 행동, 변화에 대처하는 데 극심한 어려움, 다른 제한적이고 반복적인 행동이 모든 분야에서 기능을 하는 데 뚜렷한 방해를 한다. 집중 또는 행동 변화에 극심한 고통과 어려움이 있다.
2단계 많은 지원을 필요로 하는 수준	언어적, 비언어적 사회적 의사소통 기술의 뚜렷한 결함, 지원을 해도 명백한 사회적 손상이 있으며, 사회적 의사소통의 시작이 제한되어 있고, 사회적 접근에 대해 감소된 혹은 비정상적인 반응을 보인다. 예) 단순한 문장 정도만 말할 수 있는 사람으로서, 상호작용이 편협한 특정 관심사에만 제한되어 있고, 기이한 비언어적 의사소통이 뚜렷하게 나타난다.	융통성 없는 행동, 변화에 대처하는 데 극심한 어려움, 다른 제한적이고 반복적인 행동이 우연히 관찰한 사람도 알 수 있을 정도로 자주 나타나며, 다양한 분야의 기능을 방해한다. 집중 또는 행동 변화에 고통과 어려움이 있다.
1단계 지원이 필요한 수준	지원이 없을 때는 사회적 의사소통의 결함이 분명한 손상을 야기한다. 사회적 상호작용을 시작하는 데 어려움이 있으며, 사회적 접근에 대한 비전형적인 반응이나 성공적이지 않은 반응을 보인다. 사회적 상호작용에 대한 흥미가 감소된 것처럼 보일 수 있다. 예) 완전한 문장을 말할 수 있는 사람으로서 의사소통에 참여하지만, 다른 사람들과 대화를 주고받는 데에는 실패할 수 있으며, 친구를 만들기 위한 시도는 비전형적이고 대개 실패한다.	융통성 없는 행동이 한 가지 이상의 분야에서 기능을 확연히 방해한다. 활동 전환이 어렵다. 조직력과 계획력의 문제가 독립을 방해한다.

출처: APA (2013).

(2) ICD-11 진단기준

ICD는 세계보건기구(World Health Organization: WHO)에서 공중보건 증진을 목적으로 제정한 진단체계로 전 세계적으로 확립되어 있다. DSM은 정신장애만을 다루고 있어 주로 정신과 의사와 심리학자들이 임상과 연구에 사용하는 것과는 달리, ICD는 전반적인 의료체계를 포함하고 있으며 공중보건 서비스와 진단코드, 보험 시스템 등에 사용되고 있다.

ICD-11에서 '신경발달장애' 범주가 새로 등장하면서 DSM-5와 유사한 변화가 생겼다. 이전에는 전반적 발달장애에 포함되었던 자폐증은 ICD-11에서 자폐스펙트럼장애로 분류되었으며 지적발달장애, ADHD 등과 함께 신경발달장애 범주에 속하게 되었다. 자폐스펙트럼장애의 진단기준은 DSM-5와 거의 일치하며 동반된 지적발달장애, 언어발달장애, 퇴행의 유무에 따라 명시자(specifier)를 붙인다.

(3) RDoC 진단기준

전통적으로 정신장애의 분류체계는 증상과 징후에 초점을 맞춰 증상의 유형과 수, 고통이나 장애의 유무에 따라 질병을 정의해 왔다. 이런 분류체계는 진단의 용이성 등의 장점이 있지만 생물학적·생리적·인지행동학적 연구 결과들을 충분히 반영하지 못한다는 문제점이 있다. 하나의 진단범주에 속하는 사람들 간에도 이질성(heterogeneity)이 존재해 연구에 어려움을 겪기도 하며, 질환을 분리하는 데에 지나치게 초점을 맞춰 정신장애의 기저에 있는 공통적인 측면이 간과된다는 비판이 제기되기도 한다. 미국 국립정신건강연구소(National Institute of Mental Health: NIMH)는 이러한 한계에서 벗어나기 위해 2009년 RDoC라는 새로운 분류체계를 만들었다. RDoC는 관찰 가능한 행동과 신경생물학적 차원에 근거하여 정신장애를 이해함으로써 진단체계 개정, 예방 및 치료적 개입으로 이어지는 새로운 연구 방법을 개발하는 것을 목표로 한다. 현재 RDoC는 감정, 인지, 동기, 사회적 행동을 반영하는 6개의 주요 기능 영역(domain)을 중심으로 구성되어 있다. 6개의 영역에는 부정가치체계(negative valence systems), 긍정가치체계(positive valence systems), 인지체계(cognitive systems), 사회적과정체계(systems for social processes), 각성/조절체계(arousal/regulatory systems), 감각운동체계(sensorimotor systems)가 있다. 각 영역에는 그 기능의 다양한 측면을 나타내는 3~6개의 심리적·생물학적 구조(constructs)라는 하위 항목이 있다. 구조는 정상에서 비정상까지 스펙트럼상에 있으며 전 생애에 걸쳐 변화하고 성숙되기 때문에 환경적 영향과 발달학적 측면을 고려해야 한다. 구조를 연구하기 위해서 여러 가지 방법이 사용되는데 이를 분석단위(units of analysis)라고 하며 유전자, 분자, 세포, 신경회로, 생리, 행동, 자가보고, 패러다임이 여기에 속한다. RDoC는 기존의 진단체계를 기반으로 한 연구들의 제한점을 보완함으로써 정신장애의 분류와 개인맞춤형 치료의 연구에 도움이 될 것이라고 기대된다.

2) 분류체계의 문제점

분류체계는 정신건강 상태를 이해하는 데 있어 공통의 언어를 제공함으로써 임상의와 연구자, 정책 입안자 간의 의사소통을 돕는다. 임상의는 분류체계를 통해 질환의 다양한 특성, 원인 및 예방 가능성에 대한 정보를 얻을 수 있다. 연구자들은 대상군이 균일한 특성을 가지는지 확인하여 연구의 질을 향상시키기 위해 분류체계를 사용한다. 분류체계는 정신 및 발달 장애를 이해하는 데에 도움이 되지만, 몇 가지 주요 문제가 제기되고 있다.

(1) DSM-5 및 ICD의 문제점

첫째, 관찰 가능한 행동과 스스로 보고하는 증상에 기반해 분류하는 범주형 분류체계로, 정신장애의 근본적인 원인 기전을 잘 반영하지 못한다. DSM-5는 원인론적 고려 사항을 진단기준이 아니라 위험 및 예후를 설명하는 부분에서 다루고 있으며, ICD는 장기계통에 따라 분류하고 있다. 이로 인해 동일한 진단 내에서도 표현형의 이질성이 크며, 서로 다른 원인으로 인한 증상이나 장애가 하나의 진단으로 분류될 수 있다. 다양한 원인에 의해 발생한 사회적 의사소통과 상호작용의 결핍이 모두 자폐스펙트럼장애로 진단될 수 있다(Klinger et al., 2014). 둘째, 이상적인 분류체계는 역치하 진단을 최소화해야 하지만, DSM-5에는 '달리 명시된(other specified)' '명시되지 않은(unspecified)' 등의 많은 역치하 진단이 존재한다. 이는 특정 진단기준을 충족하지 않는 많은 사람들이 정신장애를 진단받는 것을 뜻한다. 셋째, 정신장애를 진단할 수 있는 진단도구나 바이오마커가 없어 건강한 상태와 장애 사이의 명확한 임계값(threshold)을 설정하는 것이 어렵다. 자폐스펙트럼장애에서 몇몇 유전자의 변이가 보고되었지만, 모든 사람에서 자폐스펙트럼장애의 존재를 설명하거나 정상발달군과 구별할 수 있는 유전자 변이는 아직 밝혀지지 않았다(Klinger et al., 2014). ICD는 구체적인 기준점을 설정하지 않았고, DSM은 어떤 환경에든 적용될 수 있는 임계값을 설정하려고 노력하나 다소 임의적이라는 비판이 있다. 분류체계의 구성타당도를 확립하기 위한 연구들이 꾸준히 진행되었지만, DSM-5의 자폐스펙트럼장애 진단기준의 구성타당도가 부족하다는 연구 결과가 있었다(Waterhouse et al., 2016). 넷째, 현재까지 밝혀진 유전학적·신경생물학적·생리적·인지행동학적 연구 결과들을 반영하지 못한다(Hyman, 2007). 이는 정확한 진단뿐 아니라 정신장애의 원인, 위험 요인, 새로운 치료 등에 대한 연구를 어렵게 하는 요인이 되기도 한다. 다섯째, 현재의 주요 분류체계에서 정신장애는 서로 구별되는 별개의 장애로 여겨지지만, 종종 두 가지 이상의 정신장애 기준을 동시에 충족하는 경우가 생긴다. 공존장애가 빈번하게 발생하는 것은 다차원적인 현상에 범주체계를 적용해 설명하는 것과 관련이 있다. 자폐스펙트럼장애를 진단받은 아동은 다른 정신장애의 특징을 함께 보이기도 하며 약 70%가 공존장애를 진단받는다(Belardinelli et al., 2016).

(2) RDoC의 문제점

현재의 RDoC는 연구를 조직화하기 위한 도구일 뿐 임상 진료에 사용되는 분류체계는 아니다. RDoC는 임상에 적용하기에는 너무 복잡하고, 복잡성으로 인해 오히려 정확한 정보를 제공하기 어려울 수 있으며, RDoC를 이용한 연구들을 어떻게 통합하고 선별하여 정보를 제공할지 추가적인 논의가 필요하다.

3) 사회적 의사소통 및 상호작용의 결함

눈맞춤의 문제는 자폐스펙트럼장애에서 가장 두드러지는 특징으로 영유아기에 관찰되는 첫 번째 증상 중 하나이다(Moriuchi et al., 2017). 자폐스펙트럼장애를 가진 영유아는 눈맞춤을 거의 하지 않거나 눈맞춤의 빈도가 낮고 지속 시간이 짧으며 불확실하다. 정상발달의 경우 생후 8주경부터 사회적 미소(social smile)를 보이지만 자폐스펙트럼장애 영아는 사회적 미소를 잘 보이지 않고, 달래거나 즐겁게 해 주려는 보호자의 시도에도 미소를 짓지 않는다. 생후 6~7개월경부터 정상적으로 나타나는 낯가림과 분리불안 역시 자폐스펙트럼장애 영아에서는 거의 나타나지 않는다. 12개월이 넘으면 이름을 불렀을 때 돌아보지 않거나 반응하는 빈도가 떨어지는 등의 호명반응 문제가 관찰된다. 공동주의(joint attention)는 타인과 관심을 공유하는 사회적 의사소통 기술로 8~12개월 무렵 나타나기 시작하며, 관심을 유도하는 타인의 행동에 반응하거나 타인에게 관심사를 공유하기 위해 시선, 가리키기 등의 행동을 사용한다. 자폐스펙트럼장애 영유아에서는 공동주의의 결함이 두드러진다. 자폐스펙트럼장애를 가진 유아는 다른 사람이 주시하거나 가리키는 방향을 함께 쳐다보지 않는 경우가 많으며, 관심을 유도하기 위해 시선, 가리키기, 소리내기 등을 사용하지 않고 상대방의 손을 잡아끌어서 요구하곤 한다. 자폐스펙트럼장애를 가진 유아는 표정이 제한되어 있고 종종 표정이 특이하거나 이상하다는 평가를 받는다. 이로 인해 다른 사람들이 아동의 표정을 읽기 어려운 경우가 많으며, 특히 부정적 감정에 비해 행복 같은 긍정적 감정의 경우 더 어려움을 겪는다(Brewer et al., 2016). 또한 의사소통을 위한 비언어적인 몸짓의 다양성이 떨어지고 빈도가 낮으며, 비언어적 몸짓과 언어적인 의사소통을 잘 통합하지 못한다. 자폐스펙트럼장애 영유아는 보호자의 행동을 자발적으로 모방하는 횟수가 적고 모방행동을 유도해도 잘 따라 하지 않는다. 까꿍놀이처럼 모방과 사회적 소통이 결합된 상호작용 놀이를 하는 데에도 어려움을 겪는다. 음성적 특징으로 목소리의 높낮이가 단조롭고 밋밋하고, 노래하듯 리듬이 독특하거나, 말의 톤이 너무 높거나 낮은 경우, 크기가 너무 크거나 억양이 독특한 경우도 흔하다.

자폐스펙트럼장애 아동은 다른 사람의 표정, 몸짓, 감정과 의도를 읽고 해석하는 데에 어려움을 겪으며, 관심사와 감정을 공유하려는 시도가 적다. 표정 및 몸짓 신호를 읽지 못하면 다양한 사회적 맥락에 맞게 행동을 조정하는 데 어려움을 겪을 수 있다. 이는 종종 다른 성인이나 또래가 상호작용을 시도하려고 할 때 아예 관심을 보이지 않거나 부적절하고 제한적인 반응을 보이는 모습으로 나타난다. 또한 자발적으로 다른 사람과 상호작용을 하려는 시도가 적고, 독특한 방식으로 상호작용을 시도해 실패로 끝나는 경우가 많다. 일반적으로 갑자기 산발적으로 대화를 시작하는 경향이 있으며, 새롭고 관련 있는 정보를 공유하지 않고 상대에게 잘 반응하지 않는 등 대화를 시작하고 유지하는 데에 어려움이 있다. 대화의 상호성을 유지하는 데에 도움이 되는 '질문하기'와 같은 소통 기술이 잘 발달하지 않는다(Koegel et al., 2014). 자폐스펙트럼장애 아동은 종종 또래에 대한 관심이 부족한 것처럼 보이며 또래와 관계를 형성하는 데에 어려움을 겪는다. 4~5세가 되어도 상상놀이나 역할놀이를 하지 못해 또래와의 교류가 제한되기도 하며, 신체놀이가 아닌 사회적 상호작용이 필요한 놀이에는 흥미를 느끼지 못한다. 아동기에도 눈맞춤의 문제는 지속되며 일부의 경우 너무 빤히 오래 쳐다보는 등 부자연스러운 눈맞춤을 보이기도 한다.

일부 연구에서는 청소년기와 초기 성인기까지 사회적 관심과 사회적 행동이 점진적으로 개선되는 것으로 나타났다(McGovern & Sigman, 2005). 하지만 관계에 대한 욕구에도 불구하고 자폐스펙트럼장애를 가진 청소년은 일반 또래 청소년보다 사회 활동에 참여하는 횟수가 훨씬 적어 적절한 사회적 기술을 익힐 기회가 적으며 또래 관계를 형성하는 데에 어려움을 겪는다. 오히려 청소년기에는 사회 환경이 더 복잡해지고 관계를 유지하기 위해 세련된 대인관계 기술이 필요한 상황이 많아지면서 일반적인 또래와 사회적 상호작용의 격차가 더 커지기도 한다. 자폐스펙트럼장애 청소년은 상대와 서로의 관심사를 공유하는 걸 어려워하고, 대화할 때 자기 자신의 관심사에 대해서만 일방적으로 이야기하는 등 상대방의 반응을 살피지 않아 대화가 원활하게 이어지지 않는 경향이 있다. 고기능 청소년과 성인에게도 타인의 의도와 감정을 해석하는 것은 까다로운 일이기 때문에 비유적 언어를 이해하는 데에도 어려움이 있다(Morett et al., 2016). 자폐스펙트럼장애 청소년은 또래와 개별적이고 상호적인 친구 관계를 형성하고 유지하기가 어렵다. 고기능 청소년이나 성인은 어느 정도 가까운 관계를 맺을 수는 있지만 대부분은 피상적인 관계에 머무르며 깊은 관계를 형성하는 경우는 드물다.

4) 제한적이고 반복적인 행동이나 흥미

제한적이고 반복적인 행동이나 흥미(Restricted and Repetitive Behaviors: RRB)는 자폐스펙트럼장애의 핵심 증상으로 단순한 상동행동, 복잡하고 의례적이며 경직된 행동, 비전형적인 감각적 관심, 제한된 관심사에 대한 과도한 집착, 일과에 대한 비기능적인 고착, 사물의 반복적 사용, 특이한 사물에 대한 집착 등 광범위한 행동을 포함한다. RRB는 빠르면 12개월경부터 관찰되고 개인마다 다르게 나타나며 시간이 지남에 따라 정도와 행동 유형이 달라질 수 있다. RRB의 다양성을 이해하기 위해 행동을 저차원과 고차원으로 분류하는 '2요인 모델(two-factor model)'이 널리 적용되고 있다(Turner, 1999). 저차원적 RRB에는 상동행동, 반복적인 감각운동행동이 포함되며, 고차원적 RRB는 동일성에 대한 고집, 제한적이고 한정된 관심사, 의식이나 일상 규칙에 대한 고수, 변화에 대한 저항 등이 있다. 저차원적 RRB는 자극을 통해 보상을 얻기 위해 사용되며, 고차원적 RRB는 불편함을 줄이고 완화시키기 위해 사용되는 경우가 많다.

저차원적 RRB에 속하는 가장 대표적인 행동은 상동행동으로 손 팔락이기, 몸 흔들기, 빙글빙글 돌기, 제자리에서 뛰기, 까치발 들기, 손가락을 꼬거나 튕기기 등이 있다. 물체를 돌리거나 장난감 줄 세우기, 반복적으로 물체를 조작하기 등 비기능적으로 사물을 이용하기도 한다. 특정한 표현을 반복해서 사용하거나 상대방의 말을 바로 따라 하는 즉각 반향어, 과거에 들었던 말을 시간이 지나서 반복하는 지연 반향어도 흔하게 나타난다. 반복적인 감각운동행동에는 감각자극에 대해 지나치게 예민하게 반응하거나 반대로 지나치게 둔감한 것, 환경의 감각적 측면에 대한 비정상적인 관심을 보이는 것을 포함한다. 빛이나 움직임에 시각적으로 매료되어 물체를 응시하거나 흘겨보거나 물체를 눈 가까이 가져가는 행동, 소리가 나는 물체를 귀에 대고 반복적으로 재생하는 행동, 물체를 반복적으로 문지르거나 지나치게 냄새를 맡는 행동 등으로 나타난다. 감각자극에 대한 과민함은 특정한 시각, 청각, 후각 또는 촉각 자극에 대한 혐오감으로 나타나기도 한다.

고차원적 RRB는 동일성에 대한 고집, 경직성과 관련된 행동양상, 의식적 습관 및 정립된 일상 규칙을 고수하는 것, 제한적이고 고정된 관심사를 포함한다. 자폐스펙트럼장애가 있는 사람은 환경이나 일상의 사소한 변화에도 극심한 고통을 느끼고 한 활동에서 다른 활동으로 전환하는 데에 어려움을 느낀다. 이는 같은 이동 경로만 고집하거나 매일 같은 음식을 먹거나 같은 인사말을 사용하거나 동일한 순서로 놀이를 하는 등의 모습으로 나타난다. 흑백논리, 문자적 사고 등 매우 경직된 사고 패턴을 보이며, 청결, 확인, 숫자 세기 등의 강박행동이 관찰되기도 한다. 제한된 관심사는 대상에 대한 지나치게 강렬하고 한정적인 관심 또는 특이하거나 사회적 양상이 결여된 대상에 대한 관심으로 정의된다. 예를 들어, 지하철에 대한 집착으로 노선도, 모델, 제조사 등을 외우고 지하철을 타지 않는데도 지하철역에 가서 구경하는 경우가 이에 해당한다.

RRB는 나이와 지적기능에도 영향을 받는다(Militerni et al., 2002). 저차원적 RRB는 유아기에 주로 발생하고 나이가 들면서 강도와 횟수가 줄어드는 반면, 고차원적 RRB는 주로 학령전기에 발생해 시간이 지남에 따라 악화되는 경향을 보인다. 또한 인지기능, 특히 비언어적 인지기능이 낮을수록 저차원적 RRB의 비율이 높고, 인지기능이 좋을수록 고차원적 RRB가 더 자주 나타난다. RRB 정도가 심할 경우 아동이 적응 기술을 개발하고 다른 사람들과 사회적으로 상호작용하며 일상적인 활동에 참여할 수 있는 기회를 방해해 사회적 의사소통의 결핍에도 영향을 줄 수 있다(Durand & Carr, 1987; Morrison & Rosales-Ruiz, 1997). 상동행동을 조절하지 못하면 또래 관계 형성 및 학습에 지장을 줄 수 있으며, 지나친 경직성과 동일성에 대한 고집은 새로운 상황에 대한 노출을 감소시켜 사회정서 발달, 사회적 관계 형성, 적응력 및 유연성을 제한시킬 수 있다.

RRB는 일반적인 발달 과정에서 나타나기도 하며 다른 신경발달장애, 정신장애의 증상일 수도 있기 때문에 임상의는 증상의 빈도와 강도 등을 고려해 판단해야 한다(Bishop et al., 2006; Evans et al., 2017). 일반적인 발달 과정에서는 2~7세 무렵 RRB가 나타났다가 나이가 늘어감에 따라 RRB가 감소하지만, 자폐스펙트럼장애 아동의 경우 나이가 들어도 RRB가 지속되는 경과를 보이며 빈도도 일반 아동에 비해 3배 가량 높다. 유아기에 나타나는 저차원적 RRB는 근육 및 신경계를 발달시키고 성숙시키는 것과 관련이 있으며, 고차원적 RRB는 예측 불가능한 상황을 통제함으로써 스트레스를 줄이고 각성 상태 및 감정을 조절하기 위한 적응적 역할을 하기도 한다. 자폐스펙트럼장애에서도 이러한 행동들이 일종의 보상기능을 하면서 일반 아동과 달리 RRB가 지속되는 것으로 보인다.

5) 퇴행(Regression)

퇴행은 1세 또는 2세까지 아이가 일반적으로 발달하다가 갑자기 또는 점진적으로 기존에 획득했던 기술을 잃는 것을 의미한다. 퇴행은 비록 DSM-5 진단 분류체계의 자폐스펙트럼장애 진단기준에는 공식적으로 포함되어 있지는 않지만, 자폐스펙트럼장애에서 특징적으로 나타나는 중요한 지표로 고려될 수 있다(Luyster et al., 2005). 퇴행이 단순 언어지연이나 정상발달에서 나타나는 것으로 알려져 있으나 자폐스펙트럼장애에서 나타나는 분명한 기능의 상실과는 질적으로 다르고 영구적이지도 않은 것으로 보인다. 자폐스펙트럼장애의 경우 대략 12~50%의 증례에서 퇴행이 발생하며, 15~30개월 사이에서 시작하는 경향을 보인다(Barger et al., 2013; Volkmar et al., 2005). 대부분의 경우 (60~70%) 퇴행은 3개월 동안 나타나는 것으로 알려져 있다(Matson et al., 2010). 또한 퇴행 유형에 따라 유병률이 다양하게 나타났는데, 분류되지 않은 퇴행의 유병률은 39.1%, 언어/사회성 퇴행의 유병률은 38.1%, 혼합 퇴행의 유병률은 32.5%, 언어만 퇴행하는 경우의 유병률은 24.9%로 나타났다(Barger et al., 2013). 평균 발병 연령은 21.36개월이지만, 비언어 퇴행(18개월)이 언어 퇴행(21개월)보다 더 일찍 발병하는 것으로 알려져 있다 (Goldberg et al., 2003).

일반적으로 자폐스펙트럼장애에서 퇴행이 동반되는 경우에는 퇴행이 동반되지 않는 경우보다 자폐스펙트럼장애의 핵심 증상, 사회기술, 지적장애와 같은 공존질환, 도전적 행동 등에서 더 큰 기능 장해를 보이는 것으로 알려져 있지만 연구들마다 상반된 보고가 있다(Matson et al., 2010; Barger et al., 2017). 퇴행은 다양한 생물학적 및 환경적 요인과 관련이 있는 것으로 알려져 있는데, 생물학적 요인으로는 뇌구조의 비정상적 확대, 뇌전증 또는 비정상적인 뇌파(atypical epileptiform electroencephalograms: aeEEG), 그리고 미토콘드리아 기능 이상의 동반이 대표적이다(Boterberg & Warreyn, 2019). 한 연구에서는 자폐스펙트럼장애에서 퇴행이 동반될 경우 뇌전증 및 '비정상뇌파 소견'이 더 자주 동반될 가능성이 높다는 결과를 보였다(Barger et al., 2017). 퇴행의 기타 원인으로는 산전 및 산후 합병증, 바이러스 감염, 심리적 스트레스 요인, 사회경제적 지위 및 인종과 같은 환경적 요인도 영향을 미치는 것으로 알려져 있다(Boterberg & Warreyn, 2019).

6) 진단의 실제-전문가의 아동관찰, 부모면담

자폐스펙트럼장애 진단을 돕는 진단도구들이 지속적으로 개발되어 왔으나, 진단에 가장 중요한 것은 경험이 많은 전문가에 의한 임상적 진단이며, 진단도구가 임상적 진단을 대체할 수는 없다(Volkmar et al., 2005). 특히, 나이가 어릴수록 진단도구를 통한 진단은 정확도가 떨어지며, 임상적 진단의 중요성이 더 커진다. 최근 들어 자폐스펙트럼장애 진단이 증가하고 전문가들 사이에서 자폐스펙트럼장애 진단에 대한 의견 일치가 높아지고 있지만, 여전히 모든 전문가들이 동일하게 DSM-5 진단기준의 내용을 이해하고 있지는 않다. 개별 전문가의 판단에 따라 진단 결과가 달라질 수 있다는 점은, 단순히 일반화된 문장으로 쓰여진 진단기준과 실제 진료실에서 나타나는 다양한 행동을 연결 지어 해석하는 점이 쉽지 않다는 것을 의미한다. 자폐스펙트럼장애 증상이 개개인별로, 나이에 따라 다양하게 나타나고, 증상이 드러나지 않는 환경에 있는 경우에는 증상을 포착하는 것이 어렵다는 점이 이러한 어려움을 가중시킨다. 전문가들이 자폐스펙트럼장애를 정확하게 진단하기 위해서는 다수의 경험을 통한 전문가 자신의 암묵적 지식이나 체화된 감각이 필요하다. 이에 국내에서 동료 전문가들에게 자폐스펙트럼장애의 증상과 진단 방식을 가르치는 활동이 더 활발히 필요하다는 견해도 있다(장하원, 2020).

진단 전문가는 진료실에서 사회적 결함을 확인할 수 있는 다양한 상황을 유도하고 역동적으로 아동과 관계를 맺으며 아동의 반응을 유도한다. 또한 구조화된 환경에서 아동에게 적절한 시간과 적정한 과제를 내 주어 아동이 타인에게 반응할 수 있는 기회를 충분히 갖게 하는 것이 진단의 신뢰도에 중요하다. 전문가는 낯선 어른인 자신과 아동 사이에서 만들어진 사회적 관계의 양과 질을 평가함으로써, 사회적 상호작용 및 의사소통의 결함과 제한적이고 반복적인 행동이 자폐스펙트럼장애를 진단할 정도인지, 그리고 그 증상의 심각도는 어느 정도인지 추론한다(장하원, 2020; Lord et al., 2000).

부모면담 또한 자폐스펙트럼장애 진단을 위해 매우 중요하다. 부모와의 면담을 통해 어릴 때부터 아동이 어떠한 발달 궤적을 지나왔는지에 대한 정보를 수집해야 하며, 이는 직접적인 관찰 과정과 상호보완적인 역할을 한다. 이때 전문가 수집 정보에는 주산기적 합병증, 발달 초기에 나타나는 이상양상, 질병이나 약물 투약 이력, 이전의 발달 수준 평가 내용, 과거 및 현재 치료 이력 등이 포함된다. 전문가가 부모로부터 오류를 줄이고 적절한 보고를 받기 위해서는 부모교육이 필요한 경우가 많다. 전문가가 아동을 관찰하는 방식과 최대한 유사하게, 정상적인 발달 기준과 어떤 행동이 자폐스펙트럼장애의 증상

인지 교육이 필요하다. 그럼에도 불구하고 부모의 보고와 전문가의 관찰을 토대로 한 의견이 일치하지 않는 경우가 있다. 진료실 내의 낯선 환경에서 아동이 친숙한 가정과는 극명하게 다른 행동을 보이는 경우가 있는데, 이에 대해 전문가는 자폐스펙트럼장애의 특성이라고 판단하기도 하지만 부모는 자폐스펙트럼장애의 진단을 부정하는 결과로 이어지기도 한다(장하원, 2020).

2. 임상양상

1) 자폐스펙트럼장애의 감각적 특징

자폐스펙트럼장애에서는 청각, 시각, 촉각, 미각, 후각을 포함한 모든 감각 시스템에서 비정형적인 감각 처리 특징이 나타난다. 이는 특정 유형의 감각자극을 견디지 못하는 것부터 해당 자극이 주어졌을 때 반응하지 않는 것까지 다양하다. 감각적 특징은 개인 간에, 개인 내에서도 시간과 맥락에 따라서 다르게 나타날 수 있다. 감각자극에 대한 과잉 또는 과소 반응은 적절한 적응행동을 방해할 수 있다.

(1) 청각 시스템

자폐스펙트럼장애에서 가장 흔히 보고되는 감각 특징 중 하나는 청각자극에 대한 과민성으로 자폐스펙트럼장애 아동의 약 2/3에서 관찰된다. 청소기 소리, 변기 물 내리는 소리, 드라이기 소리처럼 일반적으로 불쾌하지 않은 소음에 대해서 과도하게 예민한 반응을 보이며, 대화 중에 배경 소음을 걸러 내는 데에 종종 어려움을 겪는다. 특히 스트레스가 심한 상황은 생리적 각성을 악화시키기 때문에 청각 과민성을 특정 사물이나 상황에 대한 불안 및 공포와 구별하기가 어렵다(Green & Ben-Sasson, 2010). 역설적으로 소리에 대한 예민성에도 불구하고 청각자극, 특히 음성언어에 대해 반응이 저하되어 있으며 청각정보 처리에 어려움을 겪는다. 이로 인해 타인의 말을 이해하지 못하거나, 청각 시스템이 쉽게 과자극을 받거나, 청각정보를 포착하지 못하여 아동이 부적절한 행동을 하거나 사회적 상호작용 및 의사소통의 어려움을 겪을 수 있다.

(2) 시각 시스템

자폐스펙트럼장애 아동의 시각 시스템에서는 작은 세부 사항을 감지하는 등의 강점과 전체적 지각 감소 및 동작 처리 저하 등의 결함이 나타난다. 눈 근처에서 손가락을 흔들면서 관찰하거나 빛의 깜빡임이나 회전을 관찰하는 등의 시각 추구, 눈을 흘겨보는 행동, 시각적 과민성으로 인해 밝은 빛을 피하는 모습, 물체나 사람을 뚫어지게 응시하는 행동 등이 흔히 관찰된다. 자폐스펙트럼장애 아동은 여러 대상에 시각적 주의를 분산하는 능력에 결함이 있으며, 이로 인해 스포츠 활동이나 사회적 상황 및 상호작용 이해에 어려움을 겪을 수 있다(Koldewyn et al., 2013).

(3) 촉각 시스템

자폐스펙트럼장애 아동에서 촉각자극에 대한 과민성 또는 둔감함이 종종 보고된다. 촉각에 대한 과민성은 촉각 방어성이라고도 하며, 몸단장을 하는 동안 고통스러워하거나, 사회적 접촉을 회피하거나 스킨십을 하면 짜증을 내며 공격적으로 반응하는 모습, 의류나 신발을 착용하기 싫어하며 짜증을 내는 행동 등으로 표현될 수 있다. 반대로 촉각 입력이 잘 되지 않아 통증과 온도에 둔감하거나, 얼굴이나 손에 뭔가 묻어도 알아차리지 못하거나, 특정한 물건이나 질감을 반복적으로 만지려고 하는 경우도 있다. 촉각자극에 대한 비전형적인 반응이나 촉각 추구는 사회성 및 의사소통의 결핍과 상관관계가 있는 것으로 보인다.

(4) 미각 및 후각 시스템

자폐스펙트럼장애 아동에서 음식에 대한 민감성과 혐오감은 흔하게 나타난다. 일반적인 경우에 비해 구강 민감성이 심하며 수유 문제가 흔하게 관찰되고, 편식하는 경우가 많으며 새로운 음식을 시도하는 데에 저항감이 심하다. 편식은 맛, 질감, 냄새 등의 감각 기능 문제뿐만 아니라 인지적 경직성 또한 반영하는 것으로 생각된다.

2) 자폐스펙트럼장애와 정서

자폐스펙트럼장애에서는 사회정서적 인지 처리 과정의 결함이 흔하게 동반되며, 정서 조절의 문제, 정서적 상호성, 의사소통의 문제, 공동주의의 결함 등으로 나타난다. 이는 사회적 상호작용의 질에 상당한 영향을 미치며, 주의력 및 문제해결과 같은 인지능력에도 영향을 줄 수 있다. 사회적으로 적절한지 판단하고 타인의 정서적 행동을 이해하고 공감하거나 정서적 표현을 하는 데에 어려움을 겪는다. 자폐스펙트럼장애 아동은 감정의 표현이 제한적이며 표정, 음성, 행동 등 비언어적 수단을 통한 감정 표현이 결여되어 있다. 원하는 것을 요구하기 위한 몸짓은 관찰되지만 감정을 표현하기 위한 몸짓은 잘 나타나지 않는다. 자폐스펙트럼장애 아동은 흔히 부적절한 상황에서 웃거나 두려움을 느끼지 못하거나 상처받아도 울지 않는 등 부적절하게 감정을 표현하며, 자신의 정서 상태에 대해서 설명하는 일이 드물다.

자폐스펙트럼장애 아동은 다른 사람들의 정신 상태와 정서를 인식하는 데에 큰 어려움이 있다. 타인의 감정을 인식하고 이해하고 분류해 표정을 변별하거나, 상황과 맥락에 따라 감정을 추론하는 데에 어려움을 겪는다. 한 연구에서 정서가 표현되는 장면을 보여주고 상황을 설명하게 했을 때 자폐스페트럼장애 아동은 상대의 행동에 대해서는 잘 설명했지만 정서에 대해서는 파악하지 못하는 모습이 관찰되었다(Moore et al., 1997). 유아는 어머니의 정서 표현을 참조하여 자신의 행동을 결정하는데 자폐스펙트럼장애 아동에서는 이러한 사회적 참조행동이 관찰되지 않는다. 많은 연구에서 자폐스펙트럼장애에서 나타나는 정서의 결핍은 마음이론(theory of mind), 정서적 조율 같은 근본적인 인지 구조의 결함으로 인해 사건의 정서적 중요성을 인식하지 못하기 때문이라고 설명한다. 마음이론이나 정서적 조율의 결함은 다른 사람의 생각과 관점, 감정을 인식하고 해석하는 능력을 저해한다. 정서의 결핍은 공감의 결여, 감정의 전염의 문제, 다른 사람의 감정 상태에 대한 단서를 알아차리지 못하는 데에도 영향을 받는다. 따라서 자폐스펙트럼장애에서 나타나는 정서 결핍의 인지적·정서적·행동적 측면은 타인과의 관계에서 더 큰 결핍으로 이어져 궁극적으로 대인관계의 질에 영향을 미친다.

3) 자폐스펙트럼장애의 놀이발달

카너(Kanner, 1943)는 자폐스펙트럼장애 아동의 놀이에 대해 다음과 같이 기술했다. "도널드는 항상 즐겁고 바쁘게 놀았지만, 특정 물건을 가지고 놀 것을 강요받는 것을 싫어했습니다. 아이의 행동 대부분은 처음에 수행했던 방식과 정확히 같은 방식으로 반복되었습니다. 만약 아이가 블록을 돌리면, 항상 같은 면이 위로 오게 했습니다." "알프레드는 장난감 캐비닛에서 기차를 발견하고, 천천히 단조로운 방식으로 차를 연결하고 분리했습니다. 아이는 여러 번 '더 많은 기차—더 많은 기차—더 많은 기차'라고 말했습니다. 아이는 창문을 반복해서 세어 보았고, 기차와는 다른 자극으로부터 주의가 분산되지 않았습니다" "엘레인은 매우 안절부절못하지만, 그녀에게 그림을 보여 주거나 블록으로 혼자 놀게 하거나, 그림을 그리거나 구슬을 꿰게 할 수 있으면 몇 시간 동안 만족스럽게 놀았습니다." 카너는 자폐스펙트럼장애 아동이 주변 사람들보다 물건에 더 많은 관심을 보이는 반복적인 상호작용을 가졌다고 언급했다. 실제로, 자폐스펙트럼장애 아동들은 물건과의 상호작용에서 다른 사람들과 적극적으로 거리를 두었다. 카너의 초기 자폐스펙트럼장애 아동에 대한 기술 이후, 자폐스펙트럼장애 아동의 놀이 행동에 대한 많은 연구가 이루어졌는데, 놀이는 일반적으로 검사자가 직접 평가하거나 장난감을 제공하고 양육자와 함께 노는 상황을 관찰했다.

　기능놀이(functional play)는 대상을 사회적으로 정의된 방식으로 사용하는 놀이로 정의된다. 예를 들어, 아동이 숟가락으로 음식을 뜨거나, 자동차를 차고에 넣는 것과 같이 일반적으로 대상을 사용하는 방식의 행동을 하는 것이다. 자폐스펙트럼장애 아동은 상상력을 발휘하거나 가상적인 방식으로 대상을 사용하는 상징적 수준의 놀이보다는 기능적인 수준의 놀이를 더 많이 하는 경향이 있다. 기능적 놀이의 수준을 보면, 자폐스펙트럼장애 아동들은 장난감 버튼 누르기처럼 언어나 몸짓을 사용하지 않는 간단한 단순 행동 놀이를 하고, 정상발달 아동들은 자신에게 작은 컵을 내밀기와 같은 조금 더 상징 놀이에 가까운 기능놀이를 하는 경향이 있다(Williams et al., 2001). 다양성 측면에서도 자폐스펙트럼장애 아동들은 제한적인 양상을 띠는데, 인형을 항상 같은 방식으로 먹이는 등 유연하지 않고, 동일 행위를 반복하는 방식의 놀이를 하는 경향이 있다(Ungerer & Sigman, 1981). 또한 자폐스펙트럼장애 아동들은 놀이 중 타인과의 상호작용이 부족한 것 외에도, 물건에 대한 강렬한 탐색(예: 사물을 눈에 가까이 대서 보기) 또는 물건에 대한 다소 기이한 방식의 행동(예: 사물을 계속 회전시키거나, 장난감 냄새 맡기 등)과 같은 질적인 차이를 보일 수 있다. 이러한 방식의 놀이는 자폐스펙트럼장애 아동에게 즐거움을 줄 수 있지만, 타인과 놀이를 같이 하거나 기능적이고 적절한 물건 놀이 기술을 획득하는 데 방해가 될 수도 있다.

　상징놀이(symbolic play)는 아동의 상상력에 의해 대상물에 대한 상징화에 따른 역할, 사물, 행동, 언어로 표현되는 놀이를 뜻한다. 기능놀이와 마찬가지로 자폐스펙트럼장애 아동에서는 정상발달과 다른 패턴을 보이는데, 상징놀이가 시작되는 시기가 정상발달에 비해 지연되어 있고(Charman et al., 1997), 종류도 제한적이며, 놀이의 빈도도 감소되어 있는 것으로 알려져 있다(Libby et al., 1998). 정상발달에서는 생애 첫 1년에 대상을 이용한 놀이에서 보호자와 긍정적인 정서를 공유하는 것으로 알려져 있다(Mundy et al., 1992). 반면, 자폐스펙트럼장애 아동은 긍정적인 정서와 즐거움을 표현하고 타인과 공유하는 빈도가 감소되어 있으며 사물에 초점을 맞춘 놀이 양상을 보인다(Wong & Kasari, 2012). 놀이의 종류를 불문하고 모방할 수 있는 능력을 가진 자폐스펙트럼장애 아동이 사회적 의사소통 능력이 더 뛰어난 것으로 나타났다(Ingersoll, 2008).

4) 자폐스펙트럼장애의 사회성 발달

사회성의 발달은 출생 이후부터 보이는데, 신생아들은 보통 사람의 얼굴을 더 선호하고, 낯선 사람보다는 양육자를 더 선호하는 모습을 보인다(Shultz et al., 2018). 사회적 미소는 6~8주 사이에 나타나며, 생후 6개월이 되면 옹알이의 형태를 통해 사회적 상호작용을 하게 된다. 9~12개월 사이에는 언어가 나타나기 전 단계의 기술들이 창발하게 되고, 유아는 성장하면서 눈맞춤, 얼굴표정, 몸짓, 울음소리 등을 통해 관심을 공유하고 상호작용을 하기 시작한다(Wetherby & Prizant, 1993). 폭발적인 언어의 발달기에 앞서 비언어적인 의사소통 기술들이 나타나지만, 자폐스펙트럼장애 아동들은 이 단계부터 발달의 결함이 나타나는 경향을 보인다. 다수의 연구에서 2~3세경의 자폐스펙트럼장애 아동들은 제한적인 비언어적 의사소통 기술들을 보이며 의사소통의 양적 저하, 낮은 빈도의 몸짓 사용, 사회적 참조의 부족, 긍정적인 정서를 공유하는 빈도의 감소, 공동주의가 저하된 양상을 보였다(Bedford et al., 2012; Delehanty et al., 2018; Landa et al., 2007).

눈맞춤은 초기 사회성 발달에 중요한 역할을 하는데, 다수의 연구에서 자폐스펙트럼장애 아동은 시선의 이상 패턴과 제한된 눈맞춤을 보였다(Volkmar & Mayes, 1990). 그 결과 어린 자폐스펙트럼장애 아동들은 환경으로부터 타인의 감정 상태를 포함한 다수의 사회적 신호를 얻지 못하게 될 수 있다(Chawarska et al., 2010). 한 연구에 따르면, 자폐스펙트럼장애 고위험군 아동(추후에 자폐스펙트럼장애로 진단받은)에서 초기 12개월의 모방행동 발달에 이상이 나타났다(Zwaigenbaum et al., 2005). 특히 자폐스펙트럼장애 아동에서 사회적 상호작용의 맥락 내에서 모방행동의 결함이 상호호혜성과 상징놀이와 관련된 사회기술과 상관관계를 보이는 것으로 나타났다(Ingersoll & Meyer, 2011). 공동주의는 타인과 사건 또는 사물에 대한 경험을 공유하고자 하는 비언어적 사회의사소통 기술을 의미하는데, 보통 정상발달에서는 8~12개월 사이에 나타나기 시작한다. 보통 시선(eye gaze), 보여주기(showing), 가리키기(pointing) 등을 통해 직접 관심사를 공유하려는 시도를 하거나, 타인의 관심사를 공유하려는 시도에 반응을 하게 된다. 어린 자폐스펙트럼장애 아동에서는 현저한 공동주의의 결함이 특징적이며, 관찰된다고 하더라도 시선의 이동이 이상하거나, 일반적이지 않은 부적절한 몸짓이나 소리를 사용하는 방식으로 나타난다.

일부 연구에서는 사회적 관심이 증가하는 시점과 일치하게 청소년기와 초기 성인기에서 사회적 활동이 점진적으로 호전되는 것으로 나타났다(McGovern & Sigman, 2005). 또한 눈맞춤, 공동주의, 모방의 결함과 관련된 연구가 어린 자폐스펙트럼장애 아동들에 초점을 맞추고 있는 만큼, 중기 아동기 이상의 자폐스펙트럼장애 환아를 평가할 때는 눈맞춤/공동주의/모방의 결함이 두드러지지 않을 수 있음을 고려해야 한다. 전반적으로는 여전히 자폐스펙트럼장애 청소년에게서는 사회적 활동의 참여가 정상발달군에 비해 낮은 것으로 보고되고 있다(Shattuck et al., 2011). 적응적 사회기술의 발달은 인지적 능력이 낮을수록, 환경적인 자원(부모교육 또는 부모 기반의 치료)이 부족할수록 더 더딘 것으로 나타났다(Anderson et al., 2009). 자폐스펙트럼장애 아동의 사회성 발달은 초기부터 이질적인 양상을 보이는데, 현재까지는 대규모의 종단적인 자폐스펙트럼장애 사회성 발달에 대한 연구가 부족한 실정으로 추후 추가적인 연구가 필요하다.

5) 자폐스펙트럼장애의 운동기능 이상

자폐스펙트럼장애에서 자세 제어, 보행, 대근육과 소근육의 이상, 글쓰기를 포함한 특정 운동기능의 영역에서 이상이 있음이 많은 연구에서 밝혀져 있다(David et al., 2009; Hellinckx et al., 2013). 운동기능의 이상은 자폐스펙트럼장애 진단이 되기 전보다 충분히 일찍 나타나는 경향이 있으며(Baranek, 1999; Landa et al., 2012), 성인으로 성장해도 정상 수준에 도달하지 못할 수 있다(Minshew et al., 2004). 또한 운동장애의 결과가 자폐스펙트럼장애의 핵심 증상인 사회적 의사소통 기술의 결함을 악화시킬 수 있다는 연구 결과들도 있다(Dziuk et al., 2007). 운동발달지연은 자폐스펙트럼장애 환아의 교육, 가족 및 친구와의 놀이 및 여가 활동 참여, 그리고 일상생활 활동에 독립적으로 참여하는 능력에 부정적으로 영향을 미칠 수 있기 때문에 임상적으로 운동발달에 중점을 둔 개입도 같이 권장된다.

어린 유아에서의 운동발달의 이상은 추후 자폐스펙트럼장애 진단과도 관련성이 높다(Libertus & Landa, 2014). 생후 3개월의 자폐스펙트럼장애 고위험군 아동들은 저위험군의 아동보다 운동발달 검사에서 낮은 점수를 보였고(Bhat et al., 2012), 자폐스펙트럼장애로 진단되었던 아동의 생후 6개월 시기에는 정상발달 아동에 비해 목가누기, 팔의 움직임의 결함을 더 많이 보였다(Flanagan et al. 2012; Landa et al. 2016). 또한 6개월, 14개월의 자폐스펙트럼장애 고위험군 아동에서 각각 앉기, 서기 자세의 안정성이 떨어지는 양상을 보였다(Nicekl et al., 2013). 12~36개월 자폐스펙트럼장애 아동에서 운동발달지연이 현저하게 발생했으며, 연령이 증가할수록 격차는 더 심화되는 것으로 나타났다(Estes et al., 2015). 7~10세경의 중기 아동기에서 자폐스펙트럼장애 아동의 운동지연은 지속되는 것으로 나타났으며, 목적 지향적인 행동의 속도와 정확성 모두 대조군에 비해 떨어지는 것으로 나타났다(Whyatt & Craig, 2012). 이에 또래와 어울리는 데 필요한 스포츠 활동에 지장을 일으키게 된다. 청소년기에도 자폐스펙트럼장애 아동은 자세적 안정성(postural stability)의 결함을 비롯해 전반적 운동발달에서 낮은 점수를 보였다(Pan, 2014).

　자폐스펙트럼장애에서는 기본적인 운동발달의 결함(basic motor impairment)과 더불어 특징적으로 모방을 비롯한 동작(praxis)의 결함이 광범위한 것으로 나타났다(Dowell et al. 2009). 여기서 동작은 목적이 있는 움직임을 계획하고 실행하는 능력을 통칭하는 개념으로, 의미 없는 동작의 모방(예: 손가락을 코에 대기), 상징적 행동(예: 인사의 목적으로 손을 흔들기), 지시에 따라 도구를 사용하기(예: 머리빗으로 머리 빗기)를 포함한다. ADHD와 발달협응장애(Developmental Coordination Disorder: DCD)와 비교한 연구에서도 자폐스펙트럼장애에 특징적으로 몸짓과 관련된 발달적 행동실조(developmental dyspraxia)가 두드러졌다(Dewey et al., 2007). 발달적 행동실조는 운동 기술뿐 아니라 광범위한 사회기술의 영역에서도 기능장해를 일으켜 자폐스펙트럼장애의 핵심 증상인 사회적 의사소통의 결함에 기여할 수 있다(Mostofsky & Ewen 2011). 뇌신경학적으로 자폐스펙트럼장애에서의 발달적 행동실조는 숙련된 행위들의 이해와 실행에 관여하는 두정엽-전운동영역 네트워크(parietal-premotor networks)의 기능 이상과 관련이 있을 것으로 추정된다. 운동학습에서는 특히 감각운동통합(sensory-motor integration)이 중요한데, 자폐스펙트럼장애의 경우는 시각적으로 받는 피드백 정보보다 고유 수용성 감각(priprioception)에 더 의존하는 양상을 보임으로써 정상발달과는 다른 감각운동통합 과정으로 인해 운동학습 과정의 결함이 나타나는 것으로 생각된다(Morris et al., 2015).

6) 공존질환 및 연관증상

자폐스펙트럼장애에서 공존질환은 고르게 나타나지 않고 다양한 하위 그룹으로 나누
어지는 경향이 있다. 최근 연구에 따르면 자폐스펙트럼장애 개인들은 뇌전증, 다계통 장
애(multisystem disorders), 정신장애를 보이거나, 명확한 공존질환이 없는 경우로 하위 분
류될 수 있다(Doshi-Velez et al., 2014; Miles et al., 2005). 자폐스펙트럼장애의 공존질환은
사회적 의사소통 및 상호작용의 결함과 제한적이고 반복적인 행동, 관심사, 활동 패턴,
감각 처리의 어려움을 포함한 핵심 진단 특징 외의 증상들로 나타난다. 뇌전증, 정신/행
동 문제, 위장관장애는 지적장애가 동반된 자폐스펙트럼장애 아동에서 특히 흔한 공존
질환이다(Mpaka et al., 2016). 공존질환은 종종 유아기에 나타나며(Muratori et al., 2019),
자폐스펙트럼장애 증상의 심각성, 지적장애의 존재 여부, 적응기능의 제한과 관계없이
부적응적 행동의 가장 좋은 예측 인자일 수 있다(Skwerer et al., 2019). 공존질환의 유병률
은 연구마다 크게 다양하며, 이는 자폐스펙트럼장애가 단일장애가 아니라 다양한 병리
를 포함하는 스펙트럼상에 있음을 시사한다. 또한 많은 공존질환 유병률 연구들은 적은
환자 샘플을 사용하거나 인구 통계, 사회경제적 · 인종적 · 지리적 요인이 진단에 미치는
영향을 다루지 않았다는 한계가 있다.

현재 자폐스펙트럼장애 아동 및 성인에서 공존하는 정신장애 발생률이 일반 인구보
다 더 높다고 알려져 있다. 자폐스펙트럼장애 청소년들은 일반 인구(Leyfer et al., 2006;
Simonoff et al., 2008)뿐만 아니라 정신과적 치료를 받는 청소년들(Joshi et al., 2010; van
Steensel et al, 2013)과 비교하여도 더 높은 정신장애 발생률을 보인다. 자폐스펙트럼장애
아동 중 약 60~70%가 최소한 한 가지 이상의 공존질환 기준을 충족하며 약 41%는 두 가
지 이상을 보인다. 자폐스펙트럼장애 청소년에서 가장 흔한 공존질환은 불안 및 기분 장
애, ADHD, 강박장애, 적대적 반항장애이다(Leyfer et al., 2006; Simonoff et al., 2008). 자폐
스펙트럼장애 성인에서도 약 69~79%가 생애 중 최소 한 번 이상 정신장애 기준을 충족
하며, 이 중 57%는 두 가지 이상의 정신장애 진단기준을 만족한다(Buck et al., 2014). 불
안 및 주요 우울 장애는 자폐스펙트럼장애 성인에서 가장 흔한 공존질환으로 알려져 있
다(Lever & Geurts, 2016).

자폐스펙트럼장애에서 정신장애에 대한 높은 취약성은 유전/생물학적 위험 요인(예:
질환 간 공유된 유전적 병인), 환경적 위험 요인(예: 조산, 따돌림 및 차별과 같은 부정적인 생활
사건), 사회-인지적 위험 요인(예: 인지적 유연성, 감정조절 및/또는 사회적 및 집행기능의 장

애), 또는 공존하는 신체적 질환(Kerns et al., 2015; Mazefsky & Herrington, 2014) 등 다양한 요인들 때문일 수 있다. 또한 사회적 혼란(예: 마음이론 결함), 또래 거부, 과도하거나 과소한 감각자극에 대한 민감성과 같은 자폐스펙트럼장애 특유의 위험 요인들도 다른 공존하는 정신장애에 대한 취약성을 증가시킨다(Wood & Gadow, 2010).

자폐스펙트럼장애의 증상과 공존질환으로 인한 증상을 구분하는 것은 정확한 진단뿐 아니라 적절한 치료 방향 결정에도 중요하게 작용한다. 자폐스펙트럼장애 아동은 종종 산만하거나 과잉행동 같은 모습을 보이는데, 이로 인해 ADHD로 오인되어 적절한 개입이 늦어지거나 부적절한 치료를 하게 될 수 있다(Miodovnik et al., 2015). 예를 들어, 5세 자폐스펙트럼장애 아동이 진료 내내 돌아다니고 의사의 뒤쪽으로 들어와 키보드를 누르려고 한다. 전등을 껐다 켰다 하고 누르면 소리가 나는 전자기기 버튼을 반복적으로 눌러 보고 팔짝팔짝 뛰기도 한다. 의사와 보호자가 제지하려고 하자 높은 톤으로 소리를 지르고 잘 달래지지 않았다. 이 사례는 ADHD로 인한 산만함과 과잉행동이 아니라 자폐스펙트럼장애의 특성인 사회적 지식의 결핍, 사회적 동기 부족, 제한된 관심사, 감각 추구행동 등으로 인해 낯선 환경에서 비적응적인 행동을 보이는 것으로 판단할 수 있다(Mazefsky et al., 2011). 이런 경우 ADHD 약물은 크게 도움이 되지 않으며, 오히려 부작용이 발생할 위험이 있으므로 주의해야 한다. 자폐스펙트럼장애에서 부주의, 충동성, 과잉행동 등의 ADHD 증상이 아동의 정신 연령에서 기대되는 것보다 과도하거나, 자폐스펙트럼장애의 핵심 증상 및 언어지연, 지적장애 등에 대한 중재 후에도 ADHD 증상이 지속된다면 ADHD 동반 진단을 고려해야 한다(Mahajan et al., 2012). 자폐스펙트럼장애에서 ADHD가 동반된 경우 사회적 상호작용이 더 어렵고, 행동문제가 심하고, 인지능력이 떨어지며, 삶의 질이 감소하기 때문에 ADHD 증상을 잘 평가하고 ADHD 약물을 사용하는 등의 개입이 필요하다.

사례

　　7살 남아 정안이(가명)는 특정 행동을 고집(엘리베이터, 에어컨 등 버튼 작동)하며, 청각이 예민하여 미용실을 거부하고, 사이렌 소리가 나면 귀를 막고 불안해하는 모습을 주 호소로 병원에 내원하여 자폐스펙트럼장애로 진단받았다. 웩슬러 검사상 전체지능지수 66, 사회성숙도 검사상 사회지수 65, K-ARS 점수는 30점을 보였으며, 주의력검사(ATA)상 시각 및 청각 주의력검사의 오경보오류가 '결핍' 수준이었다. 정안이는 착석이 힘들고 집중이 어렵다는 보고가 있어 메틸페니데이트를 10mg까지 복용해 보았으나, 오히려 과격해지고 주변 감각에 예민해져 약물 복용을 지속하지 못하고 다시 내원하였다. 아리피프라졸 정을 4mg까지 증량하며 체중 증가 등의 부작용 없이 수면과 식이 모두 양호하였고, 산만함이 현저히 줄었으며, 새로운 상황이나 환경에 대한 심한 거부감이 거의 없어졌다. 이 사례에서 산만성과 주의집중의 어려움은 ADHD의 핵심 증상으로부터 비롯되었다기보다는, 자폐스펙트럼장애에서 나타나는 낯선 환경에서 과민 반응을 보이며 회피하거나 사회적 지식의 부족으로 인해 상황에 맞지 않은 부적절한 행동이 심화됨으로 인해 나타났던 것으로 판단된다. 이 사례의 경우 ADHD 약물인 정신자극제가 효과보다는 부작용이 클 수 있다는 점을 조심해야 한다.

참고문헌

장하원(2020). '다른 아이'의 구성. 서울대학교 대학원 박사학위논문.

American Psychiatric Association. (1994). *Diagnostic and statistical manual of mental disorders* (4th ed.). American Psychiatric Association.

American Psychiatric Association. (2000). *Diagnostic and statistical manual of mental disorders* (4th ed., Test Rev.). American Psychiatric Association.

American Psychiatric Association. (2013). *Diagnostic and statistical manual of mental disorders* (5th ed.). American Psychiatric Association.

Anderson, D. K., Liang, J. W., & Lord, C. (2009). Predicting young adult outcome among more and less cognitively able individuals with autism spectrum disorders. *Journal of Child Psychology and Psychiatry*, 55(5), 485-494.

Bachevalier, J., & Loveland, K. A. (2006). The orbitofrontal-amygdala circuit and self-regulation of social-emotional behavior in autism. *Neuroscience & Biobehavioral Reviews*, 30(1), 97-117.

Baranek, G. T. (1999). Autism during infancy: A retrospective video analysis of sensory-motor and social behaviors at 9-12 months of age. *Journal of Autism and Developmental Disorders, 29*(3), 213-224.

Barger, B. D., Campbell, J. M., & McDonough, J. D. (2013). Prevalence and onset of regression within autism spectrum disorders: a meta-analytic review. *Journal of Autism and Developmental Disorders, 43*(4), 817-828.

Barger, B. D., Wray, J., & Lai, M. C. (2017). Regression in autism spectrum disorder. *Journal of Neurodevelopmental Disorders, 9*(1), 1-12.

Baron-Cohen, S., O'riordan, M., Stone, V., Jones, R., & Plaisted, K. (1999). Recognition of faux pas by normally developing children and children with Asperger syndrome or high-functioning autism. *Journal of Autism and Developmental Disorders, 29*(5), 407-418.

Baron-Cohen, S., Spitz, A., & Cross, P. (1993). Do children with autism recognize surprise? A research note. *Cognition and Emotion, 7*(6), 507-516.

Bedford, R., Gliga, T., Frame, K., Hudry, K., Chandler, S., Johnson, M. H., ··· & Charman, T. (2012). Failure to learn from feedback underlies word learning difficulties in toddlers with autism. *Journal of Child Psychology and Psychiatry, 53*(3), 267-276.

Belardinelli, C., Raza, M., & Taneli, T. (2016). Comorbid behavioral problems and psychiatric disorders in autism spectrum disorders. *Journal of Childhood and Developmental Disorders, 2*(2), 1-9.

Bhat, A. N., Galloway, J. C., & Landa, R. J. (2012). Social and non-social visual attention patterns and associative learning in infants at risk for autism spectrum disorder. *Journal of Child Psychology and Psychiatry, 53*(10), 1139-1148.

Bishop, S. L., Richler, J., & Lord, C. (2006). Association between restricted and repetitive behaviors and nonverbal IQ in children with autism spectrum disorders. *Child Neuropsychology, 12*(4-5), 247-267.

Boterberg, S., & Warreyn, P. (2019). Regression in children with autism spectrum disorder: An evaluation of the DSM-5 criteria. *Journal of Autism and Developmental Disorders, 49*(6), 2126-2137.

Brewer, R., Biotti, F., Catmur, C., Press, C., Happé, F., Cook, R., & Bird, G. (2016). Can neurotypical individuals read autistic facial expressions? Atypical production of emotional facial expressions in autism spectrum disorders. *Autism Research, 9*(2), 262-271.

Buck, T. R., Viskontas, I. V., & Matthews, B. R. (2014). Autism spectrum disorder and epilepsy: Two sides of the same coin? *Journal of Clinical Neurology, 10*(4), 267-275.

Charman, T., & Baron-Cohen, S. (1994). Another look at imitation in autism. *Development and Psychopathology, 6*(3), 403-413.

Charman, T., Swettenham, J., Baron-Cohen, S., Cox, A., Baird, G., & Drew, A. (1997). Infants with autism: An investigation of empathy, pretend play, joint attention, and imitation. *Developmental Psychology, 33*(5), 781-789.

Chawarska, K., Klin, A., Paul, R., & Volkmar, F. (2007). Autism spectrum disorder in the second year: Stability and change in syndrome expression. *Journal of Child Psychology and Psychiatry, 48*(2), 128-138.

Chawarska, K., Macari, S., & Shic, F. (2010). Contexts and structures of spontaneous communicative behaviors in toddlers with autism spectrum disorder. *Journal of Child Psychology and Psychiatry, 51*(12), 1281-1290.

Clark, L. A., Cuthbert, B., Lewis-Fernandez, R., Narrow, W. E., & Reed, G. M. (2017). Three approaches to understanding and classifying mental disorder: ICD-11, DSM-5, and the National Institute of Mental Health's Research Domain Criteria (RDoC). *Psychological Science in the Public Interest, 18*(2), 72-145.

Constantino, J. N., & Charman, T. (2016). Diagnosis of autism spectrum disorder: Reconciling the syndrome, its diverse origins, and variation in expression. *The Lancet Neurology, 15*(3), 279-291.

David, F. J., Baranek, G. T., Giuliani, C. A., Mercer, V. S., Poe, M. D., & Thorpe, D. E. (2009). Movement patterns and motor skills of boys with autism spectrum disorder: Evidence for differentiated motor profiles. *Research in Autism Spectrum Disorders, 3*(2), 276-288.

Dawson, G., & Adams, A. (1984). Imitation and social responsiveness in autistic children. *Journal of Abnormal Child Psychology, 12*(2), 209-225.

Delehanty, A. D., Wetherby, A. M., Watt, N., & Woods, J. (2018). Predictive validity of the CSBS DP ITC for children at risk of autism spectrum disorder. *Autism Research, 11*(8), 1155-1165.

Dewey, D., Cantell, M., & Crawford, S. G. (2007). Motor and gestural performance in children with autism spectrum disorders, developmental coordination disorder, and/or attention deficit hyperactivity disorder. *Journal of the International Neuropsychological Society, 13*(2), 246-256.

Doshi-Velez, F., Ge, Y., & Kohane, I. (2014). Comorbidity clusters in autism spectrum disorders: An electronic health record time-series analysis. *Pediatrics, 133*(1), e54-e63.

Dowell, L. R., Mahone, E. M., & Mostofsky, S. H. (2009). Associations of postural knowledge and basic motor skill with dyspraxia in autism: Implications for abnormalities in distributed connectivity and motor learning. *Neuropsychology Review, 19*(1), 130-148.

Dunn, W. (2014). *Sensory profile 2 administration manual*. Pearson.

Durand, V. M., & Carr, E. G. (1987). Social influences on "self-stimulatory" behavior: analysis and treatment application. *Journal of Applied Behavior Analysis*, *20*(2), 119-132.

Dziuk, M. A., Gidley Larson, J. C., Apostu, A., Mahone, E. M., Denckla, M. B., & Mostofsky, S. H. (2007). Dyspraxia in autism: Association with motor, social, and communicative deficits. *Developmental Medicine & Child Neurology*, *49*(10), 734-739.

Estes, A., Munson, J., Rogers, S. J., Greenson, J., Winter, J., & Dawson, G. (2015). Long-term outcomes of early intervention in 6-year-old children with autism spectrum disorder. *Journal of the American Academy of Child & Adolescent Psychiatry*, *54*(7), 580-587.

Evans, D. W., Uljarević, M., Lusk, L. G., Loth, E., & Frazier, T. (2017). Development of two dimensional measures of restricted and repetitive behavior in parents and children. *Journal of the American Academy of Child & Adolescent Psychiatry*, *56*(1), 51-58.

Fein, D., Lueci, D., Braverman, M., & Waterhouse, L. (1992). Comprehension of affect in context in children with pervasive developmental disorders. *Journal of Child Psychology and Psychiatry*, *33*(7), 1157-1162.

Flanagan, J. E., Landa, R., Bhat, A., & Bauman, M. (2012). Head lag in infants at risk for autism: A preliminary study. *American Journal of Occupational Therapy*, *66*(5), 577-585.

Foss-Feig, J. H., Heacock, J. L., & Cascio, C. J. (2012). Tactile responsiveness patterns and their association with core features in autism spectrum disorders. *Research in Autism Spectrum Disorders*, *6*(1), 337-344.

Frye, R. E., Cakir, J., Rose, S., Delhey, L., Bennuri, S. C., Tippett, M., ⋯ & Arora, M. (2020). Early life metal exposure dysregulates cellular bioenergetics in children with regressive autism spectrum disorder. *Translational Psychiatry*, *10*(1), 223.

Frye, R. E., Vassall, S., Kaur, G., Lewis, C., Karim, M., Rossignol, D., & Adams, J. B. (2019). Emerging biomarkers in autism spectrum disorder: A systematic review. *Annals of Translational Medicine*, *7*(23), 792.

Fusaroli, R., Lambrechts, A., Bang, D., Bowler, D. M., & Gaigg, S. B. (2017). Is voice a marker for Autism spectrum disorder? A systematic review and meta-analysis. *Autism Research*, *10*(3), 384-407.

Garrido, N., Cruz, F., Egea, R., Simon, C., & Pellicer, A. (2021). Sperm DNA methylation epimutation biomarker for paternal offspring autism susceptibility. *Clinical Epigenetics*, *13*(1), 6.

Glenn, S., Cunningham, C., & Nananidou, A. (2012). A cross-sectional comparison of routinized and compulsive-like behaviours in typical children aged from 2 to 11 years.

European Journal of Developmental Psychology, 9(5), 614-630.

Goldberg, W. A., Osann, K., Filipek, P. A., Laulhere, T., Jarvis, K., Modahl, C., & Spence, M. A. (2003). Language and other regression: Assessment and timing. *Journal of Autism and Developmental Disorders, 33*(6), 607-616.

Goldsmith, T. R., & Snow, A. V. (2012). Practitioner's guide to assessment of autism spectrum disorders in infants and toddlers. *Journal of Autism and Developmental Disorders, 42*(6), 1183-1196.

Green, S. A., & Ben-Sasson, A. (2010). Anxiety disorders and sensory over-responsivity in children with autism spectrum disorders: Is there a causal relationship? *Journal of Autism and Developmental Disorders, 40*(12), 1495-1504.

Greimel, E., Schulte-Rüther, M., Kircher, T., Kamp-Becker, I., Remschmidt, H., Fink, G. R., ··· & Konrad, K. (2010). Neural mechanisms of empathy in adolescents with autism spectrum disorder and their fathers. *NeuroImage*, 49(1), 1055-1065.

Hellinckx, T., Roeyers, H., & Van Waelvelde, H. (2013). Predictors of handwriting in children with autism spectrum disorder. *Research in Autism Spectrum Disorders*, 7(1), 176-186.

Hobson, R. P. (1992). Social perception in high-level autism. In *High-functioning individuals with autism* (pp. 157-184). Springer.

Hornig, M., Bresnahan, M. A., Che, X., Schultz, A. F., Ukaigwe, J. E., Eddy, M. L., ··· & Lipkin, W. I. (2018). Prenatal fever and autism risk. *Molecular Psychiatry*, 23(3), 759-766.

Howsmon, D. P., Kruger, U., Melnyk, S., James, S. J., & Hahn, J. (2017). Classification and adaptive behavior prediction of children with autism spectrum disorder based upon multivariate data analysis of markers of oxidative stress and DNA methylation. *PLoS Computational Biology, 13*(3), e1005385.

Howsmon, D. P., Melnyk, S., James, S. J., & Hahn, J. (2018). Multivariate techniques enable a biochemical classification of children with autism spectrum disorder versus typically-developing peers: A comparison and validation study. *Bioengineering & Translational Medicine, 3*(2), 156-165.

Hurlburt, R. T., Happé, F., & Frith, U. (1994). Sampling the form of inner experience in three adults with Asperger syndrome. *Psychological Medicine, 24*, 385-396.

Hyman, S. E. (2007). Can neuroscience be integrated into the DSM−V? *Nature Reviews Neuroscience, 8*(9), 725-732.

Ingersoll, B. (2008). The effect of imitation on social responsiveness in children with autism: A randomized pilot study. *Journal of Autism and Developmental Disorders, 38*(9), 1815-1826.

Ingersoll, B., & Meyer, K. (2011). Examining the role of social communication and imitation deficits in early social attention impairments in autism. *Journal of Autism and Developmental Disorders*, *41*(6), 965-974.

Jiujias, M., Kelley, E., & Hall, L. (2017). Restricted, Repetitive Behaviors in Autism Spectrum Disorder and Obsessive-Compulsive Disorder: A Comparative Review. *Child Psychiatry and Human Development*, *48*(6), 944-959.

Joshi, G., Wozniak, J., Petty, C., Martelon, M. K., Fried, R., Bolfek, A., ··· & Biederman, J. (2010). Psychiatric comorbidity and functioning in a clinically referred population of adults with autism spectrum disorders: A comparative study. *Journal of Autism and Developmental Disorders*, *43*(6), 1314-1325.

Kanner, L. (1943). Autistic disturbances of affective contact. *Nervous Child, 2*, 217-250.

Kerns, C. M., Kendall, P. C., Berry, L., Souders, M. C., Franklin, M. E., Schultz, R. T., ··· & Herrington, J. (2015). Traditional and atypical presentations of anxiety in youth with autism spectrum disorder. *Journal of Autism and Developmental Disorders*, *44*(11), 2851-2861.

Kim, S. H., & Lord, C. (2010). Restricted and repetitive behaviors in toddlers and preschoolers with autism spectrum disorders based on the autism diagnostic observation schedule (ADOS). *Autism Research*, *3*(4), 162-173.

Klin, A. (1992). Listening preferences in regard to speech in four children with developmental disabilities. *Journal of Child Psychology and Psychiatry*, *33*, 763-769.

Klinger, L. G., Dawson, G., Barnes, K., & Crisler, M. (2014). Autism spectrum disorder. In E. J. Mash & R. A. Barkley (Eds.), *Child psychopathology* (3rd ed.). The Guilford Press.

Koegel, L. K., Park, M. N., & Koegel, R. L. (2014). Using self-management to improve the reciprocal social conversation of children with autism spectrum disorder. *Journal of Autism and Developmental Disorders*, *44*(5), 1055-1063.

Koldewyn, K., Weigelt, S., Kanwisher, N., & Jiang, Y. (2013). Multiple object tracking in autism spectrum disorders. *Journal of Autism and Developmental Disorders*, *43*(6), 1394-1405.

Landa, R. J., Gross, A. L., Stuart, E. A., & Bauman, M. (2012). Latent class analysis of early developmental trajectory in baby siblings of children with autism. *Journal of Child Psychology and Psychiatry*, *53*(9), 986-996.

Landa, R. J., Haworth, J. L., & Nebel, M. B. (2016). Ready, set, go!: Low anticipatory response during a dyadic task in infants at high familial risk for autism. *Developmental Science*, *19*(5), 812-825.

Landa, R. J., Holman, K. C., & Garrett-Mayer, E. (2007). Social and communication development in toddlers with early and later diagnosis of autism spectrum disorders. *Archives of General Psychiatry*, *64*(7), 853-864.

Laurent, A. C., & Rubin, E. (2004). Challenges in emotional regulation in Asperger syndrome and high-functioning autism. *Topics in Language Disorders*, *24*(4), 286-297.

Ledford, J. R., & Gast, D. L. (2006). Feeding Problems in Children With Autism Spectrum Disorders: A Review. *Focus on Autism and Other Developmental Disabilities*, *21*(3), 153-166.

Lee, I. O., Skuse, D. H., Constable, P. A., Marmolejo-Ramos, F., Olsen, L. R., & Thompson, D. A. (2022). The electroretinogram b-wave amplitude: a differential physiological measure for Attention Deficit Hyperactivity Disorder and Autism Spectrum Disorder. *Journal of Neurodevelopmental Disorders*, *14*(1), 30.

Leekam, S., Tandos, J., McConachie, H., Meins, E., Parkinson, K., Wright, C., ⋯ & Le Couteur, A. (2007). Repetitive behaviours in typically developing 2-year-olds. *Journal of Child Psychology and Psychiatry*, *48*(11), 1131-1138.

Lever, A. G., & Geurts, H. M. (2016). Psychiatric co-occurring symptoms and disorders in young, middle-aged, and older adults with autism spectrum disorder. *Journal of Autism and Developmental Disorders*, *46*(6), 1916-1930.

Leyfer, O. T., Folstein, S. E., Bacalman, S., Davis, N. O., Dinh, E., Morgan, J., ⋯ & Lainhart, J. E. (2006). Comorbid psychiatric disorders in children with autism: Interview development and rates of disorders. *Journal of Autism and Developmental Disorders*, *36*(7), 849-861.

Libby, S., Powell, S., Messer, D., & Jordan, R. (1998). Spontaneous play in children with autism: A reappraisal. *Journal of Autism and Developmental Disorders*, *28*(6), 487-497.

Libertus, K., & Landa, R. J. (2014). The early motor questionnaire (EMQ): A parent report measure of early motor development. *Infant Behavior and Development*, *37*(2), 229-237.

Locke, J., Ishijima, E. H., Kasari, C., & London, N. (2010). Loneliness, friendship quality and the social networks of adolescents with high-functioning autism in an inclusive school setting. *Journal of Research in Special Educational Needs*, *10*(2), 74-81.

Lord, C., & Richler, J. (2009). Early diagnosis of children with autism spectrum disorders. *Autism*, *13*(2), 159-178.

Lord, C., Risi, S., DiLavore, P. S., Shulman, C., Thurm, A., & Pickles, A. (2006). Autism from 2 to 9 years of age. *Archives of General Psychiatry*, *63*(6), 694-701.

Lord, C., Risi, S., Lambrecht, L., Cook, E. H., Leventhal, B. L., DiLavore, P. C., ⋯ & Rutter, M. (2000). The Autism Diagnostic Observation Schedule-Generic: A standard measure of social and communication deficits associated with the spectrum of autism. *Journal of

3800

Autism and Developmental Disorders, 30, 205-223.

Lord, C., Rutter, M., & Le Couteur, A. (1994). Autism diagnostic interview-revised: A revised version of a diagnostic interview for caregivers of individuals with possible pervasive developmental disorders. *Journal of Autism and Developmental Disorders, 24*(5), 659-685.

Loveland, K. A. (2005). Social-emotional impairment and self-regulation in autism spectrum disorders. In J. Nadel & D. Muir (Eds.), *Emotional development: Recent research advances* (pp. 365-382). Oxford University Press.

Luyster, R., Richler, J., Risi, S., Hsu, W. L., Dawson, G., Bernier, R., ⋯ & Lord, C. (2005). Early regression in social communication in autism spectrum disorders: A CPEA study. *Developmental Neuropsychology, 27*(3), 311-336.

Mahajan, R., Bernal, M. P., Panzer, R., Whitaker, A., Roberts, W., Handen, B., ⋯ & Veenstra-VanderWeele, J. (2012). Clinical practice pathways for evaluation and medication choice for attention-deficit/hyperactivity disorder symptoms in autism spectrum disorders. *Pediatrics, 130*(Supplement 2), S125-S138.

Mahjouri, S., & Lord, C. (2012). What the DSM−5 portends for research, diagnosis, and treatment of autism spectrum disorders. *Current Psychiatry Reports, 14*(6), 739-747.

Matson, J. L., Wilkins, J., & Fodstad, J. C. (2010). Children with autism spectrum disorders: A comparison of those who regress vs. those who do not. *Developmental Neurorehabilitation, 13*(1), 37-45.

Mazefsky, C. A., Filipink, R., Lindsey, J., & Lubetsky, M. J. (2011). Medical evaluation and comorbid psychiatric disorders. *In Autism spectrum disorder* (pp. 41-84). Oxford University Press.

Mazefsky, C. A., & Herrington, J. (2014). The role of emotion regulation in autism spectrum disorder. *Journal of the American Academy of Child & Adolescent Psychiatry, 53*(9), 840-842.

McGovern, C. W., & Sigman, M. (2005). Continuity and change from early childhood to adolescence in autism. *Journal of Child Psychology and Psychiatry, 46*(4), 401-408.

Mikkelsen, M., Wodka, E. L., Mostofsky, S. H., & Puts, N. (2018). Autism spectrum disorder in the scope of tactile processing. *Developmental Cognitive Neuroscience, 29*, 140-150.

Miles, J. H., Takahashi, N., Hong, J., Munden, N., Flournoy, N., & Braddock, S. R. (2005). Development and validation of a measure of intention to stay in academia for physician assistant faculty. *Journal of the American Academy of Physician Assistants, 18*(1), 41-47.

Militerni, R., Bravaccio, C., Falco, C., Fico, C., & Palermo, M. T. (2002). Repetitive behaviors in autistic disorder. *European Child & Adolescent Psychiatry, 11*(5), 210-218.

Minshew, N. J., Sung, K., Jones, B. L., & Furman, J. M. (2004). Underdevelopment of the postural control system in autism. *Neurology*, *63*(11), 2056-2061.

Miodovnik, A., Harstad, E., Sideridis, G., & Huntington, N. (2015). Timing of the diagnosis of attention-deficit/hyperactivity disorder and autism spectrum disorder. *Pediatrics*, *136*(4), e830-e837.

Moore, D., Hobson, R. P., & Lee, A. (1997). Components of person perception: An investigation with autistic, nonautistic retarded and normal children and adolescents. *British Journal of Developmental Psychology, 15*, 401-423.

Morett, L. M., O'Hearn, K., Luna, B., & Ghuman, A. S. (2016). Altered Gesture and Speech Production in ASD Detract from In-Person Communicative Quality. *Journal of Autism and Developmental Disorders*, *46*(3), 998-1012.

Moriuchi, J. M., Klin, A., & Jones, W. (2017). Mechanisms of diminished attention to eyes in autism. *The American Journal of Psychiatry, 174*(1), 26-35.

Morris, S. L., Foster, C. J., Parsons, R., Falkmer, T., & Williams, J. (2015). Can motor skills of 3 year old children be successfully screened using parent-report? *Journal of Science and Medicine in Sport, 18*(6), 681-685.

Morrison, K., & Rosales-Ruiz, J. (1997). The effect of object preferences on task performance and stereotypy in a child with autism. *Research in Developmental Disabilities*, *18*(2), 127-137.

Mostofsky, S. H., & Ewen, J. B. (2011). Altered connectivity and action model formation in autism is autism. *The Neuroscientist, 17*(4), 437-448.

Mottron, L., Mineau, S., Martel, G., Bernier, C. S., Berthiaume, C., Dawson, M., ··· & Faubert, J. (2007). Lateral glances toward moving stimuli among young children with autism: Early regulation of locally oriented perception?. *Development and Psychopathology, 19*(1), 23-36.

Mpaka, D. M., Ndikumana, T., & Ndikuvumutima, T. (2016). Screening of Autism Spectrum Disorders in a Pediatric Population in Rwanda. *Journal of Autism and Developmental Disorders*, *46*(2), 448-459.

Mundy, P. (1995). Joint attention and social-emotional approach behavior in children with autism. *Development and Psychopathology, 7*(1), 63-82.

Mundy, P., Sigman, M., Ungerer, J., & Sherman, T. (1992). Defining the social deficits of autism: The contribution of non-verbal communication measures. *Journal of Child Psychology and Psychiatry, 27*(5), 657-669.

Muratori, F., Apicella, F., Muratori, P., & Maestro, S. (2019). Pathological demand avoidance in autism spectrum disorder. *Clinical Neuropsychiatry, 16*(3), 148-153.

Nadig, A. S., Ozonoff, S., Young, G. S., Rozga, A., Sigman, M., & Rogers, S. J. (2007). A prospective study of response to name in infants at risk for autism. *Archives of Pediatrics & Adolescent Medicine, 161*(4), 378-383.

Nesse, R. M. (2005). Maladaptation and natural selection. *The Quarterly Review of Biology, 80*(1), 62-70.

Neuhaus, E. (2018). Emotion dysregulation in autism spectrum disorder. In *The Oxford Handbook of Emotion Dysregulation* (pp. 282-298).

Nicekl, L. K., MacDonald, M., Lord, C., & Ulrich, D. A. (2013). Early motor skills and social communicative behavior in infants at high risk for autism spectrum disorders. *Journal of Autism and Developmental Disorders, 43*(5), 1113 1120.

O Miguel, H., Sampaio, A., Martínez-Regueiro, R., Gómez-Guerrero, L., López-Dóriga, C. G., Gómez, S., ⋯ & Fernández-Prieto, M. (2017). Touch Processing and Social Behavior in ASD. *Journal of Autism and Developmental Disorders, 47*(8), 2425-2433.

O'Neill, M., & Jones, R. S. (1997). Sensory-perceptual abnormalities in autism: a case for more research? *Journal of Autism and Developmental Disorders, 27*(3), 283-293.

Osterling, J. A., & Dawson, G. (1994). Early recognition of children with autism: A study of 1st birthday home videotapes. *Journal of Autism and Developmental Disorders, 24*, 247-257.

Pan, C. Y. (2014). Motor proficiency and physical fitness in adolescent males with and without autism spectrum disorders. *Autism, 18*(2), 156-165.

Park, H. R., Lee, J. M., Moon, H. E., Lee, D. S., Kim, B. N., Kim, J., ⋯ & Paek, S. H. (2016). A Short Review on the Current Understanding of Autism Spectrum Disorders. *Experimental Neurobiology, 25*(1), 1-13.

Reddy, V., Williams, E., & Vaughan, A. (2002). Sharing humour and laughter in autism and Down's syndrome. *British Journal of Psychology, 93*(2), 219-242.

Rossignol, D. A., & Frye, R. E. (2019). Cerebral folate deficiency, folate receptor alpha autoantibodies and leucovorin (folinic acid) treatment in autism spectrum disorders: A systematic review and meta-analysis. *Journal of Personalized Medicine, 11*(11), 1141.

Rossignol, D. A., & Frye, R. E. (2021). A systematic review and meta-analysis of immunoglobulin G abnormalities and the therapeutic use of intravenous immunoglobulins (IVIG) in autism spectrum disorder. *Journal of Personalized Medicine, 11*(6), 488.

Schaffer, H. R. (1984). *The child's entry into a social world.* Academic Press.

Shattuck, P. T., Orsmond, G. I., Wagner, M., & Cooper, B. P. (2011). Participation in social activities among adolescents with an autism spectrum disorder. *PloS One, 6*(11), e27176.

Shultz, S., Klin, A., & Jones, W. (2018). Neonatal transitions in social behavior and their implications for autism. *Trends in Cognitive Sciences, 22*(5), 452-469.

Simonoff, E., Pickles, A., Charman, T., Chandler, S., Loucas, T., & Baird, G. (2008). Psychiatric disorders in children with autism spectrum disorders: Prevalence, comorbidity, and associated factors in a population-derived sample. *Journal of the American Academy of Child & Adolescent Psychiatry, 47*(8), 921-929.

Skwerer, D. P., Schofield, C. A., Verbalis, A. D., Faja, S., & Tager-Flusberg, H. (2019). Social perception in children with autism spectrum disorder. *Autism, 23*(4), 922-933.

Snow, E. M., Hertzig, M. E., & Shapiro, T. (1987). Expression of emotion in young autistic children. *Journal of the American Academy of Child & Adolescent Psychiatry, 26*, 836-838.

Steiner, A. M., Goldsmith, T. R., & Snow, A. V. (2012). Practitioner's guide to assessment of autism spectrum disorders in infants and toddlers. *Journal of Autism and Developmental Disorders, 42*(6), 1183-1196.

Tecchio, F., Benassi, F., Zappasodi, F., Gialloreti, L. E., Palermo, M., Seri, S., & Rossini, P. M. (2003). Auditory sensory processing in autism: a magnetoencephalographic study. *Biological Psychiatry, 54*(6), 647-654.

Tomchek, S. D., & Dunn, W. (2007). Sensory processing in children with and without autism: a comparative study using the short sensory profile. *The American Journal of Occupational Therapy, 61*(2), 190-200.

Travis, L. L., & Sigman, M. (1998). Social deficits and interpersonal relationships in autism. *Mental Retardation and Developmental Disabilities Research Reviews, 4*(2), 65-72.

Turner, M. (1999). Annotation: Repetitive behaviour in autism: a review of psychological research. *Journal of Child Psychology and Psychiatry, 40*(6), 839-849.

Uddin, L. Q., Supekar, K., Lynch, C. J., Khouzam, A., Phillips, J., Feinstein, C., ⋯ & Menon, V. (2013). Salience network-based classification and prediction of symptom severity in children with autism. *JAMA Psychiatry, 70*(8), 869-879.

Uljarević, M., Cooper, M. N., Bebbington, K., Glasson, E. J., Maybery, M. T., Varcin, K., ⋯ & Whitehouse, A. J. O. (2020). Deconstructing the repetitive behaviour phenotype in autism spectrum disorder through a large population-based analysis. *Journal of Child Psychology and Psychiatry, 61*(9), 1030-1042.

Uljarević, M., & Evans, D. W. (2017). Relationship between repetitive behaviour and fear across normative development, autism spectrum disorder, and Down syndrome. *Autism Research, 10*(3), 502-507.

Ungerer, J. A., & Sigman, M. (1981). Symbolic play and language comprehension in autistic children. *Journal of the American Academy of Child Psychiatry*, *20*(2), 318-337.

van Steensel, F. J., Bögels, S. M., & Perrin, S. (2013). Anxiety disorders in children and adolescents with autism spectrum disorders: A meta-analysis. *Clinical Child and Family Psychology Review*, *14*(3), 302-317.

Volkmar, F. R., & Mayes, L. C. (1990). Gaze behavior in autism. *Development and Psychopathology*, *2*(1), 61-69.

Volkmar, F. R., & McPartland, J. C. (2014). From Kanner to DSM−5: Autism as an evolving diagnostic concept. *Annual Review of Clinical Psychology*, *10*, 193-212.

Volkmar, F. R., Lord, C., Bailey, A., Schultz, R. T., & Klin, A. (2005). Autism and pervasive developmental disorders. *Journal of Child Psychology and Psychiatry*, *46*(1), 135-170.

Waterhouse, L., London, E., & Gillberg, C. (2016). ASD validity. *Review Journal of Autism and Developmental Disorders*, *3*, 302-329.

Wetherby, A. M., & Prizant, B. M. (1993). Profiling communication and symbolic abilities in young children. *Journal of Childhool Communication Disorders*, *15*(1), 23-32.

White, S. W., Keonig, K., & Scahill, L. (2007). Social skills development in children with autism spectrum disorders: A review of the intervention research. *Journal of Autism and Developmental Disorders*, *37*(10), 1858-1868.

Whyatt, C. P., & Craig, C. M. (2012). Motor skills in children aged 7-10 years, diagnosed with autism spectrum disorder. *Journal of Autism and Developmental Disorders*, *42*, 1799-1809.

Williams, E., Costall, A., & Reddy, V. (2001). Children's emotional development is built into the human brain. *Neuroscience & Biobehavioral Reviews*, *25*(4), 321-334.

Wong, C., & Kasari, C. (2012). Play and joint attention of children with autism in the preschool special education classroom. *Journal of Autism and Developmental Disorders*, *42*(10), 2152-2161.

Wood, J. J., & Gadow, K. D. (2010). Exploring the nature and function of anxiety in youth with autism spectrum disorders. *Clinical Psychology: Science and Practice*, *17*(4), 281-292.

World Health Organization. (1992). *International statistical classification of diseases and related health problems* (10th rev.). World Health Organization.

World Health Organization. (2022). *International statistical classification of diseases and related health problems* (11th rev.). World Health Organization.

Zwaigenbaum, L., Bryson, S., Lord, C., Rogers, S., Carter, A., Carver, L., ··· & Yirmiya, N. (2005). Clinical assessment and management of toddlers with suspected autism spectrum disorder: Insights from studies of high-risk infants. *Pediatrics*, *123*(5), 1383-1391.

선별 및 진단 도구

하성지

　한국의 경우 자폐스펙트럼장애는 DSM-5에 근거하여 소아정신과 전문의에 의해 진단받을 수 있다. 제2장에서 다룬 바와 같이, 동일한 자폐스펙트럼장애 진단을 받았더라도 각각의 개인이 저마다 다른 다양한 임상양상을 보일 수 있으며 이러한 행동은 개인의 발달 과정에 따라 변화될 수 있다. 또한 주의력결핍 과잉행동(ADHD) 등 다른 발달장애가 공존할 경우 자폐스펙트럼장애 진단은 더욱 복잡해질 수 있다. 따라서 자폐스펙트럼장애를 대상으로 하는 정교한 연구들의 경우, 2인 이상의 소아정신과 전문의가 진단에 참여하여 진단의 신뢰도를 높이고 있다.

　자폐스펙트럼장애 선별과 진단을 위한 도구들은 크게 자폐스펙트럼장애가 의심되는 당사자를 직접 평가하거나 양육자의 보고를 통해 진행된다. 특히 초기 발달력의 경우 양육자의 보고에 의존할 수밖에 없기 때문에 이로 인해 대상자의 행동이 과소 혹은 과대 평가될 수 있다. 이를 보완하기 위해 훈련된 평가자가 보호자와의 면담을 통해 보다 객관적으로 점수를 매기는 도구들도 개발되어 있다. 그러나 아무리 잘 만들어진 평가도구를 사용하더라도 하나의 도구에서 얻은 정보만으로 자폐스펙트럼장애를 섣불리 진단할 수는 없다. 따라서 검증된 검사도구들의 평가 결과와 숙련된 임상의의 소견이 종합적으로 반영될 때 보다 정확한 진단이 이루어질 수 있다.

　이 장에서는 현재 국내외에서 활용되고 있는 자폐스펙트럼장애의 선별, 진단 검사도구들과 이러한 검사 결과들이 진단에 활용된 사례를 소개하고자 한다.

1. 선별도구

1) 전반적 발달 영역의 평가

(1) 한국 영유아 발달선별검사(Korean Developmental Screening Test for Infants & Children: K-DST)

K-DST는 영유아 건강검진 사업의 일환으로 보건복지부와 질병관리본부의 시원으로 개발된 선별도구이다. 평가대상은 4개월부터 취학 전 연령인 6세 미만(71개월)의 영유아이며, 짧은 시간 안에 부모가 쉽게 아동의 행동을 평가할 수 있도록 보호자 작성형 설문지로 구성되어 있다(정은경, 양세원, 2017). 한국의 경우 2007년부터 영유아건강검진 사업이 시행되고 있는데, 2024년 현재 4~6개월, 1차 검진을 시작으로 7차(66~71개월)까지 정기적인 검진을 통해 질병 예방 및 건강한 생활습관 형성을 위한 교육이 진행되고 있다.

이러한 영유아 검진 시 K-DST는 주요 검진 항목 중 하나로서 월령 구간에 맞추어 영유아의 대근육 운동, 소근육 운동, 인지, 언어, 사회성, 자조 영역을 평가하고 있다. 결과는 각 영역별 절단점과 비교하여 아동의 영역별 발달 수준(빠른 수준-또래 수준-추적검사 요망-심화평가 권고)을 제공한다.

특별히 사회성 영역에서는 타인과의 상호작용에 필수적인 기술인 눈맞춤, 공동주의(joint attention), 모방행동, 타인의 감정 파악, 규칙이 있는 놀이하기, 상상놀이 등과 관련된 문항들이 포함되어 있다. 만약 다른 발달상의 지연 없이 사회성 영역에서 두드러진 지연이 관찰된다면 자폐스펙트럼장애를 의심해 볼 수 있으며, 만 12개월 이후부터는 자폐스펙트럼장애 선별을 위한 추가 질문들이 포함되어 있다. 만약 발달평가에서 심화평가 권고를 받았다면, 지원대상 조건에 따라 해당 지역 보건소를 통해 발달장애 정밀검사비의 일부를 지원받을 수 있다.

(2) 한국 덴버 발달 선별검사(Korean-Denver Developmental Screeing Test-2: DDST-2)

DDST는 현재 임상 현장에서 많이 사용되지는 않지만 세계적으로 널리 사용되고 있는 발달 선별검사 중 하나이다. 이 검사는 0~6세 영유아를 대상으로 외견상 확인이 어려운, 발달장애의 가능성이 높은 아이들을 선별하기 위해 처음 개발되었다(Frankenburg & Dodds, 1967). 이후 언어 영역에 대한 문항이 추가되었고, 검사의 민감도를 높이기 위해 재표준화가 진행되어 개정판인 DDST-2가 발표되었다(Frankenburg et al., 1992). 한국에서는 이근(1996)이 서울에 거주하는 영유아들을 대상으로 DDST-2 표준화 집단 아동과 서울 아동의 발달 차이를 보고하였고, 이후 신희선 등이 표준화 연구를 통해 한국판 DDST-2를 개발하였다(신희선 등, 2002).

한국판 DDST-2는 영유아의 발달 상태를 확인하기 위해 총 104개의 항목으로 구성되어 있으며 각 항목들은 개인성, 사회성 발달, 미세운동 및 적응성 발달, 언어발달, 전체운동발달 영역으로 구분되어 있다. 각 항목마다 막대(bar)로 표본에서 25%, 50%, 75%, 90%가 해당되는 나이가 표시되어 있으며 각 항목의 결과를 P(Pass, 통과), F(Fail, 실패), No(No opportunity, 기회 없음), R(Refuse, 거부)로 채점한다. DDST-2는 10~20분 정도의 짧은 시간 내에 대상 아동의 전반적인 발달 정도를 파악할 수 있으며, 동일한 검사지를 사용하여 발달의 변화를 지속적으로 살펴볼 수 있다는 장점을 가지고 있다. 이러한 장점을 활용하여 다수의 대상자를 선별하는 대규모 연구나 코호트 연구에 활용되고 있다(Metwally et al., 2023). 자폐스펙트럼장애 선별과 관련하여 사회성 항목에는 사회적 미소, 짝짜꿍, 가상놀이 등에 대한 문항이 포함되어 있으며, 언어발달 영역을 통해 전반적인 언어발달 수준 및 지연 여부를 확인할 수 있다.

2) 의사소통 및 사회적 반응 평가

(1) 사회적 반응척도(Social Responsiveness Scale-2: SRS-2)

SRS-2는 교육 및 임상 현장에서 부모 또는 교사가 대상 아동의 사회적 상호작용 능력의 특성을 확인하는 데 활용되는 검사도구이다(Constantino & Gruber, 2012). 총 65개의 문항으로 구성되어 있으며 최근 6개월 동안의 행동을 기반으로 각 문항에서 설명하는 행동의 빈도를 그렇지 않다-간혹 그렇다-자주 그렇다-거의 항상 그렇다의 4점 척도로 평가한다. SRS-2 점수는 총점뿐만 아니라 5개의 치료 하위척도(treatment subscale) 점수, DSM-5 진단기준의 두 가지 축인 사회적 의사소통 및 상호작용 능력 지수((Social Communication Index)와 제한적인 관심 및 반복적 행동에 대한 지수(RRB Index)로 표현된다(〈표 3-1〉 참조).

표 3-1 SRS-2의 결과 제시 방법

총점	하위척도 점수	DSM-5 호환 척도 점수
전체 점수 (Total Score)	사회적 인식 (Social Awareness)	사회적 의사소통 및 상호작용 지수 (Social Communication Index)
	사회 인지 (Social Cognition)	
	사회적 의사소통 (Social Communication)	
	사회적 동기 (Social Motivation)	
	자폐적 매너리즘 (Autistic Mannerism)	제한된 관심 및 반복적 행동 지수 (RRB Index)

출처: 천근아, 김영신(2024).

SRS-2는 평가 시간이 15분 이내로 짧고, 심리 및 교육 관련 보조 전문가들이 쉽게 실시하고 채점이 용이하다는 장점이 있어 연구와 임상 두 영역 모두에서 광범위하게 사용되고 있다. 또한 학교, 보건소, 병원 및 기타 환경에서도 아동의 상호적인 사회적 행동의 강점과 약점을 평가하는 데 활용될 수 있다.

SRS-2는 대상자의 연령에 따라 학령전기(2세 6개월~4세 6개월), 학령기(4~18세), 성인(19세 이상), 성인-자가보고식(19세 이상) 총 4개의 검사지로 구분된다. 학령기 버전의 경우 국내에서 6~12세의 아동들을 대상으로 표준화 연구가 진행되었으며, SRS 점수가 DSM-4 기준 전반적 발달장애 및 DSM-5 기준 자폐스펙트럼장애를 진단하는 데 적절한 신뢰도와 타당도를 보이는 것으로 보고되었다(Cheon et al., 2016). 이 결과를 바탕으로 최근 아동과 청소년용 SRS-2 출판이 완료되었으며(천근아, 김영신, 2024), SRS-2 결과에 대한 해석은 〈표 3-2〉에 제시되어 있다.

학령전기 버전의 SRS-2는 현재 국내 출판이 진행 중이며, 표준화 연구를 통해 절단점을 T 점수 55점으로 하였을 때 민감도는 78.1%, 특이도는 86.6%로 확인되었다(Chun et al., 2021).

표 3-2 SRS-2 결과의 해석

점수	결과 해석
59T 이하	**정상 범위 이내:** 이 범위의 점수는 일반적으로 임상적으로 유의미한 자폐스펙트럼장애와 관련이 없다. 매우 경미한 자폐 증후군이 있어 잘 적응하고 기능이 상대적으로 손상되지 않은 경우 정상 범위의 상단에 위치할 수 있다.
60T~65T	**경미한 범위:** 이 범위의 점수는 임상적으로 유의미하고 일상적인 사회적 상호작용에 경미하거나 중간 정도의 영향을 줄 수 있는 상호 사회적 행동의 결함을 나타낸다. 이러한 점수는 달리 명시되지 않은 전반적 발달장애 또는 고기능 자폐스펙트럼장애를 가진 아동과 아스퍼거 장애를 가진 고기능 아동에게 나타난다.
66T~75T	**중도 범위:** 이 범위의 점수는 임상적으로 유의미하고 일상적인 사회적 상호작용에 상당한 방해를 초래하는 상호 사회적 행동의 결함을 나타낸다. 이러한 점수는 중도의 자폐스펙트럼장애를 가진 아이들에게 일반적이다.
76T 이상	**심각한 범위:** 이 범위의 점수는 임상적으로 유의미하고 일상적인 사회적 상호작용에 심각한 장해를 초래하는 상호 사회적 행동의 결함을 나타낸다. 이들은 일반적으로 "매우 부적절" "보통 사람과 생각이 다름" 또는 "그/그녀가 이해하지 못함(사회적 상호작용 능력을 나타냄)", 혹은 "다른 사람과 관계를 맺는 데 상당한 또는 극도의 어려움"이 있다고 묘사된다. 임상 및 교육 장면 중 서로 다른 평가자에게서 76T 이상의 SRS-2 점수가 나온 경우, 임상적으로 진단 가능한 자폐스펙트럼장애임을 매우 강력하게 나타낸다.

출처: 천근아, 김영신(2024).

사례 1 ADHD로 의심받다 자폐스펙트럼장애로 진단된 사례

• **부모보고 SRS-2 결과:** T-score 63

성철이(가명)는 초등학교 1학년 남아이다. 교사로부터 산만하고 충동성이 강해 친구들과 어울리지 못한다는 이야기와 함께 자세한 평가와 치료를 위해 병원 방문을 권유받았다. 성철이의 어머니는 가까운 병원을 방문하여 증상을 설명하였고, 담당 의사는 ADHD가 의심된다면서 소아정신과 진료를 권고하였다. 여러 차례 부모의 훈육에도 학교에서의 생활은 별다른 변화를 보이지 않았다. 친구들이 성철이의 물건을 만지려 하면 과도하게 큰 소리로 "좀 하지 마"라며 화를 내고 소리를 지르거나, 친구들의 가벼운 농담에도 주먹을 쥐는 공격적인 행동을 보이는 경우도 많았다.

부모 보고에 의하면 성철이는 유아기부터 독특한 아이였다. 자동차를 색깔에 맞춰 줄을 세우거나 바퀴를 굴리며 노는 것을 좋아했다. 또한 반짝이는 물건에 유난히 큰 흥미를 보였고, 부모가 제지하지 않으면 수십 분 동안 반짝이는 장면을 쳐다보며 시간을 보내기도 하였다.

정신 상태 검사에서 성철이는 얼굴 표정이 다양하지 않았으며, 단조롭고 일정한 톤으로 자신이 좋아하는 자동차에 관한 이야기를 장황하게 늘어놓았다. 평가자가 난처한 표정을 지어도 성철이는 아랑곳하지 않고 자신이 하고 싶은 말을 계속하였다.

성철이의 보호자가 평정한 SRS-2 총 T점수는 63점이었다. 이는 사회적 상호작용에서의 경도 수준의 손상을 의미한다. 흥미로운 결과는, SRS-2의 하위요인인 제한적이고 반복적인 행동(RRB) 소척도에서 70T의 중등도 수준의 손상을 보였다는 점이다. 이처럼 상대적으로 사회적 의사소통 척도에 비해 RRB 점수가 더 높은 결과는 ADHD와 자폐스펙트럼장애를 감별하는 데 있어 의미 있는 정보를 제공하기도 한다.

소아정신과 전문의는 성철이를 자폐스펙트럼장애로 진단을 내렸다. 이와 함께 사회성 향상을 위한 집단 사회기술 훈련을 처방하였다. 1학년을 마칠 무렵 성철이는 여전히 능숙한 수준으로 사회적 기술을 발휘하는 것은 어려웠지만, 그럼에도 배려하기, 양보하기, 과도하게 화내지 않기, 차례 지키기 등과 같은 사회성 능력이 한층 개선되었다.

(2) 한국판 의사소통 및 상징행동 발달검사(Korean Communication and Symbolic Behavior Scale-Developmental Profile: K-CSBS-DP)

CSBS-DP는 언어발달의 기초가 되는 초기 의사소통 행동을 평가하는 대표적인 검사로서 정서와 시선, 의도적 의사소통 행동, 의사소통적 몸짓, 말소리, 언어이해, 사물 사용 및 놀이 등을 주로 평가한다(Wetherby et al., 2002). 최근 국내 표준화가 완료된 한국판 K-CBBS-DP가 출시되어 국내에서도 검사 시행이 가능하게 되었다(이윤경 등, 2023). CSBS-DP는 의사소통 기능이나 발달 수준이 6개월에서 2세 사이에 있는 영유아 또는 9세 미만의 발달장애를 가진 아동이 평가대상이며, 발달지연이나 장애의 위험이 있는 영유아를 조기에 선별하는 것을 목적으로 하고 있다. 또한 발달장애를 판별하고, 현재의 의사소통 수준을 평가하여 그에 따른 중재 프로그램을 계획하고, 중재 효과를 모니터링하는 데에도 활용될 수 있다.

K-CBBS-DP는 양육자 보고로 진행되는 한국판 영유아 체크리스트(K-ITC)와 면담 또는 양육자가 직접 작성하는 양육자 설문검사(CQ), 검사자가 반구조화된 형식의 행동관찰을 기반으로 평가하는 행동표본 검사(BS)의 총 세 가지 검사로 구성되어 있다. K-ITC를 1차 선별평가로 실시하여 아동이 생활연령에 적절한 수행을 보이지 않았을 경

표 3-3 K-CSBS의 평가 내용

구성 영역	세부 요인	평가 내용
사회적 영역	정서 및 시선	양육자 또는 다른 사람과 사회적 참조나 사회적 교류를 목적으로 한 시선 사용, 정서적 공유, 공동주의 행동을 평가
	의사소통	의사소통의 빈도와 기능(행동통제, 사회적 상호작용, 공동주의 등을 위한 목적으로 사용하는 행동)을 평가
	몸짓	의사소통 목적으로 사용된 몸짓의 빈도와 관습적 몸짓 목록을 평가
발화적 영역	말소리	의사소통을 목적으로 산출된 발성에서 자음을 포함한 음절 산출과 자음의 다양도를 평가
	낱말	의사소통 목적으로 산출된 낱말, 낱말조합 사용과 다양도를 평가
상징적 영역	이해	사물, 사람, 신체 부위 이름을 통해 언어 이해 능력 평가
	사물 사용	행동도식의 목록, 연속적이며 복합적 행동도식, 대행자 상징 놀이 평가

출처: 이윤경 외(2023).

우 진단평가로서 CQ와 BS를 실시하게 된다.

각 검사는 3개의 구성 영역 및 7개의 세부 요인으로 구성되어 있으며 평가 내용은 〈표 3-3〉과 같다. 검사별 결과 보고서를 통해 아동의 언어발달이 관심 수준에 속하는지에 대한 정보를 제공하며, CQ와 BS의 경우 생활연령이 24개월을 초과하는 아동에게는 발달연령이 제공된다.

(3) 아동 의사소통 체크리스트(Children's Communication Checklist-2: CCC-2)

CCC-2는 임상적으로 유의미한 아동의 의사소통 문제를 선별하고, 화용언어 능력의 어려움을 확인하기 위해 개발된 보호자 보고식 체크리스트이다(Bishop, 2003). 화용언어 능력이란 사회적 상황과 의사소통 맥락에 적절한 언어를 사용할 수 있는 능력을 의미한다. CCC-2는 전통적인 언어 검사들에서 다루지 않고 있는 화용 의사소통 평가를 포함하고 있어 자폐스펙트럼장애 아동을 선별하는 데 활용되고 있다. ADHD 아동들 역시 사회적 기술 및 화용적 결함을 가진 것으로 알려져 있는데, CCC는 고기능 자폐스펙트럼장애 아동과 ADHD 아동을 성공적으로 구분할 수 있는 것으로 보고되었다(Geurts et al., 2004).

CCC-2는 총 70개의 문항으로 구성되어 있으며 각 문항들은 언어의 구조적인 측면과 화용적 측면, 자폐스펙트럼 및 사회성 측면을 포함하는 총 10개의 하위항목들로 구분된 다. 전체 문항의 총점으로 의사소통 총점을 산출하며, 각 하위항목들의 조합을 통해 사 회적 상호작용 일탈점수 및 화용점수를 환산할 수 있다. 한국의 경우 현재까지 표준화 연구가 보고된 것은 없으나 한 연구에 따르면 CCC-2가 자폐스펙트럼장애 아동과 단순 언어장애 아동, 전형발달 아동을 76.8%의 정확도로 분류한 것으로 보고되었다(서유경, 안성우, 2015).

3) 자폐스펙트럼장애 선별검사

(1) M-CHAT(Modified-CHecklist for Autism in Toddlers)

M-CHAT는 영국에서 영유아들의 자폐스펙트럼장애 선별을 위해 개발된 CHAT 검사 를 보완한 것이다(Robins et al., 2001). 처음 발표된 CHAT(Baron-Cohen et al., 1992)의 경우 양육자를 대상으로 한 9개의 질문과 임상 전문가가 아동과의 상호작용 후에 평가하는 5개 의 문항으로 구성되어 있었다. CHAT는 전형적인 발달을 보이는 아동들의 경우 18개월에 공동주의와 가상놀이를 시작하고, 반응하며 이러한 행동이 없으면 자폐스펙트럼장애의 가능성을 나타낼 수 있다는 가정하에 개발되었다. 하지만 이후 수행된 연구들을 통해 자 폐스펙트럼장애의 조기 선별도구로서 특이도는 높으나 민감도가 낮음이 확인되었다.

이후 개정된 버전의 M-CHAT가 개발되었으며 여기에는 원문항들에 감각이상 및 반 복적 행동과 관련된 일부 문항들이 추가되었다. M-CHAT는 16~30개월 아동을 대상으 로 부모 보고로 진행되며 총 23문항에 대해 '예/아니오'로 응답하게 된다. 자폐 위험을 판 단하는 7개의 주요 질문에서 2개 이상, 또는 전체 문항에서 3개 이상의 질문에서 이상이 있다면 자폐스펙트럼장애의 위험이 높은 것으로 간주하고 있다.

한국에서는 기존에 번역되었던 M-CHAT(Kim et al., 2013) 중 일부 문항들의 번역을 수정하여 Korean version of Modified Checklist for Autism in Toddlers-Revised(KM-CHAT-R)라고 명명하였으며, 16~59개월 아동의 일반 영유아, 자폐스펙트럼장애 영유 아, 발달지연 영유아를 대상으로 M-CHAT-R을 이용하여 선별 비율을 분석하였다. 그 결과, 일반 영유아의 선별 비율은 0%였으며 발달지연 영유아는 30%, 자폐스펙트럼장 애 영유아는 100%의 선별 비율을 보여 국내에서 선별검사로서의 유용성을 보여 주었다 (Park et al., 2015).

M-CHAT-R은 총 20개의 문항으로 구성되어 있으며, 이후 원 문항에 후속 질문들 (follow-up items)을 추가함으로써 검사의 민감도를 증가시켰다(Robins et al., 2014). 그 결과 8~20점은 자폐 위험이 가장 높으며 즉시 조기개입과 진단을 위한 평가를 권고한다. 3~7점은 중간 정도의 위험을 가진 것으로 해석된다. 따라서 후속 질문들을 통해 위험요소들을 좀 더 세밀하게 파악하고, 만약 2개 이상의 문항에서 여전히 위험요소가 발견된다면 즉시 조기 중재와 진단을 위한 평가를 권고한다. 2점 이하는 낮은 위험을 지니고 있는 것으로 해석되며 2세 미만인 경우 24개월 혹은 3개월 이후에 재평가를 실시하도록 권장한다. 현재까지 국내에서는 M-CHAT-R/F를 타당화한 연구는 없으며 M-CHAT의 공식 홈페이지(http://mchatscreen.com)에서 한국어 버전을 다운로드할 수 있다.

(2) Q-CHAT(Quantitative CHecklist for Autism in Toddlers)

Q-CHAT는 18~24개월의 영유아의 자폐스펙트럼장애 조기선별을 위한 도구로서 총 25개의 문항으로 구성되어 있다. 공동주의, 가상놀이와 같은 CHAT의 주요 항목들은 유지하면서 언어발달, 반복적 행동 및 기타 사회적 의사소통 측면의 질문들을 추가하였다. 보호자 보고만으로 진행되며, 행동의 유무를 '예/아니오'로 선택해야 하는 제한점을 보완하여 5점 척도로 행동의 빈도와 반응의 정도를 확인할 수 있도록 하였다(Allison et al., 2008).

국내에서는 Park 등이 104명의 아이들을 대상으로 한국어판 Q-CHAT의 신뢰도와 타당도 검증 연구를 수행하였으며 Q-CHAT 점수가 아동 행동 평가 척도(Child Behavior Checklist: CBCL)의 전반적 발달문제를 나타내는 하위항목, 사회적 의사소통 질문지(SCQ), 아동기 자폐증 평정 척도(K-CARS)와 유의한 상관을 보이는 것을 확인하였다. 자폐스펙트럼장애 선별의 절단점으로는 33.5점을 제안하였다(Park et al., 2018)

이후 원저자들은 자폐스펙트럼장애를 가장 잘 선별할 수 있는 문항들로 구성된 Q-CHAT의 축약판인 Q-CHAT-10(Allison et al., 2012)을 발표하였으며, 이는 원검사와 높은 내적일치도($\alpha=0.88$)와 유의한 상관을($r=0.79$, $p=0.0001$) 보였다. 한국에서도 최근 KQ-CHAT-10의 신뢰도와 타당도 연구가 진행되었으며, KQ-CHAT 역시 원검사도구와 마찬가지로 CBCL 1.5-5의 DSM 진단척도 중 전반적 발달문제 하위척도와 CARS와의 공인 타당도가 검증되었고 절단점으로는 3점이 제안되었다(박지현 외, 2022).

(3) 자폐증 행동 체크리스트(Autism Behavior Checklist: ABC)

ABC는 18개월 이상 아동을 대상으로 진행되며 총 57개의 문항들로 구성되어 있다. 각 문항은 감각행동, 사회적 관계, 반복행동, 언어와 의사소통 기술, 사회성 및 적응 기술의 5개 영역으로 구분되며 각 영역에서의 자폐증과 관련된 증상과 행동을 평가한다(Krug et al., 1980). 각 문항은 '있다/없다'로 평가하며, 각 항목마다 1~4점까지 가중치를 두어 채점한다. 점수가 높을수록 자폐 증상의 정도가 심각한 것을 의미한다. 한국에서는 조수철 등이 한국어로 번역한 후 신뢰도 및 타당도를 검증하였고, 총점 50점을 기준으로 하였을 때 유아 자폐증 진단의 민감도와 특이도는 각각 83.3%, 77.4%로 보고되었다(조수철, 신민섭, 1989).

(4) 아동기 자폐 평정 척도(Childhood Autism Rating Scale: CARS)

CARS는 자폐스펙트럼장애를 판별하고 다른 장애로부터 감별하기 위한 평가도구이다. 총 15개의 문항으로 구성되어 있으며 직접적인 관찰과 양육자 보고를 기반으로 평가된다. 각 문항들은 자폐스펙트럼장애 진단과 관련된 주요 영역들로 구성되어 있으며, 해당 영역의 강도, 특이함, 지속시간을 근거로 중간점을 포함하여 7점 척도로 평가된다(1점: 정상적인 행동~4점: 심한 비정상적 행동; Schopler et al., 1980). 이후 원버전과 동일한 스탠다드 버전(CARS-2-ST)과 6세 이상의, IQ 80 이상의 아동들을 대상으로 한 고기능 버전(CARS-2-HF) 및 부모나 양육자를 위한 질문지(QPC)로 구성된 CARS-2가 개발되었다(Schopler et al., 2010).

국내에서도 한국어판 CARS가 널리 이용되다 2019년에 CARS-2의 한국어판이 출시되었다(이소현 등, 2019). 6~36세의 자폐 환자 145명과 고기능 자폐 환자 65명을 대상으로한 표준화 연구에서 표준형은 민감도와 특이도가 모두 100%였고, 고기능형은 민감도 100%, 특이도 96%로 매우 높은 타당도를 보였다. 각 검사 유형에 따른 점수 해석은 〈표 3-4〉에 제시되어 있다.

한국의 경우, 자폐성 장애인 등록을 위한 장애등록심사 구비서류에 CARS가 예시로

표 3-4 CARS-2 결과의 해석

증상의 정도	표준형 총점	고기능형 총점
증상이 없거나 최소한의 자폐 관련 행동	15~29.5	15~26
경도에서 중등도 수준의 자폐 관련 행동	30~36.5	26.5~29.5
중도 수준의 자폐 관련 행동	37~60	30~60

출처: 이소현 외(2019).

포함되어 있어 더욱 널리 사용되고 있다. 하지만 CARS-2는 양육자의 보고를 바탕으로 진행된다는 제한점을 가지고 있어 정확한 진단을 위해서는 다른 정보들과 함께 종합적인 판단이 필요하다. 최근 한 연구에서는 CARS-2-ST의 점수와 뒤에서 소개될, ADOS-2 검사와 상관관계를 분석하였는데, 그 결과 두 검사 결과가 높은 상관관계를 보이는 것을 확인하였다($r=0.864, p<0.001$). 또한 연구자들은 자폐스펙트럼장애의 조기선별과 중재를 위해서는 CARS-2의 절단점을 30점에서 28.5점으로 조정할 것을 제안하기도 하였다(Ji et al., 2023).

(5) 사회적 의사소통 설문지(Social Communication Questionnaire: SCQ)

SCQ는 뒤에 소개될, ADI-R(Autism Diagnostic Interview-Revised)에 있는 핵심 문항들을 추출하여 만든 검사도구로서 총 40개의 문항으로 구성되어 있다. 사회적 상호작용, 언어 및 의사소통, 제한적이고 반복적이며 상동적인 행동의 3가지 영역 문항들에 대해 주양육자가 '예/아니오'로 평가하며 소요시간은 약 5~10분 정도 소요된다.

일생(lifetime) 양식과 현재(current) 양식으로 구분되어 있으며 진단을 위한 목적으로 시행될 경우, 일생 양식을 사용한다. 일생 양식은 개인의 전반적인 발달력에 근거하여 답을 하게 되는데, 만 4~5세를 중점적으로 보고하며, 만 4세 미만의 아동의 경우 최근 12개월 동안의 행동에 초점을 맞춰 진행한다. 자폐 위험을 판단하는 절단점은 15점이다. 현재 양식의 경우, 최근 3개월 동안의 행동을 바탕으로 작성된다. 치료와 교육계획을 평가하는 데 활용될 수 있으며 별도의 절단점은 제공되지 않는다(Rutter et al., 2010).

국내에서 한국어판 SCQ의 타당화 결과 전체 문항의 내적 일치도는 크론바흐 알파 계수값(Cronbach's α)이 각각 일생 양식은 0.95, 현재 양식은 0.93으로 높게 나타났으며 SCQ 총점은 ADI-R 점수 및 SRS 점수와도 높은 상관관계를 보였다. 해당 연구에서는 자폐스펙트럼장애 진단을 위한 절단점으로 48개월 이상인 경우 12점, 47개월 미만인 경우 10점을 제안하였다(김주현 등, 2015).

(6) 길리엄 자폐증 평가척도(Gillian Autism Rating Scale: GARS)

GARS는 길리엄에 의해 개발 3~22세를 대상으로 자폐로 의심되는 행동을 평가할 수 있도록 개발된 도구이다(Gilliam, 1995). 부모, 양육자, 교사 등 약간의 훈련을 받은 평가자가 시행 가능하며 자폐스펙트럼장애의 선별과 치료목표 설정, 치료반응 등을 평가하는 데 활용될 수 있다. DSM-IV를 기준으로 총 56개의 항목으로 이루어져 있으며 각 항목들은 조기발달, 상동행동, 의사소통, 사회적 상호작용의 총 4개의 하위척도로 구분되었다. 이후 GARS-2로 개편되면서 문항수는 42개로 감소하였으며, 하위 척도에서 조기발달이 제외되었다(Pandolfi et al., 2010). 각 문항에 대해 0점(전혀 관찰되지 않음)에서 3점(자주 관찰됨)의 4점 척도로 평가된다.

한국에서는 진혜경 등이 한국판 GARS-2의 표준화를 진행하였으며, 그 결과 세 가지 하위 척도들의 크론바흐 알파 계수값은 0.84~0.94로 높은 일치도를 보였으며, CARS 점수와도 높은 상관(γ=0.70)을 보여 자폐스펙트럼장애 선별검사로서의 타당성을 확인하였다(Jhin et al., 2011).

(7) 걸음마기 아동 행동발달 선별 척도(Behavioral Development Screening for Toddlers, BeDevel)

BeDevel은 42개월 미만의 어린 아동들을 대상으로 자폐스펙트럼장애의 조기선별을 위해 개발된 도구이다. 우리나라의 상황과 사회, 문화적 특성에 맞는 도구 개발의 필요성으로 한국보건산업진흥원의 보건의료기술 연구개발사업 지원을 통해 개발 및 타당화가 진행되었다. BeDevel은 아동관찰도구인 BeDevel-Play(BeDevel-P)와 보호자 면담도구인 BeDevel-Interview(BeDevel-I)로 구성되어 있다. 연령에 따른 영유아의 사회적 의사소통 및 상호작용 행동 발달을 고려하여 총 5개로 연령구간(9~11개월, 12~17개월, 18~23개월, 24~35개월, 36~42개월)으로 세분화하였고, 필요한 경우 여러 차례 선별검사를 받을 수 있도록 구성되어 있다(유희정 등, 2022).

BeDevel-P는 평가자가 대상 영유아와 놀이 활동을 통해 직접 관찰하며 평정하는 도구로서 훈련을 받은 준전문가가 시행할 수 있다. 소요시간은 약 10~15분으로 비교적 빠른 시간 내에 자폐스펙트럼장애 선별과 관련된 주요 행동을 선별할 수 있다. 타당화 결과 민감도는 85.00~91.75%, 특이도는 85.09~97.01%로 확인되었다. BeDevel-I는 아동을 직접 양육하거나 오랜 시간 관찰하는 사람과의 면담으로 시행할 수 있는 도구로서 소요시간은 약 10~20분 정도이다. 국내 타당화 결과 민감도는 85.00~89.29%, 특이도는 77.55~89.55%로 나타났다(Bong et al., 2021).

2. 진단도구

1) 자폐증 진단면담 개정판(Autism Diagnostic Interview-Revised: ADI-R)

ADI-R은 보호자를 대상으로 한 반구조화된 면담도구로서 자폐스펙트럼장애를 진단하고 평가하는 데 필요한 폭넓은 정보를 얻을 수 있도록 구성되어 있다. ADOS(Autism Diagnostic Observation Schedule)와 함께 자폐스펙트럼장애 진단의 최적의 표준(gold standard)으로 사용되고 있으며 피검자의 정신 연령이 만 2세 0개월 이상의 발달 수준에 해당되면 어떤 연령, 어떤 임상 장면에서나 사용될 수 있다.

총 93개의 문항으로 이루어져 있으며 이 중 약 42개의 항목들(면담 연령 또는 알고리듬 종류에 따라 달라질 수 있음)을 체계적으로 조합하여 공식적으로 해석이 가능한 결과를 산출하게 된다. 결과 산출 시 각 문항들은 아래와 같은 4개의 영역으로 구분된다(〈표 3-5〉 참조). 각 영역마다 절단점이 제공되며, 모든 영역에서 절단점보다 높은 점수를 받은 경우 대상자는 자폐스펙트럼장애를 가지고 있을 가능성이 매우 높다. 만약 특정 영역의 점수만 절단점을 넘는다면, 여러 가지 가능성을 고려할 수 있으며, ADOS와 같이 직접 관찰에 의해 얻은 정보를 함께 활용하는 것이 필요하다(Lord et al., 1994).

진단을 목적으로 평가할 경우, 피검자가 만 4~5세였을 때의 행동이 중요한 역할을 차지한다. 따라서 평가자는 이 시기의 행동들에 대해 집중적으로 면담을 진행하게 된다. 만약 피검자가 현재는 특정 행동들을 보이지 않더라도 진단은 만 4~5세 사이에 가장 비정상이었던 때의 채점을 기준으로 이루어진다. 즉, 진단 이후에 대상자의 발달과 치료적 중재 등으로 인해 자폐스펙트럼과 관련된 행동 특성들의 빈도나 강도가 줄어들었다 하

표 3-5 ADI-R 알고리듬의 하위 영역

A. 주고받는 사회적 상호작용의 질적 이상
B. 의사소통의 질적 이상
C. 행동의 제한적, 반복적, 상동적 패턴
D. 36개월 이전

출처: 박규리 외(2020).

더라도 ADI-R 진단 알고리듬으로는 절단점 이상의 결과가 나올 수 있다. 만약 현재 상태를 파악하여 치료와 교육계획 및 평가에 활용하는 것을 목적으로 한다면 현재 알고리듬을 사용하며, 이때는 별도의 절단점이 제공되지 않는다.

ADI-R은 적절한 훈련을 받는 사람들만 평가할 수 있으며 연구에 검사 결과를 사용하기 위해서는 공인된 훈련 프로그램을 통해 검사자 간의 충분한 수준의 일치도를 확보해야 한다.

2) 자폐증 진단관찰 스케줄(Autism Diagnostic Observation Schedule-Second Edition: ADOS-2)

ADOS는 자폐스펙트럼장애 진단을 위한 관찰 평가에서 최적의 표준으로 여겨지는 검사도구로서 자폐스펙트럼장애가 의심되는 대상의 의사소통, 사회적 상호작용, 놀이/사물의 상징적 사용, 상동적이고 반복적인 행동을 평가하는 반구조화되고 표준화된 평가도구이다(Lord et al., 2001). ADOS-2는 ADOS의 개정판으로 검사 대상자의 표현언어 능력과 생활연령, 성숙 수준에 따라 다섯 개의 모듈 중 하나를 선택하여 검사를 시행한다. ADOS-2에서는 일부 모듈의 알고리듬이 개정되었으며 가장 어린 연령대의 아동 평가를 위한 걸음마기 모듈(모듈 T)이 추가되었다(Lord et al., 2012).

모듈T는 ADOS-2에서 새로 추가된 모듈로서, 모듈 1과 마찬가지로 언어를 전혀 사용하지 못하는 아동부터 간단한 어구 사용이 가능한 아동들에게 사용될 수 있다. 다만, 12~30개월 이내의 아동에게는 모듈 T가, 31개월 이상의 아동에게는 모듈 1이 가장 적합하다. 부적합한 모듈을 선택할 경우, 점수에 영향을 줄 수 있기 때문에 각 대상자에게 가장 적절한 모듈을 결정하는 것은 매우 중요하다(Klein-Tasman et al., 2007). 간혹 보호자들의 보고와 실제 검사 상황에서 관찰되는 대상자의 표현언어 수준이 다른 경우가 있는데, 이런 경우 평가를 진행하는 과정에서 좀 더 적절한 모듈로 변경을 하기도 한다.

ADOS-2 검사 결과는 절단점을 기준으로 자폐증(DSM 진단기준 변경 전, 좀 더 증상이 심한 자폐스펙트럼장애), 자폐스펙트럼, 비스펙트럼의 분류로 제시된다. 단, 모듈 T는 예외적으로 절단점 대신 우려 수준을 제공한다. 또한 ADOS-2로 개정되면서 모듈 1~3의 경우 분류와 함께 비교점수를 제공하고 있다. 비교점수란 자폐스펙트럼 관련 증상의 수준을 나타내는 10점 척도로서, 생활연령과 언어 수준이 비슷하면서 자폐스펙트럼장애를 가진 다른 아이들과 비교하여 증상의 심각도를 나타낸 것이다. 이를 통해 서로 다른 모듈 간의 비교가 가능하게 되었으며, 동일한 대상자에게서 시간에 따른 증상의 변화를 해석하는 데에도 활용할 수 있게 되었다. 다만, 비교점수는 ADOS-2 검사를 시행하는 동안 관찰되었던 증상의 수준에만 적용할 수 있으며, 자폐스펙트럼장애 증상의 심각도는 인지와 언어, 적응기술 등 다른 요인들에 의해서도 영향을 받을 수 있기 때문에 해석에 주의를 기울일 필요가 있다(유희정 외, 2017). ADOS-2 역시 적절한 훈련을 받는 사람들만 평가할 수 있으며 연구에 검사 결과를 사용하기 위해서는 공인된 훈련 프로그램을 통해 검사자 간의 충분한 수준의 일치도를 확보해야 한다.

〈ADOS-2 평가 예시〉

이름: 민선우(가명)
연령: 8세 4개월
성별: 남
시행 모듈: M3

* 의뢰 사유

선우는 초등학교 2학년으로 전체 지능 점수는 120으로 매우 우수한 편이었으나 또래 아이들과 잘 어울리지 못하고, 인지 능력에 비해 사회적 상황을 파악하고, 대처하는 능력에 어려움을 호소하였다. 보호자의 보고에 의하면, 초기 운동발달이나 언어발달에는 별다른 문제가 없었으나 어릴 때부터 눈맞춤을 잘 하지 않았고, 이름을 불러도 대답을 잘하지 않는 모습을 보였다고 한다. 또래 아이들과 어울리는 것보다는 혼자 노는 경우가 많았고, TV나 책에서 듣거나 본 것과 같은 말을 반복해서 이야기하는 모습이 많았다고 한다.

* 평가 시 관찰된 내용

선우는 복문을 포함한 문장으로 의사표현을 하였지만 말의 속도가 느리고 다소 부자연스러운 억양이 나타났다. 대화 중에 간혹 문어체 표현을 사용하였고, 평가 상황에서 특정 주제에 대해서는 어느 정도 대화가 가능하였지만 표현언어 수준에 비해 상호적으로 유지되는 대화의 양이 적었다. 고개를 끄덕이거나 젓는 등의 제스처 사용이 관찰되었지만 사용하는 제스처의 종류가 제한적이었고, 묘사적인 제스처는 하나의 과제에서만 관찰되었다.
선우는 평가자와 눈맞춤이 가능하였지만 눈맞춤이 지속적이지 않고, 비일관적이었다. 몇 가지 과제에서 즐거움을 보이며 평가자를 향해 미소를 짓는 모습을 보였지만 또래에 비해 얼굴 표정의 다양성이 부족하였고, 평가 중 검사도구를 말 없이 가져가거나 예고 없이 평가

자가 작성하던 검사지를 가져가서 그림을 그리는 등 질적으로 다소 부적절한 도입행동이 몇 차례 관찰되었다. 선우는 대부분의 사회적 상황에 반응하였지만 과제에 따라 어색하거나 부적절한 반응을 보여 상호작용이 편안하게 지속되지 않았다. 자신의 감정에 대한 질문에는 어느 정도 적절하게 묘사하는 모습을 보였지만 타인의 감정에 대한 언급은 적었고, 인지적인 능력에 비해 우정과 같은 사회적인 관계에 대한 인식이 부족하였다(예: 친구의 이름을 물었을 때 같은 반 친구들의 이름을 모두 나열함).

선우는 표현언어 수준에 비해 단어나 어구의 사용에 반복적인 모습을 보였고, 평가 상황에서 손가락을 꼬거나 비트는 모습이 자주 관찰되었다. 대화 중 검사지 사이에 손가락을 반복적으로 넣는 모습도 관찰되었다.

* 결과

사회적 정동 총합 10점, 제한적이고 반복적인 행동 총합 4점 → ADOS-2 전체 총합 14점(자폐증 절단점 이상), 비교점수 8점(높음)

이 장에서는 현재 국내외에서 널리 활용되고 있는 선별 및 진단 검사도구들에 대해 살펴보았다. 앞서 언급한 대로, 자폐스펙트럼장애 진단을 위해서는 대상자의 다양한 영역들에 대한 발달 및 과거력 등을 종합적으로 평가한 결과와 함께 숙련된 임상의사의 소견이 필요하다. 간혹 특정 검사를 여러 기관에서 받아보며 검사자 간의 결과를 비교해 보는 경우도 있는데, 특정 검사의 결과에만 집중하기보다는 종합적인 관점으로 결과를 해석하고 이해하는 것이 바람직하다.

3. 참고자료

1) 주요 발달 마일스톤(milestone)

앞서 소개한 검사도구들의 경우 대부분 전문 기관에 의뢰하여 검사를 받을 수 있다는 제한점이 있다. 이에 가정에서 손쉽게 영유아의 발달을 확인할 수 있는 자료를 소개하고자 한다. 미국의 질병예방관리본부(Centers for Disease Control and Prevention: CDC)에서는 2개월부터 5세까지 영유아의 사회성을 비롯한 언어, 인지, 운동 발달에 대한 주요 발달 마일스톤(milestone)을 제시하며, 발달에 도움이 되는 유용한 팁도 제공하고 있다. 다음 사이트에 접속하면 한국어 번역본도 다운로드 받을 수 있다.

　* https://www.cdc.gov/ncbddd/actearly/freematerials.html?CDC_AA_refVal=https%3A%2F%2Fwww.cdc.gov%2Factearly%2Fmaterials%2Findex.html

2) 한국 ADOS, ADI-R 훈련과정

　그동안 국내에는 공식적인 평가자 훈련과정이 없어 평가인력이 제한적이었지만 최근 국내에서도 훈련이 가능해졌다. 모든 훈련은 ADOS/ADI-R 원저자에게 훈련받은 공인된 트레이너에 의해 진행되며 다음 사이트를 통해 관련 정보를 확인할 수 있다.

* https://spectrumku.com/training/training_list.html

참고문헌

김주현, 선우현정, 박수빈, 노동현, 정연경, 조인희, 조수철, 김붕년, 신민섭, 김재원, 박태원, 손정우, 정운선, 유희정(2015). 한국어판 사회적 의사소통 설문지 타당화 연구. 소아청소년정신의학, 26(3), 197-208.

박규리, 유희정, 봉귀영, 조인희, 조숙환, 이미선, 곽영숙, 반건호, 김붕년(2020). 자폐증 진단 면담지 개정판. 인싸이트.

박지현, 김용훈, 이경숙(2022). 국내자폐스펙트럼장애 영유아 대상 한국판 영유아 자폐 양적 체크리스트-10(KQ-CHAT-10)의 신뢰도 및 타당도 연구. 자폐성장애연구, 22(3), 61-81.

박향희, 홍경훈, 홍석미, 김수진(2015). 한국어 영유아자폐성장애 선별검사 수정판(KM-CHAT-R) 타당성 연구. 유아특수교육연구, 15(1), 1-20.

서유경, 안성우(2015). 의사소통장애 선별도구로서 CCC-2의 유용성. 언어치료연구, 24(4), 319-332.

신희선, 한경자, 오가실, 오진주, 하미나(2022). Denver II 발달검사를 이용한 한국과 미국의 아동 발달 비교 연구. 지역사회간호학회지. 13(1), 89-97.

유희정, 봉귀영, 곽영숙, 이미선, 조숙환, 김붕년, 박규리, 반건호, 신의진, 조인희, 김소윤(2017). 자폐증 진단 관찰 스케줄 2. 인싸이트.

유희정, 봉귀영, 이경숙, 정석진, 선우현정, 장정윤 (2022). 걸음마기 아동 행동 발달 선별 척도-놀이/면담.

이근(1996). 덴버II 발육 선별검사와 서울 아동의 발달에 관한 비교 연구. 소아과, 39(9), 1210-1215.

이소현, 윤선아, 신민섭(2019). 한국판 아동기 자폐 평정 척도 2. 인사이트

이윤경, 이효주, 최지은(2023). 한국판 의사소통 및 상징행동 발달검사 전문가 지침서. 인싸이트.

정은경, 양세원(2017). 한국 영유아 발달선별검사(개정판) 사용지침서. 질병관리본부 만성질환예방과.

조수철, 신민섭(1989), 유아자폐증의 정신병리에 대한 객관적 평가. 신경정신의학, 28(6), 1055-1064.

천근아, 김영신(2024). SRS-2 사회적 반응성 검사 2판. 아동-청소년용. 인싸이트.

Allison, C., Baron-Cohen, S., Wheelwright, S., Charman, T., Richler, J., Pasco, G et al. (2008). The Q-CHAT (Quantitative CHecklist for Autism in Toddlers): a normally distributed quantitative measure of autistic traits at 18-24 months of age: preliminary report. *J Autism Dev Disord, 38*, 1414-1425.

Allison, C., Auyeung, B., Baron-Cohen, S. (2012). Toward brief "Red Flags" for autism screening: The Short Autism Spectrum Quotient and the Short Quantitative Checklist for Autism in toddlers in 1,000 cases and 3,000 controls. *J Am Acad Child Adolesc Psychiatry, 51*(2), 202-212.

Baron-Cohen, S., Allen, J., & Gillberg, C. (1992). Can autism be detected at 18 months? The needle, the haystack, and the CHAT. *Br. J. Psychiatry, 161*, 839-843.

Bishop, D. V. (2003). *The Children's Communication Checklist: CCC-2*. Harcourt Assessment.

Bong, G., Kim, S. Y., Song, D. Y., Kim, J. H., Hong, Y., Yoon, N. H., Sunwoo, H., Jang, J. Y., Oh, M., Kim, J. M., Lee, K. S., Jung, S., Choi, J. W., Ryu, J. S., & Yoo, H. J. (2021). Short caregiver interview and play observation for early screening of autism spectrum disorder: Behavior development screening for toddlers (BeDevel). *Autism Res, 14*(7), 1472-1483.

Cheon, K. A., Park, J. I., Koh, Y. J., Song, J. G., Hong, H. J., Kim, Y. K., Lim, E. C., Kwon, H. J., Ha, M. N., Lim, M. H., Paik, K. C., Constantino, J. N., Leventhal, B., & Kim. Y. S. (2016). The Social Responsiveness Scale in Relation to DSM IV and DSM5 ASD in Korean Children. *Autism Res, 9*, 970-980.

Chun, L. Y., Bong, G. Y., Han, J. H., Oh, M. A., & Yoo, H. J. (2021). Validation of Social Responsiveness Scale for Korean Preschool Children With Autism. *Psychiatry Investig, 18*(9), 831-840.

Constantino, J. N., & Gruber, C. P. (2005). *The Social Responsiveness Scale*^{TM}. Western Psychological Services.

Constantino, J. N., & Gruber, C. P. (2012). *The Social Responsiveness Scale*^{TM}. *Second Edition*

(SRSTM-2). Western Psychological Services.

Frankenburg, W. K., & Dodds, J. B. (1967). The Denver developmental screening test. *The J. Pediatr, 71*(2), 181-191.

Frankenburg, W. K., Dodds, J., Archer, P., Shapiro, H., & Bresnick, B. (1992). The Denver II: A major revision and restandardization of the Denver Developmental Screening Test. *Pediatrics, 89*(1), 91-7.

Geurts, H. M., Verté, S., Oosterlaan, J., Roeyers, H., Hartman, C. A., Mulder, E. J., van Berckelaer-Onnes, I. A. & Sergeant, J. A. (2004). Can the Children's Communication Check-list differentiate between children with autism, children with ADHD, and normal controls? *J. Child Psychol. Psychiatry, 45*, 1437-1453.

Gilliam, J. E. (1995). Gilliam Autism Rating Scale: Examiner's manual. Pro-ed.

Gilliam, J. E. (2006). Gilliam Autism Rating Scale: GARS 2. Austin. Pro-ed.

Jhin, H., Yoon, H., & Park, J. (2011). Korean-Gilliam Autism Rating Scale-2 (K-GARS-2) standardization. J *Korean Soc Biol Ther Psychiatry, 17*, 189-194

Ji, S. I., Park, H. P., Yoon, S. A., & Hong, S. B. (2023). A Validation Study of the CARS-2 Compared With the ADOS-2 in the Diagnosis of Autism Spectrum Disorder: A Suggestion for Cutoff Scores. *Soa Chongsonyon Chongsin Uihak, 34*(1), 45-50.

Kim, H. U. (2019). M-CHAT [cited 2019 May 30]. Available from: https://mchatscreen.com/wp-content/uploads/2015/05/M-CHAT_Korean_HKim.pdf.

Kim, S., Seung, H., & Hong, G. (2013). Preliminary examination of clinical use of the Korean-Modified-Checklist of Autism in Toddlers. *Commun Sci & Dis, 18*, 172-182.

Klein-Tasman, B. P., Risi, S., & Lord, C E. (2007). Effect of language and task demands on the diagnostic effectiveness of the autism diagnostic observation schedule: the impact of module choice. *J Autism Dev Disord, 37*(7), 1224-1234.

Krug, D. A., Arick, J., & Almond, P. (1980). Autism Behavior Checklist (ABC) [Database record]. APA PsycTests.

Lord, C., Rutter, M., Le Couteur, A. (1994). Autism Diagnostic Interview-Revised: a revised version of a diagnostic interview for caregivers of individuals with possible pervasive developmental disorders. *J Autism Dev Disord, 24*(5), 659-85.

Lord, C., Rutter, M., DiLavore, P. C., & Risi, S. (2001). *Autism diagnostic observation schedule*. Western Psychological Services.

Lord, C., Rutter, M., DiLavore, P. C., Risi, S., Gotham, K., Bishop, S. L., Luyster, R. J. & Guthrie, W. (2012). *ADOS-2: Autism Diagnostic Observation Schedule* (Second Edition), Western Psychological Services.

Metwally, A. M., Helmy, M. A., Salah El-Din, E. M., Saleh, R. M., Abdel Raouf, E.R., Abdallah, A. M., Khadr, Z., Elsaied, A., El-Saied, M. M., Bassiouni, R. I., Nagi, D. A., Shehata, M. A., El-Alameey, I. R., El-Hariri, H. M., Salama, S. I., Rabah, T. M., Abdel-Latif, G. A., El Etreby, L. A., Elmosalami, D. M., Sami, S. M., Eltahlawy,E., Ibrahim,N. A., Elghareeb, N. A., Badawy, H. Y., Dewdar, E. M., & Ashaat. E. A. (2023). National screening for Egyptian children aged 1 year up to 12 years at high risk of Autism and its determinants: a step for determining what ASD surveillance needs. *BMC Psychiatry, 23*(1), 471.

Pandolfi, V., Magyar, C. I., & Dill, C. A. (2010). Constructs assessed by the GARS−2: factor analysis of data from the standardization sample. *J Autism Dev Disord, 40*, 1118-1130.

Park, H., Hong, G., Hong, S., & Kim, S. (2015). The validity of the Korean version of Modified-Checklist for Autism in Toddlers-Revised (KM−CHAT−R). *Korean J Early Childhood Spec Educ, 15*, 1-20.

Park, S., Won, E. K., Lee, J. H., Yoon, S., Park, E. J., & Kim, Y. (2018). Reliability and Validity of the Korean Translation of Quantitative Checklist for Autism in Toddlers: A Preliminary Study. *J Korean Acad Child Adolesc Psychiatry, 29*(2), 80-85.

Rutter, M. Bailey, A., & Lord, C. (2010). *Social Communication Questionnaire*. Western Psychological Services.

Robins, D. L., Fein, D., Barton, M. L., & Green, J. A. (2001). The Modified Checklist for Autism in Toddlers: An initial study investigating the early detection of autism and pervasive developmental disorders. *J Autism Dev Disord, 31*(2), 131-44.

Robins, D. L., Casagrande, K., Barton, M. L., Chen, C., Dumont-Mathieu, T., & Fein, D. (2014). Validation of the Modified Checklist for Autism in Toddlers-Revised with Follow-Up (M− CHAT− R/F). *Pediatrics, 133*(1), 37-45.

Schopler, E., Reichler, R. J, DeVellis, R. F., & Daly, K. (1980). Toward objective classification of childhood autism: Childhood Autism Rating Scale (CARS). *J Autism Dev Disord, 10*, 91-103

Schopler, E., Van Bourgondien, M. E., Wellman, G. J., & Love, S. R. (2010). *Childhood Autism Rating Scale* (Second Edition). Western Psychological Services.

Shin, M. & Kim, Y. (1998). Standardization study for the Korean version of Childhood Autism Rating Scale: Rliability, validity and cut-off score. *Korean J Clin Psychol, 17*, 1-15.

Wetherby, A. M., Allen, L., Cleary, J., Kublin, K., & Goldstein, H. (2002). Validity and reliability of the communication and symbolic behavior scales developmental profile with very young children. *J Speech Lang Hear Res, 45*(6), 1202−18.

심리평가

박정훈

심리평가란 심리검사, 임상면담, 행동관찰 등의 다양한 도구와 방법을 통해 개인에 대한 정보를 얻고 이를 종합해 해석하는 전체적인 과정을 의미한다. 이 중 심리검사는 객관적이고 표준화된 도구와 절차에 따라 진행되는 평가 방법으로 주관적인 판단으로 인해 발생할 수 있는 의사결정의 오류를 감소시키는 동시에, 특정 심리 속성이 평균으로부터 얼마나 이탈되어 있는지에 대한 정보를 제공함으로써 합리적인 의사결정을 돕는다. 특히 자폐스펙트럼장애는 인지, 언어, 적응능력과 같은 다양한 발달 영역에서 지연된 발달을 보이는 경우가 많다(Mutluer et al., 2022). 심리검사는 강점과 약점에 대한 구체적인 정보를 바탕으로 개별화된 개입 전략을 마련하는 데 유용하게 활용될 수 있다.

이 장에서는 자폐스펙트럼장애의 평가를 위해 시행되는 심리검사를 발달검사, 인지검사, 적응능력검사, 정서 및 행동 검사로 구분하고 각각의 종류와 특성, 그리고 실제 평가 예시를 통해 자폐스펙트럼장애에 대한 이해를 높이고자 한다.

1. 발달검사

발달평가는 일상생활에서 습득한 행동 기술을 토대로 대상자의 발달 수준을 평가한다. 특히, 자폐스펙트럼장애가 동반되는 경우 발달 영역 간의 편차가 크며, 관심의 정도에 따라 수행에 상당한 편차를 보이는 경우가 많다(Zheng et al., 2020). 따라서 대상자의 잠재력이 최대한 발휘될 수 있는 환경에서 평가가 시행되어야 한다. 결과를 해석하는 데도 단순한 결과값에 근거한 판단보다는 발달력, 일상생활 적응 수준 등의 다양한 정보를 통합해 임상적 의의를 도출해야 한다.

1) 베일리 영유아 발달검사 제3판

베일리 영유아 발달검사 제3판Bayley Scales of Infant and Toddler Development Third Edition; Bayley-III(Bayley, 2006)은 현재 가장 널리 활용되고 있는 발달검사 중 하나이다. 1~42개월 영유아의 발달을 인지, 언어, 운동, 사회정서, 적응행동의 다섯 가지 영역으로 구분하여 각 영역의 발달 수준에 대한 표준화된 정보를 제공한다. 각 영역의 특징과 구체적인 평가 항목의 예는 〈표 4-1〉과 같다.

표 4-1 베일리 영유아 발달검사 제3판의 구성

척도명		문항 수	내용
인지척도		91문항	언어적 능력을 최소화하여 평가할 수 있는 활동(예: 감각운동 발달, 사물 조작, 개념 형성, 블록 쌓기, 수 세기 등)
언어척도	수용언어척도	49문항	수용어휘, 문법에 대한 이해
	표현언어척도	48문항	옹알이와 같은 전 언어적 의사 표현, 표현 어휘, 문장으로 말하기
운동척도	소근육운동척도	66문항	손가락, 손을 사용하는 과제(예: 블록 쌓기, 선 긋기, 가위로 종이 자르기 등)
	대근육운동척도	72문항	목 가누기, 일어서기, 걷기, 계단 오르기, 뛰어가기
사회정서척도		35문항	자기 조절, 관계 맺기, 목적 달성하기, 문제 해결과 관련된 문항에 양육자가 평정함
적응행동척도		241문항	의사소통, 지역사회 이용, 건강과 안전, 여가 활동, 자조기술, 자기주도, 학업기능, 가정생활, 사회성, 운동성에 대해 양육자가 평정함

발달지수는 Bayley-III 해석 지침서에 제시된 〈표 4-2〉를 참고해 해석한다. 해석 시에는 다음을 주의해야 한다. 첫째, 수검자의 신경발달학적 특성에 대한 충분한 이해가 뒷받침되어야 한다. 자폐스펙트럼장애는 사회적 상호작용에 어려움과 더불어 낯선 사람이나 환경에 대한 극도의 저항을 보이는 경우가 많다. 또한 관심을 두는 주제나 범위가 국한되어 있어 검사 과정에 흥미를 보이지 않을 수 있다. 이 경우 현재 발달 수준이나 잠재 능력이 적절히 반영되지 못한 결과가 도출될 수 있다. 이는 발달지수와 함께 신경발달학적 특성에 따른 검사 수행에 대한 질적인 분석이 포함되어야 함을 의미한다. 둘째, 검사 결과에서 나타나는 정보만을 토대로 장애 여부를 판단해선 안 된다. Bayley-III 검사는 발달 수준을 객관적으로 평가하기 위한 목적으로 개발되었으며, 통계적 규준을 적용하여 특정 발달 영역이 평균으로부터 얼마나 이탈되어 있는지에 대한 정보를 제공한다. 장애 진단을 위해서는 발달평가 결과와 함께 발달력에 대한 정보, 일상생활 기능 수준 등을 종합적으로 고려한 임상가의 판단이 필수적으로 요구된다.

표 4-2 발달지수에 따른 해석의 범주

발달지수(Developmental Quotient: DQ)	해석 범주
130 이상	최우수
120~129	우수
110~119	평균 상
90~109	평균
80~89	평균 하
70~79	경계선
69 이하	발달지연

2) 사례

사례

1세 10개월 도현이(가명)는 주변 환경에 거의 관심을 보이지 않고 눈맞춤과 호명 반응이 비일관적이며 또래와 비교해 언어 습득이 지연되어 발달평가에 의뢰되었다. 평가 상황에서도 검사 자극을 던지며 참여를 거부하였고, 평가자가 제시하는 자극보다 자신이 흥미 있는 자극에만 선택적으로 반응하는 모습을 보였다. '아빠'라는 단어를 천천히 따라 말하기도 하였으나, 이 외의 의미 있는 자발적 발화는 관찰되지 않았다.

도현이의 Bayley-III 결과는 다음과 같다.

구분	발달지수	백분위(%ile)	95% 신뢰구간	기술적 분류
인지	75	4.8	67~85	경계선
언어	79	8.1	76~88	경계신
운동	85	15.9	82~94	평균 하
사회정서	75	4.8	65~85	경계선
적응행동	66	1.2	61~71	발달지연

도현이의 운동발달은 '평균 하' 범위에 해당하였다. 인지와 언어 발달, 그리고 사회정서 발달은 '경계선' 범위에 해당하며, 일상에서 관찰되는 적응행동은 '발달지연' 범위로 평가되었다. 각 영역을 구체적으로 살펴보면 다음과 같다.

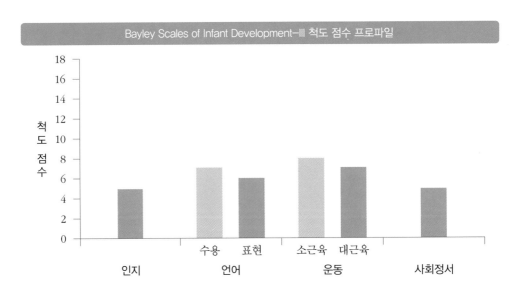

인지 영역에서는 사물을 직접 움직여 조작하는 것이 가능하였으나 장난감을 자신과 관련지어 놀지 못하였다. 수용언어는 금지어에 반응하여 행동을 멈추는 것이 어려웠고, 호명과 같은 타인의 관계 시도 행동에 반응하지 못하였다. 표현언어에서는 '아빠'라는 단어를 느린 속도로 모방하였으나 이 외의 자발적 발화는 관찰되지 않았다. 소근육 운동의 발달은 동전을 잡아 목표 지점으로 이동시키는 것이 가능하였으나, 선을 따라 그리거나 엄지와 검지, 중지를 사용하여 연필을 잡지 못하였다. 대근육 발달과 관련해서는 혼자서 계단을 오르거나 공을 차는 것이 가능하였으나 맨 아래 계단에서 뛰어 내려오지 못하였다. 보호자 평정 결과에 따르면, 사회정서 영역에서 단순하고 친숙한 행동을 모방하여 놀이하는 것이 가능하다고 하나, 간단한 언어나 행동을 통해 자신이 원하는 것을 알리는 모습은 확인되지 않는다고 한다. 일상에서 확인되는 도현이의 적응능력 역시 연령 규준과 비교해 전반적인 영역에서 지연이 확인되는 상태로, 일상생활 전반에 걸쳐 주변의 세심한 보살핌이 요구된다.

검사 결과를 통해 도현이에게는 인지, 언어, 사회성을 포함하여 전반적인 적응 영역에서의 꾸준한 발달을 위한 지원이 필요한 상태임을 알 수 있었다. 가정에서는 놀이를 통해 인지 발달을 위한 다양한 자극을 접할 수 있도록 하고, 익숙한 사물을 사용한 행동의 모방부터 간단한 노랫말과 함께하는 몸짓 혹은 고개 끄덕이기, 손가락으로 가리키기와 같은 동작을 모방할 수 있는 훈련을 반복하는 것이 필요하다. 얼굴의 움직임을 크게 하여 비눗방울을 불거나, 재미있는 표정을 짓는 등 얼굴 동작의 모방을 촉진하는 방법도 효과적일 수 있다. 또한 일상에서 언어적 자극에 대한 노출을 증가시키고, 단어 발화의 시도가 관찰되는 경우 충분한 관심과 격려를 통해 언어 표현을 촉진하는 노력이 요구된다.

2. 인지검사

인지기능은 자폐스펙트럼장애 증상의 심각도, 전반적인 적응능력 등과 같이 다양한 영역과 많은 관련을 보인다(Johnson et al., 2021; McQuaid et al., 2021). 따라서 개별화된 개입 전략을 마련하기 위해서는 인지발달에 대한 고려가 필수적이다.

인지기능을 평가하는 검사들은 크게 전반적인 인지능력을 평가하는 지능검사와 복합적 주의력, 기억력, 지각-운동 능력, 전두엽/실행기능 등을 평가하는 신경심리검사로 구분된다. 이 중 현재 임상에서 가장 널리 활용되고 웩슬러 지능검사와 주의력 및 전두엽/실행기능 검사를 소개하고자 한다.

1) 웩슬러_{Whescler} 지능검사

웩슬러 지능검사는 평가 대상자의 연령에 따라 유아용, 아동용, 성인용으로 구분된다. 현재 국내에는 2세 6개월부터 7세 7개월 영유아를 대상으로 하는 유아용 웩슬러 지능검사 4판(K-WPPSI-IV; 박혜원 외, 2016), 6세부터 16세 11개월을 대상으로 하는 아동용 웩슬러 지능검사 5판(K-WISC-V; 곽금주, 장승민, 2019), 그리고 16세부터 69세 11개월을 대상으로 하는 성인용 웩슬러 지능검사 4판(K-WAIS-IV; 황순택 외, 2012)이 가장 최신의 웩슬러 지능검사로 활용되고 있다.

(1) 검사의 구성과 내용

웩슬러 지능검사는 전체지능지수(Full-ScaleIntelligence Quotient: FSIQ)와 세부적인 지적 영역에 대한 정보를 포함하는 지표지수가 제공된다. FSIQ는 일반적인 인지 능력에 대한 추정치를 의미하며, 지표지수의 종류와 그에 대한 설명은 〈표 4-3〉에 요약해 설명하였다. 유아용, 아동용, 성인용 검사 각각에 대한 구체적인 특징을 살펴보면 〈표 4-3〉과 같다.

표 4-3 지표지수의 종류와 측정 내용

지표지수	측정 내용
언어이해	언어에 대한 이해력, 언어적 개념 형성, 언어적 추론, 언어 표현력
지각추론	시공간 정보처리, 시각-운동 통합, 유동적 추론, 비언어적 정보에 대한 실제적 문제 해결
시공간	시각적 정보처리, 시공간 구성, 시각적 예민성
유동추론	시각적 조직화, 비언어적 추론, 새로운 문제해결을 위한 유동적 추론, 귀납적 추론
작업기억	시청각 정보를 일시적으로 유지하고 조작하는 능력
처리속도	간단한 과제를 빠르고 정확하게 수행하는 능력, 시각자극 변별력, 시각-운동 협응

① K-WPPSI-IV

K-WPPSI-IV는 2:6-3:11세용 검사와 4:0-7:7세용 검사로 구성되어 있다. 2:6-3:11세용 검사에서는 FSIQ와 세 가지 주요 지표지수(언어이해, 시공간, 작업기억)가 산출되며, 4:0-7:7세용 검사에서는 전체지능지수(FSIQ)와 다섯 가지 주요 지표지수(언어이해, 시공간, 유동추론, 작업기억, 처리속도)가 산출된다. 또한 각각의 지표지수는 일련의 소검사들로 구성되며, 소검사가 측정하는 내용은 〈표 4-4〉와 같다.

표 4-4 K-WPPSI-IV의 소검사 구성

소검사	측정 내용	연령 범위
상식	구체적 지식 습득, 일반적 지식에 대한 호기심	2:6-7:7
공통성	언어개념에 대한 이해, 추상적 사고, 개념에 대한 추론	4:0-7:7
어휘	어휘발달, 언어학습능력, 장기기억	4:0-7:7
이해	관습적 행동에 대한 이해, 사회적 상황에 대한 이해, 사회적 판단력	4:0-7:7
수용어휘	어휘발달, 수용언어	2:6-7:7
그림명명	단어 지식, 표현언어	2:6-7:7
토막짜기	전체와 부분의 관계에 대한 이해, 시공간 자극의 분석 및 통합, 시각-공간-운동 협응	2:6-7:7
모양맞추기	시공간 구성, 전체-부분 관계의 분석 및 통합	2:6-7:7
행렬추론	시공간 추론, 비언어적 정보에 대한 추상적 추론	4:0-7:7
공통그림찾기	개념에 대한 이해, 유동적 추론, 귀납적 추론	4:0-7:7
그림기억	시각적 작업기억	2:6-7:7
위치찾기	시공간 작업기억	2:6-7:7
동형찾기	단순 시각적 변별력, 처리속도	4:0-7:7
선택하기	선택적 주의력, 처리속도	4:0-7:7
동물짝짓기	선택적 주의력, 처리속도	4:0-7:7

② K-WISC-V

K-WISC-V는 6세 0개월부터 16세 11개월 아동 및 청소년의 지적능력을 평가한다. 전반적인 지적능력에 대한 추정치인 FSIQ와 다섯 가지 주요 지표지수(언어이해, 시공간, 유동추론, 작업기억, 처리속도)에 대한 정보를 제공한다. 전체 검사는 10개의 기본 소검사와 6개의 보충 소검사로 구성되어 있으며, 소검사의 종류와 내용은 〈표 4-5〉와 같다.

표 4-5 K-WISC-V의 소검사 구성

소검사	측정 내용
토막짜기	시각적 처리, 시공간 구성 및 조직화, 비언어 정보의 분석 및 통합
공통성	언어적 개념 형성, 언어발달, 추상적 사고력, 귀납적 추론
행렬추리	비언어적 귀납 추론, 유동적 추론, 맥락적 정보에 대한 추론
숫자	단기기억, 작업기억, 순차적 정보처리, 주의력, 집중력
기호쓰기	처리속도, 시각-운동 협응, 시각적 주사, 주의력, 집중력
어휘	언어발달, 어휘 지식, 언어 유창성, 추상적 개념에 대한 이해
무게비교	양적 추론, 유동적 추론, 수학적 추론, 인지적 유연성
퍼즐	시각적 심상의 조작, 전체-부분 관계에 대한 분석 및 통합
그림기억	단기기억, 작업기억, 시각적 기억폭, 주의력, 집중력
동형찾기	처리속도, 시각적 변별, 주의력, 집중력
상식	일반상식, 지적 호기심, 사실적 정보에 대한 학습
공통그림찾기	유동 추론, 귀납적 추론, 상위개념 형성, 범주화
순차연결	단기기억, 작업기억, 청각 정보에 대한 정신적 조작능력, 주의력, 집중력
선택	처리속도, 시지각 변별, 시각-운동 협응, 주의력, 집중력
이해	사회적 판단, 규범이나 관습에 대한 이해, 사회적 상황에 관한 판단
산수	단기기억, 작업기억, 수리적 추론, 주의력, 집중력

③ K-WAIS-IV

K-WAIS-IV는 16세 0개월부터 69세 11개월 성인의 지적능력을 평가하는 검사이다. 전반적인 지적능력을 반영하는 FSIQ와 4개의 지표지수(언어이해, 지각추론, 작업기억, 처리속도)에 대한 정보를 제공한다. K-WAIS-IV는 10개의 핵심 소검사와 5개의 보충 소검사로 구성되어 있으며, 소검사의 종류와 내용은 〈표 4-6〉과 같다.

표 4-6 K-WAIS-IV의 소검사 구성

소검사	측정 내용
공통성	추상적 추론, 언어적 개념, 개념적 사고
어휘	어휘 지식, 언어학습 능력, 학업성취
상식	일반적인 사실적 지식에 대한 이해, 학습 경험, 장기기억
이해	사회적 적응, 규범에 대한 이해, 관습적 행동에 대한 지식, 사회적 판단

토막짜기	전체-부분의 관계에 대한 분석 및 통합, 시각-운동 협응, 시공간 구성
행렬추론	시공간적 추론, 추상적 추론, 맥락적 정보에 대한 분석 및 추론
퍼즐	시각 재인, 전체-부분의 관계에 대한 분석 및 통합, 시공간 추론
무게비교	수리적 추론, 양적 추론, 유동 추론
빠진곳찾기	시각적 재인, 본질과 비본질의 구분, 시각적 예민성
숫자	단기기억, 작업기억, 청각 정보에 대한 가역적 처리, 주의력, 집중력
산수	계산 능력, 수리적 개념 형성, 주의력, 집중력
순서화	청각적 단기기억, 순차적 정보처리, 주의력, 집중력
동형찾기	시각적 변별, 처리속도, 주의력, 집중력
기호쓰기	처리속도, 단순 순차적 정보처리, 주의력, 집중력
지우기	시각적 재인, 시각적 주사, 처리속도, 주의력, 집중력

(2) 사례

◎ 사례 1: K-WPPSI-IV 평가 사례

사례

　5세 3개월 채린이(가명)는 3세 무렵 자폐스펙트럼장애 진단을 받고 치료를 지속해 오고 있으며 전반적인 발달 수준에 대한 경과를 관찰하기 위해 발달평가에 의뢰되었다. 유치원 교사로부터 또래와의 관계에서 자신이 원하는 대로 행동하는 모습이 최근 들어 부쩍 늘었다는 이야기를 듣고 보호자는 채린이에게 어떠한 훈련이 필요한지 고민 중이라고 하였다. 평가 당시, 질문에 대답할 때에는 눈을 마주치며 이야기하지 못하였고, 때때로 맥락과 무관하게 "키가 커졌어요."라는 말을 반복하는 모습이 관찰되었다. 질문을 이해하고 대답할 수 있었으나 얼굴에서 나타나는 감정의 표현은 다채롭지 못하였다.

채린이의 K-WPPSI-IV 결과는 다음과 같다.

구분	합산점수	백분위(%ile)	95% 신뢰구간	기술적 분류
언어이해지표	83	12.0	73~93	평균 하
시공간지표	108	70.0	95~121	평균
유동추론지표	81	11.0	73~89	평균 하

작업기억지표	95	37.0	85~105	평균
처리속도지표	84	14.0	72~96	평균 하
전체지능지수(FSIQ)	81	10.0	68~94	평균 하

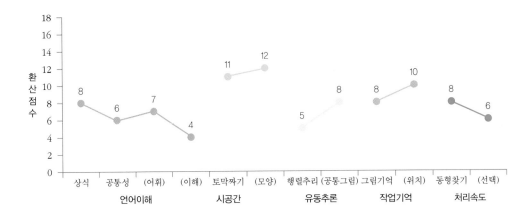

　채린이의 전체지능지수(FSIQ)는 81로 '평균 하' 범위에 해당한다. 특히 지표지수 간 상당한 편차를 보이는 것이 특징적으로 불균형적인 인지 발달이 시사된다. 상대적으로 언어이해, 유동추론, 처리속도의 수행이 미흡하였는데, 이는 자폐스펙트럼장애에 수반하는 언어 발달 지연, 추상적 추론의 어려움, 그리고 느리고 둔한 인지적 처리속도가 반영된 결과라 해석된다.

　구체적으로, 사회적 규범이나 관습에 대한 이해능력을 반영하는 이해 소검사의 수행이 매우 낮은 수준에 평가되었다. 이는 사회적 상황에서 주변의 기대나 바람을 이해하고, 이를 바탕으로 적응적인 행동을 취할 수 있는 레퍼토리가 부족할 수 있음을 시사한다. 최근 들어 자기중심적인 행동이 많아지고 있다는 유치원 교사의 평가 역시 이러한 인지적 특성과 관련이 높아 보인다.

　아울러, 유동적 추론을 반영하는 과제의 수행이 부진하였다. 자폐스펙트럼장애에서 흔히 나타나는 구체적이고 경직된 인지적 특성이 유동추론의 미진한 발달과 상호작용하여 일상에서 마주하는 게 익숙하지 않은 사건들에 대해 실제적인 문제해결에 어려움을 일으키고 있는 것으로 보인다.

　한편, 시공간 자극을 분석 및 조직화하는 능력은 연령 규준에 알맞으며, 특히 일상적인 사물의 주요한 요소를 파악하고 전체적인 형태를 구성하는 과제에서 뛰어난 수행을 보였다. 이는 채린이가 가진 인지적 강점이다. 따라서 인지 발달을 위한 보완적인 노력과 훈련에 있어 시각적 재료를 적극적으로 활용한다면 동기와 흥미를 높일 수 있을 뿐만 아니라 새로운 기술의 이해와 습득에도 상당한 도움이 될 수 있으리라 생각된다.

◎ 사례 2: K-WISC-V 평가 사례

사례

9세 10개월 된 민준이(가명)는 만3~4세 무렵부터 주변 사람들에 큰 관심이 없었고 자동차 바퀴에 큰 관심을 보이며 굴러가는 바퀴를 한없이 쳐다보는 등의 독특한 모습이 있었다고 한다. 하지만 상대적으로 언어발달의 지연은 두드러지지 않았고 보호자의 훈육에도 잘 반응하였다고 한다. 초등학교에 입학하여 담임교사로부터 또래 친구들과 어울리지 못하고 독특한 언어 표현들로 인해 민준이의 생각을 이해하는 것이 어렵다는 이야기를 듣고 소아정신과에 방문하여 자폐스펙트럼장애 진단을 받았다고 한다.

민준이의 K-WISC-V 결과는 다음과 같다.

구분	합산점수	백분위(%ile)	95% 신뢰구간	기술적 분류
언어이해지표	103	57.0	93~113	평균
시공간지표	67	1.0	54~80	매우 낮은
유동추론지표	63	1.0	55~71	매우 낮은
작업기억지표	76	5.0	66~86	경계선
처리속도지표	70	2.0	58~82	경계선
전체지능지수(FSIQ)	73	4.0	60~86	경계선

민준이의 전체지능지수(FSIQ)는 73으로 '경계선' 범위에 해당한다. 특히 언어이해지표는 '평균' 범위로 양호한 발달을 보이나, 그 외 다른 인지 영역은 모두 '경계선-매우 낮은' 범위로 발달이 지연되어 있다.

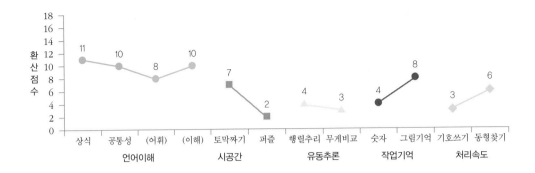

양호한 언어능력은 민준이가 가진 강점이라 여겨진다. 언어적 추론 능력이 원활하고 정확한 어휘를 사용하여 정보를 전달하는 능력을 갖추고 있는 점은 학습 상황에서 새로운 지식을 습득하고 활용하는 데 기초적인 밑바탕이 될 것이다. 대체로 극도로 고정되고 제한된 흥미의 범위를 보이는 자폐스펙트럼장애 아동과는 달리 민준이는 다채로운 주제와 다양한 범위에 대한 지적 호기심을 갖추고 있는 것으로 평가되었는데, 이는 이후의 문제해결능력의 발달에도 중요한 자원이 될 것이다.

다만, 시공간지표와 유동추론지표의 수행이 저조한 것으로 미루어 볼 때, 낯설고 새로운 상황에서 민준이가 가진 지적 자원을 유연하게 활용하는 것에는 어려움이 예상된다. 특히 학습된 레퍼토리가 충분치 않은 사회적 상황에서는 또래의 반응에 당황하며 위축되기 쉽다. 비언어적 추상적 사고에 어려움을 보이는 민준이의 인지적 특성을 고려하여 구체적인 행동 대응 전략을 포함한 사회기술 훈련이 요구된다.

또한 주의집중력과 처리속도가 불안정하여 보유한 언어적 자원을 효율적으로 활용하는 데 어려움이 예상된다. 흥미나 동기에 따라 주의력의 발휘가 일관되지 않겠으며, 새로운 정보를 습득하거나 과제를 수행할 때 보다 많은 시간과 노력이 필요할 수 있다.

2) 신경심리검사

(1) 주의력 검사

자폐스펙트럼장애의 약 26% 정도가 ADHD를 함께 진단받을 정도로(Mutluer et al., 2022), 주의력 문제는 자폐스펙트럼장애에서 흔히 나타나는 문제이다. 특히 주의력 문제가 심각할수록 규범이나 규칙을 위반하는 경우가 잦으며(Cai et al., 2018), 또래나 교사와의 관계에서 갈등을 초래하거나 사회적 동기를 저하시키는 이차적인 문제가 발생할 확률 또한 급격하게 상승한다(van Steijn et al., 2014). 따라서 학업 및 일상에서의 적응을 높이기 위해서는 주의력 문제에 대한 객관적인 평가가 필요하다.

최근에는 컴퓨터를 활용해 주의력을 평가하는 Advanced Test of Attention(ATA; 홍강의 등, 2010)과 Comprehensive Attention Test(CAT; 유한익 등, 2009)가 널리 활용되고 있다. 이 검사들은 일정 시간 동안 단순한 자극을 반복적으로 제시하면서 목표자극에 반응하지 않는 빈도(누락오류, omission error), 비목표자극에 반응하는 빈도(오경보오류, commission error), 정반응시간의 평균 및 표준편차 등에 대한 정보를 제공한다.

먼저, ATA의 특징을 간단히 살펴보면 다음과 같다. ATA는 시각자극검사와 청각자극검사의 두 종류로 구성되어 있다. 시각자극검사에서는 삼각형으로 제시되는 목표자극에 반응하도록 하는데, 목표자극이 제시되었을 때 반응하지 못하는 경우를 누락오류로, 목표자극이 아니면 반응하는 경우를 오경보오류로 채점한다. 청각자극검사의 경우에는 "삐삐삐" 소리가 목표자극에 해당하며 평가 방식은 시각자극검사와 같다. 아울러 ATA에서는 결과 해석을 위한 T점수를 함께 제공하는데, 65T 이상을 유의한 손상, 60~64T를 경계선, 59T를 정상범주로 해석한다. 실제 평가 예시는 다음과 같다.

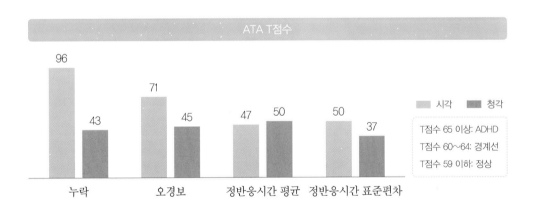

위 결과는 시각적으로 제시되는 과제에서 목표자극이 제시되었을 때, 적절한 반응을 하지 못한 빈도가 유의하게 상승해 있음을 의미한다. 반면, 청각적 정보가 제시되는 경우에는 안정적인 수행을 보였다. 이는 시각자극에 대해 상대적으로 쉽게 주의가 분산됨을 의미한다. 따라서 학습이나 치료적 훈련의 효과를 높이기 위해서는 시각적으로 주의가 분산될 수 있는 불필요한 자극을 최소화하는 동시에 청각적 정보를 적극적으로 활용하는 것이 필요하다.

CAT는 ATA에서 측정하는 단순주의력에 더해 지속해서 주의력을 유지하며 충동적 반응을 억제하는 억제지속주의력 과제와 주위의 간섭을 무시하고 필요한 자극에 선택적으로 반응해야 하는 간섭선택주의력, 그리고 시각자극에 대한 작업기억력을 측정하는 과제가 포함되어 있다. CAT는 과제별로 Attention Quotient(AQ)가 산출되는데, 85 이상의 AQ를 정상, 76~84는 경계선, 75 이하를 정상으로 해석한다.

한편, CAT가 ATA보다 더 다양한 주의력의 유형을 측정할 수 있다는 장점이 있으나, 복잡한 지시에 대한 이해가 요구되며 수행에도 더욱 오랜 시간이 소요된다. 따라서 각각의 특성과 장단점에 대한 이해를 바탕으로 주의력 문제의 양상이나 심각도에 따라 적절한 검사를 선택하는 것이 바람직하다. CAT의 예시는 다음과 같다.

구분	단순선택(시각)	단순선택(청각)	억제지속	간섭선택
누락오류	저하	정상	정상	정상
(AQ)	≤70	101	97	101
오경보오류	저하	정상	저하	정상
(AQ)	≤70	100	≤70	91
정반응시간 평균	저하	경계	정상	정상
(AQ)	≤70	78	101	95
정반응시간 표준편차	저하	정상	경계	정상
(AQ)	≤70	88	84	97

(AQ 85 이상: 정상 / AQ 76~84: 경계 / AQ 75 이하: 저하)

상기 검사 결과는 시각으로 제시되는 정보에 대해 목표 자극에 반응하지 못하는 부주의한 특성과 더불어, 반응해야 하지 않는 시각자극에서도 성급하게 반응하는 충동 오류가 상승해 있다. 아울러 억제주의력을 측정하는 과제에서도 충동 오류가 유의하게 증가해 있음을 알 수 있다. 학업이나 일상생활에서도 부주의 문제와 함께 충동 억제의 어려움이 동반될 가능성이 크다.

다만, 주의력 문제의 원인을 설명하는 데 있어서는 보다 심층적이고 통합적인 고려가 필요하다. 예를 들어, 사회성에 문제가 있어 사회적 단서를 적절히 이해하고 판단하지 못한다거나, 주변의 요구에 맞추어 유연하게 관심의 범주를 전환하지 못할 때에도 주의력의 문제가 불거지기 쉽다. 불안이나 우울과 같은 정서문제가 동반되는 경우에도 온전히 집중력을 유지하기 어렵다. 따라서 주의력 검사 결과를 정확히 해석하기 위해서는 전문적인 지식과 경험이 필수적이다.

(2) 전두엽/실행기능 검사

실행기능은 자동적이고 습관화된 반응의 억제, 인지적 융통성의 발휘, 복잡한 주의처리와 처리속도와 같은 정보처리, 효율적인 목표 달성을 위한 계획 세우기, 피드백을 반영한 대안 마련 등의 다양한 기능을 포괄하는 상위 인지체계이다(Diamond, 2013). 자폐스펙트럼장애는 특히 인지적 유연성의 부족과 관련이 깊다. 다양한 대안을 마련하거나 다른 관점으로 주의와 사고를 전환하는 데 요구되는 인지적 유연성의 부족은 자폐스펙트럼장애의 경직되고 구체적인 사고 특성과 밀접한 관련을 보이며 상황적 변화에 유연하게 적응하거나 자신의 욕구나 행동을 상황에 맞게 조절하는 데 어려움을 초래한다(Mostert-Kerckhoffs et al., 2015).

행동 억제의 어려움 역시 자폐스펙트럼장애에 흔히 동반되는 문제 중 하나이다. 억제능력의 손상은 특정한 행동을 중지하는 데 요구되는 인지적 처리를 저하하며, 불확실하거나 익숙하지 않은 상황에서 자동으로 활성화되는 행동에 대한 멈춤 신호를 보내는 신경계 기능에도 손상을 일으킨다(Schmitt et al., 2018). 이는 특정한 목적 없이 같은 행동을 반복하거나, 익숙하지 않은 상황에서 제한되고 반복적인 행동 패턴들이 증가하는 자폐스펙트럼장애의 특징과 일부 관련이 있어 보인다.

스트룹 검사와 색–선로 검사는 다양한 전두엽/실행기능 중 주의 억제능력과 인지적 유연성을 측정하는 대표적인 검사이다. 아동용 스트룹 검사는 3개의 시행으로 구성되어 있다(신민섭, 박민주, 2007). 첫 시행은 단순하게 글자를 읽는 과제이고, 두 번째 시행에서는 제시된 자극의 색을 읽는다. 세 번째 시행에서는 다양한 색으로 쓰인 글자가 제시되는데, 이때 글자를 읽는 것이 아닌 글자의 색을 읽도록 지시를 받는다. 이때 글자를 읽는 자동화된 반응을 억제하며 과제의 목적에 따라 행동을 조절하는 억제능력을 측정하기 위해 소요되는 시간을 확인한다. T 점수를 기준으로 40T 이상을 '보통', 31~39T를 '경계선', 30T 이하를 '손상'으로 구분하여 임상적 의미를 해석한다. 스트룹 검사의 결과 예시는 다음과 같다. 이 결과를 통해 수검자의 억제능력은 비교적 양호하게 유지되고 있지만, 단순한 정보를 차례대로 빠르게 처리하는 처리속도의 문제가 시사되고 있음을 알 수 있다.

척도	원점수	T 점수
단어 점수(W)	43	38
색상 점수(C)	31	42
색상-단어 점수(CW)	20	49
간섭 점수(C-CW)	11	58

색-선로 검사는 인지적 유연성을 측정하기 위해 개발된 선로 잇기 검사(Trail Making Test)를 아동이 이해하고 시행하기 쉽도록 수정한 검사이다(신민섭, 구훈정, 2007). 색-선로 검사는 2개의 시행으로 구성되어 있다. 첫 단계에서는 단순히 숫자의 순서에 따라 선을 연결한다. 이후 두 번째 시행에서는 규칙을 바꾸어 숫자와 색깔을 번갈아 가며 선을 연결하도록 지시를 받는다. 이를 통해 변화된 규칙에 유연하게 적응하는 주의 전환 능력을 측정하며 T 점수로 환산되는 수행시간을 통해 39T 미만을 '손상', 40~44T를 '보통 하', 45~54T를 '보통', 55T 이상을 '보통 상'으로 해석한다. 다음은 단순한 순차적 처리속도는 문제가 없으나, 주의를 유연하게 전환하는 능력이 손상됨을 시사하는 색-선로 검사의 예시이다.

검사도구	척도	원점수	T 점수	백분율
아동 색-선로 검사 (CCTT)	CCTT-1 완성시간	18	55	69
	CCTT-2 완성시간	79	30	2
	비율간섭 지표	3.4		≤1

3. 적응능력검사

연령에 요구되는 일상 과업을 적절히 수행할 수 있는 적응능력은 일상생활을 유지하고 타인과 관계를 맺으며 살아가기 위해 꼭 필요한 능력이다. 특히 자폐스펙트럼장애를 가진 경우에는 양호한 지적능력을 갖추고 있더라도 사회적 의사소통의 어려움이나 제한적이고 반복된 행동으로 인해 일상생활이나 대인관계에서 지적능력에 기대되는 수준의 적응능력을 발휘하지 못하는 경우가 많다. 따라서 인지능력과 함께 적응능력에 대한 객관적인 수준을 평가하는 것은 치료계획을 수립하는 데 있어 상당히 유용한 정보를 제공할 수 있다.

한국에서는 적응능력을 평가하기 위해 1985년 출판된 사회성숙도검사(Social Maturity Scale: SMS; 김승국, 김옥기, 1985)가 활용됐으나, 문항이 시대적 변화를 반영하지 못하는 한계가 있었다. 이러한 단점을 보완해 최근에는 바인랜드 적응행동척도 2판을 한국어로 표준화한 K-Vineland-II(황순택 외, 2015)의 사용이 확대되고 있다.

1) 바인랜드 적응행동척도 2판(K-Vineland-II)

K-Vineland-II 검사는 임상가가 평정하는 면담형과 보호자가 응답하는 보호자 평정형의 두 가지 종류로 구성되어 있으며, 의사소통, 생활기술, 사회성, 운동기술의 4가지 영역을 통해 적응능력을 평가한다. 의사소통 영역은 대화를 시작하고 유지하는 능력을 측정하며, 특히 자폐스펙트럼장애에서 나타나는 의사소통의 어려움을 평가하는 데 유용하다. 생활기술은 개인, 가정, 지역사회에서 독립적으로 기능하기 위해 요구되는 구체적인 지원을 어떻게 할 것인지 계획하는 데 있어 유용하다. 사회성은 대인관계, 놀이 및 여가에 대한 평가를 통해 사회적 상호작용의 질적인 측면을 평가한다. 운동기술은 대근육과 소근육의 활동 수준을 평가함으로 전반적인 운동기술의 발달을 평가한다. 각 적응기술에 대한 해석 규준은 〈표 4-7〉과 같다.

표 4-7 K-Vineland-II의 해석 기준

표준점수	백분위(%ile)	기술적 범주
130 이상	98 이상	높음
115~129	84~97	약간 높음
86~114	18~83	평균
71~85	3~17	약간 낮음
70 이하	2 이하	낮음

2) 사례

3세 5개월 남아인 지성이(가명)는 자폐스펙트럼장애가 의심되어 소아정신과에 내원하였다. 보호자에 따르면, 걷고 뛰기와 같은 운동 능력의 발달은 또래와 유사하였으며 장난감을 갖고 놀이하는 것에 있어서도 또래와 크게 다른 점을 느끼지 못했다고 한다. 다만, 사용할 수 있는 언어 표현이 매우 한정적이며, 특히 자신이 원하는 바를 언어로 표현하지 못하고 불편함을 짜증이나 울음으로 표현하는 경우가 많았다고 한다.

발달검사를 통해 얻은 지성이의 K-Vineland-II 검사 결과는 다음과 같다.

구분	표준점수	백분위(%ile)	95% 신뢰구간	기술적 분류
의사소통	77	6	71~83	약간 낮음
생활기술	93	32	88~98	평균
사회성	81	10	76~86	약간 낮음
운동기술	87	19	79~95	평균
적응행동 조합점수	79	8	75~83	약간 낮음

지성이의 전반적인 적응능력은 연령 규준과 비교해 약간 낮은 수준이다. 특히 양호한 생활기술과 운동기술 발달보다 의사소통과 사회성에서 낮은 적응 수준을 보인다. 이는 자폐스펙트럼장애의 사회적 상호작용 및 언어발달의 지연이 반영된 결과라고 여겨진다. 이에 따라 사회적 관계를 맺고 유지하는 데 있어 상당한 어려움이 예상되며, 적응능력을 높이기 위해 주변과 보호자의 세심한 보살핌과 도움이 요구된다.

4. 정서 및 행동 검사

자폐스펙트럼장애의 주된 특징인 사회적 의사소통의 어려움과 제한적이고 반복적인 행동 외에도 다양한 정서 및 행동 문제가 동반될 수 있다(Mutluer et al., 2022). 공존 증상

을 정확히 평가하고 그에 대한 적절한 개입을 제공하는 것은 치료적 개입에 있어 필수
적으로 고려되어야 할 사항이다. 그러나 자기 생각이나 감정을 언어로 표현하는 능력
에 어려움이 동반되는 경우에는 자기 보고식 검사를 통해 공존 증상에 대한 정보를 파
악하기에는 한계가 있다. 이 경우, 양육자나 교사를 통해 아동 · 청소년의 정서 및 행동
문제를 평가할 수 있도록 개발된 Child Behavior Checklist(CBCL)와 Teacher's Report
Form(TRF)을 활용해 볼 수 있다.

1) CBCL6-18

표 4-8   CBCL6-18의 척도 구성

문제행동증후군 척도	
불안/우울	우울하고 지나치게 걱정이 많은 모습을 평가함
위축/우울	소극적이고 위축된 모습, 주변에 대한 낮은 흥미의 정도를 평가함
신체증상	통증이나 신체적 불편감에 대한 호소를 반영함
규칙위반	사회적 규범이나 관습에 어긋나는 문제행동의 수준을 평가함
공격행동	언어적, 신체적 공격성과 적대적인 태도의 수준을 평가함
사회적 미성숙	미숙함, 비사교적인 모습과 같은 사회적 발달을 평가함
사고문제	특정한 주제에 대한 반복적인 생각, 비현실적이고 기이한 사고 및 지각 경험을 평가함
주의집중문제	부주의 및 활동 과다, 계획성 부족, 성급함을 평가함
기타문제	손톱을 깨무는 행동, 과체중 등과 같은 기타문제를 평가함
내재화 총점	지나친 통제로 인해 발생하는 문제의 총점(불안/우울+위축/우울+신체증상)
외현화 총점	결핍된 통제로 인해 발생하는 문제의 총점(규칙위반+공격행동)
총 문제행동	전반적인 문제행동의 수준을 평가함(전체문항 합산)
DSM 진단척도	
DSM 정서문제	무가치감, 죄책감 등의 정서 관련 문제를 평가함
DSM 불안문제	전반적 또는 구체적인 불안 양상의 수준을 평가함
DSM 신체화문제	심리적 요인에 의해 발생하는 신체적 불편감 또는 통증 수준을 평가함
DSM ADHD	부주의, 산만함, 즉각적인 욕구 충족 행동의 수준을 평가함
DSM 반항행동문제	폭력적이고 거부적인 행동 수준을 평가함
DSM 품행문제	사회적 규범을 어기는 행동 수준을 평가함

6~18세를 대상으로 하는 CBCL6-18은 8개 증후군에 대한 임상척도와 6개의 DSM 진단척도에 대한 표준화된 수치를 제공한다. 지난 6개월 동안 아동·청소년이 보였던 행동의 빈도를 0~2점으로 평가하게 되어 있으며, 각 척도가 의미하는 바는 〈표 4-8〉과 같다(오경자, 김영아, 2010).

척도별로 응답한 원점수는 유사 연령대 규준 집단의 점수 분포와의 비교를 통해 백분위와 T 점수로 변환된다. 이를 통해 증상이 어느 정도 심각한지에 대한 정보를 얻을 수 있다. 각 척도에 대한 임상 범위의 판단은 다음의 기준을 활용한다. 다만, 이는 각 증상에 대한 임상적 결정을 위한 참고를 위해 사용되어야 하며, 절단점 역시 평가 목적이나 상황에 따라 유연하게 적용될 수 있다. 따라서 정확한 진단을 위해서는 전문가의 임상적 판단이 필수적이다.

문제행동 총점, 내재화·외현화 척도		문제행동증후군, DSM 진단척도	
64T 이상	임상 범위	70T 이상	임상 범위
60~63T	준 임상 범위	65~69T	준 임상 범위
60T 미만	정상 범위	65T 미만	정상 범위

2) 사례

사례

초등학교 5학년인 민재(가명)는 5세 무렵에 지적능력의 손상을 동반하지 않은 자폐스펙트럼장애 진단을 받았다. 부모님은 민재를 일반 학교에 진학시켰고 초등학교 1~2학년 시기에는 별다른 문제 없이 잘 적응하는 듯 보였다. 그러나 5학년에 접어들며 교사로부터 민재가 소리를 지르거나 다른 친구들을 밀치는 행동이 늘었다는 이야기를 듣게 되었고, 부모님은 민재에게 친구들과의 관계에 관해 물었으나, 민재는 학교에 가기 싫다는 대답만 반복하였다.

민재의 CBCL 6-18 결과는 다음과 같다.

	문제행동 총점			내재화			외현화		
T 점수	73			77			70		
	불안/ 우울	위축/ 우울	신체 증상	사회적 미성숙	사고 문제	주의집중 문제	규칙 위반	공격 행동	기타 문제
T 점수	73	70	61	56	69	65	68	69	59

위 결과는 현재 민재가 임상 수준의 내재화 및 외현화 증상을 경험하고 있음을 보여주고 있다. 교사의 보고와 같이 규칙을 지키지 않거나 공격적인 행동으로 인해 학교생활에 어려움이 상당히 클 것으로 예상해 볼 수 있으며, 동시에 이 과정에서 민재가 경험하는 우울함이나 불안감 또한 임상적 수준에 해당함을 알 수 있다. 이를 바탕으로 주치의는 과민한 정서 표현에 대한 약물적 개입과 함께 공격행동을 대신할 수 있는 대안적 행동을 마련하기 위한 치료계획을 세웠다.

5. 결론

아무리 뛰어난 검사라고 할지라도 자폐스펙트럼장애를 가진 한 개인의 심리적 속성을 완벽하게 측정할 수는 없다. 따라서 각각의 검사도구가 갖는 강점과 제한점에 대한 이해를 바탕으로 평가 목적에 맞는 검사 배터리를 구성하고, 검사 결과들을 통합하여 그 의미를 해석해야 한다. 또한 단순하게 결과나 수치를 토대로 장애의 유무를 판단해서도 안 된다. 진단 및 치료 계획은 임상의가 심리평가 결과 및 그 외의 다양한 임상적 특성을 종합적으로 고려하여 수립되어야 한다.

참고문헌

곽금주, 장승민(2019). 한국 웩슬러 아동지능검사 5판(K-WISC-V). 인싸이트.

김승국, 김옥기(1985). 사회성숙도검사. 중앙적성출판사.

박혜원, 이경옥, 안동현(2016). 한국 웩슬러 유아지능검사 실시지침서. 인싸이트.

신민섭, 박민주(2007). 스트룹 아동 색상-단어검사(STROOP). 인싸이트.

신민섭, 구훈정(2007). 아동 색 선로 검사(CCTT). 인싸이트.

오경자, 김영아(2010). ASEBA 아동 · 청소년 행동평가척도 매뉴얼. 휴노.

유한익, 이중선, 강성희, 박은희, 정재석, 김봉년, 손정우, 박태원, 김붕석, 이영식(2009). 국내 아동 및 청소년 주의력 평가를 위한 종합주의력검사의 표준화 연구. 소아청소년정신의학, 20(2), 68-75.

홍강의, 신민섭, 조성준(2010). Advanced test of attention. 브레인메딕.

황순택, 김지혜, 박광배, 최진영, 홍상황(2013). 한국판 웩슬러 성인용 지능검사 4판(K-WAIS-IV). 한국심리주식회사.

황순택, 김지혜, 홍상황(2015). 바인랜드 적응행동척도 2판 검사요강. 한국심리주식회사.

Bayley, N. (2006). *Bayley scales of infant and toddler development* (3rd ed). Harcourt Assessment.

Cai, R. Y., Richdale, A. L., Uljarević, M., Dissanayake, C., & Samson, A. C. (2018). Emotion regulation in autism spectrum disorder: Where we are and where we need to go. *Autism Research, 11*(7), 962-978.

Diamond, A. (2013). Executive functions. *Annual review of psychology, 64*, 135-168.

Johnson, C. N., Ramphal, B., Koe, E., Raudales, A., Goldsmith, J., & Margolis, A. E. (2021). Cognitive correlates of autism spectrum disorder symptoms. *Autism Research, 14*(11), 2405-2411.

McQuaid, G. A., Pelphrey, K. A., Bookheimer, S. Y., Dapretto, M., Webb, S. J., Bernier, R. A., ⋯ & Wallace, G. L. (2021). The gap between IQ and adaptive functioning in autism spectrum disorder: Disentangling diagnostic and sex differences. *Autism, 25*(6), 1565-1579.

Mostert-Kerckhoffs, M. A., Staal, W. G., Houben, R. H., & de Jonge, M. V. (2015). Stop and change: Inhibition and flexibility skills are related to repetitive behavior in children and young adults with autism spectrum disorders. *Journal of autism and developmental disorders, 45*, 3148-3158.

Mutluer, T., Aslan Genc, H., Özcan Morey, A., Yapici Eser, H., Ertinmaz, B., Can, M., & Munir, K. (2022). Population-based psychiatric comorbidity in children and adolescents with autism spectrum disorder: A meta-analysis. *Frontiers in Psychiatry, 13*, 856208.

Schmitt, L. M., White, S. P., Cook, E. H., Sweeney, J. A., & Mosconi, M. W. (2018). Cognitive mechanisms of inhibitory control deficits in autism spectrum disorder. *Journal of Child Psychology and Psychiatry, 59*(5), 586-595.

van Steijn, D. J., Oerlemans, A. M., Van Aken, M. A., Buitelaar, J. K., & Rommelse, N. N.

(2014). The reciprocal relationship of ASD, ADHD, depressive symptoms and stress in parents of children with ASD and/or ADHD. *Journal of Autism and Developmental Disorders, 44*, 1064-1076.

Zheng, S., Hume, K. A., Able, H., Bishop, S. L., & Boyd, B. A. (2020). Exploring developmental and behavioral heterogeneity among preschoolers with ASD: A cluster analysis on principal components. *Autism Research, 13*(5), 796-809.

신경학적 평가

이정한

자폐스펙트럼장애에 대한 평가는 정신의학적인 것에만 국한되지 않는다. 자폐스펙트럼장애는 다양한 발달 및 행동 증상을 보이는데, 이는 자폐스펙트럼장애의 고유 증상일 수도 있으나 다른 신체적·신경학적 질환으로 인해 나타날 가능성 또한 있으므로 여러 종류의 공존질환에 대한 신체적·신경학적 평가를 포함하는 다각적 평가가 반드시 동반되어야 한다(Baumer & Spence, 2018). 그중에서도 신경학적 평가는 자폐스펙트럼장애를 흔히 동반하는 유전 증후군 및 신경과적 질환들을 감별하고, 동반 기질적 질환에 대한 적절한 치료적 개입을 제공하는 데에 매우 중요하다.

정확한 신경학적 평가를 위해서는 상세한 문진과 신체 검진, 신경학적 검진(neurological examination)이 필수적이다. 특히 자폐스펙트럼장애에서 다른 정신과적 질환에 비해 연성 신경학적 징후(neurological soft signs)가 많이 관찰되는 것을 고려하였을 때, 광범위한 신체 및 신경학적 검진은 자폐스펙트럼장애 그 자체에 대한 평가에도 큰 도움을 줄 수 있다.

일반적으로 신경학적 검진은 정신상태(mental status), 뇌신경(cranial nerve), 운동체계(motor system), 감각체계(sensory system), 힘줄반사(건반사; tendon reflex), 협응(coordination), 보행(gait)에 대한 평가를 포함한다. 정신상태 검사는 전반적인 아동의 언어적·비언어적·인지적 특성에 대한 기술을 포함하며, 운동체계에서의 저긴장증

(hypotonia), 상동행동(stereotypy)과 같은 증상이나 감각체계에서의 감각에 대한 과민함 (hypersensitivity)과 감각에 대한 저감수성(hyposensitivity), 협응의 문제, 보행의 문제 등은 자폐스펙트럼장애에서 흔히 보고되는 신경학적 증상들로 알려져 있다(De Jong et al. 2011). 반면, 뇌신경 및 힘줄반사와 관련된 이상은 자폐스펙트럼장애에서는 흔히 보고되지 않는 것으로, 실제 이상징후가 발견될 경우 추가 신경학적 검사의 필요성이 높다고 볼 수 있다.

과거력, 발달력을 포함한 상세한 문진, 신체 검진 및 신경학적 검진을 통해 특정 신경학적 질환이 의심되거나, 확인되지 않은 이상징후가 발견될 시에는 다음의 신경학적 검사들을 고려해야 한다.

1. 혈액검사

1) 대사질환(Metabolic diseases) 검사

대사질환은 신체 전반적으로 다양한 증상을 보일 수 있는 것으로 알려져 있으며, 자폐스펙트럼장애의 증상 및 전반적 발달지연도 나타날 수 있는 것으로 알려져 있다. 선천성대사이상(Inborn Errors of Metabolism: IEM)의 상당수는 두드러지는 신경학적 증상을 보이는 것으로 알려져 있는데, 선천성대사이상이 뇌발달 과정에서의 뉴런이동(neuronal migration), 시냅스 형성 및 성숙(synapse formation and maturation), 수초화(myelination), 세포골격 재배열(cytoskeletal rearrangement) 등에 영향을 미쳐 증상들이 발생하는 것으로 알려져 있다(Saudubray & Garcia-Cazorla, 2018).

선천성대사이상은 주로 상염색체 열성(autosomal recessive) 유전되므로 근친 결혼이 허용되는 문화에서 특히 더 선별 평가가 강조된다. 하지만 일반적인 경우, 자폐스펙트럼장애에서 선천성대사이상이 진단되는 환자의 비율은 일반 인구에서의 선천성대사이상 유병률(0.5% 미만)과 큰 차이가 없는 것으로 알려져 있기 때문에 모든 자폐스펙트럼장애 환자를 대상으로 광범위한 선천성대사이상에 대한 평가를 하는 것은 권고하지 않는다. 대부분의 선천적 대사이상은 발달지연이나 자폐스펙트럼장애의 증상을 단일 증상으로 보이지 않고 다양한 신체적 · 정신과적 증상들을 동반하므로, 여러 위험 징후를 함께 보일 경우 대사질환 평가를 진행해 보는 것이 필요하다(〈표 5-1〉 참조; Schiff et al., 2011).

표 5-1 선천성대사이상의 위험징후들

가족력(family history)
발달 퇴행 혹은 뇌병증(personal history of regression or encephalopathy)
국소적 신경학적 증상 (focal neurological findings)
다기관(심장, 간, 신장 등) 증상(multisystem involvement)
주기성 구토(cyclic vomiting)
심한 성장지연(severe growth retardation), 소두증(microcephaly)
설명되지 않는 난치성 발작(unexplained intractable seizures)
무기력(lethargy)
전반적 발달지연 및 지적장애(global developmental delay or intellectual disability)
산/염기 또는 전해질 이상(acid/base or electrolyte disturbances)
젖산 산증(lactic acidosis)

　이러한 자폐스펙트럼장애에서의 선천성대사이상 감별은 진단뿐 아니라, 원인에 대한 적절한 치료를 통해 자폐스펙트럼장애 증상의 개선까지 도모할 수 있다는 점에서 큰 의미가 있다. 조기에 선천성대사이상을 감별진단하고 진단에 맞는 적절한 개입을 해 준다면 신경발달에 미치는 악영향을 예방하거나 줄일 수 있을 것으로 기대한다.

2) 유전자 검사(Genetic evaluation)

사례

　만 4세 여아가 부모와 함께 발달지연을 주 호소로 내원하였다. 어릴 때부터 눈맞춤, 호명 반응이 약했고, 현재도 의미 있는 단어를 발화하지 못하여 발달클리닉 진료를 내원하게 되었다.

　진료실에서의 관찰상, 아동은 양 주먹을 서로 맞부딪히는 상동행동을 계속하였고, 호흡 소리가 한 번씩 불안정해지는 모습을 보였다. 보행도 불안정하여 넘어질 듯한 인상을 자주 주었고, 외관상 체격에 비해 머리가 작은 모습이었다.

　유전적 문제가 의심되어 시행한 차세대 염기서열 분석의 결과 MECP2 유전자에서 ACMG 분류상 'likely pathogenic' 수준의 변이가 검출되어 레트 증후군을 진단하였다.

표 5-2 자폐스펙트럼장애와의 연관성이 밝혀진 유전 증후군들

구분	유전자/염색체 위치	유병률	자폐스펙트럼장애 중 유전 증후군 유병률	유전 증후군 내 자폐스펙트럼장애 유병률
취약 X 증후군 (Fragile X syndrome)	FMR1	1/3500～1/9000	2.10%	18～33%
결절성 경화증 (Tuberous sclerosis)	TSC1, TSC2	1～1.7/10,000	1～4% (경련 존재 시 8～14%)	25～60%
신경섬유종증 1형 (Neurofibromatosis type 1)	NF1	1/3000～1/4000	<1.4%	4%
치료받지 않은 페닐케톤뇨증 (Untreated phenylketonuria)	PAH	1/10,000～ 1/15,000	－	5.70%
Adenylosuccinate lyase 결핍 (Adenylosuccinate lyase deficiency)	ADSL	미상	<1%	80～100%
스미드-렘리-오피츠 증후군 (Smith-Lemli-Opitz syndrome)	DHCR7	1/10,000～ 1/60,000	<1%	46～52%
코헨 증후군(Cohen syndrome)	COH-1 등	1/105,000	<1%	48%
코넬리아디란지 증후군 (Cornelia de Lange syndrome)	NIPBL SMC1A SMC3 등	1/10,000	<1%	46～67%
소토스 증후군 (Sotos syndrome)	NSD1	1/10,000～ 1/50,000	<1%	미상
콜-휴즈 대두증 (Cole-Hughes macrocephaly)	미상	미상	<1%	미상
루잔-프링스 증후군 (Lujan-Fryns syndrome)	UPF3B MED12	미상	<1%	62.50%
산필리포 증후군 (San Filippo syndrome) A B C D	SGSH NAGLU HGSNAT GNS	0.3～ 1.6/100,000	<1%	미상
ARX 증후군(ARX syndrome)	ARX	미상	<1%	미상

염색체 2q37 결손 증후군 (Ch 2q37 deletion syndrome)	2q37.3	미상	<1%	35%
윌리엄스-보이렌 증후군 (Williams-Beuren syndrome)	7q11.23 결손	1/7,500~ 1/25,000	<1%	7%
윌리엄스-보이렌 영역 복제 증후군 (Williams-Beuren region duplication syndrome)	7q11.23 중복	1/12,500~ 1/20,000	<1%	35.70%
15장완 염색체 증후군 (15q chromosomal syndromes)	모계 UBE3A의 결손/변이	1/10,000~ 1/12,000	≦1%	50~81%
앤젤만 증후군 (Angelman syndrome)	15q11-q13의 부계 대립유전자 결손	1/10,000~ 1/15,000	미상	19~36.5%
프라더-윌리 증후군 (Prader-Willi syndrome)	15q11-q13 중복,gABRB3	1/30,000	0.5~3%	68.9~81%
쌍중심절 15장완 (isodicentric 15q) 이토 멜라닌저하증 (Hypomelanosis of Ito)	15q11-q13 모자이크 결손	1/10,000	<1%	10%
스미스마제니스 증후군 (Smith-Magenis syndrome)	17p11.2 결손	1/15,000	<1%	93%
포토키-룹스키 증후군 (Potocki-Lupski syndrome)	17p11.2 중복	미상	<1%	90%
다운 증후군(Down syndrome)	21번 삼염색체 (trisomy)	1/1,000	1.7~3.7%	5.6~8%
구개심장안면/디 죠지 증후군 (Velocardiofacial/Di George syndrome)	22q11.2 결손	1/4,000	<1%	20~31%
22q11 염색체 중복 증후군 (Ch 22q11 duplication syndrome)	22q11.2 중복	미상	<1%	미상
팰런-맥더미드 증후군 (Phelan-Mcdermid syndrome)	22q13.3 결손	미상	<1%	50~70%

출처: Persico & Napolioni (2013).

자폐스펙트럼장애는 정신과적 진단 중 가장 유전적 영향을 많이 받는 것으로 알려져 있다. 다만, 자폐스펙트럼장애의 증상 및 유전적 특성이 매우 다양하고, 질환과 관련된 유전적 이상(위치 및 변이의 정도)이 굉장히 다양하게 나타나며, 자폐스펙트럼장애 진단을 위한 유전적 변이의 특이도도 낮기 때문에 유전자 검사의 임상 적용 및 연구에는 여러 난점이 존재한다. 그렇다고 하더라도 유전자 검사는 임상적 측면에서 미래의 임상 양상을 예측하고(유전 증후군 진단), 가족 계획 등의 상담 등을 진행하며, 미래의 맞춤형 치료를 계획하는 데에 필수적이다. 또한 연구의 측면에서 유전자 검사는 자폐스펙트럼장애의 다양한 병태생리를 이해하고 치료법을 개발하는 데에 매우 중요하다(Jeste & Geschwind, 2014).

자폐스펙트럼장애에서의 유전자 검사의 중요성은 검사 기술의 발전과 함께 강조되어 왔다(Shaefer et al., 2013). 그 결과 수백 개에 달하는 희귀 변이(rare variant)들이 자폐스펙트럼장애와 연관이 있는 것으로 알려졌으며 자폐스펙트럼장애 환자의 10~30%의 원인이 되는 것으로 알려져 있다(〈표 5-2〉 참조). 그뿐 아니라 개별 변이가 병리에 미치는 영향은 미미하지만 변이의 수와 정도에 따라 병리에 미치는 영향이 누적된다고 알려진 공통 변이(common variant) 역시 존재하며, 이는 자폐스펙트럼장애 원인의 15~50% 정도를 차지한다고 알려져 있어 다양한 보고들이 존재한다.

자폐스펙트럼장애에서의 유전자 검사 여부에 대한 기준은 뚜렷하지 않다. 다만, 일부 연구에서는 모든 자폐스펙트럼장애 아동을 대상으로 유전자 검사를 권고할 정도로 유전자 검사는 자폐스펙트럼장애에서 중요한 정보들을 제공한다.

(1) 염색체 분석

유전자 검사 진행 초기에는 염색체 분석(Chromosomal analysis)이 주로 이루어졌다. 염색체 분석은 5Mb 이상의 큰 중복(duplication), 결손(deletion), 전좌(translocation), 역위(inversion)와 같은 구조적 이상 및 염색체의 수적 이상 여부를 감별할 수 있으며, 형광제자리부합법(Fluorescence In Situ Hybridization: FISH)과 같은 분석 방법을 통해 더 정밀한 검사 결과를 제공할 수 있게 되었다. 그럼에도 이러한 염색체 분석은 미세결손 및 중복을 확인하기에는 어려움이 있다는 단점이 있다.

(2) 염색체 마이크로어레이

최근에는 염색체 마이크로어레이(Chromosomal microarray)를 시행하여 유전체

(genome) 전체의 복제수변이(copy number variants)를 확인하는 방법이 진단에 활용되고 있다. 이러한 염색체 마이크로어레이 검사의 발전은 전반적인 유전질환의 진단율을 높였으며, 자폐스펙트럼장애의 경우 환자의 약 10% 정도가 임상적으로 유의미한 복제수변이를 나타냈다. 현재까지 다양한 유전자 자리(genetic locus)가 자폐스펙트럼장애와 관련이 있는 것으로 확인되었으며, 그중에서도 16p11.2의 복제수변이는 자폐스펙트럼장애의 0.5~1%에서 보고된다. 염색체 마이크로어레이 중에서도 단일염기다형성(Single-Nucleotide Polymorphism: SNP) 분석은 단일염기의 변이 혹은 소수의 복제수변이가 자폐스펙트럼장애 병리에 미치는 영향을 밝히는 데에 큰 기여를 하였다.

염색체 마이크로어레이가 염색체 분석법에 비하여 더 우수한 진단율을 보이고, 가격대비효과 측면에서도 더 좋기 때문에, 미국의학유전학회(American College of Medical Genetics and Genomics; ACMG), International Standard Cytogenomic Array Consortium(ClinGen), 미국소아과학회(American Academy of Pediatrics) 및 미국소아청소년정신의학회(American Academy of Child and Adolsecent Psychiatry)에서는 염색체 마이크로어레이를 발달장애 및 자폐스펙트럼장애의 유전검사의 최우선적 검사로 권고하고 있다. 우리나라에서도 2019년부터 건강보험 선별급여가 적용되어 발달장애(지적장애, 자폐스펙트럼장애 등) 진단을 위한 검사에 활발히 활용되고 있다.

(3) 차세대 염기서열 분석

차세대 염기서열 분석(Next Generation Sequencing: NGS)은 2000년대 이후 확대되고 있

표 5-3 차세대 염기서열 분석의 유형 및 특징

구분	전장 유전체 시퀀싱	전장 엑솜 시퀀싱	표적 유전자 시퀀싱
그림 예시			
분석 시간	길다	중간	짧다
분석 깊이	얕다	중간	깊다
분석 넓이	넓다	중간	좁다

출처: Modified from Lee & Abraham (2021).

는 유전자 검사법으로, 유전체를 수많은 조각으로 분해하여 동시에 염기서열을 읽어 내 방대한 유전체 정보를 빠르게 분석하는 방법이다. 검사비용이 감소함에 따라 임상에서의 활용 빈도가 높아지고 있으며, 이에 대한 연구 결과도 축적되고 있다. 차세대 염기서열 분석법은 분석의 범위에 따라 전장 엑솜 시퀀싱(Whole Exome Sequencing), 전장 유전체 시퀀싱(Whole Genome Sequencing), 표적 유전자 시퀀싱(Targeted Gene Sequencing) 등으로 나눌 수 있다(〈표 5-3〉 참조; Lee & Abraham, 2021).

전장 엑솜 시퀀싱은 수천 개의 탐침(probe)을 이용해 전체 유전체의 1.5%에 속하는 엑솜(exome) 영역만을 분석한다. 엑솜을 구성하는 엑손(exon)은 단백질의 코딩을 담당하므로, 전장 엑솜 시퀀싱을 통해서 검사자는 전 엑손에서 발생하는 단백질-절단형 변이(Protein-Truncating Variants: PTV), 복제수변이, 그리고 과오돌연변이(missense mutation)를 확인할 수 있다. 단백질-절단형 변이는 종결 돌연변이(nonsense mutation)로 인해 단백질 코딩이 조기에 종료되는 변이로, 자폐스펙트럼장애와의 연관성이 여러 차례 보고되었다. 아미노산의 변이를 일으키는 과오돌연변이 또한 자폐스펙트럼장애와 연관이 있을 수 있다(Sanders et al., 2019). 특히 과오돌연변이가 단백질의 기능을 해하는 방향으로 발현될 경우 자폐스펙트럼장애와의 연관성이 더 클 것으로 예측할 수 있다. 전장 엑솜 시퀀싱은 분석양이 적기 때문에 전장 유전체 시퀀싱에 비해 더 경제적이라는 장점을 함께 가지고 있다.

전체 엑솜이 아닌 특정 유전자들만을 선정하여 분석하는 방법을 표적 유전자 시퀀싱이라고 한다. 이는 더 저렴한 가격으로 더 적은 양의 데이터를 분석하면 된다는 장점을 가지고 있지만, 표적 유전자를 선택하는 임상가 혹은 연구자의 주관이 들어갈 여지가 있고, 자폐스펙트럼장애와 같이 다양한 유전자 변이가 발견되는 질환에서는 표적 유전자 시퀀싱의 결과가 실제 유전자 변이를 모두 대변한다고 말할 수 없다는 단점이 있다.

전장 유전체 시퀀싱은 유전체 전체의 염기서열 변이를 분석하는 방법으로, 엑손 이외의 영역까지 모두 분석한다. 전장 유전체 시퀀싱은 전장 엑솜 시퀀싱에서 발생할 수 있는 분석 영역의 결손을 최소화할 수 있기 때문에 단백질 코딩 영역에서도 실제로 약 10~20% 정도의 변이가 더 많이 발견되는 것으로 알려져 있으며, 단백질을 코딩하지 않는 비부호화 변이(non-coding variants)까지 모두 파악할 수 있다. 단백질을 코딩하지 않는 영역에서 나타나는 변이들도 자폐스펙트럼장애의 병태생리와 연관이 있는 것으로 알려졌으나, 아직 그 기전 자체가 명확히 밝혀져 있지는 않다. 그렇다고 하더라도 비부호화 변이들이 엑손의 발현 여부, 발현이 이루어질 세포 및 환경의 결정 등에 영향을 미쳐 신경발생(neurogenesis), 세포분화(cell differentiation), 그리고 신경발달 (neurodevelopment)에 중요한 역할을 하는 것을 고려하면, 비부호화 변이들의 자폐스펙

표 5-4 변이의 병리성(pathogenecity)의 증거

병리성의 증거	내용
매우 강함 (very strong)	• 변이로 인한 유전자의 기능 소실이 이미 밝혀진 질병의 메커니즘과 연관 있는 상황에서 발견된 정지 변이(null variant)
강함 (strong)	• 뉴클레오타이드(nucleotide)의 종류와 상관없이 과거에 동일한 아미노산의 변화가 병리적인 변이로 확인이 된 경우 • 가족력이 없는 환자에게서 나타난 드노보(de novo) 변이인 경우(부, 모 확인 필요) • 생체 내(in vivo)/외(in vitro)의 확립된 기능적 연구에서 변이가 유전자 혹은 유전자 생성물의 기능에 손상을 준다고 밝혀진 경우 • 변이의 발생률이 해당 질환에서 대조군에 비해 현저하게 높을 경우
중간 (moderate)	• 변이가 이미 기능적으로 중요하다고 알려진 영역에 위치해 있는 경우 (양성 변이 제외) • 대조군에서는 거의 나타나지 않는 변이 • 열성 질환의 경우, 병리적 변이와 함께 대립 유전자(in trans)로 발견된 경우 • 변이로 인해 단백질 길이의 변화가 생긴 경우 • 다른 종류의 과오돌연변이가 병리적이라고 밝혀진 상황에서 하나의 아미노산에 발생한 새로운 과오돌연변이 • 부, 모 확인이 되지 않은 상태에서 드노보(de novo) 변이일 가능성이 높은 경우
지지하는 (supporting)	• 질병을 유발한다고 알려져 있는 유전자 내의 변이가 질병이 있는 가족들에게서 공통적으로 대물림되고 있는 경우 • 과오돌연변이가 양성 변이일 가능성이 낮고, 변이를 포함하는 유전자가 질병의 공통 메커니즘에 속할 때 • 여러 연산적(computational) 증거가 변이의 유전자에 대한 손상 가능성을 지지하는 경우 • 환자의 표현형, 혹은 가족력이 단일 유전자 원인으로 인한 질병에 매우 특징적인 경우 • 명성이 있는 자료에서 최근에 해당 변이를 병리적이라고 보고하였으나, 독립된 실험적 연구로 이를 증명하기는 어려운 경우

출처: Richards et al. (2015).

표 5-5 변이의 양성(benign)의 증거

양성의 증거	내용
단독(Stand-alone)	• 변이의 발생빈도가 5% 이상인 경우
강함 (strong)	• 변이의 발생빈도가 질병의 발생률보다 높은 경우 • 어릴 때 발현되는 것으로 알려져 있는 열성 유전, 우성 유전, X염색체 유전 질환 관련 유전자 변이가 건강한 성인에게서 발견된 경우 • 생체 내(in vivo)/외(in vitro)의 확립된 기능적 연구에서 변이가 유전자 혹은 유전자 생성물의 기능에 손상을 주지 않는다고 밝혀진 경우 • 질병에 걸린 가족들 사이에서 공통적으로 발견되지 않는 경우
지지하는 (supporting)	• 절단형 변이가 질병을 일으키는 것으로 알려져 있는 유전자에 나타난 과오종 돌연변이 • 변이가 완전히 발현되는 우성 유전질환(fully penetrant dominantgene/disorder)에서 병리적 변이의 대립 유전자에 in-trans로 나타나는 경우 혹은 유전 방식에 상관 없이 병리적 변이와 in cis 위치로 나타나는 경우 • 기능이 밝혀지지 않은 반복 구간(repetitive region)에서 나타나는 인프레임 결손/삽입(In-frame deletion/insertion) 변이 • 여러 연산적(computational) 증거가 변이의 유전자에 대한 손상 가능성을 지지하지 않는 경우 • 변이가 질병의 다른 분자적 기초를 가진 사례에서 나타난 경우 • 명성이 있는 자료에서 최근에 해당 변이를 양성이라고 보고하였으나, 독립된 실험적 연구로 이를 증명하기는 어려운 경우 • 스플라이스(splice) 부위의 기능에 영향을 미치지 않는 잠재 변이(silent variation)

출처: Richards et al. (2015).

트럼장애와의 연관성에 관한 연구는 지속적으로 이루어져야 한다.

차세대 염기서열 분석을 통해 얻은 다양한 변이의 결과는 전문적인 해석을 거쳐야 하며, 이는 주로 미국의학유전학회(ACMG)에서 제공하는 가이드라인을 따르게 된다(〈표 5-4〉, 〈표 5-5〉 참조; Richards et al., 2015). 기능의 상실(Loss of function)을 일으킨 유전자의 기능이 자폐스펙트럼장애의 메커니즘과 관련이 있는 것으로 밝혀져 있는지, 기존에 밝혀진 변이와 유사한 변이를 보였는지, 얼마나 흔히 나타나는 변이인지, 부모에게선 발견되지 않은 드노보(de novo)변이인지 등 해당 변이가 실제 병리와 얼마나 관련성이 높을 것인지에 대한 체계화된 평가를 통해 그 변이의 병리성(pathogenicity)을 판단하게 된다. 미국의학유전학회의 분류에 따르면 모든 변이는 병리적인(pathogenic), 병리의 가능성이 높은(likely pathogenic), 양성의(benign), 양성의 가능성이 높은(likely benign), 불확실한(unknown significance) 변이로 분류하게 된다.

2. 신경학적 영상 검사

1) 뇌 자기공명영상(brain MRI)

임상 현장에서 자폐스펙트럼장애를 진단하는 데에 도움을 주기 위한 생물학적 바이오마커를 찾으려는 노력은 뇌 영상의 영역에서도 지속되어 왔다. 뇌 영상 연구는 주로 자기공명영상 검사를 통해 이루어졌는데, 그동안 많은 연구가 진행되어 왔던 것에 비해서 여전히 그 어떤 결론에도 이르지 못하고 있다. 다양한 뇌의 영역들이 자폐스펙트럼장애와 관련이 있다고 보고되고 있으나, 이러한 연구 결과들이 임상양상과 직접적으로 연결되기에는 아직 어려움이 많아 자폐스펙트럼장애에서의 뇌 자기공명영상 촬영은 여전히 연구의 영역에 머물러 있다(Cooper et al., 2016). 또한 뇌 자기공명영상은 자폐스펙트럼장애 아동을 대상으로 검사 시에 진정이 필요한 경우가 많다는 부담이 있기 때문에 진단 과정에서 모두에게 권고되지는 않는다. 자폐스펙트럼장애 아동 중 발작(seizure)을 하거나, 국소적 뇌파 이상소견이 존재하는 경우, 소두증(microcephaly)이나 대두증(macrocephaly), 신경피부 병변(neurocutaneous lesions), 국소 뇌신경 이상(focal cranial nerve findings)이나 운동 이상(motor findings), 퇴행 증상(regression) 혹은 설명되지 않는 최중증 지적장애(profound intellectual disability)를 동반한 경우에는 뇌 자기공명영상 촬영이 필요하다.

뇌 자기공명영상을 자폐스펙트럼장애 아동들을 대상으로 시행할 경우 정상 소견 이외에도 다양한 소견을 확인할 수 있는데, 이때 소아청소년을 대상으로 한 우연한 발견(incidental findings)도 고려를 해야 한다. 지주막낭종(arachnoid cyst), 혈관종(angioma), 뇌실 비대칭(ventricular asymmetry) 등과 같은 뇌 영상에서의 우연한 발견은 일반 소아청소년을 대상으로 한 연구에서는 약 20% 보고된 반면, 임상 증상을 동반한 소아청소년을 대상으로 한 연구에서는 30% 이상이 보고되기도 하였다(Biebl et al., 2015). 자폐스펙트럼장애 아동들의 뇌 자기공명영상에서 우연한 발견이 확인되는 빈도는 정상 아동군과 차이가 없는 것으로 알려져 있다. 유의해야 할 점은, 정상 아동군에서도 즉시 치료로 연계

해야 하는 뇌 영상 소견이 2% 정도 나타나기도 하는 것으로 알려져 있기 때문에 뇌 자기공명영상 촬영 후 정상 이외의 소견이 발견되었을 경우 관련 전문가와 반드시 상의를 해야 한다(Gupta et al., 2010).

2) 뇌 전산화단층촬영(brain Computed Tomography)

전산화단층촬영은 현재 자폐스펙트럼장애를 포함한 여러 발달 및 정신질환의 감별에 활용되지 않는다. 전산화단층촬영은 종양이나 뇌혈관 질환, 수두증, 뇌출혈 및 선천성 뇌기형 등을 감별하는 데에 활용할 수 있으나, 해상도 면에서 자기공명영상에 비해 명확한 단점을 보인다. 그렇기 때문에 빠른 뇌 영상 검사가 필요한 경우(급성 뇌출혈 의심 상태)나 MRI 촬영을 촬영할 수 없는 경우에 활용하는 경우가 많다.

3. 기능검사

1) 뇌파검사(electroencephalogram: EEG)

자폐스펙트럼장애와 뇌전증(epilepsy)은 공존하는 경우가 대단히 많아 연구 결과에 따라 약 40% 이상까지 보고되기도 하며, 지적장애가 동반되어 있는 경우에는 공존하는 비율이 더 높다. 뿐만 아니라, 자폐스펙트럼장애 환자의 경우 임상적으로 명확한 발작의 증거가 없다 하더라도 간질간 뇌전증양상 신호(interictal epileptiform discharge)가 나타나는 경우도 많아 자폐스펙트럼장애의 최대 60%까지 뇌파검사에서 뇌전증 양상의 결과를 보인다. 뇌파검사에서 이상을 보이거나 뇌전증을 동반한 자폐스펙트럼장애 아동은 더 낮은 발달 수준과 적응 기능을 보인다(Capal et al., 2018). 자폐스펙트럼장애와 뇌전증과의 관계는 선후관계가 명확하지 않고 상호적이다. 두 질환은 뇌 신경의 과흥분(hyperexcitability)이라는 뇌 기전을 공유하고 있으며, 특히 다양한 이유로 발생하는 GABA(gamma-aminobutyric acid) 신경의 기능 저하로 인한 흥분/억제의 불균형이 주된 역할을 한다(Bozzi et al., 2018). 그렇기 때문에, 둘 중 하나의 질환을 가지고 있는 환자의 경우 공존질환에 대한 염두를 계속 해 두어야 하며, 자폐스펙트럼장애 환자가 뇌전증의 가족력을 가지고 있거나, 열성 경련(febrile seizure)을 반복해서 하거나, 한 번 이상의 비열성 경련(afebrile seizure)을 하거나, 발작이 의심되는 수면장애가 있거나, 지적장애를 동반하였거나, 퇴행의 과거력이 있으면 뇌파검사를 적극적으로 고려해야 한다.

　뇌파검사는 검사 자체의 낮은 민감성(sensitivity)과 특이도(specificity)로 인해 자폐스펙트럼장애의 진단도구로 활용되기 어려웠다. 하지만 최근 들어서는 뇌파검사를 자폐스펙트럼장애의 진단도구로 활용하기 위한 노력들이 계속되고 있다. Bosl 등(Bosl et al., 2018)은 생후 3개월 아동을 대상으로 시행한 뇌파검사를 통해 자폐스펙트럼장애를 예측하는 방법들을 제시하였고, 최근 들어 여러 분야에서 시행되고 있는 머신러닝 분석 또한 자폐스펙트럼장애의 초기 예측 및 진단 도구로서의 뇌파검사에 대한 관심을 다시 불러일으키고 있다.

　정량화 뇌파검사(quantative electroencephalogram: qEEG)는 자폐스펙트럼장애에서 아직 일관된 결과를 보이고 있지 않고, 그동안 알려진 연구도 많지 않다. 이에 진단적 평가를 위해 정량화 뇌파검사를 이용하기에는 근거가 명확치 않은 실정이다(McVoy et al., 2019).

2) 수면검사

　자폐스펙트럼장애 환자들은 불면을 겪는 경우가 매우 흔하다(Kim et al., 2023). 그리고 그 불면은 자폐스펙트럼장애 환자의 행동조절, 충동성, 과민함, 공격성 등과 관련이 있는 것으로 알려져 있기 때문에 평가와 치료가 매우 중요하다(Kim et al., 2024). 일반적으로는 보호자 보고에 의한 수면평가가 주를 이루며, 더 객관적인 평가를 위해서는 수면다원검사(polysomnography), 수면각성활동량검사(actigraphy), 영상수면검사(videosomnography) 등을 활용한다.

　수면다원검사는 수면평가의 가장 대표적인 검사로 다양한 생리적 신호(뇌파, 안구운동, 근전도, 심전도, 호흡, 근육운동 등)를 측정하므로 일상에서 확인하기 어려운 수면 문제들을 측정할 수 있다는 장점이 있다. 반면에, 수면다원검사는 여러 검사 장비를 착용하고 수면에 임해야 하기 때문에 감각이 예민한 자폐스펙트럼장애 환자들에게는 적용하기 어려우며, 수면 장소 역시 검사 장소일 수 밖에 없기 때문에 낯선 환경을 어려워하는 자폐스펙트럼장애 환자들에게는 큰 장애물이 되는 것으로 알려져 있다. 자폐스펙트럼장애 환자들이 수면다원검사에 적응하는 데에 상대적으로 오래 걸리기는 하지만, 연구 과정에서 80% 이상의 자폐스펙트럼장애 환자들이 검사를 수행할 수 있었다는 보고도 있었던 만큼 임상적 필요성이 존재하는 경우 수면다원검사를 진행하는 것이 권고된다.

수면각성활동량검사는 시계처럼 착용할 수 있는 기계로 휴대성에 장점이 있다. 이 검사는 수면-각성 주기를 측정하는 데에 도움을 준다. 이 장비 역시 자폐스펙트럼장애 아동들이 견디지 못할 것에 대한 우려가 있으나, 실제로는 순응도가 나쁘지 않은 것으로 나타났다. 일부 연구에서는 수면각성활동량검사가 수면다원검사만큼 수면평가에 유용한 정보를 제공한다고 보고하였으나, 일부 연구에서는 데이터 유실, 기계의 오작동, 프로그램의 분석 문제 등 여러 문제점도 존재해 이러한 부분을 고려하여 검사를 시행해야 한다(Yavuz-Kodat et al., 2019).

4. 결론

자폐스펙트럼장애의 다양한 발달 및 행동 증상은 자폐스펙트럼장애의 고유 증상일 수도 있으나 다른 신체적 · 신경학적 질환으로 인해 나타날 가능성 또한 있다. 신경학적 평가는 자폐스펙트럼장애를 흔히 동반하는 유전 증후군 및 신경과적 질환들을 감별하고, 동반 기질적 질환에 대한 적절한 치료적 개입을 제공하는 데에 매우 중요하다. 과거력, 발달력을 포함한 상세한 문진, 신체 검진 및 신경학적 검진을 통해 특정 신경학적 질환이 의심되거나, 확인되지 않은 이상징후가 발견될 시에는 반드시 신경학적 검사를 진행하는 것이 필요하다.

참고문헌

Baumer, N., & Spence, S. J. (2018). Evaluation and management of the child with autism spectrum disorder. *CONTINUUM: Lifelong Learning in Neurology, 24*(1), 248-275.

Biebl, A., Frechinger, B., Fellner, C. M., Ehrenmüller, M., Povysil, B., Fellner, F., ··· & Furthner, D. (2015). Prospective analysis on brain magnetic resonance imaging in children. *European Journal of Paediatric Neurology, 19*(3), 349-353.

Bosl, W. J., Tager-Flusberg, H., & Nelson, C. A. (2018). EEG analytics for early detection of autism spectrum disorder: A data-driven approach. *Scientific reports, 8*(1), 6828.

Bozzi, Y., Provenzano, G., & Casarosa, S. (2018). Neurobiological bases of autismepilepsy comorbidity: a focus on excitation/inhibition imbalance. *European Journal of Neuroscience, 47*(6), 534-548.

Capal, J. K., Carosella, C., Corbin, E., Horn, P. S., Caine, R., & Manning-Courtney, P. (2018). EEG endophenotypes in autism spectrum disorder. *Epilepsy & Behavior, 88*, 341-348.

Cooper, A. S., Friedlaender, E., Levy, S. E., Shekdar, K. V., Bradford, A. B., Wells, K. E., & Mollen, C. (2016). The implications of brain MRI in autism spectrum disorder. *Journal of Child Neurology, 31*(14), 1611-1616.

De Jong, M., Punt, M., De Groot, E., Minderaa, R. B., & HADDERS-ALGRA, M. I. J. N. A. (2011). Minor neurological dysfunction in children with autism spectrum disorder. *Developmental Medicine & Child Neurology, 53*(7), 641-646.

Gupta, S., Kanamalla, U., & Gupta, V. (2010). Are incidental findings on brain magnetic resonance images in children merely incidental? *Journal of child neurology, 25*(12), 1511-1516.

İnci, A., Özaslan, A., Okur, I., Biberoğlu, G., Güney, E., Ezgü, F. S., ⋯ & İşeri, E. (2021). Autism: Screening of inborn errors of metabolism and unexpected results. *Autism Research, 14*(5), 887-896.

Jansen, P. R., Dremmen, M., Van Den Berg, A., Dekkers, I. A., Blanken, L. M., Muetzel, R. L., ⋯ & White, T. J. (2017). Incidental findings on brain imaging in the general pediatric population. *New England Journal of Medicine, 377*(16), 1593-1595.

Jeste, S. S., & Geschwind, D. H. (2014). Disentangling the heterogeneity of autism spectrum disorder through genetic findings. Nature Reviews Neurology, 10(2), 74-81.

Kim, B. S., Illes, J., Kaplan, R. T., Reiss, A., & Atlas, S. W. (2002). Incidental findings on pediatric MR images of the brain. *American Journal of Neuroradiology, 23*(10), 1674-1677.

Kim, H., Kim, J. H., Kim, J., Kim, J. Y., Cortese, S., Smith, L., ⋯ & Solmi, M. (2023). Subjective and objective sleep alterations in medication-naïve children and adolescents with autism spectrum disorder: a systematic review and meta-analysis. Epidemiology and Psychiatric Sciences, 32, e48.

Kim, H., Kim, J. H., Yi, J. H., Kim, J. Y., Solmi, M., Cortese, S., ⋯ & Fusar-Poli, P. (2024). Correlations between sleep problems, core symptoms, and behavioral problems in children and adolescents with autism spectrum disorder: a systematic review and meta-analysis. *European Child & Adolescent Psychiatry, 33*(5), 1539-1549.

Lee, K., & Abraham, R. S. (2021). Next-generation sequencing for inborn errors of immunity. *Human Immunology, 82*(11), 871-882.

Malow, B. A., Marzec, M. L., McGrew, S. G., Wang, L., Henderson, L. M., & Stone,

W. L. (2006). Characterizing sleep in children with autism spectrum disorders: A multidimensional approach. *Sleep, 29*(12), 1563-1571.

McVoy, M., Lytle, S., Fulchiero, E., Aebi, M. E., Adeleye, O., & Sajatovic, M. (2019). A systematic review of quantitative EEG as a possible biomarker in child psychiatric disorders. *Psychiatry Research, 279*, 331-344.

Milovanovic, M., & Grujicic, R. (2021). Electroencephalography in assessment of autism spectrum disorders: a review. *Frontiers in psychiatry, 12*, 686021.

Moore, M., Evans, V., Hanvey, G., & Johnson, C. (2017). Assessment of sleep in children with autism spectrum disorder. *Children, 4*(8), 72.

Persico, A. M., & Napolioni, V. (2013). Autism genetics. *Behavioural brain research, 251*, 95-112.

Richards, S., Aziz, N., Bale, S., Bick, D., Das, S., Gastier-Foster, J., ··· & Rehm, H. L. (2015). Standards and guidelines for the interpretation of sequence variants: a joint consensus recommendation of the American College of Medical Genetics and Genomics and the Association for Molecular Pathology. *Genetics in Medicine, 17*(5), 405-423.

Saudubray, J. M., & Garcia-Cazorla, A. (2018). An overview of inborn errors of metabolism affecting the brain: from neurodevelopment to neurodegenerative disorders. *Dialogues in Clinical Neuroscience, 20*(4), 301-325.

Sanders, S. J., Neale, B. M., Huang, H., Werling, D. M., An, J. Y., Dong, S., ··· & Freimer, N. B. (2017). Whole genome sequencing in psychiatric disorders: The WGSPD consortium. *Nature neuroscience, 20*(12), 1661-1668.

Sanders, S. J. (2019). Next-generation sequencing in autism spectrum disorder. *Cold Spring Harbor Perspectives in Medicine, 9*(8).

Schaefer, G. B., Mendelsohn, N. J., & Professional Practice and Guidelines Committee. (2013). Clinical genetics evaluation in identifying the etiology of autism spectrum disorders: 2013 guideline revisions. *Genetics in Medicine, 15*(5), 399-407.

Schiff, M., Benoist, J. F., Aïssaoui, S., Boepsflug-Tanguy, O., Mouren, M. C., De Baulny, H. O., & Delorme, R. (2011). Should metabolic diseases be systematically screened in nonsyndromic autism spectrum disorders? *PLoS One, 6*(7), e21932.

Vorstman, J. A., Parr, J. R., Moreno-De-Luca, D., Anney, R. J., Nurnberger Jr, J. I., & Hallmayer, J. F. (2017). Autism genetics: opportunities and challenges for clinical translation. *Nature Reviews Genetics, 18*(6), 362-376.

Wang, T., Hoekzema, K., Vecchio, D., Wu, H., Sulovari, A., Coe, B. P., ··· & Eichler, E. E. (2020). Large-scale targeted sequencing identifies risk genes for neurodevelopmental disorders. *Nature Communications, 11*(1), 4932.

Werling, D. M., Brand, H., An, J. Y., Stone, M. R., Zhu, L., Glessner, J. T., ⋯ & Sanders, S. J. (2018). An analytical framework for whole-genome sequence association studies and its implications for autism spectrum disorder. *Nature Genetics, 50*(5), 727–736.

Yavuz-Kodat, E., Reynaud, E., Geoffray, M. M., Limousin, N., Franco, P., Bourgin, P., & Schroder, C. M. (2019). Validity of actigraphy compared to polysomnography for sleep assessment in children with autism spectrum disorder. *Frontiers in Psychiatry, 10*, 551.

조기진단 및 바이오마커

천근아, 최항녕

이 장에서는 먼저 자폐스펙트럼장애 조기진단의 이점과 위험성, 그리고 이를 구현하는 데 따르는 다양한 어려움을 다룬다. 조기진단을 통해 아동은 적절한 시기에 필요한 치료와 지원을 받을 수 있으며, 더 나은 예후를 기대할 수 있게 된다. 그러나 과잉진단의 가능성과 사회적 낙인의 위험도 존재하기 때문에, 조기진단의 신뢰성은 높아야 할 것이다. 조기진단을 위해서는 보호자의 질환에 대한 높은 인식, 접근성의 개선이 필요하다. 최근 디지털 기술을 활용한 조기 스크리닝/진단 도구가 개발되고 있고, 정부 주도의 시스템적인 접근도 체계화되고 성장 중에 있다.

자폐스펙트럼장애의 조기진단, 계층화(stratification), 그리고 중증도 및 치료 반응성을 예측하기 위한 다양한 바이오마커 연구가 진행 중이다. 질환의 이질적인 특성과 진단적 복잡성으로 인해 진단을 정확히 예측하는 단일 바이오마커는 현재까지도 입증되어 있지 않다. 따라서 이 장에서는 현재 활발하게 진행되고 있는 태아시기의 산전병력, 유전자, 신경영상, 신경생리, 대사, 면역, 영양, 자율신경계 및 망막과 관련된 잠재적 바이오마커에 대해 살펴보고자 한다. 이 고찰을 통해 자폐스펙트럼장애의 조기진단과 치료에 새로운 가능성이 열릴 것으로 기대한다.

1. 조기진단

1) 조기진단의 이점

조기진단을 받는 것은 의사소통, 사회적 상호작용 및 움직임 기술과 같은 아동의 특정 영역을 발전시킬 수 있는 치료 기회를 제공할 수 있다. 조기에 치료를 시작하면 아동이 생애 초기에 경험할 좌절을 줄일 수 있고 잠재적으로 삶의 질을 향상시킬 수 있다, 또한 아동의 뇌는 생애 초기에 신경가소성이 높기 때문에 조기개입은 나중에 치료를 시작하는 것보다 기능 향상에 더 큰 영향을 미칠 수 있다. 자폐스펙트럼장애의 조기진단의 이점은 체계적 문헌고찰 및 메타분석에 의해 입증되었으며, 초기 개입이 자폐스펙트럼장애를 가진 아동들의 인지, 언어 및 사회정서적 기능을 크게 향상시켰다(Vivanti et al., 2014). 아동이 자폐스펙트럼장애 조기진단을 받은 부모들은 낮은 스트레스와 불안 수준을 보였고, 따라서 부모들은 아동에게 적절한 서비스와 지원에 더 많은 접근을 할 가능성이 있었으며, 가족기능을 향상시킬 수 있었다(Grzadzinski et al., 2021). 조기진단 및 조기개입을 받은 어린이들은 성인으로 성장해서도 더 나은 사회적 기능을 보이고 독립적 생활을 할 수 있었으며, 장기적으로는 건강 관리 비용이 줄어들었다(Taylor et al., 2015). 또한 조기진단은 추후의 DSM 및 ICD의 진단 절단값(cut-off value) 개발에도 유용하게 활용될 가능성이 있다(Gulati et al., 2019).

2) 조기진단에 따른 위험성

자폐스펙트럼장애의 조기진단은 과잉진단과 과도한 치료를 야기한다는 비판이 있다. 자폐스펙트럼장애 조기진단을 받은 아동들이 실제로는 자폐스펙트럼장애 진단 기준을 충족하지 않았는데 약물치료와 행동치료를 더 많이 받았다고 보고된 바 있다(Brookman-Frazee et al., 2010). 또한 유아기에서 자폐스펙트럼장애를 선별하기 위해 설계된 선별도구는 높은 위양성률을 보여 실제로 자폐스펙트럼장애 진단을 받지 않게 된 다수의 아동이 추가 평가를 받게 되었다. 다른 연구에서는 조기 자폐스펙트럼장애 진단을 받은 아동의 부모들이 다른 사람들로부터 낙인을 받았다고 느끼는 경향이 있었고, 아동의 미래 기회와 삶의 질에 부정적인 영향을 우려했다고 보고하였다(Carbone, 2010). 자펙스펙트럼장애의 조기진단은 아동이 다른 정신과적 질환을 진단받는 시기가 지연되는 것과 관련이 있는 것으로 보고되었다. 특히 조기에 자폐스펙트럼장애의 진단을 받은 아동들이 ADHD 진단을 받을 가능성이 적었으며, 이로 인해 ADHD 증상에 대한 적절한 개입에 어려움이 유발되었다(Sprenger et al., 2013). 그럼에도 불구하고 현대의학에서 자폐스펙트럼장애의 핵심 증상에 대한 치료법이 없기 때문에 조기진단을 통한 이점이 위험성을 능가한다. 따라서 자폐스펙트럼장애에서 조기진단과 조기개입은 아무리 강조해도 지나치지 않다고 할 수 있다.

3) 조기진단의 어려움

자폐스펙트럼장애의 조기진단은 다양한 요인으로 인해 어려움을 겪는다. 자폐스펙트럼장애가 근본적으로 이질적인 증상을 가진 '스펙트럼' 장애이기 때문이다. 각 자폐스펙트럼장애 환자가 나타내는 독특한 특성과 특징으로 인해 보편적이고 포괄적인 진단검사를 개발하는 것이 어려운 특징이 있다. 이러한 이질성으로 인해 의료 전문가들이 정확하고 일관된 진단을 내리기 위해서는 다양한 행동을 관찰하고 해석할 수 있어야 한다. 또한 자폐스펙트럼장애는 ADHD, 언어장애, 선택적 함묵증, 지적장애 및 장애와 같은 공존질환이 동반될 수 있어 이를 감별하는 데 상당한 어려움이 있다. 추가적으로 고려해야 할 점은, 다수의 연구에서 보고하듯 문화적 및 사회적 영향이 자폐스펙트럼장애 진단에 영향을 미치고 있다는 점이다(Dickerson et al., 2017; Iskrov et al., 2021; Mandell et al., 2009). 자폐스펙트럼장애를 선별하고 치료하는 데 필요한 자원의 가용성 및 지역사회의 적극성은 지역, 문화 및 사회경제적 상태에 따라 다소 다양하다. 자폐스펙트럼장애의 원인론에 대한 근본적인 이해가 현재까지도 제한적인 만큼, 보호자 및 관련 전문가들의 관련지식과 질환에 대한 인식에 상당한 부족이 뒤따르고 있다.

자폐스펙트럼장애를 진단하는 단일 유전자 또는 의학적 검사가 부재하고, 진단평가의 방식이 행동 관찰 및 주관적 판단에 의존하기 때문에 진단 과정에는 변동성과 주관성이 필연적으로 수반된다. 또한 일부 자폐증상은 아동의 생애 초기에는 두드러지지 않고 증상의 점진적 발병 패턴을 보여 조기진단을 내리는 것이 어려울 수 있다. 유아기에는 개인 간 발달 속도가 상당히 차이가 날 수 있기 때문에 아주 어린 연령일수록 정상범위의 발달의 지연이나, 전반적 발달지연을 자폐스펙트럼장애로 오진할 가능성이 높아진다(Avlund et al., 2021). 게다가 자폐스펙트럼장애의 증상은 시간이 지남에 따라 특정 증상

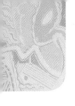

의 빈도와 강도는 증가하거나 감소하는 등 역동적 변화가 가능하여 진단의 어려움을 초
래한다는 특징이 있다.

4) 조기진단을 위한 스크리닝 방법

자폐스펙트럼장애는 18개월 이하에서 선별될 수 있지만, 2세에 이르면 경험 많은 전
문가에 의한 진단이 신뢰할 수 있는 것으로 간주된다. 자폐스펙트럼장애와 같은 신경발
달장애를 진단하기 위해 의사는 필수적으로 아동의 발달력을 조사하고 행동을 관찰해
야 한다. 미국 선천성 결손 및 발달장애 국립센터(The National Center on Birth Defects and
Developmental Disabilities: NCBDD)는 아동이 9개월, 18개월, 24개월 또는 30개월에 발
달검사를 받도록 권장한다. 또한 미국소아과학회(American Academy of Pediatrics: AAP)
는 표준 18개월 및 24개월 검진에 자폐스펙트럼장애 검사가 포함되어야 한다고 제안하
였다. 아동의 발달 단계를 이해하는 것이 자폐스펙트럼장애 진단에 중요하기 때문에 부
모들도 적극적인 역할을 해야 한다. 미국질병관리통계청의 발달적 이정표는 출생에서
5세까지의 아동발달을 추적하는 부모 및 의료 전문가를 위한 지침인데, 발달적 이정표
는 사회 및 정서적 기술, 언어 및 의사소통, 인지발달 및 신체성장을 포괄적으로 다루고
있다. 발달검사 결과만으로는 확정적인 진단을 할 수는 없지만, 아동이 자폐스펙트럼장
애 진단기준을 충족하는지 여부를 확인하는 데 도움이 될 수 있다. 국내에서는 영유아
발달선별검사(K-DST)가 의료기관에서 전반적 발달적 이정표를 만족하는지 선별검사
로 일차적으로 활용되고 있으며, 각 발달 영역(대근육, 소근육, 인지, 언어, 사회성, 자조)별
로 3단계(정상, 추적관찰, 심화)로 계층화한다(Chung et al., 2020). 자폐스펙트럼장애의 선
별 및 진단에 활용되는 도구로 The Modified Checklist for Autism in Toddlers, Revised
with Follow-Up(M-CHAT-R/F), Ages and Stages Questionnaires®(ASQ®), Screening
Tool for Autism in Toddlers(STAT), 사회적 의사소통 설문지(SCQ), 부모의 발달 상태 평
가(PEDS) 등이 있으며, 보다 상세한 내용은 이 교과서의 제3장에서 다루고 있다.

5) 조기진단을 위한 시스템적 접근

조기진단의 첫 번째 단계는 부모, 어린이집 교사, 조부모 등 초기 관찰자가 자폐스펙
트럼장애의 초기 징후를 인식할 수 있도록 교육하는 것이다. 이를 위해 부모와 교사를

대상으로 다양한 홍보 및 교육 프로그램을 제공해야 하고, 세미나, 워크숍, 온라인 강좌 등을 통해 자폐의 초기 증상과 대응 방법에 대해 교육할 필요가 있다. 오티즘엑스포는 이러한 요구에 발맞추어 2019년부터 보건복지부의 지원하에 국내에서 매년 개최되고 있는 박람회로, 자폐스펙트럼장애를 포함한 발달장애에 대해 인식을 높이는 포괄적인 강연들을 제공하고 있다. 또한 보건복지부 발달장애인 거점병원, 행동발달증진센터에서도 자폐스펙트럼장애를 포함한 발달장애 환자의 보호자와 전문가를 위한 교육들을 정기적으로 하고 있다. 향후 보건복지부는 대중 인식을 높이기 위한 캠페인 및 홍보 활동을 강화해야 하며, 의료 전문가와 부모 간의 긴밀한 협력 체계를 구축해야 한다. 이를 통해 자폐스펙트럼장애 아동들이 적절한 시기에 필요한 지원을 받을 수 있도록 해야 한다.

현재 자폐스펙트럼장애 조기진단을 위해 병원에 오기까지의 장벽을 낮추고 접근성을 높이는 것을 목적으로 모바일 애플리케이션과 같은 기술적 도구들이 개발되고 있다. 예를 들어, 미국 듀크대학교에서는 'SenseToKnow'라는 태블릿 기반의 앱이 개발되어 아동의 반응을 분석함으로써 초기 자폐증상을 감지하고 진단하는 연구가 진행되었다 (Krishnappa Babu et al. 2024). 이 앱은 짧은 동영상에 대한 아동들의 반응을 기록하고 분석하여, 사회적 주의, 얼굴 표정, 머리 움직임 등의 행동지표를 측정한다. 앱을 사용하게 되면 접근성의 측면에서 부모나 교사가 병원을 방문하지 않고도 집에서 아이의 발달 상태를 확인할 수 있다는 큰 장점이 있다. 한국 정부도 디지털 기술을 활용하여 더 나은 진단도구를 개발하고 있는데, 보건복지부 산하 국립정신건강센터의 지원으로 2022년부터 진행되고 있는 '자폐스펙트럼장애 디지털 헬스 빅데이터 구축 및 인공지능 기반 선별, 진단보조, 예측 기술 개발' 연구가 대표적이다. 이 연구에서는 18개월에서 48개월 사이의 영유아를 대상으로 다양한 영역의 발달검사를 시행하여 전형발달군, 고위험군, 자폐스펙트럼장애군으로 분류하고, 가정에서 모바일 앱을 통해 수집한 데이터를 활용하여 실제 임상에서 활용 가능한 인공지능 모델이 개발될 것으로 기대된다.

2. 바이오마커

바이오마커(biomarkers)란 질환의 진단, 분류, 예후 예측, 치료 반응성의 영역에서 응용될 수 있는 생물-생리학적인 이상을 객관적으로 측정할 수 있는 지표를 의미한다 (Biomarkers Definitions Working Group, 2001). 현재까지 자폐스펙트럼장애의 바이오마커와 관련된 다수의 연구들이 있으나 명확하게 타당성이 입증된 사례는 아직 없다(Frye et al., 2019). 임상적으로 유용한 바이오마커 개발에 어려움을 겪는 가장 큰 이유는 자폐스펙트럼장애 질환 자체가 가지고 있는 이질성(heterogeneity) 때문이다. 예를 들어, 자폐스펙트럼장애는 개개인별로 사회적 의사소통 기능이나 인지적 수준이 다양한 것처럼 임상 영역에서 광범위한 다양성을 보인다. 생물학적 원인론 또한 다양하기 때문에, 다양한 자폐스펙트럼장애 임상표현형을 아우르는 특징적인 바이오마커를 발견하는 것은 현실적으로 어려울 것이다. 또한 자폐스펙트럼장애가 종단적으로 증상의 표현형이 변하는 반면, 바이오마커는 단일 시점에 단일 기능의 영역과 관련된 변이를 측정한다는 한계가 명확히 있다. 이러한 한계들을 극복하기 위해서는 검사의 신뢰성(test-retest reliability)과 더불어 개인 내에서의 일관성을 유지할 수 있는 여러 발달 단계에서의 다수의 바이오마커를 측정하는 대규모 연구가 필요하다(McPartland, 2017). 현재까지 연구된 자폐스펙트럼장애의 잠재적 바이오마커는 다음과 같다(Jensen et al., 2022).

1) 태아 바이오마커

4만 건 이상의 자폐스펙트럼장애 사례를 대상으로 한 체계적 문헌고찰 및 메타분석에서 임신 중 산모의 감염(특히 감염으로 입원이 필요한 경우)은 자폐스펙트럼장애의 발병 위험 증가와 관련이 유의미한 것으로 나타났다(Jiang et al., 2016). 노르웨이의 한 대규모 전향적 코호트 연구에서는 임신 12주 이후 열이 3회 이상 발생하면 자녀의 자폐스펙트럼장애 발병 위험이 상당히 증가한다고 보고되었다(Hornig et al., 2018). 다른 여러 환자-대조군 연구 및 개별 코호트 연구들도 이러한 결과를 뒷받침했다(Brucato et al., 2017; Zerbo et al., 2015). 미국 캘리포니아에서 진행된 환자-대조군 연구에서 비만이나 당뇨병과 같은 대사질환이 있는 여성의 자폐스펙트럼장애 아동의 표현언어능력이 더 낮은 것으로 나타나 산모의 대사상태도 자폐스펙트럼장애 발병 위험과 관련이 있을 것으로 사료된다(Krakowiak et al., 2012). 37,000건 이상의 자폐스펙트럼장애 사례를 대상으로 한 메타분석에서는 임신성 당뇨병이 다른 요인들 중에서도 가장 자폐스펙트럼장애 발병 위험과 높은 상관성을 보인 것으로 나타났다(Wang et al., 2017). 이러한 위험 요인들은 현재 진단에 사용되거나 치료 반응을 예측하는 데 사용되지는 않지만, 향후 자폐스펙트럼장애 발병 위험이 높은 아동을 선별하는 데 사용될 수 있을 것이다.

2) 유전자 바이오마커

자폐스펙트럼장애는 유전성이 높기 때문에 유전학에 초점을 맞춘 연구가 오랫동안 지속되어 왔다. 초기 연구는 DNA 구조적 변화에 초점을 맞춘 반면, 최근의 연구는 유전자 발현과 후성유전학에 초점이 맞추어져 있다. 다운증후군과 같은 잘 알려진 염색체 변화, 15q11.2 미세결실(micro-deletion)과 같은 복제수변이(copy number variant), 펠란 맥더미드 증후군(Phelan McDermid syndrome)과 같은 단일 유전자 장애, 취약 X 증후군과 같은 삼염기 반복장애 등 자폐스펙트럼장애와 연관된 DNA 구조적 변화에 대한 연구는 활발히 진행되었다(Schaefer & Mendelsohn, 2013). 그러나 높은 유전성에도 불구하고, 염색체 마이크로어레이와 전체 엑솜 시퀀싱을 모두 사용한 경험적 연구에 따르면 자폐스펙트럼장애 아동의 약 16%에서만 유전적 장애를 발견할 수 있는 것으로 나타나 구조적·유전적 결함이 자폐스펙트럼장애 사례의 소수를 차지한다는 사실이 밝혀졌다(Tammimies et al., 2015). 또한 변이가 발견되면 대개 유전이 아닌 신규 변이인 경우가 많고, 실제로 자폐스펙트럼장애에 결정적인 단일 유전자 또는 큰 영향을 미치는 특정 유전적 변이에 대한 증거는 현재로서는 불충분하다. 다른 연구들은 단일염기다형성(Single Nucleotide Polymorphism: SNP)으로 알려진 게놈을 활용하였는데, 많은 수의 SNP(237개)를 사용하여 진단 분류기를 개발하려는 시도는 56~86% 범위의 낮은 정확도를 보였고 이는 잠재적으로 일반적인 변이의 영향 때문으로 사료된다(Skafidas et al., 2014).

세포의 분자 생리학적 상태를 더 잘 이해하기 위해서는 유전자 구조적 변화보다는 발현에 초점을 맞추는 것이 유리하다. 기존의 연구에서는 전통적인 메신저 RNA(mRNA) 발현을 조사했지만, 최근의 연구에서는 중요한 세포 조절자인 마이크로RNA(miRNA)에 초점을 맞춰 소규모 코호트에서 높은 분류 정확도와 신경발달 간의 상관관계를 확인하였다(Hicks et al., 2016). 특히, 피위-상호작용 RNA(piwi-interacting RNA), 비코딩 RNA, 리보솜 RNA, 구강 미생물 RNA를 추가하는 대규모 연구가 가장 유망할 것으로 보인다. 대규모 코호트를 대상으로 한 초기 연구에서는 테스트군(n=372) 및 검증군(n=84)에서 각각 79%와 85%의 정확도를 보이기도 하였다(Hicks et al., 2016). 다양한 조직의 게놈에서 측정된 메틸화 패턴은 자폐스펙트럼장애에 대한 유전자 바이오마커로서 연구되었다. 전반적인 메틸화의 차이는 여러 연구에서 일관성이 없었지만, 유의미한 관계를 보이는 메틸화된 CpG 섬(island)이 확인되었다(Vogel & LaSalle, 2016). 특히 자폐스펙트럼장애 환자의 어머니의 전반적인 DNA에서 저메틸화가 관찰되었으며(James et al., 2010), 아버지의 정자에서 특징적인 메틸화 패턴이 발견되었다(Garrido et al., 2021). 하지만 메틸화와 복잡하게 상호작용하는 다양한 환경적 요소(예: 산전 비타민 섭취 또는 흡연 노출)들이 존재하기 때문에 현재 바이오마커로서 활용하기에는 한계가 분명하다.

3) 신경학적 바이오마커

(1) 구조적 뇌신경 영상

일관된 형태학적 자기공명영상 소견은 자폐스펙트럼장애가 진단되기 전 유아기 초기에 피질 및 피질하 영역, 특히 편도체의 과성장이 특징적이다(Barnea-Goraly et al., 2014; Nordahl et al., 2012; Zhu et al., 2018). 한 연구에 따르면 출생 후 증상 발현 전 기간 동안 축외 체액 구획의 비대가 확인되었으며, 이는 최종 자폐스펙트럼장애 진단의 중증도와 관련이 있는 것으로 나타났다(Shen et al., 2018). 백질 경로의 구조적 발달을 조사하는 확산 텐서 영상을 사용한 연구에 따르면 일반적으로 자폐스펙트럼장애가 진단되기 전인 생후 6~24개월 사이에 백질 조직의 발달 궤적이 다르며, 이는 이후 중증도와 관련이 있으며, 연령이 높은 아동은 결국 주요 언어 경로의 백질 발달에서 뇌 비대칭성을 보이고, 백질 조직의 지표가 광범위하게 감소하는 것으로 나타났다(Wolff et al., 2012, 2017). 이와 관련하여 보다 자세한 내용은 제9장에서 다루고 있다.

(2) 기능적 뇌신경 영상

휴식 상태 기능 자기공명영상(resting-state fMRI)은 전반적인 저연결성(hypoconnectivity)과 관련된 국소적 과연결성(hyperconnectivity) 패턴이 발견되었다(Uddin et al., 2013). 진단 전 유아를 대상으로 한 연구에서는 공동주의의 시작과 관련된 연결 경로, 진단 후 의식적인 행동의 심각도, 유아기(진단 전)에 시작되어 연령이 증가하며 악화되는 언어 네트워크의 비정상적인 측면화(lateralization) 진행 등이 확인되었다(Hiremath et al., 2021). 신경생리학 연구는 현재로서는 상대적으로 작은 표본 규모를 기반으로 하며 진단 정확도를 확인할 수 있는 연구에서는 사용되지 않고 있는 한계점이 있다. 보다 자세한 내용은 제9장에서 확인할 수 있다.

(3) 기타 신경생리학적 바이오마커

유발 반응 연구(ERP)에 따르면 N170 지연 시간이 자폐스펙트럼장애의 유망한 바이

오마커로 대두되었다. 자폐스펙트럼장애에서는 특히 물체가 아닌 얼굴자극에 대한
N170 지연 시간이 길어질 수 있는 것으로 나타났다. 지연 시간 연장은 높은 연령에서 더
두드러지는 경향을 보이는데, 한 연구에 따르면 지연 시간 연장이 사회적 기술 및 얼굴
기억과 관련이 있을 수 있으며, 코나 입이 아닌 눈에 집중하는 시선처리와 관련이 있을
것으로 보고된다(Kang et al., 2018; Sysoeva et al., 2018). 예일아동연구센터가 주도한 대
규모 다기관 연구인 자폐스펙트럼장애 바이오마커 임상시험 컨소시엄(ABC-CT)의 결
과로 미국식품의약국의 바이오마커 인증 프로그램에 사람의 얼굴에 대한 N170 지연 시
간이 자폐스펙트럼장애의 생물학적 하위 그룹을 식별하는 지표로 채택되었다(Shic et al.,
2022). 자기 뇌파 연구와 관련해서는 최근 메타분석에서 순음자극에 대한 M50 및 M100
지연 시간이 길어진다는 증거가 발견되었으며(Williams et al., 2021), 최근 연구에서는
M50 지연 시간이 GABA-B 효현제에 대한 치료 반응을 예측하는 데 사용될 수 있다고 제
안되었다(Roberts et al., 2021).

4) 대사(metabolism) 바이오마커

(1) 트랜스 메틸화/트랜스 황화 경로

이전 연구에서는 산화 스트레스(oxidative stress)와 관련된 바이오마커가 대두되었는
데, 주요한 보고들은 혈장, 뇌, 세포주에서 산화 글루타치온의 증가와 함께 신체의 주
요 항산화제인 환원 글루타치온이 감소하는 것이다. 이는 비정상적인 트랜스 황화 및
3-니트로티로신, 3-클로로티로신, 8-옥소데옥시구아노신과 같은 산화적 손상에 대
한 다른 바이오마커를 동반한다(Jensen et al., 2022). 자폐스펙트럼장애에서 비정상적인
트랜스 메틸화 대사는 S-아데노실메티오닌의 감소, S-아데노실호모시스테인의 증가,
S-아데노실메티오닌/S-아데노실호모시스테인 비율의 감소로 인한 것으로 추정
되며 다수의 연구에서 일관되게 입증되었다(Guo et al., 2020). 피셔 판별 분석(Fisher
discriminant analysis)을 사용한 한 연구에 따르면 트랜스 메틸화 및 트랜스 황화 경로의
이상과 관련된 바이오마커는 97%의 정확도로 자폐스펙트럼장애와 일반 발달장애인을
구별할 수 있으며(Howsmon et al., 2017), 후속 연구에서는 테스트 데이터 세트의 경우 최
대 96%, 검증 데이터 세트의 경우 88~95%의 정확도를 보였다(Howsmon et al., 2018).

(2) 미토콘드리아 대사

미토콘드리아 기능장애는 자폐스펙트럼장애에서 비교적 흔하게 나타나는 것으로 알려져 있다. 다수의 문헌을 고찰한 메타분석 연구에서 바이오마커에 따라 8~31%의 유병률 범위에서 자폐스펙트럼장애와 관련된 미토콘드리아 기능장애가 나타났다(Rossignol & Frye, 2012). 호흡 사슬 활성을 측정하는 전향적 대조 연구에 따르면 자폐스펙트럼장애 환자의 64%, 특히 더 심한 자폐스펙트럼장애 환자에서 복합 I-IV 활성 비율의 새로운 바이오마커가 비정상적으로 증가했으며, 동일한 기술을 사용하여 76명의 자폐스펙트럼장애 아동을 대상으로 한 후향적 연구에서는 62%의 환자에서 미토콘드리아 효소 활성 이상이 발견되었다(Delhey et al., 2017; Goldenthal et al., 2015). 자폐스펙트럼장애와 관련된 독특한 유형의 미토콘드리아 기능 장애와 말초 혈액 단핵 세포의 호흡률 상승은 자폐스펙트럼장애의 신경 발달 퇴행 하위 유형으로 보인다. 분명히 자폐스펙트럼장애 환자의 일부가 미토콘드리아 기능 장애를 보이지만 측정의 비표준화와 미토콘드리아 기능 장애의 바이오마커의 비특이적 특성으로 인해 이 분야의 바이오마커 연구 진전은 더딘 상태이다(Jensen et al., 2022).

5) 면역 바이오마커

다수의 선행 연구에 따르면 자폐스펙트럼장애 아동의 약 7~12%가 산모의 자가항체로 인해 발병하는 것으로 보고되었다(Edmiston et al., 2017). 산모의 자가항체는 태아의 뇌로 직접적으로 전달됨으로써 발병을 야기하므로, 이를 미리 확인할 수 있다면 임신 중 개입을 통해 발병을 예방할 수 있을 것으로 생각된다. 뇌에 직접 작용하는 자가항체의 경우 다수의 환자-대조군 연구에서 자폐스펙트럼장애의 발병과 관련이 있었으며, 이 경우 정맥 내 면역글로불린요법(intravenous immunoglobulin)을 통한 치료반응성을 예측할 수 있는 것으로 알려져 있다(Rossignol & Frye, 2021). 최근 메타분석에 따르면 엽산 수용체-알파 자가항체(Folate Receptor-Alpha Autoantibody: FRAA)가 자폐스펙트럼장애 아동(71%)에서 자폐스펙트럼장애가 아닌 다른 발달지연이 있는 아동(5%)에 비해 유의미한 높은 유병률을 보여 자폐스펙트럼장애의 강력한 유전적 위험 요인으로 시사되었다(Rossignol & Frye, 2021). 최근 이중 맹검 위약 대조 시험에서 FRAA는 류코보린 치료에 대한 반응을 예측하는 것으로 나타났고, 바이오마커로서의 활용성이 앞으로 더 높아질 가능성이 예상된다(Rose et al., 2018).

자폐스펙트럼장애와 관련된 사이토카인(cytokine) 수치의 이상은 다양한 발달 단계에서 후향적으로 조사되었는데, 임신 중기 사이토카인 수치 상승 및 신생아 혈액에서 인터루킨(interleukin, IL)-1β 및 IL-4가 상승하는 것이 발병 위험 증가와 관련이 있음이 밝혀졌다(Jones et al., 2017). 국내에서 진행된 연구로는, 천근아 교수 연구팀에서 평균연령 7세의 자폐스펙트럼장애군 94명과 정상 대조군 48명을 대상으로 혈중 사이토카인 프로파일을 분석하였다. 그 결과, 자폐스펙트럼장애군에서 선천면역 사이토카인인 IL-33이 유의미하게 감소하고, 종양 괴사 인자 α(TNF-α)가 증가하는 등 특징적인 사이토카인 발현 패턴과 면역기능 변화를 보이는 것으로 확인되었다(Shim et al., 2023). 또한, 사이토카인이 체내에서 잘 조절되지 않는 경우, 자폐스펙트럼장애 환자에서 주기적인 발작적인 문제행동, 비-IgE 매개 식품 알레르기, 미토콘드리아 대사 변화 등과 관련이 있는 것으로 알려져 있다(Krakowiak et al., 2017). 현재까지 대규모 전향적 연구에서는 바이오마커로서 검증된 단일 사이토카인은 없지만, 비정상적인 사이토카인 프로필이 여러 발달 단계에서 자폐스펙트럼장애와 관련이 있는 것으로 보인다.

6) 영양 바이오마커

사례-대조군 연구에 대한 메타분석에 따르면 자폐스펙트럼장애 아동은 모발과 혈청의 구리 농도와 혈중 아연 농도가 낮은 것으로 나타났다(Zhang et al., 2021). 태아의 아연-구리 리듬이 자폐스펙트럼장애를 예측하는 것과 관련이 있는 것으로 보고되었고(Frye et al., 2020), 다른 연구에서는 태아기의 금속 노출이 장기적인 생체 에너지 및 언어발달과 관련이 있었다(Curtin et al., 2018). 또 다른 중요한 영양 바이오마커는 비타민 D로, 임신 초기의 낮은 비타민 D 수치와 임신 중기의 비타민 D 결핍은 자폐스펙트럼장애의 중증도와 관련이 있으며, 평생 산모의 비타민 D 결핍이 자녀의 자폐스펙트럼장애의 위험을 증가시키는 것으로 나타났다(Chen et al., 2016; Magnusson et al., 2016; Vinkhuyzen et al., 2017). 따라서 산모의 비타민 D 수치는 자폐스펙트럼장애의 발병 위험과 중증도에 대한 바이오마커가 될 수 있다. 임신 중 엽산 또한 자녀의 자폐스펙트럼장애 발병 위험과 복잡한 관계가 있다. 선행연구에 따르면, 임신 중 엽산 결핍은 발병 위험을 증가시키는 반면, 임신 중 엽산 보충제를 복용하면 발병 위험이 유의미하게 감소하였다(Levine et al., 2018). 그러나 출생 시 산모의 엽산 혈중 농도가 매우 높은 경우에는 자폐스펙트럼장애 발병 위험이 오히려 증가한다는 보고들도 있었다(Egorova et al., 2020; Raghavan et al., 2018).

7) 자율신경계 바이오마커

자폐스펙트럼장애 환자의 자율신경계 불균형을 다룬 연구들은 주로 심박수변이(heart rate variability)와 동공 측정과 관련된 분석 방법을 활용하였다. 심박수변이는 자폐스펙트럼장애 환자에서 위장관 증상 및 비전형적인 감각추구행동과 관련이 있었다. 두 건의 전향적 단면 연구와 두 건의 사례-대조군 연구에 따르면 성인과 소아 자폐스펙트럼장애 환자의 심박수 변이가 더 낮은 경향을 보였다(Bharath et al., 2019; Gonzaga et al., 2021; Lory et al., 2020; Thapa et al., 2019). 다른 연구에서는 심박수변이가 프로프라놀롤을 통한 자폐스펙트럼장애 환자의 이자극성의 치료 반응을 예측하는 것으로 나타났다(Zamzow et al., 2017). 생후 36개월에 자폐스펙트럼장애 진단을 받은 아동은 다른 그룹에 비해 유아기에 상대적으로 더 큰 동공 광반사 수축을 보였으며, 반응의 크기가 중증도와 관련을 보였다. 체계적 문헌고찰과 메타분석에 따르면 동공 측정 연구 설계 및 결과에 상당한 이질성(heterogeneity)이 있음을 보였지만, 자폐스펙트럼장애 환자에서 동공 반응 지연시간이 통계적으로 유의미한 차이를 보였다(de Vries et al., 2021).

8) 망막 바이오마커

망막(retina)은 최근 자폐스펙트럼장애의 진단 및 중증도 평가에서 중요한 역할을 할 수 있는 새로운 바이오마커로 주목받고 있다. 자폐스펙트럼장애 환자들은 신경발달과정에서 뇌의 구조적·기능적 이상이 발생한다. 망막은 해부학적·발생학적으로 중추신경계와 연결되어 있다는 점에서, 중추신경계의 이상은 망막의 구조적·기능적 변화로도 반영될 수 있다(London et al., 2013). 이전 연구에 따르면, 자폐스펙트럼장애 환자에서 시신경 및 망막신경섬유층(Retinal Nerve Fiber Layer: RNFL)의 변화가 확인되었다. 자폐 증상이 심할수록 시신경 유두비(cup-disc ratio)가 높은 경향을 보였고, 낮은 RNFL 두께가 보고되었다(Bozkurt et al., 2022). 또한 자폐스펙트럼장애 동물연구에서도 망막의 구조적 이상이 발견되었고(Zhang et al., 2019), 자폐스펙트럼장애 환자의 망막전위도(electroretinogram: ERG) 연구에서도 정상군과 비교시 베타파의 감소가 관찰되는 보고들(Constable et al., 2016; Lee et al., 2022)이 있는 바 망막의 구조적·기능적 이상과 자폐스펙트럼장애와의 연관성을 시사한다.

국내 천근아 교수 연구팀에서는 안저검사(fundoscopy)를 통해 획득한 안저이미지를

표 6-1 자폐스펙트럼장애의 바이오마커 현황

	용도	장점	단점
태아 바이오마커			
임신 중 감염	(산전) 위험성	병력에서 얻을 수 있음.	항생제의 영향인지 알 수 없으며, 어떤 특정 감염과 관련이 있는지에 대한 정보가 부족함.
비만/당뇨	(산전) 위험성	병력에서 얻을 수 있음.	표준적인 치료 이외에 명확한 치료 결과가 없음.
유전자 바이오마커			
DNA의 구조적 변화	(산전) 위험성 및 하위군 분류	유전자 분석의 접근성이 임상적으로 용이해 짐에 따라 일상화되고 있음. 특히 예후 정보를 제공하기 어려운 난치성 사례에 유용함.	불확실한 임상적 중요성의 변이 (Variants of Unknown Significance: VOUS)가 흔한 결과로서 나타나 임상적 해석의 혼란성을 야기할 수 있어, 유전 전문가의 해석이 필요할 수 있음.
SNP	진단, 치료	접근성이 높음.	진단과 치료의 의사결정을 내리기에는 아직 연구들이 많이 부족함.
mRNA/ miRNA	진단, 하위군 분류	비침습적이며, 예후와도 일부 상관관계가 있음.	선행연구들에서 진단적 성능이 일관되지 않고, 연구들마다 다른 종류의 RNA를 사용함. 진단이 된 이후에는 유용성이 불분명함.
메틸화	진단, 하위군 분류, 치료	유전과 환경 노출의 영향을 설명할 수 있는 중요한 후성유전학적 요인임.	특정 유전자에 대한 메틸화 변화에 대한 결과들이 매우 다양함. 유전적·환경적 요인이 모두 작용하는 만큼 해석이 매우 복잡함.
신경학적 바이오마커			
구조적 뇌 영상	(증상 발현 이전) 위험성	뇌성장의 지속적인 이상은 진단 전부터 나타나며, 진단 기간 동안 지속됨. 비침습적임.	타당성 입증을 위해서는 대규모의 전향적 연구가 필요함.
기능적 뇌 영상	(증상 발현 이전) 위험성	비침습적임.	프로토콜이 현재로서는 일관적이지 않음.
N170	진단	비침습적임	검사 중 자극에 따른 집중을 유도하기 때문에 협조에 어려움이 있음.

자기뇌파 검사	진단	비침습적임	프로토콜이 현재로서는 일관적이지 않음. 대규모의 전향적 연구가 필요함.
대사 바이오마커			
트랜스메틸화/ 트랜스황화	위험성, 진단, 치료	혈액검사로 간단히 시행 가능, 치료와 관련이 있음.	임상에서 흔히 쓰이지 않은 장비가 필요함. 타당도 판정을 위한 대규모 전향적 연구가 필요함.
미토콘드리아	하위군 분류, 치료	혈액검사로 간단히 시행 가능, 치료와 관련이 있음	연구 프로토콜이 다양하여, 일관적인 결론을 내리는 데 한계가 있음. 타당도 판정을 위한 대규모 전향적 연구가 필요함.
면역 바이오마커			
산모의 자가항체	(산전) 진단	산모의 자가항체가 원인인 자폐스펙트럼장애 하위군에 대해서는 산전에 진단예측이 가능함.	타당도 판정을 위한 대규모 전향적 연구가 필요함.
뇌 자가항체	(산전) 치료	치료와 관련성이 있음.	다양한 기술과 바이오마커로 인해 결론에 한계가 있음.
FRAA	(산전) 하위군 분류, 치료	치료반응성이 있는 자폐스펙트럼장애의 하위군 분류에 유용할 수 있으며, 산전에도 진단이 가능함.	타당도 판정을 위한 대규모 전향적 연구가 필요함. 민감도가 다소 낮음.
사이토카인	위험도, 분류, 치료	혈액검사를 통해 쉽게 데이터 수집이 가능하고, 수치의 변화를 통해 모니터링이 쉬움.	다양한 바이오마커와 검사기법이 있어, 타당도가 입증된 바이오마커를 통한 대규모의 전향적 연구가 필요하겠음.
영양 바이오마커			
아연	(산전) 위험도, 분류	산전에 미리 위험성을 알 수 있고, 치료의 가능성을 있게 함.	치료효과가 불분명하며, 낙치(deduous teeth)는 진단 후까지는 사용이 일반적으로 불가능함.
비타민 D	위험도, 치료	일반적인 산전 검사로 쉽게 얻을 수 있음.	비타민 D의 최적의 치료타깃을 설정하기 위한 대규모 전향적 연구가 필요함.

엽산	위험도	일반적인 산전검사로 쉽게 얻을 수 있음.	전체 엽산 농도 만으로는 다양한 엽산의 여러 종류를 측정하기 어렵고, 대사경로가 복잡하기 때문에 단독으로 해석이 어려움.
자율신경계 바이오마커			
심박수 변이	하위군 분류, 치료	치료에 반응하는 하위군을 분류하는 데 이용될 가능성이 있음.	타당성이 입증된 바이오마커를 사용한 대규모의 전향적 연구가 필요함.
동공검사	진단, 하위군 분류	비침습적임.	다양한 바이오마커와 검사기법이 있어 타당성이 입증된 단일 바이오마커가 필요함.
망막 바이오마커			
망막 신경섬유층	진단, 하위군 분류	비침습적이며, 검사 시간이 짧고, 접근성이 높음.	검사에 협조를 요구함. 다기관의 대규모 타당도 입증 연구가 필요함.
망막전위도	진단		
안저이미지	진단, 하위군 분류		

출처: Frye et al. (2019); Jensen et al. (2022).

딥러닝 알고리듬을 통해 분석함으로써 자폐스펙트럼장애의 진단과 중등도를 예측하는 모델을 최초로 개발하였다. 총 1,890건의 안저이미지(자폐스펙트럼장애 945건, 정상발달군 945건)를 학습시켰으며, 자폐스펙트럼장애 스크리닝에서 ROC 곡선 아래 면적(Area under ROC: AUROC), 민감도, 특이도가 각각 1.00(95% CI, 1.00-1.00)으로 매우 높은 정확성을 보였으며, 중증도 예측에서는 AUROC 0.74(95% CI, 0.67-0.80), 민감도 0.58(95% CI, 0.49-0.66), 특이도 0.74(95% CI, 0.67-0.82)의 성능을 보여 조기진단 및 바이오마커로서의 활용 가능성을 입증했다(Kim et al., 2023). 망막과 관련된 정보는 안저검사 또는 광간섭단층촬영(Optical Coherence Tomography: OCT) 같은 비침습적인 안과적 검사를 통해 데이터를 획득할 수 있다. 이처럼 MRI나 다른 신경학적 검사에 비교하여 검사의 수월성이 높고 비용은 낮다는 점에서, 망막은 잠재적 바이오마커로서의 가치가 높다. 실제 임상에서는 더욱 다양한 표현형과 공존질환이 동반되고 있어, 자폐스펙트럼장애의 조기진단과 중증도 평가에서 망막 바이오마커가 활용되기 위해서는 추가적인 연구들이 필요하다.

3. 결론 및 요약

자폐스펙트럼장애는 전 세계적으로 유병률도 높고 질환으로 인한 기능 손상도 상당하여, 사회경제적 부담도 높은 질환으로 조기진단 및 개입이 치료의 예후에 중요한 질환이다. 하지만 자폐스펙트럼장애 질환의 특성상 다수의 공존질환을 동반하고, 아동들마다 증상이 상이하고 이질적이며, 한 아동에서도 나이에 따라 증상이 역동적으로 변하기 때문에 조기진단을 하는 데 어려움이 크다. 또한 폭발하는 수요에 비해 전문가의 부재, 평가되는 시간의 소요, 의료기관에 대한 접근성의 어려움도 조기진단의 장벽으로 작용한다.

현재까지는 자폐스펙트럼장애의 위험도, 진단, 그리고 최적의 치료법을 제시할 수 있는 객관적으로 입증된 바이오마커는 없으며 개발 초기 단계에 머물러 있다. 그러나 유전, 대사, 면역, 신경영상과 관련된 진단 바이오마커에 대한 예비 연구 결과들이 있으며, 특히 행동 평가와 같은 추가 측정과 함께 연계하여 개발 가능성이 있다. 임상에서 실제 적용되기 위해서는 추후 대규모 유효성 검증시험과 적절한 대조군을 포함한 다중바이오마커 연구들이 필요하다. 자폐스펙트럼장애의 바이오마커 연구는 현재 유망한 분야로, 특히 태아기 및 출생 후 증상이 발현되기 전 시기에 자폐스펙트럼장애 위험을 계층화하는 바이오마커는 가장 효과적인 시기에 개입을 시작하는 데 도움이 될 수 있으며, 치료 반응을 예측하는 바이오마커는 이미 진단을 받은 사람들에게 적절한 치료 방법과 강도를 계획하는 데 사용될 수 있다.

참고문헌

Avlund, S. H., Thomsen, P. H., Schendel, D., Jørgensen, M., Carlsen, A. H., & Clausen, L. (2021). Factors associated with a delayed autism spectrum disorder diagnosis in children previously assessed on suspicion of autism. *Journal of Autism and Developmental Disorders, 51*, 3843-3856.

Barnea-Goraly, N., Frazier, T. W., Piacenza, L., Minshew, N. J., & Keshavan, M. S. (2014). A preliminary longitudinal volumetric MRI study of amygdala and hippocampal volumes in autism. *Progress in Neuro-Psychopharmacology and Biological Psychiatry, 48*, 124-128.

Bharath, R., Dinesh, N., & Ramakrishnan, N. (2019). Comparison of physiological and biochemical autonomic indices in children with and without autism spectrum disorders. *Medicina (Kaunas), 55*(7), 346.

Biomarkers Definitions Working Group. (2001). Biomarkers and surrogate endpoints: Preferred definitions and conceptual framework. *Clinical Pharmacology & Therapeutics, 69*(3), 89-95.

Bozkurt, A., Say, G. N., Şahin, B., Usta, M. B., Kalyoncu, M., Kocak, N., & Osmanl i , C. Ç. (2022). Evaluation of retinal nerve fiber layer thickness in children with autism spectrum disorders. *Research in Autism Spectrum Disorders, 98*, 102050.

Brookman-Frazee, L., Taylor, R., & Garland, A. F. (2010). Characterizing community-based mental health services for children with autism spectrum disorders and disruptive behavior problems. *Journal of Autism and Developmental Disorders, 40*(10), 1188-1201.

Brucato, M., Ladd-Acosta, C., Liu, X., Burstyn, I., Smith, C., Wang, Y., ⋯ & Fallin, M. D. (2017). Prenatal exposure to fever is associated with autism spectrum disorder in the Boston birth cohort. *Autism Research, 10*(11), 1878-1890.

Carbone, P. S., Behl, D. D., Azor, V., & Murphy, N. A. (2010). The medical home for children with autism spectrum disorders: Parent and pediatrician perspectives. *Journal of Autism and Developmental Disorders, 40*(3), 317-324.

Chen, J., Li, D., Yang, K., Zheng, T., & Zhao, Q. (2016). Lower maternal serum 25(OH) D in first trimester associated with higher autism risk in Chinese offspring. *Journal of Psychosomatic Research, 89*, 98-101.

Chung, H. J., Yang, D., Kim, G. H., Kim, S. K., Kim, S. W., Kim, Y. K., ⋯ & Eun, B. L. (2020). Development of the Korean developmental screening test for infants and children (K−DST). *Clinical and Experimental Pediatrics, 63*(11), 438.

Constable, P. A., Gaigg, S. B., Bowler, D. M., Jägle, H., & Thompson, D. A. (2016). Full-field electroretinogram in autism spectrum disorder. Documenta Ophthalmologica, 132(2), 83-99.

Curtin, P., Austin, C., Curtin, A., Gennings, C., Tammimies, K., Willfors, C., Cernichiari, E., Bölte, S., & Arora, M. (2018). Dynamical features in fetal and postnatal zinc-copper metabolic cycles predict the emergence of autism spectrum disorder. *Science Advances, 4*(5), eaat1293.

de Vries, L., Fouquaet, I., Boets, B., Naulaers, G., & Steyaert, J. (2021). Autism spectrum disorder and pupillometry: A systematic review and meta-analysis. *Neuroscience & Biobehavioral Reviews, 120*, 479-508.

Delhey, L., Kilinc, M., Yin, L., Slattery, J. C., Tippett, M. L., Rose, S., ⋯ & Frye, R. E. (2017).

Bioenergetic variation is related to autism symptomatology. *Metabolic Brain Disease, 32*(6), 2021-2031.

Dickerson, A. S., Rahbar, M. H., Pearson, D. A., Kirby, R. S., Bakian, A. V., Bilder, D. A., ⋯ & Slay Wingate, M. (2017). Autism spectrum disorder reporting in lower socioeconomic neighborhoods. *Autism, 21*(4), 470-480.

Edmiston, E., Ashwood, P., & Van de Water, J. (2017). Autoimmunity, autoantibodies, and autism spectrum disorder. *Biological Psychiatry, 81*(5), 383-390.

Egorova, O., Myte, R., Schneede, J., Wirkner, U., Hultdin, J., Nilsson, T. K., & Bölte, S. (2020). Maternal blood folate status during early pregnancy and occurrence of autism spectrum disorder in offspring: a study of 62 serum biomarkers. *Molecular Autism, 11*(1), 7.

Frye, R. E., Cakir, J., Rose, S., Delhey, L., Bennuri, S. C., Tippett, M., ⋯ & Arora, M. (2020). Early life metal exposure dysregulates cellular bioenergetics in children with regressive autism spectrum disorder. *Translational Psychiatry, 10*(1), 223.

Frye, R. E., Vassall, S., Kaur, G., Lewis, C., Karim, M., Rossignol, D., & Adams, J. B. (2019). Emerging biomarkers in autism spectrum disorder: A systematic review. *Annals of Translational Medicine, 7*(23), 792.

Garrido, N., Cruz, F., Egea, R., Simon, C., & Pellicer, A. (2021). Sperm DNA methylation epimutation biomarker for paternal offspring autism susceptibility. *Clinical Epigenetics, 13*(1), 6.

Goldenthal, M. J., Damle, S., Ganapolsky, G., Fierman, A. H., & Shelov, S. P. (2015). Mitochondrial enzyme dysfunction in autism spectrum disorders: A novel biomarker revealed from buccal swab analysis. *Biomarkers in Medicine, 9*(10), 957-965.

Gonzaga, C. N., Dos Santos, M. T. P., & Mariani, M. M. (2021). Autonomic responses to facial expression tasks in children with autism spectrum disorders: Cross-section study. *Research in Developmental Disabilities, 116*, 104034.

Grzadzinski, R., Amso, D., Landa, R., Watson, L., Guralnick, M., Zwaigenbaum, L., ⋯ & Piven, J. (2021). Pre-symptomatic intervention for autism spectrum disorder (ASD): defining a research agenda. *Journal of Neurodevelopmental Disorders, 13*, 1-23.

Gulati, S., Kaushik, J. S., Saini, L., Sondhi, V., Madaan, P., Arora, N. K., ⋯ & Sagar, R. (2019). Development and validation of DSM−5 based diagnostic tool for children with Autism Spectrum Disorder. *PloS One, 14*(3), e0213242.

Guo, B. Q., Li, H. B., & Ding, S. B. (2020). Blood homocysteine levels in children with autism spectrum disorder: An updated systematic review and meta-analysis. *Psychiatry Research, 291*, 113283.

Hiremath, C. S., Srinath, S., & Girimaji, S. C. (2021). Emerging behavioral and neuroimaging biomarkers for early and accurate characterization of autism spectrum disorders: A systematic review. *Translational Psychiatry, 11*(1), 42.

Hicks, S. D., Ignacio, C., Gentile, K., Middleton, F. A., & Towner, D. (2016). Salivary miRNA profiles identify children with autism spectrum disorder, correlate with adaptive behavior, and implicate ASD candidate genes involved in neurodevelopment. *BMC Pediatrics, 16*, 52.

Hicks, S. D., Uhlig, R., Afshari, P., Williams, J., Garcia, R., & Middleton, F. A. (2018). Validation of a salivary RNA test for childhood autism spectrum disorder. *Frontiers in Genetics, 9*, 534.

Hornig, M., Bresnahan, M. A., Che, X., Schultz, A. F., Ukaigwe, J. E., Eddy, M. L., ··· & Lipkin, W. I. (2018). Prenatal fever and autism risk. *Molecular Psychiatry, 23*(3), 759-766.

Howsmon, D. P., Kruger, U., Melnyk, S., James, S. J., & Hahn, J. (2017). Classification and adaptive behavior prediction of children with autism spectrum disorder based upon multivariate data analysis of markers of oxidative stress and DNA methylation. *PLoS Computational Biology, 13*(3), e1005385.

Howsmon, D. P., Melnyk, S., James, S. J., & Hahn, J. (2018). Multivariate techniques enable a biochemical classification of children with autism spectrum disorder versus typically-developing peers: A comparison and validation study. *Bioengineering & Translational Medicine, 3*(2), 156-165.

Iskrov, G., Vasilev, G., Mitev, M., Nikolova, R., Stoykova, M., & Stefanov, R. (2021). Practice patterns for early screening and evaluation for autism spectrum disorder diagnosis in Bulgaria. *Journal of autism and developmental disorders, 51*, 778-789.

James, S. J., Melnyk, S., Jernigan, S., Pavliv, O., Trusty, T. A., Lehman, S., Seidel, L., & Gaylor, D. W. (2010). A functional polymorphism in the reduced folate carrier gene and DNA hypomethylation in mothers of children with autism. American *Journal of Medical Genetics Part B: Neuropsychiatric Genetics, 153B*(6), 1209-1220.

Jensen, A. R., Lane, A. L., Werner, B. A., McLees, S. E., Fletcher, T. S., & Frye, R. E. (2022). Modern biomarkers for autism spectrum disorder: future directions. *Molecular Diagnosis & Therapy, 26*(5), 483-495.

Jiang, H. Y., Xu, L. L., Shao, L., Xia, R. M., Yu, Z. H., Ling, Z. X., Yang, F., Deng, M., & Ruan, B. (2016). Maternal infection during pregnancy and risk of autism spectrum disorders: A systematic review and meta-analysis. *Brain, Behavior, and Immunity, 58*, 165-172.

Jones, K. L., Croen, L. A., Yoshida, C. K., Heuer, L., Hansen, R., Zerbo, O., & Grether, J. K.

(2017). Autism with intellectual disability is associated with increased levels of maternal cytokines and chemokines during gestation. *Molecular Psychiatry, 22*(2), 273-279.

Kang, E., Keehn, B., Andrews, E., & Müller, R. A. (2018). Atypicality of the N170 event-related potential in autism spectrum disorder: A meta-analysis. *Biological Psychiatry: Cognitive Neuroscience and Neuroimaging, 3*(8), 657-666.

Kim, J. H., Hong, J., Choi, H., Kang, H. G., Yoon, S., Hwang, J. Y., ⋯ & Cheon, K. A. (2023). Development of deep ensembles to screen for autism and symptom severity using retinal photographs. *JAMA Network Open, 6*(12), e2347692-e2347692.

Krakowiak, P., Goines, P. E., Tancredi, D. J., Ashwood, P., Hansen, R. L., Hertz-Picciotto, I., & Van de Water, J. (2017). Neonatal cytokine profiles associated with autism spectrum disorder. *Biological Psychiatry, 81*(5), 442-451.

Krakowiak, P., Walker, C. K., Bremer, A. A., Baker, A. S., Ozonoff, S., Hansen, R. L., & Hertz-Picciotto, I. (2012). Maternal metabolic conditions and risk for autism and other neurodevelopmental disorders. *Pediatrics, 129*(5), e1121-e1128.

Krishnappa Babu, P. R., Di Martino, J. M., Aiello, R., Eichner, B., Espinosa, S., Green, J., ⋯ & Sapiro, G. (2024). Validation of a Mobile App for Remote Autism Screening in Toddlers. *NEJM AI, 1*(10), AIcs2400510.

Lee, I. O., Skuse, D. H., Constable, P. A., Marmolejo-Ramos, F., Olsen, L. R., & Thompson, D. A. (2022). The electroretinogram b-wave amplitude: A differential physiological measure for Attention Deficit Hyperactivity Disorder and Autism Spectrum Disorder. *Journal of Neurodevelopmental Disorders, 14*(1), 30.

Levine, S. Z., Kodesh, A., Viktorin, A., Smith, L., Uher, R., Reichenberg, A., & Sandin, S. (2018). Association of maternal use of folic acid and multivitamin supplements in the periods before and during pregnancy with the risk of autism spectrum disorder in offspring. *JAMA Psychiatry, 75*(2), 176-184.

London, A., Benhar, I., & Schwartz, M. (2013). The retina as a window to the brain-from eye research to CNS disorders. *Nature Reviews Neurology, 9*(1), 44-53.

Lory, C., Shen, J., Liu, X., & Fan, J. (2020). Brief report: Reduced heart rate variability in children with autism spectrum disorder. *Journal of Autism and Developmental Disorders, 50*(11), 4183-4190.

Magnusson, C., Lundberg, M., Lee, B. K., Rai, D., Karlsson, H., Gardner, R., ⋯ & Dalman, C. (2016). Maternal vitamin D deficiency and the risk of autism spectrum disorders: population-based study. *BJPsych Open, 2*(2), 170-172.

Mandell, D. S., Wiggins, L. D., Carpenter, L. A., Daniels, J., DiGuiseppi, C., Durkin, M. S., ⋯

& Kirby, R. S. (2009). Racial/ethnic disparities in the identification of children with autism spectrum disorders. *American journal of public health, 99*(3), 493-498.

McPartland, J. C. (2017). Precision medicine in neurodevelopmental disorders: Challenges and opportunities. *Current Opinion in Neurology, 30*(2), 138-144.

Nordahl, C. W., Lange, N., Li, D. D., Barnett, L. A., Lee, A., Buonocore, M. H., ⋯ & Amaral, D. G. (2012). Increased rate of amygdala growth in children aged 2 to 4 years with autism spectrum disorders: A longitudinal study. *Archives of General Psychiatry, 69*(1), 53-61.

Raghavan, R., Riley, A. W., Volk, H., Caruso, D., & Hironaka, L. K. (2018). Maternal multivitamin intake, plasma folate and vitamin B12 levels and autism spectrum disorder risk in offspring. *Paediatric and Perinatal Epidemiology, 32*(1), 100-111.

Roberts, T. P. L., Kuschner, E. S., & Edgar, J. C. (2021). Biomarkers for autism spectrum disorder: Opportunities for magnetoencephalography (MEG). *Journal of Neurodevelopmental Disorders, 13*(1), 34.

Rose, S., Bennuri, S. C., Davis, J. E., Wynne, R., Slattery, J. C., Tippett, M., Delhey, L., Melnyk, S., Kahler, S. G., MacFabe, D. F., & Frye, R. E. (2018). Butyrate enhances mitochondrial function during oxidative stress in cell lines from boys with autism. *Translational Psychiatry, 8*(1), 42.

Rossignol, D. A., & Frye, R. E. (2012). Mitochondrial dysfunction in autism spectrum disorders: A systematic review and meta-analysis. *Molecular Psychiatry, 17*(3), 290-314.

Rossignol, D. A., & Frye, R. E. (2021). A systematic review and meta-analysis of immunoglobulin G abnormalities and the therapeutic use of intravenous immunoglobulins (IVIG) in autism spectrum disorder. *Journal of Personalized Medicine, 11*(6), 488.

Rossignol, D. A., & Frye, R. E. (2021). Cerebral folate deficiency, folate receptor alpha autoantibodies and leucovorin (folinic acid) treatment in autism spectrum disorders: A systematic review and meta-analysis. *Journal of Personalized Medicine, 11*(11), 1141.

Schaefer, G. B., & Mendelsohn, N. J. (2013). Clinical genetics evaluation in identifying the etiology of autism spectrum disorders: 2013 guideline revisions. *Genetics in Medicine, 15*(5), 399-407.

Shen, M. D., Nordahl, C. W., Young, G. S., Wootton-Gorges, S. L., Lee, A., Buonocore, M. H., ⋯ & Amaral, D. G. (2018). Extra-axial cerebrospinal fluid in high-risk and normal-risk children with autism aged 2-4 years: A case-control study. *The Lancet Psychiatry, 5*(11), 895-904.

Shic, F., Chawarska, K., Klin, A., Murray, S., Chang, Y., Courchesne, E., ⋯ & Piven, J. (2022). The autism biomarkers consortium for clinical trials: Evaluation of a battery of candidate eye-tracking biomarkers for use in autism clinical trials. *Molecular Autism, 13*(1), 15.

Shim, S., Ha, S., Choi, J., Kwon, H. K., & Cheon, K. A. (2024). Alterations in Plasma Cytokine Levels in Korean Children with Autism Spectrum Disorder. *Yonsei Medical Journal, 65*(2), 70.

Skafidas, E., Testa, R., Zantomio, D., Chana, G., Everall, I. P., & Pantelis, C. (2014). Predicting the diagnosis of autism spectrum disorder using gene pathway analysis. *Molecular Psychiatry, 19*(4), 504-510.

Sprenger, L., Bölte, S., & Poustka, F. (2013). ADHD und Autismus-Spektrum-Störungen: Diagnostik und Differenzialdiagnostik [ADHD and autism spectrum disorders: Diagnosis and differential diagnosis]. *Zeitschrift für Kinder-und Jugendpsychiatrie und Psychotherapie, 41*(4), 265-274.

Sysoeva, O. V., Constantino, J. N., & Anokhin, A. P. (2018). Event-related potential (ERP) correlates of face processing in verbal children with autism spectrum disorders (ASD) and their first-degree relatives: A family study. *Molecular Autism, 9*, 41.

Tammimies, K., Marshall, C. R., Walker, S., Kaur, G., Thiruvahindrapuram, B., Lionel, A. C., ··· & Scherer, S. W. (2015). Molecular diagnostic yield of chromosomal microarray analysis and whole-exome sequencing in children with autism spectrum disorder. *JAMA, 314*(9), 895-903.

Taylor, J. L., Henninger, N. A., & Mailick, M. R. (2015). Longitudinal patterns of employment and postsecondary education for adults with autism and average-range IQ. *Autism, 19*(7), 785-793.

Thapa, R., Bassett, S. M., Torres, E. B., & Crowley, M. J. (2019). Reduced heart rate variability in adults with autism spectrum disorder. *Autism Research, 12*(6), 922-930.

Uddin, L. Q., Supekar, K., Lynch, C. J., Khouzam, A., Phillips, J., Feinstein, C., Ryali, S., & Menon, V. (2013). Salience network-based classification and prediction of symptom severity in children with autism. *JAMA Psychiatry, 70*(8), 869-879.

Vinkhuyzen, A. A. E., Eyles, D. W., Burne, T. H. J., Blanken, L. M. E., Kruithof, C. J., McGrath, J. J., & Tiemeier, H. (2017). Gestational vitamin D deficiency and autism spectrum disorder. *BJPsych Open, 3*(2), 85-90.

Vivanti, G., Prior, M., Williams, K., & Dissanayake, C. (2014). Predictors of outcomes in autism early intervention: Why don't we know more? *Frontiers in Pediatrics, 2*, 58.

Vogel Ciernia, A., & LaSalle, J. (2016). The landscape of DNA methylation amid a perfect storm of autism aetiologies. *Nature Reviews Neuroscience, 17*(7), 411-423.

Wang, C., Geng, H., Liu, W., & Zhang, G. (2017). Prenatal, perinatal, and postnatal factors associated with autism: A meta-analysis. *Medicine (Baltimore), 96*(18), e6696.

Williams, Z. J., Milne, A. M., Smith, J. F., & O'Reilly, C. (2021). Cortical auditory processing of simple stimuli is altered in autism: A meta-analysis of auditory evoked responses. *Biological Psychiatry: Cognitive Neuroscience and Neuroimaging, 6*(8), 767-781.

Wolff, J. J., Gu, H., Gerig, G., Elison, J. T., Styner, M., Gouttard, S., ⋯ & Piven, J. (2012). Differences in white matter fiber tract development present from 6 to 24 months in infants with autism. *American Journal of Psychiatry, 169*(6), 589-600.

Wolff, J. J., Swanson, M. R., Elison, J. T., Gerig, G., Pruett, J. R., Styner, M., ⋯ & Piven, J. (2017). Neural circuitry at age 6 months associated with later repetitive behavior and sensory responsiveness in autism. *Molecular Autism, 8*, 8.

Zamzow, R. M., Ferguson, B. J., Ragsdale, A. S., Lewis, M. L., & Beversdorf, D. Q. (2017). Effects of acute beta-adrenergic antagonism on verbal problem solving in autism spectrum disorder and exploration of treatment response markers. *Journal of Clinical and Experimental Neuropsychology, 39*(6), 596-606.

Zerbo, O., Qian, Y., Yoshida, C., Grether, J. K., Van de Water, J., & Croen, L. A. (2015). Maternal infection during pregnancy and autism spectrum disorders. *Journal of Autism and Developmental Disorders, 45*(12), 4015-4025.

Zhang, J., Li, X., Shen, L., Khan, N. U., Zhang, X., Chen, L., ⋯ & Luo, P. (2021). Trace elements in children with autism spectrum disorder: a meta-analysis based on case-control studies. *Journal of Trace Elements in Medicine and Biology, 67*, 126782.

Zhang, X., Piano, I., Messina, A., D'Antongiovanni, V., Crò, F., Provenzano, G., ⋯ & Casarosa, S. (2019). Retinal defects in mice lacking the autism-associated gene Engrailed-2. *Neuroscience, 408*, 177-190.

Zhu, Z., Fang, X., Chen, H., Zhu, X., Zhang, L., Zhai, X., Xiong, K., Wang, L., & Zhu, C. (2018). Alterations in volumes and MRI features of amygdala in Chinese autistic preschoolers associated with social and behavioral deficits. *Brain Imaging and Behavior, 12*(6), 1814-1821.

PART ②

자폐스펙트럼장애의 원인

CHAPTER
7

유전적 요인

김희연

1980년대 후반에 이르러, 일란성 및 이란성 쌍둥이의 자폐증 일치율을 비교한 쌍둥이 연구를 통해 자폐증이 이전의 통념과는 달리 매우 유전적인 장애임이 드러났다. 이 연구들에서는 자폐증의 유전성(heritability, h^2)은 0.85~0.92로 나타났으며, UCLA-유타 대학교 연구 등의 가족 연구들에서는 형제 재발 위험이 8.6%이며, 두 명 이상의 자녀가 영향을 받은 가정에서는 재발 위험이 35%에 달함을 보고하였다. 이에 더하여 자폐스펙트럼장애 환자들의 15~40%에서 염색체 이상 혹은 멘델리안 유전 요인이 밝혀져 유전적 배경에 대한 근거가 확립되고 있다.

약 10년 전 거의 동시에 발표된 네 개의 논문을 통하여 자폐스펙트럼장애의 병태생리의 핵심 기전으로 생각되는 수백여 개의 유전자가 체계적으로 확인되었고(Iossifov et al., 2014; O'Roak et al., 2012; Neale et al., 2012; Sanders et al., 2012), 이후 해당 유전자 변이에 따른 생물학적 메커니즘에 대한 광범위한 연구가 이루어졌다. 자폐스펙트럼장애의 임상적 특성뿐만 아니라 유전적 배경 역시 매우 이질적이기에, 유전학 연구의 발전에 비해 실제 임상에서 적용 가능한 기술은 매우 한정적이었다. 그럼에도 신뢰할 수 있는 원인 유전자 목록은 계속적으로 증가하고 있으며, 이러한 변이 유전자의 단백질 산물들이 특정 세포 유형, 뇌 영역, 발달 시기에 영향을 준다는 재현성 높은 근거들이 축적되고 있다. 이 장에서는 현재까지 자폐스펙트럼장애의 유전적 배경에 대해 알려진 바를 요약하고,

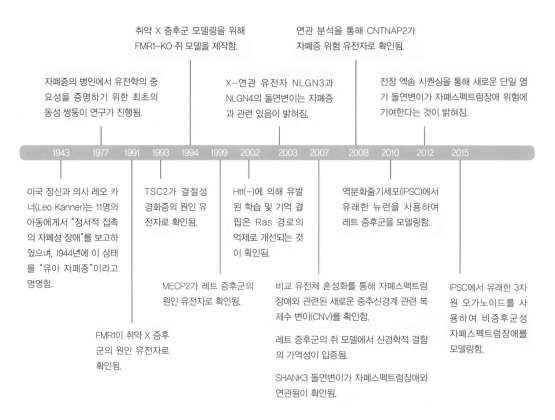

[그림 7-1] **자폐스펙트럼장애 연구 역사에서의 주요 발견 연대표: 유전학적 발전을 중심으로**
출처: Sztainberg & Zoghbi (2016).

치료적 개입으로 연결되기 위한 방향을 제시하려고 한다.

1. 쌍둥이 및 가족 연구

1977년부터 2015년까지 발표된 13개 이상의 쌍둥이 연구를 바탕으로, 연구자들은 자폐스펙트럼장애에 대한 유전적 및 환경적 기여를 추정했다. 이 연구들에서는 일란성 쌍둥이가 이란성 쌍둥이보다 자폐스펙트럼장애에 대한 더 높은 일치율(concordance)을 지속적으로 보고했으며, 현재까지의 연구를 요약하면, 일란성 쌍둥이의 일치율은 대략 45%, 이란성 쌍둥이는 16%이다(Le Couteur et al., 1996). 가족 연구에서도 자녀가 자폐스펙트럼장애를 가질 확률은 한 형제나 부모와 공유하는 유전체의 비율에 따라 증가하는 것으로 나타났다(Constantino et al., 2010). 자폐스펙트럼장애로 진단된 14,516명의 인구기반 샘플에서 일반 인구와 비교한 자폐스펙트럼장애의 상대 위험도는 일란성 쌍둥이의 경우 153.0, 이란성 쌍둥이의 경우 8.2, 친형제의 경우 10.3, 모계 반형제의 경우 3.3, 부계 반형제의 경우 2.9, 사촌의 경우 2.0로 추정되었다(Sandin, 2014).

　유전성(heritability)은 관심 특성(trait)의 표현형 변이(phenotypic variation)의 비율을 의미하며, 개인의 유전적 차이와 함께 변하는 값이다. 1995년에 Bailey가 쌍둥이 연구를 기반으로 자폐증의 유전성을 91~93%으로 처음 보고한 이후 연구마다 매우 다른 양상을 보여 38~90%로 나타났다. 앞서 언급한 Sandin(2014)의 대규모 코호트 연구에서는 유전성을 0.50으로 추정했으며, 비공유 환경(non-shared environment)의 영향도 0.50으로 추정했다.

2. 염색체 재배열(chromosomal rearrangements)부터 복제수 변이(Copy Number Variants: CNVs)까지

　자폐스펙트럼장애의 초기 유전 연구는 세포유전학적 접근을 이용하였고, 낮은 해상도 문제로 대형 염색체 이상(약 2% 미만으로 추정) 외에 특정 유전자를 확인하는 것은 어려웠다. 이후 비교 유전체 혼성화법(Comparative Genomic Hybridization: CGH)이나 단일염기 다형성 표지(Single nucleotide Polymorphism array: SNP array) 등의 분자기술의 발전으로 유전체 변이 탐지의 해상도가 크게 향상되었고, 50kb 이상의 복제수변이를 감지할 수 있게 되었다(Pinto-Martin et al., 2011). 인간의 세포는 부모로부터 받은 2개의 유전자를 가지고 있으므로 대부분의 유전자 복제수(gene copy)는 2이다. 일부 유전자에서 복제수가 늘어나거나(중복, duplication) 줄어들(결손, deletion) 수 있으며 이것을 유전자 복제수변이(CNVs)라고 한다.

　Simons Foundation Autism Research Initiative(SFARI) 그룹의 핵심 프로젝트인 Simons Simplex Collection 연구에서는 자폐스펙트럼장애 환자와 그들의 정상발달 형제들 사이에서 신생(de novo) CNVs의 빈도를 추정하였는데, 자폐스펙트럼장애 환자의 4~7%에서 나타나는 반면, 영향을 받지 않은 형제와 대조군에서는 1~2%에서 나타났다(Glessner et al., 2009; Pinto-Martin et al., 2014). 엑손(exon)에 영향을 미치는 400kb 이상의 대형 CNVs는 자폐스펙트럼장애뿐만 아니라 발달지연 및 지적장애 환자의 15%에서 관

표 7-1   자폐스펙트럼장애에서 반복적으로 확인되는 CNVs와 관련된 임상 특징

Locus	임상 특징
1q21.1 deletion syndrome	경도에서 중등도 지적장애(ID), 조현병, 경미한 이형양상, 선천성 심장 이상, 미세두증, 백내장
1q21.1 duplication syndrome	경도에서 중등도 ID, 주의력결핍 과잉행동장애(ADHD), 경미한 이형양상, 대두증, 저혈색증
2q37 deletion syndrome	ID, 이형양상, 단지증
3q29 deletion syndrome	경도에서 중등도 ID, 조현병, 경미한 이형양상
7q11.23 duplication syndrome	ID, 조현병, 비정상적인 뇌 MRI, 다양한 이형양상
15q11q13 duplication syndrome	경도에서 중증 ID, 간질, 운동실조증, 행동문제, 저혈색증
15q13.3 deletion syndrome	경노에서 중증 ID, 간질, 학습장애, ADHD, 다양한 이형양상
16p11.2 deletion syndrome	경도에서 중증 ID, 간질, 다수의 선천적 기형, 다양한 이형양상, 대두증, 비만
16p11.2 duplication syndrome	경도에서 중등도 ID, ADHD, 미세두증, 이형양상
16p12.1 deletion syndrome	경도에서 중등도 ID, ADHD, 선천성 심장 결함, 두개안면 이형양상
16p13.1 deletion	ID, 조현병, 간질, 다수의 선천적 기형, 이형양상
17p11.2 deletion syndrome	ID, 언어지연, 청각 손실, 수면 이상, 저혈색증
17p11.2 duplication syndrome	경도에서 중증 ID, 선천적 기형, 이형양상, 저혈색증
17q12 deletion syndrome	경도에서 중등도 ID, 조현병, 간질, 성숙기 발병 당뇨(MODY), 이형양상
17q21.31 deletion syndrome	경도에서 중증 ID, 간질, 구조적 뇌 이상, 근골격 이상, 이형양상, 저혈색증
17q21.31 duplication syndrome	경도에서 중등도 ID, 미세두증, 다모증, 얼굴 이형양상
22q11.2 deletion syndrome	ID, 조현병, 학습장애, 다수의 선천적 기형, 선천성 심장 결함, 이형양상
22q11.2 duplication syndrome	ID, 조현병, 언어장애, 학습장애, 심장 결함, 이형양상, 미세두증

찰된다는 보고도 있었다(Shattuck et al., 2011). 또한 특정 CNVs는 여러 자폐스펙트럼장애 환자들에서 공통적으로 확인되기도 하는데, 염색체 영역 7q11, 15q11.2-13.3, 그리고 16p11.2이 그 대표적 예시이다. CNVs는 재발성 및 비재발성 CNVs로 구분될 수 있으며, 자폐스펙트럼장애에서 확인된 대부분의 CNVs는 희귀하고 비재발성이다(Shen et al.,

2010). 대부분의 CNVs는 상호작용하는 수많은 유전자를 포함하며, 이들은 공동으로 자폐스펙트럼장애 표현형에 기여한다. 자폐스펙트럼장애 환자에서 가장 자주 확인되는 재발성 CNVs는 〈표 7-1〉에 나열되어 있다.

요약하자면, 대형 염색체 재배열 및 복제 수 변이는 5~10%의 대상자들에서 자폐스펙트럼장애 위험을 증가시키며(Pinto, 2010), 이후 자폐스펙트럼장애 위험 유전자를 식별하기 위하여 후보 유전자 및 전장 엑솜/유전체 연구가 진행되었다.

3. 후보 유전자부터 전장 엑솜/유전체 염기서열 분석 (whole exome/genome sequencing: WES/WGS)까지

유전자 변이와 자폐스펙트럼장애의 관계를 확인하는 초기 접근법은 기능적 또는 유전적 연구에서 나온 데이터를 기반으로 특정 후보 유전자를 선택하는 것이었다. 이를 통해 *NLGN3*, *NLGN4X*, *SHANK3*, *NRXN1*과 같은 여러 시냅스 유전자가 자폐스펙트럼장애와 관련된다는 것이 확인되었다(Szatmari et al., 2008). 이후 차세대 염기서열 분석(Next Generation Sequencing: NGS)이 발전함에 따라 전장 엑솜(WES) 및 전장 유전체 염기서열 분석(WGS)을 통해 모든 유전자를 편향 없이 조사할 수 있게 되었다.

현재까지 시행된 WES 연구들에서는 대부분 missense, splicing, frameshift와 같은 신생 단일 염기 변이(Single Nucleotide Variation: SNV)의 기여에 특히 초점을 맞추었으며, 전체적으로 SNV는 여성 환자에서는 약 0.86, 남성 환자에서는 0.73, 영향을 받지 않은 형제들에서는 0.60으로 추정되었다(Krumm et al., 2015). 또한 흥미롭게도, 이러한 신생 SNV는 모계에 비해 부계 염색체에서 세 배 더 많이 발생했으며, 연간 약 두 개씩 추가되어 16.5년마다 두 배로 증가되는 것으로 보고되었다(O'Roak et al., 2012). 이러한 연구들에 따르면, 자폐스펙트럼장애 환자 중 약 3.6~8.8%에서 신생 SNV를 갖고 있는 것으로 보인다(Sanders, 2012). 반면, 부모로부터 상속된 SNV에 대한 연구는 비교적 적었다. Lim 등(2013)은 WES을 분석하여 드문 완전 제거 유전자 변이[rare complete knockouts(KO)]를 조사하였는데, 그 결과 이러한 완전 제거 유전자 변이는 자폐스펙트럼장애 환자의 약 3%를 차지할 수 있다고 추정하였다(Lim et al., 2013).

WGS를 활용한 연구들은 아직 많지 않은 실정인데, 자폐스펙트럼장애 및 일란성 쌍둥이 40쌍과, 그들의 부모에 대해 WGS를 시행한 한 연구에서는 *GPR98*, *KIRREL3* 및 *TCF4* 등의 특정 위험 유전자 몇 가지가 자폐스펙트럼장애 발생의 핫스팟이 될 수 있다고 제시하였다(Michaelson et al., 2012). 자폐스펙트럼장애를 진단받은 두 명의 자녀가 있는 85개 가족에서 WGS를 시행한 대규모 연구에서는 42.4%의 가족에서 공통적으로 발견되는 46개의 자폐스펙트럼장애 관련 돌연변이를 확인하였으며, 이 중 35%만이 신생 변이임을 확인하였다(Yuen et al., 2015).

4. 공통 변이

한 개인은 참조 인간 표준 유전체(human reference genome)와 비교하여 평균 약 3백만 개의 유전적 변이를 갖고 있으며, 이 중 95% 이상에 해당하는 대다수 변이는 인구의 5% 이상과 공유되는 공통 변이들(common variants)이다. 전통적인 멘델 유전법칙이 적용되지 않기에 초기 연구들에서 자폐스펙트럼장애는 작은 효과를 가진 많은 공통 변이들을 포함하는 다인자적(polygenic) 특성으로 여겨졌다. 따라서 자폐 형제 쌍 분석과 같은 연관 분석(linkage analysis)이 수행되었고, 이어서 전장 유전체 연관 분석(Genome Wide Association Study: GWAS)이 진행되었다. 초기 GWAS 연구들에서는 자폐스펙트럼장애와 연관된 소수의 SNPs를 발견했지만, 재현 가능한 유의미한 SNPs는 확인할 수 없었다(Anney et al., 2012; Groove et al., 2019). 이러한 GWAS 결과 부족으로 인해, 소규모 효과를 가진 수천 개의 공통 변이가 위험을 조절할 수 있다고 제안되었다(Klei et al., 2012). Gaugler 등(2014)의 연구는 동일한 방법론(Yang et al., 2011)을 사용하여 유전성을 추정했으며, 거의 전적으로 공통 변이로 인한 유전성을 52.4%로 제공하고, 희귀 변이에는 단지 2.6%만 기여한다고 밝혔다.

이러한 공통 변이는 대부분 비코딩 유전체(non-coding genome)에서 발생하므로 기능적 주석 달기(functional annotation)를 통해 유전자의 기능과 연결해야 한다. 발달 중인 뇌에서의 3D 염색체 구조 연구들에 따르면, 자폐스펙트럼장애에서의 GWAS상 변이는 태내에서 발달 중인 대뇌 피질에서 활성화되는 조절 인자들에서 풍부하게 나타났으며, 이는 태아기 대뇌 피질 발달이 자폐스펙트럼장애에 대한 취약성이 발생할 수 있는 영역임을 보여 주는 결과이다.

5. 유전적 구조

　앞과 같은 연구들을 바탕으로, 자폐스펙트럼장애의 유전적 취약성은 소수의 희귀 유해 변이(R로 정의됨)와 다수의 저위험 공통 변이(유전적 배경인 B로 정의됨)의 조합으로 발생하는 것으로 이해되고 있다. 자폐스펙트럼장애에서 유전된 특성의 대부분은 일반 인구에서도 관찰되는 공통 변이로 인한 것으로 보이며, 희귀 변이의 기여는 적은 것으로 생각된다([그림 7-2] 참조).

　여기에서 중요한 점은 신생(de novo) 변이 자체가 유전적 요인으로 간주되지만, 이는 부모로부터 유전된 것이 아닌 환자에게만 존재하는 것이므로 유전성에 기여하지 않는다

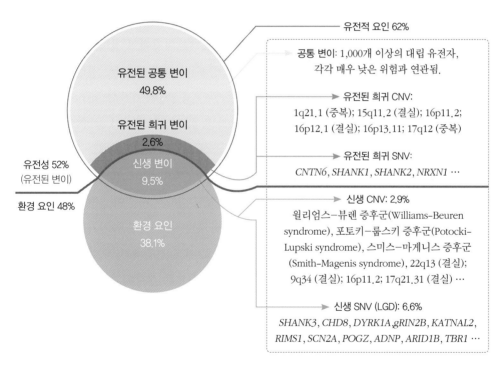

자폐스펙트럼장애에서 유전적 및 환경적 기여는 각각 약 50%로 추정됨. 유전적 부분의 대부분은 일반 인구에서 관찰되는 공통 변이에 의한 것으로 생각되며, 희귀 변이는 소수만 기여함. 특히, 신생 돌연변이는 자폐스펙트럼장애의 유전적 원인이지만, 부모 외에 환자에게만 존재하는 것이므로 유전성에 기여하지 않음을 고려했을 때, DNA 분자에 작용하는 자폐스펙트럼장애의 환경적 원인으로 간주될 수 있음.

[그림 7-2] **자폐스펙트럼장애에서 유전과 환경의 상대적 기여**

출처: Huguet (2016).

는 것이다. 이러한 측면에서 신생 변이는 DNA 분자에 작용하는 환경적 원인으로 생각될 수도 있다. 현재 500~1,000개 이상의 유전자가 이러한 단일 유전자형 자폐스펙트럼장애를 설명할 수 있다고 추정되며, 이는 높은 유전적 이질성을 암시한다(Iossifov et al., 2014; Sanders et al., 2012).

　희귀하거나 신생된 변이(R)와 개인의 유전적 배경(B) 간의 상호작용은 희귀 유해 돌연변이를 가진 환자들에게서 관찰되는 표현형 다양성에도 영향을 미친다. 일부 환자에서는 B가 R의 영향을 완충하거나 보상할 수 있는 반면, 다른 환자에서는 B의 완충 능력이 R의 영향을 보상하기에 충분하지 않아 자폐적 특성이 드러나게 된다.

6. 자폐스펙트럼장애와 관련된 주요 유전 증후군

　'특발성(idiopathic)'과 '증후군성(syndromic)' 자폐스펙트럼장애의 정의에 대해서는 논쟁이 있어 왔다. 증후군성은 일반적으로 취약 X 증후군, 레트 증후군, 결절성 경화증, 신경섬유종증(neurofibromatosis), PTEN 과오종 종양 증후군(PTEN Hamartoma Tumor Syndrome: PHTS)과 같이 드물고 심각한 상태로, 각 증후군의 특징적인 증상이 추가적으로 동반되는 자폐스펙트럼장애를 의미한다. 증후군성 자폐스펙트럼장애는 단일 유전자가 원인이 되는 경우가 많으며, 유전적으로 더 높은 침투력(penetrance)을 보인다. 반면, 특발성 자폐스펙트럼장애는 진단을 시사하는 특징적인 신체적 특징이 동반되지 않고 그에 따라 자연 경과가 불분명한 경우를 의미한다. 하지만 자폐 관련 유전자 발견이 진행되고 동일한 희귀 변이의 영향을 받은 환자들이 더 많이 발견됨에 따라, 증후군성과 비증후군성 간의 경계는 점점 덜 명확해지고 있다. 특발성으로 생각되었던 환자들에서 이전에는 인식되지 못했던 증후군성 신체 증상이 뒤늦게 확인되거나, 알려진 유전자 변이 혹은 염색체 문제를 일부 공유하고 있다는 것이 추가적으로 확인되고 있는 것이다. 따라서 현재로서는 증후군성 대 특발성 자폐스펙트럼장애의 구분은 자폐 핵심 증상들의 상대적 기여도와 유전형–표현형 상관성의 신뢰성에 관한 연속선상에서 생각되는 것이 합리적이다.

　증후군성 자폐스펙트럼장애는 약 10%에서 발생하며, 일반적으로 기형 및/또는 이형성증과 연관되어 있다. 또한 특발성 자폐스펙트럼장애와 달리 남녀 성비가 동일한 것으로 알려져 있다(Lintas & Persico, 2009; Toriello, 2012). 증후군성 자폐스펙트럼장애 연

표 7-2 증후군성 및 특발성 자폐스펙트럼장애의 임상적 특징 비교

증후군 (OMIM 번호)	주요 영향을 받는 유전자	자폐증 추정 유병률	언어	지적 장애	행동	운동	이형성 특징	기타 관련 상태
취약 X 증후군 (Fragile X syndrome) (300624)	FMR1	30~60% (남성만)	지연	중등도	사회적 상호작용 부족, 타지 혐오, 시선 회피	과잉행동, 고정된 움직임, 결함 조직 약화	큰 머리, 긴 얼굴, 두드러진 이마와 턱, 돌출된 귀	발달지연, 비정상적인 행동, 사춘기 시 고환 비대
레트 증후군 (Rett syndrome) (312750)	MECP2	61% (여성만)	제한적 또는 없음	중등도에서 심각	무표정한 얼굴, 진 조기 시선 회피, 사회적 불안	고정된 손 움직임, 진행성 척추측만증, 운 실조, 실행증	정상	퇴행, 소두증, 과호흡, 간질
MECP2 중복 (300260)	MECP2	>90% (남성만)	제한적 또는 없음	심각에서 없음	시선 회피, 제한된 얼굴 표정, 비정상적 사회화	저긴장증, 진행성 경직, 발달지연	단두증, 근 귀, 큰 안면 저행성, 낮은 긋으	호흡기 감염, 간질, 위장장애, 조기사망
엔젤만 증후군 (Angelman syndrome) (105830)	UBE3A	34%	제한적 또는 없음	심각에서 없음	과도한 웃음과 미소, 시선 감소	운동 실조, 과잉운동 행동, 잡거스러운 운동임, 척추 측만증, 발달지연	단두증, 넓은 입, 돌출된 혀, 두드러진 턱	소두증, 간질
복합 결절성 경화증 (Tuberous sclerosis) (191100, 613254)	TSC1 또는 TSC2	36~50%	없음에서 정상	약 50%에서 경증에서 중증	ADHD, 충동성, 과잉행동, 사회적 손상, 불안	정상	없음	간질, 여러 조직에 양성 종양, 폐 및 신장기능 장애, 피부 결절
펠란-맥더미드 증후군 (Phelan-McDermid syndrome) (606232)	SHANK3	75%	없음 또는 지연	중등도에서 없음	충동성, 사회적 불안, 물어뜯기, 감각적 섬기	저긴장증, 정신운동 지연	긴 속눈썹, 두드러진 귀, 뾰족한 턱, 길쭉한 머리, 깊게 자리잡은 눈, 기형 손톱	간질, 신장기능 장애, 신장 기형

장애	유전자		심각한 지연	경증	행동	발달지연		
티모시 증후군 (Timothy syndrome) (601005)	CACNA1C	60%	심각한 지연	경증에서 중등도	수줍음, 사회적 회피	발달지연	납작한 콧등, 작은 치아, 낮게 위치한 귀, 작은 잇몸, 얇은 윗입술	선천적 심장 기형, 심장 부정맥, 합지증, 약화된 면역체계, 조기 사망
신경섬유종증 1형 (Neurofibromatosis, type1) (162200)	NF1	18%	지연	경증 인지장애	ADHD, 사회적 불안, 우울증, 공격적 행동	과잉행동, 척추 측만증, 가성관절증	없음	다수의 양성 신경섬유종, 비정상적인 피부 색소침착, 매듭증, 간질
특발성 자폐스펙트럼장애 (209850)	—	100%	지연 또는 없음	약 50%에서 경증에서 중증	사회적 상호작용 손상, 제한적 또는 반복적 행동	일반적으로 정상, 그러나 일부는 조정문제 있음	없음	불안, 위장문제, 수면 장애, 일부 매듭증, 때때로 발작

출처: Sztainberg & Zoghbi (2016).

구의 진전은 1990년대에 관련 유전자의 식별로 시작되었으며, 그 예로는 *FMR1*, *TSC1*, *MECP2* 등이 포함된다. 특히 이러한 단일 유전자 장애(monogenic disorder)는 드물지만, 전체 자폐스펙트럼장애의 약 5%를 차지하는 것으로 추정된다. 이제 높은 침투율의 자폐스펙트럼장애와 관련된 단일 유전자 장애의 네 가지 예를 살펴보고, 이러한 증후군성 자폐스펙트럼장애를 통해 자폐의 공통된 신경생물학적 병태생리를 이해에 기여하는 부분을 살펴본다. 가장 흔한 증후군성 그리고 특발성 자폐스펙트럼장애 간의 임상적 특징 비교는 〈표 7-2〉에 나와 있다.

1) 복합 결절성 경화증

복합 결절성 경화증(Tuberous Sclerosis Complex: TSC)은 약 6,000명의 신생아 중 1명에서 발생하는 상염색체 우성 유전 질환으로, 양성 뇌종양, 간질, 지적 저하와 함께 높은 침투율의 자폐스펙트럼장애를 특징으로 한다(Jeste et al., 2008). TSC는 *TSC1* 또는 *TSC2* 유전자(각각 하마틴과 튜베린을 암호화)의 돌연변이에 의해 발생하며, 이 두 단백질은 이합체를 형성하여 라파마이신의 표적(mTOR) 단백질 복합체를 부적 피드백을 통해 조절한다. 복합 결정성 경화증에서 자폐스펙트럼장애 유병률은 연구마다 다르지만, 36~50%로 추정된다. 복합 결정성 경화증에 동반될 수 있는 정신과적 증상에서 mTOR의 직접적인 역할은 쥐 연구에서 라파마이신(mTOR 억제제) 치료가 생리적 및 행동적 결함을 회복시킨다는 증거에 의해 뒷받침된다. 신경세포에서 mTOR 신호 전달 경로의 기능장애는 축삭 및 수상돌기 형태 형성, 시냅스 형성 및 세포 성장과 같은 근본적인 과정의 비정상적인 발달로 이어지며, 이는 자폐스펙트럼장애에서 관찰되는 행동적 결함에 기여하는 것으로 보인다.

2) 취약 X 증후군

1943년 마틴과 벨에 의해 처음 기술된 취약 X 증후군(Fragile X syndrome: FXS)은 남아에서 가장 흔한 유전적 지적장애인 동시에, 증후군성 자폐스펙트럼장애의 가장 흔한 단일 유전적 원인이다(Hagerman et al., 2017). 이 질환은 자폐적 특성과 더불어 지적 저하, 무발화 혹은 지연된 언어, 주의력결핍, 과잉행동, 불안, 간질 및 고환 비대를 특징으로 한다. 취약 X 증후군은 모든 자폐스펙트럼장애의 약 2%를 차지하며, 취약 X 증후군을 가진 남성의 약 30~60%에서 자폐스펙트럼장애를 진단받는다. 일부 연구는 자폐스펙트럼장애를 진단받은 취약 X 증후군 아이들의 표현형이 특발성 자폐스펙트럼장애 아이들과 매우 유사하다고 보고하였으나, 몇몇 연구들에서는 취약 X 증후군 아이들에서 반복행동의 비율이 더 높고, 강박행동이 덜 심각하며, 특정 사회적 행동에서의 장애가 더 적은 독특한 행동 표현형을 보고했다. 취약 X 증후군은 *FMR1* 유전자의 5′ 비번역 구간의 CGG 염기서열 반복의 확장에 의해 발생하며, 이로 인해 프로모터의 과메틸화로 유전자 전사 억제가 유발된다. *FMR1* 유전자가 암호화하는 FMRP는 RNA 결합 단백질로, 시냅스 가소성에 필수적인 단백질을 암호화하는 여러 mRNA의 번역, 안정성 및 이동을 조절한다. 전사 억제로 인한 FMRP의 부재는 글루타메이트 수용체 5(mGluR5) 신호 전달의 상향 조절을 초래하고, GABAA 수용체 경로의 병렬 억제 및 시냅스 가소성과 관련된 단백질의 조절 장애와 함께 자폐스펙트럼장애에서 흔히 관찰되는 흥분/억제 불균형 및 비정상적 연결성을 초래한다고 알려져 있다.

3) 레트 증후군

레트 증후군(Rett syndrome)은 염색체 Xq28에 위치한 메틸-CpG 결합 단백질 2(Methyl-CpG binding Protein 2: MeCP2) 유전자의 기능 상실 돌연변이에 의해 발생하는 진행성 신경발달장애이다. 레트 증후군은 약 10,000명의 여자 신생아 중 1명에서 발생하며, 정상발달을 하다가 6~18개월 무렵부터 시작되는 급속한 퇴행, 자폐적 특성, 상동적 손 움직임과 언어 기술의 상실, 인지 결핍, 운동 장애, 호흡 이상, 발작 및 출생 후 머리 둘레 성장의 감속(후천적 소두증)으로 특징지어진다. 특발성 자폐스펙트럼장애와 달리 눈맞춤의 저하 및 사회적 의사소통의 질적 저하는 학령기가 되면 어느 정도 회복되는 양상을 보이지만, 저하된 언어 기능은 회복되지 않는다(Percy, 2011).

MeCP2는 염색질(chromatin)과 결합하는 단백질로서, 1999년에 레트 증후군의 유전적 원인으로서 처음 발견된 이후 그 기능에 대한 이해가 발전해 왔다. 초기에는 전반적인 전사 억제제로 생각되었지만, MeCP2가 출생 후 뇌 발달 과정에서만 주로 필요함이 확인되었다(LaSalle, 2004). MeCP2 발현의 발달적 조절은 전사 증가뿐만 아니라 선택적 스플라이싱과 선택적 폴리아데닐화를 포함하여 매우 복잡한 것으로 이해되고 있다.

레트 증후군에서의 자폐적 특성이 정상발달을 어느 정도 보인 후에 나타난다는 점, MeCP2 결손 쥐 모델에서 MeCP2 발현을 재활성화하면 여러 결핍이 회복될 수 있다는 발견, 성인 쥐 뇌에서 MeCP2 비활성화가 레트 증후군과 유사한 증상을 유발할 수 있다는 연구 결과는 자폐스펙트럼장애가 배아 시기나 출생 전후 신경발달상의 결함보다는 출생 후 신경회로의 유지의 결함에 의해 발생할 수 있음을 시사한다.

4) 펠런-맥더미드 증후군

사례

　수아(가명)는 생후 12개월 이후로도 잘 걷지 못하고 옹알이만 지속되어 운동 및 작업 치료를 받아 왔으나, 걸을 때 앞으로 구부정한 자세를 취하는 등 대근육 발달의 현저한 지연을 보였다. 이에 시행한 유전자 검사상 수아는 펠런-맥더미드 증후군을 진단받았다. 만 3세경에는 오른쪽 얼굴 및 다리 영역의 간대발작이 시작되었으며, 항경련제 복용 중에도 경련이 종종 악화되었다. 수아는 첫 단어를 시작한 이후 언어 발달이 거의 진행되지 않았으며, 자매들에게 관심을 보이지 않고 혼자서만 놀이를 하였다. 또한 혀를 핥거나 손을 터는 등의 상동행동이 반복되어 소아정신과 내원하여 지적장애가 동반된 자폐스펙트럼장애를 진단받았다.

　펠런-맥더미드 증후군(Phelan-McDermid Syndrome: PMS)은 22q13 영역의 미세 결실로 인해 발생하는 신경발달장애로, 지적장애, 발달지연, 언어지연, 뇌전증, 근긴장 저하 및 경미한 이형성을 특징으로 한다(Kolevzon et al., 2014). 특히 신체적 특징으로는 보행 이상, 근긴장 저하, 림프부종 등이 있으며, 림프부종은 4Mb 이상의 큰 결실이나 *CELSR1* 유전자와 관련된 결실을 가진 환자에게서 흔히 발생한다. 펠런-맥더미드 증후군 환자의 약 70%에서 자폐스펙트럼장애가 동반되는 것으로 알려져 있으며, 이는 두 질환의 강한 연관성 및 공통된 병태생리를 시사한다(Cooke, 2022; Nevado, 2022). 결실된 유전자 중에서도 특히 *SHANK3* 유전자의 부재가 시냅스 기능 장애에 주된 역할을 하는 것으로 생각되고 있다. *SHANK3*는 시냅스 전달, 수상돌기 및 가시 형성, 시냅스 가소성에 중요한 역할을 하며, 특히 초기 발달 단계에서 신경 발달과 시냅스 활동에 영향을 미친다. 연구에 따르면 *SHANK3* 결핍은 신경세포의 과분화, 시냅스 형성 증가, 신경세포의 활동 감소를 초래하며, *SHANK3* Knock out 마우스 모델에서 확인되는 여러 자폐적 특성은 *SHANK3*가 자폐스펙트럼장애의 이해 및 잠재적 치료에 중요한 역할을 한다는 것을 시사한다(Zhou, 2016).

5) 증후군성 자폐스펙트럼장애 모델을 통한 자폐스펙트럼장애의 병태생리의 이해

현재까지 자폐스펙트럼장애의 핵심 병태생리는 신경세포의 항상성 유지의 실패로 인한 시냅스 가소성의 결함, 신경 회로 기능 장애, 그리고 비정상적인 행동으로 이어지는 과정이라 이해되고 있다(Ramocki & Zoghbi, 2008). 이러한 신경세포 적응성의 실패는 흥분성/억제성 뉴런의 불균형, 전사 혹은 단백질 합성 조절의 장애 또는 번역적 조절 장애, 활동 의존적 유전자 발현 장애, 또는 신경교세포의 이상에서 비롯될 수 있다.

증후군성 자폐스펙트럼장애는 일반적으로 단일 유전적 원인으로 인해 발생하기에, 이러한 가설을 검증하고 성교화하기 위한 동물 실험에서 증후군성 자폐스펙트럼장애 모델이 중요한 역할을 해 왔다. 예를 들어, 취약 X 증후군과 관련된 *FMR1* knockout 쥐의 신경생리학적 표현형은 시냅스 가소성 저하의 대표적인 모델로, FMRP 발현의 감소는 기저 단백질 합성 수준을 과도하게 증가시키고, 이는 해마에서 mGluR 의존적 장기 약화(long-term depression)를 초래한다(Darnell & Klann, 2013). *FMRP*에 의해 조절되거나 상호 작용 하는 많은 유전자들(예: *NLGN3*, *NLGN4*, *CYFIP1*)은 시냅스 성숙과 가소성에 중요한데, 놀랍게도 비증후군성 자폐스펙트럼장애 연구를 위한 *Nlgn3* knockout 쥐에서 역시 조절되지 않는 mGluR-의존적 장기 약화를 나타냈다. 이는 취약 X 증후군과 비증후군성 자폐스펙트럼장애 사이의 유사한 분자적 경로를 시사한다(Baudouin, 2012). 이 예시에서 살펴볼 수 있듯, 증후군성 자폐스펙트럼장애 모델을 이용하여 몇 가지로 수렴되는 자폐스펙트럼장애의 핵심 생물학적 경로에 대한 이해를 넓힐 수 있다.

7. 유전적 변이와 관련된 생물학적 경로

여러 자폐 관련 유전자들이 밝혀졌으나, 이러한 변이로 인한 변화는 제한된 몇 가지의 생물학적 경로로 수렴하는 것으로 보인다(Hormozdiari, 2015; Voineagu, 2012). 자폐스펙트럼장애 환자의 사후 뇌를 사용한 여러 전사체 분석이 수행되었는데(Voineagu, 2012), 실제 뇌에서 특정 영역에서 차등 발현되는 양상을 보였다. 두 개의 네트워크 모듈이 식별되었는데, 첫째는 인터뉴런(inter-neuron) 및 시냅스 기능에 관여하는 유전자들과 관련이 있는 그룹으로 자폐스펙트럼장애 환자의 뇌에서 대조군에 비해 발현이 현저히 감소되어 있었다. 둘째는 면역 및 미세아교세포 활성화와 관련된 그룹으로 자폐스펙트럼장애 환자의 뇌에서 발현이 증가되어 있었다. 이러한 결과를 바탕으로 세포 및 동물 모델을 사용한 신경생물학적 방법론을 이용하여 자폐스펙트럼장애의 공통된 메커니즘을 밝히기 위한 노력이 지속되었다. 그 결과, 비정상적인 시냅스 가소성(synaptic plasticity)과 신경/시냅스 항상성의 실패가 자폐스펙트럼장애의 취약성에 중요한 역할을 할 수 있다는 가설이 제기되었다(Auerbach, 2011). 그중 자폐스펙트럼장애와 관련된 네 가지 주요 생물학적 경로를 설명하고자 한다.

1) 염색질 리모델링

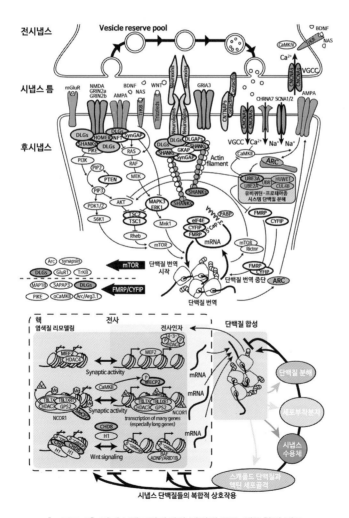

[그림 7-3] 자폐스펙트럼장애와 관련된 주요 생물학적 경로

출처: Huguet (2016).

염색질 리모델링 및 유전자 전사를 조절하는 주요 조절 인자를 암호화하는 유전자의 돌연변이들이 자폐스펙트럼장애 환자에서 보고되었다([그림 7-3] 참조). 특히 이 유전자들 중 일부는 신경 활동에 의해 조절되며 신경 연결성과 시냅스 가소성에 영향을 미친다는 점이 주목할만 하다(Baron-Cohen, 2011). 특히, 최근 한국인을 대상으로 시행된 한 연구에 따르면(Kim, 2022), 자폐스펙트럼장애 환자에서 발견된 비암호화 신생 돌연변이(non-coding de novo mutations)가 염색질 상호작용을 방해하여 표적 유전자의 전사를 억제하고, 자폐 및 지적 장애의 병태생리에 기여하는 것으로 나타났다.

2) 단백질 합성

시냅스 단백질의 수준은 mRNA 번역을 통해 이루어지는데 이 과정은 신경 활동에 의해 영향을 받을 수 있다. 신경 활동에 의한 시냅스 단백질 조절에 관여하는 여러 유전자가 자폐스펙트럼장애 환자에서 변형된 것으로 발견되었다. 한 예로, mTOR 경로는 전역 mRNA 번역을 조절하기에 이의 비정상적인 조절은 세포 증식 증가 및 자가포식 손실과 관련된 질병을 초래하게 된다. *NF1*, *PTEN* 및 *SynGAP1*과 같은 mTOR 경로의 억제제에 발생한 돌연변이는 시냅스에서 단백질 번역을 증가시킴으로서 자폐스펙트럼장애의 위험을 증가시킨다(Auerbach, 2011). FMRP-EIF4E-CYFIP1 복합체의 돌연변이는 취약 X 증후군을 초래하고 자폐스펙트럼장애의 위험을 증가시킨다(Budimirovic, 2011). 이 단백질 복합체는 시냅스에서 mRNA의 국소 번역을 조절하며 Ras-ERK 신호 경로의 하위에서 작용한다. 이 복합체는 1,000개 이상의 특성 유전자의 번역을 소설하는데 이들 중 많은 유전자가 자폐스펙트럼장애 관련 유전자이다. 따라서 이 FMRP-EIF4E-CYFIP1 복합체의 변화는 자폐스펙트럼장애와 관련된 많은 시냅스 단백질의 수준에 불균형을 초래할 수 있다.

3) 단백질 분해

유비퀴틴-프로테아좀 시스템(Ubiquitin-Proteasome System: UPS)은 단백질 분해의 핵심 기전으로 시냅스 구성, 조립 및 제거 등의 조절 과정에서 중요하다. *UBE3A* 유전자는 유비퀴틴 리가제를 암호화하는 유전자로, 염색체 15q11에 위치한 이 유전자의 중복 돌연변이가 발생하면 자폐적 특성이 동반된 앤젤만 증후군으로 이어진다. 이때 신경 활동이 MEF2 복합체를 통해 *UBE3A* 전사를 증가시키고, ARC라는 시냅스 단백질의 분해를 조절하여 흥분성 시냅스 발달을 조절한다. ARC는 AMPA 수용체의 내재화를 촉진하여 장기 강화(long-term potentiation)를 감소시킨다.

4) 시냅스 기능

지금까지 알려진 많은 자폐스펙트럼장애 위험 유전자들이 암호화하는 단백질들은 글루타메이트(GRIN2B), GABA(GABRA3 및 GABRB3), 글리신(GLRA2), 신경돌기 생성(CNTN), 시냅스의 정체성 확립(카드헤린 및 프로토카드헤린), 신경 전도(CNTNAP2), 이온 투과성(CACNA1, CACNA2D3 및 SCN1A) 등 신경 연결성의 여러 과정에 포함되어 있다. 이들 중 일부는 시냅스 형성에 직접적으로 관여하기도 하는데, 예를 들어 NRXN과 NLGN은 신경 연결에 중요한 역할을 한다. 알려진 유전자의 일부는 시냅스에서 세포 간 접착 및 신경 전달 물질 수용체의 위치를 조정하는 뼈대(scaffolding) 역할을 하는데, 그 대표적인 예가 SHANK 단백질 그룹이다. *SHANK1*, *SHANK2* 및 *SHANK3*의 돌연변이는 자폐스펙트럼장애에서 반복적으로 보고되고 있으며, 이는 글루타메이트 수용체 및 액틴 단백질 그룹과 상호작용하여 시냅스 후 치밀질(postsyanptic density)의 전반적 구성을 조정한다(Grabrucker, 2011). 자폐스펙트럼장애 환자에서 확인된 *SHANK3* 돌연변이는 액틴 축적을 감소시켜 수상돌기의 발달 및 축삭의 성장과 운동성에 부정적인 영향을 미친다(Durand, 2012). *SHANK3*가 결손된 쥐 모델은 자해양상의 반복적 그루밍, 사회적 상호작용 및 의사소통의 결함을 나타내며, 동시에 해마 내 뉴런의 수상 돌기(dendritic spine)가 감소되어 있는 것으로 확인되었다(Peca, 2011).

8. 유전자 검사에 대한 권고사항

자폐스펙트럼장애의 유전적 원인에 대한 이해가 발전함에 따라, 임상 유전자 검사에 대한 권고사항(recommendation for genetic testing)도 발전해 왔다. 2000년에 미국 신경학회(American Academy of Neurology)와 소아신경학회(Child Neurology Society)는 지적장애가 있거나 기형적 신체 특징이 나타나는 경우 고해상도 염색체 검사(karyotype)와 취약 X 증후군을 위한 DNA 분석이 필요하다는 내용의 가이드라인을 발표했다(Filipek, 2000).

이후 미국의학유전학회(American College of Medical Genetics)는 2008년과 2013년에 걸쳐 권고사항을 발표하였는데(Schaefer, 2013), 이에 따르면 자폐스펙트럼장애를 진단받은 모든 아동은 1차 검사로 배열 비교 유전체 혼성화(Array Comparative Genomic Hybridization: aCGH) 또는 단일염기다형성 표지(SNP array)를 포함하는 염색체 마이크로어레이 분석 (Chromosomal Microarray Analysis: CMA)을 받아야 한다. 2차 검사로는 남아의 경우 취약 X 검사, 여아 및 *MECP2* 관련 임상 증상이 있는 남아의 경우 *MECP2* 염기서열 분석, 그리

자폐스펙트럼장애를 진단받은 모든 아동에 대한 임상 유전자 검사 권고 사항

－3세내 가족력 조사
－상세한 검사를 통해 알려진 증후군에 대한 식별
－염색체 마이크로어레이 분석 또는 단일염기다형성 마이크로어레이 분석
(일부 센터에서는 엑솜 시퀀싱이 가능하며, 이는 추후 염색체 마이크로어레이를 대체할 것으로 예상됨)

표현형 특이적 검사

남성의 경우:
－취약 X 증후군에 대한 DNA 검사
－임상적 특징(침 흘림, 반복적인 호흡기 감염, 안면 근육의 근긴장 저하)이 동반된 경우 *MECP2* 시퀀싱

여성의 경우:
－*MECP2* 시퀀싱
－임상 표현형이 있거나, X－연관 신경발달 장애의 가족력이 있거나, X－연관 운동실조 증후군의 가족력이 있거나, 거대두증(머리 둘레가 +2.5 표준 편차 초과 또는 98% 이상)이 있는 경우 취약 X 증후군에 대한 DNA 검사
－*PTEN* 유전자 시퀀스 분석

자폐스펙트럼장애를 진단받은 모든 아동에 대한 임상 유전자 상담

결과가 음성인 경우(원인이 확인되지 않음):
－형제 연구에 기반한 가족 내 재발 위험 평가 상담

결과가 양성인 경우(원인이 확인됨):
－구체적인 돌연변이 및 관련 임상적 특징에 대한 상담(공존질환, 치료, 예후 포함) 및 필요 시 타과 전문 진료 연계

[그림 7-4] 자폐스펙트럼장애 아동을 위한 유전자 검사에 대한 권고사항

출처: Jeste (2014).

고 대두증이 있는 모든 아동의 경우 *PTEN* 염기서열 분석이 권장된다. 대사성 및 미토콘드리아 질환의 경우 징후가 여러 개 나타나지 않는 한 관련 검사가 필수적이지 않다. 요약하면 자폐스펙트럼장애 진단을 받은 모든 아동은 CMA 검사를 받아야 하며, 추가 검사는 성별, 가족력, 임상적 특징에 따라 결정된다. 최근 임상 엑솜시퀀싱(Clinical Exomes Sequencing: CES)가 CMA 비용과 비슷해지고 있어 빠른 시일 내에 CMA를 대체할 것으로 예상되고 있다.

유전자 검사 이후 가족에 대한 유전 상담 역시 매우 중요한데, 많은 부모들이 유전자 검사의 임상적 유용성과 다른 형제 자매에게 자폐스펙트럼장애가 발생할 확률을 가장 궁금해한다. 미국의학유전학회는 자폐스펙트럼장애 아동에게 앞에서 언급한 유전자 검사를 수행할 경우 진단 수율이 40%에 이른다고 추정하는데, 이는 자폐스펙트럼장애 아동에게 수행할 수 있는 다른 어떤 검사보다 높은 값으로, 특정 CNVs와 관련된 임상 특징의 식별은 발달 중 스크리닝, 예후 평가 및 치료에 중요한 정보를 제공한다. 형제에서 추가적으로 자폐스펙트럼장애가 진단될 확률은 가족 구성에 따라 다를 수 있는데, 여러 형제가 진단을 받았거나 여아가 진단된 경우, 다음 아이가 자폐스펙트럼장애를 가질 위험이 증가한다. 예를 들어, 두 명의 자폐스펙트럼장애 남아가 있는 가족에서 다음 남아도 자폐스펙트럼장애를 진단 받을 위험이 32%인 반면, 한 명의 자폐스펙트럼장애 남아가 있는 가족에서 다음 여아가 진단을 받을 확률은 약 10%로 추정된다(Ozonoff, 2011). 또한 여아가 자폐스펙트럼장애로 진단받은 경우, 다음 자녀가 자폐스펙트럼장애를 가질 위험은 여아의 경우 약 7.6%, 남아의 경우 약 16.7%로 보고되었다(Palmer, 2017). 이러한 일반적인 인구 통계 수치는 가족들이 자녀계획을 할 때에 자폐스펙트럼장애 위험을 이해하는 데에 도움이 되기도 하지만, 개별 가족에게 적용하기엔 제한적인 부분이 많기에 유전자 검사를 통하여 정확한 유전적 요인을 파악하는 것이 예측을 크게 개선할 것이다.

9. 미래 연구 전망

지난 20년 동안 자폐스펙트럼장애의 유전 연구에서 놀라운 진전이 있었지만 여전히 이해가 부족한 영역들이 있다. 예를 들어, 성염색체는 아직 적극적으로 탐색되지 못하였는데, 이는 독특한 유전 패턴과 선택 압력(selection pressure)으로 인하여 상염색체에서 유전자 발견을 가속화한 현재의 연구방법론들을 유용하게 적용하지 못했기 때문이다. 또한 기존 연구들의 코호트에서 여성 샘플의 상대적 부족은 특정 대규모 효과 변이와 관련된 성별 특이적 또는 성별 편향 위험 감지 능력을 제한했을 가능성이 높다. 또한 기능 상실 돌연변이들에 비교하여, 기능 획득(gain-of-function) 돌연변이, 과오(missense) 돌연변이, 비전형적 스플라이스 부위(non-canonical splice site) 돌연변이 및 비코딩(non-coding) 변이들은 여전히 해석되기 어려운 한계점을 갖고 있다(Willsey, 2022). 유전형-표현형 관계(genotype-phenotype relationships)를 확인하기 위한 많은 노력이 이루어졌지만 이 역시 여전히 연구가 더 필요한 분야이다. 범주적 진단의 한계 및 자폐스펙트럼장애의 높은 임상적 이질성을 고려하여, 다양한 위험 유전자와 그들이 인코딩하는 단백질 간의 관계를 특징짓는 기초 네트워크 데이터, 이른바 '네트워크-표현형(network-phenotype)' 분석은 네트워크 공간에서 공동 위치하는 위험 변이와 환자 표현형 간의 의미 있는 관계를 확인하게 해 줄 것이다. 마지막으로, 공통 변이들에 대한 연구도 지속되어야 하는데, 공통 변이를 통해 자폐의 핵심이 되는 생물학적 기전을 직접적으로 확인하기에는 어려울 수 있으나, 이 변이들은 전체 인구 내 위험의 상당 부분을 차지하는 동시에 희귀 변이와의 상호 작용을 통해 표현형에 영향을 주므로 그 의미가 크다(Ben-David, 2012). 이렇게 변이들 간의 결합된 기여도에 대한 평가는 조기에 자폐스펙트럼장애의 징후를 탐지하는 전략뿐만 아니라 질환의 예후 및 치료 반응에 대해 예측에 기여할 수 있을 것이다.

참고문헌

Anney, R., Klei, L., Pinto, D., Almeida, J., Bacchelli, E., Baird, G., ⋯ & Devlin, B. (2012). Individual common variants exert weak effects on the risk for autism spectrum disorders. *Human Molecular Genetics, 21*(21), 4781-4792.

Auerbach, B. D., Osterweil, E. K., & Bear, M. F. (2011). Mutations causing syndromic autism define an axis of synaptic pathophysiology. *Nature, 480*(7375), 63-68.

Baron-Cohen, S., Lombardo, M. V., Auyeung, B., Ashwin, E., Chakrabarti, B., & Knickmeyer, R. (2011). Why are autism spectrum conditions more prevalent in males? *PLoS biology, 9*(6), e1001081.

Baudouin, S. J., Gaudias, J., Gerharz, S., Hatstatt, L., Zhou, K., Punnakkal, P., ⋯ & Scheiffele, P. (2012). Shared synaptic pathophysiology in syndromic and nonsyndromic rodent models of autism. *Science, 338*(6103), 128-132.

Ben-David, E., & Shifman, S. (2012). Networks of neuronal genes affected by common and rare variants in autism spectrum disorders. *PLoS genetics, 8*(3), e1002556.

Budimirovic, D. B., & Kaufmann, W. E. (2011). What can we learn about autism from studying fragile X syndrome? *Developmental neuroscience, 33*(5), 379-394.

Constantino, J. N., Zhang, Y. I., Frazier, T., Abbacchi, A. M., & Law, P. (2010). Sibling recurrence and the genetic epidemiology of autism. *American Journal of Psychiatry, 167*(11), 1349-1356.

Cooke, J., Molloy, C. J., Cáceres, A. S. J., Dinneen, T., Bourgeron, T., Murphy, D., ⋯ & Loth, E. (2022). The synaptic gene study: design and methodology to identify neurocognitive markers in phelan-mcdermid syndrome and nrxn1 deletions. *Frontiers in Neuroscience, 16*, 806990.

Darnell, J. C., & Klann, E. (2013). The translation of translational control by FMRP: therapeutic targets for FXS. *Nature Neuroscience, 16*(11), 1530-1536.

Durand, C. M., Perroy, J., Loll, F., Perrais, D., Fagni, L., Bourgeron, T., ⋯ & Sans, N. (2012). SHANK3 mutations identified in autism lead to modification of dendritic spine morphology via an actin-dependent mechanism. *Molecular Psychiatry, 17*(1), 71-84.

Filipek, P. A., Accardo, P. J., Ashwal, S., Baranek, G. T., Cook Jr, E. H., Dawson, G., ⋯ & Volkmar, F. R. (2000). Practice parameter: screening and diagnosis of autism: report of the Quality Standards Subcommittee of the American Academy of Neurology and the Child Neurology Society. *Neurology, 55*(4), 468-479.

Glessner, J. T., Wang, K., Cai, G., Korvatska, O., Kim, C. E., Wood, S., ⋯ & Hakonarson, H. (2009). Autism genome-wide copy number variation reveals ubiquitin and neuronal genes. *Nature, 459*(7246), 569-573.

Grabrucker, A. M., Schmeisser, M. J., Udvardi, P. T., Arons, M., Schoen, M., Woodling, N. S., ⋯ & Boeckers, T. M. (2011). Amyloid beta protein-induced zinc sequestration leads to synaptic loss via dysregulation of the ProSAP2/Shank3 scaffold. *Molecular Neurodegeneration, 6*, 1-20.

Grove, J., Ripke, S., Als, T. D., Mattheisen, M., Walters, R. K., Won, H., ⋯ & Børglum, A. D. (2019). Identification of common genetic risk variants for autism spectrum disorder. *Nature Gnetics, 51*(3), 431-444.

Hagerman, R. J., Berry-Kravis, E., Hazlett, H. C., Bailey, D. B., Moine, H., Kooy, R. F., ⋯ & Hagerman, P. J. (2017). Fragile X syndrome. *Nature Reviews Disease Primers, 3*(1), 1-19.

Hormozdiari, F., Penn, O., Borenstein, E., & Eichler, E. E. (2015). The discovery of integrated gene networks for autism and related disorders. *Genome Research, 25*(1), 142-154.

Huguet, G., Benabou, M., & Bourgeron, T. (2016). The genetics of autism spectrum disorders. *A Time for Metabolism and Hormones*, 101-129.

Iossifov, I., O'roak, B. J., Sanders, S. J., Ronemus, M., Krumm, N., Levy, D., ⋯ & Wigler, M. (2014). The contribution of de novo coding mutations to autism spectrum disorder. *Nature, 515*(7526), 216-221.

Jeste, S. S., & Geschwind, D. H. (2014). Disentangling the heterogeneity of autism spectrum disorder through genetic findings. *Nature Reviews Neurology, 10*(2), 74-81.

Jeste, S. S., Sahin, M., Bolton, P., Ploubidis, G. B., & Humphrey, A. (2008). Characterization of autism in young children with tuberous sclerosis complex. *Journal of Child Neurology, 23*(5), 520-525.

Kim, I. B., Lee, T., Lee, J., Kim, J., Lee, S., Koh, I. G., ⋯ & Lee, J. H. (2022). Non-coding de novo mutations in chromatin interactions are implicated in autism spectrum disorder. *Molecular Psychiatry, 27*(11), 4680-4694.

Klei, L., Sanders, S. J., Murtha, M. T., Hus, V., Lowe, J. K., Willsey, A. J., ⋯ & Devlin, B. (2012). Common genetic variants, acting additively, are a major source of risk for autism. *Molecular Autism, 3*, 1-13.

Kolevzon, A., Angarita, B., Bush, L., Wang, A. T., Frank, Y., Yang, A., ⋯ & Buxbaum, J. D. (2014). Phelan-McDermid syndrome: a review of the literature and practice parameters for medical assessment and monitoring. *Journal of Neurodevelopmental Disorders, 6*, 1-12.

Krumm, N., Turner, T. N., Baker, C., Vives, L., Mohajeri, K., Witherspoon, K., ⋯ & Eichler, E. E. (2015). Excess of rare, inherited truncating mutations in autism. *Nature genetics, 47*(6), 582-588.

LaSalle, J. M. (2004). Paradoxical role of methyl-CpG-binding protein 2 in Rett syndrome. *Current Topics in Developmental Biology, 59*, 61-86.

Le Couteur, A., Bailey, A., Goode, S., Pickles, A., Gottesman, I., Robertson, S., & Rutter, M. (1996). A broader phenotype of autism: the clinical spectrum in twins. *Journal of Child Psychology and Psychiatry, 37*(7), 785-801.

Lim, E. T., Raychaudhuri, S., Sanders, S. J., Stevens, C., Sabo, A., MacArthur, D. G., ⋯ & Daly, M. J. (2013). Rare complete knockouts in humans: Population distribution and significant role in autism spectrum disorders. *Neuron, 77*(2), 235-242.

Lintas, C., & Persico, A. M. (2009). Autistic phenotypes and genetic testing: state-of-the-art for the clinical geneticist. *Journal of Medical Genetics, 46*(1), 1-8.

Michaelson, J. J., Shi, Y., Gujral, M., Zheng, H., Malhotra, D., Jin, X., ⋯ & Sebat, J. (2012).

Whole-genome sequencing in autism identifies hot spots for de novo germline mutation. *Cell, 151*(7), 1431-1442.

Neale, B. M., Kou, Y., Liu, L., Ma'Ayan, A., Samocha, K. E., Sabo, A., ⋯ & Daly, M. J. (2012). Patterns and rates of exonic de novo mutations in autism spectrum disorders. *Nature, 485*(7397), 242-245.

Nevado, J., García-Miñaúr, S., Palomares-Bralo, M., Vallespín, E., Guillén-Navarro, E., Rosell, J., ⋯ & Spanish PMS Working Group. (2022). Variability in Phelan-McDermid syndrome in a cohort of 210 individuals. *Frontiers in Genetics, 13*, 652454.

O'Roak, B. J., Vives, L., Girirajan, S., Karakoc, E., Krumm, N., Coe, B. P., ⋯ & Eichler, E. E. (2012). Sporadic autism exomes reveal a highly interconnected protein network of de novo mutations. *Nature, 485*(7397), 246-250.

Ozonoff, S., Young, G. S., Carter, A., Messinger, D., Yirmiya, N., Zwaigenbaum, L., ⋯ & Stone, W. L. (2011). Recurrence risk for autism spectrum disorders: a Baby Siblings Research Consortium study. Pediatrics, 128(3), e488-e495.

Palmer, N., Beam, A., Agniel, D., Eran, A., Manrai, A., Spettell, C., ⋯ & Kohane, I. (2017). Association of sex with recurrence of autism spectrum disorder among siblings. *JAMA Pediatrics, 171*(11), 1107-1112.

Peça, J., Feliciano, C., Ting, J. T., Wang, W., Wells, M. F., Venkatraman, T. N., ⋯ & Feng, G. (2011). Shank3 mutant mice display autistic-like behaviours and striatal dysfunction. *Nature, 472*(7344), 437-442.

Percy, A. K. (2011). Rett syndrome: Exploring the autism link. *Archives of Neurology, 68*(8), 985-989.

Pinto, D., Pagnamenta, A. T., Klei, L., Anney, R., Merico, D., Regan, R., ⋯ & Yaspan, B. L. (2010). Functional impact of global rare copy number variation in autism spectrum disorders. *Nature, 466*(7304), 368-372.

Pinto-Martin, J. A., Levy, S. E., Feldman, J. F., Lorenz, J. M., Paneth, N., & Whitaker, A. H. (2011). Prevalence of autism spectrum disorder in adolescents born weighing〈 2000 grams. *Pediatrics, 128*(5), 883-891.

Ramocki, M. B., & Zoghbi, H. Y. (2008). Failure of neuronal homeostasis results in common neuropsychiatric phenotypes. *Nature, 455*(7215), 912-918.

Sanders, S. J., Murtha, M. T., Gupta, A. R., Murdoch, J. D., Raubeson, M. J., Willsey, A. J., ⋯ & State, M. W. (2012). De novo mutations revealed by whole-exome sequencing are strongly associated with autism. *Nature, 485*(7397), 237-241.

Sandin, S., Lichtenstein, P., Kuja-Halkola, R., Larsson, H., Hultman, C. M., & Reichenberg, A.

(2014). The familial risk of autism. *Jama, 311*(17), 1770–1777.

Schaefer, G. B., Mendelsohn, N. J., & Professional Practice and Guidelines Committee. (2013). Clinical genetics evaluation in identifying the etiology of autism spectrum disorders: 2013 guideline revisions. *Genetics in Medicine, 15*(5), 399–407.

Shattuck, P. T., Orsmond, G. I., Wagner, M., & Cooper, B. P. (2011). Participation in social activities among adolescents with an autism spectrum disorder. *PloS One, 6*(11), e27176.

Szatmari, P., Mérette, C., Emond, C., Zwaigenbaum, L., Jones, M. B., Maziade, M., ⋯ & Palmour, R. (2008). Decomposing the autism phenotype into familial dimensions. *American Journal of Medical Genetics Part B: Neuropsychiatric Genetics, 147*(1), 3–9

Sztainberg, Y., & Zoghbi, H. Y. (2016). Lessons learned from studying syndromic autism spectrum disorders. *Nature neuroscience, 19*(11), 1408–1417.

Toriello, H. V. (2012). Approach to the genetic evaluation of the child with autism. *Pediatric Clinics, 59*(1), 113–128.

Voineagu, I. (2012). Gene expression studies in autism: moving from the genome to the transcriptome and beyond. *Neurobiology of Disease, 45*(1), 69–75.

Willsey, H. R., Willsey, A. J., Wang, B., & State, M. W. (2022). Genomics, convergent neuroscience and progress in understanding autism spectrum disorder. *Nature Reviews Neuroscience, 23*(6), 323–341.

Yang, M., Perry, K., Weber, M. D., Katz, A. M., & Crawley, J. N. (2011). Social peers rescue autism-relevant sociability deficits in adolescent mice. *Autism Research, 4*(1), 17–27.

Yuen, R. K., Thiruvahindrapuram, B., Merico, D., Walker, S., Tammimies, K., Hoang, N., ⋯ & Scherer, S. W. (2015). Whole-genome sequencing of quartet families with autism spectrum disorder. *Nature Medicine, 21*(2), 185–191.

Zhou, Y., Kaiser, T., Monteiro, P., Zhang, X., Van der Goes, M. S., Wang, D., ⋯ & Feng, G. (2016). Mice with Shank3 mutations associated with ASD and schizophrenia display both shared and distinct defects. *Neuron, 89*(1), 147–162.

환경적 요인

이정한

1. 환경적 요인의 이론적 배경

앞 장에서 논의되었듯이 자폐스펙트럼장애는 유전적 요인이 매우 큰 비중을 차지하는 발달장애이다. 동시에 자폐스펙트럼장애는 여러 산전, 혹은 주산기 요인들의 영향을 받는다고 알려진 것 또한 사실이며([그림 8-1] 참조), 일부 연구에서는 자폐스펙트럼장애 중 절반 정도만이 유전적 요인의 영향을 받는다고 보고하였다(Sandin et al., 2014). 미국 질병통제예방센터(Centers for Disease Control and Prevention: CDC)에서 보고한 2020년 자폐스펙트럼장애 유병률이 36명당 1명꼴로 약 10년 전에 비해 두 배 가까이 증가하였고(Maenner et al., 2023), 전 세계 유병률은 약 100명 중 1명꼴로 자폐스펙트럼장애가 진단된다고 알려졌다(Zeidan et al., 2022). 자폐스펙트럼장애 진단이 증가하는 데에는 여러 가지 의견이 존재한다. 자폐스펙트럼장애를 진단할 수 있는 전문가가 늘어났다는 점, 보호자들의 자폐스펙트럼장애에 대한 인식이 늘어났다는 점을 손꼽을 수 있으며, 자폐스펙트럼장애에서의 환경적 요인의 중요성을 시사하는 것일 가능성도 내포하고 있다.

환경적 요인이 자폐스펙트럼장애에 영향을 주는 기전은 명확하지 않다. 이는 자폐스펙트럼장애와 관련된 병태생리가 다양하게 보고되고 있고, 위험 요인으로 언급되는 환경 요인 또한 매우 다양하기 때문에 단일 기전으로 설명하기 어렵기 때문이다.

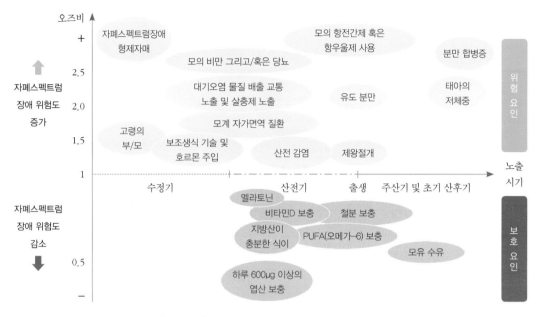

[그림 8-1] 자폐스펙트럼장애의 위험 및 보호 요인

출처: Emberti Gialloreti et al. (2019).

다양한 자폐스펙트럼장애의 병태생리 중 후성유전학(epigenetics)과 면역체계 이상은 자폐스펙트럼장애 발생의 환경적 요인에 대해 설명할 수 있는 배경이 되며, 유전-환경 상호작용(gene-environment interaction)의 증거들이라고 할 수 있다. 자폐스펙트럼장애 환자들은 흔히 여러 이유들로 유전적 취약성(genetic susceptibility)을 가지며, 거기에 현재까지 알려진 다양한 위험 요인에 노출되어 뇌발달의 문제들을 겪게 된다. 따라서 후성유전학과 면역체계 이상에 대해 간단히 살펴보고자 한다.

1) 자폐스펙트럼장애와 후성유전학

후성유전학적 변화(epigenetic modification)는 DNA 메틸화(DNA methylation) 과정, 히스톤의 번역 후 변형(histone posttranslational modification) 과정, 비코딩 RNA(noncoding RNA), 염색질 고리(chromatin loops) 등의 요소와 관련되어 있다. 후성유전학적 변화는 염색질(chromatin)의 구조적 변화와 유전자 발현을 조절하기 때문에 뇌 발달과 관련된 유전자의 발현을 세밀하게 조절하는 역할을 하기도 한다.

자폐스펙트럼장애와 관련이 있는 일부 유전자는 이러한 후성유전학적 조절과 관련된

표 8-1 자폐스펙트럼장애에서의 후성유전 메커니즘 관련 유전자

후성유정학적 요인	유전자	기능	가능한 후성유전학적 기전
DNA 메틸화	*MECP2*	메틸기 결합 단백질을 암호화하여 DNA의 메틸화된 영역에 결합해 유전자 발현을 중지시킴. 시냅스 발달 및 장기간 시냅스 가소성에 역할	후성유전학적 기전을 통한 *MECP2*의 다른 유전자 조절: 유전자 발현 보조억제자(co-repressors) 모집, 염색질 고리
	UBE3A	앤젤만 증후군에 역할	한 사본의 각인 상실(loss of imprinting), *UBE3A*에 결합하는 안티센스RNA 생성, 그리고 mRNA 번역 방지
	OXTR	옥시토신에 대한 G-단백질 연결 수용체. 스트레스, 불안, 사회적 기억, 모자행동 등을 조절	과잉메틸화 및 침묵화. *OXTR*의 발현 감소
	SHANK3	수상돌기 가시의 형태와 시냅스 전도에 영향	*SHANK3*의 발현이 메틸화된 CpG섬(CpG island)에 의해 강력하게 조절
히스톤 변형	*KDM5C*	지적장애 및 빈번한 자폐행동과 관련된 후성유전학적 상태를 변화	전사 조절 및 염색질 재구성에 관여
	HIST1H1E	자폐스펙트럼장애와 지적장애의 특징과 관련	고차원 염색질 구조를 구성하고 유전자 전사를 조절
	CHD8	Wnt/β-카테닌의 표적 유전자를 억제하며, CHD8 표적의 많은 유전자가 자폐스펙트럼장애 위험 유전자를 포함	염색질 재구성에 전형적으로 관여하는 ATP 의존적 나선효소(ATP-dependent helicase)를 암호화
	ARID1B	ATP 의존적 인간 SWI/SNF 염색질-재구성 복합체의 구성요소	염색질 재구성에 관여
	BCL11A	SWI/SNF의 일부와 직접적으로 상호작용하는 단백질을 암호화	염색질 재구성에 관여
	ADNP	SWI/SNF의 일부와 직접적으로 상호작용하는 단백질을 암호화	염색질 재구성에 관여
마이크로 RNA		마이크로RNA 합성의 비정상적 조절은 신경발달장애를 유발	단백질 합성을 차단하거나 mRNA 분해를 통해 많은 유전자의 발현을 조절하는 후성유전학적 조절인자

기능을 하는 유전자(epigenetic-regulation-related genes)로서, 해당 유전자의 변이로 인해 기능 손상을 일으켜 후성 유전학적 문제를 일으키게 된다(〈표 8-1〉 참조). DNA 메틸화는 자폐스펙트럼장애에서 가장 많이 연구된 후성유전학 기전으로, 유전자와 환경 요인 사이의 연결고리 역할을 하는 것으로 알려져 있다(Boyce & Kobor, 2015). 히스톤의 변화를 조절하는 단백질의 이상 또한 자폐스펙트럼장애와 관련이 있는 것으로 보고되었다. 마이크로 RNA(micro RNA)는 전사 후의 유전자 발현을 조절하는 역할을 하는 비코딩 RNA로, 자폐스펙트럼장애와의 연관성과 관련된 연구가 진행되었다.

세포의 환경은 분화에 매우 중요한 신호 역할을 하고, 이는 후성유전학적 변화에 영향을 미친다. 그렇기 때문에 후성유전학적 변화가 광범위하게 일어나는 산전기(prenatal period), 주산기(perinatal period)는 환경적 요소들이 큰 영향을 미치는 민감한 기간(sensitive window)이라고 할 수 있다(Heijmans et al., 2009). 산전 및 주산기 환경적 요인들은 아동의 생애 초기 후성유전(epigenome)에 중요한 역할을 미치며, 이때 형성된 후성유전학적 변화는 이후 후성유전에 지속적인 영향을 미친다. 산전기를 포함한 생애 초기는 뇌 발달에도 매우 중요한 시기이므로, 유전-환경이 후성유전에 미치는 영향이 뇌 발달에 얼마나 중요한 영향을 미치는지 가늠할 수 있다.

환경적 요인으로 인한 후성유전학적 변화와 자폐스펙트럼장애의 관계가 대표적으로 언급된 것은 산전기의 엽산(folate)과 자폐스펙트럼장애의 관계, 발프로산(valproate)과 자폐스펙트럼장애의 관계를 통해서이다. 발프로산이 태아의 발달에 미치는 영향은 주로 GABA 관련 기전으로 설명이 되지만, 발프로산은 histone deacetylase(HDAC)의 억제제로서 후성유전학적 조절에 직접적인 관여를 하기도 한다(Göttlicher et al., 2001). 발프로산으로 인한 HDAC의 억제는 *MECP2* 유전자 발현에 영향을 미쳐 자폐스펙트럼장애 발달에 영향을 미치는 것으로 알려져 있다. 엽산은 산모 임신 중 태아에게 다양한 역할을 하는 것으로 알려져 있으며, DNA 메틸화와도 연관성이 있는 것으로 보고되었다. 동물 연구들에서는 엽산의 결핍이 뇌의 구조, 발달, 가소성 등에 영향을 미치는 것으로 나타났다. 이처럼 엽산의 결핍/과다로 인해 나타나는 DNA 메틸화의 이상은 중추신경계(central nervous system)와 뇌기능에 부정적인 영향을 미친다.

2) 자폐스펙트럼장애와 면역체계 이상

면역 분자는 뇌발달에 매우 중요한 역할을 한다. 일부 면역 단백질들은 시냅스의 형성

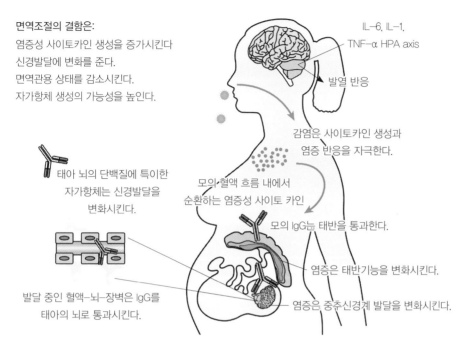

면역조절의 결함은:
염증성 사이토카인 생성을 증가시킨다
신경발달에 변화를 준다.
면역관용 상태를 감소시킨다.
자가항체 생성의 가능성을 높인다.

IL-6, IL-1,
TNF-α HPA axis

발열 반응

감염은 사이토카인 생성과
염증 반응을 자극한다.

태아 뇌의 단백질에 특이한
자가항체는 신경발달을
변화시킨다.

모의 혈액 흐름 내에서
순환하는 염증성 사이토 카인

모의 IgG는 태반을 통과한다.

염증은 태반기능을 변화시킨다.

발달 중인 혈액-뇌-장벽은 IgG를
태아의 뇌로 통과시킨다.

염증은 중추신경계 발달을 변화시킨다.

[그림 8-2] 다양한 방식으로 태아의 뇌발달에 영향을 미치는 산모의 면역조절 이상(immune dysregulation)
출처: Meltzer & Van de Water (2017).

및 제거에 영향을 미친다고 알려져 있고, 일부 케모카인(chemokine)과 사이토카인(cytokine)은 신경세포와 신경아교세포(glial cell)의 이동(migration), 분화(differentiation), 시냅스 형성(synapse formation) 등에 영향을 미친다고 알려져 있다(Deverman & Patterson, 2009).

　염증성 반응은 중추 신경계의 발달에 있어서 매우 부정적인 요인이며 이로 인한 영향은 생애주기 동안 지속되는 것으로 알려져 있다. 그렇기 때문에 뇌 발달의 가소성이 매우 크고 환경에 민감한 생애 초기에 발생한 사이토카인의 표현 이상은 자폐스펙트럼장애나 심한 발달지연의 중요한 위험인자라고 할 수 있다(Meltzer & Van de Water, 2017). 그동안의 연구를 보았을 때, 감염원은 직접적으로 태아의 순환계에 침투하지 못하기 때문에 직접적인 원인이 되지 않는다. 정상적인 경우, 특정한 사이토카인 길항제(cytokine antagonist)가 존재해 부정적인 영향으로부터 태아의 뇌를 지킨다. 중요한 것은 엄마의 면역 그 자체에 문제가 생기는 것이다. 여러 원인으로 인한 모계 면역 활성화(maternal immune activation)는 태아의 면역체계에 영향을 미칠 뿐 아니라 태아의 뇌발달에도 치명적인 영향을 미친다(Bilbo et al., 2018).

　자폐스펙트럼장애와 면역체계의 연관성은 뇌 특이 자가항체(brain specific autoantibodies), 림프구의 비정상적 반응(altered lymphocte responses), 비정상적 사이토카인 생성(altered cytokine production), 자가면역 질환 및 알러지(autoimmune disorderes and allergies) 등에 대해 다양하게 연구되어 왔다. 특히 자폐스펙트럼장애 환자에서는 미세아교세포(microglia)가 지속적으로 활성화되어 있거나, 비정상적으로 활성화되어 있는 것으로 나타났다. 이러한 미세아교세포의 과잉활성화는 다양한 중추신경계 세포에 대하여 정상적인 면역 반응을 보일 뿐 아니라 세포독성 반응이 진행되고, 결과적으로 신경세포의 기능에 영향을 미치게 되는 것으로 보인다. 결론적으로 여러 가지 이유(감염, 유전적 취약성, 기타 환경 요인 등)로 인해 산모에게 면역조절(immune regulation)에 문제가 생기게 되면 다양한 기전을 통해 자폐스펙트럼장애의 위험도가 올라가게 된다([그림 8-2] 참조).

2. 환경적 위험 요인

1) 부모 관련 위험 요인

(1) 부모의 나이

출생 당시 부와 모의 많은 나이는 각각 독립적으로 자폐스펙트럼장애의 위험 요인으로 알려져 있다. 그 기전은 명확하지 않으나, 몇 가지 가능성이 언급되고 있다. 첫째, 부와 모의 나이가 많을 경우 유전적 변이가 일어날 가능성이 높다. 특히 남성의 나이가 많을수록 정자 내의 유전자 돌연변이는 늘어난다는 사실이 이러한 가설을 뒷받침한다(Buwe et al., 2005). 둘째, 나이가 들수록 부와 모 모두에서 후성유전학적 기능문제가 발생할 가능성이 높다(Flanagan et al., 2006). 셋째, 부와 모의 나이가 많을수록 독성물질과 같은 위험환경에 노출되었을 가능성이 높다.

2) 산전 위험요인

(1) 약물 노출

① 항우울제, 항전간제
항우울제 중에서도 선택적 세로토닌 재흡수억제제(Selective Serotonin Reuptake

Inhibitor: SSRI)는 임신 중 복용 시 자폐스펙트럼장애의 위험을 높이는 위험 요인으로 알려져 있다. 이는 자폐스펙트럼장애의 기전 중 세로토닌 대사의 이상이 언급되는 것과도 연관이 있으며 동물 실험에서도 산전 SSRI 사용 시 부정적인 신경 발달의 결과를 보였다(Glover et al., 2015). 다만, 아직 자폐스펙트럼장애와의 원인-결과 관계가 불확실하고, SSRI 사용 그 자체의 문제와 항우울제를 사용하게 된 원인인 산모의 정신건강 중 어떤 것이 더 뇌 발달에 나쁜 영향을 미치는지는 명확하지가 않기 때문에 위험-이익 수준을 고려하여 사용을 결정해야 한다.

앞에서도 언급하였듯이, 발프로산은 자폐스펙트럼장애의 알려진 위험 요인에 해당한다. 이는 GABA와 관련된 발프로산의 기전, 그리고 발프로산이 후성유전에 미치는 영향들이 그 원인으로 지목되고 있다.

② 아세트아미노펜(acetaminophen)

아세트아미노펜이 자폐스펙트럼장애와 연관이 있다는 연구 보고가 있다(Masarwa et al., 2018). 다만, 그 위험도가 많이 높게 보고되지 않았고(위험비: 1.19), 관찰 연구들을 통해 확인된 결과이기 때문에 해석에 주의가 필요하다.

(2) 환경물질 노출

① 미세먼지

임신 중 미세먼지(Particulate Matter: PM) 노출은 자폐스펙트럼장애와 연관이 있는 것으로 알려져 있다(Dutheil et al., 2021). 그중에서도 2.5μm 미만의 미세먼지를 뜻하는 PM2.5에 노출 시 자폐스펙트럼장애와의 연관성이 두드러졌다. 특히 출산 전 임신기간 동안의 미세먼지 노출이 자폐스펙트럼장애의 연관성에 중요한 역할을 한다. 그에 비해 PM10, 이산화질소, 오존 등의 공기오염 물질의 자폐스펙트럼장애와의 연관성은 상대적으로 명확하지 않은 편이다.

② 중금속

중금속과 자폐스펙트럼장애의 연관성에 대한 연구는 다양하게 이루어져 왔다(Arora et al., 2017). 특히 수은(mercury)은 중독될 경우 자폐스펙트럼장애와 유사한 행동 증상을 보일 수 있어 연관성에 대한 연구가 다수 이루어졌다. 일부 연구에서는 수은 노출이 자펴스펙트럼장애와 연관이 있다고 보고하였으나, 일부에서는 그렇지 않다는 결과도 보고되었기 때문에 수은의 자폐스펙트럼장애와의 연관성은 여전히 명확하지 않다. 납(lead), 카드뮴(cadmium), 알루미늄(aluminium), 비소(arsenic) 역시 그동안의 연구 결과에서는 비일관된 결과들을 보여 연관성이 불명확하다.

금속들의 균형이 중요하다는 연구 결과도 있다. 일 연구에서는 자폐스펙트럼장애 아동은 임신 중기와 후기 태아 때 필수 금속인 망간(manganese)과 아연(zinc)을 덜 흡수하고, 신경독성물질인 납(lead)을 더 흡수하였다고 보고하였다(Arora et al., 2017). 이는 신체에 필요한 금속 물질과 신경독성물질 사이의 불균형이 자폐스펙트럼장애와 관련이 있을 수 있음을 시사한다. 그럼에도 불구하고, 아직은 근거가 불명확하여 중금속과 자폐스펙트럼장애의 관계는 대규모의 연구를 통해 확립될 필요가 있다.

③ 유기오염물질

유기오염물질(폴리브롬화 디페닐에테르류(Polybrominated Diphenyl Ethers: PBDEs), 다염소바이페닐류(Polychlorinated Biphenyls: PCBs) 등의 유기오염물질은 태아의 정상적인 면역체계를 교란하고 신경발달에 악영향을 미친다(Pessah et al., 2019). PBDE는 상업용으로 가구, 전자제품 및 다양한 재료에 사용되는 난연제에 들어 있는 물질로 생태계에서 지속적으로 축적된다. PCB는 주로 절연제에 들어가 있는 화학물질로, 이 또한 생태계에서 축적되는 것으로 알려져 있다. 이러한 유기오염물질들은 산모와 태아의 면역 이상을 초래할 뿐 아니라 후성유전의 변화에도 작용하여 뇌 발달에 악영향을 준다(Poston & Saha, 2019).

(3) 산모의 건강

① 산모의 체질량지수, 임신성 당뇨

과체중 산모와 자녀의 자폐스펙트럼장애는 연관성이 있는 것으로 보고되었으며, 체질량지수(Body Mass Index: BMI)와 자폐스펙트럼장애의 위험성 사이에는 선형적 관계가 있다고 보고되었다([그림 8-3] 참조; Wang et al., 2016). 산모의 높은 혈당은 만성적인 태아의 고인슐린혈증(hyperinsulinemia)을 일으킬 가능성이 높고, 이는 과도한 산소 대사로 인한 만성적 조직 저산소증(chronic tissue hypoxia)으로 이어질 수 있다.

임신성 당뇨(gestational diabetes)는 태아 및 산모에게 다양한 악영향을 미치는 것으로

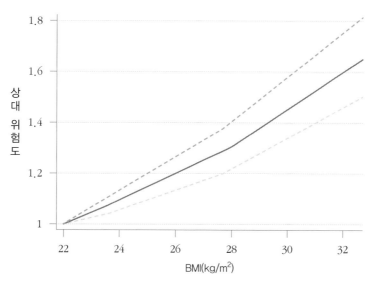

[그림 8-3] 산모의 체질량지수와 자녀 자폐스펙트럼장애 위험성과의 관계
출처: Wang et al. (2016).

알려져 있다. 아직 기전은 명확치 않으나 임신성 당뇨는 자폐스펙트럼장애와 연관이 있으며(Xiang et al., 2015), 임신 전 당뇨 역시 자폐스펙트럼장애의 위험을 높이는 것으로 알려져 있다.

② 감염질환/자가면역질환

최근 메타분석에 따르면 산모의 감염은 자녀의 자폐스펙트럼장애의 위험성을 높인다(Tioleco et al., 2021). 이는 앞에서 언급하였듯이 모계 면역 활성화 혹은 그 외의 면역체계 이상과 관련이 있을 것으로 보인다. 자가면역질환 또한 자폐스펙트럼장애와 연관이 있을 것으로 보이나, 아직 개별 질환의 자폐스펙트럼장애에 대한 연관성은 명확하지 않은 상황이다.

③ 산모의 영양

그동안 자폐스펙트럼장애와의 연관성이 언급된 영양 관련 요소는 주로 멀티비타민, 엽산, 그리고 비타민 D 등이다(Zhong et al., 2020). 충분한 양의 멀티비타민, 엽산 그리고 비타민 D 섭취는 자폐스펙트럼장애의 보호 요인으로 작용한다. 다만, 엽산의 경우 혈중에 대사되지 않은 엽산이 너무 많을 경우 오히려 DNA 메틸화에 영향을 미쳐 자폐스펙트럼장애에 악영향을 미칠 수 있다는 보고도 있는 만큼 주의를 하여야 한다(Wiens & DeSoto, 2017).

3) 주산기 위험 요인

① 저체중/성장지연

2,500g 미만의 체중을 뜻하는 저체중은 신경과적 · 정신과적으로 다양한 문제를 야기하는 것으로 알려져 있다. 하지만 그에 비해서는 자폐스펙트럼장애와의 연관성은 명확하지 않은 편이다. 연관성을 주장하는 연구 결과들도 있으나, 그렇지 않은 연구 결과들도 존재하기 때문에 결과를 단정짓기 어렵다(Larsson et al., 2005; Schendel & Bhasin, 2008).

재태주수에 비해 성장지연이 있는 경우에도 자폐스펙트럼장애의 위험 요인이 될 수 있다는 보고들이 있으며, 일 연구에서는 성장지연이 저체중, 조산 등과는 별개로 독립적인 자폐스펙트럼장애의 위험 요인일 수 있다고 보고하였다(Hultman et al., 2002).

저체중 및 성장지연은 재태 기간 동안의 산모의 건강상태와 연관이 있을 가능성이 있기 때문에 이에 대한 고려를 반드시 해야 한다. 태반문제, 영양문제, 감염문제, 산모의 당뇨, 고혈압 등도 태아의 성장에 영향을 미칠 수 있다.

② 조산

재태주수 37주 미만의 조산 아동은 자폐스펙트럼장애의 위험이 높다는 결과가 반복적으로 보고되었다(Persson et al., 2020). 재태주수 32주 미만의 아동들은 그 위험도가 현저히 높아진다고 알려져 있으며, 일부 연구에서는 재태주수와 자폐스펙트럼장애의 위험도가 반비례한다고 보고하였다. 특히, 27주 미만의 조산 출생아의 자폐스펙트럼장애 발생 가능성은 일반적인 자폐스펙트럼장애 발생률에 비해 4배 가까이 높은 것으로 보고되었다(Crump et al., 2021). 조산아의 경우, 발달 과정에서 전반적인 반응성이 떨어지고, 운동 기능에서의 지연도 관찰되는 경우가 많기 때문에 자폐스펙트럼장애를 포함한 다양한 발달장애가 의심되는 모습을 경험하게 되는 경우가 많다. 그렇지만 조산아와 자폐스펙트럼장애 사이에는 여러 측면에서 구분이 되는 점들이 있다(〈표 8-2〉 참조).

표 8-2 조산아와 자폐스펙트럼장애 특징과 차이점

발달 영역 \ 구분	조산아	자폐스펙트럼장애	차이점
사회적 행동	사회적 주의력 감소, 공동주의의 시작 및 반응 감소	생후 초기(약 2개월)부터 눈맞춤 감소, 모방 및 공감능력 감소	ASD는 지속적이고 심화된 사회적 행동의 문제를 보임.
언어 및 의사소통	언어발달 지연: 표현언어가 수용언어보다 느리게 발달	언어발달에서의 복잡한 불일치(수용이 더 떨어지기도), 몸짓 제스처 사용 감소	조산아는 언어처리 속도가 느리고, ASD는 심각한 언어 지연이 더욱 지속됨.
감각처리	깊은 압력과 전정자극에 대한 비정상적 반응, 시각적 예측 능력 결핍	감각 과민성 및 회피 행동이 두드러짐, 다양한 감각자극에 대해 과민반응을 보임.	조산아는 초기 의학적 복잡성과 관련된 감각 문제인 반면, ASD는 일관된 과민반응
운동기능	초기 운동발달 문제, 특히 미세운동 기능에서의 결핍 두드러짐.	조기 소통 기술 및 사회적 장애와 연관됨.	조산아는 초기에 문제가 나타나며 개선 가능성이 있는 반면, ASD는 문제가 지속적임.
내재화 및 외현화 증상	불안, 우울증, 회피 등의 내재화 증상화 공격성, 반항적 행동의 외현화 증상	감각 과민성과 연관된 회피증상 등의 내재화 증상, 자해나 상동행동, 공격성 등의 외현화 증상	ASD는 자해나 반복행동, 상동행동이 특징적인 반면, 조산아는 불안이나 우울과 같은 내재화 증상이 더 두드러짐.
실행기능	적응 행동, 작업 기억, 반응 억제, 인지 유연성, 언어 유창성에서 결핍. 부모 보고에 의한 적응 기술 점수 낮음.	작업 기억 및 반응 억제에서 결핍, 인지 유연성 및 기능적 의사소통(화용언어)에서 문제	ASD는 정형화되고, 의례적이고, 제한적이고, 반복적이고, 강박적인 행동 보임: 이는 실행기능 중 사고의 유연성 문제와 상관관계 있음.

출처: Mendez et al. (2023).

③ 태아 곤란증(fetal distress)

지연 분만, 탯줄 관련 합병증, 낮은 아프가 점수(Apgar score), 그리고 제왕절개(C-sec; caeserian section) 등은 출산 중 발생할 수 있는 자폐스펙트럼장애 위험 요인으로 보고되었다(Curran et al., 2015; Modabbernia et al., 2019). 그 외에도 태아의 저산소증을 유발할 수 있는 산전/주산기 요인들은 모두 위험 요인이 될 수 있다. 저산소증은 과도한 도파민 활성을 촉진하는데, 자폐스펙트럼장애에서는 도파민 과활성이 확인된 바 있다(Previc, 2007).

4) 산후 요인

① 백신

1990년대에 MMR 백신(홍역, 볼거리, 풍진; Mumps, measles, rubella)의 자폐스펙트럼장애에 대한 의문이 제기된 이후 여러 연구들이 진행되었다. 9개의 환자-대조군 연구, 2개의 시계열 연구, 그리고 2개의 체계적 문헌고찰이 발표되었고, 어떤 연구에서도 MMR 백신과 자폐스펙트럼장애와의 관계를 밝혀내지 못했다(DeStefano & Shimabukuro, 2019). 그 외의 유일한 시계열 연구에서 유의미한 관계를 보고하였으나 여러 편향 요소들을 최소화한 체계적 문헌고찰에서는 인과 관계를 나타내지 않았다.

티메로살(Thimerosal)을 함유한 백신[예: DTP(Diphtheria, Pertussis, Tetanus) 백신]은 에틸수은(ethylmercury)이 함유되어 있기 때문에 자폐스펙트럼장애와의 연관성에 대한 우려가 언급되었지만, 현재까지 명확한 인과관계는 드러나지 않았다(Hurley et al., 2010).

3. 결론

다양한 환경적 요인이 자폐스펙트럼장애의 위험 및 보호 요인으로 언급되어 왔지만, 직접적인 원인 결과를 결정지을 수 있을 만큼의 근거가 확보된 요인은 아직 없는 실정이다. 이에 환경 요인 및 이로 인한 병태생리와 관련된 구체적인 연구가 필요한 시점이다.

참고문헌

Arora, M., Reichenberg, A., Willfors, C., Austin, C., Gennings, C., Berggren, S., ⋯ & Bölte, S. (2017). Fetal and postnatal metal dysregulation in autism. *Nature communications, 8*(1), 15493.

Autism and Developmental Disabilities Monitoring Network Surveillance Year 2010 Principal Investigators. (2014). Prevalence of autism spectrum disorder among children aged 8 years-autism and developmental disabilities monitoring network, 11 sites, United States, 2010. *Morbidity and Mortality Weekly Report: Surveillance Summaries, 63*(2), 1-21.

Bilbo, S. D., Block, C. L., Bolton, J. L., Hanamsagar, R., & Tran, P. K. (2018). Beyond infection-Maternal immune activation by environmental factors, microglial development, and relevance for autism spectrum disorders. *Experimental neurology, 299,* 241-251.

Boyce, W. T., & Kobor, M. S. (2015). Development and the epigenome: the 'synapse'of gene-environment interplay. *Developmental Science, 18*(1), 1-23.

Buwe, A., Guttenbach, M., & Schmid, M. (2005). Effect of paternal age on the frequency of cytogenetic abnormalities in human spermatozoa. *Cytogenetic and Genome Research, 111*(3-4), 213-228.

Crump, C., Sundquist, J., & Sundquist, K. (2021). Preterm or early term birth and risk of autism. *Pediatrics, 148*(3).

Curran, E. A., O'Neill, S. M., Cryan, J. F., Kenny, L. C., Dinan, T. G., Khashan, A. S., & Kearney, P. M. (2015). Research review: Birth by caesarean section and development of autism spectrum disorder and attention-deficit/hyperactivity disorder: A systematic review and meta-analysis. *Journal of Child Psychology and Psychiatry, 56*(5), 500-508.

DeStefano, F., & Shimabukuro, T. T. (2019). The MMR vaccine and autism. *Annual Review of Virology, 6*(1), 585-600.

Deverman, B. E., & Patterson, P. H. (2009). Cytokines and CNS development. *Neuron, 64*(1), 61-78.

Dutheil, F., Comptour, A., Morlon, R., Mermillod, M., Pereira, B., Baker, J. S., ⋯ & Bourdel, N. (2021). Autism spectrum disorder and air pollution: A systematic review and meta-analysis. *Environmental Pollution, 278,* 116856.

Emberti Gialloreti, L., Mazzone, L., Benvenuto, A., Fasano, A., Garcia Alcon, A., Kraneveld, A., ⋯ & Curatolo, P. (2019). Risk and protective environmental factors associated with autism spectrum disorder: evidence-based principles and recommendations. *Journal of Clinical Medicine, 8*(2), 217.

Flanagan, J. M., Popendikyte, V., Pozdniakovaite, N., Sobolev, M., Assadzadeh, A., Schumacher, A., ⋯ & Petronis, A. (2006). Intra-and interindividual epigenetic variation in human germ cells. *The American Journal of Human Genetics, 79*(1), 67-84.

Goodspeed, K., Haffner, D., Golla, S., Morris, M. A., & Evans, P. (2020). Neurological evaluation and management of autism spectrum disorder. In *Rosenberg's Molecular and Genetic Basis of Neurological and Psychiatric Disease* (pp. 333-347). Academic Press.

Göttlicher, M., Minucci, S., Zhu, P., Krämer, O. H., Schimpf, A., Giavara, S., ⋯ & Heinzel, T.

(2001). Valproic acid defines a novel class of HDAC inhibitors inducing differentiation of transformed cells. *The EMBO journal, 20*(24), 6969-6978.

Glover, M. E., Pugh, P. C., Jackson, N. L., Cohen, J. L., Fant, A. D., Akil, H., & Clinton, S. M. (2015). Early-life exposure to the SSRI paroxetine exacerbates depression-like behavior in anxiety/depression-prone rats. *Neuroscience, 284,* 775-797.

Heijmans, B. T., Tobi, E. W., Lumey, L. H., & Slagboom, P. E. (2009). The epigenome: archive of the prenatal environment. *Epigenetics, 4*(8), 526-531.

Hultman, C. M., Sparén, P., & Cnattingius, S. (2002). Perinatal risk factors for infantile autism. *Epidemiology, 13*(4), 417-423.

Hurley, A. M., Tadrous, M., & Miller, E. S. (2010). Thimerosal-containing vaccines and autism: a review of recent epidemiologic studies. *The Journal of Pediatric Pharmacology and Therapeutics, 15*(3), 173-181.

Larsson, H. J., Eaton, W. W., Madsen, K. M., Vestergaard, M., Olesen, A. V., Agerbo, E., ⋯ & Mortensen, P. B. (2005). Risk factors for autism: Perinatal factors, parental psychiatric history, and socioeconomic status. *American Journal of Epidemiology, 161*(10), 916-925.

Maenner, M. J., Warren, Z., Williams, A. R., Amoakohene, E., Bakian, A. V., Bilder, D. A., ⋯ & Shaw, K. A. (2023). Prevalence and characteristics of autism spectrum disorder among children aged 8 years-Autism and Developmental Disabilities Monitoring Network, 11 sites, United States, 2020. *MMWR Surveillance Summaries, 72*(2), 1.

Masarwa, R., Levine, H., Gorelik, E., Reif, S., Perlman, A., & Matok, I. (2018). Prenatal exposure to acetaminophen and risk for attention deficit hyperactivity disorder and autistic spectrum disorder: a systematic review, meta-analysis, and meta-regression analysis of cohort studies. *American Journal of Epidemiology, 187*(8), 1817-1827.

Meltzer, A., & Van de Water, J. (2017). The role of the immune system in autism spectrum disorder. *Neuropsychopharmacology, 42*(1), 284-298.

Mendez, A. I., Tokish, H., McQueen, E., Chawla, S., Klin, A., Maitre, N. L., & Klaiman, C. (2023). A comparison of the clinical presentation of preterm birth and autism spectrum disorder: commonalities and distinctions in children under 3. *Clinics in Perinatology, 50*(1), 81-101.

Modabbernia, A., Sandin, S., Gross, R., Leonard, H., Gissler, M., Parner, E. T., ⋯ & Reichenberg, A. (2019). Apgar score and risk of autism. *European Journal of Epidemiology, 34,* 105-114.

Morgan, J. T., Chana, G., Pardo, C. A., Achim, C., Semendeferi, K., Buckwalter, J., ⋯ & Everall, I. P. (2010). Microglial activation and increased microglial density observed in the dorsolateral prefrontal cortex in autism. *Biological Psychiatry, 68*(4), 368-376.

Persson, M., Opdahl, S., Risnes, K., Gross, R., Kajantie, E., Reichenberg, A., ··· & Sandin, S. (2020). Gestational age and the risk of autism spectrum disorder in Sweden, Finland, and Norway: A cohort study. *PLoS Medicine, 17*(9), e1003207.

Pessah, I. N., Lein, P. J., Seegal, R. F., & Sagiv, S. K. (2019). Neurotoxicity of polychlorinated biphenyls and related organohalogens. *Acta neuropathologica, 138*(3), 363-387.

Poston, R. G., & Saha, R. N. (2019). Epigenetic effects of polybrominated diphenyl ethers on human health. *International Journal of Environmental Research and Public Health, 16*(15), 2703.

Previc, F. H. (2007). Prenatal influences on brain dopamine and their relevance to the rising incidence of autism. *Medical Hypotheses, 68*(1), 46-60.

Sandin, S., Lichtenstein, P., Kuja-Halkola, R., Larsson, H., Hultman, C. M., & Reichenberg, A. (2014). The familial risk of autism. *Jama, 311*(17), 1770-1777.

Saxena, R., Babadi, M., Namvarhaghighi, H., & Roullet, F. I. (2020). Role of environmental factors and epigenetics in autism spectrum disorders. *Progress in Molecular Biology and Translational Science, 173*, 35-60.

Schendel, D., & Bhasin, T. K. (2008). Birth weight and gestational age characteristics of children with autism, including a comparison with other developmental disabilities. *Pediatrics, 121*(6), 1155-1164.

Smith, S. E., Li, J., Garbett, K., Mirnics, K., & Patterson, P. H. (2007). Maternal immune activation alters fetal brain development through interleukin-6. *Journal of Neuroscience, 27*(40), 10695-10702.

Tioleco, N., Silberman, A. E., Stratigos, K., Banerjee-Basu, S., Spann, M. N., Whitaker, A. H., & Turner, J. B. (2021). Prenatal maternal infection and risk for autism in offspring: A meta-analysis. *Autism Research, 14*(6), 1296-1316.

Wang, Y., Tang, S., Xu, S., Weng, S., & Liu, Z. (2016). Maternal body mass index and risk of autism spectrum disorders in offspring: A meta-analysis. *Scientific reports, 6*(1), 34248.

Wiens, D., & DeSoto, M. C. (2017). Is high folic acid intake a risk factor for autism?-a review. *Brain sciences, 7*(11), 149.

Xiang, A. H., Wang, X., Martinez, M. P., Walthall, J. C., Curry, E. S., Page, K., ··· & Getahun, D. (2015). Association of maternal diabetes with autism in offspring. *Jama, 313*(14), 1425-1434.

Yoon, S. H., Choi, J., Lee, W. J., & Do, J. T. (2020). Genetic and epigenetic etiology underlying autism spectrum disorder. *Journal of Clinical Medicine, 9*(4), 966.

Zeidan, J., Fombonne, E., Scorah, J., Ibrahim, A., Durkin, M. S., Saxena, S., ⋯ & Elsabbagh, M. (2022). Global prevalence of autism: A systematic review update. *Autism Research, 15*(5), 778-790.

Zhong, C., Tessing, J., Lee, B. K., & Lyall, K. (2020). Maternal dietary factors and the risk of autism spectrum disorders: a systematic review of existing evidence. *Autism Research, 13*(10), 1634-1658.

뇌 영상 연구

임우영

자폐스펙트럼장애에서의 뇌 영상 연구는 사회적 뇌(social brain)의 구조(structure), 기능(function) 및 연결성(connectivity)에서의 이상(abnormal)을 통해, 자폐스펙트럼장애 환자에서 특징적으로 나타나는 사회적 인지(social cognition) 저하와 사회적 지각(social perception) 결여에 대한 원인 및 특성을 찾는 것으로 이루어지고 있다(Maximo et al., 2014). 사회적 뇌 영역은 타인의 얼굴을 인식하거나, 사회적 자극에 대한 정서적인 의미, 타인의 행동에 대한 이해 및 공감 능력에 관여하는 부분으로 자폐스펙트럼장애를 대상으로 한 뇌영상 연구에서 구조와 기능적인 문제를 나타내고 있음을 알 수 있다. 구조적 뇌 영상 연구에서는 뇌 자기공명영상(Magnetic Resonance Imaging: MRI) 및 확산텐서영상(Diffusion Tensor Imaging: DTI)을 통해 자폐스펙트럼장애 환자의 구조적인 문제와 행동과 사회적인 문제에서의 상관관계가 있음을 살펴본다. 또한 휴식 상태(resting state)와 과제 수행 상태(task state)에 기능적 자기공명영상(functional MRI: fMRI)을 통해 사회적 뇌 영역의 내재적 활동과 연결성(intrinsic activity and connectivity)의 이상이 자폐스펙트럼장애 환자에게서 관찰되는 사회적 어려움과 관련성을 살펴볼 것이다. 끝으로, 양전자 방출 단층촬영술(Positron Emission Tomography: PET)과 단일 광자 방출 전산화 단층촬영(Single Photon Emission Computed Tomography: SPECT) 등을 이용하는 분자적 뇌 영상(Molecular neuroimaging)이 자폐스펙트럼장애의 연구에 있어 현재의 임상적 적용과 향후의 가능성에 대해서도 다루도록 하겠다.

1. 사회적 뇌

　사회적 뇌(social brain)에서의 자폐스펙트럼장애의 신경 기전은 아직 명확하게 밝혀지지 않았으나, 가설 중 하나는 사회적 뇌 네트워크의 구조나 기능의 특이성이 자폐스펙트럼장애의 사회적 기능 장애의 근본적인 원인이 될 수 있다는 것이다. 사회적 뇌 영역은 얼굴을 인식하는 데 있어 불변적 측면 및 변화 가능한 측면을 처리하는 데 관여하는 구성요소인 하후두이랑(Inferior Occipital Gyrus: IOG), 방추상이랑(Fusiform Gyrus: FG), 상측두이랑(Superior Temporal Sulcus: STS) 등을 포함하고 있다(Haxby et al., 2000; Allison et al., 2000). 편도체(amygdala)와 복내측 전전두피질(ventromedial prefrontal cortex: vmPFC)은 사회적 자극(social stimuli)의 정서적인 의미(emotional significance)를 처리하며(Adolphs, 2002), 하측 전두대상회(Inferior Frontal Gyrus: IFG)는 타인의 행동에 대한 이해 및 공감과 관련이 있다(Iacoboni, 2005). 또한 배측 전전두피질(dorsomedial prefrontal cortex: dmPFC)과 후대상피질(Posterior Cingulate Cortex: PCC)/설전부(precuneus) 등이 집합되어 있는 디폴트 모드 네트워크(Default Mode Network: DMN)는 휴식 상태(resting states)에서도 활성화되며, 다른 사람의 마음 상태를 추론하는 등의 사회적 인지 활동 시에도 활성화된다(Schilbach et al., 2008). 이러한 사회적 뇌 영역의 구조적 및 기능적 이상이 자폐스펙트럼장애에서 나타나는 사회성의 문제의 핵심 병리 영역이라는 가설이 있다(Bachevalier., 1994; Emery, 2000; Johnson et al., 2005; Williams et al., 2001). 이에 따라 이전의 여러 구조적 및 기능적 자기공명영상(Magnetic Resonance Imaging: MRI) 연구에서는 자폐스펙트럼장애 환자에서 이러한 영역의 이상을 보여 주는 증거들이 나왔지만, 결과가 완전히 일치하지 않았다(Bernhardt et al., 2017; Ecker, 2017; Müler & Fishman, 2018).

　광범위한 신경심리학적 및 기능적 뇌 영상 연구에 따르면, 다양한 사회적 뇌 영역들이 특정 사회적 기능을 다루는 대규모의 기능 네트워크를 형성하고 있음을 보여 준다. 이러한 영역들은 하후두회(Inferior Occipital Gyrus: IOG), 방추형 얼굴 영역(Fusiform Face Area: FFA), 후측 상측두구(Posterior Superior Temporal Sulcus: pSTS) 등에 의해 관장되며, 얼굴 및 시선 분석(analysis of faces and gaze; Carlin & Calder, 2013; Haxby et al., 2000), 편도체에서의 감정 처리(emotional processing in the amygdala; Phelps & LeDoux, 2005), 그

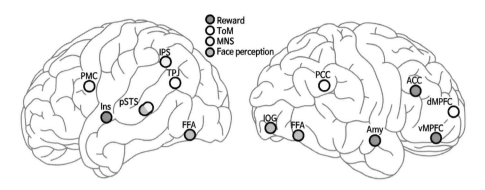

[그림 9-1] 사회적 뇌 네트워크(Social Brain Networks). 사회 인지(Social Cognition)에 관여하는 것으로 알려진 핵심 네트워크(구의 형태로 단순화된 주요 네트워크 영역만 대략적인 위치와 함께 표시, 피질하 구조 제외)

주: 전대상피질(Anterior Cingulate Cortex: ACC); 편도체(Amy, amygdala); 배내측 전전두엽피질(dorsomedial Prefrontal Cortex: dMPFC); 방추형 얼굴 영역(Fusiform Face Area: FFA); 인슐라(Ins, insula); 하후두회(Inferior Occipitalgyrus: IOG); 두정엽내구(Intraparietal Sulcus: IPS); 거울 뉴런 시스템(Mirror Neuron System: MNS); 후측 대상 피질(Posterior Cingulate Cortex: PCC); 전운동 피질(Premotor Cortex: PMC); 후측 상측두구(Posterior Superior Temporal Sulcus: pSTS); 마음이론(Theory of Mind: ToM); 측두두정 접합(Temporoparietal Junction: TPJ); 복내측 전전두엽피질(ventromedial Prefrontal Cortex: vMPFC); 안면 인식(Face perception); 보상(Reward)
출처: Müler & Fishman (2018).

리고 다른 사람의 의도, 감정, 및 관점 처리[processing of others' intentions, feelings, and points of view; 예: 마음이론(Theory oOf Mind: ToM) 또는 정신화(mentalizing)]와 관련이 있다. 마찬가지로, 배내측 전전두엽 피질(Dorsomedial Prefrontal Cortex: dMPFC), 후측 대상 피질(Posterior Cingulate Cortex: PCC), 측두두정 접합(Temporoparietal Junction: TPI; Saxe, 2006), 후측 상측두구(Posterior Superior Temporal Sulcus: pSTS; Rizzolatti & Craighero, 2004) 등과 연결된 영역은 거울 뉴런 시스템(Mirror Neuron System: MNS)에 속하며, 이는 타인의 행동에 대한 모방과 이해가 이루어지는 중요한 사회적 학습 기능을 담당한다. 이러한 뇌 영역들은 점점 더 많은 연결성 연구에서 대규모 기능 네트워크(large-scale functional networks)로서 구성되어 있음이 확인되고 있다. 이는 보상 관련 시스템(reward-related system; Bickart et al., 2012), 마음이론 네트워크(Burnett & Blakemore, 2009), 거울 뉴런 시스템(Mirror Neuron System: MNS; Babiloni et al., 2017), 얼굴 인식 네트워크(face perception network; Cohen et al., 2011) 등을 포함하며, 그 구조는 [그림 9-1]에서 확인할 수 있다 (Müler & Fishman, 2018).

2. 구조적 뇌 영상 연구

1) 구조적 자기공명영상 연구

자폐스펙트럼장애를 대상으로 구조적 뇌 영상 연구의 가장 고전적인 연구는 대뇌 크기(brain size)에 대한 총 대뇌 용적량(total brain volume) 연구였다. 흔히 관찰되는 현상 중 하나는 비정상적으로 큰 머리 크기인 대두증(macrocephaly)이다. 많은 자폐스펙트럼장애 환자에서 대두증이 관찰되었으며, 이는 다음과 같은 가설을 통해 연구되었다(McCaffery & Deutsch, 2015)

(1) 시냅스 가지치기 가설

일반적인 뇌 발달 동안 시냅스 가지치기(synaptic pruning, 불필요한 신경 시냅스와 뉴런을 제거하여 신경 전달의 효율성을 높이는 과정)가 효율적으로 이루어진다. 그러나 자폐스펙트럼장애 환자의 경우, 이 가지치기 과정이 덜 효과적으로 일어나 시냅스가 과도하게 남아 있게 되고(overabundance of synapses), 이로 인해 뇌 용적이 커질 수 있다. 시냅스 가지치기의 비효율성(inefficiency in synaptic pruning)은 자폐스펙트럼장애에서 관찰되는 비정상적인 신경 연결성(atypical neural connectivity)과 관련이 있을 수 있으며, 이는 대두증(macrocephaly)으로 이어질 수 있다.

(2) 유전적 결함 가설

또 다른 가설은 유전적 요인이 자폐스펙트럼장애에서 관찰되는 비정상적인 뇌 성장에 중요한 역할을 한다는 것이다. 특정 유전자 돌연변이와 변이(specific genetic mutations and variations)가 뇌 크기 증가와 자폐증 모두와 관련이 있다. 이러한 유전적 결함은 뇌 발달과 관련된 세포 및 분자 경로(cellular and molecular pathways)에 영향을 미쳐, 뉴런의 과잉 생성(overproduction of neurons)이나 중요한 발달 시기의 뇌 성장률(abnormal rate of brain growth)에 이상을 초래할 수 있다.

(3) 기타 잠재적 요인

추가적으로, 특정 조건이나 독소에 대한 태아기의 노출(prenatal exposure to certain

conditions or toxins)과 같은 환경적 요인이 유전적 소인(genetic predispositions)과 상호작용하여 자폐스펙트럼장애에서 뇌 성장에 영향을 미칠 수 있다. 그러나 이러한 기전과 유전적 및 환경적 요인의 상호작용에 대한 정확한 이해는 현재도 진행 중인 연구 과제이다.

자폐스펙트럼장애의 뇌 크기에 대한 고전적 연구는 사회적 뇌의 특정 뇌 영역 이상을 탐구하기 위한 기초를 마련해 준다. 많은 자폐스펙트럼장애 환자에서 관찰되는 대두증과 시냅스 가지치기의 비효율성 및 유전적 결함과 같은 가설을 고려함으로써, 연구자들은 자폐스펙트럼장애에 기여하는 복잡한 신경발달 과정을 더 잘 이해할 수 있다.

자폐스펙트럼장애에서 이형의 사회적 뇌 네트워크(atypical social brain network)를 지닌다는 가설을 뒷받침하는 최근의 구조적 및 기능적 MRI 연구는 자폐스펙트럼장애의 구조적 바이오마커(structural biomarker)를 확인하고 이를 확장해 왔다. 구조적 MRI 연구는 오랫동안 자폐스펙트럼장애 환자의 사회적 뇌 영역(social brain regions)에서 회백질 용적(gray matter volume)에서의 변화를 보고해 왔다(Ecker, 2017). 최근의 연구에서는 다 기관 MRI 연구를 통해 자폐스펙트럼장애 환자의 편도체에서 회백질 용적의 감소가 나타났다(van Rooij, 2018). 또한 사회성 뇌 영역의 회백질 용적 이상이 자폐스펙트럼장애의 사회적 기능 장애와 관련이 있다는 연구 결과도 있다. 예를 들어, Sato 등은 정상 대조군에서는 STS의 회백질 용적은 타인의 관점에서 정신화(mentalize)를 할 수 있는 능력과 양의 상관관계가 있으나, 자폐스펙트럼장애 개인에서는 그렇지 않았다(Sato et al., 2017). 또한 Pereira 등은 IFG의 피질 두께(cortical thickness) 감소는 사회적 장애(social impairment)의 심각성과 연관이 있는 결과도 있다(Pereira et al., 2018). 최근의 연구에서는 자폐스펙트럼장애 환자의 사회적 뇌 영역의 회백질 용적에 네트워크 단계에서 비정형성(network-level atypicalities)이 있음을 제시했다(Sato et al., 2017). 이와 함께, 다양한 다변량 분석(multivariate analysis)을 통해 자폐스펙트럼장애와 TD(정상 대조군) 개인을 구별하는 데 기여하는 회백질 복셀(gray matter voxel)이 있는데, 이는 넓은 범위의 사회적 뇌 영역(IOG, FG, STS, amygdala, vmPFC, IFG, and dmPFC)에서 자폐스펙트럼장애 환자에서 회백질 용적이 감소한다는 것을 나타냈다(Sato et al., 2017). 또한 Pappaianni 등은 다른 다변량 분석을 통해 FG, STS, IPL 등을 포함하는 네트워크에서 자폐스펙트럼장애 그룹과 TD 그룹 사이의 차이가 있다는 결과도 있다(Pappaianni et al., 2018).

구조적 MRI 연구에서는 자폐스펙트럼장애 환자의 백질 구조(white matter)가 비정형적(atypical)이라는 결과가 나타나며, 이러한 구조적 비정형성(structural atypicality)과 행동적 사회적 문제(behavioral social problem) 간의 상관관계가 있다는 결과가 있다. Lo 등은 자폐스펙트럼장애를 가진 사람들이 TD 대조군에 비해 STS와 IFG를 연결하는 상측 종방향 근막(superior longitudinal fasciculus)에서 신경관(neural tract)의 온전함(integrity)이 감소했으며, 또한 자폐스펙트럼장애 그룹에서의 감소된 수치는 자가 보고 설문지로 측정한 결과 사회적 상호작용의 장애와 관련이 있다는 것을 발견했다(Lo et al., 2017). d'Albis 등의 연구에 따르면 자폐스펙트럼장애 환자는 사회적 인식(awareness) 및 공감(empathy)과 관련된 어려움과 연관이 있는데 이는 STS 및 vmPFC 주변을 포함한 전두엽, 두정엽, 측두엽 영역의 광범위한 백질에서 연결성이 감소한 것으로 나타났다(d'Albis et al., 2018). Gibbard 등은 자폐스펙트럼장애가 있는 사람의 편도체와 신피질 영역(neocortical regions) 사이의 백질 신경관(white matter tracts)에서의 온전함(integrity) 감소가 타인의 관점에서 정신화할 수 있는 능력의 어려움과 관련이 있다고 보고했다(Gibbard et al., 2018). 요약하면, 이러한 구조적 MRI 연구 결과는 사회적 뇌 네트워크의 회백질과 백질의 비정형적인 구조가 자폐스펙트럼장애 환자의 행동적 사회적 기능 장애와 관련이 있음을 나타낸다.

2) 확산텐서영상(Diffusion Tensor Imaging: DTI)

DTI는 뇌의 여러 영역을 관찰하기 위해 물 분자의 자유확산운동을 활용하는 기법으로, 물 분자가 뇌 조직의 신경섬유다발 등을 따라 특정한 확산방향을 가지게 되어 시각적으로 재구성된다. 이 기법은 비수술적이며 조영제를 사용하지 않아도 뇌 백질의 비등방성(anisotropy)을 정량화할 수 있다. 뇌의 구조석 연결성(Structural Connectivity: SC)을 측정함으로써 백질에서의 연결성(connection)과 신경섬유로의 소통 온전성(communication integrity)을 확인할 수 있다 . DTI를 사용한 연구에 따르면 자폐스펙트럼장애 유아에서 전두엽은 TD 대조군에 비해 더 큰 FA(fractional anisotropy)와 용적을 보이며, 이러한 비정상적인 초기 발달과 연령 관련 변화는 ASD의 사회적 및 의사소통 행동 장애의 원인이 될 수 있다(Solso et al., 2015). 또 다른 DTI 연구에서는 자폐스펙트럼장애 아동의 뇌량(Corpus Callosum: CC) 면적과 부피가 정상발달 아동(typically developing controls)보다 감소했으며, 분할 비등방도(Fractional Anisotropy: FA) 값은 유의미하게 낮고 방사 확산성(Radial Diffusivity: RD) 값은 유의미하게 상승된 소견으로, 자폐 아동의 뇌량에 미세구조적 이상(microstructural abnormalities)이 있음을 시사하며, 이는 축삭 손상(axonal damage), 수초화 감소(reduced myelination), 신경 무결성 저하(impaired neural integrity)와 관련이 있음을 제

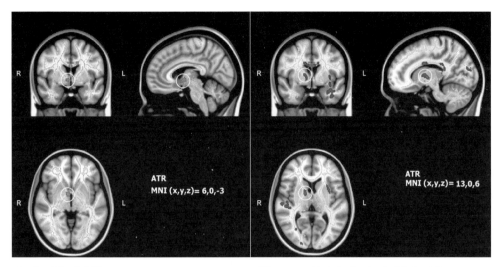

전두측 시상 방사선(Anterior Thalamic Radiation: ATR)은 ASD 그룹에서 대조군 남아들에 비해 Fractional Anisotropy(FA, 빨간색)가 감소하고 Mean Diffusivity(MD, 파란색)가 증가한 것으로 나타났다. 다중 비교 보정을 적용한 후, 그룹 간 분석은 FMRIB Software Library(FSL, Oxford, United Kingdom)를 사용하여 p<.05에서 수행되었다.

[그림 9-2] 고기능 자폐스펙트럼장애 아동과 정상 아동의 시상-전두엽 연결(thalamo-frontal connections)

주: R: right, L: left, MNI: Montreal Neurological Institute coordinates. Right ATR cluster size: 477 1 mm voxels
출처: Cheon et al. (2011).

시하였다(Temur et al., 2019). Poustka 등이 자폐스펙트럼장애 아동의 증상 심각도와 전두-측두 단절성(fronto-temporal disconnectivity) 사이의 상관관계를 DTI를 통해 연구한 논문에서는, 자폐스펙트럼장애 아동의 전두엽과 측두엽 간의 연결성이 감소되어 있으며, 이 연결성의 감소가 증상 심각도와 관련이 있다는 것이다. 즉, 자폐스펙트럼장애 아동의 전두엽-측두엽 경로의 확산 이상(lower fractional anisotropy (FA) values)이 사회적·정서적 기능에 영향을 미칠 수 있으며, 이러한 연결성 손상(reduced connectivity)이 자폐스펙트럼장애 증상의 주요 원인 중 하나일 수 있다고 제안하였다(Poustka et al., 2012).

　국내에서는 천근아 등의 연구(2011)에서 고기능성 자폐스펙트럼장애를 가진 한국 남자아이들에서 시상-전두엽 연결(thalamo-frontal connections)의 장애가 보고되었다. 이 연구에서 우측 전대상회(Right Anterior Thalamic Radiation: ATR)가 자폐스펙트럼장애에 관여한다고 제안했다. [그림 9-2]에서 볼 수 있듯이, 자폐스펙트럼장애가 있는 피험자의 right ATR에서 FA가 유의하게 감소하고 평균 확산도(mean diffusivity)가 유의하게 증가했다. 이러한 감소된 FA는 자폐스펙트럼장애 증상의 유무와 심각도를 정량화하는 평가 척도인 총 사회적 반응성 척도(Social Responsiveness Scale: SRS)와 음의 상관관계가 있었다.

3. 기능적 뇌 영상 연구

1) 기능적 자기공명영상(functional MRI: fMRI)

(1) 기능적 자기공명영상 연구: 휴식 상태(Functional MRI studies: resting-state)

수많은 기능적 MRI 연구에서 자폐증 환자의 안정 상태 신경 활동(resting-state neural activity)을 측정했다. 이전 연구들은 다소 일치하는 결과를 제공했는데, 이는 디폴트 모드 네트워크(default mode network) 내에서 dmPFC와 PCC/precuneus 사이의 휴식 상태 기능적 연결성(resting-state functional connectivity)이 자폐스펙트럼장애를 가진 개인(특히 성인)에서 감소한다는 것을 나타낸다(Cherkassky et al., 2006). 휴식 상태의 기능적 연결성을 조사한 최근의 여러 연구에서도 이러한 사실이 확인되었다(Pereira et al., 2018).

최근 연구에 따르면 디폴트 모드 네트워크 외부에서의 사회적 뇌 영역도 자폐스펙트럼장애 환자의 휴식 상태에서는 활동과 기능적 연결성이 감소하는 것으로 나타났다. 예를 들어, Odriozola 등(2019)은 편도체를 관심 영역(region of interest)으로 선정하고, 정상 대조군에 비해 자폐스펙트럼장애에서 휴식 상태에서의 편도체와 vmPFC 사이의 기능적 연결성이 약하며, 이는 사회적 정서 장애의 심각성과 더욱 관련이 있다는 것을 발견했다. Fishman 등(2018)도 휴식 상태의 편도체 기능적 연결성을 분석한 결과, 정상 대조군 그룹에 비해 자폐스펙트럼장애 그룹에서 편도체와 IOG 사이의 기능적 연결성이 감소한 것을 발견했다. Jung(2019)은 정상 대조군에 비해 자폐스펙트럼장애군에서 휴식 상태의 IOG 활동이 감소했으며, 그 감소 정도는 증상 중증도와 관련이 있다고 밝혔다. 요약하면, 구조적 MRI 연구와 일관되게 이러한 휴식 상태 기능적 자기공명영상 연구에서도 사회적 뇌 영역의 내재적 활동과 연결성(intrinsic activity and connectivity)의 이상이 자폐스펙트럼장애 환자에게서 관찰되는 사회적 어려움과 관련이 있음을 시사한다.

(2) 기능적 자기공명영상 연구: 과제

이전에 시행되었던 많은 과제 기반 기능적 MRI(task-based functional MRI) 연구에서는 정서적인 얼굴 표정이나 눈빛과 같은 사회적 자극을 처리하는 동안 자폐스펙트럼장애 환자의 사회적 뇌 영역에서 비정형적인(일반적으로 감소된) 활동이 보고되었다(Baron-Cohen et al., 1999).

최근 연구에서는 자폐스펙트럼장애의 사회적 뇌 활동에 대한 상세히 계산된 프로필(computational profiles)을 추가로 연구했다. 예를 들어, Ciaramidaro 등(2018)은 자폐스펙트럼장애와 정상대조군에서 얼굴 표정을 암시적으로 처리할 때와 명시적으로 처리할 때의 뇌 활동을 측정했다. 명시적(explicit)이지는 않지만 감정적인 표정을 암시적(implicit)으로 처리하는 것은 편도체, FG, STS를 포함한 여러 사회적 뇌 영역의 활동 감소와 관련이 있었으며, 이는 정상 대조군에 비해 자폐스펙트럼장애군에서 두드러졌다. Sato 등(2017)은 자폐스펙트럼장애군과 정상 대조군에서 잠재의식적(subliminally) 및 초 잠재의식적(supraliminally)으로 제시된 회피 시선 자극(averted eye gaze stimuli)에 대한 반응으로 cueing paradigm에서 뇌 활동을 측정하고 행동 수행을 평가하였다. 행동적으로는 잠재적으로 제시된 회피된 시선 자극이 TD 그룹에서는 주의 전환(attentional shift)을 유도했지만 자폐스펙트럼장애군에서는 그렇지 않았으며, 신경학적으로는 이러한 자극이 정상 대조군에 비해 자폐스펙트럼장애군에서 편도체 활성화가 감소한 것으로 나타났다. 이 연구는 자폐스펙트럼장애 환자의 사회적 자극을 처리하는 동안 자동적이고 무의식적인 단계(automatic and unconscious stages)에서 비정형적인 활성화(atypical activation)가 발생할 수 있음을 보여 줌으로써 자폐스펙트럼장애에서 사회적 뇌 영역의 비정형적 활동에 대한 이전 연구 결과를 확장하였다.

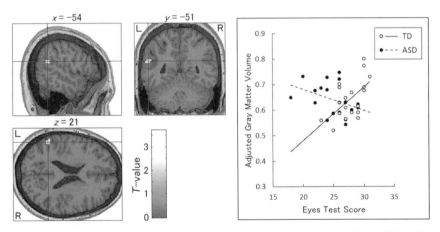

왼쪽 그림: 왼쪽 측두정위 접합부(left temporoparietal junction)의 상호작용을 보여 주는 통계적 매개변수 맵핑
오른쪽 그림: 정상발달(TD) 및 자폐스펙트럼장애(ASD) 그룹의 피크 복셀에서 눈 검사 점수에 따라 조정된 회백질 부피의 산점도

[그림 9-3] 회백질 부피와의 연관성에서 그룹과 눈 테스트 점수 간에 유의미한 상호작용을 보이는 뇌 영역
주: L-좌반구, R-우반구.
출처: Sato et al. (2017).

또한 최근의 몇몇 연구에서는 자폐스펙트럼장애의 사회적 뇌 영역의 활동이 약하고 훈련을 통해 개선될 수 있다는 가능성을 보여 주었다. 특히, Yang 등(2018)은 자폐스펙트럼장애를 대상으로 가상현실을 이용한 5주간의 사회적 기술 훈련 과정(social skills training course)에 참여하도록 하고, 훈련 전후의 생물학적 동작 자극(biological motion stimuli)에 대한 뇌 활동을 기능적 MRI를 사용하여 측정하였다. STS에서의 활동 변화는 훈련 후 향상된 정신화 점수와 양의 상관관계를 보였다. Datko 등(2018)은 최소 20시간의 훈련이 자폐스펙트럼장애 및 정상 대조군의 행동 관찰 및 실행과 관련된 뇌파 활동 제어에 미치는 영향을 테스트했다. 훈련 후에는 다른 사람의 손동작을 관찰하고 모방하는 동안 IFG를 포함한 여러 사회적 뇌 영역에서 자폐스펙트럼장애군과 정상 대조군이 비슷한 활동을 보였지만, 훈련 전에는 정상 대조군보다 자폐스펙트럼장애군에서 활동이 더 약했다.

이전의 여러 과제 기반 기능적 MRI 연구에서도 일부 사회적 뇌 영역의 비정형적 활동이 자폐스펙트럼장애 환자의 사회적 자극 처리하는 동안 기능적 네트워크에서 나타내는 것으로 보여 주었다(예: 정서적 표현 처리 중 STS-IFG 연결성; Sato et al., 2012). 최근 연구에 따르면 광범위한 사회적 뇌 영역이 기능적 네트워크를 구성하며 자폐스펙트럼장애의 사회적 비정형성과 관련이 있는 것으로 밝혀졌는데, 예를 들어 Cole 등(2019)은 자폐스펙트럼장애와 정상 대조군에서 타인의 행동에 대한 반응으로 정신화 또는 비정신화 작업을 수행하는 동안의 기능적 연결성(functional connectivity)을 분석했다. 정상 대조군에서는 정신화 작업과 비정신화 작업 중에 dmPFC 활동과 IFG 및 IPL의 평균 활동 사이의 기능적 결합이 더 강했지만 자폐스펙트럼장애군에서는 그렇지 않았다. 또한 이러한 기능적 연결성의 정도는 자폐 증상의 심각성과 음의 상관관계가 있었다.

Lynn 등(2018)은 자폐스펙트럼장애군과 정상 대조군이 얼굴과 자동차 이미지를 인코딩 및 디코딩하는 동안 기능적 연결성을 분석했다. 자폐스펙트럼장애군은 정상 대조군에 비해 얼굴을 처리하는 동안 FG와 dmPFC 및 IPL을 포함한 여러 다른 영역 간의 기능적 연결이 감소했다.

요약하면, 과제 기반 기능적 MRI 연구 결과는 사회적 자극을 처리하는 동안 사회적 뇌 영역의 비정형적인 활동과 연결성이 자폐스펙트럼장애 환자의 행동적 사회 문제와 관련이 있음을 시사한다.

정서적인 표정을 인식하고 공동 음성 제스처(co-speech gestures)를 표현하는 능력은 사회적 상호작용에 매우 중요하며, 이러한 능력의 결핍은 이전 fMRI 연구에서 보고된 바 있다(Cole et al., 2019; Lynn et al., 2018). 자폐스펙트럼장애 아동은 미소와 같은 긍정적인 사회적 보상(positive social reward)에 의해 덜 강화되는 것으로 알려져 있다. 일부 연구에서는 사회적 보상 학습의 장애가 자폐스펙트럼장애 아동의 사회적 의사소통 장애를 초래할 수 있다고 보고했다(Kohls et al., 2018). [그림 9-4]에서 볼 수 있듯이, Kim 등(2015)은 자폐스펙트럼장애 아동에게 두려운 얼굴로 자극을 주었을 때 TD 아동보다 우측 편도체, 우측 STS, 우측 IFG의 활성화가 낮다는 것을 발견했다. 행복한 얼굴 자극의 경우, 자폐스펙트럼장애 아동은 좌측 인슐라 피질(left insular cortex)에서 저활성화를 보였다. 자폐스펙트럼장애 아동의 사회적 인지 결함이 감정적 얼굴표정을 시각적으로 분석하는 능력, 그 이후의 거울 뉴런 시스템(MNS)을 통한 내적 모방(inner imitation), 그리고 이를 변연계로 전달하고 전달된 감정을 처리하는 능력의 손상임을 보여 주었다.

자폐스펙트럼장애 아동의 기능적 뇌영상(fMRI) 촬영은 많은 도전 과제를 동반한다. 특히 자폐스펙트럼장애 아동이 지니고 있는 감각에 예민성을 지닌 특성은 좁은 공간에서 움직이지 않고 촬영해야 하는 뇌 영상 연구 수행에 있어 영상 획득에 실패하는 경우가 많이 발생한다.

사례

8세의 고기능 자폐 남자 아이는 안면인식 과제를 수행하는 fMRI 연구에 참여하였다. 촬영이 시작된 후 약 5분이 지나자, 아이는 갑자기 벌떡 일어나 촬영을 중단하게 만들었다. 아이는 촬영 시에 들리는 영상 촬영 기계음에 대해서 견딜 수가 없다며 불안감을 호소하였다. 연구팀은 아이를 진정시키고 잠시 휴식을 취한 후 촬영을 다시 시도했지만, 아이는 다시 불안감을 느끼고 계속해서 움직였으며, 여러 번의 시도에도 불구하고 아이의 fMRI 촬영은 실패로 끝나게 되었다.

이와 같은 사례는 자폐스펙트럼장애 아동의 경우 깨어 있는 상태에서 과제를 수행하면서 fMRI 촬영을 하는 것이 얼마나 어려운지를 보여 준다. 따라서 자폐스펙트럼장애 아동에게는 수면 상태에서 촬영하는 SMR(Sleep MRI)이나 DTI(Diffusion Tensor Imaging)가 더 적합할 수 있다. SMR이나 DTI는 움직임에 민감하지 않으며, 환자가 편안한 상태에서 촬영할 수 있어 성공률이 fMRI보다는 높은 편이다.

이러한 최근의 구조적 및 기능적 MRI 연구는 비정형적인 사회적 뇌 네트워크가 자폐스펙트럼장애에서 보이는 행동적 사회 문제의 기저에 있다는 가설을 뒷받침하는 증거를

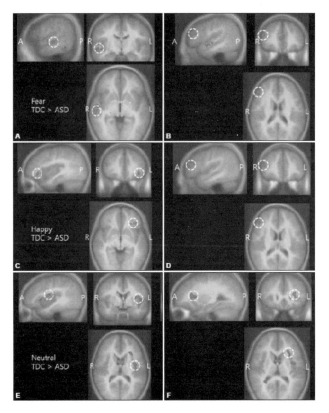

감정 얼굴이 제시될 때 ASD 그룹에서 TDC 그룹에 비해 사회적 뇌 네트워크의 여러 부분에서 활동이 감소한 것이 관찰되었다.

[그림 9-4] 정서적 얼굴 인식의 주요 효과(A와 B: 두려운 자극, C와 D: 행복한 자극, E와 F: 중립적인 자극)
주: 뇌 영역 A: 우측 상측두구(right Superior Temporal Sulcus (STS));

　　　　B: 우측 하전두회(right Inferior Frontalgyrus: IFG);

　　　　C: 좌측 인슐라 피질(left insular cortex);

　　　　D: 우측 하전두회(right Inferior Frontalgyrus: IFG);

　　　　E: 좌측 상인슐라구(left superior insular sulcus);

　　　　F: 좌측 상인슐라구(left superior insular sulcus);

　　ASD: Autism Spectrum Disorder, TDC: Typically Developing Children, A: anterior, P: posterior, R: right, L: left.
출처: Kim et al. (2015).

축적해 왔다. 특히, 이러한 연구 결과에 따르면 자폐스펙트럼장애의 경우 사회적 뇌 영역의 회백질 부피와 활성화가 비정형적이며 일반적으로 감소되어 있는 것으로 확인되었다. 또한 이 연구 결과는 자폐스펙트럼장애의 행동적 사회 문제와 관련된 사회적 뇌 영역 간의 구조적 및 기능적 네트워킹 패턴을 밝혀 주었다.

　　그러나 다른 연구에서는 앞에서 언급한 영역 이외의 다른 영역에서도 자폐스펙트럼장애 환자의 비정형적 사회적 기능에 관여할 수 있다고 제안했다. 예를 들어, 최근의 기능적 MRI 연구에 따르면 자폐스펙트럼장애 환자의 사회적 보상을 처리하는 동안 기저핵(basal ganglia)의 비정형적인 활동이 밝혀졌다(Kohls et al., 2018). 사회적 뇌 네트워크의 개념은 향후 연구를 통해 더욱 확장될 수 있다.

또한 일부 연구에서는 자폐스펙트럼장애의 사회적 뇌 네트워크의 구조적 또는 기능적 비정형성과 관련하여 일관되지 않은 결과가 보고되었다는 점에서 유의해야 한다(Bernhardt et al., 2017; Ecker, 2017). 이는 적어도 부분적으로는 자폐스펙트럼장애와 관련된 행동적 사회성 문제의 이질성(heterogeneity)으로 설명될 수 있다. 이러한 점들은 뇌 영상 연구가 자폐스펙트럼장애를 진단을 하는 생물표지자(biomarker)로서는 아직 충분치 않으며, 더욱 심도 있는 연구가 시행되어야 함을 시사한다. 자폐스펙트럼장애의 행동적 사회 문제를 분석(예: 감정적 표정 처리의 특정 단계 조사)하여 공존질환(예: 언어 장애 및 불안 증가)의 영향을 부분적으로 제거하는 것은 자폐스펙트럼장애의 행동적 사회 문제의 신경학적 토대를 더 깊이 탐구하는 데 유용할 수 있다.

2) 기능적 근적외선 분광법(Functional Near-Infrared Spectroscopy : fNIRS)

근적외선 분광법(Near-Infrared Spectroscopy: NIRS)은 근적외선을 이용하여 반사된 빛을 검출하여 비침습적으로 뇌, 근육, 그리고 기타 조직 내의 헤모글로빈 농도와 산소 결합 정도를 측정하는 영상 진단 기법이다. 특히, 기능적 근적외선 분광법(fNIRS)은 자폐스펙트럼장애 개인의 뇌 기능을 조사하는 데 사용되며, 이 기술은 점점 더 많은 관심을 받고 있는 신경 영상 기법이다.

fNIRS는 비침습적이고 휴대가 간편하며 움직임에 강한 뇌의 혈류역학적 활동을 측정하는 방법으로, 특히 자폐스펙트럼장애 환자와 같이 검사 협조에 어려움이 있는 환자군에서 뇌 기능을 효과적으로 정량화할 수 있다. 또한 fNIRS는 SPECT나 PET와 달리 방사성 물질에 노출되지 않아도 되는 장점이 있으며, fMRI와 비교해서 장비가 간단하여 간편하게 검사를 진행할 수 있어 소음이나 폐소공포증으로부터 자유롭고, 뇌의 시청각 자극에 대한 실시간 반응을 관찰할 수 있다는 특징이 있다.

4. 분자적 뇌 영상(Molecular neuroimaging) 연구

PET와 SPECT는 방사성 표지 추적자를 사용하여 생체 내 생물학적 과정의 분자적 상호작용을 높은 민감도와 특이성으로 탐색하는 분자적 영상 기술(molecular imaging techniques)이다. 포도당 대사, 유전자 발현, 혈류, 산소 소비, 신경전달물질 방출 및 수용체 점유 등의 생체 내 생물학적 사건에 대한 중요한 통찰력을 제공한다(Laruelle, 2000; Phelps, 2000). 분자 영상 및 투과병리학(transpathology)의 대표적인 모드인 PET는 SPECT에 비해 높은 민감도와 시간적 해상도뿐만 아니라 정량적 및 동적 이미징에서의 잠재력을 보여 준다(Rahmim & Zaidi, 2008; Tian et al., 2021).

자기공명분광법(MRS), 양전자방출단층촬영(PET) 및 단일광자방출전산화단층촬영(SPECT) 등을 포함하는 분자 영상 기술을 활용한 최근의 주요 연구 결과들이 있다. MRS는 고기능 ASD에서 흥분성/억제성 불균형(excitatory-inhibitory imbalance)을 나타냈다. 신경전달물질과 포도당 대사의 기능장애는 PET 및 SPECT를 통해 입증되었다. 분자 영상 향후 유망한 치료적 개입을 위한 예비 데이터를 제공할 것으로 여겨진다.

1) 양전자 방출 단층촬영(Positron Emission Tomography: PET)

PET은 양전자를 방출하는 방사성 의약품을 이용하여 인체에 대한 생리·화학적, 기능적인 영상을 3차원으로 구현하는 분자 영상(molecular imaging) 검사 방법 중 하나이다. 이를 통해 뇌 질환 및 뇌 기능 평가를 위한 수용체(receptor) 영상이나 대사(metabolism) 영상을 얻을 수 있다. C-11, N-13, O-15, F-18 등의 방사성 동위원소에서 방출되는 양전자를 이용하여 특정 생리·화학적, 기능적 변화를 반영하는 추적자(tracer)인 방사성 의약품을 제조할 수 있다.

(1) PET 영상을 통한 대뇌 대사 평가

이전에 수행된 연구들에서는 18F-플루오로데옥시글루코스(18F-FDG) PET를 사용하여 자폐스펙트럼장애 환자의 과제 수행 중 뇌 포도당 대사의 변화를 특성화하였다. 최근 연구에서도 18F-FDG PET를 사용하여 자폐스펙트럼장애 환자의 대뇌 포도당 대사율을 평가하였는데(Mitelman et al., 2018), 그 결과, 정상 대조군에 비해 자폐스펙트럼장애 환자의 편도체, 전두엽 전운동 및 시야 영역(frontal premotor and eye-field areas), 두정엽(parietal lobe)에서 과제에 따른 포도당 대사가 감소한 것으로 나타났는데, 이는 인지 과제(cognitive task) 수행 중 이 영역의 저활성화와 관련이 있을 수 있다(Dichter, 2012). 해마(hippocampus), 후두 피질(occipital cortex), 후대상 피질(posterior cingulate cortex), 기저핵(basal ganglia)에서 포도당 대사 증가가 발견되었다. 후대상 피질(posterior cingulate cortex)의 대사율(metabolic rate) 증가는 자폐스펙트럼장애 환자의 감소된 인지 과제 참여(decreased cognitive task engagement)를 반영할 수 있는데, 정상 대조군에서는 일반적으로 이 중심부-DMN 영역(central-to-DMN area)의 대사 활동이 감소하는 것으로 나타나는 점에서 차이가 있다(Pfefferbaum et al., 2011). 또 다른 가능성은 자폐스펙트럼장애의 핵심 장애로 추정되는 후대상피질(posterior cingulate cortex)의 역할인 응집된 자기감(cohesive sense of self) 유지에 더 많은 대사 비용이 투입되는 등 자폐스펙트럼장애에서 DMN의 비효율적인 기능을 나타낼 수 있다는 점이다(Davey et al., 2016).

(2) PET 영상을 통한 신경전달물질 평가

세로토닌 시스템 기능 장애가 자폐스펙트럼장애와 관련이 있다는 여러 증거가 있다(Whitaker-Azmitia, 2005; Yang et al., 2014). 일반적으로 발달 중인 아동의 세로토닌 합성 수치는 성인의 약 2배이며, 5세 이후에는 성인 수준으로 감소한다. 반면, 자폐스펙트럼장애 아동의 세로토닌 합성 수치는 2~15세 사이에 성인의 1.5배까지 증가하였다. 세로토닌 수송체(serotonin transporter)는 자폐스펙트럼장애 아동, 청소년, 성인의 뇌에서 감소하였으며 자폐스펙트럼장애 성인의 시상(thalamu)에서 감소된 세로토닌 수용체(serotonin receptors)는 의사소통의 어려움과 관련이 있다. 또한 세로토닌 5-HT1A 수용체 작용제인 부스피론(buspiron)은 자폐스펙트럼장애 아동의 강박 행동을 개선하는 것으로 나타났다(Chugani et al., 2016). 그러나 선택적 세로토닌(5-HT) 재흡수 억제제[Selective Serotonin(5-HT) Reuptake Inhibitors: SSRI]가 위약에 비해 자폐스펙트럼장애의 반복적인 행동에 부가적인 이점을 보여 주지 못했다는 증거도 있다(Reddihough et al., 2019). 이러한 결과의 차이는 자폐스펙트럼장애 환자 중 일부만이 세로토닌 시스템의 조절을 통해 이점을 받는다는 것을 시사할 수 있다. 도파민 수송체(dopamine transporter)는 자폐스펙트럼장애 남성의 안와전두피질(orbitofrontal cortex)에서 증가하였다.

(3) PET를 통한 자폐스펙트럼장애 연구: 임상적 적용의 한계

PET는 뇌 포도당 대사, 과제 수행 및 휴식 상태(task and resting states), 신경전달물질 시스템 바이오마커, 뇌 혈류 관류 등을 정량적이고 동적으로 평가하고, 자폐스펙트럼장애 병리 생리를 탐구하며, 자폐스펙트럼장애 치료 약물 개발을 촉진하는 데 적용될 수 있을 뿐만 아니라 자폐스펙트럼장애 진단 및 치료에도 현재로서는 제한되지만 향후에는 활용될 수 있다. 그러나 자폐스펙트럼장애 아형(subtypes), 실험 설계(예: 영상 조건, 마취/수면/각성 상태 및/또는 작업 상태/휴식 상태), 피험자(예: 성별, IQ 및 연령)의 차이로 인해 연구마다 상반된 결론이 도출되는 등 현재 자폐스펙트럼장애 연구에는 한계가 있다. PET 영상 연구는 자폐스펙트럼장애 아형에 따라 병리 생리학적 기전에 차이가 있을 수 있으므로 상이한 결과가 관찰될 수 있으며 자폐스펙트럼장애 아형에 따른 다른 연구 결과가 도출될 수 있음을 보여 주었다. 따라서 향후 자폐스펙트럼장애 PET 연구에서는 이에 대해 더 많은 관심을 기울여 자폐스펙트럼장애 아형에 따른 병리생리학적 기전의 차이를 탐색하고, 이러한 차이를 바탕으로 실험 대상자 선정 및 실험 설계를 결정하고 수행하여 자폐스펙트럼장애의 임상 진단 및 치료에 보다 유용한 참고자료를 제공해야 할 것이다 (Lombardo et al., 2019).

2) 단일 광자 방출 전산화 단층촬영(Single Photon Emission Computed Tomography: SPECT)

핵의학 영상법은 특정한 생화학석이거나 기능적인 상태를 관찰하기 위해 디자인된 방사성 추적자를 체내에 투여한 후 이들의 분포를 영상화하여 생체의 생화학적 변화나 기능상의 문제를 평가하는 영상 진단법이다. 이 중에서 SPECT는 단층 영상을 획득하여 병소를 정확히 평가할 수 있는 방법으로 사용된다. 혈류에 비례해 뇌 조직에 흡수되는 방사성 약물을 이용하여 뇌 조직으로 공급되는 혈류량을 직접 측정하는 영상법으로, 정신과적 질환과 같은 상태에서 뇌 기능 이상 및 동반되는 혈류 변화를 평가하기 위해 활용된다.

3) 자폐스펙트럼장애 연구에서의 PET/SPECT의 적용

신경영상 분야는 자폐스펙트럼장애의 높은 유병률과 분자 영상(PET/SPECT) 연구 수 사이의 심각한 불균형을 인식해야 한다. 이러한 미충족 수요를 해결하기 위해서는 기술의 발전뿐만 아니라 실용적이고 윤리적인 고려 사항을 해결하기 위한 연구 설계 및 방법의 발전이 필요하다. 양전자 방출 단층촬영(PET)과 단일 광자 방출 전산화 단층촬영(SPECT)이 자폐스펙트럼장애 연구에 영향을 미칠 수 있는 영향은 상당하기에 무시되어서는 안 된다. PET/SPECT는 중추신경계 단백질, 신경전달물질 시스템(수용체, 수송체, 전구체) 및 포도당 대사를 생체 내에서 평가할 수 있다. 자폐스펙트럼장애의 기저에 있는 생물학적 기전 또는 스펙트럼의 일부를 파악하면 향후 가설을 제기할 수 있는 연구들이 가능해진다. 향후 자폐스펙트럼장애에서 분자표지자(molecular marker)를 발견하면 자폐스펙트럼장애 아형을 구분 지을 수 있고, 새로운 치료약 개발을 포함한 보다 구체적인 행동 또는 약리학적 개입, 그리고 상당수의 개인과 그 가족에게 영향을 미치는 질병의 조기진단을 위한 도구로서 잠재력을 가질 수 있다.

5. 향후 전망

1) 자폐스펙트럼장애 뇌 영상 연구의 중요성과 접근법

자폐스펙트럼장애의 임상적 다양성은 뇌 구조와 기능의 수준에서 반영될 수 있다. 이에 따라 자폐스펙트럼장애 뇌의 구조, 기능 및 연결성 간의 관계를 이해하는 것이 중요하다. 다중모드 영상 기술(multimodal imaging technique)은 여러 기능 및 구조적 측정을 결합하여 뇌의 다양한 측면 간의 연관성을 파악하는 데 유망한 접근 방식이 될 수 있다. 장기간의 뇌 영상 연구들은 자폐스펙트럼장애가 특히 사회적 기능 및 뇌 네트워크에서의 구조적·기능적 연결성의 변화와 관련이 있으며, 세로토닌, 도파민, 글루타메이트, 가바(GABA) 시스템들에서의 손상과 신경염증이 자폐스펙트럼장애 발병에 결정적으로 기여할 수 있음을 보여 주었다.

2) 대규모 연구와 빅데이터의 중요성

자폐스펙트럼장애의 뇌영상 연구에서 대규모 연구와 빅데이터 분석의 중요성은 매우 크다. 자폐스펙트럼장애는 매우 이질적인 장애로, 증상과 중증도가 환자마다 크게 다를 수 있다. 이러한 다양성을 이해하고 일관된 패턴을 식별하기 위해서는 대규모의 다양한 데이터가 필요하다. 대규모 연구와 빅데이터 분석은 개별 연구의 한계를 극복하고, 더 넓은 범위의 인구에서 일관된 신경학적 특징을 파악하는 데 도움을 줄 수 있다.

3) ABIDE(Autism Brain Imaging Data Exchange)

ABIDE(https://fcon_1000.projects.nitrc.org/indi/abide/)는 자폐스펙트럼장애 연구의 데이터 공유와 협업을 촉진하기 위해 설립되었다. ABIDE는 여러 연구 기관에서 수집한 뇌 영상 데이터를 통합하여 대규모 데이터 세트를 제공한다. 이 데이터는 연구자들이 자폐스펙트럼장애와 관련된 뇌 구조 및 기능의 차이를 더 잘 이해할 수 있도록 돕는다. ABIDE는 다양한 뇌영상 데이터와 관련 임상 데이터를 제공하여 연구의 효율성을 높이고, 자폐스펙트럼장애 연구의 재현성과 일반화를 촉진한다.

4) 인공지능과 빅데이터를 활용한 연구

인공지능(Artficail Intelligence: AI) 기술을 활용하여 자폐스펙트럼장애와 관련된 뇌 영상 데이터를 분석하는 것은 최근 많은 관심을 받고 있다. 예를 들어, 연구팀은 병원의 SMR 데이터와 ABIDE 데이터를 결합하여 딥러닝을 통해 자폐스펙트럼장애 환자의 뇌구조를 분석하고, 임상적 중증도와의 연관성을 연구하였다. 이를 통해 자폐스펙트럼장애 환자의 임상적 중증도와 관련된 특정 뇌 영역과 연결성을 식별할 수 있었다. 이는 AI와 빅데이터 분석이 자폐스펙트럼상애 연구에서 중요한 도구가 되어 잎으로의 자폐스펙트럼장애 연구와 치료 개발에 상당히 기여할 것이다.

5) 영상 생물표지자

향후의 장기적 종단 연구를 통해 임상적으로 연관된 영상 생물표지자(Imaging Biomarker)를 발견하는 과정은 자폐스펙트럼장애의 동질적 하위 그룹을 식별하는 데 도움이 될 것이다. 그러나 영상 바이오마커가 자폐스펙트럼장애의 치료 효과, 증상 및 유전적 변이와의 관련성을 이해하기 위해서는 더 많은 추가 연구가 필요하다. 향후 영상 기술의 발전과 새로운 추적자의 개발은 자폐스펙트럼장애의 병태생리에 대한 심층적인 이해를 도모할 것으로 기대되며, 이를 통해 자폐스펙트럼장애에 대한 새로운 치료 표적

(therapeutic target)을 발견하는 데 기여할 것으로 예측된다. 이러한 발전은 향후 자폐스펙트럼장애 약물 개발에도 새로운 동력을 부여할 것으로 전망된다. 이를 위해 앞으로 다중 모드 영상 기술(multimodal imaging technique)과 더불어 분자유전학, 마이크로바이옴(microbiome), 면역학적 지표(Immunologic parameter) 등을 함께 활용한 다중 바이오마커(multimodal biomarker) 인공지능 분석 모델 개발이 필요하다.

6. 결론

뇌 영상 연구의 최근 결과들은 자폐스펙트럼장애 환자의 뇌 발달의 구조적 및 기능적 이상, 그리고 뇌 발달의 유전적 기반에 대한 이해를 크게 진전시켰다. 자폐스펙트럼장애에서 유전적 요인에 의해 매개되는 시냅스 결손(synaptic deficit)은 해부학적 구조뿐만 아니라 국소 신경 회로와 뇌 영역의 기능에도 영향을 미치고 있다. 이러한 이상은 특히 자폐스펙트럼장애의 특정 임상 증상 및 특징과 밀접하게 관련되어 있다. 자폐스펙트럼장애는 단일 뇌 영역이 아닌, 지역적으로 분포된 피질 네트워크의 이상에 의해 매개되는 '신경 시스템(neural systems)' 질환일 가능성이 있다. 이러한 관점에서, 자폐스펙트럼장애를 '발달 단절 증후군(developmental disconnection syndrome)'이라고 부를 수 있다. 이는 자폐스펙트럼장애의 발달 과정에서 일어나는 전반적인 신경 연결성의 장애를 반영하며, 이러한 발달의 단절이 사회적 상호작용, 의사소통, 반복적 행동 등 주요 증상을 초래한다고 볼 수 있다. 향후 더욱 발전되고 장기적인 뇌영상 연구의 발전은 자폐스펙트럼장애의 복잡한 병태생리학적 기전을 더욱 명확히 하고, 효과적인 치료 전략을 개발하는 데 중요한 기반이 될 것이다.

참고문헌

ABIDE 웹사이트: ABIDE(Autism Brain Imaging Data Exchange)

Adolphs, R. (2002). Recognizing emotion from facial expressions: psychological and neurological mechanisms. *Behavioral and Cognitive Neuroscience Reviews, 1*, 21-61.

Allison, T., Puce, A., & McCarthy, G. (2000). Social perception from visual cues: Role of the

STS region. *Trends in Cognitive Sciences 4*, 267–278.

Babiloni, C. et al. (2017). Frontal functional connectivity of electrocorticographic delta and theta rhythms during action execution versus action observation in humans. *Frontiers in Behavioral Neuroscience, 11*, 20

Bachevalier, J. (1994). Medial temporal lobe structures and autism: A review of clinical and experimental findings. *Neuropsychologia, 32*, 627–648.

Baron-Cohen, S., Ring, H. A., Wheelwright, S., et al. (1999). Social intelligence in the normal and autistic brain: an fMRI study. *European Journal of Neuroscience, 11*, 1891–1898.

Bernhardt, B. C., Di Martino, A., Valk, S. L., et al. (2017). Neuroimaging-based phenotyping of the autism spectrum. *Current Topics in Behavioral Neurosciences, 30*, 341–355.

Bickart, K. C., et al. (2012). Intrinsic amygdala–cortical functional connectivity predicts social network size in humans. *Journal of Neuroscience, 32*, 14729–14741

Burnett, S., & d Blakemore, S. J. (2009). Functional connectivity during a social emotion task in adolescents and in adults. *European Journal of Neuroscience, 29*, 1294–1301.

Carlin, J. D., & Calder, A. J. (2013). The neural basis of eye gaze processing. *Current Opinion in Neurobiology, 23*, 450–455.

Cheon, K. A., Kim, Y. S., Oh, S. H., Park, S. Y., Yoon, H. W., Herrington, J., Nair, A., Koh, Y. J., Jang, D. P., Kim, Y. B., Leventhal, B. L., Cho, Z. H., Castellanos, F. X,, & Schultz, R. T. (2011) Involvement of the anterior thalamic radiation in boys with high functioning autism spectrum disorders: A Diffusion Tensor Imaging study. *Brain Research, 1417*, 77–86.

Cherkassky, V. L., Kana, R. K., KellerM, T. A. et al. (2006). Functional connectivity in a baseline resting-state network in autism. *NeuroReport, 17*, 1687–1690.

Chugani, D. C., Chugani, H. T., Wiznitzer, M., Parikh, S., Evans, P. A., Hansen, R. L. et al. (2016). Efficacy of low-dose buspirone for restricted and repetitive behavior in young children with autism spectrum disorder: A randomized trial. *The Journal of Pediatrics, 170*(45-53), e41–e44.

Ciaramidaro, A., Bölte, S., Schlitt, S., et al. (2018). Transdiagnostic deviant facial recognition for implicit negative emotion in autism and schizophrenia. *European Neuropsychopharmacology, 28*, 64–275.

Cohen, K. K., et al. (2011). Developmental changes in effective connectivity in the emerging core face network. *Cerebral Cortex, 21*, 1389–1394

Cole, E. J., Barraclough, N. E., & Andrews, T. J. (2019). Reduced connectivity between mentalizing and mirror systems in autism spectrum condition. *Neuropsychologia, 122*, 88–97.

d'Albis, M. A., Guevara, P., Guevara, M., et al. (2018). Local structural connectivity is associated with social cognition in autism spectrum disorder. *Brain, 141*, 3472-3481.

Datko, M., Pineda, J. A., & Müler, R. A. (2018). Positive effects of neurofeedback on autism symptoms correlate with brain activation during imitation and observation. European Journal of Neuroscience, *47*, 579-591.

Davey, C. G., Pujol, J., & Harrison, B. J. (2016). Mapping the self in the brain's default mode network. *NeuroImage, 132*, 390-397.

Dichter, G. S. (2012). Functional magnetic resonance imaging of autism spectrum disorders. *Dialogues in Clinical Neuroscience 14*, 319-351.

Ecker, C. (2017). The neuroanatomy of autism spectrum disorder: An overview of structural neuroimaging findings and their translatability to the clinical setting. *Autism, 21*, 18-28.

Emery, N. J. (2000). The eyes have it: The neuroethology, function and evolution of social gaze. *Neuroscience & Biobehavioral Reviews, 24*, 581-604.

Fishman, I., Linke, A. C., Hau, J., et al. (2018). Atypical functional connectivity of amygdala related to reduced symptom severity in children with autism. *Journal of the American Academy of Child & Adolescent Psychiatry, 57*, 764-774.

Gibbard, C. R., Ren, J,, Skuse, D. H., et al. (2018). Structural connectivity of the amygdala in young adults with autism spectrum disorder. *Human Brain Mapping, 39*, 1270-1282.

Haxby, J. V., Hoffman, E. A., & Gobbini, M. I. (2000). The distributed human neural system for face perception. *Trends in Cognitive Sciences, 4*, 223-233.

Iacoboni, M. (2005). Neural mechanisms of imitation. *Current Opinion in Neurobiology 15*, 632-637.

Johnson, M. H., Griffin, R., Csibra, G., et al. (2005). The emergence of the social brain network:evidence from typical and atypical development. *Development and Psychopathology, 17*, 599-619.

Jung, M. (2019) Decreased structural connectivity and resting-state brain activity in the lateral occipital cortex is associated with social communication deficits in boys with autism spectrum disorder. *NeuroImage, 190*, 205-212

Ke, F., Choi, S., Kang, Y. H., Cheon, K. -A., & Lee, S. W. (2020). Exploring the Structural and Strategic Bases of Autism Spectrum Disorders With Deep Learning. *IEEE Access, 8*, 153341-153352.

Kim, S. Y., Choi, U. S., Park, S. Y., Oh, S. H., Yoon, H. W., Koh, Y. J., Im, W. Y., Park, J. I., Song, D. H., Cheon, K. A., & Lee, C. U. (2015) Abnormal activation of the social brain network in children with autism spectrum disorder: An FMRI study. *Psychiatry*

Investigation, 12, 37–45.

Kohls, G., Antezana, L., Mosner, M. G., et al. (2018). Altered reward system reactivity for personalized circumscribed interests in autism. *Molecular Autism, 9,* 9.

Laruelle, M. (2000). Imaging synaptic neurotransmission with in vivo binding competition techniques: A critical review. *Journal of Cerebral Blood Flow & Metabolism, 20,* 423–451.

Lo, Y. C., Chen, Y. J., Hsu, Y. C., et al. (2017). Reduced tract integrity of the model for social communication is a neural substrate of social communication deficits in autism spectrum disorder. *Journal of Child Psychology and Psychiatry, 58,* 576–585.

Lombardo, M. V., Lai, M. C., Baron-Cohen, S. (2019). Big data approaches to decomposing heterogeneity across the autism spectrum. *Molecular Psychiatry, 24,* 1435–1450.

Lynn, A. C., Padmanabhan, A., Simmonds, D., et al. (2018). Functional connectivity differences in autism during face and car recognition: underconnectivity and atypical age-related changes. *Developmental Science, 21,* e12508

Maximo, J. O., Cadena, E. J., & Kana, R. K. (2014) The implications of brain connectivity in the neuropsychology of autism. *Neuropsychology Review 24,* 16–31.

McCaffery, P & Deutsch, C. K. (2015). Macrocephaly and the control of brain growth in autistic disorders. *Progress in neurobiology. 77(1–2), 38–56.*

Mitelman, S. A., Bralet, M. C., Mehmet Haznedar, M., Hollander, E., Shihabuddin, L., Hazlett, E. A., et al. (2018). Positron emission tomography assessment of cerebral glucose metabolic rates in autism spectrum disorder and schizophrenia. *Brain Imaging and Behavior, 12,* 532–546.

Müler, R. A., & Fishman, I. (2018). Brain connectivity and neuroimaging of social networks in autism. *Trends in Cognitive Sciences 22,* 1103–1116.

Odriozola, P., Dajani, D. R., & Burrows, C. A., et al. (2019). *Atypical frontoamygdala functionalconnectivity in youth with autism.* Developmental Cognitive Neuroscience in press.

Pappaianni, E., Siugzdaite, R., Vettori, S., et al. (2018). Three shades of grey: detecting brain abnormalities in children with autism using source-, voxel-and surface-based morphometry. *European Journal of Neuroscience, 47,* 690–700.

Pereira, A. M., Campos, B. M., Coan, A. C., et al. (2018). Differences in cortical structure and functional MRI connectivity in high functioning autism. *Frontiers in Neurology, 9,* 539.

Pfefferbaum, A., Chanraud, S., Pitel, A. L., Müller-Oehring, E., Shankaranarayanan, A., Alsop, D. C., et al. (2011). Cerebral blood flow in posterior cortical nodes of the default mode network decreases with task engagement but remains higher than in most brain regions.

Cerebral Cortex, 21, 233-244.

Phelps, E.. A., & LeDoux, J. E. (2005). Contributions of the amygdala to emotion processing: From animal models to human behavior. *Neuron, 48*, 175-187.

Phelps, M. E. (2000). PET: The merging of biology and imaging into molecular imaging. *Journal of Nuclear Medicine, 41*, 661-681.

Phelps, M. E. (2000). Positron emission tomography provides molecular imaging of biological processes. *Proceedings of the National Academy of Sciences of the United States of America, 97*, 9226-9233.

Poustka, L., Jennen-Steinmetz, C., Henze, R., Vomstein, K., Haffner, J., & Sieltjes, B. (2012). Fronto-temporal disconnectivity and symptom severity in children with autism spectrum disorder. *The World Journal of Biological Psychiatry, 13(4)*, 269-280

Rahmim, A., Zaidi, H. (2008). PET versus SPECT: Strengths, limitations and challenges. *Nuclear Medicine Communications, 29*, 193-207.

Reddihough, D. S., Marraffa, C., Mouti, A., O'Sullivan, M., Lee, K. J., Orsini, F., et al. (2019). Effect of fluoxetine on obsessive-compulsive behaviors in children and adolescents with autism spectrum disorders: a randomized clinical trial. *JAMA, 322*, 1561-1569.

Rizzolatti, G., & Craighero, L. (2004). The mirror-neuron system. *Annual Review of Neuroscience, 27*, 169-192.

Sato, W., Kochiyama, T., Uono, S., et al. (2017). Reduced gray matter volume in the social brain network in adults with autism spectrum disorder. *Frontiers in Human Neuroscience, 11*, 395.

Sato, W., Toichi, M., & Uono, S. (2012). Impaired social brain network for processing dynamic facial expressions in autism spectrum disorders. *BMC Neuroscience, 13*, 99.

Sato, W., Uono, S., & Kochiyama, T., et al. (2017). Structural correlates of reading the mind in the eyes in autism spectrum disorder. *Frontiers in Human Neuroscience, 11*, 361.

Saxe, R. (2006) Uniquely human social cognition. *Current Opinion in Neurobiology. 16*, 235-239.

Schilbach, L., Eickhoff, S. B., Rotarska-Jagiela, A., et al. (2008). Minds at rest? Social cognition as the default mode of cognizing and its putative relationship to the "default system" of the brain. *Consciousness and Cognition, 17*, 457-467.

Solso, S., Xu, R., Proudfoot, J., Hagler DJ Jr, Campbell, K., Venkatraman, V., Carter Barnes, C., Ahrens-Barbeau, C., Pierce, K., Dale, A., Eyler, L., & Courchesne, E. (2015). Diffusion tensor imaging provides evidence of possible axonal overconnectivity in frontal lobes in autism spectrum disorder toddlers. *Biological Psychiatry, 15*, 79(8), 676-684

Temur, H. O., Yurtsever, I., Yesil, G., Sharifov, R., Yilmaz, F. T., Dundar. T, T., & ALkan, A. (2019). Correlation between DTI findings and volume of corpus callosum in children with autism. *Current Medical Imaging Reviews, 15(9)*, 895-899

Tian, M., He, X., Jin, C., He, X., Wu, S., Zhou, R., et al. (2021). Transpathology: molecular imaging-based pathology. *European Journal of Nuclear Medicine and Molecular Imaging, 48(8)*, 2338-2350.

van Rooij, D. (2018). Cortical and subcortical brain morphometry differences between patients with autism spectrum disorder and healthy individuals across the lifespan: Results from the ENIGMA ASD Working Group. *American Journal of Psychiatry, 175*, 359-369.

Whitaker-Azmitia, P. M. (2005). Behavioral and cellular consequences of increasing serotonergic activity during brain development: A role in autism? *International Journal of Developmental Neuroscience, 23*, 75-83.

Williams, J. H., Whiten, A., Suddendorf, T., et al. (2001). Imitation, mirror neurons and autism. *Neuroscience & Biobehavioral Reviews, 25*, 287-295.

Yang, C. J., Tan, H. P., Du, Y. J. (2014). The developmental disruptions of serotonin signaling may involved in autism during early brain development. *Neuroscience, 267*, 1-10.

Yang, Y. J. D., Allen, T., Abdullahi, S. M., et al. (2018). Neural mechanisms of behavioral change in young adults with high-functioning autism receiving virtual reality social cognition training: A pilot study. *Autism Research, 11*, 713-725

김희연

신경생화학 및 신경생리학 연구

이 장에서는 현재까지 알려진 자폐스펙트럼장애의 신경생화학적 · 신경생리학적 바이오마커에 대해 논의한다. 자폐스펙트럼장애에서의 신경생화학적 변화에 대한 연구는 기초 신경과학 연구의 빠른 발전과 함께 약리학적 치료의 성공을 토대로 발전해 왔다. 자폐스펙트럼장애 특이적으로 나타나는 생화학적 변화의 탐색은 그 자체적으로 유망한 내적표현형(endophenotype)을 제공할 뿐만 아니라, 행동적 · 인지적 · 신경영상학적 내적표현형과의 관계에 대한 정보도 제공한다. 한편, 대부분의 신경생리학적 연구는 뇌파(Electroencephalogram: EEG)를 통해 이루어졌다. 이에 이 장에서는 신경생리학적 접근의 일반적 소개와 연구 방법론에 이어서 자폐스펙트럼장애에서의 사건관련전위와 주파수 분석을 살펴본다.

1. 신경생화학 연구

1) GABA(γ-aminobutyric acid)

Gamma aminobutyric acid(GABA)는 글루타메이트와 함께 신경 흥분성 균형을 맞춰 항상성을 유지하게 해 주는 신경전달물질이며, 특히 발달 과정 중인 뇌에서의 GABA 수용체는 성인의 것과는 달라서 이때의 GABA는 주요 흥분성 신경전달물질로서 세포 증식, 이동, 시냅스 성숙, 분화 및 사멸에 영향을 미친다(Owens & Kriegstein, 2002). GABA와 글루타메이트 시스템의 변화는 흥분성/억제성 균형을 붕괴시키며, 이는 자폐스펙트럼장애를 포함한 다양한 신경발달장애의 잠재적 메커니즘으로 작용하는 것으로 알려져 있다. 쥐의 중간 전두엽 피질에서의 증가된 세포 탈분극 기간이 사회적 행동의 결핍과 연관 있다는 보고가 있었으며, 흥분성/억제성 비율의 증가가 사회적 정보 처리 및 관련 행동에 심각한 손상을 일으키는 것으로 보인다(Yizhar et al., 2011). 자폐스펙트럼장애 아동의 혈장 GABA와 글루타메이트 비율이 대조군에 비해 유의미하게 증가되어 있는 것으로 알려져 있다(Al-Otaish et al., 2018). GABA와 글루타메이트 신경생리학의 이 흥분성 및 억제성 메커니즘 간의 불균형은 발달장애뿐만 아니라 조현병, 간질과 같은 다른 신경장애와도 연관성이 보고되었다(Ford et al., 2017a; Ford et al., 2017b). 레트 증후군을 유발하는 MECP2 돌연변이에서도 자폐적 특성이 동반될 수 있는데, 이는 해당 돌연변이가 글루타메이트 탈카복실라제(glutamic acid decarboxylase)−1, −2 수치를 감소시켜 결과적으로 GABA 시스템의 기능장애를 초래하는 것이 핵심 메커니즘으로 생각되고 있다(Chao et al., 2010).

몇몇 연구에서는 자폐스펙트럼장애 환자들의 15q11-q13 염색체에 위치하는 GABA 수용체의 단일 뉴클레오타이드 다형성(Single-Nucleotide Polymorphisms: SNPs)과의 연관성을 강조했으나(Buxbaum et al., 2002; Kim, 2007), 최근 메타분석에서는 GABA 수용체 소단위 B3, A5 및 G3의 다른 SNP들이 다양한 인종 집단에서 자폐증과의 상관관계가 없음을 보여 주었다(Mahdavi, 2018).

자폐스펙트럼장애에서의 이러한 흥분성/억제성 불균형을 타깃으로 하는 약리학적 접근도 이루어졌는데, Arbaclofen, acamprosate, bumetanide 및 valproate는 가장 많이 연구된 물질들이다. 그러나 대부분의 연구는 공개(open-label) 방식으로 진행되었으며 통계적 유의성이 낮았기에, 현재까지 자폐의 핵심 증상을 치료하기 위한 목적으로의 GABA 조절제를 사용하는 것에 대한 근거는 부족한 실정이다(Brondino et al., 2016).

2) 글루타메이트(glutamate)

글루타메이트는 신경 발생 및 시냅스 형성 과정에 관여하며, 과잉인 경우에는 흥분 독성 및 교질화 장애와 연관된다. 따라서 중추신경계 발달 중 글루타메이트 농도의 변화는 행동장애와 학습 및 기억 결함을 초래할 수 있다. 글루타메이트 수용체는 자폐스펙트럼장애에서 신경병리학적 변화가 일어나는 뇌 영역(예: 소뇌, 해마)에 밀집되어 존재하는 것으로 알려져 있으며, 자폐스펙트럼장애 환자에서 글루타메이트 수송체 EAAT-1 및 EAAT-2의 유전자 발현이 유의하게 증가되어 있음이 보고되기도 하였다(Purcell et al., 2001).

글루타메이트는 N-methyl-D-aspartate 수용체(NMDAR), α-amino-3-hydroxy-5-methyl-4-isoxazolepropionic acid 수용체(AMPAR), 대사형 글루타메이트 수용체 등 세 가지 주요 수용체와 상호작용하며(Petroff, 2002), 이 중 NMDAR과 AMPAR은 모두 자폐스펙트럼장애와 높은 연관성이 있는 것으로 보고되고 있다(Essa et al., 2013). Valproic acid로 유도된 자폐스펙트럼장애 설치류 모델에서는 NMDA 수용체의 NR2A와 NR2B 소단위의 선택적 과발현을 보이고, 이로 인해 NMDA 수용체 매개 시냅스 전류를 강화시켜 신피질의 피라미드 뉴런에서 증폭된 시냅스 가소성을 초래하는 것으로 확인되었다(Rinaldi et al., 2007). AMPAR GluA2 소단위의 변화는 신경 흥분성에 큰 영향을 미치며, GluA2 조절 이상은 지적장애와 레트 증후군 같은 다양한 신경정신질환과 관련이 있다(Li, 2016). 뿐만 아니라 시냅스 형성 및 유지와 단백질 타깃팅에 관련된 유전자(SHANK, NLGN3, NLGN4, UBE3A) 돌연변이들에서 동반되는 자폐적 특성이 공통적으로 글루타메이트 시스템의 조절 이상에 기인한다고 생각된다(Marro et al., 2019; Krishnan et al., 2017; Trobiani et al., 2018).

자폐스펙트럼장애 환자 대상 연구에서 NMDAR 기능의 조절을 통한 자폐 증상의 개선이 보고되었는데, 특히 NMDAR 작용제(D-cycloserine)는 사회적 위축 및 반복행동을 유의미하게 감소시켰다(Urbano et al., 2014). 한편, NMDAR 길항제(memantine) 투여는 고정 행동, 무기력, 과민성, 과잉행동 및 부주의를 개선하여 양방향 NMDAR 기능장애를 시사한다(Hosenbocus & Chahal, 2013).

3) 세로토닌(serotonin)

세로토닌(5-hydroxytryptamine: 5-HT)은 모노아민 계열에 속하는 신경전달물질로, 세포 분열, 대뇌 피질 증식, 이동, 분화, 대뇌 피질 가소성 및 시냅스 생성 등 초기 뇌 발달의 여러 과정의 조절에 관여한다(Celada et al., 2013). 세로토닌은 기억, 학습능력 등 다양

한 뇌 기능에 관여하며, 수면과 기분 조절자로서의 역할도 한다(Jenkins et al., 2016). 여러 자폐 아동 및 동물 모델에서 세로토닌 수송체(SERT 또는 5-HTT)나 세로토닌 수치가 대조군보다 높음을 보고했다(Muller et al., 2016; Siemann et al., 2017). 5-HT 수송체(SERT 또는 5-HTT)와 5-HT 그 자체의 농도가 더 높았으며, 5-HT(2A) 및 5-HT(1A) 수용체와의 5-HT 결합 감소를 시사하는 사후 연구 결과도 있었다(Abdulamir et al., 2018). 자폐스펙트럼장애 대상자의 혈소판에서 평균 20%에서 50% 증가되어 있는 고세로토닌혈증이 확인되었고(Anderson, 2002), 흥미롭게도 이러한 증가된 세로토닌은 지적장애 등 다른 신경발달장애에서는 관찰되지 않는 소견으로 자폐스펙트럼장애 특이적인 특성으로 생각되고 있다(McBride et al., 1998).

양전자 방출 단층촬영(PET) 연구에서는 2세에서 5세 사이의 건강한 어린이들이 높은 5-HT 합성을 보이고 사춘기에는 감소하는 반면, 자폐스펙트럼장애 아동들에서는 이러한 세로토닌 합성률의 감소를 보이지 않았다. 반면, 2세에서 5세 사이의 자폐스펙트럼장애 아동들에서는 대조군보다 세로토닌 수치가 현저히 낮았는데, 이는 나이가 들면서 증가하는 경향을 보였다(Hwang et al., 2017). 뉴런과 혈소판에서 세로토닌의 운반을 매개하는 단백질을 인코딩하는 SLC6A4 유전자의 다형성이 자폐스펙트럼장애와 연관된 것으로 알려져 있다. 특히 SLC6A4 다형성을 가진 자폐스펙트럼장애 아동에서 고세로토닌혈증이 두드러졌다(Jaiswal et al., 2015).

선택적 세로토닌 재흡수 억제제(Selective Serotonin Reuptake Inhibitors: SSRIs)는 임상적으로 공격적 행동 문제 및 반복행동의 증상의 완화에 도움이 되는 것으로 경험되고 있으나, 전반적 자폐 증상의 호전을 완화시키는 데에는 플루옥세틴(fluoxetine)만이 그 근거가 확인되었다(West et al., 2009). 자폐스펙트럼장애에서의 세로토닌 증가의 메커니즘 및 자폐 증상의 병태생리와의 연관성에 대해서는 추가 연구가 필요하다.

4) 도파민(dopamine)

자폐스펙트럼장애의 핵심 증상들은 중뇌(midbrain) 도파민계 시스템의 변화, 즉 도파민 방출 뉴런이 있는 복측피개영역(Ventral Tegmental Area: VTA)과 흑질 치밀부(Substantia Nigra pars compacta: SNpc)의 기능 이상으로부터 비롯된다고 생각되고 있다. 복측피개영역 뉴런들은 전두엽 피질(prefrontal cortex)과 측좌핵(Nucleus Accumbens: NAc)으로 투사되어 보상 및 동기 관련 행동에 필수적인 역할을 하는 중뇌변연계 경로(mesolimbic pathway)를 형성한다. 흑질 치밀부의 뉴런은 배측 선조체(dorsal striatum)로 투사되어 목표 지향적 행동 및 습관적 행동을 포함하여 행동 수행을 조절하는 역할을 하는 흑질선조체 경로(nigrostriatal pathway)를 형성한다. 자폐스펙트럼장애에서는 이와 같이 중뇌, 선조체, 전두엽 피질에 널리 분산되어 있는 조절 시스템 기능의 장애가 있는 것으로 보인다.

한 연구에서는 자폐스펙트럼장애에서의 사회적 결핍은 중뇌피질변연계 경로(mesocorticolimbic pathway)의 기능장애에 의해, 상동행동은 흑질선조체 경로의 기능 장애에 의해 유발된다고 제시하였다(Pavǎl, 2017). 쥐 모델 연구에서 약물로 유도된 흑질선조체 경로의 기능장애를 유발하였을 때 상동행동이 유발되었고, 이때 D1 도파민 수용체 길항제를 투여하면 상동행동이 감소하는 것이 확인되었다(Lewis et al., 2007). 또 다른 연구에서는 도파민성 복측피개영역 뉴런의 광유전학자극을 주었을 때 D1 수용체가 활성화되어 사회적 상호작용 시간이 증가되었던 반면, 해당 뉴런을 억제했을 때는 반대 효과를 나타나는 것을 통하여 뇌피질변연계 경로가 사회적 행동에 미치는 영향을 밝혔다(Gunaydin et al., 2014).

유전학 연구들에서는 위에 언급한 여러 도파민 경로들과 관련된 여러 유전자 다형성이 자폐스펙트럼장애와 연관됨을 보여 주었다. 도파민 수용체 DR3 및 DR4, 또는 도파민 수송체(DAT)가 그 예이며, 쥐 모델 연구에서 DAT 돌연변이가 비정상적인 도파민 유출을 유발하고 자폐 유사 행동 표현형을 초래하였다(DiCarlo, 2020).

도파민 수용체 차단제인 리스페리돈(Risperidone)과 도파민 D2 수용체 부분 효현제(partial agonist)인 아리피프라졸(Aripiprazole)만이 FDA에서 자폐스펙트럼장애에서의 과민성 치료를 목적으로 승인되었으며, 이에 더하여 상동행동 완화에도 효과적인 것으로 나타났다. 향후에도 자폐스펙트럼장애의 치료에서 도파민 조절제의 치료적 가능성을 위한 추가 연구가 필요함을 시사한다.

5) 옥시토신(oxytocine)과 아르기닌 바소프레신(Arginine-Vasopression: AVP)

최근 몇 년간 자폐스펙트럼장애 연구에서 옥시토신은 많은 관심을 받아 온 뉴로펩타이드이며, 아르기닌 바소프레신은 옥시토신과 같은 슈퍼패밀리에 속한다. 이 두 뉴로펩타이드는 구조가 매우 유사하고, 염색체 20p13에 가까이 위치하여 서로의 기능에 영향을 주며 중추 및 자율신경계에 영향을 미치고 인간의 행동을 조절한다(Ebstein et al., 2012).

옥시토신은 출산과 수유를 포함한 여러 생리적 과정에 관여하는 뉴로펩타이드로, 시냅스 가소성을 교정하고 눈맞춤, 사회적 인식, 공격성, 사회성 행동과 같은 사회적 행동을 조절하며 감정적, 사회적 '자아'를 형성하는 역할을 한다(Hammock, 2015). 자폐스펙트럼장애 대상자에서 혈장 옥시토신 및 아르기닌 바소프레신 수치가 변형되어 있는 것으로 보고되었으며, 각 뉴로펩타이드 수용체의 몇몇 단일염기다형성(SNP)이 자폐스펙트럼장애와 유의미한 관련이 있다고 보고되기도 하였다(Cataldo et al., 2018).

흥미롭게도, 자폐스펙트럼장애의 핵심 병태생리로 생각되는 시냅스 발달 과정에서 중요한 역할을 하는 시냅스 후 스캐폴딩 단백질인 SHANK3의 돌연변이가 옥시토신 시스템에 영향을 미치며, 이 변화가 자폐스펙트럼장애에서의 행동 표현형의 원인이라는 가설이 제기되기도 하였다(Buccuto, 2013). 최근에는 신경 발달 초기 단계에서 옥시토신 시스템의 실패가 시냅스 활동과 가소성을 변화시켜 사회적 행동에 영향을 미칠 수 있다는 가설이 제기되었다(Rajamani et al., 2018).

동물 모델 연구에서는 옥시토신 및 아르기닌 바소프레신의 투여가 자폐 증상을 완화시키고 사회적 기술을 향상시킬 수 있다고 보고되었다(Bielsky et al., 2004). 특히 자폐스펙트럼장애 대상자들에게 옥시토신을 투여했을 때 사회적 의사소통의 호전뿐만 아니라 반복행동, 불안, 과민성 및 자해 행동 완화에도 도움이 되었다는 보고가 있다(Tachibana, 2013; Kosaka et al., 2012). 한편, 최근 무작위 대조 시험에 대한 메타분석에서는 옥시토신이 위약보다 더 나은 효과가 없다고 결론지었다(Ooi et al., 2017).

6) 멜라토닌(melatonin)

자폐스펙트럼장애를 가진 아동은 종종 잠들기 어려움, 불면증, 기면증과 같은 수면장애를 보고한다(Souders et al., 2017). 멜라토닌은 수면 및 각성 리듬의 주요 조절자로, 수면 잠복기를 감소시키고 강력한 항산화 효과를 가진다. 또한 신경계의 발달과 가소성에 기여하며, 태반 항상성에 역할을 한다(de Almeida Chuffa et al., 2019). 임신 중 멜라토닌은 태반을 통과하여 태아에게 광주기 정보를 제공하고, 신경계의 적절한 발달에 필요한 수면 주기를 정상화한다(Jin et al., 2018).

모체의 멜라토닌은 송과체의 성숙 전 태아에 대한 염증과 뇌 손상으로부터 보호한다. 자폐스펙트럼장애 환자에서 혈장 멜라토닌 대사산물과 멜라토닌, 멜라토닌 황산염 요배설 수준이 감소해 있었으며(Tordjman, 2013), 자폐스펙트럼장애 아동의 어머니들에서도 6-황산화멜라토닌 수준이 유의하게 낮은 것으로 나타났다(Braam et al., 2018). 몇몇 연구에서는 특정 유전자 이상(MTNR1A, MTNR1B, GPR50, ASMT)이 멜라토닌 수치 감소 또는 멜라토닌 수용체 기능 변화에 기여하는 것으로 보고하였다(Rossignol & Frye, 2011).

자폐스펙트럼장애 아동에서의 만성적인 수면 문제를 돕기 위한 목적으로서 멜라토닌이 활발히 사용되고 있다(Malow et al., 2012). 멜라토닌은 일반적으로 부작용은 적으면서도, 전반적인 수면 지속 시간을 상당히 늘리고, 잠들기까지의 시간을 단축하며, 전반적인 수면장애를 감소시킨다(Jenabi et al., 2019). 멜라토닌은 수면 문제뿐만 아니라 자폐스펙트럼장애 아동의 의사소통 능력을 개선하고, 경직성과 불안을 감소시킨다(Howes, 2018). 또한 한 연구에서는 멜라토닌 투약을 통해 자폐스펙트럼군의 약 54%에서 과잉행동 및 부주의 문제가 개선되었다고 보고하는 등 멜라토닌이 수면장애 이 외에도 외현화 행동 문제 혹은 불안 및 우울과 같은 내현화 문제에도 긍정적 영향을 미칠 수 있다는 근거들이 보고되고 있다(Gagnon, 2018).

2. 신경생리학 연구

사례

> 민수(가명)는 만 6세의 자폐스펙트럼장애 아동으로 발달 과정 전반에 걸쳐 소리에 대한 과잉민감성을 보이고 있다. 마이크 소리가 울리는 대형 마트에 들어가는 것을 어려워하였으며, 학교 급식실에서 친구들의 대화 소리가 웅웅거리듯 울리는 것을 힘들어하여 교실에서 따로 도시락을 먹었다. 학교 외벽 공사가 시작된 이후로 민수는 수업 시간에 갑자기 소리를 지르며 힘들어하는 일이 잦아졌다. 또한 민수는 여름에 반팔을 입는 것에 큰 저항을 보이며 긴팔을 고집했는데, 학년이 올라가며 반팔을 시도할 수 있었으나 종종 엄마의 손을 가져다가 자신의 맨팔을 감싸곤 하였다.

자폐스펙트럼장애 아동은 일반적으로 감각적 특이성을 갖고 있는데, 약 96% 이상에서 다양한 감각 영역에서 과잉민감성 혹은 과소민감성을 보고하고 있다. 이러한 감각적 특이성의 병태생리를 밝히기 위하여 여러 신경생리학적 연구들이 진행되어 왔다. 이 절에서는 여러 감각 영역에 걸친 감각적 특이성의 공통된 특성, 일반화될 수 있는 신경생리학적 메커니즘에 중점을 두어 살펴보고자 한다. 자폐스펙트럼장애에서 청각, 촉각적

감각 특이성이 가장 흔히 보고되는데, 청각, 시각, 다중 감각 처리에 대한 생리학적 연구에 비하여 촉각, 후각, 미각 연구가 더 많이 수행되어 왔다(Marco et al., 2011).

1) 사건관련전위(Event Related Potential: ERP)

사건관련전위는 특정 자극이나 행동에 대한 반응으로서 나타나는 뇌 전기 활동의 변화로, 초기 요소는 기본적인 감각 처리를 반영하며 후기 요소는 보다 상위 수준의 지각 및 인지 처리를 반영한다고 알려져 있다. 이 중 초기 처리를 반영하는 P1, N1 등이 자폐스펙트럼장애 아동 혹은 성인에서 대조군에 비해 더 빠르게 발생하는 경향이 있으며, 이는 비전형적인 초기 감각 처리 특성을 보여 주는 한 예시이다. 또한 자폐스펙트럼장애에서의 감각 특이성이 반복된 자극에 대하여 감소된 반응을 보이게 하는 습관화(habitualization)가 실패한 결과라는 가설이 제기되기도 하였다. 대조군에서는 반복된 자극 후 진폭이 감소하는 P50 억제(suppression)가 감각적 개폐(sensory gating)의 역할을 하지만 자폐스펙트럼장애 아동에서는 이러한 억제가 약화된다는 결과가 이를 뒷받침한다. 자폐스펙트럼장애의 감각 특이성에 대해 지난 20년간 ERP 연구들이 수행되었으나 여전히 일관된 결과들을 보이지는 못하고 있다.

2) 감각 처리(sensory processing)

(1) 청각 감각 처리(auditory sensory processing)
청소기, 믹서기 등 일상적인 소음의 소리에 귀를 막고 괴로워하는 자폐스펙트럼장애 아동들은 특정 청각 자극을 굉장히 불쾌하거나 위협적으로 인식한다. 그에 따라 특정 청각 자극에 대한 노출을 피하게 되고, 이는 나아가 사회적 학습의 제한을 야기한다. 더 이상 진단기준에 포함되지는 않지만, 언어 발달 지연은 자폐스펙트럼장애의 핵심적이고 공통된 특징 중 하나로 생각되고 있다. 언어 발달 측면에서 청각이 중요한 역할을 하기에, 청각 처리 연구는 자폐스펙트럼장애의 병태생리를 이해하고 적절한 개입을 위해 필수적이다.

① 청각 뇌간 반응(Auditory Brainstem Response: ABR)
청각 정보 처리의 흐름을 측정하는 전통적인 방법 중 하나는 청각 뇌간 반응이다. 이는 클릭 혹은 특정 음으로 이루어진 일련의 자극에 의해 유발된 전기 활동을 밀리초(ms) 단위로 기록한 것이다. 자폐스펙트럼장애에서의 청각 뇌간 반응 연구들에서는 다양하고 상충된 결과들을 보였는데, 일부 연구에서는 중추 전달 잠재기(latency)나 진폭 측면에서 정상발달 아동과 차이가 없음을 밝힌 한편(Baranek, 1997), 다른 연구들에서는 자폐스펙트럼장애 아동 및 청소년에서 정상발달 아동들에 비하여 잠재기가 길어져 있음을 보여 주었다(Dunn, 2008; Courchesne, 1985). Russo 등(2008, 2009)의 연구에서는 자폐스펙트럼장애 아동들이 클릭에 대해서는 전형적인 뇌간 반응을 보여 주었지만, 변화된 음조와 소음이 있는 말소리에 대해서는 정상발달 아동과의 유의미한 차이를 보였다. 즉, 특히 복잡한 청각 자극과 관련하여 초기 청각 경로에서 자폐스펙트럼장애 아동들의 특징적 징후가 있음을 시사한다.

② 피질 청각 감각 처리(cortical auditory sensory processing)

뇌간을 넘어서, 피질 청각 감각 처리는 ERP를 포함한 뇌파 연구들로 진행되었다. 자폐스펙트럼장애 아동들에서 청각 및 연관 피질의 활동을 반영하는 것으로 생각되는 약 150ms 미만의 초기 피크의 잠재기에 다양한 변이가 있는 것으로 확인되었다. 이러한 비정상적 잠재기는 각 연구마다 상반된 방향성을 보였는데, 자극의 종류에 따라 대조군에 비하여 잠재기가 빠르거나(Russo, 2009) 지연되는 것(Ferri, 2003)으로 확인되었다. 이러한 이질적인 결과들은 다양한 성별과 나이의 대상자를 포함하고 각 연구마다 사용한 패러다임이 달랐던 것에 기인할 것이다.

③ 추후 연구 방향

앞서 언급한 비교적 단순한 청각 자극에 대한 초기 감각 처리 특성은 아동들이 성장함에 따라 약화되거나 달라질 가능성이 있다. 그럼에도 불구하고 이러한 감각 처리 특성이 상호 대화처럼 복잡한 자극 처리 특성에 대해 연속적이고 부정적인 영향을 미칠 수 있다는 신경 발달 가설을 검증하기 위해서는 이에 대한 종단 연구가 필요할 것이다. 또한 피치 구별 및 말소리 대 비말소리 패러다임과 같은 더 복잡한 청각 과제에 대한 탐색과 이와 관련한 주의력의 변화를 함께 살펴보는 것은 자폐스펙트럼장애에서 피질 처리 특성을 이해하는 데 도움이 될 것이다.

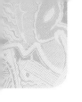

(2) 시각 감각 처리(visual sensory processing)

자폐스펙트럼장애 아동들은 밝은 빛에서 눈을 가리는 것과 같이 시각자극을 피하려는 듯한 행동이나, 눈앞에서 손가락을 꼬는 것과 같이 추가적인 시각자극을 추구하는 등의 시각 특이성을 보인다(Leekam, 2007). 청각 영역과 마찬가지로 자폐스펙트럼장애에서의 시각 감각 처리와 관련된 신경생리학적 연구 결과들 간에는 상당한 차이를 보이고 있다. 특히 자폐스펙트럼장애에서의 시각 정보 처리는 정적 공간 정보(spatial information processing) 처리를 필요로 하는 과제에서는 문제가 없거나 오히려 향상된 성능을 보이는 반면, 동적 정보 분석(dynamic information analysis) 측면에서는 처리가 저하된 이중적인 양상을 보인다. 자폐스펙트럼장애 아동들은 다양하고 복잡한 양상의 움직임 자극에 덜 민감한 것으로 보고되었다(Blake, 2003). 한편, 시각 유발 전위 연구(Visual-evoked Potential Studies)들에서는 자폐스펙트럼장애 아동들이 물체 경계 감지에서 어려움을 보일 뿐만 아니라 비전형적인 조기 피크를 보였고(Vandenbroucke, 2008), 다양한 범위의 신호/잡음 비율 환경에서 정지 혹은 움직이는 자극을 감지하는 능력이 낮았다(Sanchez-Marin & Padilla-Medina, 2008).

① 얼굴 처리(face processing)

자폐스펙트럼장애에서 가장 잘 연구된 시각 인지의 영역 중 하나는 얼굴 처리이며, 이는 인간 사회적 상호작용에 있어 중요한 기술이다. 특히 감정 표현의 얼굴 처리는 종종 장애가 있는 것으로 나타났다(Bal, 2010; Corden, 2008). 얼굴 처리와 얼굴 감정 인식의 장애에 대한 신경 상관 관계를 연구해 왔는데, 이 질문에 대한 해답을 제공할 수 있는 한 가지 방법은 인간 피질에서의 신경 활동을 직접 측정하고 매우 높은 시간적 해상도를 제공하는 ERP를 사용하는 것이다.

• 시각적 ERP

ERP는 초기 시각 처리 단계에서 작업 기억 업데이트 및 얼굴 식별과 같은 나중의 인지 과정까지 시각 자극의 처리를 매핑할 수 있다. 가장 초기의 시각 성분 중 하나는 P100으로, 이는 저 공간 주파수의 인지와 시각 장면의 전반적인 구조에 대한 대략적인 첫인상을 반영한다. P100에서 얼굴 감도의 영향이 나타난다는 것이 이미 입증된 바 있다(Herrmann, 2005).

• N170: 얼굴–민감한 처리

N170은 자폐스펙트럼장애 아동에서 얼굴 처리와 관련하여 가장 자주 탐색된 ERP 성분 중 하나이다. 여러 연구에서는 얼굴 친숙성에 대한 N170을 조사했는데, Churches 등(2012)은 자폐스펙트럼장애 아동에서 N170이 일반적으로 감소하여 얼굴에 대한 초기 시각 처리의 결함을 보인다는 것을 확인하였고, 새로운 얼굴 표현의 형성에 대한 ERP 반응의 변화도 보이지 않음을 보고했다. 그러나 비슷한 다른 연구에서는 행동 얼굴 기억 과제에서 자폐스펙트럼장애 그룹의 성능이 현저하게 떨어진다는 것을 확인한 반면, 초기 시각 처리 단계에서 차이를 발견하지는 못하였다(Webb, 2010).

• 얼굴 감정 인식

일반적인 얼굴 처리에서의 결함이 확인되었으므로 감정 표현의 처리에서의 결함은 이와 같거나 혹은 더 큰지 탐색해 보아야 한다. 자폐스펙트럼장애 아동과 성인 모두를 조사한 연구에서 자폐스펙트럼장애 아동들은 정상 대조군과 비교하여 감정 이름 붙이기 과제에서 유의미한 차이를 보이지 않았으나, 자폐스펙트럼장애 성인들은 정상 대조군에 비해 P100과 N170 발현의 지연 및 N170 진폭이 낮은 것으로 확인되었다(O'Connor, 2005). 다른 연구에서 감정 얼굴 처리와 구체적으로 연관된 ERP의 차이를 발견하지는 못했으나, 중립 및 감정 얼굴과 대조 자극에 대한 초기 구성 요소에서 잠재기의 지연을 확인했다(Apicella, 2013). 또한 자폐스펙트럼장애 아동은 대조군과 비교할 때 P100 및 N170 지연과 P100 진폭에서 암묵적 감정 처리 과제에서 결함이 있었으며, 언어 발달이 비슷한 대조 아동과 비교할 때 P100 진폭이 감소되어 있다(Batty, 2011; [그림 10–1] 참조). 다른 연구에서는 자폐스펙트럼장애 아동, 정상발달 아동, 발달 지연 아동을 비교했을 때, 자폐스펙트럼장애 아동은 얼굴보다 물체에 대한 더 짧은 지연과 N170 전구체 구성 요소에서 물체에 대한 더 높은 진폭을 보였다(Webb, 2006). 이러한 결과는 자폐스펙트럼장애 아동에서 물체 처리는 잘 유지되는 반면, 이미 3~4세 때부터 얼굴 처리의 결함이 나타남을 의미한다. 유아기 얼굴 감정 인식을 좀 더 살펴보면, 정상발달 유아는 두려운 얼굴과 중립적 얼굴 표정을 수동적으로 보는 동안 ERP 반응에서 차이를 보였지만 자폐스펙트럼장애 유아는 그렇지 않았다(Dawson, 2004). 이는 초기 발달 단계에서부터의 감정 얼굴 표정 처리의 손상을 의미한다.

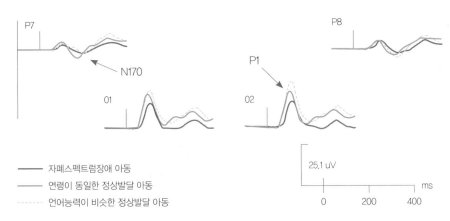

[그림 10-1] 네 개의 후두 전극(O1, O2, P7, P8)에서의 여러 감정에 대한 평균 파형

출처: Batty (2011).

(3) 촉각 감각 처리(tactile sensory processing)

자폐스펙트럼장애에서 촉각 민감도가 흔히 보고되지만, 청각 민감도에 비해 훨씬 적은 주목을 받아 왔다. 일반적인 임상 증상으로는 머리와 몸에 가벼운 접촉을 피하는 것이 있으며, 이는 종종 특정 소재의 의류 착용 시에 발생한다. 촉각 관련 연구는 진동 촉각 자극을 사용하여 임계값 및 민감도를 조사하는 방식으로 이루어졌는데, 아스퍼거 증후군 성인은 200Hz 진동 촉각 자극에 대해 낮은 촉각 지각 임계값을 보여 파키니 소체 수용체 경로에서의 과민성이 시사되었다(Blakemore, 2006). 성인 자폐스펙트럼장애 환자들에서 진동 촉각자극과 열자극에 대한 촉각 과민성이 확인된 반면, 가벼운 접촉에 대해서는 특이 반응을 보이지 않았다(Cascio, 2008). 자폐스펙트럼장애의 이질성을 고려했을 때 감각 처리 관련 신경생리학 연구들은 행동 과제를 포함해야 한다. 자폐스펙트럼장애에서 특히 높은 빈도로 나타나는 비정상적인 촉각 민감도에 대한 추가적인 탐색이 절실히 필요한 실정이지만, 선행 연구 결과들을 종합해 보면 자폐스펙트럼장애에서 향상되어 있는 촉각 지각은 과연결된 지역 처리 네트워크(단거리)를 반영할 수 있지만 보다 장거리 신경 연결의 통합적 기능의 손상을 의미하는 것일 가능성도 있다(Gomot, 2006).

3) 다중감각 통합(multisensory integration)

(1) 저수준 통합(low-level integration)

주변 환경에서 발생하는 대부분의 자극은 주어진 순간에 여러 감각을 동시에 활성화한다. 다중감각 통합(MSI)은 여러 감각기관으로부터 들어오는 정보를 압축하고 관리하는 과정을 의미하며, 지각적 일관성을 경험하고 각 개인이 처한 환경의 지속적인 흐름 내에서 적절한 반응을 생성하는 데 필수적이다. 자폐스펙트럼장애 아동에서 앞서 언급된 단일 감각 처리의 결함과 유사하게, 다중 감각 정보를 종합하는 과정에서도 부진한 성능을 보일 가능성이 있으며, 이러한 비정상적인 지각 경험은 시각, 청각, 촉각 입력의 동시 채널을 적절히 필터링하거나 처리하지 못하는 능력 때문일 것으로 생각되고 있다.

다중감각 처리에 대한 뇌파 연구는 뇌 처리의 전기생리학적 특징 내에서 비정상적인 타이밍과 활동 수준을 보여 줄 수 있는데, Courchesne 등(1989)은 자폐스펙트럼장애 대상자에서 시각 및 청각 자극이 동시에 제시될 때 반응 진폭이 감소한다고 보고했다. 다중 감각 통합 과정 중에서도, 특히 지각 정보가 종합되는 후기 단계에서 자폐스펙트럼장애 특이 변화가 있는 것으로 보고되었다. 청각 및 체감각 자극이 연달아 제시될 때, 초기(약 100 ms) 전기적 잠재력은 상대적으로 잘 유지되었으나 피질에서 이 초기 활동 단계 이후로 이어지는 반응(약 175 ms 부근)은 자폐스펙트럼장애 대상자들에서 제한되고 지연되어 있는 것으로 나타났다(Russo, 2010). 이러한 결과들은 뇌에서 활동의 크기와 지연이 자폐스펙트럼장애에서 다중감각 처리 결함에 기여할 수 있음을 나타낸다.

(2) 고수준 통합 및 거울 뉴런 시스템(high-order integration and mirror neuron system)

자폐스펙트럼장애 아동들은 단순한 수준의 다중 감각 통합에서의 처리 장애 외에도 보다 복잡한 수준에서도 감각 통합의 차이를 보이는데, 특히 언어의 이해 및 표현 과정에서 이러한 결함이 두드러진다. 자폐스펙트럼장애 아동에게 시각 및 청각 언어 자극이 차례로 제시될 때, 통합 성능이 우연에 가까운 수준으로 떨어지며 이해의 결함을 나타냈다(Bebko, 2006). 언어 처리에서 나타날 수 있는 다중 감각 환영인 McGurk 효과에서는 시각 처리(입 모양 읽기)가 청각 처리(음소 인식)와 결합되어 구어 언어의 이해를 생성하는데, 이를 통하여 감각 통합의 부적절한 타이밍이 자폐스펙트럼장애에서의 소통 결함에 기여함을 이해할 수 있다. 자폐스펙트럼장애 대상자는 정상 대조군에 비하여 입 모양 읽기와 같은 시각 피드백에 덜 의존하였으며(Williams, 2004), 시각 피드백 훈련을 받아도 성능 향상을 보이지 않고 특히 시끄러운 청각 환경에서는 시각 피드백에 의존하는 것이 더욱 불가능했다(Iarocci, 2010).

자폐스펙트럼장애에서의 다중 감각 통합 결함과 관련된 구체적 신경생리학적 메커니즘이 탐구되었는데, 여기에는 전두엽 피질과 측두엽의 연합 영역, 그리고 자폐스펙트럼장애에서 뉴런 밀도의 중요한 변화가 있다고 알려진 소뇌가 중요한 역할을 할 것이란 가설이 제기되었다. 이 중에서도 특히 '거울 뉴런 시스템(Mirror Neuron System: MNS)'의 일부로 포함되는 대뇌 피질 영역이 주목을 받았다. 자폐스펙트럼장애의 전형적인 행동 및 인지적 결함과 거울 뉴런 시스템의 기능적 특성은 많은 공통점을 가진다. 거울 뉴런 시스템은 모방 및 사회적 학습, 그리고 행동 뒤의 의도의 해석의 기능을 한다고 여겨진다(Iacoboni, 2005; Rizzolatti & Sinigaglia, 2010). 또한 거울 뉴런 네트워크는 언어(Ramachandran, 2000), 정신 이론(Gallese & Goldman, 1998), 또는 인지적 공감(Carr, 2003)과 같은 인지 과정에도 직접적으로 관련될 수 있다. 거울 뉴런 활동을 다양한 행농 및 인지 작업 수행 중에 전기뇌파로 연구할 수 있는 매개 변수 중 하나는 이른바 mu-억제(또는 mu-비동기화)이다. mu-리듬은 감각운동피질에 의해 생성되는 8-13 Hz의 진동으로, mu-리듬의 감소는 기저 뉴런 집단의 활동에서 더 강한 비동기화를 반영하며, 해당 영역의 활성화와 관련이 있다(Pfurtscheller, 1997). 거울 뉴런 시스템의 특성에 해당하는 mu-억제는 목표나 객체 지향 행동이 관찰되거나 수행될 때 발생한다(Muthukumaraswamy, 2004). 여러 연구에서는 EEG와 mu-억제를 사용하여 자폐스펙트럼장애에서의 거울 뉴런 네트워크의 결함을 탐색했는데, Oberman 등(2005)은 정상 대조군은 손동작을 관찰하고 수행하는 동안 mu-억제를 보인 반면 자폐스펙트럼장애 대상자들은 그들 자신이 손동작을 수행할 때만 mu-억제를 보이는 것을 발견하였다. 또 다른 연구에서는 자폐스펙트럼장애 성인에서 행동 모방 능력과 mu-억제가 상관관계를 보이는 것을 확인하였다(Bernier, 2007).

참고문헌

Abdulamir, H. A., Abdul-Rasheed, O. F., & Abdulghani, E. A. (2018). Serotonin and serotonin transporter levels in autistic children. Saudi medical journal, 39(5), 487. Anderson, G. M. (2002). Genetics of childhood disorders: XLV. Autism, part 4: serotonin in autism. Journal of the American *Academy of Child & Adolescent Psychiatry*, *41*(12), 1513-1516.

Al-Otaish, H., Al-Ayadhi, L., Bjørklund, G., Chirumbolo, S., Urbina, M. A., & El-Ansary, A. (2018). Relationship between absolute and relative ratios of glutamate, glutamine and GABA and severity of autism spectrum disorder. *Metabolic Brain Disease, 33*, 843-854.

Apicella, F., Sicca, F., Federico, R. R., Campatelli, G., & Muratori, F. (2013). Fusiform gyrus responses to neutral and emotional faces in children with autism spectrum disorders: a high density ERP study. *Behavioural Brain Research, 251*, 155-162.

Bal, E., Harden, E., Lamb, D., Van Hecke, A. V., Denver, J. W., & Porges, S. W. (2010). Emotion recognition in children with autism spectrum disorders: Relations to eye gaze and autonomic state. *Journal of Autism and Developmental Disorders, 40*, 358-370.

Baranek, G. T., Foster, L. G., & Berkson, G. (1997). Tactile defensiveness and stereotyped behaviors. *The American Journal of Occupational Therapy, 51*(2), 91-95.

Batty, M., Meaux, E., Wittemeyer, K., Rogé, B., & Taylor, M. J. (2011). Early processing of emotional faces in children with autism: An event-related potential study. *Journal of Experimental Child Psychology, 109*(4), 430-444.

Bebko, J. M., Weiss, J. A., Demark, J. L., & Gomez, P. (2006). Discrimination of temporal synchrony in intermodal events by children with autism and children with developmental disabilities without autism. *Journal of Child Psychology and Psychiatry, 47*(1), 88-98.

Bernier, R., Dawson, G., Webb, S., & Murias, M. (2007). EEG mu rhythm and imitation impairments in individuals with autism spectrum disorder. *Brain and Cognition, 64*(3), 228-237.

Bielsky, I. F., & Young, L. J. (2004). Oxytocin, vasopressin, and social recognition in mammals. *Peptides, 25*(9), 1565-1574.

Blake, R., Turner, L. M., Smoski, M. J., Pozdol, S. L., & Stone, W. L. (2003). Visual recognition of biological motion is impaired in children with autism. *Psychological Science, 14*(2), 151-157.

Blakemore, S. J., Tavassoli, T., Calò, S., Thomas, R. M., Catmur, C., Frith, U., & Haggard, P. (2006). Tactile sensitivity in Asperger syndrome. *Brain and Cognition, 61*(1), 5-13.

Boccuto, L., Lauri, M., Sarasua, S. M., Skinner, C. D., Buccella, D., Dwivedi, A., ··· & Schwartz, C. E. (2013). Prevalence of SHANK3 variants in patients with different subtypes of autism spectrum disorders. *European Journal of Human Genetics, 21*(3), 310-316.

Braam, W., Ehrhart, F., Maas, A. P., Smits, M. G., & Curfs, L. (2018). Low maternal melatonin level increases autism spectrum disorder risk in children. *Research in Developmental Disabilities, 82*, 79-89.

Brondino, N., Fusar-Poli, L., Panisi, C., Damiani, S., Barale, F., & Politi, P. (2016). Pharmacological modulation of GABA function in autism spectrum disorders: a systematic review of human studies. *Journal of Autism and Developmental Disorders, 46*, 825-839.

Buxbaum, J., Silverman, J. M., Smith, C. J., Greenberg, D. A., Kilifarski, M., Reichert, J., ··· &

Vitale, R. (2002). Association between a GABRB3 polymorphism and autism. *Molecular Psychiatry, 7*(3), 311-316.

Carr, L., Iacoboni, M., Dubeau, M. C., Mazziotta, J. C., & Lenzi, G. L. (2003). Neural mechanisms of empathy in humans: a relay from neural systems for imitation to limbic areas. *Proceedings of the National Academy of Sciences, 100*(9), 5497-5502.

Cascio, C., McGlone, F., Folger, S., Tannan, V., Baranek, G., Pelphrey, K. A., & Essick, G. (2008). Tactile perception in adults with autism: A multidimensional psychophysical study. *Journal of Autism and Developmental Disorders, 38*, 127-137.

Cataldo, I., Azhari, A., & Esposito, G. (2018). A review of oxytocin and arginine-vasopressin receptors and their modulation of autism spectrum disorder. *Frontiers in Molecular Neuroscience, 11*, 27.

Celada, P., Puig, M. V., & Artigas, F. (2013). Serotonin modulation of cortical neurons and networks. *Frontiers in Integrative Neuroscience, 7*, 25.

Chao, H. T., Chen, H., Samaco, R. C., Xue, M., Chahrour, M., Yoo, J., ⋯ & Zoghbi, H. Y. (2010). Dysfunction in GABA signalling mediates autism-like stereotypies and Rett syndrome phenotypes. *Nature, 468*(7321), 263-269.

Churches, O., Damiano, C., Baron-Cohen, S., & Ring, H. (2012). Getting to know you: the acquisition of new face representations in autism spectrum conditions. *Neuroreport, 23*(11), 668-672.

Corden, B., Chilvers, R., & Skuse, D. (2008). Emotional modulation of perception in Asperger's syndrome. *Journal of Autism and Developmental Disorders, 38*, 1072-1080.

Courchesne, E., Lincoln, A. J., Kilman, B. A., & Galambos, R. (1985). Event-related brain potential correlates of the processing of novel visual and auditory information in autism. *Journal of Autism and Developmental Disorders, 15*(1), 55-76.

Courchesne, E., Lincoln, A. J., Yeung-Courchesne, R., Elmasian, R., & Grillon, C. (1989). Pathophysiologic findings in nonretarded autism and receptive developmental language disorder. *Journal of Autism and Developmental Disorders, 19*, 1-17.

Dawson, G., Webb, S. J., Carver, L., Panagiotides, H., & McPartland, J. (2004). Young children with autism show atypical brain responses to fearful versus neutral facial expressions of emotion. *Developmental Science, 7*(3), 340-359.

de Almeida Chuffa, L. G., Lupi, L. A., Cucielo, M. S., Silveira, H. S., Reiter, R. J., & Seiva, F. R. F. (2019). Melatonin promotes uterine and placental health: potential molecular mechanisms. *International Journal of Molecular Sciences, 21*(1), 300.

Dunn, M. A., Gomes, H., & Gravel, J. (2008). Mismatch negativity in children with autism and typical development. *Journal of Autism and Developmental Disorders, 38*, 52-71.

Ebstein, R. P., Knafo, A., Mankuta, D., Chew, S. H., & San Lai, P. (2012). The contributions of oxytocin and vasopressin pathway genes to human behavior. *Hormones and Behavior, 61*(3), 359-379.

Essa, M. M., Braidy, N., Vijayan, K. R., Subash, S., & Guillemin, G. J. (2013). Excitotoxicity in the pathogenesis of autism. *Neurotoxicity Research, 23*, 393-400.

Ferri, R., Elia, M., Agarwal, N., Lanuzza, B., Musumeci, S. A., & Pennisi, G. (2003). The mismatch negativity and the P3a components of the auditory event-related potentials in autistic low-functioning subjects. *Clinical Neurophysiology, 114*(9), 1671-1680.

Foxe, J. J., & Molholm, S. (2009). *Ten years at the multisensory forum: Musings on the evolution of a field.*

Gagnon, K., & Godbout, R. (2018). Melatonin and comorbidities in children with autism spectrum disorder. *Current Developmental Disorders Reports, 5*, 197-206.

Gallese, V., & Goldman, A. (1998). Mirror neurons and the simulation theory of mind-reading. *Trends in Cognitive Sciences, 2*(12), 493-501.

Gomot, M., Bernard, F. A., Davis, M. H., Belmonte, M. K., Ashwin, C., Bullmore, E. T., & Baron-Cohen, S. (2006). Change detection in children with autism: an auditory event-related fMRI study. *Neuroimage, 29*(2), 475-484.

Gunaydin, L. A., Grosenick, L., Finkelstein, J. C., Kauvar, I. V., Fenno, L. E., Adhikari, A., ··· & Deisseroth, K. (2014). Natural neural projection dynamics underlying social behavior. *Cell, 157*(7), 1535-1551.

Hammock, E. A. (2015). Developmental perspectives on oxytocin and vasopressin. *Neuropsychopharmacology, 40*(1), 24-42.

Herrmann, M. J., Ehlis, A. C., Ellgring, H., & Fallgatter, A. J. (2005). Early stages (P100) of face perception in humans as measured with event-related potentials (ERPs). *Journal of Neural Transmission, 112*, 1073-1081.

Hosenbocus, S., & Chahal, R. (2013). Amantadine: a review of use in child and adolescent psychiatry. Journal of the Canadian Academy of Child and Adolescent Psychiatry, 22(1), 55.

Howes, O. D., Rogdaki, M., Findon, J. L., Wichers, R. H., Charman, T., King, B. H., ··· & Murphy, D. G. (2018). Autism spectrum disorder: Consensus guidelines on assessment, treatment and research from the British Association for Psychopharmacology. *Journal of Psychopharmacology, 32*(1), 3-29.

Hwang, B. J., Mohamed, M. A., & Brašić, J. R. (2017). Molecular imaging of autism spectrum disorder. *International Review of Psychiatry, 29*(6), 530-554.

Iacoboni, M. (2009). Imitation, empathy, and mirror neurons. *Annual Review of Psychology,* *60,* 653-670.

Iarocci, G., Rombough, A., Yager, J., Weeks, D. J., & Chua, R. (2010). Visual influences on speech perception in children with autism. *Autism, 14*(4), 305-320.

Jaiswal, P., Guhathakurta, S., Singh, A. S., Verma, D., Pandey, M., Varghese, M., ··· & Rajamma, U. (2015). SLC6A4 markers modulate platelet 5−HT level and specific behaviors of autism: a study from an Indian population. *Progress in Neuro-Psychopharmacology and Biological Psychiatry, 56,* 196-206.

Jenabi, E., Ataei, S., & Bashirian, S. (2019). Evaluation of drug interventions for the treatment of sleep disorders in children with autism spectrum disorders: A systematic review. *Korean Journal of pediatrics, 62*(11), 405.

Jenkins, T. A., Nguyen, J. C., Polglaze, K. E., & Bertrand, P. P. (2016). Influence of tryptophan and serotonin on mood and cognition with a possible role of the gut-brain axis. *Nutrients, 8*(1), 56.

Jin, H., Zhang, Z., Wang, C., Tang, Q., Wang, J., Bai, X., ··· & Wang, X. (2018). Melatonin protects endothelial progenitor cells against AGE-induced apoptosis via autophagy flux stimulation and promotes wound healing in diabetic mice. *Experimental & molecular medicine, 50*(11), 1-15.

Kim, S. A., Kim, J. H., Park, M., Cho, I. H., & Yoo, H. J. (2007). Association of GABRB3 polymorphisms with autism spectrum disorders in Korean trios. *Neuropsychobiology, 54*(3), 160-165.

Kosaka, H., Munesue, T., Ishitobi, M., Asano, M., Omori, M., Sato, M., ··· & Wada, Y. (2012). Long-term oxytocin administration improves social behaviors in a girl with autistic disorder. *BMC Psychiatry, 12,* 1-4.

Krishnan, V., Stoppel, D. C., Nong, Y., Johnson, M. A., Nadler, M. J., Ozkaynak, E., ··· & Anderson, M. P. (2017). Autism gene Ube3a and seizures impair sociability by repressing VTA Cbln1. *Nature, 543*(7646), 507-512.

Leekam, S. R., Hunnisett, E., & Moore, C. (1998). Targets and cues: Gaze-following in children with autism. *The Journal of Child Psychology and Psychiatry and Allied Disciplines, 39*(7), 951-962.

Lewis, M. H., Tanimura, Y., Lee, L. W., & Bodfish, J. W. (2007). Animal models of restricted repetitive behavior in autism. *Behavioural Brain Research, 176*(1), 66-74.

Li, L. J., Hu, R., Lujan, B., Chen, J., Zhang, J. J., Nakano, Y., ··· & Wan, Q. (2016). Glycine potentiates AMPA receptor function through metabotropic activation of GluN2Acontaining NMDA receptors. *Frontiers in Molecular Neuroscience, 9,* 102.

Mahdavi, M., Kheirollahi, M., Riahi, R., Khorvash, F., Khorrami, M., & Mirsafaie, M. (2018). Meta-analysis of the association between GABA receptor polymorphisms and autism spectrum disorder (ASD). *Journal of Molecular Neuroscience, 65,* 1-9.

Malow, B. A., Byars, K., Johnson, K., Weiss, S., Bernal, P., Goldman, S. E., ··· & Glaze, D. G. (2012). A practice pathway for the identification, evaluation, and management of insomnia in children and adolescents with autism spectrum disorders. *Pediatrics, 130*(Supplement_2), S106-S124.

Marco, E. J., Hinkley, L. B., Hill, S. S., & Nagarajan, S. S. (2011). Sensory processing in autism: a review of neurophysiologic findings. *Pediatric Research, 69*(8), 48-54.

Marro, S. G., Chanda, S., Yang, N., Janas, J. A., Valperga, G., Trotter, J., ··· & Wernig, M. (2019). Neuroligin-4 regulates excitatory synaptic transmission in human neurons. *Neuron, 103*(4), 617-626.

McBride, P. A., Anderson, G. M., Hertzig, M. E., Snow, M. E., Thompson, S. M., Khait, V. D., ··· & Cohen, D. J. (1998). Effects of diagnosis, race, and puberty on platelet serotonin levels in autism and mental retardation. Journal of the American *Academy of Child & Adolescent Psychiatry, 37*(7), 767-776.

Muller, C. L., Anacker, A. M., & Veenstra-VanderWeele, J. (2016). The serotonin system in autism spectrum disorder: From biomarker to animal models. Neuroscience, 321, 24-41.

Muthukumaraswamy, S. D., Johnson, B. W., & McNair, N. A. (2004). Mu rhythm modulation during observation of an object-directed grasp. *Cognitive Brain Research, 19*(2), 195-201.

O'connor, K., Hamm, J. P., & Kirk, I. J. (2005). The neurophysiological correlates of face processing in adults and children with Asperger's syndrome. *Brain and Cognition, 59*(1), 82-95.

Oberman, L. M., Hubbard, E. M., McCleery, J. P., Altschuler, E. L., Ramachandran, V. S., & Pineda, J. A. (2005). EEG evidence for mirror neuron dysfunction in autism spectrum disorders. *Cognitive Brain Research, 24*(2), 190-198.

Ooi, Y. P., Weng, S. J., Kossowsky, J., Gerger, H., & Sung, M. (2017). Oxytocin and autism spectrum disorders: a systematic review and meta-analysis of randomized controlled trials. *Pharmacopsychiatry, 50*(01), 5-13.

Owens, D. F., & Kriegstein, A. R. (2002). Is there more to GABA than synaptic inhibition? *Nature Reviews Neuroscience, 3*(9), 715-727.

Pavăl, D. (2017). A dopamine hypothesis of autism spectrum disorder. *Developmental Neuroscience, 39*(5), 355-360.

Petroff, O. A. (2002). Book review: GABA and glutamate in the human brain. *The Neuroscientist, 8*(6), 562-573.

Pfurtscheller, G., Neuper, C., Andrew, C., & Edlinger, G. (1997). Foot and hand area mu rhythms. *International Journal of Psychophysiology, 26*(1-3), 121-135.

Purcell, A. E., Jeon, O. H., Zimmerman, A. W., Blue, M. E., & Pevsner, J. (2001). Postmortem brain abnormalities of the glutamate neurotransmitter system in autism. *Neurology, 57*(9), 1618-1628.

Rajamani, K. T., Wagner, S., Grinevich, V., & Harony-Nicolas, H. (2018). Oxytocin as a modulator of synaptic plasticity: Implications for neurodevelopmental disorders. *Frontiers in Synaptic Neuroscience, 10*, 17.

Ramachandran, V. S. (2000). Mirror neurons and imitation learning as the driving force behind "the great leap forward" in human evolution.

Rinaldi, T., Kulangara, K., Antoniello, K., & Markram, H. (2007). Elevated NMDA receptor levels and enhanced postsynaptic long-term potentiation induced by prenatal exposure to valproic acid. *Proceedings of the National Academy of Sciences, 104*(33), 13501-13506.

Rizzolatti, G., & Sinigaglia, C. (2010). The functional role of the parieto-frontal mirror circuit: interpretations and misinterpretations. *Nature Reviews Neuroscience, 11*(4), 264-274.

Rossignol, D. A., & Frye, R. E. (2011). Melatonin in autism spectrum disorders: A systematic review and meta-analysis. *Developmental Medicine & Child Neurology, 53*(9), 783-792.

Russo, N. M., Skoe, E., Trommer, B., Nicol, T., Zecker, S., Bradlow, A., & Kraus, N. (2008). Deficient brainstem encoding of pitch in children with autism spectrum disorders. *Clinical Neurophysiology, 119*(8), 1720-1731.

Russo, N., Foxe, J. J., Brandwein, A. B., Altschuler, T., Gomes, H., & Molholm, S. (2010). Multisensory processing in children with autism: high-density electrical mapping of auditory-somatosensory integration. *Autism Research, 3*(5), 253-267.

Russo, N., Zecker, S., Trommer, B., Chen, J., & Kraus, N. (2009). Effects of background noise on cortical encoding of speech in autism spectrum disorders. *Journal of Autism and Developmental Disorders, 39*, 1185-1196.

Sanchez-Marin, F. J., & Padilla-Medina, J. A. (2008). A psychophysical test of the visual pathway of children with autism. *Journal of Autism and Developmental Disorders, 38*, 1270-1277.

Siemann, J. K., Muller, C. L., Forsberg, C. G., Blakely, R. D., Veenstra-VanderWeele, J., & Wallace, M. T. (2017). An autism-associated serotonin transporter variant disrupts multisensory processing. *Translational Psychiatry, 7*(3), e1067-e1067.

Souders, M. C., Zavodny, S., Eriksen, W., Sinko, R., Connell, J., Kerns, C., ⋯ & Pinto-Martin, J. (2017). Sleep in children with autism spectrum disorder. *Current Psychiatry Reports, 19*, 1-17.

Tachibana, M., Kagitani-Shimono, K., Mohri, I., Yamamoto, T., Sanefuji, W., Nakamura, A., ⋯ & Taniike, M. (2013). Long-term administration of intranasal oxytocin is a safe and promising therapy for early adolescent boys with autism spectrum disorders. *Journal of Child and Adolescent Psychopharmacology, 23*(2), 123-127.

Tordjman, S., Najjar, I., Bellissant, E., Anderson, G. M., Barburoth, M., Cohen, D., ⋯ & Vernay-Leconte, J. (2013). Advances in the research of melatonin in autism spectrum disorders: Literature review and new perspectives. *International Journal of Molecular Sciences, 14*(10), 20508-20542.

Trobiani, L., Favaloro, F. L., Di Castro, M. A., Di Mattia, M., Cariello, M., Miranda, E., ⋯ & De Jaco, A. (2018). UPR activation specifically modulates glutamate neurotransmission in the cerebellum of a mouse model of autism. *Neurobiology of Disease, 120*, 139-150.

Urbano, M., Okwara, L., Manser, P., Hartmann, K., Herndon, A., & Deutsch, S. I. (2014). A trial of D-cycloserine to treat stereotypies in older adolescents and young adults with autism spectrum disorder. *Clinical Neuropharmacology, 37*(3), 69-72.

Vandenbroucke, M. W., Scholte, H. S., van Engeland, H., Lamme, V. A., & Kemner, C. (2008). A neural substrate for atypical low-level visual processing in autism spectrum disorder. *Brain, 131*(4), 1013-1024.

Webb, S. J., Dawson, G., Bernier, R., & Panagiotides, H. (2006). ERP evidence of atypical face processing in young children with autism. *Journal of Autism and Developmental Disorders, 36*, 881-890.

Webb, S. J., Jones, E. J., Merkle, K., Murias, M., Greenson, J., Richards, T., ⋯ & Dawson, G. (2010). Response to familiar faces, newly familiar faces, and novel faces as assessed by ERPs is intact in adults with autism spectrum disorders. International *Journal of Psychophysiology, 77*(2), 106-117.

West, L., Brunssen, S. H., & Waldrop, J. (2009). Review of the evidence for treatment of children with autism with selective serotonin reuptake inhibitors. *Journal for Specialists in Pediatric Nursing, 14*(3), 183-191.

Williams, J. H., Whiten, A., & Singh, T. (2004). A systematic review of action imitation in autistic spectrum disorder. *Journal of Autism and Developmental Disorders, 34*, 285-299.

Yizhar, O., Fenno, L. E., Prigge, M., Schneider, F., Davidson, T. J., O'shea, D. J., ⋯ & Deisseroth, K. (2011). Neocortical excitation/inhibition balance in information processing and social dysfunction. *Nature, 477*(7363), 171-178.

PART ❸

자폐스펙트럼장애의 치료

CHAPTER
11

약물치료

김은주

아직까지 자폐스펙트럼장애의 핵심 증상을 완화하는 데 효과가 있다고 명확하게 입증된 치료 약물은 없다. 따라서 자폐스펙트럼장애에서의 약물 치료는 과민성, 과잉 행동, 공격성, 충동성, 불안 등 자폐스펙트럼장애과 관련된 동반 정서 및 행동 증상을 개선하는 것을 목표로 한다. 자폐스펙트럼장애에 자주 동반되는 공존질환인 ADHD, 불안장애, 기분장애를 치료하기 위해 향정신성 약물을 사용하는 것은 흔한 일이다. 최근 미국에서 시행된 자폐스펙트럼장애 아동, 청소년과 성인을 대상으로 한 대규모 인구 기반 건강보험 청구 데이터베이스 연구에 따르면, 6년의 연구 기간 동안 환자의 59.6%가 향정신성 약물을 처방받은 것으로 나타났다(Feroe et al., 2021).

지난 3년간 자폐스펙트럼장애에 대한 정신약리학 연구는 자폐스펙트럼장애의 핵심 증상에 대한 선택적 세로토닌 재흡수 억제제(Selective Serotonin Reuptake Inhibitor: SSRI)의 효능을 재평가하고, 다른 의학 분야에서 쓰이는 약물을 자폐스펙트럼장애 치료를 위해 용도 변경하여 사용하는 것이 효과적인 접근 방식인지 평가하며, 생물학적으로 정의된 자폐스펙트럼장애의 하위 유형(subtype)을 활용하여 약물 치료 반응을 예측하는 것에 중점을 두었다.

이 장에서는 사회적 의사소통 문제, 반복행동, 과민성 등 자폐스펙트럼장애의 핵심 증상 및 동반 증상에 대한 정신약물학의 최근 문헌을 검토하고, 각 약물별로 자폐스펙트럼

[그림 11-1] 자폐스펙트럼장애의 정신과적 동반 문제(약물치료 목표 증상)

장애에서의 효과 및 안전성에 대해 리뷰해 보고자 한다.

1. 자폐스펙트럼장애 증상 치료에 자주 쓰이는 약물들

1) 세로토닌계 약물(serotonergic medication)

자폐스펙트럼장애에서 세로토닌의 역할은 과거의 여러 연구를 통해 광범위하게 탐구되었으며, 뇌 발달의 관점에서는 자폐스펙트럼장애 환자의 대뇌 피질과 시상에서 세로토닌 합성이 감소하는 것으로 나타났다. 따라서 자폐스펙트럼장애 환자는 세로토닌에 의해 조절되는 수면 및 인지 유연성, 반복행동, 강박과 같은 증상 면에서 종종 조절장애를 일으킨다. 이러한 세로토닌 조절장애는 제한적이고 반복적인 행동(Restricted and Repetitive Behaviors: RRB)과 같은 자폐스펙트럼장애의 핵심 증상뿐만 아니라 불안, 강박, 우울, 과민성 등의 정서 및 행동 장애와 같은 동반 증상과도 관련이 있다. 세로토닌계 약물에 대한 주요 임상시험 결과와 이 계열 약물의 흔한 부작용은 〈표 11-1〉에 요약되어 있다.

(1) 선택적 세로토닌 재흡수 억제제(Selective Serotonin Reuptake Inhibitor: SSRI)

SSRI는 자폐스펙트럼장애 환자에게 가장 널리 처방되는 약물 중 하나이며, 이 환자 집단에서 전체 향정신성 약물 처방의 거의 3분의 1을 차지한다. 하지만 세로토닌계 약물의 효능에 대한 의학적 근거는 아직 부족하며, 소아청소년을 대상으로 한 무작위 대조 시험은 일관되게 부정적인 결과를 보였다. 하지만 성인을 대상으로 한 연구에서는 효과가 있다는 결과가 더 많이 보고되었다. 일반적으로 SSRI는 내약성이 좋지만 자폐스펙트럼장애 환자에게 충동성, 과잉 행동, 불면증 등의 활성화 증상(behavioral activation)을 종종 유발한다. 다음에서는 SSRI 각 약물별로 그 특징과 주요 임상시험 결과를 검토하고자 한다.

① 플루옥세틴(fluoxetine)

플루옥세틴은 자폐스펙트럼장애에서 가장 광범위하고 빈번하게 연구된 SSRI로서 4건의 위약 대조 연구가 대표적이다(Buchsbaum et al., 2001; Herscu et al., 2020; Hollander et al., 2005, 2012). 첫 번째 연구(Buchsbaum et al., 2001)는 플루옥세틴의 효능과 안전성을 알아보기 위해 소수의 고기능 성인 자폐스펙트럼장애 환자(n=6)를 대상으로 16주간의 위약 대조 교차 연구를 실시하였다. 이 연구에서 플루옥세틴(평균 투여량 40mg/일)으로 치료받은 피험자들은 위약 그룹에 비해 예일-브라운 강박증 척도(Yale-Brown Obsessive Compulsive Scale: Y-BOCS)와 해밀턴 불안 평가 척도에서 유의미한 개선을 보였다. 자폐스펙트럼장애의 반복행동에 대한 효과를 알아보기 위해 5~16세의 자폐스펙트럼장애 아동 39명을 대상으로 20주간 진행된 위약 대조 교차 시험에서 플루옥세틴(평균 투여량 9.9mg/일)은 CY-BOCS(Children's Yale-Brown Obsessive Compulsive Scale: CY-BOCS)로 측정된 반복행동의 감소에서 위약보다 우수한 결과를 보였다(Hollander et al., 2005). 그러나 최근에는 표본 규모가 더 큰(N>100) 연구 결과에서 강박적 반복행동에 대한 플루옥세틴의 효능이 전반적으로 부족하다는 사실이 보고되기도 하였다(Herscu et al., 2020).

② 시탈로프람(citalopram)

학령기 자폐스펙트럼장애 아동을 대상으로 실시한 두 건의 후향적 차트 검토 연구에 따르면 시탈로프람(하루 복용량: 5~40mg)은 50% 이상의 아동에서 CGI-I(Clinical Global Impression-Improvement) 척도로 측정된 공격성 및 불안 증상을 개선한 것으로 나타났다(Couturier & Nicolson, 2002; Namerow et al., 2003). 시탈로프람은 위약에 비해 에너지 증가, 충동성, 집중력 감소, 과잉행동, 상동행동, 설사, 불면증, 피부 건조 또는 가려움증 등 여러 부작용과 관련이 있을 가능성이 더 높았다. 에너지 증가, 충동성, 과잉행동과 같은 증상들의 일부는 '행동 활성화'에 기인한 것으로 설명되며, 약물 용량과 관련이 있는 것으로 보이며 특히 소아청소년에게 흔하게 나타난다.

③ 에스시탈로프람(escitalopram)

Owley 등(2005)은 전반적 발달장애(Pervasive Developmental Disorder: PDD)[1]가 있는 소아청소년을 대상으로 에스시탈로프람(평균 투여량 11.1mg/일)의 효능과 안전성을 조사하기 위해 10주간 개방 임상시험 연구를 실시하였다. 이상행동 체크리스트(Aberrant Behavior Checklist: ABC) 과민성 하위척도 점수가 50% 이상 감소한 피험자의 25%(7/28)가 10mg/일 미만의 용량에서 반응을 보였으며 1일 10mg의 용량을 견디지 못했는데, 이는 전반적 발달장애/자폐스펙트럼장애 소아청소년들이 이 약에 민감하게 반응한다는 것을 시사하며, 강박이나 불안처럼 보이는 증상이라도 SSRI 계열 약물 사용 시 과민 반응이나 흥분이 더 심해질 수 있으므로 임상가는 처방 시 이 점을 고려해야 한다.

④ 플루복사민(fluvoxamine)

자폐스펙트럼장애 환자를 대상으로 플루복사민의 효능과 안전성에 대한 연구는 성인, 학령기 소아청소년, 유아 등 각 연령대별로 총 3건 수행되었다. 자폐스펙트럼장애 성인 30명(남성 27명, 여성 3명)을 대상으로 12주간 이중맹검, 위약 대조 연구를 실시했으며, 플루복사민(평균 투여량 267.7mg)은 CGI-I 및 Y-BOCS로 측정한 결과, 제한적이고 반복된 행동, 부적절한 언어, 공격성 등의 증상을 감소시키는 데에 위약 대비 더 효과적이었다(McDougle et al., 1996). 그러나 같은 연구 그룹에서 학령기 소아청소년 34명을 대상으로 시행한 임상시험(평균 투여량 106.9mg/일)에서는 성인 집단의 연구 결과와는 달리, 유의미한 효능은 나타나지 않았다(McDougle et al., 2000). 자폐스펙트럼장애 아동(평균연령 5.3세)을 대상으로 시행된 12주간 이중 맹검, 위약 대조 무작위 시험에서는 18명의 피험자 중 10명에서 플루복사민이 효과가 있었다고 보고되었지만, CGI 척도로 측정한 결과에서 통계적 유의성과 관련된 세부 사항은 설명되지 않아 위약과 비교하여 이 약의 효능을 판단하기는 어려웠다(Sugie et al., 2005).

⑤ 파록세틴(paroxetine)

파록세틴의 자폐스펙트럼장애 치료에 대해서는 아직 연구된 바가 없으나 한 사례 보고에 따르면 7세 자폐스펙트럼장애 아동의 과민성 증상을 개선하기 위해 파록세틴

---

1) PDD: DSM-IV에 의거한 자폐스펙트럼장애 이전 용어

(10mg/일)을 투여하였다(Posey et al., 1999). 그 결과, 아동의 과민성이 현저히 감소하고 악화 없이 유지되었으나, 15mg/일을 투여하는 동안은 아동의 공격성이 증가하였다고 보고되었다.

⑥ 서트랄린(sertraline)

자폐스펙트럼장애 소아를 대상으로 한 서트랄린 임상시험은 단 한 건만 시행되었다(Greiss Hess et al., 2016). 언어 및 발달 개선을 목적으로 2~6세의 소아 57명(자폐스펙트럼장애 32명, 발달장애 25명)을 대상으로 6개월간 진행된 위약 대조, 이중맹검 무작위 연구에서 서트랄린(n=27명) 또는 위약(n=30명)으로 배정되었다. 2~3세 아동은 하루 2.5mg/0.125mL, 4~5세 아동은 하루 5.0mg/0.25mL 용량의 액상 서트랄린 또는 액상 위약을 투여받았다. 언어 및 발달 수준은 MSEL(Mullen Scales of Early Learning) 표현언어 척도와 CGI-I 척도로 측정되었으며, 이 두 개의 주요 결과치 면에서 두 치료군 간의 유의미한 차이는 보고되지 않았다. 하지만 이차 결과치인 운동 및 시지각 능력과 사회적 참여도 면에서는 유의미한 효과를 보였다. 가장 흔한 부작용은 설사 등의 소화기계 이상 증상이었으나, 이러한 부작용의 빈도는 두 치료군 간에 차이가 없었다.

(2) 세로토닌-노르에피네프린 재흡수 억제제(Serotonin Norepinephrnie Reuptake Inhibitor: SNRI)

SNRI는 SSRI에 비해 임상시험 연구도 적고 현재까지 자폐스펙트럼장애 환자군에 대한 의학적 근거 기반이 미약한 편이다.

① 둘록세틴(duloxetine)

둘록세틴 40mg을 10주간 시험한 소규모 오픈 라벨 연구(Niederhofer, 2011)에서 이 약제의 효능이 다른 항우울제의 효능보다 우월하지는 않다는 결과가 보고되었다.

② 벤라팍신(venlafaxine)

Carminati 등(2016)은 스위스에서 18~32세의 자폐스펙트럼장애 성인을 대상으로 8주간 위약 대조, 무작위 이중맹검 시험을 시행하였다. 벤라팍신을 투여한 피험자의 자폐스펙트럼장애 증상과 관련된 문제행동 증상(ABC 과민성 혹은 과잉행동 하위 척도, CGI-I 척도로 측정)은 개선되었으나, 그 개선 정도는 위약 그룹과 크게 다르지 않았다.

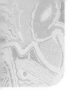

(3) 삼환계 항우울제(Tricyclic antidepressants: TCAs)

6~18세의 자폐스펙트럼장애 아동 24명을 대상으로 클로미프라민(Clomipramine; 평균 투여량 4.3mg/kg/일)의 효과와 안전성을 보기 위한 10주간의 이중맹검 교차시험에서 클로미프라민은 아동 정신 평가 척도 및 CGI 척도로 측정한 자폐 증상(상동행동, 과민성, 강박적이고 의식화된 행동 포함) 평가에서 위약 및 데시프라민보다 우수했으며, 데시프라민과 위약 간에는 차이가 발견되지 않았다(Gordon et al., 1993). 그러나 TCA는 히스타민성, 콜린성 및 아드레날린성 수용체에 결합하여 구강 건조, 변비, 기립성 저혈압 및 진정과 같은 부작용을 초래하기 때문에 소아청소년 환자들에게 사용하는 것이 권장되지 않는다 (Katzung & Trevor, 2018).

(4) 기타 다른 세로토닌 제제: buspirone, mirtazapine, trazodone 등

신경전달물질 재흡수를 억제하는 것 외에도 일부 세로토닌 약물은 세로토닌 수용체에 직접적으로 작용한다. 일반적으로 세로토닌 조절제로 알려진 이 범주의 약물은 특정 수용체에 대해 다양한 작용제 및 길항제 작용을 하여 각 약물 특유의 효능과 부작용을 나타낸다. 하지만 이 약물들에 대해서는 무작위 대조 연구 등의 임상시험이 거의 이루어지지 않았고, 사례 보고 등에 그치는 경우가 대부분이어서 의학적 근거 기반은 미약하다는 한계가 있다.

① 부스피론(buspirone)

Ghanizadeh와 Ayoobzadehshirazi(2015)는 자폐스펙트럼장애 소아청소년 30명(4~7세)의 과민성에 대한 효과를 알아보기 위해 리스페리돈에 부스피론을 추가하는 8주간의 이중맹검, 위약 대조 무작위 시험을 실시하였다. 피험자들은 미리 설정된 기준 용량의 리스페리돈에 추가하여 1일 2회 부스피론(평균 투여량 6.7mg/일) 또는 위약으로 구성된 경구용 약물을 투여받았다. 과민성은 ABC-과민성 하위척도로 측정되었으며, 위약 그룹에 비해 부스피론 그룹에서 유의하게 감소하였다. 두 그룹 모두 심각한 부작용은 보고되지 않았지만, 부스피론 그룹에서는 위약 그룹에 비해 약 60%의 피험자에게서 식욕이 증가하였다.

② 멀타자핀(mirtazapine)

자폐스펙트럼장애에서 멀타자핀에 대한 대조군 또는 오픈 라벨 연구는 수행되지 않았지만, 몇몇 사례에서 멀타자핀은 자폐스펙트럼장애 관련 증상(예: 과민성, 공격성, 불안, 과잉행동, 불면증) 및 부적절한 성적 행동(예: 공개 자위행위)에 일부 효과가 있는 것으로 보고되었다(Albertini et al., 2006; Coskun et al., 2009). 위의 사례 보고에서 피험자들은 5~30mg 용량의 멀타자핀을 복용했으며, 가장 흔한 부작용은 식욕 증가와 체중 증가였다.

③ 트라조돈(trazodone)

사례 보고에 따르면, 부스피론, 날트렉손, 메틸페니데이트 등 여러 약물에 반응하지 않는 17세 자폐스펙트럼장애 남성에게 하루 50mg/일에서 시작하여 최대 150mg/일까지 트라조돈 복용량을 늘렸고, 그 결과 공격성 및 자해 등의 행동 문제가 개선되었다고 보고되었다(Gedye, 1991). 하지만 아직까지 자폐스펙트럼장애에서 트라조돈에 대한 대조군 임상시험이나 오픈 라벨 연구는 발표되지 않았다.

2) 항정신병 약물

자폐스펙트럼장애 환자들은 불안, 과잉행동, 과민성(예: 공격성, 자해, 심한 짜증) 등의 정서 및 행동 증상을 자주 보이는데, 약물 중 항정신병 약물, 특히 비정형 항정신병 약물은 이러한 과민성 개선에 효과가 있다고 알려진 가장 대표적인 약물이다.

(1) 정형 항정신병 약물(typical antipsychotics)

2~7세 사이의 자폐스펙트럼장애 아동을 대상으로 한 정형 항정신병약물인 할로페리돌(Haloperidol)의 이중맹검, 위약 대조 임상시험에서 할로페리돌의 사용은 사회적 위축(social withdrawal) 및 상동행동의 상당한 개선과 관련이 있었다(Campbell et al., 1978). 할로페리돌과 행동 치료를 함께 받은 아동의 모방 언어 습득도 가속화된 것으로 보고되었다. 자폐스펙트럼장애에서 할로페리돌에 대한 여러 후속 연구에서 공격성, 사회적 위축, 과잉행동, 상동행동 및 과민성이 감소하는 것으로 나타났다(Erickson et al., 2007). 한편, 자폐스펙트럼장애 아동에게 할로페리돌을 사용할 때 가장 빈번하게 나타나는 부작용은 진정 및 급성 근긴장(acute dystonia)이었다. 운동이상증(dyskinesia) 등 약물 사용과 관련된 심각한 부작용의 높은 발생률을 고려할 때, 정형 항정신병 약물은 2세대 비정형 항정신병 약물에도 반응하지 않는 중증장애 증상의 치료를 위해서만 고려되는 경우가 많다.

(2) 비정형 항정신병 약물(atypical antipsychotics)

비정형 항정신병 약물은 자폐스펙트럼장애 소아청소년의 과민성 치료 효과에 대한 가장 많은 의학적 근거를 보유하고 있으며, 가장 널리 사용되고 있는 약물이다. 미국 식품의약국(FDA)은 항정신병 약물 중 리스페리돈과 아리피프라졸을 각각 5~16세 및 6~17세 자폐스펙트럼장애 아동의 과민성 치료제로 승인했다. 여러 대규모 무작위 이중 맹검 위약 대조군 임상시험에서 두 약물이 과민성(초조, 분노폭발, 자해행동), 상동행동, 과잉행동을 완화하는 데 있어 위약보다 우수하다는 결과를 보였다(Handen et al., 2012; Ichikawa et al., 2017; Kent et al., 2013b; Levine et al., 2016; Marcus et al., 2009; McCracken et al., 2002; McDougle et al., 2005; Owen et al., 2009; Scahill et al., 2013; Shea et al., 2004).

또한 현재 자폐스펙트럼장애의 반복행동에 대해 FDA에서 승인된 약물은 없지만, 2세 대 항정신병 약물, 특히 리스페리돈과 아리피프라졸의 반복행동에 대한 일부 효과가 입증되었다. 최근 발표된 21건(n=1,309)의 무작위 대조 임상시험을 검토한 체계적 문헌고찰 및 메타분석에 따르면, 항정신병 약물이 자폐스펙트럼장애 소아청소년의 반복행동을 약간 감소시킬 수 있다고 결론지었다(D'Alo et al., 2021). 각 비정형 항정신병 약물별 주요 임상시험 결과는 〈표 11-1〉에 요약되어 있다.

표 11-1 자폐스펙트럼장애 소아청소년 대상 향정신성 의약품의 무작위 이중 맹검 위약 대조 시험 목록

약물	출간물	연구 디자인/기간	피험자 수	나이(만)	용량	결과	이상 사례 (Adverse Events; AE)
향정신성 약물							
	McCracken et al. (2002)	RDBPCT 8주	101	5~17	0.5~3.5mg/d QD 또는 나눠서 BID 평균 1.8mg/day	• 위약집단에 비해 과민성(분노 발작, 공격 성과 자해 행동), 상동행동, 과잉행동 개선에 우수하였으나, 사회적 기능 측면은 아니었으나.	체중 증가, 식욕 증가, 피로, 졸림(진정), 어지러움, 침흘림(drooling), 떨림(tremor), 변비
	Shea et al. (2004)	RDBPCT 8주	79	5~12	0.01~0.06mg/kg/day	• 위약집단에 비해 과민성/과잉행동/지시불이행, 부적절한 발화, 무기력/사회적 위축, 상동행동, 품행 문제, 불안정/불안, 과도하게 예민한 행동 개선에 우수	졸림(somnolence), 체중 증가, 맥박수와 수축기 혈압 증가(수축기 혈압 증가는 임상적으로 유의하지 않았음)
리스페리돈	McDougle et al. (2005)	RDBPCT 8주; OL, 16주	101; 63	5~17	0.5~3.5mg/day 0.5~4.5mg/day	• 위약집단에 비해 제한적이고 반복적인 행동 개선에는 우수하였으나, 사회적 의사소통 결함에는 아니었음. • 치료에 대한 반응 패턴은 24주 동안 유지되었음	체중 증가, 식욕 증가, 피로, 졸림, 침흘림, 어지러움
	RUPP (2005)	OL, 16주; RDBPCT, D/C 8주	63; 32	5~17	0.5~4.5mg/day 평균: 1.96mg/day	• 위약집단에 비해 과민성, 과잉행동, 상동행동, 무기력/사회적 위축 개선에 우수하였음. • 위약집단에 비해 재발까지의 기간(Time to relapse) 면에서 우수하였음.	식욕, 피로, 졸림, 비정상적 운동 증가
	Padina et al. (2007)	RDBPCT 8주	55	5~12	0.5~4.2mg/day	• 위약집단에 비해 과민성 개선에 우수하였음.	졸림
	Kent et al. (2013b)	RDBPCT 3군 6주	96	5~17	0.125 또는 0.175mg/day vs 1.25 또는 1.75mg/day vs 위약	• 고용량 집단은 위약집단에 비해 과민성, 전반적 기능 개선에 우수하였으나, 저용량 집단은 아니었음.	고용량 집단이 저용량 집단에 비해 졸림, 진정(sedation) 증상과 식욕이 더 증가하였음.

약물	출간물	연구 디자인 기간	피험자 수	나이 (만)	용량	결과	이상 사례 (Adverse Events; AE)
	Marcus et al. (2009)	RDBPCT 8주	218	6~17	5, 10, 또는 15mg/day 고정된 용량	• 위약집단에 비하여 과민성, 초조, 자해행동, 과잉행동, 상동행동 개선에 우수하였음.	졸림, 침 흘림, 주체 외로움상, 체중 증가
	Owen et al. (2009)	RDBPCT 8주	98	6~17	2, 5, 10, 15mg/day 유연한 용량 (flexible dose)	• 위약집단에 비해 과민성(분노 별작, 공격성, 자해 행동), 과잉 활동, 상동행동, 부적절한 발화 개선에 우수하였음.	피로, 졸림, 체중 증가, 주체 외로움증
아리피프라졸	Findling et al. (2014)	안정화 13~26주; RDBPCT D/C 8주	157 / 85	6~17	2, 5, 10, 15mg/day 유연한 용량	• 위약집단에 비하여 재발 기간이 우수하지는 않았음(아리피프라졸 집단은 35%, 위약집단은 52%. 위험률은 0.57, NNT는 6).	체중 증가, 졸림, 구토, 주체 외로움상
	Ichikawa et al. (2017)	RDBPCT 8주	92	6~17	1~15mg/day	• 위약집단에 비해 과민성, 과잉행동, 전반적 기능 개선에 우수하였음. • 위약집단에 비해 프로락틴 감소에 우수하였음.	졸림, 체중 증가, BMI 증가, 주체 외로움상
올란자핀	Hollander et al. (2006)	RDBPCT 8주	11	6~14	7.5~12.52mg/day	• 위약집단에 비해 전반적 기능 개선에 우수하였음.	체중 증가, 식욕 증가, 졸림
할로페리돌	Anderson et al. (1989)	RDBPCT 교차설계 12주	45	2~7	0.25~4mg/day	• 위약집단에 비해 행동 증상을 개선하는 데 우월하였으나, 변별습에는 우월하습에는 아니었음.	특별히 없었음
루라시돈	Loebel et al. (2016)	RDBPCT 3군 6주	150	6~17	20mg/day vs 60mg/day vs Placebo	• 과민성 개선에 위약집단보다 우수한 효과를 보이지 않음. • 20mg/day 집단만이 전반적 기능 수준 개선에서 위약집단보다 우월하였음.	구토, 졸림 루라시돈 60mg/day 집단에서 체중과 선택된(selected) 대사 지표와 관련하여 보통 수준의 변화(modest change)를 보임.

ADHD 증상 약물

약물	출간물	연구 디자인/기간	피험자 수	나이(만)	용량	결과	이상 사례 (Adverse Events: AE)
메틸페니데이트	RUPP (2005)	RDBPCT 교차설계 4주; OL, 8주	72 34	5~14	7.5~50mg/day 나눠서 TID	• 위약집단에 비하여 과잉행동 개선에 우월하였음. • 참가자 대부분에서 약물에 대한 반응이 8주 동안 유지됨.	• 과민성, 사회적 위축, 식욕 감퇴, 수면의 어려움, 감정적 폭발, 부작용이 더 빈번하였음.
	Jahromi et al. (2009)	적정(titration); RDBPCT 교차설계 2주	33	5~13	0.125, 0.25, 0.50mg/kg BID	• 위약집단에 비하여 다음의 영역들을 개선하는 데 있어 우월하였음; 아동들의 공동주의 개시 행동, 공동주의 신호에 대한 반응행동, 자기조절, 조절된 정서 상태	• 참가자의 18%는 과민성을 포함하여 견디기 어려운 부작용으로 인하여 치료를 중단하여야 했음.
메틸페니데이트 ER	Pearson et al. (2013)	RDBPCT 교차설계 4주	24	7~12	ER 10~40mg 아침+IR 2.5~10mg 저녁	• 위약집단에 비하여 과잉행동과 충동성 개선에 우월하였음.	• 식욕 감퇴, 수면문제
	Harfterkamp et al. (2012, 2013)	RDBPCT 8주; OL, 20주	97 88	6~17	1.2mg/kg/day	• 위약집단에 비해 과잉행동 개선에 우월함을 보임. • 전반적 기능 수준 개선에 있어서는 위약집단 보다 우월한 효과를 보이지 못함. • 28주 동안이 지료는 ADHD 증상을 개선하였음.	• 메스꺼움, 식욕 감퇴, 피로, 조기기상(early morning awakening), 부작용은 OL 단계 때 감소하였음.
아토목세틴 (ATX)	Handen et al. (2015)	RDBPCT 4군 10주; DB(double blind)와 OL을 혼합하여 24주간	128 117	5~14	0.3mg/kg/day에서 시작하여 상한은 1.8mg/kg/day	• ATX 단독군, ATX+부모훈련군은 부모훈련+위약군과 위약단독군에 비하여 ADHD 증상을 감소시키는 데 있어 우수함을 보임. 전반적 기능 수준 개선에 있어 ATX+부모훈련군이 가장 우수하였으며, ATX 단독군, 부모훈련+위약군, 위약군 순으로 우수하였음.	• 식욕 감퇴

약물	출간물	연구 디자인/기간	피험자 수	나이(만)	용량	결과	이상 사례 (Adverse Events: AE)
클로니딘	Smith et al. (2016)	연장된 연구				• 대부분의 ATX 치료반응군은 연장 치료 시기에도 그 효과를 유지하였음.	
	Fankhauser et al. (1992)	RDBPCT 교차설계 4주	8	5~33	0.16~0.48mg/day	• 위약집단에 비해 충동성, 과다성, 자기자극 (self-stimulating) 행동 기선에 우월하였음.	진정, 고혈압, 피로, 활동성 저하
구안파신 ER	Scahill et al. (2015)	RDBPCT 16주	62	5~14	1~4mg/day	• 위약집단과 비교하여 부주의, 과잉행동, 충동성, 전반적 기능 개선에 우월하였음.	졸음, 피로, 식욕 감퇴
향우울 항불안 약물							
플루옥세틴	Hollander et al. (2005)	RDBPCT 교차설계 8주	45	5~16	2.4~20mg/day	• 위약집단에 비해 반복행동 개선에 우월하였음.	특별히 없었음
	Autism Speaks Press release, SOFIA (2009)	RDBPCT 14주	158	5~17	2, 9, 18mg/day	• 위약집단에 비하여 반복행동 개선에 우수하지는 않았음.	출간되지 않음
시탈로프람	King et al. (2009)	RDBPCT 12주	149	5~17	2.6~20mg/day 평균 16.5mg/day	• 위약집단에 비하여 반복행동 개선에 우수하지는 않았음.	에너지 증가, 충동성, 집중력 저하, 과잉행동, 상동행동, 불면증
클로미프라민	Remington et al. (2001)	RDBPCT 교차설계 7주	36	10~36	100~150mg/day	• 상동행동, 과민성, 과잉행동 개선에 있어 위약집단보다 우수하지는 않았음.	무기력, 떨림, 빈맥, 불면증, 발한, 메스꺼움
부스피론	Chugani et al. (2016)	RDBPCT 3군, 23주 OL 24주	166	2~6	2.5mg BID vs 5mg BID vs Placebo	• 자폐 증상 측정치 개선에 있어 위약집단보다 우수한 효과를 보이지는 않음. • 반복행동은 유일하게 2.5mg BID 집단에서 위약집단에 비하여 우수한 개선 효과를 보였음.	특별히 없었음.

약물	출간물	연구 디자인/기간	피험자수	나이(만)	용량	결과	이상 사례 (Adverse Events: AE)
기분 안정제와 항경련 약물							
발프로에이트	Helling et al. (2005)	RDBPCT 8주	30	6~20	20mg/kg/day 혈중농도 70~100mcg/ml	• 과민성과 공격성 개선에 있어 위약집단보다 우수함을 보이지는 않음.	식욕 증가, 피부 발진, 혈청 암모니아 수치 증가
	Hollander et al. (2006)	RDBPCT 8주	13	5~17	50~1500mg/day 혈중농도 500~100mcg/ml	• 반복행동 개선에 있어 위약집단보다 우수한 효과를 보임.	과민성, 체중 증가, 공격성
	Hollander et al. (2010)	RDBPCT 12주	27	5~17	평균 혈중농도 89.8mcg/ml으로 투약	• 과민성 개선에 있어 위약집단에 비해 우수한 효과를 보임.	피부 발진, 과민성
라모트리진	Belsito et al. (2001)	RDBPCT 18주	28	3~11	평균 5mg/kg.day 나눠서 BID	• 위약집단에 비해 문제행동이나 다른 증상치 개선에 있어 우수한 효과를 보이지는 않음.	불면증, 상동행동 증가, 공격성, 반항어
레비티라세탐	Wasserman et al. (2006)	RDBPCT 10주	20	5~17	20~30mg/kg/day	• 전반적 기능이나 과민성 개선에 있어 위약집 단보다 우수한 효과를 보이지는 않음.	공격성, 조증함

RDBPCT: Randomized, Double blind, Placebo Controlled Trial; 무작위 이중 맹검 위약 대조시험; ASD: autism spectrum disroder; RUPP: Research Units on Pediatric Psychopharmacology Autism Network; D/C: discontinuation; EPS: extrapyramidal symptoms; OL: open-label; ADHD: attention deficit hyperactivity disorder; ER: extended release; IR: immediate release; PT: parent training; SOFIA: Study of Fluoxetine in Autism.

QD: 하루 한 번, BID: 하루 두 번, TID: 하루 세 번, NNT(Numbers Needed to Treat): 1명의 환자에게서 치료 효과를 얻기 위해 치료해야 하는 환자 수

출처: Goel et al. (2018).

① 리스페리돈(risperidone)

리스페리돈은 자폐스펙트럼장애에서 가장 널리 연구된 비정형 항정신병 약물이다. 리스페리돈의 FDA 승인은 두 건의 8주 무작위 이중맹검 위약 대조 임상시험을 기반으로 이루어졌으며, 각 임상시험에서 리스페리돈을 복용한 청소년의 과민성이 위약에 비해 유의하게 감소한 것으로 나타났다(Research Units on Pediatric Psychopharmacology [RUPP] Autism Network; McCracken et al., 2002). 첫 번째 연구인 8주간의 리스페리돈(0.5~3.5mg/일, 평균 복용량 1.8mg/일) 임상시험에는 5~17세의 자폐스펙트럼장애 소아청소년 101명이 참여하였다. 리스페리돈을 사용한 그룹은 이상행동 체크리스트(ABC)의 과민성 하위 척도 점수가 56.9% 감소한 반면, 위약을 사용한 그룹은 14.1% 감소한 것으로 나타났으며, CGI-I 점수에서 위약보다 유의미하게 개선된 결과를 보였다. 또한 상동적이고 반복적인 행동을 현저히 감소시키는 것으로 밝혀졌다. 하지만 리스페리돈 치료 후 핵심 증상인 사회적 관계나 언어의 개선은 나타나지 않았다(McDougle et al., 2005).

리스페리돈의 부작용으로는 8주간의 연구 기간 동안 체중 증가(2.7kg 대 위약 0.8kg), 식욕 증가, 피로, 졸음, 어지러움, 침흘림(sialorrhea)이 치료 그룹에서 더 흔하게 보고되었다. 리스페리돈 장기 치료의 효능과 안전성을 평가하기 위해 설계된 RUPP 리스페리돈 임상시험의 4개월 오픈 라벨 연장 시험에는 8주간의 급성 치료에 반응한 63명의 소아청소년이 참여하였다(RUPP, 2005). 이 연장 단계 동안 평균 약물 용량은 동일하게 유지되

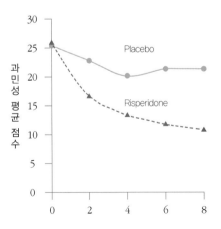

[그림 11-2] 리스페리돈과 위약 그룹의 8주간 시험 동안 과민성(irritability) 평균 점수의 변화

출처: McCracken et al. (2002).

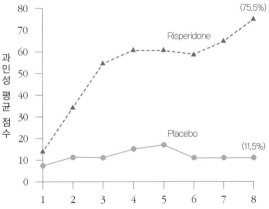

[그림 11-3] 8주간의 시험 동안 CGI-I 척도상 "매우 개선됨" 또는 "매우 많이 개선됨"으로 평가된 자폐스펙트럼장애 아동의 퍼센트

었으며 목표 증상의 임상적으로 유의미한 악화는 관찰되지 않았다. 이 연구 단계에서도 체중 증가는 계속되었으며, 총 6개월의 리스페리돈 치료를 완료한 피험자의 체중은 평균 5.1kg 증가하였다.

두 번째 대규모 다기관 이중맹검, 위약 대조 연구에는 자폐스펙트럼장애 및 기타 발달장애를 가진 79명의 아동(평균 연령 7.5세)이 등록되었다(Shea et al., 2004). 8주간의 연구 기간 후 리스페리돈을 투여한 환자들은 ABC-과민성 하위척도 점수가 64% 감소한 반면, 위약군에서는 31% 감소했다. 리스페리돈 그룹에서 부작용이 더 흔하게 나타났으며 체중 증가(2.7kg 대 위약 1.0kg), 진정, 심박수(분당 평균 8.9회) 및 수축기 혈압(평균 4mmHg) 증가 등이 있었다. 후속 임상시험에서는 이전 연구보다 더 어린 연령대인 2~9세의 자폐스펙트럼장애 아동을 대상으로 6개월 간 리스페리돈(1mg/일)을 투여한 이중맹검 위약 대조 연구를 시행하였다(Nagaraj et al., 2006). 리스페리돈 사용은 과잉행동과 공격성의 유의미한 감소, 사회적 반응과 비언어적 의사소통의 개선과 관련이 있었다. 3명의 아동에게 일시적인 운동이상증(dyskinesia), 치료 대상자의 20%에서 경미한 진정 작용과 체중 증가가 보고되었다. 6세 미만의 자폐스펙트럼장애 아동 24명을 대상으로 한 다른 무작위 위약 대조 임상시험에서 리스페리돈(0.5~1.5mg/일 투여량) 투약군은 치료 6개월 동안 약물과 관련된 최소한의 개선(minimal improvement)만을 보였다. 가장 흔하게 보고된 부작용은 체중 증가와 침흘림이었으며, 무증상 고프로락틴혈증도 치료 그룹에서 나타났다(Luby et al., 2006).

② 아리피프라졸(aripiprazole)

아리피프라졸은 두 건의 8주 무작위 이중맹검 위약 대조 임상시험에서 효과성이 입증된 후 자폐스펙트럼장애 청소년의 과민성 증상에 대한 FDA 적응증을 획득했다. 6~17세 자폐스펙트럼장애 소아청소년 218명을 대상으로 8주 동안 고정 용량 아리피프라졸(5, 10, 15mg/일) 또는 위약을 무작위로 투여한 이중맹검, 위약 대조 연구(Marcus et al., 2009)에서 모든 아리피프라졸 용량은 평균 ABC-과민성 하위척도 및 CGI-I 점수에서 위약보다 유의미하게 개선된 결과를 보였다. 가장 흔하게 보고된 부작용은 진정 작용이었으며, 치료 그룹의 평균 체중 증가는 1.3~1.5kg으로 위약 그룹의 0.3kg에 비해 높았다. Marcus 등(2011a, 2011b)은 6~17세 자폐스펙트럼장애 소아청소년의 과민성 치료에 대한 아리피프라졸의 장기적 효과와 내약성을 평가하기 위해 52주간 오픈 라벨 연구를 실시하였다. 총 330명의 피험자가 아리피프라졸(2~15mg/일)로 치료를 받았으며, 이 중 199명

(60.3%)이 52주 치료를 모두 완료하였다. 환자들의 ABC-과민성 하위척도 점수가 개선되었으며, 이전에 아리피프라졸을 투여받은 환자들은 이전 연구에서 보인 증상 개선이 유지되었다(Marcus et al., 2011a). 투약 중단으로 이어진 가장 흔한 부작용은 공격성(9%)과 체중 증가(23%)였다. 48명(14.5%)의 환자에서 떨림(3%), 정신운동초조(2.7%), 운동이상증(2.4%)을 포함한 추체외로증상(EPS)이 발생했다. 저자들은 아리피프라졸이 일반적으로 안전하고 내약성이 우수하지만 적극적인 체중 모니터링이 필요하다고 결론지었다.

Ghanizadeh 등(2014)은 아리피프라졸과 리스페리돈을 비교하는 일대일 무작위 이중맹검 임상시험을 수행했다. 59명의 4~18세 자폐스펙트럼장애 아동을 대상으로 2개월 동안 아리피프라졸 또는 리스페리돈을 무작위 배정하였고, 두 약물 모두에서 모든 ABC 하위척도 점수가 감소했다. 또한 두 그룹 간에 약물의 효능이나 부작용에 있어 유의미한 차이는 발견되지 않았다. 이후에 시행된 Findling 등(2014)과 Ichikawa 등(2017)의 무작위 이중맹검 위약대조 연구에서도 과민성, 전반적 기능 개선, 과잉행동 증상 면에서 아리피프라졸은 위약 대비 유의미한 개선 효과를 보였다. 이러한 임상시험 근거를 바탕으로 아리피프라졸은 문제행동을 현저히 감소시키고 리스페리돈 등 다른 항정신병 약물에 비해 체중 증가가 덜한 것으로 알려져 있기 때문에 자폐스펙트럼장애의 1차 치료 약물로 추천된다.

③ 올란자핀(olanzapine)

12주 동안 진행된 올란자핀(평균 투여량 7.8 mg/일)의 임상시험에서 자폐스펙트럼장애 또는 진반적 발달장애가 있는 소아청소년 및 성인 7명(평균 연령 20.9세) 중 6명(86%)이 CGI-I상 공격성, 불안, 사회적 관계성 등의 여러 영역에서 유의미한 개선이 있는 것으로 나타났다(Potenza et al., 1999). 참가자들의 평균 체중 증가량은 8.4kg이었으며 3명(43%)의 환자가 진정(sedation)을 경험하였다. 6~16세 자폐스펙트럼장애 또는 전반적 발달장애 아동 25명을 대상으로 한 12주간의 올란자핀 임상시험에서는 상충되는 결과가 보고되었다(Kemner et al., 2002). 23명(92%)의 아동이 ABC의 과민성, 과잉행동, 부적절한 언어 하위척도에서 개선된 것으로 나타났지만, 3명(12%)만이 CGI-I에서 개선된 것으로 나타났다. 체중 증가와 식욕 증가가 흔하게 나타났으며, 3명(12%)의 아동에서는 용량에 비례한 추체외로 증상이 발생하였다. 2세대 항정신병 약물(리스페리돈, 아리피프라졸, 올란자핀, 쿼티아핀, 지프라시돈)로 최대 4년간 치료받은 202명의 2~20세 소아청소년을 대상으로 한 후향적 분석에 따르면 올란자핀 치료는 다른 약물에 비해 통계적으로 유의미하게 BMI가 더 많이 증가한 것과 관련이 있었다(Yoon et al., 2016). 따라서 전반적으로 체중 증가 및 관련 대사증후군 가능성에 대한 우려로 인해 자폐스펙트럼장애에서 올란자핀의 광범위한 사용은 제한되고 있다(Stigler et al., 2008).

④ 쿼티아핀(quetiapine)

쿼티아핀(평균 투여량 292 mg/일)에 대한 12주 임상시험에서 12~17세 자폐스펙트럼 장애 청소년 9명 중 2명(22%)만이 CGI-I 측정 시 치료 반응이 있는 것으로 판정되었다 (Findling et al., 2004). 쿼티아핀의 부작용으로는 공격성 증가, 초조, 체중 증가, 진정 등이 있었다. 쿼티아핀에 대한 가장 최근의 오픈 라벨 연구는 11명의 13~17세 자폐스펙트럼 장애 청소년을 대상으로 8주 동안 진행되었다(Golubchik et al., 2011). CGI 중증도 등급에 서는 유의미한 변화가 발견되지 않았지만 공격적인 행동과 수면의 개선이 보고되었다. 하지만 전반적으로 자폐스펙트럼장애에서 쿼티아핀의 반응률은 리스페리돈에 비해 낮은 것으로 나타났다. 낮은 반응률과 잦은 진정 작용으로 인해 자폐스펙트럼장애 환자에 서의 쿼티아핀의 사용은 줄어들었다.

⑤ 지프라시돈(ziprasidone)

지프라시돈에 대한 오픈 라벨 연구(투여량 범위 20~120 mg/일, 평균 투여량 59.2 mg/일)가 8~20세 환자 12명(자폐스펙트럼장애 9명, 전반적 발달장애 3명)을 대상으로 실시되었다(McDougle et al., 2002). 평균 14주간의 치료 기간 동안 6명(50%)의 피험자가 CGI-I 기준상 약물에 반응하였으며, 공격성, 초조, 과민성이 개선되었다고 보고되었다. 가장 흔한 부작용은 일시적인 진정이었으며, 심혈관계 부작용은 보고되지 않았고, 평균 체중 변화는 −2.65kg이었다. 자폐스펙트럼장애 청소년 12명(평균 연령 14.5세)을 대상으로 지프라시돈(평균 투여량 98.3mg/일)을 6주간 투여한 오픈 라벨 파일럿 연구에서 12명 중 9명(75%)이 CGI-I를 기준으로 치료에 반응한 것으로 보고되었다(Malone et al., 2007). 비정형 항정신병 약물 중 지프라시돈은 체중 증가 가능성이 가장 낮았으며, 프로락틴 수치의 증가도 관찰되지 않았다. 지프라시돈의 잠재적 부작용으로는 심장 리듬 QTc 간격 연장 가능성이 보고되었다. 따라서 부정맥이 있거나 긴 QT간격 증후군(long QT syndrome)을 앓고 있는 환자 또는 QTc 간격을 연장하는 약물을 병용하는 환자는 지프라시돈의 복용을 피해야 한다.

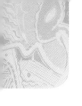

⑥ 클로자핀(clozapine)

자폐스펙트럼장애에서 나타나는 과민성의 치료에 클로자핀을 사용하는 것에 대해서는 두 건의 소규모 후향적 연구가 발표되었다. 6명의 14~34세 자폐스펙트럼장애 환자를 대상으로 한 연구에서 클로자핀은 공격성 증상을 보이는 일수를 절반으로 감소시키는 것으로 나타났다(Beherec et al., 2011). 전반적으로 클로자핀은 상당한 체중 증가(평균 14.3kg)를 제외하고는 장기간(10개월~7년) 동안 내약성이 양호했다. 그러나 자폐스펙트럼장애 환자의 경우 표현언어의 제한으로 인해 필요한 경우에도 의료 서비스 이용이 지연될 수 있으므로, 무과립구증, 발작(seizure), 장폐색 등 생명을 위협하는 부작용이 발생할 가능성이 특히 우려된다. 또한 과립구 감소증을 모니터링하는 데에 필요한 잦은 혈액검사가 어려울 수 있다. 또한 자폐스펙트럼상애 환자는 발삭 위험이 높기 때문에 의료진은 발작 역치를 낮출 가능성이 높은 클로자핀을 사용하는 것에 주의해야 한다.

(3) 항정신병 약물의 부작용

① 체중 증가 및 대사 효과

체중 증가는 소아청소년의 비정형 항정신병 약물 사용과 관련된 가장 문제가 되는 부작용 중 하나이다. 이 계열의 약물로 인한 체중 증가는 성인보다 청소년에서 더 큰 것으로 보인다(Fedorowicz & Fombonne, 2005). 특히 우려되는 것은 소아기의 체중 증가가 당뇨병, 고지혈증, 심혈관 질환 등 대사 이상 질환의 위험을 높일 수 있다는 점이다. 과거 언구에 따르면 비징형 항징신병 약물 중 클로자핀과 올린자핀의 체중 증기기 가장 크고, 지프라시돈과 아리피프라졸의 체중 증가가 가장 적고(Stigler et al., 2004), 쿼티아핀과 리스페리돈의 체중 증가는 중간 정도인 것으로 보인다(Posey et al., 2008). 자폐스펙트럼장애 청소년의 리스페리돈 사용에 대한 RUPP 연구(McCracken et al., 2002)에 따르면, 체중 증가는 처음 8주 동안 가장 두드러지게 나타났으며, 이후 4개월 동안은 감소했다. 하지만, 각 개인의 반응은 다양해서 일부 환자는 약물을 복용하는 동안 체중이 과도하게 증가하지 않으며, 일부 환자는 '체중 중립적'인 항정신병 약물을 복용하더라도 체중이 증가할 수 있다(Posey et al., 2008). 따라서 비정형 항정신병 약물을 사용하는 동안 환자의 식욕과 체중 변화를 면밀히 관찰하는 것이 중요하다. 또한 공복 지질 및 포도당을 포함한 혈액검사 모니터링이 정기적으로 시행되어야 한다.

② 고프로락틴혈증

RUPP 연구에서 리스페리돈은 치료 8주째에 혈청 프로락틴 수치의 4배 증가와 관련이 있었다(Anderson et al., 2007). 하지만 프로락틴 증가에도 불구하고 여성형 유방이나 유즙 분비를 포함한 고프로락틴혈증의 임상 징후는 나타나지 않았다. 프로락틴 상승의 임상 증상이 나타나지 않은 것은 연구 대상자 대부분이 사춘기 이전의 남성이었기 때문일 수 있다. 그러나 혈청 프로락틴 상승은 성장장애, 성기능장애, 골다공증으로 이어질 수 있으므로 고프로락틴혈증은 우려되는 부작용이며, 치료 중 모니터링이 필요하다.

③ 추체외로 증상

자폐스펙트럼장애 환자에게 할로페리돌과 같은 정형 항정신병 약물을 사용할 때 추체외로 증상이 흔히 발생한다. 현재까지 리스페리돈과 아리피프라졸 이외의 비정형 항정신병 약물을 사용한 자폐스펙트럼장애 환자에서 추체외로 증상의 발생률을 조사한 연구는 제한적이다. 또한 비정형 항정신병 약물을 복용하는 자폐스펙트럼장애 환자에서 지체성 운동이상증(tardive dyskinesia)의 장기적인 발생률을 평가하기 위해서는 더 많은 연구가 필요하다.

④ 진정 작용

항정신병 약물을 복용하는 환자에서 진정 작용이 자주 나타난다. RUPP 연구(McCracken et al., 2002)에 따르면, 치료 대상자의 37%와 위약을 투여한 참가자의 12%가 중등도 내지 심한 진정 효과를 경험했으며, 이는 치료 6~8주 후에 감소했다. 이렇듯 초기 진정 효과는 저절로 사라지는 경우가 많지만, 특히 학교 및 직장에서의 진정 효과가 자폐스펙트럼장애 환자의 기능에 방해가 되지 않는지 면밀한 관찰이 필요하다.

3) 과활동성 치료 약물(stimulant and non-stimulant medication for ADHD symptoms)

많은 자폐스펙트럼장애 아동에서 부주의, 과잉행동, 충동성 등의 ADHD 증상이 나타난다. 자폐스펙트럼장애 아동의 ADHD 증상 치료에는 일반적으로 중추신경자극제(stimulant)가 1차 약물 치료로 고려되며, 그다음으로 아토목세틴과 α2 작용제가 사용된다.

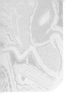

(1) 중추신경자극제(stimulant)

중추신경자극제는 메틸페니데이트(methylphenidate) 및 암페타민(amphetamine)계의 다양한 제제를 포함하는 약제이다. 5~14세 사이의 ADHD 증상이 있는 66명의 자폐스펙트럼장애 피험자를 대상으로 한 무작위 이중맹검 교차 임상시험에서 메틸페니데이트는 모든 용량에서 부모와 교사가 평가한 ABC-과잉행동 하위척도 점수에서 위약보다 우수한 효과를 보였다. 효과 크기는 평균적으로 적음~중간 정도였으며 명확한 용량 반응 관계는 관찰되지 않았다. 식욕 감소, 수면장애, 과민성 등의 부작용이 비교적 흔하게 나타났으며, 이는 복용량에 따라 달라졌다(RUPP, 2005). 심각한 부작용은 보고되지 않았지만, 원래 72명의 피험자 중 13명이 부작용으로 인해 임상시험을 중단했다. 이런 18%의 중도탈락률은 ADHD 아동을 대상으로 한 임상시험과 비교하면 훨씬 높은 비율이다. 이 외의 여러 임상시험 결과를 요약하자면, 메틸페니데이트는 자폐스펙트럼장애 환자의 과잉행동과 충동성을 줄이는 데 효과적이나, 부주의에 대한 영향은 덜 명확하고 측정하기 어렵다(Posey et al., 2007). 그러나 메틸페니데이트 관련 효과크기(effect size)는 중간 정도이며, 자폐스펙트럼장애 아동은 일반 ADHD 아동에 비해 자극제의 부작용에 더 취약한 것으로 보인다. 일부 자폐스펙트럼장애 아동에서는 선호하는 주제에 대한 과도한 몰두 또는 상동행동 증가와 같은 부작용이 나타나는 등 자폐스펙트럼장애 증상의 악화를 보이기도 하였다. 임상가는 이러한 부작용을 줄이기 위해 저용량으로 시작하여 점진적으로 용량을 늘려야 하며, 메틸페니데이트로 장기 치료하는 자폐스펙트럼장애 소아청소년의 약물 효과와 부작용을 주기적으로 재평가해야 한다.

(2) 아토목세틴(atomoxetine)

아토목세틴은 선택적 노르에피네프린 재흡수 억제제로, ADHD 치료제이다. ADHD 증상이 있는 16명의 고기능 자폐스펙트럼장애 아동(평균 연령 7.7±2.2세)을 대상으로 8주간 시행된 오픈 라벨 임상시험에서 피험자의 75%(n=12)가 CGI-I 하위척도에서 유의미한 개선을 보였다(Posey et al., 2006). 부모와 교사가 평가한 ABC-과잉행동 하위척도와 Swanson, Nolan, Pelham 평가 척도(SNAP-IV)에서도 유의미한 호전이 나타났다. 아토목세틴의 일일 투여량은 0.4~1.3mg/kg/일 사이로 1일 2회 분할 투여했으며, 두 명의 피험자가 과민 반응으로 인해 조기 중단하였다(Posey et al., 2006). 아토목세틴의 위약 대조 임상시험에서 Arnold 등(2006)은 16명의 자폐스펙트럼장애 아동을 대상으로 아토목세틴을 최대 1.4mg/kg/일로 분할 투여한 무작위 배정 위약 대조 교차연구를 진행하였다. 각 치료 단계는 6주 동안 진행되었으며, 16명의 피험자 중 9명은 아토목세틴에, 4명은 위약에 유의미한 치료 반응을 보였다. 아토목세틴은 위약에 비해 ABC-과잉행동 하위척도의 개선 효과가 더 우수했지만, ADHD 증상은 22% 감소의 미미한 수준이었다. 약물 관련 부작용으로는 위장장애(메스꺼움, 복부 불편감, 변비), 식욕 감소, 빈맥 등이 있었다. 자폐스펙트럼장애 및 ADHD 아동을 대상으로 한 아토목세틴의 가장 큰 규모의 무작위 임상시험에서 128명의 참가자(5~14세)들은 무작위로 아토목세틴(≤1.4mg/kg/일), 위약, 아토목세틴과 부모 교육, 위약과 부모 교육 중 한 그룹에 배정되었다(Handen et al., 2015). 치료 10주 후, 아토목세틴을 복용한 두 그룹 모두에서 SNAP-IV ADHD 척도 점수가 약 43% 감소한 반면, 위약은 21% 감소했다. CGI-I 척도 사용 시 유의미한 치료 반응을 보인 비율은 아토목세틴과 부모 교육을 병행한 경우 48.4%, 아토목세틴만 투여한 경우 46%, 위약과 부모 교육을 병행한 경우 29%, 위약은 19.4%로 나타났다. 각 아토목세틴 그룹과 위약 간의 쌍별 차이는 유의미했다. 흔한 부작용으로는 식욕 감소, 수면장애, 복통 등이 보고되었다.

(3) α2 작용제(α2 agonist)

① 클로니딘(clonidine)

클로니딘은 노르에피네프린에 대한 조절 작용을 통해 과잉행동 및 충동성을 감소시킨다. 8명의 5~13세 자폐스펙트럼장애 아동을 대상으로 한 6주간의 클로니딘(0.15~0.20mg/일)의 이중 맹검, 위약 대조 교차 연구에서 부모와 교사가 평가한 과잉행동과 비순응이 개선된 것으로 나타났다(Jaselskis et al., 1992). 부작용으로는 저혈압, 진정, 과민성 등이 있었다. 8명의 참가자 중 2명은 1년 추적 관찰 시에도 계속해서 유의미한 증상 호전 효과를 유지하였다. 그러나 클로니딘의 ADHD 증상 개선 효과의 증거에도 불구하고 부작용, 특히 진정 작용으로 인해 클로니딘의 자폐스펙트럼장애 환자군에서의 사용은 제한적이다.

② 구안파신(guanfacine)

구안파신은 클로니딘보다 작용 지속 시간이 길고 진정 효과와 저혈압 위험이 더 낮다. 5~14세 사이의 과잉행동이 있는 자폐스펙트럼장애 환자 25명(남아 23명, 여아 2명)을 대상으로 한 8주 간의 오픈 라벨, 다기관 임상시험(Scahill et al., 2006)에서 부모가 평가한

ABC-과잉행동 하위척도의 평균 점수는 기저치 대비 40% 개선된 것으로 나타났다. 보고된 부작용은 진정, 과민성, 수면장애(불면증 또는 수면 중 각성), 공격성 및 자해행동 증가, 식욕 감소, 변비, 지각장애(크기와 거리의 시각적 왜곡 보고) 등이 있었다. 많은 부작용은 시간이 지남에 따라 감소되었으며, 용량 조절과 투약 시간 변경을 통해 완화되었다. 최근에는 반복행동에 서방형 구안파신 사용을 뒷받침하는 몇 가지 새로운 증거가 보고되고 있다. 우리나라에서는 구안파신이 시판되지 않아 임상에서 쓰이지는 못하고 있다.

(4) 기타 약물
다음에서 설명하는 각 약물별 주요 임상시험 결과는 〈표 11-2〉에 요약되어 있다.

① 글루탐산(glutamate) 및 감마-아미노부티르산(GABA) 작용제
자폐스펙트럼장애의 병태생리에 대한 신경생물학적 모델에서는 흥분성 신경전달물질인 글루탐산염(glutamate)과 억제성 신경전달물질인 GABA 사이의 불균형을 가정하고 있다(Fatemi et al., 2012). 따라서 자폐스펙트럼장애의 핵심 증상 및 관련 증상을 치료하기 위해 글루타메이트 수용체, 주로 N-methyl-D-aspartate(NMDA) 및 Gamma-Aminobutyric Acid(GABA) 수용체에 작용하는 약제에 대한 관심이 증가하고 있다. 그러나, 아직까지 자폐스펙트럼장애 소아청소년을 대상으로 한 이러한 약물들에 대한 임상연구는 제한적이다.

② NMDA 수용체 길항제
메만틴(memantine)은 중등도에서 중증의 알츠하이머병에 사용하도록 FDA 승인을 받은 NMDA 수용체 길항제로서, 자폐스펙트럼장애에서는 사회성 결함에 대한 치료제로 관심을 받고 있다. 6~12세의 자폐스펙트럼장애 아동을 대상으로 서방형 메만틴의 효능을 조사한 2건의 대규모 다기관 무작위, 이중 맹검, 위약 대조 임상시험의 결과가 보고되었다. 연구 결과에 따르면, 메만틴 서방형 제제는 안전하지만 사회적 반응성 개선에 있어 위약보다 우수하지는 않은 것으로 나타났다(Aman et al., 2017; Hardan et al., 2019).

또 다른 NMDA 수용체 길항제인 아만타딘(amantadine)의 소규모 임상 시험에서도 자폐스펙트럼장애 소아청소년의 과민성이 위약에 비해 유의미하게 개선되지는 않은 것으로 나타났다. 그러나 과잉행동과 부적절한 언어 항목에서 위약에 비해 유의미한 개선이 관찰되었다(King et al., 2001). 요약하면, NMDA 수용체 길항제의 효과성에 대한 임상시험에서는 엇갈린(mixed) 결과가 나왔지만, 자폐스펙트럼장애 청소년의 사회성 장애 치료를 위한 메만틴에 대한 대규모 무작위 배정 임상시험이 현재 진행 중이므로 더 연구해 볼 가치가 있다(Joshi et al., 2021).

흥미롭게도 개별 무작위 이중 맹검 위약 대조 임상시험에서 리스페리돈을 메만틴, 릴루졸(글루타메이트 길항제), N-아세틸시스테인(NAC) 및 아만타딘과 함께 사용하면 리스페리돈 및 위약과 비교했을 때 과민성이 개선된다는 증거가 있다(Ghaleiha et al., 2013a, 2013b; Ghanizadeh & Moghimi-Sarani, 2013; Mohammadi et al., 2013). 이러한 결과는 글루타메이트(glutamate) 제재가 자폐스펙트럼장애 아동의 리스페리돈 치료의 보조제로서 유용할 수 있음을 시사하지만, 단독 요법에서의 효능을 입증하기 위해서는 더 많은 대조 임상시험이 필요하다.

선택적 GABA-B 작용제인 알바클로펜(arbaclofen)은 최근 5~21세 150명의 피험자를 대상으로 한 2상 임상시험에서 자폐스펙트럼장애의 사회적 위축/무기력증 개선에 효과적이지 않았다(Veenstra-Vander Weele et al., 2016). 그러나 추가적인 2차 분석 결과, 위약에 비해 임상의가 평가한 전반적인 기능이 유의미하게 개선된 것으로 나타났다. 또한 자폐스펙트럼장애 소아청소년 및 성인을 대상으로 한두 건의 대규모 3상 임상시험에서 알바클로펜은 사회적 회피 증상을 개선하는 데 효과를 보이지 않았다. 여러 임상시험에서 나타난 부작용으로는 정서 불안, 진정, 불면증, 불안, 위장 부작용 등이 있었다(Berry-Kravis et al., 2017).

항산화 작용을 하는 NMDA 조절제인 N-아세틸시스테인(NAC)은 소규모 무작위, 이중 맹검, 위약 대조 임상시험에서 자폐스펙트럼장애 아동의 과민성을 위약에 비해 유의하게 개선하는 것으로 나타났다(Hardan et al., 2012). 그러나 최근의 대규모 무작위, 이중 맹검, 위약 대조 임상시험에서는 사회성 장애, 반복행동 및 전반적인 기능을 개선하는 데 있어 위약보다 우수하지는 않은 것으로 나타났다(Dean et al., 2016; Wink et al., 2016).

부분적 NMDA 작용제인 D-사이클로세린(D-Cycloserine)도 사회기술훈련을 받는 자폐스펙트럼장애 아동을 대상으로 한 임상시험에서 사회적 반응성 척도(SRS)로 측정한 결과 위약에 비해 사회적 기능을 유의미하게 개선하지는 못한 것으로 나타났다(Minshawi et al., 2016).

부메타니드(bumetanide)는 GABA 조절제로, 두 건의 무작위, 이중 맹검, 위약 대조 2상 임상시험에서 소아청소년을 대상으로 아동기 자폐증 평가 척도(CARS), SRS, CGI-I로 측정한 자폐증의 핵심 증상, 특히 사회적 의사소통 및 제한된 관심사와 같은 핵심 증상을 개선하는 데 위약보다 우수한 것으로 나타났다(Lemonnier et al., 2012, 2017). 부작용으로 는 용량 의존성 저칼륨혈증, 배뇨 증가, 탈수, 식욕 부진, 무력증 등이 있었다.

③ 콜린성 약제

콜린성 계통의 이상이 자폐스펙트럼장애 환자에게 나타날 수 있다는 가설이 꾸준히 제기되어 왔다. 대표적인 콜린에스테라아제 억제제로 치매 치료제로 승인된 도네페질 (Donepezil)의 자폐스펙트럼장애 환자군의 치료 효과에 대한 증거는 일관되지 않다. 한 소규모 무작위, 이중 맹검, 위약 대조 연구에 따르면, 도네페질을 투약받은 자폐스펙트 럼장애 군이 위약과 비교했을 때 CARS와 표현 및 수용 언어 측정에서 유의미하게 점수 가 향상되었다고 보고되었다(Chez et al., 2003). 그러나 최근의 다른 임상시험에서는 자 폐스펙트럼장애 아동의 실행 기능 결함을 개선하는 데 있어 도네페질이 위약보다 우수 하지 않다고 보고되었다(Handen et al., 2011). 최근 도네페질의 수면 및 자폐 증상에 대한 효능을 조사한 임상시험은 참여자 부족으로 인해 종료되었다. 따라서 도네페질의 효능 과 안전성을 확립하기 위해서는 소아청소년 자폐스펙트럼장애 환자를 대상으로 한 대규 모의 대조 임상시험이 필요하다.

④ 오피오이드 길항제(opioid antagonist)

오피오이드 시스템의 이상이 자폐스펙트럼장애 환자의 증상과 관련된 것으로 보고되 었다(Panksepp & Sahley, 1987; Sandman & Kemp, 2011). 오피오이드 길항제인 날트렉손 (Naltrexone)은 자폐스펙트럼장애 환자를 대상으로 한 여러 임상시험에서 과잉행동을 개 선하는 데 위약보다 우수하였다(Campbell et al., 1993). 그러나 또 다른 무작위, 이중 맹검, 위약 대조 임상시험에서 날트렉손은 자폐스펙트럼장애 아동의 사회적 의사소통 개선에 는 유의미한 효과가 없는 것으로 나타났다(Feldman et al., 1999). 최근의 체계적 문헌고찰 에서 날트렉손이 과잉행동을 개선하는 역할을 할 수 있지만, 다른 자폐스펙트럼장애 증 상을 개선하는 데는 그 효과가 확립되지 않았다고 결론지었다(Roy, 2014)

표 11-2 자폐스펙트럼장애 소아청소년 대상 글루탐산신성, GABA성, 콜린성, 아편길항제(opioid antagonist agents) 제제의 무작위 이중 맹검 위약 대조 시험 목록

약물	출간물	연구 설계 기간	n	나이(만)	용량	결과	이상 사례 (Adverse Events; AE)
글루탐산신성 제제							
N-아세틸시스테인	Hardan et al. (2012)	RDBPCT 12주	33	3~10	900mg/day~900mg TID	• 과민성 개선에 있어 위약집단에 비해 우수하였음.	홍조, 과민성
	Dean et al. (2016)	RDBPCT 24주	102	3.1~9.9	500mg/day	• 사회성 결함이나 제한적·반복적 행동 증상 개선에 있어 위약집단에 비해 우수하지는 않았음.	특별한 부작용은 없었음.
	Wink et al. (2016)	RDBPCT 12주	31	4~12	60 mg/kg/day	• 전반적 기능 수준, 사회적 결함, 제한적·반복적 행동 증상, 다른 관련 증상 개선에 있어 위약집단보다 우수한 효과를 보이지는 않음.	특별한 부작용은 없었음.
D-사이클로세린	Minshawi et al. (2016)	RDBPCT 10주	67	5~11	사회 기술 훈련 전에 50mg 투여	• 사회적 기능 개선에 있어 위약집단보다 우수한 효과를 보이지는 않음.	특별한 부작용은 없었음.
아만타딘	King et al. (2001)	RDBPCT 4주	39	5~19	2.5~5.0mg/kg/day	• 과잉행동, 과민성 개선에 있어 위약집단에 비해 우수한 효과를 보이지는 않음.	불면증
메만틴 ER	Aman et al. (2017)	RDBPCT, 12주; OL, 48주	121	6~12	3~15mg.day	• 사회적 상호작용이나 의사소통 개선에 있어 위약집단에 비해 우수한 효과를 보이지는 않음. • 의사소통 증진치 중 하나는 메만틴 사용시 위약집단에 비해 유의미하게 악화됨.	치료로 인한 혈액검사 수치나 ECG 결과상 유의미한 이상사례는 발생하지 않았음. 치료와는 상관이 없을 것으로 추정되는 중대한 이상사례가 2차례 보고됨(때열성 폐렴, 기분장애).

분류	약물	연구	설계	N	연령	용량	결과	부작용
GABA성 제제	아르바클로펜 (Arbaclofen)	Veenstra-Vander Weele et al. (2016)	RDBPCT 12주	150	5~21	10 or 15mg TID	• 무기력함, 사회적 위축 증상에서 위약보다 우월한 효과를 보이는 못했으나, 전반적 기능 개선에 있어서는 차이를 보임.	감정 기복, 진정
		Berry-Kravis et al. (2017)	RDBPCT 8주	Fragile X 증후군 125명, 73%는 ASD	12~50 청소년 54%	유연한 용량 5mg BID	• 사회적 회피 증상 개선에 있어 위약 집단보다 우수한 효과를 보이지는 않음. • 10mg TID 집단에서 과민성과 부모 양육 스트레스 개선에 있어 위약집단보다 우수한 효과를 보임.	두통, 메스꺼움, 구토, 신경성 식욕부진(anorexia), 과민성, 불안, 초조, 구토, 공격성, 두통, 낙상, 코막힘, 불안, 불면증, 중이염, 장염
		Berry-Kravis et al. (2017)	RDBPCT 8주 4군	취약 X 증후군 172명, 79%는 ASD	5~11	10mg BID, 10mg TID, 위약		
부메타니드		Lemonnier et al. (2012)	RDBPCT 12주	60	3~11	0.5mg BID	• Childhood Autism Rating Scale (CARS), CGI-I, ADOS observation schedule 점수가 위약집단에 비해 유의미하게 개선됨.	경한 저칼륨혈증
		Lemonnier et al. (2017)	RDBPCT 12주	88	2~18	0.5, 1.0, 2.0mg BID	• CARS, SRS, CGI-I 점수가 위약집단에 비해 유의미하게 개선됨.	용량의존적 저칼륨혈증, 소변 제거 증가(increased urine elimination), 식욕 감퇴, 탈수, 무력증
콜린성 제제	도네페질	Chez et al. (2003)	RDBPCT 6주; OL, 6주	43	2~10	2.5mg/day	• CARS 점수, 수용언어, 표현언어 점수가 위약집단에 비해 유의미하게 개선되었음.	설사, 위장관, 과민성 증가
		Handen et al. (2011)	RDBPCT 10주	34	8~17	5~10mg/day	• 실행기능 결손 개선에 있어 위약집단보다 우수한 효과를 보이지는 않음.	설사, 두통, 피로

아편길항제

날트렉손	Campbell et al. (1993)	RDBPCT 3주	41	2~7	0.5~1mg/kg/day	과잉행동 개선에 있어 위약집단보다 우수하였음.	특별한 부작용 없음
	Feldman et al. (1999)	RDBPCT 2주	24	3~8	1mg/kg/day	의사소통 개선에 있어 위약집단보다 우수한 효과를 보이지는 않음.	일시적인 진정

주: ASD: Autism Spectrum Disroder; D/C: discontinuation; OL: Open-Label;gABA:gamma-Aminobutyric Acid; APA: American Psychiatric Association annual meeting; SCI: Social Communication Impariment; RRB: Restricted and Repetitive Behaviours; CARS: Childhood Autism Rating Scale; ADOS: Autism Diagnostic Observation schedule; SRS: Social Responsiveness Scale

출처: Goel et al. (2018).

(5) 실험적 치료제(experimental therapeutics)

아직까지는 자폐스펙트럼장애의 핵심 증상인 사회성 결함에 도움이 된다는 것이 명확하게 입증된 약물 치료법은 없다. 하지만 자폐스펙트럼장애의 핵심 증상 개선을 목표로 하는 여러 약물에 대한 관심이 증가하고 있으며, 대부분은 신경 펩타이드(옥시토신 및 바소프레신)와 카나비노이드(Cannabinoids) 등으로 시행한 임상연구이다. 자폐스펙트럼장애 아동에 대한 옥시토신, 바소프레신, N-아세틸세린(N-Acetylcysteine), 카나비노이드 등의 실험적 약제에 대한 연구는 의학적 근거가 아직 충분히 확립되지 않아 논란의 여지가 있지만, 이 약제들은 일반적으로 심각한 부작용 없이 내약성이 우수하며, 사회성 결함, 과민성, 무기력, 과잉행동, 불면증과 같은 자폐스펙트럼장애의 핵심 증상 및 관련 증상을 완화하는 데 잠재력을 보이므로 여러 연구가 활발히 진행되고 있으며 주요 임상시험은 〈표 11-3〉에 요약되어 있다.

옥시토신(oxytocin)은 대인 간의 유대감, 양육행동, 사회적 애착 형성과 관련된 신경펩타이드이다. 자폐스펙트럼장애 관련 동물 모델에 따르면, 옥시토신 시스템의 기능장애가 자폐스펙트럼장애의 사회성 결함과 연관되어 있으며, 외인성 옥시토신 치료가 사회적 행동을 증가시킨다는 사실이 입증되었다(Haroni-Nicolas et al., 2017). 지난 3년 동안 성인 자폐스펙트럼장애 환자들을 대상으로 한 비강 내 옥시토신(intranasal oxytocin)에 대한 무작위 대조 임상시험 3건이 발표되었다. 옥시토신을 평가한 임상시험은 대부분 성인 자폐스펙트럼장애 남성에 대한 옥시토신 사용의 효과성을 발견하지 못하였고, 소아청소년을 대상으로 한 대규모 2상 임상시험 결과의 예비 결과도 옥시토신의 효과성을 입증하지 못했다(Spanos et al., 2020).

바소프레신(vasopressin)은 중추신경계에 작용하여 사회적 행동을 조절하고 촉진할 수 있다. 아르기닌 바소프레신(Arginine Vasopressin: AVP)은 위약에 비해 보호자가 보고한 사회반응척도(SRS-2) 점수와 임상가가 평가한 사회적 의사소통 능력에 대한 CGI-I 점수의 유의미한 개선을 보였다(Parker et al., 2019). AVP는 내약성이 우수했으며 AVP와 위약 간에 보고된 부작용 비율에는 차이가 없었다. 바소프레신에 대한 최근의 연구는 다소 희망적이지만, 표본 크기가 작고 주관적인 자기보고에 의존하는 등 몇 가지 제한점이 있어 임상적 사용을 뒷받침할 만한 의학적 증거는 아직 충분하지 않다.

자폐스펙트럼장애 환자의 과민성 치료에 대한 카나비노이드(CBD)의 효과에 대한 근거는 현재로서는 충분하지 않다. 고무적인 것은 대마초 유래 제품은 일반적으로 내약성이 좋으며, 체중 감소와 관련이 있을 수 있는데(Aran et al., 2021), 이는 비정형 항정신병

표 11-3 소아 ASD 대상 대체·보완 의학 제제의 무작위 이중 맹검 위약 대조 시험 목록

약물	출간물	연구 설계·기간	n	나이(만)	용량	결과	이상 사례(Adverse Events: AE)
내분비화학적 제제							
옥시토신	Dadds et al. (2013)	RDBPCT 5일	38	7~15	12 or 24 IU/day	• 감정 인식, 사회적 상호작용 기술, 전반적 행동 적응 개선에 있어 위약집단보다 우수한 효과를 보이지는 않음.	특별한 이상 사례 없음.
	Guastella et al. (2014)	RDBPCT 8주	50	12~18	18 or 24 IU BID	• 사회적 반응성, 제한적이고 반복된 행동, 전반적 기능, 사회 인지 개선에 있어 위약집단보다 우수한 효과를 보이지는 않음.	특별한 이상 사례 없음.
	Kosaka et al. (2016)	RDBPCT 12주 OL 12주; 추적 조사 기간 8주	60	15~39 (평균 24.2)	16 or 32 IU/day	• 전반적 기능과 사회적 상호작용 개선에 있어 위약집단보다 우수한 효과를 보이지는 않음. • 고용량 투여 남성 집단에서 전반적 기능이 위약집단보다 우수하게 개선되었음.	특별한 이상 사례 없음.
	Yatawara et al. (2015)	RDBPCT 교차설계 2x5 주, 중간 휴약 기간 4주	31	3~8	12 IU BID	• 사회적 반응성 개선에 있어 위약집단보다 우수한 효과를 보임. • 제한적이고 반복적 행동, 감정적 이러움 개선에 있어서는 위약집단보다 우수한 효과를 보이지 못함.	갈증, 배뇨, 변비
	Parker et al. (2017)	RDBPCT 4주	32	6~12	24 IU BID	• 사회적 반응성 개선에 있어 위약집단보다 우수한 효과를 보임. • 제한적이고 반복된 행동이나 불안 영역에서는 위약집단에 비해 우수한 개선 효과를 보이지 못함.	특별한 이상 사례 없음.

약물	출간물	연구 설계/기간	n	나이 (만)	용량	결과	이상 사례 (Adverse Events: AE)
	Anagnostou et al. (2017)	RDBPCT 12주	60	평균 연령: 12.4±1.8	0.4 IU/kg BID	• 사회적 위축 개선에 있어 위약집단보다 우수한 효과를 보이지 못함. • 사회적 인지 능력 개선에 있어 위약집단에 비해 우수한 효과를 보임.	미출판
멜라토닌	Wright et al. (2011)	RDBPCT 교차설계 2×12주	17	3~16	초기 2mg/day 유연한 용량, 최대 10mg/day	• 수면잠복기, 총 수면 개선에 있어 위약집단에 비해 우수한 효과를 보임. • 악몽으로 인한 기상에 있어서는 위약집단보다 우수한 효과를 보이지 못함.	특별한 이상 사례 없음.
멜라토닌 방출 제어형	Cortesi et al. (2012)	RDBPCT 4군 12주	160	4~10	3mg/day	• 멜라토닌+CBT집단, 멜라토닌 단독, CBT 단독, 위약 순으로 불면증 개선에 효과적이었음.	특별한 이상 사례 없음.
Pediatric appropriate prolonged-release melatonin minitabs (PedPRM)	Gringras et al. (2017)	RDBPCT 13주	125	2~17.5	2mg/day에서 5mg/day	• 총 수면 시간 증가와 수면잠복기 단축에 있어 위약집단에 비해 우수한 효과를 보임 • 전반적인 수면장애 증상이 감소함.	좋음
대사 관련, 또는 영양적 제제							
오메가-3 지방산	Bent et al. (2011)	RDBPCT 12주	27	3~8	1.3g/day	• 과잉행동 개선에 있어 위약집단보다 우수한 효과를 보이지는 못함.	발진

약물	출간물	연구 설계 기간	n	나이 (만)	용량	결과	이상 사례 (Adverse Events: AE)
	Voight et al. (2014)	RDBPCT 24주	48	3~10	도코사헥사에노산 200mg	• 전반적 기능 수준이나 자폐의 핵심 증상 개선에 있어 위약집단에 비해 우수한 효과를 보이지 못함.	두통, 안절부절, 초조
	Bent et al. (2014)	RDBPCT 6주	57	5~8	1.3g/day	• 과잉 활동 개선에 있어 위약집단보다 우수함을 보이지 못함.	특별한 이상 사례 없음.
	Mankad et al. (2015)	RDBPCT 24주	38	2~5	0.75~1.5g/day	• 자폐 핵심 증상, 적응적 기능, 언어 기술 개선에 있어 위약집단에 비해 우수한 효과를 보이지 못함. • 오메가-3 지방산 치료 집단은 위약집단에 비해 어현화 행동이 유의미하게 악화됨.	특별한 이상 사례 없음.
테트라하이드로비오프테린	Klaiman et al. (2013)	RDBPCT 16주	46	3~7	20mg/kg/day	• 사회적 인식 능력, 자폐적 매너리즘(mannerism), 과잉 활동, 부적절한 발화 개선에 있어 위약집단보다 우수한 효과를 보임.	특별한 이상 사례 없음.
설포라판	Singh et al. (2014)	RDBPCT 22주	44	13~27	50~150μmol/day	• 과민성, 문제행동, 무기력, 자폐 증상 개선에 있어 위약집단과 차이를 보임.	체중 증가
소화 효소 Neo-Digestin (판파인과 펩신)	Saad et al. (2015)	RDBPCT 12주	101	3~9	15mg/day(판파인 1.6g+펩신 0.8g/100ml)	• 감정적 반응, 자폐행동, 전반적 행동, 위장 관 증상 개선에 있어 위약집단보다 우수한 효과를 보임.	피부 발진, 가려움, 복부 통증

약물	출간물	연구 설계 기간	n	나이 (만)	용량	결과	이상 사례 (Adverse Events: AE)
비타민 D3	Saad et al. (2016)	RDBPCT 4주	120	3~10	300 IU/kg/day 최대 5000 IU/day	자폐 증상, 과민성, 과잉행동, 사회적 위축, 부적절한 발화 개선에 있어 위약집단 보다 우수한 효과를 보임.	약한 정도의 일시적인 피부 발진, 간지러움, 설사
Methyl B12	Hendren et al. (2016)	RDBPCT 8주	57	3~7	75 μg/kg 3일마다 피하주사	• 위약집단과 비교하여 메틸화가 신진대사, 세포수준 메틸화 능력(celluar methylation capcity) 개선과 관련된 임상가 평정 전반적 기능 수준 개선의 우월함을 보임. • 부모 평가 증상에서는 개선을 보이지 않음.	특별한 이상 사례 없음.
폴리닌산	Frye et al. (2018)	RDBPCT 12주	45	3~14	2mg/kg/day 최대 50mg/day	• 언어적 의사소통, 수용적 기능, 문제행동 개선에서 위약집단보다 우수함을 보임; 효과는 엽산 수용체 알파 자가항체(folate receptor alpha autoantibody) 양성 환자들에게서 효과가 두드러졌음.	특별한 이상 사례 없음.

주: ASD: Aautism Spectrum Disorder; RRB: Restricted and Repetitive Behaviours
출처: Goel et al. (2018).

약물의 부작용을 개선하는 잠재적인 이점이 된다. 그러나 CBD의 연구 기간이 상대적으로 짧았기 때문에 소아청소년 집단에서 특히 두드러질 수 있는 잠재적인 장기 부작용을 연구하는 데는 한계가 있다. 여기에는 인지 기능에 미치는 영향, 대마초 또는 기타 약물 사용 장애의 위험 증가, 기타 정신과적 장애(예: 정신장애, 기분장애, 불안) 등이 포함될 수 있으며, 잠재적 위험과 이득의 정도는 아직까지 거의 알려지지 않았다. 현재 3건의 이중 맹검 무작위 대조 임상시험과 1건의 오픈 라벨 임상시험이 진행 중이다.

이 외에도 〈표 11-3〉에 정리되어 있듯이 멜라토닌, 오메가-3 지방산 등 여러 실험적 치료제들의 효과에 대한 연구가 진행되고 있다. 이와 관련된 자세한 내용은 이 교과서의 제15장에서 다루고 있다.

2. 도전 과제와 향후 방향

결론적으로 현재 자폐스펙트럼장애의 핵심 증상과 관련 증상을 개선할 수 있는 안전하고 효과적인 약물 치료 옵션이 현저히 부족하다. 따라서 자폐스펙트럼장애의 근본적인 분자 및 세포 수준의 병인을 표적으로 하는 새로운 약제들이 더욱 주목받고 있다. 이 분야의 정신약리학 연구는 생물학적으로 정의된 표현형(endophenotype)이 없는 자폐스펙트럼장애의 이질성(heterogeneity), 태아기 또는 발달 초기에 발생하는 신경생물학적 병태생리를 역전시키기 위해 약물을 사용하는 것의 본질적인 어려움 등 몇 가지 중요한 도전에 직면해 있다. 자폐스펙트럼장애 환자들의 행동 변화를 감지할 수 있을 만큼 민감하고 신뢰성이 있는 결과 측정 도구(outcome measure)는 제한적이다. 따라서 사회적 의사소통과 제한적이고 반복적인 행동 등의 자폐스펙트럼장애 핵심 증상의 변화를 감지할 수 있는 보다 민감하고 특이적인 측정도구의 개발이 필요하다. 또한 최근 몇 년 동안의 임상시험 연구 결과에 따르면, 자폐스펙트럼장애 집단에서 위약 반응률이 매우 높아 긍정적인 약물 반응 효과를 보이는 약물이 적다. 한편, 현재 대부분의 임상시험이 단기간의 치료 효과를 측정하는 반면, 관찰 가능한 행동 변화가 일어나는 데에는 상당한 시간이 걸릴 수 있으므로, 약물의 효과를 파악하기 위해서는 장기적인 임상시험이 필요하다.

이러한 어려움에도 불구하고 자폐스펙트럼장애의 약물 치료 분야는 계속해서 발전이 이루어지고 있다. 자폐스펙트럼장애는 다양한 원인을 가진 매우 이질적인 질환으로, 이질적인 피험자의 수가 많으면 하위 그룹에 존재하는 약물의 효과를 가릴 수 있다. 따라서 보다 개별화된 치료 접근법과 보다 동질적인 피험자에 초점을 맞춘 임상시험이 치료 결과를 정확하게 측정할 수 있는 가능성을 높일 수 있다. 자폐스펙트럼장애는 평생 지속 되는 발달장애이므로 행동치료, 교육 및 직업 지원을 포함한 다학제적 접근의 중요성은 아무리 강조해도 지나치지 않다. 효과적인 약물 요법이 있더라도 부작용은 특히 장기적 으로 부담스러운 경우가 많다. 따라서 행동 치료와 약물 요법을 결합한 임상시험이 필요 하며, 이러한 통합적인 접근 방식은 약물 복용량과 다약제 복용의 필요성을 낮출 수 있 다. 약물 치료는 부작용에 대한 면밀한 모니터링과 지속적인 약물 치료의 필요성에 대한 주기적인 평가를 하면서 이루어져야 한다.

참고문헌

Albertini, G., Polito, E., Sarà, M., et al. (2006). Compulsive masturbation in infantile autism treated by mirtazapine. *Pediatric Neurology, 34*(5), 417-418.

Aman, M. G., Findling, R. L., Hardan, A. Y., et al. (2017). Safety and efficacy of memantine in children with autism: randomized, placebo-controlled study and open-label extension. *Journal of Child and Adolescent Psychopharmacology, 27*(5), 403-412.

Anagnostou, E., Brian, J. A., Campo-Soria, C., Capano, L., Esler, A. N., Hudock, R., & Jacob, S. (2017). A randomized controlled trial of intranasal oxytocin in autism spectrum disorder. Oral presentation at the International Meeting for Autism Research (IMFAR), San Francisco.

Anderson, G. M., Scahill, L., McCracken, J. T., McDougle, C. J., Aman, M. G., Tierney, E., & Vitiello, B. (2007). Effects of short-and long-term risperidone treatment on prolactin levels in children with autism. *Biological Psychiatry, 61*, 545-550.

Aran, A., Harel, M., Cassuto, H., Polyansky, L., Schnapp, A., Wattad, N., et al. (2021). Cannabinoid treatment for autism: a proof-of-concept randomized trial. *Molecular Autism, 12*(6).

Arnold, L. E., Aman, M. G., Cook, A. M., et al. (2006). Atomoxetine for hyperactivity in autism spectrum disorders: placebo-controlled crossover pilot trial. *Journal of the American Academy of Child and Adolescent Psychiatry, 45*(10), 1196-1205.

Autism Speaks press release. (2009, February 18). Autism Speaks announces results reported for the Study of Fluoxetine in Autism (SOFIA): First industry-sponsored trial for the Autism

Clinical Trials Network (ACTN). Retrieved from http://www.autismspeaks.org/about-us/ press-releases/autism-speaks-announces-results-reported- study-fluoxetine-autism- sofia

Beherec, L., Lambrey, S., Quilici, G., et al. (2011). Retrospective review of clozapine in the treatment of patients with autism spectrum disorder and severe disruptive behaviors. *Journal of Clinical Psychopharmacology, 31*(3), 341-344.

Belsito, K. M., Law, P. A., Landa, R. J., & Zimmerman, A. W. (2001). Lamotrigine therapy for autistic disorder: A randomized, double-blind, placebo-controlled trial. *J Autism Dev Disord, 31,* 175-181.

Bent, S., Bertoglio, K., Ashwood, P., Bostrom, A., & Hendren, R. L. (2011). A pilot randomized controlled trial of omega-3 fatty acids for autism spectrum disorder. *Journal of Autism and Developmental Disorders, 41,* 545-554.

Bent, S., Hendren, R. L., Zandi, T., Law, K., Choi, J., Widjaja, F., Law, P. (2014). Internet-based, randomized, controlled trial of omega-3 fatty acids for hyperactivity in autism. *Journal of the American Academy of Child & Adolescent Psychiatry, 53,* 658-666.

Berry-Kravis, E., Hagerman, R., Visootsak, J., Budimirovic, D., Kaufmann, W. E., Cherubini, M., Carpenter, R. L. (2017). Arbaclofen in fragile X syndrome: Results of phase 3 trials. *Journal of Neurodevelopmental Disorders, 9,* 3.

Brodkin, E. S., McDougle, C., Naylor, S. T., et al. (1997). Clomipramine in adults with pervasive developmental disorders: A prospective open-label investigation. *Journal of Child and Adolescent Psychopharmacology, 7*(2), 109-121.

Buchsbaum, M. S., Hollander, E., Haznedar, M. M., et al. (2001). Effect of fluoxetine on regional cerebral metabolism in autistic spectrum disorders: A pilot study. *International Journal of Neuropsychopharmacology, 4*(2), 119-125.

Campbell, M., Anderson, L. T., Meier, M., et al. (1978). A comparison of haloperidol and behavior therapy and their interaction in autistic children. *Journal of the American Academy of Child Psychiatry, 17*(4), 640-655.

Campbell, M., Anderson, L. T., Small, A. M., Adams, P., Gonzalez, N. M., & Ernst, M. (1993). Naltrexone in autistic children: Behavioral symptoms and attentional learning. *Journal of the American Academy of Child & Adolescen Psychiatry, 32,* 1283-1291.

Carminati, G. G., Gerber, F., Darbellay, B., et al. (2016). Using venlafaxine to treat behavioral disorders in patients with autism spectrum disorder. *Progress in Neuropsychopharmacology & Biological Psychiatry, 65,* 85-95.

Chez, M. G., Buchanan, T. M., Becker, M., Kessler, J., Aimonovitch, M. C., & Mrazek, S. R. (2003). Donepezil hydrochloride: A double-blind study in autistic children. *Journal of Pediatric Neurology, 01*, 083-088.

Chugani, D. C., Chugani, H. T., Wiznitzer, M., et al. (2016). Efficacy of low-dose buspirone for restricted and repetitive behavior in young children with autism spectrum disorder: A randomized trial. *The Journal of Pediatrics, 170*, 45-53.

Coskun, M., Karakoc, S., Kircelli, F., & Mukaddes, N. M. (2009). Effectiveness of mirtazapine in the treatment of inappropriate sexual behaviors in individuals with autistic disorder. *Journal of Child and Adolescent Psychopharmacology, 19*(2), 203-206.

Cortesi, F., Giannotti, F., Sebastiani, T., Panunzi, S., & Valente, D. (2012). Controlled-release melatonin, singly and combined with cognitive behavioral therapy, for persistent insomnia in children with autism spectrum disorders: A randomized placebo-controlled trial. *Journal of Sleep Research, 21*, 700-709.

Couturier, J. L., & Nicolson, R. (2002). A retrospective assessment of citalopram in children and adolescents with pervasive developmental disorders. *Journal of Child and Adolescent Psychopharmacology, 12*(3), 243-248.

D'Alò, G. L., De Crescenzo, F., Amato, L., Cruciani, F., Davoli, M., & Fulceri, F., et al. (2021). Impact of antipsychotics in children and adolescents with autism spectrum disorder: A systematic review and meta-analysis. Health Qual Life Outcomes Health and Quality of Life Outcomes, 19:33, 2021.

Dadds, M. R., MacDonald, E., Cauchi, A., Williams, K., Levy, F., & Brennan, J. (2013). Nasal oxytocin for social deficits in childhood autism: A randomized controlled trial. *Journal of Autism and Developmental Disorders, 44*, 521-531.

Davanzo, P. A., Belin, T. R., Widawski, M. H., & King, B. H. (1998). Paroxetine treatment of aggression and self-injury in persons with mental retardation. *American Journal on Mental Retardation, 102*(5), 427-437.

Dean, O. M., Gray, K. M., Villagonzalo, K., Dodd, S., Mohebbi, M., Vick, T., Berk, M. (2016). A randomized, double-blind, placebo-controlled trial of a fixed dose of N-acetyl cysteine in children with autistic disorder. *Australian & New Zealand Journal of Psychiatry, 51*, 241-249.

Dominick, K., Wink, L. K., McDougle, C. J., & Erickson, C. A. (2015). A retrospective naturalistic study of ziprasidone for irritability in youth with autism spectrum disorder. *Journal of Child and Adolescent Psychopharmacology, 25*(5), 397-401.

Erickson, C. A., Stigler, K. A., Posey, D. J., et al. (2007). Psychopharmacology. In Autism and

Pervasive Developmental Disorders, edited by F. R. Volkmar. Cambridge University Press, pp. 221-253.

Fankhauser, M. P., Karumanchi, V. C., German, M. L., Yates, A., & Karumanchi, S. D. (1992). A double-blind, placebo-controlled study of the efficacy of transdermal clonidine in autism. *J Clin Psychiatry, 53*, 77-82.

Fatemi, S. H., Aldinger, K. A., Ashwood, P., Bauman, M. L., Blaha, C. D., Blatt, G. J., Welsh, J. P. (2012). Consensus paper: Pathological role of the cerebellum in autism. *The Cerebellum, 11*, 777-807.

Feldman, H. M., Kolmen, B. K., & Gonzaga, A. M. (1999). Naltrexone and communication skills in young children with autism. *Joural of American Academy of Child & Adolescent Psychiatry, 38*(5), 587-593.

Fedorowicz, V. J., & Fombonne, E. (2005). Metabolic side effects of atypical antipsychotics in children: a literature review. *Journal of Psychopharmacology, 19*(5), 533-550.

Feroe, A. G., Uppal, N., Gutiérrez-Sacristán, A., Mousavi, S., Greenspun, P., Surati, R., et al. (2021). Medication use in the management of comorbidities among individuals with autism spectrum disor-der from a large nationwide insurance database. JAMA Pediatr [Internet].

Findling, R. L., Kusumakar, V., Daneman, D., et al. (2003). Prolactin levels during long-term risperidone treatment in children and adolescents. *Journal of Clinical Psychiatry, 64*(11), 1362-1369.

Findling, R. L., Mankoski, R., Timko, K., Lears, K., McCartney, T., McQuade, R. D., Sheehan, J. J. (2014). A randomized controlled trial investigating the safety and efficacy of aripiprazole in the long-term maintenance treatment of pediatric patients with irritability associated with autistic disorder. *The Journal of Clinical Psychiatry, 75*, 22-30.

Findling, R. L., McNamara, N. K., Gracious, B. L., et al. (2004). Quetiapine in nine youths with autistic disorder. *Journal of Child and Adolescent Psychopharmacology, 14*(2), 287-294.

Frye, R. E., Slattery, J., Delhey, L., Furgerson, B., Strickland, T., Tippett, M., & Quadros, E. V. (2018). Folinic acid improves verbal communication in children with autism and language impairment: A randomized double-blind placebo-controlled trial. *Molecular Psychiatry, 23*, 247-256.

Gedye, A. (1991). Trazodone reduced aggressive and self-injurious movements in a mentally handicapped male patient with autism. *Journal of Clinical Psychopharmacology, 11*(4), 275-276.

Ghaleiha, A., Asadabadi, M., Mohammadi, M., Shahei, M., Tabrizi, M., Hajiaghaee, R.,

Akhondzadeh, S. (2013a). Memantine as adjunctive treatment to risperidone in children with autistic disorder: A randomized, double-blind, placebo-controlled trial. *The International Journal of Neuropsychopharmacology, 16*, 783-789.

Ghaleiha, A., Mohammadi, E., Mohammadi, M., Farokhnia, M., Modabbernia, A., Yekehtaz, H., & Akhondzadeh, S. (2013b). Riluzole as an adjunctive therapy to risperidone for the treatment of irritability in children with autistic disorder: A double-blind, placebo-controlled, randomized trial. *Pediatric Drugs, 15*, 505-514.

Ghanizadeh, A., & Ayoobzadehshirazi, A. (2015). A randomized double-blind placebo-controlled clinical trial of adjuvant buspirone for irritability in autism. *Pediatric Neurology, 52*(1), 77-81.

Ghanizadch, A., & Moghimi-Sarani, E. (2013). A randomized double-blind placebo-controlled clinical trial of N-Acetylcysteine added to risperidone for treating autistic disorders. *BMC Psychiatry, 13*, 196.

Ghanizadeh, A., Sahracizadeh, A., & Berk, M. (2014). A head-to-head comparison of aripiprazole and risperidone for safety and treating autistic disorders, a randomized double-blind clinical trial. *Child Psychiatry and Human Development, 45*(2), 185-192.

Goel, R., Hong, J. S., Findling, R. L., & Ji, N. Y. (2018) An update on pharmacotherapy of autism spectrum disorder in children and adolescents. *International Review of Psychiatry, 30*(1), 78-95,

Golubchik, P., Sever, J., & Weizman, A. (2011). Low-dose quetiapine for adolescents with autistic spectrum disorder and aggressive behavior: open-label trial. *Clinical Neuropharmacology, 34*(6), 216-219.

Gordon, C. T., State, R. C., Nelson, J. E., et al. (1993). A double-blind comparison of clomipramine, desipramine, and placebo in the treatment of autistic disorder. *Archives of General Psychiatry, 50*(6), 441-447.

Gringras, P., Nir, T., Breddy, J., Frydman-Marom, A., & Findling, R. L. (2017). Efficacy and safety of pediatric prolonged-release melatonin for insomnia in children with autism spectrum disorder. *Journal of the American Academy of Child & Adolescent Psychiatry, 56*, 948-957.e4.

Guastella, A. J., Gray, K. M., Rinehart, N. J., Alvares, G. A., Tonge, B. J., Hickie, I. B., Einfeld, S. L. (2014). The effects of a course of intranasal oxytocin on social behaviors in youth diagnosed with autism spectrum disorders: A randomized controlled trial. *Journal of Child Psychology and Psychiatry, 56*, 444-452.

Handen, B. L., Aman, M. G., Arnold, L. E., et al. (2015). Atomoxetine, parent training and their combination in children with autism spectrum disorder and attention-deficit/ hyperactivity disorder. *Journal of the American Academy of Child and Adolescent Psychiatry, 54*(11), 905-915.

Handen, B. L., Johnson, C. R., McAuliffe-Bellin, S., Murray, P. J., & Hardan, A. Y. (2011). Safety and efficacy of donepezil in children and adolescents with autism: neuropsychological measures. *Journal of Child and Adolescent Psychopharmacology, 21*, 43-50.

Handen, B. L., Wilson, K., Stigler, K. A., & Research Units of Pediatric Psychopharmacology (RUPP) Autism Network. (2012). Research Units of Pediatric Psychopharmacology (RUPP) autism network randomized clinical trial of parent training and medication: One-year follow-up. *Journal of the American Academy of Child and Adolescent Psychiatry, 51*, 1173-1184.

Hardan, A. Y., Fung, L. K., Libove, R. A., Obukhanych, T. V., Nair, S., Herzenberg, L. A., & Tirouvanziam, R. (2012). A randomized controlled pilot trial of oral n-acetylcysteine in children with autism. *Biological Psychiatry, 71*, 956-961.

Hardan, A. Y., Hendren, R. L., Aman, M. G., Robb, A., Melmed, R. D., Andersen, K. A., et al. (2019). Efficacy and safety of memantine in children with autism spectrum disorder: results from three phase 2 multicenter studies. *Autism, 23*, 2096-2111.

Harfterkamp, M., Buitelaar, J. K., Minderaa, R. B., Van de Loo-Neus, G., Van der Gaag, R., & Hoekstra, P. J. (2013). Long-term treatment with atomoxetine for attention-deficit/hyperactivity disorder symptoms in children and adolescents with autism spectrum disorder: An open-label extension study. *Journal of Child and Adolescent Psychopharmacology, 23*, 194-199.

Harony-Nicolas, H., Kay, M., du Hoffmann, J., Klein, M. E., Bozdagi-Gunal, O., & Riad, M., et al. (2017) Oxytocin improves behavioral and electrophysiological deficits in a novel Shank3-deficient rat. eLife, 6: e18904.

Hellings, J. A., Kelley, L. A., Gabrielli, W. F., et al. (1996). Sertraline response in adults with mental retardation and autistic disorder. *Journal of Clinical Psychiatry, 57*(8), 333-336.

Hellings, J. A., Weckbaugh, M., Nickel, E. J., Cain, S. E., Zarcone, J. R., Reese, R. M., Cook, E. H. (2005). A double-blind, placebo-controlled study of valproate for aggression in youth with pervasive developmental disorders. *Journal of Child and Adolescent Psychopharmacology, 15*, 682-692.

Hendren, R. L., James, S. J., Widjaja, F., Lawton, B., Rosenblatt, A., & Bent, S. (2016). Randomized, placebo- controlled trial of methyl b12 for children with autism. *Journal of*

Child and Adolescent Psychopharmacology, 26, 774-783.

Herscu, P., Handen, B. L., Arnold, L. E., et al. (2020). The SOFIA Study: negative multi-center study of low dose fluoxetine on repetitive behaviors in children and adolescents with autistic disorder. *Journal of Autism and Developmental Disorders, 50*(9), 3233-3244.

Hollander, E., Chaplin, W., Soorya, L., Wasserman, S., Novotny, S., Rusoff, J., Anagnostou, E. (2010). Divalproex sodium vs placebo for the treatment of irrit- ability in children and adolescents with autism spectrum disorders. *Neuropsychopharmacology, 35*, 990-998.

Hollander, E., Kaplan, A., Cartwright, C., & Reichman, D. (2000). Venlafaxine in children, adolescents, and young adults with autism spectrum disorders: an open retrospective clinical report. *Journal of Child Neurology, 15*(2), 132-135.

Hollander, E., Phillips, A., Chaplin, W., et al. (2005). A placebo-controlled crossover trial of liquid fluoxetine on repetitive behaviors in childhood and adolescent autism. *Neuropsychopharmacology, 30*(3), 582-589.

Hollander, E., Soorya, L., Chaplin, W., et al. (2012). A double-blind placebo-controlled trial of fluoxetine for repetitive behaviors and global severity in adult autism spectrum disorders. *American Journal of Psychiatry, 169*(3), 292-299.

Hollander, E., Wasserman, S., Swanson, E. N., et al. (2006). A double-blind placebo-controlled pilot study of olanzapine in childhood/adolescent pervasive developmental disorder. *Journal of Child and Adolescent Psychopharmacology, 16*(5), 541-548.

Ichikawa, H., Mikami, K., Okada, T., et al. (2017). Aripiprazole in the treatment of irritability in children and adolescents with autism spectrum disorder in Japan: a randomized, double-blind, placebo-controlled study. *Child Psychiatry and Human Development, 48*(5), 796-806.

Jahromi, L. B., Kasari, C. L., McCracken, J. T., Lee, L. S., Aman, M. G., McDougle, C. J., & Posey, D. J. (2009). Positive effects of methylphenidate on social communication and self-regulation in children with pervasive developmental disorders and hyperactivity. *Journal of Autism and Developmental Disorders, 39*, 395-404.

Jaselskis, C. A., Cook, E. H. Jr., Fletcher, K. E., & Leventhal, B. L. (1992). Clonidine treatment of hyperactive and impulsive children with autistic disorder. *Journal of Clinical Psychopharmacology, 12*(5), 322-327.

Joshi, G., Wilens, T., Firmin, E.S., Hoskova, B., & Biederman, J. (2021). Pharmacotherapy of attention deficit/hyperactivity disorder in individuals with autism spectrum disorder: A systematic review of the literature. *Journal of Psychopharmacology, 35*(3).

Katzung, B. G., & Trevor, A. J. (2018). *Basic and clinical pharmacology* (14th Ed.) McGraw-

Hill Education.

Kemner, C., Willemsen-Swinkels, S. H., de Jonge, M., et al. (2002). Open-label study of olanzapine in children with pervasive developmental disorder. *Journal of Clinical Psychopharmacology, 22*(5), 455-460.

Kent, J. M., Hough, D., Singh, J., et al. (2013a). An open-label extension study of the safety and efficacy of risperidone in children and adolescents with autistic disorder. *Journal of Child and Adolescent Psychopharmacology, 23*(10), 676-686.

Kent, J. M., Kushner, S., Ning, X., et al. (2013b). Risperidone dosing in children and adolescents with autistic disorder: a double-blind, placebo-controlled study. *Journal of Autism and Developmental Disorders, 43*(8), 1773-1783.

Klaiman, C., Huffman, L., Masaki, L., & Elliott, G. R. (2013). Tetrahydrobiopterin as a treatment for autism spectrum disorders: A double-blind, placebo-controlled trial. *Journal of Child and Adolescent Psychopharmacology, 23*, 320-328.

King, B. H., Dukes, K., Donnelly, C., et al. (2013). Baseline factors predicting placebo response to treatment in children and adolescents with autism spectrum disorders: A multisite randomized clinical trial. *JAMA Pediatrics, 167*(11), 1045-1052.

King, B. H., Hollander, E., Sikich, L., et al. (2009). Lack of efficacy of citalopram in children with autism spectrum disorders and high levels of repetitive behavior: Citalopram ineffective in children with autism. *Archives of General Psychiatry, 66*(6), 583-590.

King, B. H., Wright, D. M., Handen, B. L., Sikich, L., Zimmerman, A. W., Mcmahon, W., & Cook, E. H. (2001). Double-blind, placebo-controlled study of amantatine hydrochloride in the treatment of children with autistic disorder. *Journal of the American Academy of Child & Adolescent Psychiatry, 40*, 658-665.

Kosaka, H., Okamoto, Y., Munesue, T., Yamasue, H., Inohara, K., Fujioka, T., & Wada, Y. (2016). Oxytocin efficacy is modulated by dosage and oxytocin receptor genotype in young adults with high-functioning autism: A 24-week randomized clinical trial. *Translational Psychiatry, 6*, e872.

Lemonnier, E., Degrez, C., Phelep, M., Tyzio, R., Josse, F., Grandgeorge, M., & Ben-Ari, Y. (2012). A randomised controlled trial of bumetanide in the treatment of autism in children. *Translational Psychiatry, 2*, e202.

Lemonnier, E., Villeneuve, N., Sonie, S., Serret, S., Rosier, A., Roue, M., Ben-Ari, Y. (2017). Effects of bumetanide on neurobehavioral function in children and adolescents with autism spectrum disorders. *Translational Psychiatry, 7*, e1124.

Levine, S. Z., Kodesh, A., Goldberg, Y., Reichenberg, A., Furukawa, T. A., Kolevzon, A.,

Leucht, S. (2016). Initial severity and efficacy of risperidone in autism: Results from the RUPP trial. *European Psychiatry, 32*, 16-20.

Loebel, A., Brams, M., Goldman, R. S., Silva, R., Hernandez, D., Deng, L., Findling, R. L. (2016). Lurasidone for the treatment of irritability associated with autistic dis- order. *Journal of Autism and Developmental Disorders, 46*, 1153-1163.

Luby, J., Mrakotsky, C., Stalets, M. M., et al. (2006). Risperidone in preschool children with autistic spectrum disorders: An investigation of safety and efficacy. *Journal of Child and Adolescent Psychopharmacology, 16*(5), 575-587.

Malone, R. P., Delaney, M. A., Hyman, S. B., et al. (2007). Ziprasidone in adolescents with autism: An open-label pilot study. *Journal of Child and Adolescent Psychopharmacology, 17*(6), 779-790.

Mankad, D., Dupuis, A., Smile, S., Roberts, W., Brian, J., Lui, T., Anagnostou, E. (2015). A randomized, placebo-controlled trial of omega-3 fatty acids in the treatment of young children with autism. *Molecular Autism, 6*, 18. 21)

Marcus, R. N., Owen, R., Kamen, L., et al. (2009). A placebo-controlled, fixed-dose study of aripiprazole in children and adolescents with irritability associated with autistic disorder. *Journal of the American Academy of Child and Adolescent Psychiatry, 48*(11), 1110-1119.

Marcus, R. N., Owen, R., Manos, G., et al. (2011a). Aripiprazole in the treatment of irritability in pediatric patients (aged 6-17 years) with autistic disorder: Results from a 52-week, open-label study. *Journal of Child and Adolescent Psychopharmacology, 21*(3), 229-236.

Marcus, R. N., Owen, R., Manos, G., et al. (2011b). Safety and tolerability of aripiprazole for irritability in pediatric patients with autistic disorder: A 52-week, open-label, multicenter study. *Journal of Clinical Psychiatry, 72*(9), 1270-1276.

Martin, A., Koenig, K., Anderson, G. M., & Scahill, L. (2003). Low-dose fluvoxamine treatment of children and adolescents with pervasive developmental disorders: A prospective, open-label study. *Journal of Autism and Developmental Disorders, 33*(1), 77-85.

McCracken, J. T., McGough, J., Shah, B., et al. (2002). Risperidone in children with autism and serious behavioral problems. *New England Journal of Medicine, 347*(5), 314-321.

McDougle, C. J., Brodkin, E. S., Naylor, S. T., et al. (1998). Sertraline in adults with pervasive developmental disorders: A prospective open-label investigation. *Journal of Clinical Psychopharmacology, 18*(1), 62-66.

McDougle, C. J., Holmes, J. P., Carlson, D. C., et al. (1998). A double-blind, placebo-controlled study of risperidone in adults with autistic disorder. *Archives of General Psychiatry, 55*(7), 633-641.

McDougle, C. J., Kresch, L. E., & Posey, D. J. (2000). Repetitive thoughts and behavior in pervasive developmental disorders: Treatment with serotonin reuptake inhibitors. *Journal of Autism and Developmental Disorders, 30*(5), 427-435.

McDougle, C. J., Naylor, S. T., Cohen, D. J., et al. (1996). A double-blind, placebo-controlled study of fluvoxamine in adults with autistic disorder. *Archives of General Psychiatry, 53*(11), 1001-1008.

McDougle, C. J., Scahill, L., Aman, M. G., et al. (2005). Risperidone for the core symptom domains of autism: Results from the study by the autism network of the Research Units on Pediatric Psychopharmacology. *American Journal of Psychiatry, 162*(6), 1142-1148.

McDougle, C. J., Kern, D. L., & Posey, D. J. (2002). Case series: Use of Ziprasidone for maladaptive symptoms in youth with autism. *Journal of the American Academy of Child & Adolescent Psychiatry, 41*(8), 921-927.

Minshawi, N. F., Wink, L. K., Shaffer, R., Plawecki, M. H., Posey, D. J., Liu, H., & Erickson, C. A. (2016). A randomized, placebo-controlled trial of d-cycloserine for the enhancement of social skills training in autism spectrum disorders. *Molecular Autism, 7*, 2.

Mohammadi, M., Yadegari, N., Hassanzadeh, E., Farokhnia, M., Yekehtaz, H., Mirshafiee, O., & Akhondzadeh, S. (2013). Double-blind, placebo-controlled trial of risperi-done plus amantadine in children with autism. *Clinical Neuropharmacology, 36*, 179-184.

Nagaraj, R., Singhi, P., & Malhi, P. (2006). Risperidone in children with autism: randomized, placebo-controlled, double-blind study. *Journal of Child Neurology, 21*(6), 450-455.

Namerow, L., Thomas, P., Bostic, J. Q., et al. (2003). Use of citalopram in pervasive developmental disorders. *Journal of Developmental and Behavioral Pediatrics, 24*(2), 104-108.

Niederhofer, H. (2011). Efficacy of duloxetine and agomelatine does not exceed that of other antidepressants in patients with autistic disorder: preliminary results in 3 patients. *Primary Care Companion to the Journal of Clinical Psychiatry, 13*(1).

Owen, R., Sikich, L., Marcus, R. N., et al. (2009). Aripiprazole in the treatment of irritability in children and adolescents with autistic disorder. *Pediatrics, 124*(6), 1533-1540.

Owley, T., Walton, L., Salt, J., et al. (2005). An open-label trial of escitalopram in pervasive developmental disorders. *Journal of the American Academy of Child and Adolescent Psychiatry, 44*(4), 343-348.

Pandina, G. J., Bossie, C. A., Youssef, E., Zhu, Y., & Dunbar, F. (2007). Risperidone improves behavioral symptoms in children with autism in a randomized, double-blind, placebo-controlled trial. *Journal of Autism and Developmental Disorders, 37*, 367-373.

Panksepp, J., & Sahley, T. L. (1987). Possible brain opioid involvement in disrupted social intent and language development of autism. In *Neurobiological Issues in Autism, Current issues in autism* (pp. 357-372). Springer.

Parker, K. J, Oztan, O., Libove, R. A., Mohsin, N., Karhson, D. S., & Sumiyoshi, R D., et al. (2019). A randomized placebo-controlled pilot trial shows that intranasal vasopressin improves social deficits in children with autism. *Science Translational Medicine, 11,* 491.

Parker, K. J., Oztan, O., Libove, R. A., Sumiyoshi, R. D., Jackson, L. P., Karhson, D. S., Hardan, A. Y. (2017). Intranasal oxytocin treatment for social deficits and biomarkers of response in children with autism. *Proceedings of the National Academy of Sciences, 114,* 8119-8124.

Pearson, D. A., Santos, C. W., Aman, M. G., Arnold, L. E., Casat, C. D., Mansour, R., Cleveland, L. A. (2013). Effects of extended-release methylphenidate treatment on ratings of attention-deficit/hyperactivity disorder (ADHD) and associated behavior in children with autism spectrum disorders and ADHD symptoms. *Journal of Child and Adolescent Psychopharmacology, 23,* 337-351.

Peral, M., Alcamí, M., & Gilaberte, I. (1999). Fluoxetine in children with autism. *Journal of the American Academy of Child and Adolescent Psychiatry, 38*(12), 1472-1473.

Posey, D. J., Aman, M. G., McCracken, J. T., et al. (2007). Positive effects of methylphenidate on inattention and hyperactivity in pervasive developmental disorders: An analysis of secondary measures. *Biological Psychiatry, 61*(4), 538-544.

Posey, D. J., Litwiller, M., Koburn, A., & McDougle, C. J. (1999). Paroxetine in autism. *Journal of the American Academy of Child and Adolescent Psychiatry, 3*(2), 111-112

Posey, D. J., Liu, H., & Erickson, C. A. (2016). A randomized, placebo-controlled trial of d-cycloserine for the enhancement of social skills training in autism spectrum disorders. *Molecular Autism, 7*(2).

Posey, D. J., Stigler, K. A., Erickson, C. A., & McDougle, C. J. (2008). Antipsychotics in the treatment of autism. *Journal of Clinical Investigation, 118*(1), 6-14.

Posey, D. J., Wiegand, R. E., Wilkerson, J., et al. (2006). Open-label atomoxetine for attention-deficit/hyperactivity disorder symptoms associated with high-functioning pervasive developmental disorders. *Journal of Child and Adolescent Psychopharmacology, 16*(5), 599-610.

Potenza, M. N., Holmes, J. P., Kanes, S. J., & McDougle, C. J. (1999). Olanzapine treatment of children, adolescents, and adults with pervasive developmental disorders: An open-label pilot study. *Journal of Clinical Psychopharmacology, 19*(1), 37-44.

Reddihough, D. S., Marraffa, C., & Mouti, A., et al. (2019). Effect of fluoxetine on obsessive-compulsive behaviors in children and adolescents with autism spectrum disorders: A randomized clinical trial. *JAMA, 322*(16), 1561-1569.

Remington, G., Sloman, L., Konstantareas, M., et al. (2001). Clomipramine versus haloperidol in the treatment of autistic disorder: A double-blind, placebo-controlled, crossover study. *Journal of Clinical Psychopharmacology, 21*(4), 440-444.

Research Units on Pediatric Psychopharmacology Autism Network. (2005). Randomized, controlled, crossover trial of methylphenidate in pervasive developmental disorders with hyperactivity. *Archives of General Psychiatry, 62*(11), 1266-1274.

Research Units on Pediatric Psychopharmacology Autism Network. (2005). Risperidone treatment of autistic disorder: Longer-term benefits and blinded discontinuation after 6 months. *American Journal of Psychiatry, 162*(7), 1361-1369.

Roy, A., Roy, M., Deb, S., Unwin, G., & Roy, A. (2014). Are opioid antagonists effective in attenuating the core symp-toms of autism spectrum conditions in children: A systematic review. Journal of Intellectual Disability Research, 59, 293-306.

Saad, K., Abdel-Rahman, A. A., Elserogy, Y. M., Al-Atram, A. A., El-Houfey, A. A., Othman, H. A., & Abdel-Salam, A. M. (2016). Randomized controlled trial of vitamin D supplementation in children with autism spectrum disorder. *Journal of Child Psychology and Psychiatry, 59*, 20-29.

Saad, K., Eltayeb, A. A., Mohamad, I. L., Al-Atram, A. A., Elserogy, Y., Bjørklund, G., Nicholson, B. (2015). A randomized, placebo-controlled trial of digestive enzymes in children with autism spectrum disorders. *Clinical Psychopharmacology and Neuroscience, 13*, 188-193.

Sandman, C. A., & Kemp, A. S. (2011). Opioid antagonists may reverse endogenous opiate "dependence" in the treatment of self-injurious behavior. *Pharmaceuticals, 4*, 366-381.

Scahill, L., Aman, M. G., McDougle, C. J., et al. (2006). A prospective open trial of guanfacine in children with pervasive developmental disorders. *Journal of Child and Adolescent Psychopharmacology, 16*(5), 589-598.

Scahill, L., Hallett, V., Aman, M. G., McDougle, C. J., Eugene Arnold, L., McCracken, J. T., Tierney, E., Deng, Y., Dziura, J., Vitiello, B., Research Units on Pediatric Psychopharmacology (RUPP) Autism Network. (2013). Brief Report: Social disability in autism spectrum disorder: Results from Research Units on Pediatric Psychopharmacology (RUPP) Autism Network trials. *Journal of Autism and Developmental Disorders, 43*(3), 739-746.

Scahill, L., McCracken, J. T., King, B. H., Rockhill, C., Shah, B., & Politte, L. (2015). Extended-release guanfacine for hyperactivity in children with autism spectrum disorder. *American Journal of Psychiatry, 172*, 1197-1206.

Shea, S., Turgay, A., Carroll, A., et al. (2004). Risperidone in the treatment of disruptive behavioral symptoms in children with autistic and other pervasive developmental disorders. *Pediatrics, 114*(5), e634-e641.

Singh, K., Connors, S. L., Macklin, E. A., Smith, K. D., Fahey, J. W., Talalay, P., & Zimmerman, A. W. (2014). Sulforaphane treatment of autism spectrum disorder (ASD). *Proceedings of the National Academy of Sciences, 111*, 15550-15555.

Smith, T., Aman, M. G., Arnold, L. E., Silverman, L. B., Lecavalier, L., Hollway, J., Handen, B. L. (2016). Atomoxetine and parent training for children with autism and attention-deficit/hyperactivity disorder: a 24- week extension study. *Journal of the American Academy of Child & Adolescent Psychiatry, 55*, 868-876.e2.

Spanos, M., Chandrasekhar, T., Kim, S. J., Hamer, R. M., King, B. H., McDougle, C. J., et al. (2020). Rationale, design, and methods of the Autism Centers of Excellence (ACE) network Study of Oxytocin in Autism to improve Reciprocal Social Behaviors (SOARS-B). *Contemporary Clinical Trials, 98*, 106103.

Stigler, K. A., Potenza, M. N., Posey, D. J., & McDougle, C. J. (2004). Weight gain associated with atypical antipsychotic use in children and adolescents: prevalence, clinical relevance, and management. *Paediatric Drugs, 6*(1), 33-44.

Sugie, Y., Sugie, H., Fukuda, T., et al. (2005). Clinical efficacy of fluvoxamine and functional polymorphism in a serotonin transporter gene on childhood autism. *Journal of Autism and Developmental Disorders, 35*(3), 377-385.

Veenstra-VanderWeele, J., Cook, E. H., King, B. H., Zarevics, P., Cherubini, M., Walton-Bowen, K., ⋯ Carpenter, R. L. (2016). Arbaclofen in children and adolescents with autism spectrum disorder: A randomized, controlled, phase 2 trial. *Neuropsychopharmacology, 42*, 1390-1398.

Voigt, R. G., Mellon, M. W., Katusic, S. K., Weaver, A. L., Matern, D., Mellon, B., Barbaresi, W. J. (2014). A randomized, double-blind, placebo-controlled trial of dietary docosahexaenoic acid (DHA) supplementation in children with autism. *Journal of Pediatric Gastroenterology and Nutrition, 58*, 715-722.

Wasserman, S., Iyengar, R., Chaplin, W. F., Watner, D., Waldoks, S. E., Anagnostou, E., Hollander, E. (2006). Levetiracetam versus placebo in childhood and adolescent autism: A double-blind placebo-controlled study. *International Clinical Psychopharmacology, 21*,

363-367.

Wink, L. K., Adams, R., Wang, Z., Klaunig, J. E., Plawecki, M. H., Posey, D. J., & Erickson, C. A. (2016). A randomized placebo-controlled pilot study of N-acetyl- cysteine in youth with autism spectrum disorder. *Molecular Autism, 7*, 26.

Wright, B., Sims, D., Smart, S., Alwazeer, A., Alderson-Day, B., Allgar, V., & Miles, J. (2011). Melatonin versus placebo in children with autism spectrum conditions and severe sleep problems not amenable to behavior management strategies: A randomized controlled crossover trial. *Journal of Autism and Developmental Disorders, 41*, 175-184.

Yatawara, C. J., Einfeld, S. L., Hickie, I. B., Davenport, T. A., & Guastella, A. J. (2015). The effect of oxytocin nasal spray on social interaction deficits observed in young children with autism: A randomized clinical crossover trial. *Molecular Psychiatry, 21*, 1225-1231.

Yoon, Y., Wink, L. K., Pedapati, E. V., et al. (2016). Weight gain effects of second-generation antipsychotic treatment in autism spectrum disorder. *Journal of Child and Adolescent Psychopharmacology, 26*(9), 822-827.

CHAPTER
12

비약물적 치료의 이론적 접근: 근거기반치료 중심으로

김남욱

자폐스펙트럼장애는 한 가지 증상을 가진 질병이 아니라 전반적인 발달에 영향을 미치는 상태이다. '스펙트럼'이라는 진단명에서 드러나는 것처럼 그 증상의 표현형과 중증도가 다양하며 각 개인의 적응 정도와 능력 수준 역시 천차만별이다. 그러므로 자폐스펙트럼장애에 한 가지 특정 치료적 개입이 가장 효과적이라는 말은 성립할 수는 없다(홍강의 외, 2014). 따라서 '자폐스펙트럼장애'를 치료하는 것이 아니라, '자폐적 특성'을 가진 한 개인에 대하여 개별적인 치료적 접근이 필요하다고 볼 수 있다(Ian & Phil, 2010). 자폐스펙트럼장애를 가진 아동에 대한 치료 계획을 세울 때는 '자폐'가 아니라 그 '아동'에게 집중해야 한다. 아동이 가진 강점을 이용하고, 부족한 영역을 향상시키며, 치료적 접근에 제한을 주는 문제행동에 대해 파악하고 이를 해결할 수 있는 치료 계획을 세워야 한다. 따라서 치료적 개입을 시작하기 전에 아동의 전반적인 발달 상태와 문제행동에 대한 평가와 포괄적인 치료계획 수립이 우선적으로 이루어져야 한다. 또한 자폐스펙트럼장애는 만성적으로 발달에 영향을 미치는 상태이므로, 한 개인에 있어서도 고정적인 치료적 개입이 지속되는 것이 아니다. 3세 이전에 자폐스펙트럼장애로 첫 진단을 받은 아동에게 필요한 치료적 개입과 학교라는 환경에 적응해야 하는 학령기 아동, 그리고 청소년과 성인에게 필요한 치료적 개입은 다를 수밖에 없다. 또한 중증도와 동반되는 증상에 따라서도 치료적 개입은 달라진다. 아동기 자폐스펙트럼장애로 진단을 받고 일정 기간

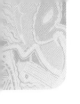

의 집중적인 치료적 개입을 통해 증상이 개선되고, 평균 범위의 지능으로 평가되는 경우도 있으며 지적장애를 동반하거나, 증상의 개선이 크지 않은 경우도 있다(Elizabeth et al., 2023), 이때는 그 치료적 목표와 접근 방법이 다를 수 있다. 또한 의학적으로는 고려할 부분이 아닐 수 있으나, 그 아동이 살고 있는 지역이나 사회경제적 상태, 양육자의 가치관 역시 치료 접근성에 많은 영향을 미친다. 따라서 소아정신과 의사는 진단명이 아니라 그 아동이 가진 강점과 약점, 현재 발달 수준과 연령 등의 개별적 특성을 고려하여 치료적 계획에 대한 처방전을 제시할 수 있어야 한다.

최근의 신경다양성(neurodiversity)의 개념에서 보면, 자폐스펙트럼장애의 증상 중에 어떠한 특징이 치료의 대상이며, 어떠한 특징은 치료의 대상이 아니라 장애인식 교육을 통하여 받아들여져야 하는 부분인지는 의견이 다를 수 있다. 그러나 명백한 것은 자폐스펙트럼장애의 '증상'이든 '특징'이든 그로 인해 고통을 받는 개인이나 가족이 있다면 이에 대한 도움은 필요하다는 것이다, 또한 조기에 근거기반의 개입을 받을 경우, 기능의 개선이 있다고 보고되므로(Hyman, 2020), 그들이 중요한 시기를 놓치지 않고 경제적으로나 정서적으로 소진되지 않도록 좀 더 근거가 있고 접근하기 쉬운 치료적 개입을 제시해 주는 것이 중요하다는 것이다. 따라서 이 장에서는 이론적 근거와 객관적인 결과를 제시하고 있는 비약물적인 치료 기법들에 대하여 소개하고자 한다.

근거기반의 치료적 개입은 두 가지-포괄적 치료 모델(Comprehensive Treatment Model: CTM)과 특정 기능에 집중한 개입(focused interventions)으로 나눌 수 있다. 앞서 언급한 바와 같이 자폐스펙트럼장애는 발달의 전반적인 영역에 걸쳐 다양한 어려움이 나타나므로 이를 모두 통합적으로 나누기 위한 기본적 지표의 틀이 필요하다. 이러한 통합적인 치료의 틀을 제공하는 포괄적인 치료 모델의 예로는 응용행동분석(Applied Behavior Analysis: ABA)에 기반을 둔 집중적 조기중재(Early Intensive Behavioral Intervention: EIBI)나 초기치료덴버모델(Early Start Denver Model: ESDM), TEACCH(Treatment and Education of Autistic and related Communication handicapped Children) 등을 예로 들 수 있다. 포괄적인 치료 모델들은 결국 행동이론에 기반한 ABA와 특수교육에 기반을 둔 다양한 치료적 개입과 특수교육의 총합이다. 따라서 포괄적인 치료 모델들을 설명하는 데 사용되는 용어와 이론들은 그 기반이 되는 ABA에 대한 지식이 없이는 바로 이해하기가 어렵다. 따라서 이 장에서는 ABA의 기초적인 이론들을 먼저 살펴보고, 포괄적인 치료 모델을 살펴본 후 마지막으로 특정 기능에 집중한 치료적 개입에 대하여 살펴보고자 한다.

1. 응용행동분석(Applied Behavior Analysis: ABA)

1) ABA의 정의

ABA는 간단히 말하자면 '좋은' 행동은 늘리고 '나쁜' 행동은 줄이는 것이다. 그렇다면 좋은 행동과 나쁜 행동을 정의하는 기준은 무엇인가? ABA는 사회적으로 의미가 있고, 중요한 기능을 하는 행동들을 좋은 행동으로 보고, 그것들을 방해하는 행동들을 나쁜 행동으로 본다. 즉, ABA란 학습 이론에 근거하여(Skinner, 1953), 사회적으로 중요한 행동을 의미 있는 수준으로 증진시키고, 그 행동의 개선이 적용된 치료적 개입에 의한 것인지를 체계적으로 입증하기 위한 과정으로 정의된다(Baer et al., 1968). ABA의 '응용'이란 실제 생활에서 적용이 가능한 행동을 목표로 삼는다는 것으로, 즉 실용적인 것이라는 의미를 담고 있다.

ABA에서 중요한 관점의 변화는 우리가 치료의 효과를 아동의 마음 내부에서가 아니라 측정 가능한 행동의 변화에서 찾는다는 것이다. 예를 들어, 아동이 갑자기 소리를 지르는 행동의 빈도나 강도가 증가했다면, 어떤 경우에는 '아이가 스트레스를 받아서 소리를 지른다'고 해석하기도 하고, 또 다른 경우에는 '아이가 성장하여 자신의 의견을 표현하고자 하는 욕구가 증가했다'고 해석하기도 한다. 아동의 감정이나 욕구 등에 대한 내면에서 근본적인 원인을 찾고, 그 원인을 해결하려고 하는 경우, 우리는 두 가지 어려움에 봉착할 수 있다. 첫 번째는 과연 우리가 가정한 그 원인과 현재의 행동에 인과관계가 성립되는지 확인이 어렵다는 것이다. 아동의 내면에서 일어난 생각이나 감정의 변화는 객관적으로 관찰할 수 없다. 두 번째는 그 원인이 맞다고 하더라도, 그 근본적인 원인이 치료가 가능한 것이냐에 대한 것이다. 아동이 이전보다 성장하여 원하는 것이 많아져서 소리를 지른다고 해서 그냥 '전보다 성장했다는 것이니 긍정적으로 생각하고 참으세요'라고 할 수는 없을 것이다. 특히 그 소리를 지르는 행동 때문에 주변의 사람들이 힘들어하고 있다면 더욱 그렇다. 이때 '소리를 지르는 행동의 빈도나 강도'를 측정하고 그 행동을 관찰하여 예상되는 원인을 추측하고 분석하여, 소리를 지르는 행동의 빈도나 강도를 줄이고, 소리를 지르는 대신 좀 더 사회적으로 허용이 될 만한 다른 대안행동을 가르치고, 그 대안행동을 늘려나가는 것이 바로 ABA라고 할 수 있다. 측정이 어려운 생각이나 감정에 대한 설명 대신 행동의 변화에 초점을 두는 것이므로 그 변화를 객관적으로 관

찰하고 수치화할 수 있다는 점에서는 실용적이라고 할 수 있다. 하지만 동시에 아이들의 근본적인 마음을 살피지 않고 '사회적으로 요구받는 행동'을 가르치는 것이 '강제'이고 '비인간적'이라는 비판적인 의견도 있다(Cooper, 2015).

2) ABA의 이론

(1) 행동의 ABC와 강화 유관

ABA에 대하여 이야기할 때 반드시 언급되는 것이 행동의 ABC이다. 이를 공식으로 표현하면 다음과 같이 표현할 수 있다.

A는 선제자극(Antecedent)의 A, B는 행동(Behavior)의 B, C는 후속결과(Consequence)의 C이다. A, B, C는 서로 밀접하게 연관되어 있다. 즉, 어떠한 행동 직전에 발생하는 원인 또는 선제자극을 A라고 하고, 그 이후 발생하는 행동을 B, 그 행동의 결과를 C라고 하며 스키너(Skinner)는 이 관계를 강화유관(contingency of reinforcement)이라고 설명하였다(Skinner, 1953). 선제자극이란 표적행동이 발생하기 전에 이미 존재하는 것, 또는 일어난 일을 의미한다. 어떠한 선제자극은 표적행동에 영향이 없을 수 있으나, 어떤 선제자극은 특정 행동이 강화될 것을 예측하게 해 줄 수 있다. 즉, 점심시간을 알리는 벨 소리를 듣고 식당으로 이동한다면, 맛있는 점심을 먹는 결과로 강화될 수 있다. 벨 소리가 들리지 않았는데 식당으로 간다면 점심 식사는 준비되어 있지 않을 것이다. 후속결과란 표적행동이 발생한 직후에 어떠한 일이 일어났는지를 가리키는 것이다. 표적행동에 대하여 규칙적으로 특정 결과가 뒤따른다면, 그 결과를 통해 행동의 빈도가 늘어날 수도 있고 줄어들 수도 있다. 이처럼 후속 결과가 행동에 영향을 미치는 것을 조작적 조건화(operant conditioning)라고 한다.

(2) 조작적 조건화(operant conditioning)

조작적 조건화의 유명한 실험은 스키너의 쥐와 지렛대에 대한 실험이다(Chance & Furlong, 2023). 지렛대를 누르면 먹이가 나오도록 고안된 상자에서, 쥐는 우연히 지렛대를 눌러서 먹이가 나온다는 것을 학습하자 계속해서 지렛대를 눌렀다. 즉, 먹이라는 후속결과가 지렛대를 누른다는 행동의 빈도를 늘린 것이다. 이처럼 행동의 결과가 그 행동의 발생 빈도에 영향을 미치는 것을 조작적 조건화라고 한다. 이 조작적 조건화는 ABA에서 사용하는 가장 기본적인 기법이다. 이때 행동의 후속결과가 그 행동의 빈도를 증가시킨다면, 이를 정적 강화(positive reinforcement)라고 한다. 쥐와 지렛대 실험에서 지렛대를 누르면 먹이가 나와서, 지렛대를 누르는 빈도가 증가하도록 하는 것은 정적 강화에 해당한다.

또한 행동의 후속결과로서 '나쁜 것'이 제거되어 행동을 증가시키는 것도 있다. 예를 들어, 쥐를 괴롭게 하는 소음이 계속 나오는 상자에서 지렛대를 누르면 그 소음이 제거된다고 가정해 보자. 이 경우에는 지렛대를 누르면 그 결과로 좋은 것이 나오는 것이 아니라 나쁜 것이 제거되어 쥐를 편안하게 해 준다. 이렇듯 특정 행동이 혐오스러운 조건을 제거하여 강화되는 것을 부적 강화(negative reinforcement)라고 한다.

그렇다면 행동의 결과로 나쁜 것이 제공되어 행동을 감소시킬 수도 있을까? 아주 흔한 예로 부모님의 말을 듣지 않아서 꾸중을 듣는다거나, 숙제를 해 가지 않아서 벌점을 받는 경우 이러한 결과가 부정적인 감정을 일으키고, 이로 인해 특정 행동이 감소할 수 있다. 이때 행동의 결과로 제공된 나쁜 것을 벌(punishment)이라고 한다. 벌은 이미 교육 현장이나 가정 내에서도 널리 쓰이고 있기는 하지만, 벌이 과연 효과적으로 행동을 감소시키는가에 대해서는 여러 의견이 있다. 실제 치료 현장에서도 벌을 사용하는 것을 지양하는 방향으로 치료가 이루어지는 경우가 많아서 최대한 환경을 통제하여 문제행동을 줄이거나, 강화를 사용하는 것을 권유하고 있다(Chance & Furlong, 2023).

(3) 변별시도학습(Discrete Trial Teaching: DTT)

앞서 언급된 ABA의 기본인 행동의 ABC를 이용한 학습법이며 후에 언급될 조기집중개입(EIBI)에서 가장 핵심적으로 사용되는 기법이기도 하다. 아동에게 가르쳐야 할 선제자극을 정하고, 아동이 그 자극에 맞는 행동(정반응)을 보였을 때 강화를 시켜 주는 후속결과를 주고, 올바른 반응을 보이지 않으면 보상을 주지 않고 이를 정반응으로 수정하는 것을 반복한다. 예를 들면 다음과 같다.

A
- 선제자극(Antecedent)
- "앉아."라는 지시 ⬅ 변별 자극이 됨

B
- 행동(Behavior)
- 지시를 받은 대상이 자리에 앉음 ⬅ 정반응

C
- 후속결과(Consequence)
- "잘했어."라는 칭찬 또는 보상으로 먹을 것 주기 ⬅ 정적 강화

이때 행동을 야기시키는 선제자극(A)을 변별자극(Discriminative stimulus)이라고 하고, 나타난 행동이 올바른 행동일 경우를 정반응이라고 한다. 변별자극에 대하여 정반응을 보여 주었다면 이를 강화하여 학습시켜야 하므로 미리 정해 둔 강화물(과자나 칭찬 등)을 주어 이를 반복하여 학습시키는 것을 변별시도학습이라고 한다.

(4) 촉구(prompting)

촉구는 아동이 목표한 정반응을 보여 주지 않거나 중간에 멈추었을 때, 그 행동을 일으킬 목적으로 사용하는 것이다. 촉구의 종류로는 신체적 촉구, 언어 촉구, 큐(que)가 있다. 큐는 구체적인 행동에 대한 것을 알려 주기보다는 눈짓이나 손짓과 같이, 아동이 무엇인가를 해야 한다는 것을 알려 주는 정도를 말하는 것이다.

촉구의 예를 들면 다음과 같다.

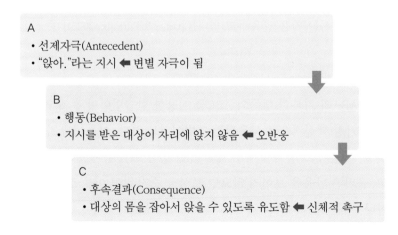

A
- 선제자극(Antecedent)
- "앉아."라는 지시 ⬅ 변별 자극이 됨

B
- 행동(Behavior)
- 지시를 받은 대상이 자리에 앉지 않음 ⬅ 오반응

C
- 후속결과(Consequence)
- 대상의 몸을 잡아서 앉을 수 있도록 유도함 ⬅ 신체적 촉구

ABA는 정반응에 대한 강화를 통하여 좋은 행동을 학습시키고 그 빈도를 늘리는 것이 목적이므로, 계속해서 오반응을 하도록 하는 것보다 촉구를 통하여 정반응을 유도하고 강화를 해 주는 것이 도움이 된다. 그러나 결국 촉구 없이 독립적으로 정반응을 할 수 있도록 해야 하므로 촉구에만 의존하지 않도록 촉구를 점차 줄여 나갈 수 있도록 해야 한다.

(5) 모델링(modeling)

아동을 직접적으로 가르치는 것이 아니라, 치료자나 부모 등이 아동 앞에서 시범을 보여 주면서 이를 따라 하도록 유도하는 간접 학습을 통한 행동중재 방법이다. 모델링으로 학습을 하려면 관찰과 모방이 가능해야 하므로 아동이 일정 시간 타인의 행동을 관찰할 정도의 집중을 할 수 있고, 관찰한 행동을 모방할 수 있는 발달 단계가 되었는지를 우선 확인해야 할 것이다.

(6) 타임아웃(timeout)

아동에게 부적응 행동, 또는 줄여야 할 목표 행동이 있을 때 사용하는 방법으로 일종의 벌이라고 볼 수 있다. 즉, 잘못된 행동으로 인해 아동이 현재하는 활동이나 머무르는 환경에서 제외되는 것이 벌로 느껴져서, 아동이 그 활동에 다시 참여하기 위해 부정적인 행동을 멈춘다는 것이다. 예를 들어, 수업 시간에 소란스럽게 떠드는 아동을 뒷자리로 보내서 서 있게 하여 수업에서 제외한다면 그 활동에서 제외하는 것이 벌이 되어야 부적응 행동을 멈추고자 하는 마음이 생길 것이다. 오히려 수업을 빠질 수 있어서 기뻐하는 아동이라면 타임아웃은 부적응행동에 강화가 될 뿐이므로 효과적인 중재라고 볼 수 없다. 아동이 지나친 자극 때문에 과도하게 흥분하여 부적응 행동을 보이는 경우라면, 자극을 차단하여 아동의 흥분을 가라앉히기 위하여 환경, 즉 선제자극을 통제하기 위하여 타임아웃을 사용할 수도 있다.

(7) 토큰 사용 체계(token economy)

강화는 ABA에서 핵심적인 부분이다. 그러나 학습과 적용은 치료실에서만 이루어질 수 없다. 학습해야 할 과제의 난이도와 복잡도가 증가하고 일상생활에서 적용을 목표로 하게 된다면 늘 즉각적이고 일차적인 보상만으로 치료를 지속하기가 어렵게 된다. 이때 강화를 받는 순간이 나중으로 미루어져도 지속적으로 과제를 수행할 수 있는 매개체가 바로 토큰이다. 토큰은 사실 부모들이 자주 사용하는 칭찬스티커와 같은 개념이다. 처음에는 바른 수행을 할 때마다 젤리를 강화제로 받던 아동이 젤리 대신 스티커를 받은 뒤 이를 5개를 모아서 더 큰 과자로 바꾸어 먹거나 10개를 모아서 좋아하는 장난감을 가지고 놀게 되는 등 강화를 받는 순간을 지연시키면서도 지속적으로 수행을 할 수 있는 동기를 유지하게 해 주는 것이다.

3) ABA의 효과

ABA는 자폐스펙트럼장애를 가진 사람을 대상으로 행동의 변화, 의사소통 능력의 향상, 사회적 기술의 학습 등에 효과성이 입증되었다(Howlin et al., 2009; Rogers & Vismara 2008). ABA를 기반으로 한 치료는 단일 커리큘럼이 아니라, ABA의 다양한 기술을 기반으로 한 여러 프로그램이 있다. 대표적인 것으로 조기집중개입(Early Intensive Behavioral Intervention: EIBI)이 있는데, 이는 자폐스펙트럼장애를 가진 영유아를 대상으로 하여 집중적인 ABA 치료를 할 때 아동의 모방능력, 수용언어, 표현언어, 지적기능이 향상된다는 것이다. EIBI 기법을 이용한 연구 중에 가장 유명한 것은 1987년 로바스(Lovaas)가 시행한 것으로, 2~4세의 자폐스펙트럼장애 아동을 대상으로 집중적으로 시행하였을 때 ABA 치료를 효과를 보여 주고 있다. 또한 ABA의 효과에 대한 여러 연구를 종합한 메타분석 결과 ABA는 자폐스펙트럼장애의 인지기능과 적응행동에 효과가 있음이 입증되었다(Eldevik et al., 2010). 또한 자폐스펙트럼장애에 대한 근거기반치료를 전반적으로 리뷰한 논문에서 ABA의 치료에 사용되는 기술들, 즉 선제자극기반개입(Antecedent-based interventions), 자별강화(Differential reinforcement), 변별시도학습(Discrete Trial Teaching), 소거(Extinction), 모델링(modeling), 촉구(prompting) 등의 개별적인 기술들의 근거가 입증되었다(Wong et al., 2015). 이렇듯 그 효과성이 입증되었기에, 미국정신의학회(American Psychiatric Association), 미국질병통제예방센터(Centers for Disease Control and Prevention: CDC)와 같은 주요 기관들이 ABA를 자폐스펙트럼장애의 근거기반치료로 인정하고 있으며, 치료의 가이드라인에 포함하고 있다.

4) ABA의 시행자

우리는 자폐스펙트럼장애에 대한 치료법으로 ABA에 대하여 이야기하고 있으나, ABA란 자폐스펙트럼장애의 치료에 한정된 것은 아니다. ABA는 미국의 심리학자 스키너의 행동과 학습에 대한 연구에서 비롯된 이론이 많다. 이러한 이론들은 교육 현장이나 직장, 운동, 가정 내에서도 적용될 수 있다. 그러므로 특정 전문가나 자격증이 있는 사람만이 ABA를 시행할 수 있는 것은 결코 아니다. 오히려 자폐스펙트럼장애 아동에게 진정한 치료적 효과가 있으려면 일상생활에서 그 이론을 적용할 수 있어야 하므로 부모, 형제자매, 교사 등 주변 사람들이 이를 습득하고 시행하는 것이 필수적이다. 다만, ABA를 자폐스펙트럼장애를 가진 아동에게 적용하는 것은 체계화된 방법이 필요하므로, ABA 전문가와 함께 해야 아동에게 효과적인 치료적 개입을 할 수 있다. 또한 아동에 대한 치료적 개입을 함과 동시에 부모 교육을 통해 ABA를 통해 습득된 기술을 가정이나 학교에서 일반화할 수 있도록 전문가가 '감독관(supervisor)'으로서 역할을 해 주는 것이 매우 중요하다. 이에 그 역할을 할 수 있는 전문가로서의 자격에 대하여 언급하며 처음 치료를 배우려고 하는 수련생이나 부모님이 감독관을 선택할 수 있도록 하고자 한다.

(1) 행동분석전문가

행동분석에 대하여 공부하여 이를 바탕으로 사람의 행동을 체계적으로 평가하고, 그 기능을 분석하여 긍정적인 행동을 증진시키고, 부정적인 행동을 줄이는 방향으로 치료적 중재를 계획하고 실행하는 자를 행동분석전문가라고 한다. 자폐스펙트럼장애 아동뿐 아니라 조직행동관리(Organizational Behavior Management: OBM), 학교 환경의 문제행동에 대한 중재와 예방을 목적으로 한 긍정적 행동지원(Positive Behavior Support: PBS) 분야 등 다양한 영역에 참여할 수 있다.

(2) 행동분석의 자격

ABA에서 자격증은 발급 기관과 치료사의 최종 학력에 따라 다르다. 대표적인 발급 기관은 국제행동분석전문가 자격위원회(Behavior Analyst Certification Board: BACB)로 미국에 위치해 있으며 전 세계의 행동분석전문가의 자격을 관리한다. 석사 이상의 학위를 가지고 요구된 수련 시간을 채우고 시험에 합격한 경우 BCBA(Board-Certified Behavior Analysis)라는 자격을 획득할 수 있다. 학사의 경우 BCaBA(Board Certified Assistant Behavior Analyst), 고등학교 졸업자의 경우 RBT(Registered Behavior Technician)라는 자격을 받는다. 국내에도 해당 자격증을 소지한 치료사들이 있으나, 2023년부터 미국과 캐나다 외의 다른 곳에서는 BCBA 시험을 치를 수 없게 되었다. 이에 국내에서도 한국응용행동분석전문가협회에서 응용행동분석전문가(Applied Behavior Analysis Specialist: ABAS)라는 자격 취득 과정을 독립적으로 마련하였다. 반드시 자격증이 있어야만 ABA 치료를 할 수 있는 것은 아니다. 오히려 자격증을 취득하기 위해서 BCaBA는 1,000시간, BCBA는 1,500시간의 수련 시간이 반드시 필요하기 때문에, 대부분의 치료사들은 자격증을 취득하기 전부터 치료를 수행하고 있다. 다만, 자격증을 취득하기 전의 치료사들은 치료 윤리에 입각하여, 반드시 지도감독(supervision)의 자격을 갖춘 관리자(supervisor)와 계약을 맺고, 자신의 케이스에 대하여 관리자에게 보고를 하여 지도를 받아야 한다.

2. 포괄적 치료 모델

앞서 언급했던 것과 같이 자폐스펙트럼장애는 가로축으로는 발달의 전반적인 영역에 대하여 다루어야 하고, 세로축으로는 개별적인 발달 수준에 맞추어 치료 계획을 세우고 다학제적으로 접근해야 하기에 그 기본 틀의 역할을 해 줄 수 있는 포괄적 치료 모델(Comprehensive Treatment Model: CTM)이 필요하다(양문봉, 신석호, 2016). ABA을 기반으로 한 조기집중개입(EIBI), 초기치료덴버모델(ESDM), TEACCH 등이 이에 속하며 좀 더 특수교육의 비중이 큰 TEACCH는 제13장에서 다루고 있다.

1) 조기집중개입(Early Intensive Behavioral Intervention: EIBI)

ABA는 자폐스펙트럼장애를 가진 아동들을 대상으로 한 여러 연구 결과를 통해서 그 효과를 입증해 왔다. 그중 가장 널리 알려진 것이 1987년 심리학자 로바스(Lovaas) 박사에 의한 것이다. 이 연구를 통해 그는 자폐스펙트럼장애 아동들이 집중적인 ABA 치료(1주에 40시간)를 통해 정상 범위의 인지기능과 학습능력을 갖추게 되었다고 발표했다. 이후 이 EIBI는 자폐스펙트럼장애 진단을 받은 아동들에게 체계적인 치료적 모델을 제공하게 되었다. 이후 이와 유사하게 조기에 집중적인 ABA 치료를 받은 경우 긍정적인 예후를 보이는 연구들이 나오면서 EIBI의 효과를 입증하였다(McEachin et al., 1993; Reichow et al., 2014). 또한 EIBI를 통해 얻은 긍정적인 결과가 10년 뒤에도 유지된다는 연구 결과가 나오기도 하였다(Smith et al., 2021). 그러나 이는 현재 한국에서 적용하기에는 많은 무리가 따른다는 한계가 있다. 우선 이러한 치료적 권고의 기반이 되는 연구가 이루어진 미국과 달리, 한국에서는 아직 ABA 치료사의 숫자가 충분하지 않다. 따라서 치료적 자원이 풍부한 수도권이나 일부 대도시를 제외한 곳에서는 EIBI를 시행할 수 있는 치료적 환경을 조성하기가 어렵다. 또한 1주에 최소 20시간 이상의 치료 시간과 1년 이상의 장기적인 치료를 요하는 경우가 많아 비용적 부담도 만만치 않다.

2) 초기치료덴버모델(Early Start Denver Model: ESDM)

초기치료덴버모델(ESDM)은 미국의 심리학자인 샐리 로저스(Sally Rogers)와 제럴드 도슨(Geraldine Dawson) 박사에 의해서 개발된 치료 모델로서 12~48개월에 해당하는 자폐스펙트럼장애 아동을 대상으로 한다. ESDM은 자연주의적 발달행동중재(Naturalistic Developmental Behavioral Interventions: NDBI)에 속해 있는데, 이는 ABA와 관계중심의 발달주의적 원칙이 통합되어 있다. 즉, 발달의 기반이 되는 기초적인 사회적 학습 기술을 강조하면서 동시에 그 개입이 일상적인 환경에서 자연스럽게 발생하는 사회적 활동의 맥락 중에 제공되도록 하였다. 이러한 치료에서는 아동이 주도하는 교수, 자연스럽게 발생하는 학습 기회, 놀이 루틴 내에서 주고받는 상호작용을 통하여, 측정 가능한 목표를 다루기 위하여 ABA 기반 접근 방식을 적용하였다. 즉, 고도로 구조화된 기존의 ABA 치료법과는 달리 좀 더 자연스럽고 아동 중심적인 환경 내에서 행동치료적 개입의 기법을 사용한 것으로 볼 수 있다. NDBI 중 가장 광범위하게 연구된 접근 방식이 ESDM이다. ESDM에 대한 연구 결과, 치료 시작 시 더 이른 나이에 치료를 시작하고, 더 많은 치료 시간을 가진 경우가 아동의 긍정적인 예후와 관련이 있었다.

3. 특정 기능에 집중한 개입

특정 기능에 집중한 개입(focused interventions)이라는 것은 하나의 또는 제한된 범위의 기술을 늘리는 방향으로 고안된 치료적 개입이라 할 수 있다. 즉, 의사소통을 증진하거나 특정한 과제를 학습하는 것 등이다. 여기에 사용되는 치료 기법은 ABA에 기반을 둔 행동 중재적일 수도 있고 특수교육에 기반을 둘 수도 있다.

1) 언어치료

자폐스펙트럼장애를 가진 개인은 의미 있는 발성을 할 수 없는 수준으로부터 어휘나 문장의 사전적인 사용에는 지연이 없으나 맥락에 맞는 대화를 유지하기 어려운 수준에 이르기까지 매우 다양한 정도로 언어발달에 어려움이 있다(American Psychaitric Association, 2013). 또한 최종적으로 자폐스펙트럼장애를 진단받는 아동의 경우라도, 부모가 아동의 이상을 감지하는 초기 증상 중 대표적인 것이 언어지연이기 때문에 대부분의 자폐스펙트럼장애 아동들은 언어재활사를 만나고 언어치료를 받게 된다(Green et al., 2006).

언어지연이 있는 영유아의 경우, 자폐스펙트럼장애를 가진 경우나 그렇지 않은 경우라도 초기 치료적 개입에는 큰 차이가 없다. 치료사가 아동에게 촉구(prompt)를 주거나 천천히 알려 주어 모방을 돕는 등 단음절의 소리와 단어를 반복할 수 있도록 하고, 아동의 언어적 능력이 발전함에 따라 촉구를 점차적으로 줄여 나가 아동이 자발적으로 의사소통을 할 수 있도록 한다(DeThorne et al., 2009).

그러나 지속적인 치료를 받는다고 해도 모든 자폐스펙트럼장애 아동이 언어적 의사소통을 할 수 있는 단계에 이르지 못한다. 약 30% 정도의 아동은 최종적으로 소리를 내어 의사소통을 하는 단계에 도달하지 못하는 것으로 알려져 있다(Anderson et al., 2007). 4세 이전에 문장을 사용하여 의사소통하는 것은 자폐스펙트럼장애 아동에게 긍정적인 예후 인자로 알려져 있다. 그리고 비언어적인 기술과 사회적인 참여 능력이 비교적 잘 발달한 아동의 경우에는 10세경 말하는 능력이 나타날 수도 있다고 한다. 아이들이 구어로 의사소통을 할 수 없는 경우 보완대체의사소통(Augumentive and Alternative Communication: AAC)이 도입될 수 있다. 보완대체의사소통 전략의 예로는 수화, 그림교환의사소통체계(Picture Exchange Communication System: PECS), 음성생성장치 등이 사용될 수 있다. 구체적인 사용의 예는 제13장에서 다루어질 것이다. 치료자가 구어적 의사소통을 하지 못하는 아동에게 보완대체의사소통을 권유하면, 보호자는 아동이 보완대체의사소통의 사용에 익숙해져 구어적 의사소통을 하지 않을까 고민하여 이를 거부할 때도 있다. 하지만 보완대체의사소통의 사용은 사회적 상호작용과 의사소통 목적에 대한 이해를 촉진하는 데 도움이 될 수 있으며 말하기를 촉진할 수도 있다.

구어로 의사소통을 할 수 있는 경우에도 자폐스펙트럼장애를 가진 아동이나 청소년의 경우는 화용언어(pragmatics)에 어려움을 겪는다. 학습할 때 글을 문자 그대로만 해석하고 맥락적인 의미를 파악하지 못하여 문제를 풀지 못하거나, 친구들과 대화를 할 때 상대방의 말을 맥락에 맞게 해석하지 못하여 곤란해질 수가 있다. 따라서 비록 학령전기나 초등학교 저학년 시기에 언어평가에서 평균적인 수준의 언어능력을 갖춘 것으로 평가되었다고 하더라도, 이후 학업수행에서 어려움이 있거나 또래 관계에서 반복적인 문제가 발생한다면 화용언어에 대한 능력을 다시 평가해 볼 필요가 있다.

특히 화용언어에 대한 평가와 치료는 자폐스펙트럼장애의 언어치료에서 매우 중요한 부분이다. 『정신질환 진단 및 통계 편람(Diagnostic and Statistical Manual of Mental Disorders, DSM-IV-TR)』에서 자폐스펙트럼장애의 진단기준에는 언어발달지연이 포함되었으나, DSM-5로 개정되면서 이는 삭제되었다(APA, 2013). 이는 자폐스펙트럼장애에 반드시 언어지연이 나타나지는 않기 때문이다. 앞서 언급한 대로, 자폐스펙트럼장애는 각 개인마다 다른 특성을 보일 수 있는 이질적인 증후군이며, 자폐스펙트럼장애 아동들의 2/3 정도가 언어지연이 동반된다. 언어발달은 무발화부터 언어의 양적 발달이나 사전적인 어휘 수준은 오히려 또래보다 우수한 경우까지 다양하다(Kwok et al., 2015). 따라서 언어의 양적지연만을 볼 것이 아니라, 자폐스펙트럼장애 아동의 언어적 특성을 정확히 알아야만, 아동이 현재 가진 언어능력을 정확히 평가하고 치료 계획을 세울 수 있다. 자폐스펙트럼장애에서 언어능력은 예후를 예측할 수 있는 중요한 인자이며, 사회적 상호작용의 손상(social communication impairment)이 중증도가 클수록 언어발달에 부정적인 영향을 미치기 때문에 개별화된 평가와 치료계획은 매우 중요하다(Kim et al., 2020).

자폐스펙트럼장애에서 보이는 언어적 이상 소견은 음조(pitch), 강도(intensity), 발화속도(rate of speech)의 차이나, 한 가지 주제에 대한 몰두, 대화 시 주제 유지의 어려움, 세부사항에 대한 지나친 집착 등 화용언어적 측면까지 다양하다(APA, 2013). 이러한 특성이 자폐스펙트럼장애의 언어 발달의 문제를 다른 지적장애나 언어장애 등의 다른 발달장애와 차이를 보이도록 한다(Cohen & Volkmar, 1997; Mitchell et al., 2011). 또한 이러한 차별적 특성을 보면, 자폐스펙트럼장애 아동의 언어발달이 다른 언어지연 아동의 경과와 다를 것으로 보인다. 따라서 자폐스펙트럼장애 아동에게 맞춘 특정한 언어 치료적 개입이 필요할 것으로 볼 수 있다(Hudry et al., 2010). 즉, 자폐스펙트럼장애 아동이 실제 생활에서 발휘할 수 있는 언어능력을 평가하기 위해서는 아동의 언어적 지식 수준을 평가하는 것만으로 부족하다.

아직 많은 언어평가 도구들은 자폐스펙트럼장애의 특징적인 언어의 차이를 포함하지 못하고 있다(Trayvick et al., 2024). 국내에서 흔히 사용하는 언어평가 도구로는 영유아 언어발달검사(Sequenced Language Scale for Infants: SELSI), 맥아더 베이츠 의사소통 발달검사(Korean MacArthur-Bates Communicative Development Inventories: K-M-B CDI), 취학 전 아동의 수용 언어 및 표현 언어 발달척도 검사(Preschool Receptive-Expressive Language Scale: PRES), 수용, 표현 어휘력 검사(Receptive & Expressive Vocabulary Test: REVT), 학령기 아동 언어검사(Language Scale for School-aged Children: LSSC), 한국판 핵심언어 임상평가(Korean version of Clinical Evaluation of Language Fundamentals-5: K-CELF-5) 등이 있다. 또한 웩슬러 지능검사(Wechsler scale of intelligence) 등 인지검사나 베일리 영유아 발달검사(Bayley scales of infant development) 등의 언어 영역을 통해서도 아동의 언어발달 수준을 평가할 수 있다. 다만, 인지검사나 발달검사는 언어재활사가 시행하는 언어평가에 비하여 언어 발달의 세부적인 영역에 대한 평가가 제한적으로 이루어진다.

상기 평가 도구들은 자폐스펙트럼장애 아동에 특이적인 언어의 비전형적 특성만을 평가하기 위한 도구가 아니다. 따라서 임상에서는 관찰되는 음성적 특성이나 화용언어의 어려움은 거의 평가되지 않아서, 자폐스펙트럼장애 아동이 평가를 받아도 결과가 정상으로 나올 수 있다. 때로는 평가상 이상 소견이 없어 치료를 종결하였으나, 아동 자신이나 가족이 느끼는 의사소통의 어려움은 여전히 남아 있기도 한다. 따라서 아동에 대한 진료와 관찰평가, 가족들과의 면담을 통해 아동의 언어적 특성을 파악하고 자폐스펙트럼장애 아동의 언어의 비전형적 특성을 반영할 수 있는 언어평가 도구를 선택하여 아동의 어려움을 정확히 평가해야 한다. 화용언어 능력은 맥락에 따라 적절하게 언어를 사용하는 능력이기 때문에, 이에 대하여 구조석으로 평가하기 어려운 점이 있다(Adams, 2002). 따라서 보호자의 보고로 이루어지는 체크리스트나 임상가의 관찰로 인한 정성평가로 시행되기도 한다. 또한 화용언어의 사용이 하나의 단일한 능력을 가리킨다기보다는 대화의 유지, 상대방의 마음을 이해하는 마음이론, 비유나 관용어의 이해, 비언어적인 의사소통 등 다양한 영역을 포함하고 있으니 화용언어 평가도 평가도구에 따라서 평가하는 영역이 차이가 있다. 현재 임상 현장에서 화용언어 평가도구로 양육자를 통해 아동을 간접적으로 평가하는 아동 화용언어 체크리스트(Children's Pragmatic Language Checklist: CPLC)와 직접 평가를 통해 아동의 화용 능력을 평가하는 한국 아동 메타-화용언어검사(Korean meta-Pragmatic Language Assessment for Children: KOPLAC)가 주로 사용되고 있다. 아울러, 학령기 언어평가 대상자의 경우 한국판 핵심언어 임상평가(Korean version of Clinical Evaluation of Language Fundamentals-5: K-CELF-5)를 통해 평가자와 주

양육자가 시행하는 화용 프로파일과 화용 체크리스트로 사회적 의사소통 능력을 간접적으로 평가할 수 있다. KOPLAC은 화용언어 능력을 직접적, 독립적으로 평가할 수 있고, 아동들의 화용언어 발달 추이를 파악하여 화용언어 능력에 결함을 보이는 아동을 선별할 수 있다(김영태 등, 2018). 하지만 평가 방식이 컴퓨터에서 실행되는 시청각적 담화 프로그램을 통해 아동이 직접 그림을 보며 해당 문항의 스크립트를 듣고 질문에 반응하는 형식으로, 아동의 수행 동기나 집중력, 검사에 대한 이해도 등 피검자의 개별적 특성이 결과에 영향을 줄 수 있다. 따라서 검사상 화용언어의 어려움이 보이더라도, 이것이 아동의 산만함, 수행 동기 저하 등 개별적 특성에 기인한 것인지를 의사가 판단해야 한다.

또한 고기능자폐스펙트럼장애 아동의 경우에는 상대방의 말을 지나치게 문자 그대로 해석하고 관용어구에 대한 이해가 부족하여 대화의 맥락을 이해하지 못하기도 한다(Lee et al., 2015). 예를 들어, 너무 화가 나서 때리고 싶지만 참는다는 뜻으로 '주먹이 운다.'라고 관용적으로 표현할 때, 대개는 그것이 처음 듣는 말일지라도 맥락에 맞게 '화가 나서 주먹이 떨린다는 뜻인가보다.'라고 뜻을 유추할 수 있다면, 자폐스펙트럼장애 아동은 주먹에 눈코입이 있고, 울고 있는 장면을 떠올릴 수도 있다. 또는 국어 수업 시간에 속담이 가진 비유적 의미를 파악하지 못하여 다른 아이들에게는 쉬운 문제를 틀릴 수도 있다. 예를 들어, '돌다리도 두들겨 보고 건너라.'는 속담이 '일을 할 때 꼼꼼하게 확인하라.'라는 뜻임을 이해하지 못해서 엉뚱한 답을 고르는 것이다. 지능검사나 구조화된 언어평가에서 정상 점수를 획득한 자폐스펙트럼장애 아동의 경우, 보호자들은 아이가 지능도, 언어능력도 정상이라고 하는데, 쉬운 문제를 자꾸 틀리거나, 원활하게 소통이 되지 않으니, 검사 결과가 잘못되었나 하는 의구심을 가질 수 있다. 이때는 자폐스펙트럼장애의 언어 발달의 비전형적인 특성에 대하여 설명하고, 아동의 의미론적 이해 능력을 평가하기 위한 언어평가를 시행할 수 있다. 이를 평가하기 위한 평가도구로는 아동 사회성 언어검사(Children Social Language Task: C-SLT; 천근아, 2024)가 있다.

또한 치료 시에도 아동의 언어적 특성에 따라 단기적 · 장기적 치료 목표를 정하여 현재 아동이 양적인 언어발달을 목표로 치료할 것인지, 화용언어를 중점적으로 연습할 것인지를 보호자 및 치료사와 의논해야 한다. 특히 화용언어에 대한 치료적 개입은 '맥락에 따른 언어의 적합한 사용'이므로 표준화된 정량적 언어평가에서 평균 범위의 성취를 이룬 아동에게, '치료실에서' '치료사와 1:1로만' 지도를 받는 것이 더 이상 치료적으로 충분하지 않을 수 있다. 고기능 자폐스펙트럼장애 아동에게 일상생활에서 언어재활사가 아닌 사람과 소통을 하는 능력을 갖추는 것이 최종 목표이므로, 점점 더 비구조화된 환경을 제공하여 다양한 맥락에서 아동의 강점과 약점을 파악하고 부족한 영역을 보충해 주는 개별화된 치료적 개입이 필요하다. 이 때문에 언어치료도 짝 치료, 그룹 치료 등의 다양한 세팅을 제공하고 '사회성 그룹' '학교 준비반' '그룹 놀이치료' 등 아동이 실제로 겪을 수 있는 상황을 재현해 놓은 환경에서 아동을 관찰하고 치료적 목표를 수정해 가면서 개입해야만 한다.

이때 아동의 전반적인 치료에 대하여 경과를 확인하는 치료계획을 수립하며, 부모와 상담을 하는 주치의의 역할이 중요하다. 현재 우리나라에서 언어치료가 이루어지는 곳은 병원, 병원 부속 치료센터, 사설치료기관, 복지관 등으로 다양하다. 또한 치료의 영역도 점차 전문화되고 세분화가 되어 가고 있어서 언어재활사가 발화나 조음치료만을 주로 하는 경우도 있고, 화용언어그룹, 상황인지 등의 치료를 주로 하는 경우도 있다. 따라서 한 명의 언어재활사가 자폐스펙트럼장애 아동의 치료의 시작부터 끝까지 함께하는 일은 극히 드물다. 또한 언어치료 외에 아동의 치료를 담당하는 여러 분야의 치료사들, 즉 놀이치료, 사회성 그룹치료 등을 담당하는 치료사들이 같은 기관에 근무하는 경우가 적으며, 설사 있다고 해도 그 근무 형태상 주 2~3일 정도만 해당 기관에 머무르는 경우가 많아서 서로 다른 분야의 치료사가 아동의 치료 경과에 대하여 함께 의논하기 어려운 환경이다.

실제로 아동의 언어능력이 많이 향상되어, 치료사와 아동이 1:1로 과제를 수행할 때는 또래 수준 정도가 되었으나, 막상 놀이치료를 할 때는 자신이 좋아하는 특정 놀이에만 집중하여 치료사의 질문에 제대로 대답하지 않고 일방적인 의사소통만 하는 경우가 있다. 또한 또래 친구들과 함께하는 그룹치료에서는 자신이 제일 빨리하지 못하면 소리를 지르고 화를 내어, 언어발달 수준이 문제가 아니라 감정 조절이 어려워 의사소통이 되지 않는 경우도 있다. 이 때문에 치료사마다 아동에 대한 의견이 달라져 부모님이 혼란스러워하는 경우들도 있다. 이때, 이 아동의 치료의 시작과 그 경과를 알고, 각기 다른 치료 영역과 환경에서 들어오는 정보를 함께 취합하고 분석할 수 있는 사람은 아동의 부모님과 주치의밖에 없다. 따라서 아동이 언제 언어치료를 시작했고, 현재 어느 정도의 구어 능력을 가지고 있는지, 어떤 공존질환이 있어서 말하기에 어려움이 있는 것인지를 주치의가 잘 파악하고 있어야 한다. 예를 들면, 지적장애가 중증이라 영유아기부터 쭉 언어 발달이 매우 느렸는지, 조음장애가 현저하여 타인의 말을 잘 알아들을 수는 있으나 타인은 아동의 말을 잘 알아듣지 못하는지, 과도한 불안이 있어 낯선 사람 앞에서는 말을 하지 않으나 가족과는 어느 정도 의사소통이 가능한지 등을 주치의는 잘 파악하고 있어야 한다. 그리고 그냥 '언어치료'가 아닌 그 아동에게 개별화된 언어치료의 큰 방향성을 제시할 수 있어야 한다.

2) 작업치료

자폐스펙트럼장애의 이전 진단명이 전반적 발달장애였던 것에서 알 수 있듯이, 자폐스펙트럼장애에는 단지 사회적 상호작용의 결여만이 아니라 근육의 저긴장이나 운동협응 능력, 미세운동 발달 등 다양한 영역에서 발달지연이 동반되는 경우들이 있다. 실제 임상 현장에서도 학령전기 자폐스펙트럼장애 아동의 다수에서 이와 같은 발달상의 어려움이 보고되고 있다. 이에 미세운동의 발달과 이와 관련된 자조 기술, 글씨 쓰기 등 다양한 일상생활의 과제 수행을 훈련하는 작업치료가 자폐스펙트럼장애 아동에게도 도움이 될 수 있다. 미국에서도 학령전기 아동의 2/3가 작업치료를 받고 있다고 알려져 있다(Bilaver et al., 2016). 다만, 모든 자폐스펙트럼장애 아동이 동일한 작업치료를 받는 것이 아니라 개별적인 발달 상태와 필요에 따른 치료 계획이 필요하다.

3) 발달놀이치료

놀이치료, 치료놀이, 발달놀이치료 등 비슷한 용어들이 사용되고 있어 부모들이 치료를 선택할 때 고민하게 되는 경우가 많다. 놀이를 치료의 매개로 사용할 때 아동의 치료 목표를 다양하게 설정할 수 있다. 예를 들어, 정서 중심적으로 생각하여 부모-자녀 사이의 애착을 늘리는 것을 중요시하거나, 아동이 갑자기 겪게 된 트라우마로 인한 정서적인 어려움을 놀이치료를 통해 해소하도록 할 수도 있고, 아동의 현재 놀이 수준을 평가하고 이 놀이 수준을 점차 발달의 단계에 따라 향상하는 것을 주요 목표로 설정할 수도 있겠다. 물론 아동의 발달에 있어 모두 중요한 부분이지만, 자폐스펙트럼장애 아동의 경우 눈맞춤이나 모방 기술 등 정서적인 상호 교류에 필요한 기초적인 발달 단계에 필요한 능력이 부족한 경우가 많다. 또한 지나친 감각 추구나 상동행동 등으로 인해 상대방과 놀이에 참여하기가 어려운 경우도 많다. 만약 이러한 경우라면, 정서 중심적인 놀이치료를 한다고 해도 아동의 참여를 유지하기가 어렵다. 따라서 자폐스펙트럼장애 아동에게 발달놀이치료는 현재 아동의 발달 상태나 부적응 행동에 대한 평가를 하여 치료가 해당 아동에게 얼마나 효과적일지 판단한 후에 시행되어야 한다.

4) 사회성치료/사회기술훈련

자폐스펙트럼장애에서 핵심적 증상이 바로 사회적인 상호작용의 결여이므로, 치료에서 사회성 기술의 습득은 필수적인 요소라고 할 수 있다. 그러나 어떠한 사회적 기술의 습득을 사회기술훈련의 목표로 삼느냐에 따라 대상이 되는 적응군은 달라질 수 있다. 눈맞춤, 행동 모방, 착석의 유지 등과 같은 행동 역시 사회적 상호작용을 위해서는 필수적인 요소이다. 그러나 통상적인 사회기술훈련에서는 주로 이러한 기본적인 기술에 대한 능력을 갖춘 뒤에 배워야 하는 것들에 대하여 다룬다. 즉, 대인관계에서의 감정의 표현, 자기주장 훈련, 갈등 상황의 해결 등 집단에서 일어나는 좀 더 복잡하고 어려운 사회적 의사소통에 대한 것들이나. 대체로 6세 이후의 학령기 아동을 대상으로 하는 경우가 많으며, 주로 학교나 또래 집단에서 경험할 수 있는 특정 상황을 다양한 방식으로 배우고 연습하는 방식으로 진행된다. 예를 들면, 새로운 친구와 인사하기, 협동해서 조별 과제 하기, 게임에서 경쟁하기 등을 배우면서 이러한 상황에서 필요한 기술을 치료자가 시범으로 보여 주며 가르치거나, 역할극을 통해 미리 경험하게 해 주는 것이다. 따라서 이러한 과정을 이해할 수 있는 집중력의 유지나 주고받는 대화를 할 수 있는 언어적 발달 수준을 갖추는 것이 선행되어야 한다.

또한 사회적 기술의 미숙함만이 문제가 아니라 공격적인 행동을 조절하기 어렵거나 부정적인 감정에 쉽게 압도되는 경우, 과잉행동이나 산만함으로 인해 대화의 유지가 어려운 경우 등이 있을 수 있으므로 사회기술훈련에 참여하기 전에 이러한 요인에 대한 개입이 먼저 이루어져야 한다. 즉, 자폐스펙트럼장애 아동들을 대상으로 사회적 기술을 가르쳐야 하는 것은 맞지만, 치료자들이 말하는 '사회성치료'나 '사회기술훈련'은, 훈련에 필요한 기본적인 발달을 이루고, 문제행동의 조절이 가능한 정도의 발달 단계 이후를 대상으로 하는, 좀 더 협의의 것으로 볼 수 있다. 대표적인 사회기술훈련에는 UCLA PEERS clinic에서 계발한 PEERS(The Program for the Education and Enrichment of Relational Skills)가 있다. 분당서울대병원 유희정 교수팀에서는 PEERS를 국내에 도입하여 한국판 PEERS를 개발하였다. 이는 청소년용, 성인용 프로그램으로 운영되고 있다(Langeson & Frankel, 2013). 또한 사회기술훈련이 대상자의 발달 수준에 따라 다루는 영역이 다양하기 때문에 각 기관마다 다양한 형태로 이루어지고 있다. 세브란스병원 소아정신과에서는 고기능 자폐스펙트럼장애 아동 및 청소년을 대상으로 'SORI(SOcial Relationship Improvement)'라는 사회성 증진 프로그램을 개발하여 운영 중에 있다.

4. 기타

1) DIRfloortime(The developmental, individual differences, and relationship based model)

발달 이론에 근거하여 아동을 양육하는 보호자의 반응성을 강조하고, 아동의 사회적 의사소통의 수준을 높이려는 치료들도 있다. 아이는 타인과의 상호작용을 통하여, 의사소통을 배우고 감정을 조절하며 사고 과정이 복잡해지고, 사회적인 교류를 배울 수 있게 된다. 따라서 자폐스펙트럼장애 아동의 사회적 발달을 촉진하기 위해 고안된 발달 모델은 자폐스펙트럼장애 아동과 보호자 사이의 관계에 초점을 맞춘다. 이 치료는 아이 자체보다는 성인(즉, 치료자 또는 부모 또는 보호자)이 자폐스펙트럼장애 아동의 놀이를 모방하거나 참여하거나 확장할 수 있도록 코칭하여, 아이가 보호자에게 관심을 가지고 더 반응을 할 수 있도록 돕는 것이다. 이 접근법은 공동주의(joint attention), 모방 및 정서적 사회적 참여와 같은 자폐스펙트럼장애 핵심 증상을 다룰 수 있다. 이러한 발달 모델은 놀이의 맥락에서 상호작용과 의사소통의 발전을 촉진하기 위해 비지시적(nondirective) 상호작용 전략에 참여하도록 성인을 가르치는 데 초점을 맞춘다. 이러한 치료적 개입 중 대표적인 것이 DIRfloortime이다. 이에 대한 연구에서 비록 DIRfloortime으로 개입한 경우와 지역사회기반의 개입을 한 경우에 인지 기능과 언어 능력에는 유의한 차이를 보이지 않았으나, 사회적인 반응성에는 긍정적인 결과를 보였다(Solomon et al., 2014).

2) 감각통합치료(Sensory Integration therapy)

자폐스펙트럼장애 아동들은 다양한 감각적인 어려움을 겪는다. 시각, 청각, 촉각과 관련된 특정 자극에 너무 민감하여 특정 음식만을 먹으려 하거나 특정 옷만 입으려고 하기도 하고 일상생활의 소음에 압도되어 불안해하기도 한다. 이러한 감각적인 어려움 때문에 몸의 움직임이 어려워 운동발달에까지 제한을 주기도 한다. 이러한 감각적 영역에 대하여 이론적 체계를 가지고 치료적 개입을 하는 것이 장 에이어스(Jean Ayers)에 의해 제시된 감각통합치료이다. 그러나 아직 치료적인 효과가 연구에서 입증된 바가 부족하여 제한적인 적용이 필요하다.

5. 치료 선택의 다양한 임상 사례

사례 1   30개월에 자폐스펙트럼장애 진단을 받은 세미(가명)

세미의 엄마는 세미가 돌 전부터 다른 아이들과 조금 다르다고 느꼈다. 눈맞춤이 오래 지속되지 않았고, 이름을 불러도 잘 반응해 주지 않아서 '귀가 잘 안 들리나?' '지능이 낮아서 본인의 이름을 모르나?'를 고민했다. 다른 아이들이 간단한 말을 하기 시작할 때도 세미는 말을 하지 않았다. 그러나 색깔, 알파벳, 글자 등을 잘 기억하여 카드를 정확하게 짚어내어 '똑똑하니까 괜찮을 것 같다. 말은 때가 되면 하겠지.'라는 생각에 안도했다. 30개월에 어린이집에 입소한 세미는 친구들에게는 관심이 없고, 놀이 시간에도 선생님과 함께 놀기보다는 혼자 허공을 보여 빙빙 돌거나, 사운드북을 누르고 그 소리만 반복적으로 듣는 모습을 보여 진료를 권유받았다. 세미는 진료 후 자폐스펙트럼장애를 진단받았고, 세미의 부모는 가장 효과가 입증된 치료 방법이 ABA 기반으로 한 조기집중개입(EIBI)이라는 설명을 듣고 치료 기관을 찾았으나 집 근처에는 해당 치료 기관이 없었다. 그래서 왕복 4시간이 걸리는 ABA 치료센터에서 상담을 받고, 오전에 3시간씩, 주 4일간 치료가 이루어지는 조기집중개입 치료 프로그램에 등록하였다. 6개월 동안 치료를 하였을 때 분명 상당히 발전적인 성과가 있었으나 시간이 지나면서 세미가 체력적으로 지쳤는지 치료실까지 오가는 도중에 짜증을 내기도 하고, 치료실에 따라가는 엄마도 너무 지쳐 치료의 지속 가능성에 대하여 고민하고 있다.

사례 2   심한 과민함과 공격성으로 조기집중개입을 하지 못한 상민이(가명)

상민이는 36개월경 소아정신과에서 자폐스펙트럼장애 진단을 받고, 가장 치료적 근거 수준이 높은 ABA 조기집중개입을 권유받아 치료를 시작했다. 그러나 상민이는 다양한 자극에 극히 민감한 아동이라 함께 치료를 받는 다른 아이들의 웃음소리, 울음소리에 괴로워하여 제자리에서 뛰거나 스스로의 머리를 때리는 행동이 빈번하게 발생했다. 또한 치료 중에 다른 아이들의 강화제로 쓰이는 소리 나는 장난감에 매료되어 전환이 잘 되지 않았고, 그것을 빼앗으려고 상대방 아이를 꼬집거나 밀기도 하였다. 아동의 문제행동을 분석했을 때 특정 자극에 과민한 것이 가장 아이를 힘들게 하므로, 환경(선제자극)을 제한해야 하는데 여러 아이들과 함께하는 치료에서는 환경을 제한하기가 어려웠다. 이에 상민이는 인지와 언어에 대한 치료적 개입을 하는 ABA 치료 및 다양한 자극을 경험하며 이를 이용해 놀이를 해 보는 감각통합치료를 치료사와 1:1로만 받았다.

그리고 만 5세 이후에 약물치료를 시작한 뒤 상민이는 감각적 과민함과 공격성이 상당 부분 호전되어 또래와 함께 규칙을 지켜 가며 놀이를 하거나 대화를 주고받는 그룹언어치료, 사회성치료에 참여할 수 있게 되었다.

사례 3 **자전거 타기, 줄넘기를 하지 못해 친구들과 놀지 못하는 현수(가명)**

초등학교 3학년인 현수는 6세 때 고기능 자폐스펙트럼장애로 진단받았다. 현수는 공부를 잘하는 편으로 일반학교에서 친구들과 함께 지내고 있다. 또한 현수는 친구들과 함께 놀고 싶어 하며, 무엇이든지 잘해서 칭찬받는 것을 좋아한다. 현수는 지능은 좋지만 비언어적인 과제 수행이 늘 지연되어 있었고 어릴 때부터 두 발 모아 뛰기, 킥보드 타기 등이 모두 친구들보다 한참 느렸다. 초등학교 입학 후 자전거를 타거나, 태권도장에서 줄넘기를 할 때 현수는 친구들보다 몸을 쓰는 것이 서툴러서 이를 본 친구들이 웃는 일이 있었고, 이때 과도하게 흥분하여 큰 소리로 울고 '지금 학폭을 하는 거야? 너는 범죄자야!'라며 상황에 맞지 않는 지나친 표현을 하여 친구들이 당황해하고 현수를 피하게 되었다. 현수는 신체조절능력을 키우기 위하여 감각 통합과 특수체육을 시작하였으며, 상황에 적절한 언어적 표현을 연습하기 위하여 또래 고기능 자폐스펙트럼아동, ADHD 아동들과 함께하는 화용언어 그룹치료를 시작하였다.

사례 4 **자존감이 낮아진 고등학생 재율이(가명)**

고등학교 1학년이 된 재율이는 자폐스펙트럼장애, 경계선 지능, ADHD를 진단받고 어릴 때부터 ABA치료, 언어치료, 놀이치료, 인지치료, 사회성그룹치료 등을 모두 받아 본 적이 있다. 또한 감정 조절과 집중력 호전을 위하여 약물치료도 하고 있다. 재율이는 초등학교 졸업 전까지는 다양한 치료를 하였으나 나이가 들면서 감정 조절도 전보다 잘하고 있고, 학습적인 것도 자신이 좋아하는 분야에만 열심히 하면 된다고 생각하고 있으며 부모님도 이를 응원해 주시고 있다. 사회성에 대한 것도 치료실에서 할 수 있는 것은 더 이상 없고 이제 실제 생활을 하면서 성장해야 한다고 하여 모든 치료를 종결하고 ADHD에 대한 약물치료만 받고 있다. 재율이는 유튜브를 보던 중 '아스퍼거란 무엇인가?'에 대한 영상을 보게 되었고 눈치가 없고 분위기 파악을 잘 못하는 것이 자신과 동일하다는 생각이 들었다. 재율이는 부모님께 자신이 장애인이냐고 물어보았고, 부모님이 당황하시는 모습을 보고 자신이 장애인이라는 확신을 가지게 되었다. 이후 재율이는 친구들과 있을 때는 '나 지금 또 이상한 소리했나?' 하는 생각에 불안하여 가슴이 두근거렸고, 밤에

잠을 자려고 누우면 '나는 나중에 뭘 할 수 있지?'라는 생각에 불안하여 잠이 오지 않았다. 재율이는 평소 진료를 받던 정신과 의사와 상담을 하여 항우울제를 추가로 처방을 받았고 심리치료도 함께 받게 되었다. 심리치료에서 치료사와 함께 자신을 나타내는 그림을 그리고 설명하기를 하는 과정에서 '생각이 독특하고 매우 창의적이다.' '속상한 마음을 화로 분출하지 않고 예술적으로 표현하는 것이 성숙하다.'라는 칭찬을 받은 재율이는 자신이 그동안 발전을 했다고 느끼게 되었다.

이처럼 자폐스펙트럼장애 아동에게 적절한 치료법을 찾는 것은 매우 고려할 사항이 많은 복잡한 과정이다. 근거 수준만을 생각했을 때 치료적 효과가 입증되어 있는 치료법을 권유하자면 포괄적 치료 모델, 즉 조기집중개입이나 초기치료덴버모델을 근간으로 하되, 그 아동에게 맞는 다른 개별 치료를 추가하는 방식이 적절하다. 즉, 영유아기 아동이 자폐스펙트럼장애로 첫 진단을 받았을 때는 대개 "ABA 중심으로 최대한 많이 치료하세요."와 같은 말을 듣게 된다. 그러나 경제적 · 지역적 접근 제한성이 분명히 존재한다. 이에 아동이 갈 수 있는 주변 치료 기관에서 최대한 치료적 근거 수준이 높은 언어치료, 작업치료 등을 위주로 치료를 하게 되기도 한다. 또한 어떤 치료도 만능은 아니다. 대개 초등학교 입학 전후에 아동의 자폐스펙트럼장애의 중증도, 지적장애의 동반 여부 등이 명확해진다. 집중적인 치료의 결과를 보고 아동이 지능지수(IQ)가 평균 수준에 도달하는 고기능 자폐스펙트럼장애인지, 언어장애나 중증의 지적장애를 동반했는지 알 수 있다. 이때 고기능 아동의 경우, 비장애아동들과의 통합을 목표로 사회기술훈련, 화용언어 그룹치료 등을 권유하게 된다. 중증의 지적장애인 경우에는 아동이 일상생활에서 자기 관리를 스스로 할 수 있는 것을 목표로 작업치료, 보호자 없이 혼자서도 시간을 즐겁게 보낼 수 있도록 발달놀이치료를 하거나, 체중 증가를 막고 건강관리를 하면서 오락적인 기능을 할 수도 있는 특수체육을 권유하기도 한다. 또한 감각적인 과민성, 감정 조절의 어려움, 과잉행동 등의 문제로 비약물적인 치료가 제대로 이루어지지 않는 경우가 많은데, 적기에 적절한 약물치료를 시작해 주는 것도 주치의의 역할이다. 중증의 지적장애가 동반된 아동의 경우, 무조건 치료 시간을 늘린다고 해서 뒤늦게 의사소통이 가능할 정도로 발화가 될 가능성은 낮다. 따라서 주치의는 자폐스펙트럼장애의 중증도에 따라 효과적인 치료에 대하여 파악하고, 보호자에게 자녀의 자폐스펙트럼장애의 중증도와 동반질환에 대하여 설명을 하고, 현실적인 치료 목표와 치료를 지속할 경우 얻을 수 있는 이득과 손해에 대하여 보호자와 의논하고 결정하는 것을 도와야 한다. 다만, 중증도뿐만 아니라 사회경제적인 여건 등 현실적인 조건 또한 치료를 결정하는 데 중요한 요인이므로 비슷한 연령과 중증도의 아동이라도 치료적 권고안은 개별적으로 달라질 수 있다.

표 12-1 자폐스펙트럼장애의 중증도에 기반한 치료 선택

중증도	치료적 선택 1)이 우선적으로 권고됨
경도(Level 1) 복잡하지 않는 사회적 상황에서 상호작용이 가능하며 약간의 도움이 있으면 일상생활을 수행하는 데 큰 지장이 없음	1) **사회기술훈련, 정신건강을 위한 상담** 2) 행동치료: ABA 3) 놀이치료: 발달놀이치료 4) 언어치료, 작업치료, 심리치료
중간(Level 2) 타인과의 소통이 제한적이며, 제한적이고 반복적인 행동이 두드러져 일상생활에 많은 지원이 필요함	1) **행동치료: ABA** 2) 감각통합치료 3) 사회기술훈련 4) 작업치료 5) 언어치료
중증(Level 3) 사회적 상호작용이 극도로 제한되며, 심각한 상동행동이 있어서 일상생활이 매우 어려움. 높은 수준의 지원이 필요함	1) **행동치료: ABA** 2) 감각통합치료 3) 사회기술훈련 4) 작업치료 5) 언어치료 6) 그림교환의사소통체계 　　(Picure Exchange Communication System: PECS)

참고문헌

김영태, 송승하, 김정아, 김효창(2018). 한국 아동 메타-화용언어검사(KOPLAC)의 개발: 타당도와 신뢰도 분석. 한국언어청각임상학회, 23(1).

양문봉, 신석호(2016). 자폐스펙트럼장애 A to Z(개정판). 시그마프레스.

홍강의 외(2014). DSM-5에 준하여 새롭게 쓴 소아정신의학. 학지사.

Adams, C. (2002). Practitioner review: the assessment of language pragmatics. *Journal of Child Psychology and Psychiatry, 43*, 973-987.

American Psychiatric Association (2013). *Diagnostic and statistical manual of mental disorders: DSM-5* (5th ed.). American Psychaitric Association

Anderson, D. K., Lord, C., Risi, S., DiLavore, P. S., Shulman, C., Thurm, A., Welch, K., & Pickles, A. (2007). Patterns of growth in verbal abilities among children with autism spectrum disorder. *Journal of Consulting and Clinical Psychology, 75*(4), 594-604

Baer, D. M., Wolf, M. M., & Risley, T. R. (1968). Some current dimensions of applied behavior analysis. *Journal of Applied Behavior Analysis, 1*(1), 91-97.

Bilaver, L. A., Cushing, L. S., & Cutler, A. T. (2016). Prevalence and correlates of educational intervention utilization among children with autism spectrum disorder. *Journal of Autism and Developmental Disorders, 46*(2), 561-71.

Chance, P., & Furlong, E. (2023). 학습과 행동. (김문수, 박소현 공역). Cengage Learning

Cohen, D. J., & Volkmar, F. R. (Eds.). (1997). *Handbook of autism and pervasive developmental disorders* (2nd ed.). John Wiley & Sons, Inc.

Cooper, J. O. (2015). 응용행동분석. (정경미 외 공역). 시그마프레스.

De Thorne, L. S., Johnson, C. J., Walder, L., & Mahurin-Smith, J. (2009). When "Simon Says" Doesn't Work: Alternatives to Imitation for Facilitating Early Speech Development. *American Journal of Speech-Language Pathology, 18*(2), 133-145.

Eldevik, S., Hastings, R. P., Jahr, E., & Hughes, J. C. (2010). Meta-analysis of Early Intensive Behavioral Intervention for Children with Autism. *Journal of Clinical Child & Adolescent Psychology, 39*(3), 260-274.

Elizabeth, H., Ellen, Hanson., Stephanie, J. B., Rafael, D., Anna, L. M., Gabriella, A., Georgios, S., & William, J. B. (2023). Persistence of Autism Spectrum Disorder From Early Childhood Through School Age. *JAMA Pediatrics, 177*(11), 1197-1205.

Green, V. A., Pituch, K. A., Itchon, J., Choi, A., O'Reilly, M., & Sigafoos, J. (2006). Internet survey of treatments used by parents of children with autism. *Research in Developmental Disabilities, 27*(1), 70-84.

Howlin, P., Magiati, I., & Charman, T. (2009). Systematic Review of Early Intensive Behavioral Interventions for Children With Autism. *American Journal on Intellectual and Developmental Disabilities, 114*(1), 23-41.

Hudry, K., Leadbitter, K., Temple, K., Slonims, V., McConachie, H., Aldred, C., Howlin, P., Charman, T., PACT Consortium. (2010). Preschoolers with autism show greater impairment in receptive compared with expressive language abilities. *International Journal of Language & Communication Disorders, 45*(6), 681-690.

Hyman, S. L., Levy, S. E., & Myers, S. M. (2020). Identification, Evaluation, and Management of Children With Autism Spectrum Disorder. *American Academy of Pediatrics, 145*(1).

Ian, D., & Phil, F. (2010). A Review of Educational Approaches for Individuals with Autism. *International Journal of Disability, Development and Education, 48*, 103-116.

Kim, H., Ahn, J., Lee, H., Ha, S., & Cheon, K. A, (2020). Differences in Language Ability and Emotional-Behavioral Problems according to Symptom Severity in Children with Autism Spectrum Disorder. *Yonsei Medical Journal, 61*(10), 880-890.

Kwok,, E. Y., Brown, H. M., Smyth, R. E., & Cardy, J. O. (2015). Meta-analysis of receptive and expressive language skills in autism spectrum disorder. *Research in Autism Spectrum Disorders, 9*, 202-22.

Langeson, E. A., & Frankel, F. (2013). 부모와 함께하는 자폐스펙트럼장애 청소년 사회기술훈련 (PEERS®). (유희정 역). 시그마프레스.

Lee, S. B., Song, S. H., Ham, J. H., Song, D. H., & Cheon, K. A, (2015) Idiom Comprehension Deficits in High-Functioning Autism Spectrum Disorder Using a Korean Autism Social Language Task. *Yonsei Medical Journal, 56*(6), 1613-1618.

Lovaas, O. I. (1987). Behavioral treatment and normal educational and intellectual functioning in young autistic children. *Journal of Consulting and Clinical Psychology, 55*(1), 3-9.

McEachin, J. J., Smith, T., & Lovaas, O. I. (1993). Long-term outcome for children with autism who received early intensive behavioral treatment. *American Journal of Mental Retardation, 97*(4), 359-372.

Mitchell, S., Cardy, J. O., & Zwaigenbaum, L. (2011) Differentiating autism spectrum disorder from other developmental delays in the first two years of life. *Developmental Disabilities Research Reviews, 17*(2), 130-140.

Reichow, B., Barton, E. E., Boyd, B. A., & Hume, K. (2014). Early Intensive Behavioral Intervention (EIBI) for young children with Autism Spectrum Disorders (ASD): A systematic review. *Campbell Systematic Reviews, 10*(1), 1-116.

Rogers, S. J., & Vismara, L. A. (2008). Evidence-based comprehensive treatments for early autism. *Journal of Clinical Child & Adolescent Psychology, 37*(1), 8-38.

Skinner, B. F. (1953). Some contributions of an experimental analysis of behavior to psychology as a whole. *American Psychologist, 8*(2), 69-78.

Smith, D. P., Hayward, D. W., Gale, C. M., Eikeseth, S., & Klintwall, L. (2021). Treatment gains from Early and Intensive Behavioral Intervention (EIBI) are maintained 10 years later. *Behavior Modification, 45*(4), 581-601.

Solomon, R., Egeren, L. V., Mahoney, G., Huber, M. Q., & Zimmerman, P. (2014). PLAY Project Home Consultation Intervention Program for Young Children With Autism

Spectrum Disorders: A Randomized Controlled Trial. *Journal of Developmental & Behavioral Pediatrics, 35*(8), 475–485.

Trayvick, J., Barkley, S. B., McGowan, A., Srivastava, A., Peters, A. W., Cecchi, G. A., Foss-Feig, J. H., Corcoran, C. M. (2024). Speech and language patterns in autism: Towards natural language processing as a research and clinical tool. *Psychiatry Research. 340*, 109–116.

Wong, C., et al. (2015). Evidence-based practices for children, youth, and young adults with Autism Spectrum Disorder: A comprehensive review. *Journal of Autism and Developmental Disorders, 45*, 1951–1966.

CHAPTER
13

근거기반치료의 적용 (1):
치료사 중심

이희진, 하성지

제12장에서 소개한 바와 같이 자폐스펙트럼장애의 효과적인 치료를 위해서는 충분한 연구를 통해 객관적인 효과가 검증된, 근거가 확립된 방법을 적용하는 것이 매우 중요하다. 또한 치료 방법을 결정할 때에는 각 치료 방법의 기본 원리에 대한 이해를 바탕으로 각 대상자의 연령과 특성에 맞는 개별적인 치료 목표를 설정해야 한다.

미국국립자폐센터(National Autism Center: NAC)에서는 1990~2017년까지 수행된 연구들 중 긍정적인 효과가 확인된 972개의 중재연구들을 분석하여 근거기반치료(Evidence-Based Practice: EBP) 방법들을 발표하였다(Steinbrenner et al., 2020). EBP로 분류되기 위해서는, 연구 결과가 양질의 동료검토(peer-reviewed) 저널에 발표되었고, 독립적인 연구 그룹에 의해 반복적으로 효과가 입증된 경우로서 [그림 13-1]과 같은 조건 중 하나를 충족해야만 했다.

각각의 치료 방법들은 독립적인 방식으로 사용되기도 하지만, 치료 과정에서 활용할 수 있는 하나의 전략으로도 볼 수 있다. 따라서 한 치료 회기 안에서 여러 방법을 동시에 활용하는 것이 가능하다.

이 장에서는 미국국립자폐센터에서 발표한 28개의 근거기반치료 방법들 중 국내에서 활용되고 있는 대표적 방법들을 소개하고자 한다. 더불어 자폐스펙트럼장애 치료에 활용되고 있는 대표적인 치료 모델들에 대해 보다 구체적인 내용과 사례를 제시하고자 한다.

[그림 13-1] 근거기반치료로 분류되기 위한 기준

출처: Steinbrenner et al. (2020).

1. 근거기반치료의 소개

(1) 선행사건기반중재(Antecedent-Based Intervention: ABI)

선행사건기반중재란 응용행동분석(ABA)의 기본 원리가 되는 선행사건, 행동, 결과 중 선행사건에 중점을 두어 행동을 수정하는 접근 방식이다. 즉, 특정 행동을 변화시키기 위해 행동이 일어나기 전에 발생하는 환경적 요인을 조작하는 것이다. 먼저 기능행동분석을 통해 개입이 필요한 문제행동(interfering behavior)과 관련된 환경을 살펴보아야 한다. 문제행동과 환경 조건 간의 기능적 관계에 대한 가설이 세워지면, 문제행동이 일어나기 전에 환경이나 활동 등을 조작하여 문제행동을 줄이거나 발생하지 않도록 하고, 원하는 행동을 유발하도록 한다. 선행사건개입은 필요로 하는 행동이니 기술을 학습할 수 있는 기회를 증가시키는 데 사용될 수 있고, 주로 기능적 의사소통훈련, 소거, 강화와 같은 다른 EBP 전략들과 함께 사용된다.

(2) 보완대체의사소통(Augmentative and Alternative Communication: AAC)

보완대체의사소통이란 말과 언어의 표현 및 이해에 어려움이 있는 대상자에게 의사소통의 기회를 제공하고 의사소통 능력을 촉진하기 위해 말을 보완하고 대체할 수 있는 의사소통 방법을 의미한다(ASHA, 2005). 보완대체의사소통은 크게 비보조(unaided)와 보조(aided) 시스템으로 나눌 수 있다. 비보조 의사소통 시스템은 수화나 제스처와 같이 어떤 자료나 기술을 사용하지 않는 시스템으로 물체나 그림 가리키기 등과 같은 간단한 기술을 사용하는 방법이다. 보조 의사소통 시스템에는 낮은 기술 시스템과 높은 기술시스템이 포함되며, 여기에는 음성생성장치, 휴대폰, 태블릿PC와 같은 고급 기술이 사용된다. 보완대체의사소통을 적용하기 위해서는 대상자의 생활연령, 의사소통 의도, 지속적인 중재 가능성과 사용 가능 범위, 선행적으로 요구되는 학습기술 등을 고려해야 하며, 대상자가 보완대체의사소통을 효과적으로 사용할 수 있도록 해야 한다. 보완대체의사소통을 학습시키기 위해 강화, 시각적 지원 등의 다른 EBP 전략들이 활용될 수 있다.

(3) 감각통합치료(Ayres Sensory Integration®: ASI®)

감각통합치료는 시각, 청각, 촉각, 고유감각 및 전정 자극을 포함하여 신체와 환경의 감각정보를 처리하고 통합하는 능력을 향상시키는 것을 목표로 한다(Ayres, 1989). 감각통합치료는 기본적으로 개별 맞춤형 활동으로 이루어지며, 이러한 활동은 개인의 감각처리와 운동계획과 관련된 활동으로 구성된다. 운동계획은 주어진 시간과 공간에 맞게 자신의 움직임을 적절히 계획하고 조직화하여 실행할 수 있도록 하는 과정을 포함한다. 또한 적응행동을 향상시키기 위해 재미있는 활동과 도구가 통합적으로 사용된다. 감각통합치료는 숙련된 작업치료사에 의해 시행된다.

(4) 대체행동, 상반행동, 타행동 차별강화(Differential Reinforcement of Alternative, Incompatible, or Other Behavior: DR)

대체행동 차별강화(Differential Reinforcement of Alternative Behavior: DRA)란 대상자에게 문제행동과 기능적으로는 동일하지만, 사회적으로 수용가능한 대체행동을 학습하고 강화함으로써 문제행동 대신 대체행동의 빈도를 높이는 방법이다. 상반행동 차별강화(Differential Reinforcement of Incompatible Behavior: DRI)는 특정 문제행동과 동시에 발생할 수 없는 행동을 강화하여 문제행동에 대한 강화를 제거하는 것이다. 예를 들어, 손을 반복적으로 터는 대상자에게 그림 그리기와 같이 손으로 할 수 있는 다른 활동을 제시하여 손을 터는 행동의 발생 빈도를 줄일 수 있다.

타행동 차별강화(Differential Reinforcement of Reinforcement of Other Behavior: DRO)는 소거하고자 하는 표적행동이 있을 때, 그 표적행동을 제외한 다른 모든 행동을 강화하여 표적행동의 발생 빈도를 낮추는 방법이다. 즉, 같은 상황에서 발생하는 여러 행동 중에서 바람직한 행동에만 선택적으로 강화를 제공하여 그 행동의 빈도를 증가시키고, 표적행동의 빈도는 줄이는 것이다. 이러한 차별강화 전략들은 다른 중재 방법들과 함께 자주 사용된다.

(5) 개별시도훈련(Discrete Trial Training: DTT)

개별시도훈련은 변별시도학습 또는 비연속 개별시도교수(Discrete Trail Instruction: DTI)로도 알려져 있고, 앞서 제12장에서도 관련 내용을 다룬 바 있다. 개별시도훈련은 계획적으로 통제되고, 체계적인 방식으로 특정 기술을 가르치는 데 사용되며, 일반적으로 일대일 교육 접근 방식이 적용된다. 개별시도훈련은 시작과 끝이 있는 반복 학습으로, 선행사건과 결과에 의해 신중하게 계획되어 적용된다. 훈련은 명확한 지시자극으로 시작되고 긍정적인 칭찬이나 실질적인 보상으로 목표행동이 학습된다. 또한 개별시도훈련은 과제분석, 촉구, 시간 지연 및 강화와 같은 전략들이 함께 사용된다.

(6) 자언적 중재(Naturalistic Intervention: NI)

자연적 중재는 교실이나 가정과 같은 자연스러운 일상에서 환경을 조정하고, 상호작용 기술을 사용하는 여러 방법을 포함한다. 즉, 학습자의 실제 일상과 활동에서 그들의 관심사를 기반으로 목표 행동을 자연스럽게 강화하고, 상호작용 상황에서 보다 적합한 학습이 이루어지도록 돕는 과정이다. 이 접근은 행동주의적 접근과 발달적 접근에서 시작되었으며, 최근에는 자연주의적 발달행동중재(Naturalistic Developmental Behavioral Interventions: Schreibman et al., 2015)로도 언급되는 중재 방법들이 포함된다.

(7) 부모실행중재(Parent-Implemented Intervention: PII)

부모실행중재에서는 부모가 아동과 함께 중재를 실행해 나가는 중요한 역할을 맡는다. 치료사는 먼저 가정이나 지역사회 환경에서 개별적으로 또는 그룹 형식으로 부모를 훈련시킨다. 이 훈련에는 교육, 토론, 모델링, 코칭, 성과에 대한 피드백 등 다양한 방법들이 사용될 수 있다. 부모의 역할은 치료사와 함께 자녀에게 의사소통, 놀이 또는 자조와 같은 새로운 기술을 가르치고 자녀가 사회적 의사소통 및 상호작용에 참여하도록 하며, 문제행동을 줄여 나가는 것이다. 부모는 일련의 훈련을 받은 후 자신의 자녀에게 전체적 또는 부분적으로 중재를 시행하며 이때 자연적 중재, 비디오 모델링, 사회적 내러티브 등과 같은 다른 EBP 전략들을 활용할 수 있다.

(8) 또래중심훈련(Peer-Based Instruction and Intervention: PBII)

또래중심훈련은 일반적으로 전형적인 발달을 보이는, 나이가 비슷한 또래와의 상호작용을 활용한 치료 방식을 의미한다. 이 방법에서는 또래가 먼저 교사나 임상가에게 훈련

이나 코칭을 받은 후 학습자의 학습 목표를 지원하기 위해 사회적 상호작용을 시도하거
나 필요한 내용을 전달한다. 이러한 접근 방식의 변형으로 학습자의 형제자매가 또래의
역할을 대신할 수도 있다. 성인이 중재하는 경우에는, 교사나 성인이 또래와 상호작용할
수 있는 사회적 환경을 조성하고, 학습자가 또래와의 상호작용에 참여할 수 있도록 코칭
이나 촉구, 강화 등의 방법을 제공하여 진행될 수 있다.

(9) 반응차단/재지시(Response Interruption/Redirection: RIR)

반응차단/재지시는 방해 행동이 발생하였을 때 학습자의 주의를 다른 곳으로 돌리고
방해요인을 줄이기 위해 행동을 다시 지시하는 것이다. 이 방법은 주로 RRB라고 불리는
반복적이거나 정형화된 행동이나 자해행동을 중재하는 데 많이 활용되며, 이러한 행동
의 기능을 확인하기 위해 기능행동평가가 이루어진다. 반응차단/재지시는 다양한 환경
에서, 다양한 과제를 수행하는 중에 발생하는 방해행동을 줄이는 데 유용하며, 학습자의
방해 행동을 차단하고 더 적절한 대체 행동을 유도하기 때문에 감각추구와 같은 행동 교
정에 효과적인 것으로 알려져 있다.

(10) 사회적 내러티브(Social Narratives: SN)

사회적 내러티브는 특정 행동이나 기술에 대한 적절한 반응을 사회적 상황으로 설
명하는 중재 방법이다. 이 방법은 학습자가 일상의 변화에 적응하고, 주어진 상황에서
사회적 단서를 이해하며 자신의 행동을 조절할 수 있도록 돕는 것을 목표로 한다. 또
한 특정한 사회적 기술이나 행동을 학습하는 것이 목표가 될 수도 있다. 사회적 내러
티브는 학습자의 특성이나 상황에 맞게 개별화되어 제공되며 그림이나 기타 시각 자
료가 포함되기도 한다. 이러한 내러티브는 학습자의 관점에서 1인칭으로 작성되며, 상
황 설명과 함께 학습자의 적절한 반응을 제안하고, 상황과 관련된 다른 사람들의 생각
과 감정을 묘사하는 문장들이 포함된다. 대표적인 예로, 캐롤 그레이(Carol Gray)가 개발
한 사회적 이야기(Social Stories)가 있다. 캐롤 그레이의 사회적 이야기는 국내에도 소개
된 바 있으며(Gray, 2016), 더 많은 정보는 다음의 웹사이트에서 확인할 수 있다(https://
carolgraysocialstories.com/).

(11) 사회성기술훈련(Social Skills Training: SST)

사회성기술훈련은 학습자가 다른 사람들과 적절하고 성공적으로 상호작용할 수 있도록 그룹 또는 개별적으로 시행된다. 기본 개념에 대한 직접적인 교육과 역할극, 긍정적인 상호작용을 촉진하기 위한 의사소통, 놀이 등을 통해 사회적 기술을 연습하고 필요한 피드백을 제공한다. 사회성기술훈련에는 강화, 모델링, 촉구, 인지 전략 개입, 사회적 내러티브, 스크립트 및 시각적 지원과 같은 다른 EBP 전략들이 적용될 수 있다. 사회성기술훈련은 대상자의 상황과 특성을 파악하고 대인관계 및 의사소통 기술을 각 연령에 맞게 적절하고 구체적인 방법으로 학습할 수 있도록 한다. 사회적 기술은 구조화된 학습치료의 모방, 역할 놀이, 사회성 강화, 전이 훈련의 네 가지 방법을 따른다(Goldstein, Sprafkin & Gershaw, 1976). 하지만 특정 상황에서 학습이 진행되기 때문에 실제로 사회적 기술이 필요한 상황에서 일반화하여 적용하기 어려운 한계도 있다.

(12) 기술 지원 교육 및 중재(Technology-Aided Instruction and Intervention: TAII)

기술이 발전하면서 중재에 다양한 기술적 요소가 포함되는 경우가 급격히 증가하고 있다. 기술 지원 교육 및 중재는 학습자의 행동이나 기술 학습, 수행을 지원하기 위해 특별히 설계된 특정 기술을 활용하거나, 이미 다른 목적으로 개발된 기술을 중재의 목적에 맞게 적절히 사용하는 것을 모두 포함한다. 기존에 EBP로 소개된 모바일 장치나 자기 관리의 일부로 휴대전화의 알람을 사용하는 것과 같은 일반적인 형태의 기술은 여기에 포함되지 않는다. 기술 지원 교육 및 중재에는 로봇, 컴퓨터 또는 웹 기반 소프트웨어, 장치용 애플리게이션, 가상 네드워크 같은 기술들이 포함될 수 있다. 이러한 지원을 제공할 때에는 일반적으로 기술의 사용 방법과 해당 기술을 상황에 적절하게 사용하고 활용하는 방안에 대한 교육이 함께 이루어진다.

(13) 비디오 모델링(Video Modeling: VM)

비디오 모델링은 목표 행동이나 기술을 비디오를 사용하여 보여 주는 교육 방법이다. 녹화된 영상을 학습자에게 보여 주고, 학습자는 그 순간이나 나중에 목표행동을 수행할 수 있는 기회를 갖게 된다. 비디오 모델링의 유형에는 성인 또는 또래의 비디오 모델링, 셀프 모델링, 시점 비디오 모델링(point-of-view video modeling), 비디오 촉구 및 피드백 등이 있다. 비디오 모델링은 과제 분석, 촉구, 강화와 같은 다른 EBP 전략들과 사용될 수 있다.

(14) 시각적 지원(Visual Supports: VS)

시각적 지원은 활동과 일상에서 필요한 상황이나 행동, 기술 등을 시간표, 활동 일정, 작업 시스템 안내 등을 통해 시각적으로 구체적인 방법으로 단서를 제공하는 것이다. 시각적 지원은 촉구 및 강화와 같은 다른 중재 전략들과 함께 사용되는 경우가 많으며 더 복잡하거나 매뉴얼화된 중재 방식들에도 포함된다.

2. 근거기반치료의 적용

자폐스펙트럼장애 아동 및 청소년에게 앞서 소개한 EBP 전략들을 적용하기 위해서는 먼저 각각의 방법이 어떤 대상자들에게 사용되었고, 어떤 긍정적인 변화들을 이끌어 내었는지를 이해하는 것이 필요하다. 각 방법들을 활용한 구체적인 연구와 결과들은 '2020 Evidence-based practices report(Steinbrenner, 2020)'에서 확인할 수 있으며 다음의 웹사이트에서 무료로 다운로드 받을 수 있다(https://ncaep.fpg.unc.edu/).

이 장에서는 각 치료 방법의 종합적인 결과로, 해당 연구의 대상 연령과 치료 효과를 보인 영역들을 〈표 13-1〉에 제시하였다. 세로축에는 각 치료 방법들이 나열되어 있고, 가로축에는 연령별로 각 치료 방법들이 어떤 영역에서 치료 효과를 보였는지가 각각 표시되어 있다.

다음의 두 사례를 통해 각 EBP 전략들을 어떻게 활용할 수 있을지 그 예를 살펴보고자 한다.

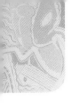

표 13–1 근거기반치료(EBP)들의 대상 연령 및 결과

중재 방법	학업기술			적응/자조 기술			문제/도전 행동			인지			의사소통		
	0~5세	6~14세	15~22세	0~5세	6~14세	15~22세	0~5세	6~14세	15~22세	0~5세	6~14세	15~22세	0~5세	6~14세	15~22세
선행사건 개입															
보완대체의사소통															
감각통합															
행동관성중재															
인지행동교수전략															
대체행동/상반행동/타행동 차별강화															
직접교수															
개별시도훈련															
운동과 움직임															
소거															
기능행동평가															
기능적 의사소통 훈련															
모방															
음악기반중재															
자연적 중재															
부모훈련중재															
또래중심훈련															
촉구															
강화															
반응차단/재지시															
자기관리															
사회적 내러티브															
사회성기술훈련															
과제분석															
기술기반훈련															
시간지연															
비디오 모델링															
시각지원															

〈계속〉

중재 방법	공동주의			정신건강			운동기능			놀이		
	0~5세	6~14세	15~22세	0~5세	6~14세	15~22세	0~5세	6~14세	15~22세	0~5세	6~14세	15~22세
선행사건 개입					■	■						
보완대체의사소통	■								■			
감각통합							■					
행동관성중재												
인지행동교수전략					■	■						
대체행동/상반행동/타행동 차별강화							■					
직접교수												
개별시도훈련	■											
운동과 움직임							■	■	■			
소거												
기능행동평가												
기능적 의사소통 훈련										■		
모방	■											
음악기반중재												
자연적 중재	■			■	■	■		■				■
부모훈련중재	■						■					
또래중심훈련	■									■		
촉구	■							■				■
강화			■					■		■		
반응차단/재지시										■		
자기관리												
사회적 내러티브	■											
사회성기술훈련						■						■
과제분석	■											
기술기반훈련		■	■					■				
시간지연								■	■			
비디오 모델링	■											■
시각지원	■						■					■

〈계속〉

중재 방법	학교 준비			자기결정능력			사회성			직업기술		
	0~5세	6~14세	15~22세	0~5세	6~14세	15~22세	0~5세	6~14세	15~22세	0~5세	6~14세	15~22세
선행사건 개입	■								■			
보완대체의사소통									■			
감각통합	■											
행동관성중재	■											
인지행동교수전략		■							■			
대체행동/상반행동/타행동 차별강화							■					
직접교수												
개별시도훈련	■							■	■			
운동과 움직임		■										
소거							■					
기능행동평가							■					
기능적 의사소통 훈련							■					
모방									■			■
음악기반중재									■			
자연적 중재									■			
부모훈련중재									■			
또래중심훈련							■					
촉구		■						■				■
강화		■										
반응차단/재지시							■					
자기관리		■										■
사회적 내러티브									■			
사회성기술훈련									■			■
과제분석											■	■
기술기반훈련	■	■										
시간지연								■				■
비디오 모델링	■								■			
시각지원		■							■			

출처: Steinbrenner et al. (2020).

1) 사례 1

민규(가명)는 3세 남아로 제한된 2~3어 조합으로 의도를 표현하는 아동이다. 민규는 엘리베이터를 보면 타고 싶어 하고, 때로는 갑자기 엘리베이터로 달려간다고 한다. 어머니가 "오늘은 엘리베이터를 탈 수 없어."라고 말하면, 민규는 바닥에 드러눕고 운다고 한다. 어머니가 민규의 행동을 무시하고 민규의 손을 끌어 다른 곳으로 이동하려고 하면, 민규는 자신의 머리를 때린다고 한다. 어머니는 어쩔 수 없이 시간에 쫓기는 상황에서도 민규에게 엘리베이터를 타게 해 주는데, 민규는 원하는 만큼 엘리베이터를 타야 엘리베이터를 타는 행동을 멈춘다고 한다.

〈표 13-1〉에서 문제, 도전행동 영역에서 0~5세 사이의 아동에게 효과가 입증된 대표적인 EBP 목록은 다음과 같다.

0~5세 대상자에서 문제/도전 행동 영역에서 효과가 입증된 중재 방법들	선행사건 개입, 대체행동/상반행동/타행동 차별강화, 기능행동평가, 기능적 의사소통훈련, 모방, 자연적 중재, 강화, 사회적 내러티브, 시각지원 등

위와 같은 사례의 경우 EBP 목록의 중재 방법을 다음과 같이 적용해 볼 수 있다. 먼저 어머니와 함께 행동(B)에 해당하는 '머리를 때리는 행동'이 어떤 상황에서 일어나는지 선행사건(A)을 살펴보고 그 행동(B)으로 인해 민규가 어떠한 결과를 얻게 되는지 결과(C)를 ABC 분석으로 살펴보았다. ABC 분석 결과, 민규는 엘리베이터를 타고 싶어 하는 상황과 원하는 대로 되지 않는 상황에서 머리를 때리는 행동을 보였으며, 울거나 머리를 때리는 행동 모두 강력한 요구 수단이 되고 있음을 확인할 수 있었다. 엘리베이터를 타고 싶어 하는 행동은 치료 센터에서 가정으로 돌아가는 길에 주로 나타났으며, 한 번에 평균 5회 엘리베이터를 타고 있었다.

치료사는 어머니와 논의하여 민규에게 갑자기 엘리베이터를 타지 못하게 하는 대신 엘리베이터를 타는 것만큼 좋아하는 버스를 타는 대체행동을 제공하기로 하였다. 만약 엘리베이터를 타게 된다면 엘리베이터를 탈 수 있는 횟수를 민규가 평균적으로 타는 횟수보다 적은 3회로 정하였다. 어머니는 승용차 대신 민규가 좋아하는 버스를 타고 치료 센터를 다니기로 했고, 울거나 머리를 때리는 행동을 대신할 수 있는 대체행동으로 "엘리베이터 타고 싶어요" "또 타고 싶어요"를 구어로 표현하도록 기능적 의사소통훈련(Functional Communication Training: FCT)을 적용하기로 하였다. 행동 무시 및 차별적 강화(Ignore Problem Behavior and Differential Reinforcement)를 적용하여 민규가 부적절한 행동(바닥에 드러눕기, 울기)을 보일 때는 이를 무시하고 민규가 적절한 행동을 보일 때에만 반응하기로 하였다. 또한 "엘리베이터 타고 싶어요."와 같은 언어로 의도를 표현하는 경우에는 정한 횟수만큼 엘리베이터를 타도록 하였다. 엘리베이터 대신 버스를 탈 수 있도록 하고 지시에 따를 경우 즉각적으로 칭찬을 해 주는 긍정적 강화(Positive Reinforcement)를 제공하기로 계획하였다.

먼저 민규가 해야 하는 행동과 규칙을 민규가 이해할 수 있는 그림, 사진, 상징과 숫자를 사용해 시각적으로 제시하였다. 민규만의 '소셜 스토리'를 만들어 외출을 하기 전과 센터 수업이 끝나고 가정으로 돌아가기 전에 어머니와 함께 읽었다. 센터 치료가 끝나고 어머니가 "무엇을 타러 갈까?"라고 물으면 민규는 "버스 타러 가요."라고 앞으로 해야 할 행동을 대답하도록 하였다. 민규가 엘리베이터를 타고 싶어 하면 어머니는 "버스 타고 가요."라고 현재 해야 할 행동을 긍정적인 표현으로 말해 주었고, 엘리베이터를 타게 될 경우에는 타는 횟수가 적혀진 시각표를 보여 주며 탈 수 있는 횟수를 알려 주었다. 또한 타는 횟수만큼 숫자를 제하여 현재 민규가 해야 하는 행동을 구체적으로 알려 주었다. 또한 어머니는 센터 치료사와 상의하여 치료 시간 중 민규가 활동을 선택하고 치료사가 민규의 주도에 따르는 치료 활동을 추가하기로 하였다. 그 결과, 민규는 점차 센터 수업이 끝난 후 엘리베이터보다 버스를 타고 싶어 하게 되었고, 불필요하게 엘리베이터를 반복해서 타지 않게 되었다.

2) 사례 2

사례

정민이(가명)는 18세 지적장애 남성으로 고등학교 졸업 후 제품을 조립하는 작업장에 취업을 하게 되었다. 정민이는 작업에 필요한 도구를 정리하지 못해 감독자로부터 여러 차례 주의를 받고 있으며 작업 중에는 필요한 도구를 제때 찾지 못해 작업 시간이 지연되고 있다.

〈표 13-1〉에서 직업기술 영역에서 15~22세 사이의 대상자에게 효과가 입증된 대표적인 EBP 목록은 다음과 같다.

15~22세 대상자에서 직업기술 영역에서 효과가 입증된 중재 방법들	모방, 촉구, 강화, 자기관리, 과제분석, 비디오 모델링, 시각지원 등

위와 같은 사례의 경우 EBP 목록의 중재 방법을 다음과 같이 적용해 볼 수 있다. 감독자는 먼저 정민이가 도구를 정리하지 못하는 이유가 정리하는 방법을 숙지하지 못해서인지, 아니면 귀찮음이나 주의 산만, 동기 부족 때문인지를 살펴보기로 했다. 일주일 동안 정민이의 도구 정리 행동을 관찰한 결과, 정민이는 스스로 도구를 정리하려 했으나 도구를 정리해야 하는 위치를 찾지 못하고 헤매다가 결국 아무 곳에 도구를 모아 놓는 것을 확인하였다.

감독자는 정민이에게 도구를 정리하는 방법을 알려 주기 전에 도구의 위치를 사진으로 찍고 각 도구 보관함이나 서랍에 라벨을 붙여 도구의 위치를 명확하게 표시하여 도구 정리 방법을 시각적으로 구조화했다. 또한 정민이에게 교육의 필요성과 일주일간의 교육 계획을 설명하였으며, 목표가 달성되면 정민이가 좋아하는 커피를 함께 마시기로 약속했다.

감독자는 교육 첫 날, 작업을 시작하기 전에 정민이와 함께 사용하는 도구의 체크리스트를 보면서 도구의 정리 위치를 확인하고, 작업 후에는 사용한 도구를 동일한 도구 사진이 있는 곳에 정리해야 한다는 것을 알려 주었다. 작업이 끝난 후에는 시범적으로 정민이가 사용한 도구를 지정된 위치에 정리하는 것을 보여 주었다. 두 번째 날부터는 정민이가 스스로 사용한 도구의 위치를 찾아 정리하도록 하였고 정리하는 연습을 반복하였다. 각 도구를 정리할 때마다 칭찬(강화)을 해 주었고, 잘못 정리된 도구는 즉시 해당 위치를 알려 주며 다시 정리하는 과정을 반복하였다. 작업이 종료된 후에는 즉시 도구를 정리하도록 하였다. 일주일 후 정민이는 스스로 도구를 정리하게 되었고 작업에 필요한 도구를 제때 찾게 되어 시간 내에 작업을 마치게 되었으며, 작업의 효율성이 높아져 감독자로부터 칭찬을 받는 경우가 많아졌다. 이후 정민이는 제품 조립 이외에 여러 사물을 분류해야 하는 작업에도 참여하게 되었다.

3. 대표적인 근거기반치료 프로그램

근거기반치료로 분류된 치료 방법들 중에는 이미 체계적으로 정립되어 있고, 그 효과가 입증되어 널리 사용되고 있는 매뉴얼화된 프로그램들이 있다. 이 프로그램들은 관련 기관에서 워크숍 등을 통해 체계적인 교육 및 자격증 과정에 대한 훈련을 제공하고 있다. 이 책에서는 EBP에 근거한 치료 방법이 적용된 대표적인 치료 프로그램을 몇 가지 소개하고자 한다.

1) PECS(Picture Exchange Communication System)

PECS는 보완대체의사소통의 하나로 개발된 치료법이다(Forst & Bondy, 1994a). 이 방법은 ABA와 스키너(B. F. Skinner)의 언어행동이론에 기반을 두고 있으며 기능적인 사회적 의사소통 기술을 배우고, 자신의 요구를 표현하여 상호작용을 시작하는 행동을 학습하는 데 중점을 둔다. 원하는 물건이나 활동이 직접적인 보상으로 제공되어 대상자가 자발적으로 요구할 수 있는 동기를 유도한다. PECS는 기능적인 의사소통을 즉각적으로 배우게 하며 다양한 연령층에서 사용될 수 있고 자폐스펙트럼장애나 최소 발화 아동에게 적용할 수 있다(Bondy & Frost, 2009; Charlop-Christy et al., 2002; Forst & Bondy, 1994b). PECS를 배우기 전에 사물이나 그림카드의 이름을 말하거나 구별할 줄 아는 선행기술은 필요하지 않다.

PECS는 피라미드 교육 컨설턴트를 통해 다양한 국가에서 체계적인 교육이 활발히 이루어지고 있으며, 한국에서도 다음의 사이트를 통해 PECS의 단계별 절차와 공식 교육과정 등에 대한 정보를 확인할 수 있다(https://pecs-korea.com). PECS는 대상자의 기능적인 의사소통의 사용 여부, 의사소통의 자발성, 청자가 화자의 말을 이해하는 정도, 사용자의 발화와 문장 길이 등을 기준으로 사용 대상자를 제안하고 있다([그림 13-2] 참조).

PECS는 널리 보편화되어 있으며, 많은 보호자와 치료사, 전문가들 사이에서 사용되고 있다. 간혹 그림을 사용하는 모든 수단과 그림이나 사진을 건네는 의사소통 방식을 모두 PECS라고 이해하는 경우가 있는데, PECS는 응용행동분석의 다양한 중재법과 스키너의 언어 행동(Verbal Behavior)이 포함된 체계적인 의사소통 시스템이다. 이 시스템은 요구와 요청을 나타내는 맨드(Mand), 사물, 행동 또는 사건을 명명하는 택트(Tact), 다른 사람

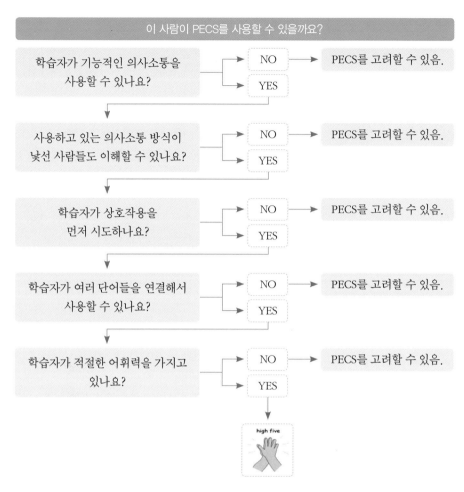

[그림 13-2] PECS 대상자를 선별하는 기준

출처: http://pecs-korea.com

의 언어행동에 대한 반응을 포함하는 인트라버벌(Intraverbal), 다른 사람이 말한 것을 반복하는 에코익(Echoic), 문장을 확장하기 위해 형용사, 동사, 전치사를 이용하는 오토클리틱(Autoclitic)을 포함한다. PECS는 PECSTalk™라는 앱으로도 사용할 수 있으며, 이 앱은 다양한 어휘의 그림을 쉽게 사용할 수 있도록 고안되었고 그림과 글자를 음성 언어로 변환할 수 있다. PECS는 총 6단계로 구성되어 있으며 각 단계의 목표와 세부적인 설명은 〈표 13-2〉와 같다.

표 13-2 PECS의 6단계

PECS 단계	간단한 설명
1단계: 의사소통 방법 	그림카드를 사용하여 아동이 원하는 사물이나 활동을 요구하는 방법을 배운다. 학습자는 원하는 사물이나 활동의 그림카드를 의사소통 파트너에게 건넨다. 의사소통 파트너는 아동이 건넨 그림카드에 해당하는 사물이나 활동을 제공하며 그 아이템의 이름을 말해 준다. 이 학습을 위해 의사소통 파트너와 신체 촉진자 2명이 필요하며, 신체 촉진자는 필요시 아동의 손을 잡아 그림카드를 집어 의사소통 파트너에게 건네도록 돕는다. 그림의 변별은 필요하지 않다.
2단계: 거리와 지속성 	학습자는 의사소통 책과 다양한 의사소통 파트너가 있는 여러 장소로 이동하며 그림카드를 교환하는 일반화된 반응을 학습한다. 그림 변별 능력은 필요하지 않으며 한 장의 그림카드가 계속 사용된다.
3단계: 그림 변별 	학습자는 의사소통 책에서 두개 이상의 그림카드 중 원하는 활동이나 사물의 그림카드를 변별한 후, 선택한 그림카드를 의사소통 파트너에게 건네는 방법을 배운다. 변별 훈련은 원하는 것과 원하지 않는 것 중에서 원하는 것을 선택하는 것부터 학습하게 된다.
4단계: 문장 구조 	학습자는 분리형 문장띠에 원하는 그림카드와 '주세요' 그림카드를 붙여 간단한 문장을 만드는 방법을 배운다. 학습자는 그림카드를 조합하여 문장 띠에 붙인 후, 문장 띠를 떼서 의사소통 파트너에게 건넨다. 의사소통 파트너는 문장띠의 문장을 읽어 준다. 학습자에게 구어 표현을 강요하지 않지만 학습자가 자발적으로 구어 표현을 하면 이를 강화해 준다.
속성 및 언어 확장 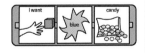	학습자는 형용사, 동사, 전치사를 추가하여 문장을 확장하는 법을 배운다. 예를 들어, 학습자는 "나는 파란 사탕을 원해."와 같은 표현으로 문장을 확장하는 법을 배운다. 수식어를 변별하는 것이 필수는 아니며, 학습자에게 필요한 속성을 가르치는 것이 목표이다.
5단계: 반응형 요청 	학습자는 PECS를 사용하여 "무엇을 원해요?"라는 질문에 대답하는 방법을 배운다. PECS 프로토콜 내에서 처음으로 의사소통 파트너가 학습자에게 원하는 것이 무엇인지 물어보는 단계이다. 이 단계에서는 1~4단계에서 학습한 자발적인 의사소통 반응을 유지하는 것이 중요하다.

6단계: 코멘트 	학습자는 "무엇이 보이나요?" "무엇인가요?"와 같은 질문에 대답하거나 코멘트하는 방법을 배운다. 예를 들어, '나는 무엇을 보고 있어요, 나는 무엇을 듣고 있어요, 그것은 무엇이에요'와 같은 문장을 표현하는 방법을 배운다. 궁극적인 목표는 학습자가 주변 상황에 대해 코멘트하는 것이다. 학습자가 좋아하고 흥미를 느끼는 자료와 활동을 활용하여 사회적 강화를 받을 수 있도록 한다.

출처: http://pecs.com

PECS는 자발적으로 한 장의 카드로 소통하는 방법을 습득한 후, 여러 장의 카드 중에서 원하는 하나의 카드를 찾아 상대방에게 메시지를 전달하는 방법을 배운다. 이후에는 카드를 조합하며 문장으로 표현하는 4단계에 도달하게 된다. 구어 표현이 제한적인 대상자도 PECS를 통해 단어 조합 표현을 학습하고 이를 의사소통 상황에서 활용할 수 있다.

사례 1

성민이(가명)는 3세 2개월 남아로 자발적으로 사용하는 단어가 10개 미만이고 주로 떼쓰기로 의도를 표현하고 있다. 성민이는 말 모방 반응이 일관적이지 않지만 혼자 좋아하는 동물이나 사물, 음식과 관련된 그림카드를 보면서 이름을 말한다고 한다.

치료사는 성민이가 떼쓰기로 표현하는 의도를 적절한 의사소통 수단으로 대체하고, 말 표현이 의사소통 상황에서 기능적으로 사용될 수 있도록 PECS 중재를 계획하였다. 1단계에서 성민이는 한 장의 그림카드를 건네 원하는 아이스크림을 받게 되자, 자발적으로 여러 장의 그림카드에서 좋아하는 아이스크림 그림카드를 찾아서 치료사에게 건네었다. 2단계 거리 이동을 3단계 변별과 함께 지속하였고, 성민이는 가정에서 자발적으로 5개 이상의 그림카드를 사용하여 멀리 있는 의사소통 상대자에게 그림카드를 건네며 요구 의도를 표현하였다. 또한 자주 사용하는 단어는 그림카드가 없는 상황에서도 말로 표현하며 요구 의도를 나타내기 시작하였다. 이후 성민이는 2~3개의 그림카드를 조합하는 4단계에 이르렀다. 성민이는 여러 장의 그림카드를 붙인 문장띠를 치료사에게 건네고, 문장띠에 붙인 그림카드를 가리키며 요구 의도를 표현하게 되었다. [그림 13-3]은 성민이가 좋아하는 아이스크림을 먹기 위해 PECS 4단계를 수행하여 치료사에게 '아이스크림 숟가락 주세요'를 표현하는 모습이다.

1) 그림카드를 찾는다.   2) 문장띠에 카드를 붙인다.   3) 그림카드를 가리키며 말한다.

[그림 13-3] PECS 4단계 수행의 예시-1

사례 2

수영이(가명)는 6세 2개월 여아이다. PECS 4단계를 습득하였고 2~3개의 카드로 문장을 만들어 의도를 표현할 수 있다. 치료사는 수영이의 어머니로부터 수영이가 최근 초등학교 입학 준비로 한글을 학습하고 있는데, 글자 카드를 활용하면 일상에서 PECS 카드 사용이 더 수월해지고, 한글 학습에도 도움이 될 것 같다는 의견을 주었다.

이에 치료사는 수영이가 사용하는 카드를 점차 글자카드로 전환하기로 계획하였다. 먼저 익숙하고 자주 사용하고 있는 그림카드에 적혀 있던 글자를 크게 하고, 그림은 작게 만들었다. 글자카드를 사용하는 경우 좀 더 많은 강화물과 칭찬을 해 주었다. 회기가 거듭될수록 수영이는 글자카드를 사용하는 빈도가 증가하였고 글자만 적혀 있는 카드도 사용하게 되었다. [그림 13-4]는 수영이가 그림카드와 글자카드를 함께 사용하여 PECS 4단계를 수행하고 있는 모습이다.

1) 글자카드를 찾는다.   2) 글자카드와 그림카드를 조합한다.

[그림 13-4] PECS 4단계 수행의 예시-2

2) TEACCH(Treatment and Education of Autistic and related Communication handicapped Children)

TEACCH는 미국의 노스캐롤라이나 주립 대학을 기반으로 노스케롤라이나주의 자폐스펙트럼장애 대상자와 그 가족, 관계자, 그룹 홈 등의 지원자 등을 지원하기 위해 시작된 포괄적인 프로그램이다. TEACCH는 가족에게 필요한 목표를 전인적인 관점에서 바라보며 구조화된 학습 방법을 제공한다. 이 프로그램은 자폐스펙트럼장애 대상자의 개별적인 학습 스타일, 지도 방법, 행동을 파악하여 중재하는 포괄적인 제너럴리스트(generalist) 훈련이다.

TEACCH의 목표는 사람과의 관계 속에서 새로운 기술을 배우고 문제행동을 감소시키는 데 있다. 생애 전반에 걸쳐 필요한 목표는 자립, 유연성, 자기 옹호, 일반화, 자기 효능감과 삶의 만족을 돕는 것이다. 커리큘럼은 인지기능, 가족의 협력, 구조화된 학습, 사교 및 여가 기술, 자립을 위한 가사기술, 학업기술, 직업기술과 직업행동으로 구성되어 있다.

구조화된 학습은 대상자의 어려움을 인식하고 수용하면서 아동과 부모, 그리고 그들과 접하는 사람들을 위해 기술을 향상시키는 데 초점을 맞춘다. 대상자가 상황을 예측 가능하도록 돕고, 어려움을 겪을 수 있는 상황을 줄이며, 시각적 지원 등을 사용하여 자립성을 높이면서 문제행동을 줄여 유연성을 향상시키도록 돕는다.

TEACCH는 시공간의 구조화를 원칙으로 하며 활동과 과제의 시작과 끝을 명확하게 제시하는 시각적 구조화와 환경 구성을 특징으로 한다. TEACCH의 개별 교육에서는 물리적으로 구조화되어 있는 환경에서 '워크 시스템'이라고 하는 개별화된 과제를 수행하게 된다. 워크 시스템은 학습자가 현재 주어진 과제를 수행한 후에 다음에 무엇을 해야 하는지 알려 준다. 학습자가 '워크 시스템'을 이해하고, '워크 시스템'에서 주어진 과제를 자발적으로 할 수 있게 되면, 더 다양한 영역의 과제를 스스로 학습하는 데 도움이 된다.

3) 중심축 반응 중재(Pivotal Response Treatment: PRT)

PRT는 로버트 케이글(Robert Koegel)과 린 케이글(Lynn Koegel)에 의해 개발되었다. 이 방법은 ABA에서 파생된 자연주의적 개입 모델로, 동기 조작과 행동의 자발성에 중점을 두고 있다. PRT는 아동의 언어기술, 놀이기술, 모방, 제스처, 사회적 행동을 향상시키는 데 효과적인 것으로 알려졌다(Koegel & Koegel, 1995; Schreibman & Koegel, 2005). 또한 개별시도훈련(DTT)보다 아동의 수행 동기를 높이고 새로운 기술을 일반화하는 데 도움이 되며, 자발적 반응을 유도하고 문제행동의 빈도를 감소시키는 것으로 보고되었다(Ingersoll & Schreibman, 2006; Losardo & Bricker, 1994). PRT는 자폐스펙트럼장애 아동에게 발달상에 중요한 사회적 의사소통에 대한 동기를 이끌어 내는 것을 최우선으로 여기며, 동기 유발을 통해 자발성을 유도하고 자연스럽게 강화물을 접하면서 중심축에 해당하는 영역에 도달하도록 한다. 동기 조작은 자폐스펙트럼장애 아동이 자발적으로 선택하고 자연스러운 보상을 통해 학습 상황에 보다 자발적으로 참여하도록 돕는다. 전형적인 자폐스펙트럼장애 아동은 질문을 잘 하지 않지만(Wetherby & Prutting, 1984), 질문을 하는 방법을 배우자 가르치지 않은 표현을 사용하게 되었고 사용하는 어휘도 증가하였다(Koegel et al., 1998). 질문을 하는 중심축 행동을 시작하면서 점차 사람들과 소통하는 방법을 배우게 되는데, 이는 전형적인 발달을 보이는 아동의 의사소통 습득 과정과 동일하다. 즉, 자발적으로 질문을 통하여 스스로 학습의 기회를 만들어 가는 것이다. 공동주의도 중요한 중심축 행동 중 하나인데, 전형발달 아동은 1세부터 적극적으로 자발적인 공동주의를 하며, 무언가를 가리키고, 가리킨 사물을 상대방과 공유하며 반응한다. 하지만 자폐스펙트럼장애 아동은 이러한 공동주의를 하지 않거나 하더라도 반응이 지속적이지 않다(예: Mundy & Newell, 2007; Mundy & Sigman, 2006; Sheinkopf et al., 2004; Travis et al., 2001; Vaughan Van Hecke et al, 2007). 자폐스펙트럼 아동은 거부와 요구의 언어만을 제한적으로 사용하고 요구는 제한된 강화물을 요청하는 기능으로, 거부는 사회적 교류를 피하는 수단으로 사용된다고 알려져 있다(Wetherby & Prutting, 1984). 따라서 사회적 교류에서 다양한 의사소통 기능을 사용하고 적극적으로 언어를 사용하는 것이 중심축 행동이 된다. 적절한 반응이 일관되게 지속되면 학습을 지속하려는 동기가 높아진다(Koegel & Egal, 1979; Koegel & Mentis, 1985). 중심축 행동에 대한 동기부여는 아동이 즐거움을 느끼며 중심축 행동을 습득하도록 돕는다. 중심축 반응 중재의 가장 큰 장점은 사회적 의사소통에 대한 동기 부여이며 이는 모든 발달 영역에 긍정적인 영향을 준다. 관련된 정보는 http://www.koegelautism.com에서 확인할 수 있다.

4) 반응성 교수법(Responsive Teaching: RT)

RT는 영유아의 일상에서 반응적인 사회적 활동 참여가 영유아의 발달과 사회−정서적 안정에 중요한 환경적 요인임을 검증하는 선행연구 결과에 근거한다. 또한 구성주의(Constructivism) 학습 관점, 비계(Scaffolding)로서의 부모와 교사 역할, 가족 중심 접근(Family focused approach), 일과 기반 중재(Routined based intervention), 아동의 중심축 발달 행동(Pivotal developmental behavior)을 기반으로 한다(Bruner, 1974, 1983; Piaget, 1963; Vygotsky, 1978; Atkinson & Shiffrin, 1964; Weiner, 1980).

구성주의 학습 관점은 구성주의 아동심리학자 피아제(J. Piaget)의 이론에 따라, 아동이 스스로 조작하고 탐색하며 경험하는 학습 과정을 거치면서 능동적으로 사람과 사물과의 상호작용을 통해 인지 발달을 이룬다는 것이다. 비고츠키(L. Vygotsky)의 이론에 의하면 인지학습은 주로 부모와 교사와 함께하는 일상적인 놀이 또는 활동의 참여로 이루어지기 때문에 이러한 활동에 아동이 능동적으로 참여할 수 있도록 부모와 교사가 아동의 사회적 놀이나 활동을 지지해 주어야 한다는 것이다. 부모와 교사는 아동의 잠재력을 개발하고 성과를 얻을 수 있도록 돕는 협력자로서, 아동이 스스로 생각하고 자율적으로 최선의 방법을 찾도록 지원하는 역할을 해야 한다.

RT는 부모를 중심으로 하는 중재 프로그램으로서 부모가 아동의 발달을 촉진하는 중요한 역할을 한다고 보고, 아동이 일상생활에서 상호작용을 통해 새로운 기술을 학습할 수 있는 많은 기회를 제공해야 한다고 강조한다. 이러한 자연적 환경 중재(natural environment intervention)는 치료적으로 효율적일 뿐만 아니라 치료 효과의 유지와 일반화에도 긍정적인 영향을 준다(Mahoney & MacDonald, 2007; McWilliam, 2010).

RT는 인지, 의사소통, 사회적 정서의 3개의 발달 영역에서 발달적 학습에 기초가 되는 사회적 놀이, 주도성, 탐색, 실행, 문제해결, 공동활동, 공동주의, 언어화, 의도적 의사소통, 대화, 신뢰, 감정이입, 자기조절, 협력, 자신감에 해당하는 15개의 중심축 행동을 목표로 한다. 이러한 중심축 행동은 생애 초기부터 발달의 기초가 되는 행동이며, 특정 발달 단계에서 나타나는 개별적인 행동들에 앞서 발달하는 기본적인 능력이다. RT에 대한 더 자세한 정보와 교육과정은 한국RT센터 웹사이트(https://www.rtinkorea.com)를 통해 확인할 수 있다.

5) ESDM(Early Start Denver Model)

ESDM은 24~60개월의 자폐스펙트럼장애 영유아를 대상으로 개발된 포괄적인 조기개입 프로그램이다. 조기개입은 자폐스펙트럼장애 증상을 최소화하는 것을 목표로 한다. ABA 및 앞서 설명한 PRT 원리가 적용되며 개별 교육과 보호자 교육 지원으로 구성되어 있다. 이 중재의 특징은 아동이 성인과의 놀이나 공동 활동을 통해 긍정적인 관계를 형성하고 사회적 참여, 공동주의, 즐거움의 공유, 감정 조절의 발달을 촉진하는 것이다. 이러한 활동들은 아동의 자발성과 적극성을 강조하며 가정과 같은 자연스러운 일상생활 환경에서 적용할 수 있다는 장점이 있다(Koegel & Koegel, 1998; Schreibman & Pierce, 1993). ESDM은 아동의 사회적 상호작용을 다루는 것부터 시작하며, 촉진과 강화와 같은 전략을 통해 아동의 모방을 증가시킨다. 또한 부모나 다른 의사소통 상대가 아동의 신호를 이해하고 상호작용을 지속하도록 돕는다. 이를 통해 아동에게 매 순간 사회적 학습의 기회를 증가시키고, 아동을 사회적 상호작용과 사회적 활동에 참여시킨다.

사례   ESDM 프로그램의 적용 예시

지한이(가명)는 38개월 남아로 자폐스펙트럼장애 진단을 받았다. 보호자의 보고에 따르면 지한이는 2~3개의 단어를 붙인 문장을 사용하지만 표현이 다양하지 않고 요구 의도를 일방적으로 표현한다고 하였다. 평가자는 지한이와 함께 활동하면서 나타난 반응과 어머니의 보고를 바탕으로 ESDM 커리큘럼 체크리스트를 기록하였다. 지한이는 수단과 목적을 이해하고 사용하는 도구 중에서 돌아가는 바람개비에만 관심을 보였으며 인형을 이용하는 놀이는 거부하였다. 질문에 대답을 했으나 대답을 할 때 평가자와 눈을 맞추지 않았고 대부분의 상황에서 말을 하면서도 평가자나 어머니를 보지 않았다. 인칭 대명사나 소유 대명사를 사용하지 않았고 자신을 이름으로 지칭하였다. 평가자가 지한이의 손을 잡고 네모를 그리며 '네모 그리자'라고 언어 모델링을 하자, 지한이는 평가자의 말을 모방하였다. 평가자가 책을 읽자고 제안하자 거부하며 칭얼거렸고, 간식을 먹을 것인지 물어보자 "네."라고 대답하였다. 평가자가 스케치북과 색연필을 정리하는 것을 도와달라고 하자 지한이는 색연필을 연필꽂이에 꽂아 주었다. 평가자가 마주 앉아 손을 잡고 앞뒤로 움직이며 배를 타고 가는 놀이를 시도하자 지한이는 웃으면서 평가자를 쳐다보았고 평가자가 움직이던 손을 멈추자 평가자의 손을 당겨 놀이를 다시 요구하였다. 평가자가 "또 하고 싶어요"라고 지한이의 의도를 언어로 모델링하자 평가자의 말을 모방하였고 평가자가 즉시 지한이의 손을 움직이며 놀이를 계속하자 웃었다.

이러한 아동의 ESDM 평가 프로파일 결과를 토대로 지한이의 수용언어, 표현언어, 사회기술, 합동주시행동, 모방, 놀이 영역에 대한 12주간의 치료계획을 세웠다.

수용언어

성인이 아동에게 익숙한 책을 읽어 줄 때, 아동은 책과 성인을 번갈아 보기, 책의 그림 가리키기, 책 넘기기, 책에 있는 그림의 이름을 말하기 등을 하며 5~10분 동안 주의를 기울이고 책 읽기에 참여한다. 3회기 연속. 가정과 치료실에서.

표현언어

가정이나 치료실에서 아동이 원하는 활동이나 사물이 제시되었을 때, 아동은 자발적으로 소유 대명사가 포함된 문장을 눈맞춤과 함께 표현한다. 주어진 기회의 80% 이상. 3회기 연속. 가정과 치료실에서.

사회기술

가정과 치료실에서 언어 또는 제스처로 요구 의도를 표현할 때, 아동은 상대방과 눈을 맞춘다. 주어진 기회의 80% 이상. 3회기 연속. 가정과 치료실에서.

모방

가정과 치료실에서 노래나 게임을 하는 동안, 아동은 성인이 처음 보여 주는 5개의 새로운 동작을 비슷하게 모방한다. 3회기 이상. 가정과 치료실에서.

놀이

식사, 목욕, 양치질 등과 같은 일과에서 반복되는 자조와 관련된 주제로 놀이를 할 때, 아동은 자발적으로 적어도 2가지 이상의 연속된 동작의 기능과 관련된 동작을 한다(예: 치약을 칫솔에 묻히고 양치를 한다). 3회기 연속으로. 가정과 치료실에서.

지한이는 동물책이나 또래가 좋아하는 캐릭터와 관련된 책을 자발적으로 선택하였다. 치료사와 함께 책을 보며 자발적으로 그림 속 사물이나 캐릭터 등을 가리키며 관련된 행동을 문장으로 표현하였고 치료사의 질문에 대답하며 그림 속 상황을 언어로 표현하였다. 요구 의도를 표현하며 모방으로 사용되던 소유 대명사가 포함된 문장이 점차 자발적인 표현으로 나타나기 시작하였다. 간지럼 태우기와 같은 감각놀이나 관심사와 관련된 활동 상황에서 자발적으로 또는 치료사의 말을 모방하며 치료사와 눈을 맞추는 반응이 증가하였다. 율동을 하며 함께하는 노래 활동에서는 자발적으로 치료사를 주시하며 완벽하지는 않지만 새로운 행동을 모방하였다. 자조와 관련된 놀이 상황에서 초기에는 치료사가 지한이의 손을 잡아 기능적 행동을 유도하였으나 점차 자발적으로 음식을 만들어 인형에게 먹이거나 치료사의 입에 넣어 주려고 하는 등의 기능과 관련된 연속된 동작으로 놀이를 하였다.

4. 결론 및 요약

이 장에서는 치료사를 중심으로, 자폐스펙트럼장애 치료에 활용될 수 있는 다양한 치료 전략과 프로그램들을 사례와 함께 살펴보았다. 자폐스펙트럼장애 대상자를 치료하는 데 있어 가장 중요한 것은 현재 우선순위에 해당하는 치료 목표가 무엇인지, 그리고 치료 대상자의 강점과 약점, 관심사를 파악하는 것이다. 자폐스펙트럼장애를 진단받게 되면 다양한 치료를 동시에 받는 경우들이 많다. 하지만 이러한 대상자일수록 우선적으로 치료해야 할 목표를 명확히 하고, 우선순위가 높은 목표 행동에 대해, 집중적인 치료가 이루어질 수 있도록 각 분야의 치료사들이 협력하는 것이 필요하다.

또한 치료사들은 자신이 가르치고자 하는 목표와 아동의 관심사가 다를 수 있다는 것을 명심해야 한다. 아동의 제한된 관심사를 인정하고, 함께하면서 관심사를 확장해 주는 것이 치료사의 역할이며, 가정에서는 부모가 이러한 역할을 함께할 수 있도록 도와야 한다. 특히 언어 영역은 다양한 발달 영역 전반에 기본이 되는 중요한 영역이며, 언어발달은 상징발달, 사회성 발달과도 밀접하게 관련이 있다. 따라서 대상자 개개인의 기능에 맞는, 사회적으로 수용할 수 있는 다양한 의사소통 수단을 사회적 의사소통에 사용할 수 있도록 돕는 것이 가장 중요한 목표가 될 수 있다. 무엇보다 어린 연령의 대상자일수록 부모가 주체가 되어 치료가 이루어지는 것이 효과적인 것으로 알려져 있다. 하지만 이 시기에는 부모가 전문적인 지식이 충분하지 않고, 자녀의 어려움을 이해하고 수용하는 것이 아직 어려운 시기일 수 있다. 따라서 치료사는 일상에서 많은 시간을 보내는 부모가 다양한 환경에서 발달적 자극을 주고, 아동의 행동에 대응하고 대처할 수 있도록 적극적으로 도와야 한다. 가정에서의 지원에 대해서는 제14장에서 보다 자세히 다루고 있다.

참고문헌

김영태(2002). 아동언어장애의 진단 및 치료. 학지사.

American Speech-Language-Hearing Association. (2005). Roles and responsibilities of speech-language pathologists with respect to augmentative and alternative communication: position statement [Position Statement]. Available from www. asha.org/policy.

Atkinson, R. C., & Shiffrin, R. M. (1964). Human Memory: A Proposed System and Its Control Processes. In K. W. Spence & J. T. Spence (Eds.), *The Psychology of Learning and Motivation: Advances in Research and Theory* (Vol. 2, pp. 89-195). Academic Press.

Ayres, A. J. (1989). *Sensory Integration and Praxis Tests*. Western Psychological Services.

Bondy, A. & Frost, L. (1994a). The Picture Exchange Communication System. *Focus on Autistic Behavior, 11*, 1-19.

Bondy, A. & Frost, L. (1994b). The Delaware Autistic Program. In S. Harris & J. Handleman (Eds.), *Preschool education orograms for children with autism* (pp. 37-54). Pro-Ed.

Bondy, A. S., & Frost, L. A. (1994). The picture exchange communication system. *Focus on autistic behavior, 9*(3), 1-19.

Bondy, A., & Frost, L. (2009). The picture exchange communication system. *Behavior Modification, 33*(5), 687-707.

Bruner, J. S. (1974). *Toward a Theory of Instruction*. Harvard University Press.

Bruner, J. S. (1983). *Child's talk: Learning to use language*. W.W. Norton & Company.

Carpenter, M., & Charlop-Christy, M. H. (May, 2000). Verbal and nonverbal communication in children with autism after learning the Picture Exchange Communication System (PECS). Paper presented at the meeting of the Association for Behavior Analysis Conference, Washington, D.C.

Carpenter, M., Charlop-Christy, M., LeBlanc, L. & Le, L. (May, 1998). An evaluation of spontaneous speech and verbal imitation in children with autism after learning the picture exchange communication system (PECS). Paper presented at the meeting of the Association for Behavior Analysis, Orlando, FL.

Charlop-Christy, M. H., Carpenter, M., Le, L., LeBlanc, L. A., & Kellet, K. (2002). Using the picture exchange communication system (PECS) with children with autism: Assessment of PECS acquisition, speech, social-communicative behavior, and problem behavior. *Journal of Applied Behavior Analysis, 35*(3), 213-231.

Cooper, J. O. (2015). 응용행동분석. 시그마프레스.

Cooper, J. O. (2017). 응용행동분석. 시그마프레스.

Form a Village Inc. (2019, August 15). TEACCH Five-Day Classroom Training Seminar. TEACCH Autism Program, University of North Carolina, Saga, Japan. Retrieved from https://teacch.com/trainings/teacch-calendar/

Frost, L., & Bondy, A. (1994). The Picture Exchange Communication System Training Manual. (윤경희 외 공역). 피라미드 교육 컨설턴트.

Gray, C. (2016). 자폐증, 아스퍼거 증후군 아동을 위한 사회성 이야기 158. (이주헌 역). 학지사

Goldstein, A. P., Sprafkin, R. P., & Gershaw, N. J. (1976). Skill training for community living: Applying structured learning therapy. Pergamon.

Goldstein, A. P., Sprafkin, R. P., & Gershaw, N. J. (1976). Structured learning therapy. Academic Press.

Ingersoll, B., & Schreibman, L. (2006). Teaching reciprocal imitation skills to young children with autism using a naturalistic behavioral approach: Effects on language, pretend play, and joint attention. Journal of Autism and Developmental Disorders, 36(4), 487-505.

Kearney, A. J. (2014). 응용행동분석의 이해. 시그마프레스.

Koegel, L. K., Camarata, S.M., Valdez-Menchaca, M.C., & Koegel, R.L. (1998). Setting generalization of question-asking by children with autism. American Journal on Mental Retardation, 102(4), 346-357.

Koegel, R. L., & Koegel, L. K. (1995). Teaching children with autism: Strategies for initiating positive interactions and improving learning opportunities. Paul H. Brookes Publishing Co.

Koegel, R. L., & Egel, A.L. (1979). Motivating autistic children. Journal of Abnormal Psychology, 88(4), 418-426.

Koegel, R. L., & Mentis, M. (1985). Motivation in childhood autism: Can they or won't they? Journal of Child Psychology and Psychiatry, 26(2), 185-191.

Koegel, R. L. (2012). The PRT pocket guide. Paul H. Brookes Publising.

Le, L., Charlop-Christy, M.H., Carpenter, M. & Kellet, K. (May, 1999). Assessment of social behaviors following acquisition of PECS for children with autism. Paper presented at the meeting of the Association for Behavior Analysis Conference, Chicago, IL.

Losardo, A., & Bricker, D. (1994). Activity-based intervention: A workbook for young children with disabilities. Brookes Publishing.

Mace, F. C., Hock, M. L., Lalli, J. S., West, B. J., Belfiore, P., Pinter, E., & Brown, D. K. (1988). Behavioral momentum in the treatment of noncompliance. Journal of Applied Behavior Analysis, 21, 123-141.

Mahoney, G., & MacDonald, J. D. (2007). *Responsive Teaching: Parent-Mediated Developmental Intervention.* Paul H. Brookes Publishing Co.

Mahoney, G. (2023). RT 반응성 교수 실행 지침서. (김정미 역). 학지사.

McWilliam, R. A. (2010). *Routines-Based Early Intervention: Supporting young children and their families.* Paul H. Brookes Publishing Co.

Mundy, P., & Newell, L. (2007). Attention, joint attention, and social cognition. *Current Directions in Psychological Science, 16*(5), 269-274.

Mundy, P., & Sigman, M. (2006). Joint attention, social competence, and developmental psychopathology. In D. Cicchetti & D. J. Cohen (Eds.), *Developmental Psychopathology: Vol. 1. Theory and Method* (2nd ed., pp. 293-332). Wiley.

Piaget, J. (1963). The Origins of Intelligence in Children (M. Cook, Trans.). W.W. Norton & Company. (Original work published 1936)

Prelock, P. A. (2017). 자폐 범주성 장애. (이소현, 박혜진, 윤선아 공역). 학지사.

Rogers, S. J. (2018). 어린 자폐증 아동을 위한 ESDM. (정경미, 신나영, 김민희, 김주희 공역). 학지사.

Schreibman, L., & Koegel, R. L. (2005). Training for parents of children with autism: Pivotal responses, generalization, and individualization of interventions. In E. D. Hibbs & P. S. Jensen (Eds.), *Psychosocial treatments for child and adolescent disorders: Empirically based strategies for clinical practice* (2nd ed., pp. 605-631). American Psychological Association.

Schreibman, L., Dawson, G., Stahmer, A. C., Landa, R., Rogers, S. J., McGee, G. G., ⋯ & Halladay, A. (2015). Naturalistic developmental behavioral interventions: Empirically validated treatments for autism spectrum disorder. *Journal of Autism and Developmental Disorders, 45,* 2411-2428.

Schreibman, L., & Pierce, K. (1993). Achieving greater generalization of treatment effects in children with autism: Pivotal response training and self-management. *Behavior Therapy, 24*(4), 609-620.

Sheinkopf, S. J., Mundy, P., Claussen, A. H., & Willoughby, J. (2004). Infant joint attention skills predict preschool developmental outcomes in at-risk children. *Journal of Abnormal Child Psychology, 32*(1), 39-51.

Steinbrenner, J. R., Hume, K., Odom, S. L., Morin, K. L., Nowell, S. W., Tomaszewski, B., Szendrey, S., McIntyre, N. S., Yucesoy-Ozkan, S., & Savage, M. N. (2020). Evidence-based practices for children, youth, and young adults with Autism. The University of North Carolina at Chapel Hill, Frank Porter Graham Child Development Institute, National Clearinghouse on Autism Evidence and Practice Review Team.

Travis, L. L., Sigman, M., & Ruskin, E. (2001). Links between social understanding and social behavior in verbally able children with autism. *Journal of Autism and Developmental Disorders, 31*(2), 119-130.

Vaughan Van Hecke, A., Mundy, P. C., Acra, C. F., Block, J. J., Delgado, C. E. F., Parlade, M. V., ⋯ & Pomares, Y. B. (2007). Infant joint attention, temperament, and social competence in preschool children. *Child Development, 78*(1), 53-69.

Vygotsky, L. S. (1978). Mind in Society: The Development of Higher Psychological Processes (M. Cole, V. John-Steiner, S. Scribner, & E. Souberman, Eds. and Trans.). Harvard University Press.

Weiner, B. (1980). Human Motivation. Holt, Rinehart, and Winston.

Wetherby, A. M., & Prutting, C. A. (1984). Profiles of communicative and cognitive-social abilities in autistic children. *Journal of Speech and Hearing Research, 27*(3), 364-377.

CHAPTER
14

근거기반치료의 적용 (2): 가정, 학교 중심

이희진, 하성지

자폐스펙트럼장애의 치료를 위해서는 다양한 분야의 전문가들이 협력하는, 다학제적 접근이 필요하다. 치료실에서 뿐만 아니라 가정 및 학교에서도 공동의 목표를 위해 노력할 때 치료 효과는 더 극대화될 수 있다. 제14장에서는 자폐스펙트럼장애의 효과적인 치료를 위해 가정과 학교의 역할과 중요성, 지원 방향에 대해 소개하고자 한다.

1. 가정 중심의 지원

1) 부모의 역할과 중요성

양육 기술은 아동의 정서발달을 촉진하고, 사회적 관계의 질에 영향을 주며 양육 스타일은 일생과 세대를 거치며 발달에 영향을 준다(Steele & Steele, 1994). 모든 아이에게 부모와 가정의 역할은 중요하지만, 특히 자폐스펙트럼장애 아동과 같은 발달장애 아동들은 개별적 특성으로 인해 주변의 환경에 더 크게 영향을 받을 수 있다. 따라서 아동이 많은 시간을 함께 보내는 가족과 부모(양육자)의 역할은 더욱 중요하다고 할 수 있다.

부모는 안전하고 지지적인 환경을 제공함으로써 자녀가 안정감을 느끼고 성장할 수 있도록 도와주며, 자폐스펙트럼장애를 가진 자녀가 편안하게 생활하면서 자기 통제력을 향상시킬 수 있도록 예측 가능한 환경과 규칙과 경계를 만들어 주는 것이 중요하다. 또한 부모의 적극적인 상호작용은 자녀의 언어 및 사회적 능력 발달에도 중요하다. 언어적인 의사소통뿐만 아니라 비언어적 의사소통도 중요한데, 부모는 자신의 자녀에게 가장 적합한 의사소통 방법을 찾아서 사용하면 보다 효과적으로 소통할 수 있다.

의사소통 기술뿐만 아니라 생활기술과 자립기술도 가정에서의 지속적인 반복훈련을 통해 일반화될 수 있으며, 이를 위해서는 부모와 관련 전문가들의 협력이 필요하다. 부모는 자녀의 치료계획에 적극적으로 참여하고, 가정에서도 동일한 치료 목표와 방향에 맞는 활동을 함께해야 한다. 부모의 관찰과 피드백은 관련 전문가들이 자신의 자녀를 더 잘 이해하고 지원하는 데 도움이 될 수 있다. 또한 부모의 올바른 애착과 정서적인 지원은 자녀의 정서발달에 긍정적인 영향을 주고, 새로운 기술을 배우는 데도 도움이 된다.

2) 부모교육

가정에서의 지원은 자녀의 특성뿐만 아니라 각 가정의 강점과 약점, 개별적인 필요, 가정 환경을 고려한 개별화된 맞춤형 지원으로 이루어져야 한다. 이를 위해서는 부모에게도 적절한 교육이 선행되어야 하며, 일반적으로 부모교육에는 다음과 같은 내용들이 포함될 수 있다.

(1) 자폐스펙트럼장애에 대한 이해

최근에는 여러 매체를 통해 자폐스펙트럼장애에 대한 다양한 정보를 쉽게 접할 수 있다. 하지만 이러한 정보들이 지나치게 많고 다양해지면서 부모들이 검증되지 않은 부정확한 정보로 혼란을 겪는 경우도 있다. 따라서 부모들이 자녀를 올바르게 이해하고 지원할 수 있도록 각 분야의 전문가들이 정확하고 신뢰성 있는 정보를 제공하는 것이 중요하다. 관련 전문가들은 이 교과서에서도 다루고 있는 자폐스펙트럼장애의 특징, 진단기준, 원인론 등의 정보를 부모가 이해하기 쉬운 언어로 전달하여 부모들이 자신의 자녀를 잘 이해하고 적절하게 지원할 수 있도록 도와야 한다. 또한 부모들은 검증되지 않은 비전문가의 의견이나 다른 아이의 사례, 상업적 광고들을 신중하게 분별하고, 이러한 자료들을 찾는 데 너무 많은 시간과 노력을 들이지 않는 것이 좋다. 검증된 정보에 기반하여 지식을 쌓는 것이 자녀의 행동을 이해하고, 적절한 지원을 제공하는 데 더욱 효과적이며 더 나아가 치료의 예후를 결정하는 데 중요한 역할을 한다.

(2) 자폐스펙트럼장애 조기지원의 기본 요소

도슨과 오스터링(Dawson & Osterling, 1997)은 자폐스펙트럼장애 아동의 조기지원을 위한 여러 프로그램에 대한 검토를 바탕으로 효과적인 프로그램들의 핵심 요소를 다음과 같이 제시하였다. 구체적인 방법론을 배우기에 앞서 이러한 핵심 요소들을 이해하는 것이 필요하다. 즉, 어떠한 치료 방법을 사용하든 자폐스펙트럼장애 아동을 지원하기 위해서는 다음과 같은 요소들을 우선적으로 고려해야 한다.

1. 자폐스펙트럼장애에 특화된 커리큘럼
2. 지원적인 교육환경과 일반화 전략
3. 예측 가능성과 루틴
4. 문제행동에 대한 기능적 접근
5. 학교생활의 적응
6. 가족참여

자폐스펙트럼장애 아동들의 지원을 위한 커리큘럼에서 우선적으로 강조되어야 할 것은 이들이 어려움을 겪고 있는 핵심 기술에 대한 것이다. 즉, 사회적 자극에 주의를 기울이고, 타인의 언어나 행동을 모방하는 것, 언어를 이해하고 사용하는 것, 적절한 놀이를 하는 것, 타인과 사회적으로 소통하는 기술을 먼저 습득할 수 있도록 도와야 한다. 이러한 기술의 학습은 처음에는 매우 구조화되고 지원적인 환경에서 이루어지는 것이 효과적이지만 점차 더 자연스러운 환경에서 일반화할 수 있도록 지원하는 것이 필요하다. 또한 자폐스펙트럼장애 아동들의 경우 예측 가능한 방식으로 정보가 제공될 때 더 반응적이고 주어진 과제에 좀 더 주의를 기울이는 것으로 알려져 있다. 따라서 시각적 단서 등을 활용하여 예측 가능한 상황을 제공하고, 치료 절차를 하나의 루틴으로 제공하는 것이 효과적이다.

만약 대상 아동이 문제행동을 보이는 경우, 대부분의 프로그램에서는 조금 더 즐거운 행동을 통해 문제행동이 발생하는 것을 예방하는 전략을 사용한다. 그럼에도 불구하고 문제행동이 발생하였을 때는 문제행동의 기능을 파악하여 적절한 대체행동을 가르쳐야 한다. 자폐스펙트럼장애 아동이 초등학교에 입학하는 것은 일상에 매우 큰 변화를 초래한다. 학교생활에 성공적으로 적응하기 위해서는 성인의 지시 따르기, 차례 지키기, 활동 중에 조용히 앉아있기 등과 같이 독립적으로 생활하는 데 필수적인 기술들을 미리 학습해야 한다. 마지막으로, 자폐스펙트럼장애 지원에 있어 부모 참여의 중요성을 강조하고 있다. 쇼플러와 라이클러(Schopler & Reichler, 1971)는 부모를 '공동 치료자'로 참여시킬 것을 최초로 제안하였는데, 모든 조기지원 프로그램들은 부모를 조기지원의 중요한 구성 요소로 보고 이들에 대한 교육을 함께 지원하고 있다.

(3) 구체적인 의사소통 기술 훈련

부모를 공동 치료자로 참여시키기 위해서는 현재 대상자의 전반적인 발달 상태와 지원이 필요한 영역에 대한 객관적인 평가가 선행되어야 한다. 이러한 평가 결과를 바탕으로 치료사는 치료목표와 치료전략을 세우고, 가정에서의 지원 방법과 기술들에 대한 부모교육을 제공해야 한다. 한 예로 다음의 사례를 살펴보자.

사례

지수(가명)는 4세 5개월의 남아이다. 어머니는 지수가 일상생활에서는 100개 이상의 단어를 사용하지만 치료실 환경에서는 말보다 가리키기, 눈맞춤, 손 뻗기 등 비언어적 수단을 주로 사용한다고 보고하였다. 실제 치료사가 지수를 관찰한 결과, 자발적으로 단어를 말하여 의도를 표현하기도 하지만 말 명료도가 낮아 지수의 의도를 이해하기 어려웠다. 지수는 일상생활에서 원하는 사물이나 놀이를 말로 요구하지만 상대방이 자신의 말을 이해하지 못하면 소통을 포기하는 모습을 보인다고 한다. 보호자의 보고에 의하면, 최근에 지수가 요구하는 의도를 말로 표현하는 경우가 많지만 불명확한 말소리로 인해 어머니가 지수의 의도를 이해하지 못하는 경우가 많다고 한다. 이럴 때면 사물을 직접 보여 주거나 여러 차례 질문을 다시 하여 지수의 의도를 확인하고 있다고 하였다. 지수는 어머니가 자신이 원하는 것을 이해하지 못하는 것에 짜증을 내고 있으며 자발적으로 의사소통을 시도하는 빈도가 점점 줄고 있다고 하였다.

치료사는 어머니의 보고 및 아동의 평가 결과를 토대로 아동에게 PECS가 효과적일 것이라 판단하였다. 보호자에게는 PECS 중재가 지수에게 의사소통의 성공과 즐거움을 알 수 있게 해 주고, 자신이 관심 있는 사물을 말로 모방하고 표현할 수 있는 기회를 제공할 것이라고 설명하였다. 이에 보호자의 동의하에 PECS 중재를 시작하게 되었다.

중재 전 치료사는 부모교육을 통해 보호자에게 PECS의 기본 원리와 절차를 소개하였고, 실제 부모와 치료사가 아동의 의사소통 상대자, 촉진자 역할을 번갈아 시행하였다. 치료사는 각 시행에 대해 피드백을 제공하여 부모가 아동의 의사소통 상대자로서의 역할을 이해하도록 도왔다. 초기 3회기까지는 보호자가 치료사와 함께 촉진자, 의사소통 상대자를 번갈아 시행하였고, 아동이 촉진 없이 자발적으로 그림카드를 교환할 수 있을 때까지 보호자는 치료에 함께 참여하였다. 또한 치료사는 가정에서 사용할 수 있는 PECS 도구를 제공하였고 가정에서의 활용 방법을 알려주었다. 보호자는 가정에서의 아동의 반응을 기록하였고 이를 치료사와 공유하였다.

치료를 진행하면서 지수는 치료실 상황에서 치료사에게 좋아하는 간식이나 장난감, 좋아하는 활동을 나타내는 그림카드를 교환하여 자신의 요구를 표현하게 되었다. 가정에서도 자발적으로 의사소통 그림판을 사용하여 요구 의도를 표현하기 시작하였다. 어머니는 지수가 쉽게 그림카드를 찾아 사용할 수 있도록 가정 내의 다양한 공간에 동일한 의사소통 그림판을 준비하였다. 지수는 가정에서 어머니 이외의 가족에게도 그림카드를 건네며 자발적으로 의사소통을 시도하는 모습이 증가하였고, 의사소통의 좌절로 인한 짜증의 빈도가 점차 줄어들었다. 또한 치료실에서 사용해 보지 않은 그림카드들을 가정에서 사용하며 보다 다양한 의사소통 상황에서 그림카드를 활용할 수 있게 되었다.

이후 어머니는 지수가 어린이집에서도 PECS를 사용할 수 있다면 좀 더 자발적인 소통의 기회가 증가할 수 있을 것 같다는 의견을 주었다. 현재 지수는 어린이집에서 자발적으로 의도를 표현하는 빈도가 낮고, 말 명료도가 낮아 의도 표현이 명확하게 전달되지 않고 있으며 자신의 의도를 상대방이 이해하지 못하면 머리를 때린다고 하였다. 이에 치료사는 어린이집 담임 교사에게 지수가 PECS를 가정과 치료실에서 의사소통 수단으로 사용하고 있고, PECS 사용이 언어 및 구어 발달의 가속화에 중요한 역할을 할 수 있음을 설명하였다. 어린이집 교사는 흔쾌히 협조에 응하였고 치료사는 어린이집 교사에게 PECS에 대한 설명과 아동의 반응에 따른 PECS 사용법을 설명해 주었다. 어린이집에서는 치료사와 협의하여 아동이 어린이집에서 사용하는 어휘를 중심으로 어린이집 전용 목걸이 의사소통 판을 제작하였다. 치료실에서는 목걸이 형식의 그림판을 지수가 자발적으로 사용하는 것을 확인한 후 어린이집에서 사용하도록 하였다. 지수는 어린이집에서도 치료실과 동일하게 자발적으로 그림카드를 건네며 의사소통을 개시하였다. 교사의 보고에 따르면 지수가 PECS를 사용하면서 떼쓰는 행동이 줄었고 자발적으로 요구 의도를 표현하는 빈도가 증가하였다고 하였다. 현재 지수는 구어 모방 반응이 증가하고 있고, 자주 사용하는 그림카드의 사물이나 활동과 관련된 단어의 말소리가 이전보다 좀 더 명확해지고 있다. 치료사는 PECS 어휘를 늘리면서 그림카드의 조합을 통해 간단한 문장을 만드는 단계를 계획하고 있다.

또한 치료실과 가정에서는 말 명료도가 높은 단어를 의사소통 상황에서 구어로 표현하는 기회를 반복적으로 제공하기로 하였다.

(4) 문제행동에 대한 지원

부모는 아동이 곤란한 행동을 할 때, 그 행동이 나타나는 상황과 빈도와 강도를 구체적으로 파악해야 한다. 모든 행동에는 이유가 있다. 아이가 문제행동으로 표현하고자 했던 의도가 바로 행동의 원인이 되기 때문에 이것을 파악하는 것이 매우 중요하다. 이를 이러한 일이 일어나지 않도록 하기 위한 전략들을 세울 수 있다. 전문가의 도움을 받아, 선행사건-행동-결과로 아동의 행동을 분석해 보면 행동을 보다 객관적으로 파악하는 데 도움이 된다. 이러한 기능행동분석은 문제행동을 개선하기 위한 객관적인 정보를 제공한다.

기능행동분석은 앞서 제12장에서도 설명했듯이 'A: 행동의 이전에 일어난 사건(Antecedent)' 'B: 행동(Behavior)' 'C: 행동의 결과(Consequences)'로 이루어지며, 각 요소들을 통해 행동의 기능을 분석하는 방법이다. 이러한 방법을 일반적으로 ABC 분석이라 한다. 도전적인 행동, 상황에 적절하지 않은 행동, 개선이 필요한 행동에는 선행되는 사건이 있으며, 이러한 행동은 환경에 따라 학습된다. ABC 분석은 아동의 행동을 개선하거나 치료 목표를 학습하는 데 있어 매우 중요하다. 기능행동분석을 통해 곤란한 행동이 일어나기 전에 적절한 행동이 일어나도록 환경을 조작하는 선행사건 조작을 고려할 수 있으며 이를 통해 적절한 행동을 유도하고 그에 따른 긍정적인 결과를 얻게 할 수 있다.

이와 같은 지원 방법은 문제행동의 개선뿐만 아니라 새로운 학습과 사회생활 및 일상생활에서 더 숙련된 행동을 하기 위해서도 활용될 수 있다. 다음의 두 사례를 통해 문제행동에 대한 구체적인 지원의 예시를 살펴보자.

사례 1 원하는 대로 되지 않는 상황에서 머리 때리기

서준이(가명)는 5세 1개월 남아로, 자발적으로 사용하는 단어가 100개 정도이고 말소리가 불분명하다. 글자를 변별할 수 있으며 그림책과 퍼즐, 버스를 좋아한다. 보호자의 보고에 의하면 서준이는 치료 상담 시간에 기다리지 못하고 어머니를 쳐다보며 머리를 때린다고 한다. 머리를 때리는 행동은 치료 상담 시간에 가장 많이 나타나고, 일상생활에서는 종종 어머니가 서준이의 간식을 빨리 준비해 주지 않으면 나타난다고 하였다.

기능행동분석 결과, 서준이의 머리를 때리는 행동은 요구 기능에 해당하는 것으로 확인되었다. 상담 전에 서준이가 좋아하는 그림책이나 퍼즐, 간식을 준비하여 상담 시간 동안 혼자 시간을 보내며 기다릴 수 있도록 하였다. 상담 시작 5분 전에 그림카드를 보여 주고 타이머를 설정하여 서준이가 기다려야 하는 시간을 시각적으로 인식하도록 하였다.

서준이는 상담 시간 전에 그림카드를 통해 상황을 예측하게 되었고, 타이머로 제시하는 시간만큼 기다려야 한다는 것을 알게 되었으며 상담 시간을 기다리지 못하며 머리를 때리는 행동을 보이지 않게 되었다. 치료사는 서준이에게 기능적인 의사소통 중재가 우선적으로 필요하다고 판단되어 어머니와 협의하여 치료 목표에 보완대체의사소통을 의사소통 수단으로 추가하기로 하였다. 치료사는 요구 의도를 간단한 구어 표현 또는 보완대체의사소통으로 표현하는 치료 계획을 준비 중이다.

사례 2   책상 주변이 항상 정리가 되어 있지 않아요.

민수(가명)는 초등학교 5학년 경계선 지능의 남아로 학교에서는 일부 과목을 도움반에서 배우고 있다. 민수의 책상 위에는 항상 물건이 어질러져 있고 책상에 앉아서 과제를 하기 위해서는 보호자가 항상 책상을 정리해 주어야 한다. 이에 어머니는 민수의 책상 서랍에 넣어야 하는 학용품의 이름과 사진을 붙였다. 정리된 서랍과 책상을 사진으로 찍어 책상 옆에 붙여 해야 하는 행동을 시각적으로 알려 주었고, 책상을 사용한 후에는 사진과 같이 물건이 정리되었는지 확인하고 기록지에 날짜와 정리한 시간을 적도록 하였다. 하루 일과가 끝난 후 정리된 기록지를 어머니가 확인하고 칭찬 스티커를 주었다. 아동은 일주일 동안 칭찬 스티커를 모은 후 모은 칭찬 스티커에 해당하는 간식을 받기로 하였다.

민수는 어머니의 도움을 받아 물건을 정리하고 기록하는 과정을 연습하였다. 민수는 칭찬 스티커를 받고 싶어 하며 자발적으로 사진을 보며 자신의 물건을 정리하고 자신의 행동을 기록하였다. 어머니는 민수의 행동을 칭찬해 주었고 약속한 보상을 제공하였다. 민수는 점차 도움 없이도 책상을 정리하게 되었고 책상 위에 물건이 어질러지는 빈도가 줄었다.

(5) 가족의 스트레스 관리 및 감정 지원

부모는 충격, 부인, 슬픔과 분노, 적응, 재기의 단계를 거쳐 아동의 발달을 받아들이게 된다(Drotar, 1975). 또한 부모는 표면적으로 밝게 보여도 항상 슬픔을 가지고 있으며 생애주기별로 그러한 감정을 느낀다(Olshansky, 1962). 자녀의 장애를 수용하기 위해서는 자녀의 특성을 이해하고 정확한 진단을 받는 것도 중요하지만 적절한 가정과 사회적 지원은 부모가 장애 아동을 수용하는 데 중요한 자원이 된다. 따라서 자폐스펙트럼장애 대상자뿐만 아니라 부모와 형제자매와 같은 가족 구성원에게도 적절한 지원과 도움이 필요함을 사전에 알려 주는 것이 중요하다.

또한 부모도 자신만의 시간과 취미를 가지고 스트레스를 대처할 수 있는 방법을 찾도록 도울 필요가 있다. 가족과 잠시 떨어져 사회적으로 인정받을 수 있는 직업을 유지하는 것도 추천할 수 있다. 부모의 불안한 마음은 자녀에게 전달되므로 인터넷의 무분별한 정보에 휘둘리거나 내 자녀를 다른 자녀와 비교하는 것은 도움이 되지 않는다.

비장애 형제, 자매의 경우, 어린 시절에는 장애 형세로 인해 자신은 상대적으로 부모의 관심을 덜 받고, 방치되고 있다는 느낌을 받을 수 있다. 시간이 지나면서 장애 형제나 자매를 책임져야 한다는 부담감과 부모에 대한 걱정 그리고 자신의 미래에 대한 염려가 커질 수 있다. 따라서 부모는 비장애 자녀와 일대일로 시간을 가지기 위해 노력해야 한다. 그리고 비장애 자녀가 장애 형제자매를 돌보기를 내심 바라거나 부모를 이해해 주길 바라는 등의 기대를 하지 않는 것이 좋다. 또한 비장애 자녀에게는 장애 형제에 대한 설명과 함께 다양한 지원 및 지원 시스템이 있다는 것을 알려 주는 것이 필요하다. 장애 대상자뿐만 아니라 가족 구성원에 대한 심리적 지원과 성인기 이후의 장애인들의 안정적인 삶을 위한 국가적 시스템도 신속히 마련될 수 있기를 기대해 본다.

2. 학교 중심의 지원

1) 한국 특수교육 현황

(1) 특수교육 대상자

통상적으로 장애 아동, 특수 아동, 특수교육 아동 등 다양한 용어들이 사용되고 있지만 「장애인 등에 대한 특수교육법」에서 사용하고 있는 법적인 용어는 "특수교육 대상자"이다. 보통 특수교육 대상자라고 하면 장애가 있는 아이들을 생각하기 쉽지만 본래 정의는 장애의 유무와 관계없이 특별한 교육적 배려가 필요한 학생을 모두 포함한다. 따라서 영재나 특수한 재능을 가진 대상자도 특수교육 대상자에 포함되며, 장애가 있다고 모두 특수교육 대상자가 되는 것은 아니다. 또한 장애 등록을 하지 않은 경우에도 특수교육 대상자로 선정되어 특수교육 서비스를 제공받을 수 있다. 「장애인 등에 대한 특수교육법 시행령」에서는 자폐성장애라는 용어를 사용하며, 특수교육 대상자 선정 기준은 다음과 같다.

구분	선정 기준
자폐성장애를 지닌 특수교육 대상자	사회적 상호작용과 의사소통에 결함이 있고, 제한적이고 반복적인 관심과 활동을 보임으로써 교육적 성취 및 일상생활 적응에 도움이 필요한 사람

특수교육 대상자 신청은 각 시도자치별 특수교육지원센터를 통해 가능하며 미취학 아동도 유치원 또는 어린이집에서 특수교육을 받을 수 있다. 특수교육 대상자로 선정이 되더라도 향후 증상이 호전되어 특수교육이 필요하지 않다고 판단이 되면 심사를 거쳐 특수교육 대상자 선정 취소도 가능하다.

(2) 특수교육 현황

2023년 기준 전체 특수교육 대상자 109,703명 중 자폐성장애 학생은 총 19,275명으로 전체 특수교육 대상자 중 17.6%를 차지하고 있다([그림 14-1] 참조). 자폐스펙트럼장애의 유병률이 꾸준히 증가함에 따라 특수교육 대상자 중 자폐성장애 학생의 비율도 꾸준히 증가하고 있다(〈표 14-1〉 참조).

특수교육 대상자는 크게 일반학교 또는 특수학교 및 특수교육 지원센터에 배치될 수 있으며 일반학교의 경우 일반학급 또는 특수학급으로 배치된다. 2023년 기준 전체 특수교육대상자 중 26.7%가 특수학교 및 특수교육지원센터에서 교육을 받고 있으며, 73.3%는 일반학교에서 교육을 받고 있는 것으로 보고되었다(〈표 14-2〉 참조).

이는 특수교육의 흐름인, 통합교육적 측면에서 바람직한 모습으로 여겨질 수 있지만, 사실은 특수학교가 부족한 현실을 반영하고 있다. 장애의 유형이나 중증도에 따라 특수학교에서의 교육이 꼭 필요한 경우도 있지만 국내 특수학교의 수는 전체 특수교육 대상자 수(109,703명) 대비 매우 부족하며(194개) 그중 약 40%는 서울 및 경기 지역에 위치해 있어 지역 간의 편차도 크다. 실제로 인근에 특수학교가 없어 먼 거리를 이동하며 통학을 하거나 이마저도 경쟁이 치열하여 어쩔 수 없이 일반학교의 특수학급으로 배치되는

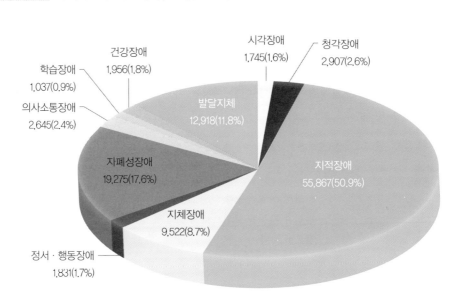

[그림 14-1] 장애 영역별 특수교육대상자 현황

출처: 교육부(2023).

표 14-1   연도별 장애 영역별 학생 수

연도	시각 장애	청각 장애	지적 장애	지체 장애	정서 · 행동 장애	자폐성 장애	의사 소통 장애	학습 장애	건강 장애	발달 지체	전체
2019	1,937 (2.1)	3,225 (3.5)	49,624 (53.4)	10,200 (11.0)	2,182 (2.3)	13,105 (14.1)	2,204 (2.4)	1,409 (1.5)	1,763 (1.9)	7,309 (7.8)	92,958 (100)
2020	1,908 (2.0)	3,132 (3.3)	50,693 (53.1)	9,928 (10.4)	1,993 (2.1)	13,917 (14.6)	2,404 (2.5)	1,226 (1.3)	1,785 (1.9)	8,434 (8.8)	95,420 (100)
2021	1,826 (1.9)	3,026 (3.1)	51,788 (52.8)	9,695 (9.9)	1,874 (1.9)	15,215 (15.5)	2,450 (2.5)	1,114 (1.1)	1,799 (1.8)	9,367 (9.5)	98,154 (100)
2022	1,753 (1.7)	2,961 (2.9)	53,718 (51.8)	9,639 (9.3)	1,865 (1.8)	17,024 (16.4)	2,622 (2.5)	1,078 (1.0)	1,948 (1.9)	11,087 (10.7)	103,695 (100)
2023	1,745 (1.6)	2,907 (2.6)	55,867 (50.9)	9,522 (8.7)	1,831 (1.7)	19,275 (17.6)	2,645 (2.4)	1,037 (0.9)	1,956 (1.8)	12,918 (11.8)	109,703 (100)

출처: 교육부(2023).

경우도 있다. 점차적으로 증가하고 있는 특수교육 대상자 수를 고려한다면, 특수학교를 혐오시설로 인식하는 대중의 사회적 인식 개선과 함께 일반학교에 배치된 특수교육 대상자들을 위한 인력 지원 등 정책적인 변화가 뒷받침되어야 한다.

표 14-2	연도별 특수교육 대상자 배치 현황		(단위: 명, %)
연도	특수학교 및 특수교육지원센터	일반학교	전체
2019	26,459 (28.5)	66,499 (71.5)	92,958 (100)
2020	26,615 (27.9)	68,805 (72.1)	95,420 (100)
2021	27,288 (27.8)	70,866 (72.2)	98,154 (100)
2022	28,233 (27.2)	75,462 (72.8)	103,695 (100
2023	29,236 (26.7)	80,467 (73.3)	109,703 (100)

출처: 교육부(2023).

이와 관련하여 국외의 사례를 살펴보면, 미국이나 핀란드와 같이 완전통합을 지향하는 국가들의 경우 특수교육이 주로 일반학교 내에서 이루어지기 때문에 특수학교 설립으로 인한 갈등을 찾아보기는 힘들다. 핀란드의 경우, 모든 학생이 자신의 필요에 맞는 교육을 받을 권리를 보장하는 포괄적 교육법 제정을 통해 단순히 일반학생과 특수교육 대상 학생을 구분하는 것이 아니라 해당 학생에게 어떠한 지원이 필요한지에 초점을 맞추고 있다(Thuneberg et al., 2014). 이러한 흐름에 맞추어 오히려 특수학교의 숫자는 줄이되, 더 많은 학생이 지역 학교에서 교육을 받을 수 있도록, 특수학교는 일반학교와 협력하며 특수교육에 대한 전문성을 더하는 역할을 하고 있다. 또한 캐나다, 호주 등에서는 특수학교나 장애인들을 위한 시설이 병원과 연계되어 지역사회에 종합적인 의료와 교육 서비스를 제공하고, 지역사회 전체의 복지를 향상시키는 데 기여한다는 긍정적인 평가를 받기도 한다.

2) 학교 중심의 지원

이오반논(Iovannone, 2003) 등은 학령기 자폐스펙트럼장애 아동을 위한 효과적인 지원의 핵심 요소를 다음과 같이 제시하였다. 즉, 학교 환경에서 이루어지는 교육 프로그램을 계획하고 제공할 때에는 이러한 핵심 요소들을 고려할 필요가 있다.

1. 학생의 개별적인 특성에 맞는 개별화된 지원과 서비스 제공하기
2. 타당한 목표 성취를 위해 체계적이고 주의 깊게 계획된 교수 절차와 함께 성과를 측정할 수 있는 과정을 제공하기
3. 이해하기 쉬운, 구조화된 학습 환경 제공하기
4. 자폐스펙트럼장애 아동에게 특화된 교육과정 내용 포함하기
5. 문제행동에 대해 기능적으로 접근하기
6. 가족의 특성에 맞추어 가족 참여시키기

이와 같은 핵심 요소들을 고려하였을 때, 자폐스펙트럼장애 학생들을 위한 학교 현장에서의 지원은 다음과 같이 진행될 수 있다.

(1) 개별화교육(Individualized Education Program: IEP)

「특수교육법」에 따르면 개별화교육은 "각급학교의 장이 특수교육대상자 개인의 능력을 계발하기 위하여 장애유형 및 장애특성에 적합한 교육목표 · 교육방법 · 교육내용 · 특수교육 관련서비스 등이 포함된 계획을 수립하여 실시하는 교육"을 의미한다. 한국에서는 특수교육 대상자에게 개별화교육 계획 작성은 의무이며, 이를 위해 보호자, 특수교육 교원, 일반교육 교원, 진로 및 직업교육 담당 교원, 특수교육 관련 서비스 담당 인력 등으로 개별화교육지원팀을 구성하도록 하고 있다. 이에 따라 매학기 IEP가 수립되고 실시되며, 이때, 자폐스펙트럼장애 대상자는 평가 결과를 바탕으로 개인의 특성에 맞는 교육을 제공받을 수 있다.

(2) 의사소통 중심의 지원

자폐스펙트럼장애 대상자의 원활한 학교생활을 위해서는 자신의 의사를 상대방에게 명확하게 전달하고, 상호적인 소통이 가능하도록 지원하는 것이 중요하다. 의사소통은 음성으로 어휘를 표현하는 것뿐만 아니라 손, 그림, 사진을 활용한 수용언어 및 표현언어를 모두 포함한다. 구어표현이 제한적인 대상자의 경우 13장에 소개된 보완대체의사소통(AAC)의 사용을 고려할 수 있다. 보완대체의사소통은 상호작용의 기회를 증가시키고, 주의끌기(attention gathering) 기능을 촉진하며 말 명료도가 낮은 대상자가 친숙하지 않은 사람과도 쉽게 상호작용할 수 있게 한다(Trottier et al., 2011). 여러 연구에서 보완대체의

사소통 지원이 자폐스펙트럼장애 대상자의 의사소통(예: Schlosser, 2003) 및 읽기 기술(예: Koppenhaver & Erickson, 2009; Light & McNaughton, 2009a)의 향상을 보고하고 있다.

(3) 또래 중심의 지원

자폐스펙트럼장애 아동 및 청소년은 또래와의 상호작용을 통해 중요한 사회적 의사소통 기능을 학습하고, 교육적인 성과를 촉진할 수 있는 것으로 알려져 있다. 따라서 또래를 중심으로 한 지원을 활용하는 것도 좋은 전략이 될 수 있다. 또래 중심의 지원 방법에는 여러 가지 방법이 있을 수 있지만, 한 예로 또래 상호작용 훈련을 들 수 있다. 한 연구에 따르면, 장애가 없는 학생들에게 자폐스펙트럼장애를 가진 학생과의 사회적 상호작용을 촉진하는 전략들(예: 관심 끌기, 놀이에 대해 말해 주기, 차례 주고받기 등)을 가르쳤을 때 자폐스펙트럼장애 학생의 또래와 상호작용을 먼저 시도하는 행동이 크게 증가한 것을 확인하였다(Harper, 2008).

(4) 사회적 기술 훈련

사회적 기술은 사회생활의 기본 원칙이며 공동체 생활에 있어서 가장 기본적인 생활방식이다. 또한 생애 전반에서 사회적 일원으로 자립하는 데 필수적인 능력이라 할 수 있다. 따라서 가정, 학교, 지역사회 안에서 문제해결 능력과 대처 기술을 지도하여 사회적응력을 키우는 것은 매우 중요하다. 사회적 기술 훈련을 위해서는 주변 사람들의 일관된 태도와 방법을 유지하는 것 또한 중요하다.

사회적 기술을 훈련하는 데에는 앞서 제13장에서 소개된, 사회적 내러티브를 활용해 볼 수 있으며, 다음의 사례를 통해 좀 더 자세히 살펴보자.

사례

연호(가명)는 6세 9개월 초등학교 1학년 남아이다. 연호는 학교에서 상황이나 친구의 말과 행동을 잘못 이해하거나 친구에게 부적절한 언급을 하여 또래와의 관계에 어려움을 보이고 있다. 이에 교사는 사회적 내러티브 전략으로서 대화 만화(Comic Strip Conversations)와 소셜 스토리를 활용한 중재를 계획하였다.

교사는 친구와 갈등 상황에 놓인 사건을 2~3컷의 만화와 글로 묘사하도록 지도하였다. 이후 관련된 행동에 대해 가정에서 부모와 함께 소셜 스토리를 만들 수 있도록 부모교육을 실시하였다.

이를 통해 연호는 자신이 겪은 상황이나 사건을 되돌아보며 자신의 행동을 점검하게 되었고 점차 부적절한 언급이나 친구의 말을 오해하는 빈도가 줄었다.

다음은 연호가 소셜 스토리를 작성하게 된 상황과 교사와 함께 작성한 소셜 스토리이다.

상황

학교에서 친구가 급하게 지나가다가 연호의 어깨를 치게 되었다. 연호는 친구에게 화를 내며 반복적으로 사과를 요구하였다. 친구는 급하게 가다가 의도치 않게 연호의 어깨를 치게 된 것에 대해 사과를 했으나 연호는 언성을 높이며 계속 화를 내었다. 이에 교사의 중재로 상황이 마무리되었으나 연호는 친구가 일부러 자신을 치고 간 것이라며 오해를 하고 있다.

소셜 스토리

일상생활에서는 어쩔 수 없이 급하게 가야 하는 상황이 있습니다. 학교도 마찬가지입니다.

예를 들어, 급히 화장실을 가야 하거나 수업 시작 시간이 다가오거나 친구가 약속한 장소에서 기다리고 있는 경우 등이 있습니다.

급하게 가다 보면 나도 모르게 친구와 몸이 닿을 수 있습니다.

친구도 나와 마찬가지로 급히 가다 보면 나와 몸이 닿을 수 있습니다.

친구가 급히 가다가 나와 몸이 부딪힌다면 나는 불편할 수 있습니다.

나도 급히 가다가 내 몸이 친구와 부딪힌다면 친구는 불편할 수 있습니다.

이런 상황에서는 친구의 표정을 살핀 후 급한 상황인지 물어볼 수 있고, 불편한 마음을 친구에게 말할 수 있습니다.

친구가 실수였다고 사과를 하면 '괜찮아'라고 친구에게 말해 줍니다.

나도 실수로 친구와 부딪혔을 때 '미안해'라고 사과를 한다면 친구는 '괜찮아'라고 말을 해 줄 겁니다.

이렇게 서로 불편한 상황에서 사과를 하고, 사과를 받아 주면 좋은 친구가 될 수 있습니다.

(5) 구조화된 교육 환경 지원

자폐스펙트럼장애 학생의 효과적인 교육을 위해서는 이해하기 쉬운, 구조화된 학습 환경을 제공하는 것이 중요하다. 구조화는 물리적 구조화와 시간적 구조화로 구분할 수 있다. 물리적 구조화는 책상과 같은 가구나 교구의 배치 등과 같은 환경적인 구조화를 통해 보다 명료한 학습 환경을 제공하는 것을 의미한다. 자폐스펙트럼장애 아동의 경우 시각적 처리에 강점을 보이는 것으로 알려져 있는데, 물건을 종류별로 보관하는 장소를 구분하거나 라벨을 붙여 표시할 수 있고 바닥에 색깔 테이프를 붙여 특정 활동을 위한 영역을 구분할 수도 있다. 가능하다면 자폐스펙트럼장애 아동이 정서적으로 안정을 찾거나 유지할 수 있는 혼자만의 공간을 제공해 주는 것도 도움이 된다.

시간적 구조화는 시간이 어떻게 사용되는지에 대한 것을 알려 주는 것으로 시간표나 일정표와 같이 해야 할 일을 순서대로 알려 주는 것이 하나의 예가 될 수 있다. 일상을 예측할 수 있게 함으로써 자폐스펙트럼장애 아동에게 심리적 안정을 주고, 학습에 좀 더 집중할 수 있는 환경을 제공할 수 있다. 높은 수준의 에너지를 필요로 하는 과제와 더 적은 에너지와 노력이 요구되는 과제를 적절히 배치하여 학습의 효과를 높이는 것 역시 시간적 구조화에 포함된다.

앞서 제13장에서 소개한 TEACCH 프로그램이 시공간과 과제의 시각적 구조화를 통해 학습효과를 높이는 대표적인 치료 방법 중 하나로 소개되었는데 다음으로 시각적 구조화와 시각적 과제 수행과 관련된 사례를 소개한다. 이 사례는 치료실에서 적용된 사례이긴 하나 학교 환경에서도 적용 가능하다.

사례

지영이(가명)는 6세 여아로 제한적이지만 2~3개의 단어를 붙여 자발적으로 의도를 표현할 수 있다. 어머니는 지영이가 가정에서 주로 아이패드의 영상을 보며 시간을 보낸다고 하였다. 어머니가 이것저것 활동을 제시하면 함께 활동에 참여는 하지만 어머니가 활동을 제시하지 않으면 하루종일 아이패드의 영상만 보고 있어 어머니는 지영이가 가정에서 자발적으로 자신의 활동을 찾아서 스스로 의미 있는 시간을 보냈으면 한다고 하였다. 이에 치료사는 지영이가 자신의 스케줄 표에서 제시된 활동을 순서대로 시행하며 다양한 놀이와 활동을 스스로 할 수 있도록 시각적 스케줄을 활용한 치료안을 계획하였다. 치료 과정에 어머니가 함께하여 가정에서도 동일한 시각적 환경과 과제를 제시하였고 지영이는 점차 가정에서 스케줄 표를 따라 다양한 활동을 스스로 할 수 있게 되었다.

다음은 지영이가 치료실에서 사용한 시각 스케줄과 시각적 구조화와 관련된 사진이다. 지영이는 스케줄 표에 있는 활동 카드 옆에 있는 숫자 카드를 떼서 활동 박스의 동일한 숫자를 찾아 과제를 찾았고 의자에 앉아 과제를 수행하였다. 과제는 시작과 끝이 명확한 활동으로 구성되었다(예: 퍼즐 맞추기, 숫자 쓰기, 글자 쓰기 등). 과제가 완료되면 활동 박스를 제자리에 놓고 스케줄 표에 이동하였고 동일한 행동을 반복하며 스케줄 표에 제시된 활동을 모두 완료하였다. 지영이는 가정에서 일정한 시간에 자신의 스케줄 표에 제시되는 활동을 스스로 찾아 하게 되었다.

1) 시각적 스케줄

2) 시각적 구조화

(6) 행동 지원

자신의 요구나 감정이 바르게 전달되지 못하고 의사소통에 어려움을 겪는 경우 감정 조절과 의도를 전달하는 과정에서 부적응행동을 보일 수 있다. 이러한 행동에 대해 각각 다른 반응과 접근을 하게 된다면 부적응행동의 빈도와 강도가 증가하게 된다. 따라서 부적응행동을 예방하기 위해 교사와 치료사의 전문적인 지원과 함께 가족 구성원들이 체계적이고 일관성 있는 개입을 할 수 있도록 도와야 한다. 보다 구체적인 지원 방법과 예시는 제12장과 제13장, 이 장의 가정에서의 지원 내용에서 확인할 수 있다.

3) 종합적인 교육 접근: SCERTS 모델

앞서 언급된 내용들을 통해 알 수 있는 것은, 자폐스펙트럼장애의 지원을 위해서는 단순히 의사나 치료사뿐만 아니라 가정과 학교, 사회 등 다양한 영역의 전문가들의 전문성과 종합적인 지원이 필요하다는 것이다. 이 교과서에서는 이러한 종합적인 접근의 필요성과 구체적인 방법을 SCERTS 모델을 통해 제시하고자 한다.

SCERTS 모델은 사회 의사소통(Social Communication), 정서 조절(Emotional Regulation), 교류 지원(Translational Support)의 약자로, 자폐스펙트럼장애 및 관련 장애를 가진 대상

자들의 의사소통과 사회-정서 능력을 강화시키기 위한 종합적이고 다학문적인 접근이
다(Prizant et al., 2003). 이러한 교육 모델은 1970년대 중반부터 출간된 연구와 임상 결과
들을 근거로 하고 있으며, 그 결과 사회 의사소통과 정서조절, 교류지원을 자폐스펙트럼
장애 대상자와 그 가족을 지원하기 위한 프로그램에서 목표로 삼아야 할 중요 요소들로
제시하고 있다. 각 핵심 영역들의 내용은 다음과 같다.

- SC(사회 의사소통): 자폐스펙트럼장애 아동의 지원을 위한 최우선의 목표로, 아동이
  사회적 활동에서 점점 더 자신감 있고, 적극적인 의사소통 참여자가 될 수 있도록
  돕는다. 이러한 목표는 매일의 활동 중 다른 사람과 의사소통을 하거나 놀이를 하는
  사회적 상황에서 즐거움과 기쁨을 나누는 것 등을 포함한다.
- ER(정서조절): 자폐스펙트럼장애 아동의 경우 환경적 변화나 사회적 상황에서 감정
  조절에 어려움을 겪는 경우들이 있다. 정서조절은 아동이 학습에 보다 집중할 수 있
  도록 각성을 조절하는 능력을 지원하는 데 초점을 맞추고 있다.
- TS(교류지원): 일상에서 학습은 사회적 맥락에서 발생하기 때문에 교류 지원은 다양
  한 활동과 사람을 대상으로 이루어져야 한다. 여기에는 대인관계 지원과 학습 지원,
  가족 지원, 전문가 및 기타 서비스 제공이 모두 포함된다.

자폐스펙트럼장애 아동 지원에 있어 SCERTS 모델의 각 핵심 영역은 서로 분리된 것이
아니라 상호 의존적이다. 예를 들어, 의사소통에 어려움이 있어 울음과 분노로 표현하는
아동의 경우, 만약 이 아동이 적절한 방식으로 자신의 의사를 표현할 수 있는 방법을 습
득하게 된다면 자연스럽게 정서적인 부분도 조절을 할 수 있게 되는 것이다. SCERTS 모
델에 대한 보다 자세한 내용은 『SCERTS 모델-자폐범주성 장애 아동을 위한 종합적 교
육 접근』(이소현 등, 2019)을 통해 확인할 수 있다.

3. 결론 및 요약

이 장에서는 가정과 학교 환경에서 자폐스펙트럼장애 대상자를 위해 어떠한 방향의
지원이 필요한지에 대해 살펴보았다. 또한 제13장에서 소개한 근거기반의 치료를 가정
과 학교에서 적용한 사례를 제시하였다. 자폐스펙트럼장애 대상자들은 각각 독특한 특

성을 가지고 있기 때문에 누구에게나 효과적인, 정답은 존재하지 않는다. 또한 한때 효과적이었던 방법이 대상자의 발달과 현재 수준에 맞지 않아 치료전략을 수정해야 하는 경우도 있다. 따라서 특정 치료 방법을 만능으로 여기기보다는 앞서 제시한 지원의 핵심 원리들을 정확히 이해하는 것이 더욱 중요할 수 있다. 이를 바탕으로 구체적인 치료 방법들은 대상자의 특성에 맞추어, 치료사와 가정, 교사가 모두 협력하여 그 순간, 가장 필요한 지원을 해 주는 것이 가장 효과적인 치료전략이 될 수 있을 것이다.

참고문헌

이소현, 윤선아, 박현옥, 이수정, 이은정, 박혜성, 서민경, 정민경 (2019). SCERTS 모델 자폐 범주성 자애 아동을 위한 종합적 교육 접근(수정판). 학지사.

Dawson, G., & Osterling, J. (1997). Early intervention in autism. In M. J. Guralnick (Ed.), *The effectiveness of early intervention* (pp. 307-326). Paul H. Brookes Publishing Co.

Drotar, D. (1975). The Adaptation of Parents to the Birth of an Infant with a Congenital Malformation: A Hypothetical Model. *Pediatrics, 56*(5), 710-717. Retrieved from AAP Publications.

Gregory F. Harper and Larry Maheady. (2007). Peer-Mediated Teaching and Students With Learning Disabilities. *Intervention in School and ClinicVolume, 43*, 67-126.

Koppenhaver, D. A., & Erickson, K. A. (2009). Comprehensive literacy instruction for students with severe disabilities. *Topics in Language Disorders, 29*(4), 326-340.

Harper, G. F., & Maheady, L. (2008). Peer-mediated teaching and students with learning disabilities. *Intervention in School and Clinic, 43*(2), 101-107.

Iovannone, R., Dunlap, G., Huber, H., & Kincaid, D. (2003). Effective educational practices for students with autism spectrum disorders. *Focus on Autism and Other Developmental Disabilities, 18*(3), 150-165.

Light, J., & McNaughton, D. (2009a). The impact of augmentative and alternative communication on the speech production of individuals with developmental disabilities: A research review. Journal of Speech, Language, and Hearing Research, 52(2), 384-409.

Michael, J. G. (1997). The Effectiveness of Early Intervention. Geraldine Book News, Inc., Portland, Or. Dawson and Julie Osterling. chapter 14. Early Intervention in Autism.

National Research Council. (2001). *Educating Children with Autism*. The National Academies Press.

Olshansky, S. (1962). Chronic Sorrow: A Response to Having a Mentally Defective Child. *Social Casework, 43*(4), 190–193. Retrieved from Scilit.

Prizant, B. M., Wetherby, A. M., Rubin, E., & Laurent, A. C. (2003). The SCERTS Model: A Transactional, Family-Centered Approach to Enhancing Communication and Socioemotional Abilities of Children with Autism Spectrum Disorder. *Infants and Young Children, 16*, 296–316.

Rose Iovannone, Glen Dunlap, Heather Huber and Don Kincaid. (2003). Effective Educational Practices for Students With Autism Spectrum Disorders. *Focus on Autism and Other Developmental Disabilities, 18*, 138–206.

Schopler, E., & Reichler, R J. (1971). Parents as cotherapists in the treatment of psychotic children. *Journal of Autism and Childhood Schizophrenia, 1*, 87–102.

Schlosser, R. W. (2003). Research on augmentative and alternative communication interventions for children with autism spectrum disorders: A systematic review. *Developmental Neurorehabilitation, 6*(1), 29–46.

Schlosser, R. W., Sigafoos, J., & Koul, R. (2009). Speech-generating devices in interventions for individuals with autism spectrum disorders: A systematic review. *Journal of Developmental and Physical Disabilities, 21*(1), 17–42.

Steele, H., & Steele, M. (1994). Intergenerational patterns of attachment. In J. Cassidy & P. R. Shaver (Eds.), *Handbook of Attachment: Theory, Research, and Clinical Applications* (pp. 663–682). Guilford Press.

Thuneberg, H., Hautam ? ki, J., Ahtiainen, R., Lintuvuori, M., Vainikainen, M. P., & Hilasvuori, T. (2014). Conceptual change in adopting the nationwide special education strategy in Finland. *Journal of Educational Change, 15*(1), 37–56.

Trottier, N., Kamp, L., & Mirenda, P. (2011). "Effects of peer-mediated instruction to teach use of speech-generating devices to students with autism in social game routines." *Augmentative and Alternative Communication, 27*(1), 26–39.

CHAPTER
15

새로운 치료적 접근

안재은, 이정한

이 장에서는 자폐스펙트럼장애에서의 새로운 치료적 접근 방법에 대해 논하고자 한다. 현대 의학의 발전 속에서 정신 질환의 치료 방법은 급속도로 변화하고 확장되고 있으며, 마이크로바이옴, 신경조절술, 보완 대체 의학, 유전자 치료, 디지털 치료제 등은 자폐스펙트럼장애 치료에 새로운 가능성을 제시하며 주목받고 있다. 마이크로바이옴은 인체 내 미생물 군집을 의미하며, 특히 장내 미생물과 뇌의 상호작용인 '장-뇌 축'이 정신건강에 미치는 영향이 중요하게 연구되고 있다. 최근 연구들은 자폐스펙트럼장애와 장내 미생물 불균형 간의 연관성을 밝히고, 프로바이오틱스 및 분변미생물총 이식치료(FMT)와 같은 치료법의 잠재적 효용성을 제시하고 있다. 더 나아가, 신경 조직의 기능을 정상화하거나 조절하기 위해 사용되는 반복적 경두개자기자극술(Repetitive Transcranial Magnetic Stimulation: rTMS)과 경두개직류자극술(Transcranial Direct Current Stimulation: tDCS) 같은 신경조절술(Neuromodulation)이 자폐스펙트럼장애에서의 치료 방법으로 새롭게 가능성을 보여 주고 있어 효용성에 대한 연구가 활발히 진행되고 있다. 이 외에도 보완 대체 의학, 유전자 치료, 디지털 치료제를 활용한 새로운 치료적 접근들이 자폐스펙트럼장애에서 새로운 치료 전략을 모색할 수 있는 접근 방법으로 활발히 연구되고 있다.

1. 마이크로바이옴

1) 마이크로바이옴(microbiome)

마이크로바이옴은 생물체의 특정 부위에 서식하는 미생물 집합체를 일컫는다. 많은 종류의 미생물들이 서로 다양한 상호작용을 하고 호스트(host) 생물체와도 상호작용하며 다양한 기능을 수행하게 된다. 마이크로바이옴은 박테리아, 바이러스, 원생동물 등 다양한 생물종으로 이루어져 있고, 인체 내에서 건강 및 질병에 미치는 영향이 매우 커서 '두번째 유전체'라고 불려지기도 한다. 인체 내에서 마이크로바이옴의 미생물 중 95%는 소화 기관에 서식하는 것으로 알려져 있으며, 이 외에도 호흡기, 구강, 피부, 생식기 등에도 서식하는 것으로 알려져 있다. 최근 차세대 염기서열 분석(Next Generation Sequencing: NGS) 기술 등의 과학 및 의학 기술이 비약적인 발전을 하면서 정신질환의 진단 및 치료에서 마이크로바이옴 역할에 대한 관심이 더욱 높아지고 있다. 사람의 전체 세포 수는 약 50~60조 정도로 추정되는데, 인체의 마이크로바이옴의 미생물 종류는 약 6,000종에 달하는 것으로 알려져 있고, 그 숫자는 사람의 전체 세포 수의 10배 이상으로 추정된다. 마이크로바이옴의 분포는 유전적 요인, 식습관, 건강 상태에 따라 달라지고, 질병에 따라 미생물 군집 구조가 급격히 달라진다. 이러한 상태를 장내 미생물 군집의 불균형(gut dysbiosis)이라고 일컫고, 이는 '장-뇌 축(gut-brain axis)'의 변화를 일으키게 된다.

'장-뇌 축' 이론은 21세기 초반에 다양한 연구와 함께 관심을 받기 시작한 개념으로, 위장관의 생태계와 중추신경계 사이에서 일어나는 양방향의 생화학적 신호 전달, 상호작용을 나타내는 개념이다. '장-뇌 축'의 상호작용에 장내 마이크로바이옴이 중요한 역할을 함이 알려지면서 '마이크로바이옴-장-뇌 축(microbiome-gut-brain axis)'이라는 용어가 생겼다. 마이크로바이옴-장-뇌 축은 장내 미생물과 뇌 사이의 정보 전달 경로를 의미하며, 장의 생태계가 중추신경계에 영향을 미칠 수 있는 상호작용을 강조한다. 마이크로바이옴은 직간접적으로 '장-뇌 축'의 상호작용에 영향을 준다. 직접적으로, 장내 마이크로바이옴의 구성의 변화는 미주 신경(vagus nerve)의 장벽과 특정 뇌간(brainstem) 핵을 연결하는 구심성(afferent) 연결의 활성화에 직접적으로 변화를 줄 수 있다. 더하여, 중추신경계의 교감 글루타메이트성 뉴런(sympathetic glutamatergic neurons)을 장에 연결하는 원심성(efferent) 연결은 위장관 운동 기능 및 장내 마이크로바이옴의 구성을 조절하기도 한다. 간접적으로는, 장내 마이크로바이옴은 단쇄 지방산(short-chain fatty acids), 엽산, 비타민B12 및 세로토닌의 전구체인 트립토판 등의 세포 대사의 부산물인 다양한 생체 활성 대사산물을 생성하여 역할을 한다. 더하여, 장내 마이크로바이옴의 불균형이 장의 국소적인 염증 반응을 유발할 뿐만 아니라, 장 상피 장벽과 혈액뇌관문(blood–brain barrier)의 투과성에 영향을 주어 중추신경계에 염증 반응을 유발하기도 한다. 이러한 기전을 통해 장내 마이크로바이옴은 중추신경계의 기능에 다양한 영향을 미친다. 최근 동물과 인간을 대상으로 한 여러 연구에서 장내 마이크로바이옴이 자폐스펙트럼장애와 연관이 있다는 근거들이 쌓이고 있어 주목받고 있다(Shin et al., 2017; Simkin et al., 2019).

2) 마이크로바이옴과 자폐스펙트럼장애

자폐스펙트럼장애 환자에서는 장내 미생물 군집의 불균형이 특징적으로 나타나며, 이로 인해 자폐스펙트럼장애와 장내 미생물 간의 연관성에 대한 관심이 상승하고 있다. 최근 동물 연구에서는 임신 중인 생쥐에게 바이러스를 인위적으로 감염시켜 대뇌피질 중 제1차 체성감각영역(S1DZ)의 바이러스 감염으로 인한 면역 세포인 'Th17세포(T helper 17 cells)'의 증가가 관찰되었으며, 이로 인해 새끼 생쥐에서 자폐스펙트럼장애 증상이 나타나는 것을 확인하였다. 특히, 장내의 절편섬유상세균(segmented filamentous bacteria)이 염증을 유발하는 'Th17' 세포를 증가시키는 역할을 하는 것으로 확인되었으며, 이를 항생제로 제거하면 뇌에 흡착되는 'Th17' 세포가 감소하여 상동행동이나 사회성 저하 증상이 개선된 것으로 나타났다(Kim et al., 2017).

또한 다른 동물 연구에서는 자폐스펙트럼장애 환아의 대변을 무균 쥐에 이식하여 대조군과 비교한 결과, 장내 세균이 자폐스펙트럼장애 증상 발현에 직접적인 영향을 미칠 수 있음이 확인되었다. 대변 이식을 받은 쥐들은 자폐스펙트럼장애에서의 특징적인 증상을 보이며, 대조군에 비해 더 반복적인 행동을 취하는 경향을 보이고, 사회적 활동을 하는 시간이 적은 모습을 보였다. 더 나아가 대변 이식을 받은 쥐의 뇌에서도 뚜렷한 유전자 발현의 차이가 관찰되었으며, 대사산물(metabolites)인 5-아미노발레르산(5-aminovaleric acid: 5AV) 및 타우린 수치가 현저히 낮아지는 변화를 관찰할 수 있었다. 더불어 5-아미노발레르산 및 타우린 수치가 증가하면 자폐스펙트럼장애 증상이 완화되는 결과가 확인되었고, 쥐의 뇌 활동을 조사한 결과 5-아미노발레르산의 증가가 뇌의 흥분성 감소로 이어지는 것이 관찰되기도 하였다(Sharon et al., 2019).

인간을 대상으로 한 연구에서도 자폐스펙트럼장애의 특유한 마이크로바이옴 조성물 분석을 시도하고 있으며, 자폐스펙트럼장애의 원인으로서 마이크로바이옴의 역할을 찾는 노력이 꾸준히 이루어지고 있다. 현재까지의 연구 결과에 따르면 자폐스펙트럼장애 환아에서 Bacteroidetes 대 Firmicutes의 비율이 저하되는 추세를 보이며, Clostridium 풍부도가 높은 특성이 보고되고 있다. 국내에서도 최근 한국인 자폐스펙트럼 아동들을 대상으로 한 장내 마이크로바이옴 분석 연구가 진행되었다. 최초의 국내 연구에서 자폐스펙트럼장애에서 의간균류(Bacteroidetes)의 박테로이드(Bacteroides) 속(genus)이 낮은 비율을 보이고, 방선균류(Actinobacteria)의 비피도박테리움(Bifidobacterium)이 높은 비율을 보이는 것이 확인되었다(Ha et al., 2020). 그러나 아직까지는 자폐스펙트럼장애에서 장내 마이크로바이옴의 표현형 특징에 대한 합의가 이루어지지 않아 앞으로의 지속적인 연구가 필요하다.

뿐만 아니라 자폐스펙트럼장애에서 '마이크로바이옴-장-뇌축'을 변화시켜 행동 문

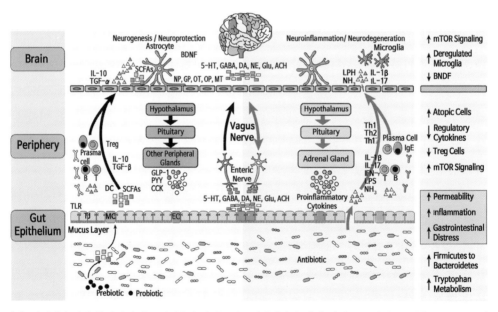

(좌) 안정적인 장내 환경에서와는 달리 (우) 자폐스펙트럼장애에서 장내 미생물 군집의 불균형(gut dysbiosis)은 장 투과성 증가, 혈액뇌관문(blood-brain barrier)의 투과성 변화 및, 전신의 염증 반응, 중추신경계의 염증 반응을 유발함.

[그림 15-1] 자폐스펙트럼장애에서의 마이크로바이옴-장-뇌축(microbiome-gut-brain axis)
출처: Davies et al. (2021).

제를 개선시키려는 중재 연구도 활발히 진행되고 있다. lactobacilli, bifidobacteria, S. thermophile 등의 프로바이오틱스를 자폐스펙트럼장애에서 사용하면 상동행동과 반항적 행동 문제를 조절하고 위장관 증상을 개선시키는 데 도움이 되었다는 몇몇 연구 결과가 있다. 그러나 프로바이오틱스 복용의 장기적인 효과에 대한 입증은 아직 미흡하다. 이에 반해, 자폐스펙트럼장애 환자에서의 미생물 이식 요법(Microbiota Transfer Therapy: MTT)의 행동 문제와 위장관 증상 개선 효과는 치료 후 2년가량 지속되었다는 보고가 있다.

3) 마이크로바이옴의 자폐스펙트럼장애 치료에의 활용

(1) 프로바이오틱스(probiotics)

마이크로바이옴과 자폐스펙트럼장애 사이의 연관성을 밝히고자 하는 다양한 연구가 진행되면서 이를 토대로 체내에서 숙주의 건강을 증진하는 데 기여하는, 살아 있는 미생물인 '프로바이오틱스'를 치료에 활용하는 시도가 이루어지고 있다. 프로바이오틱스는 장내 유해균의 증식을 억제하여 정상적인 장기능을 유지하고, 불균형 상태의 장내 미생물 군집을 정상화시켜 장내 마이크로바이옴 환경을 건강하게 유지시켜 주는 역할을 한다. 지금까지 알려진 공생 프로바이오틱스(commensal probiotics) 중에는 Akkermansia, Bacteroides, Faecalibacterium 속 미생물 등이 포함되어 있으며, 이들 미생물은 단쇄지방산 및 우리 몸에 유익한 대사체를 생성하거나 분비하여 면역 및 대사를 조절하는 역할을 한다. 특히 일부 프로바이오틱스 제품은 다양한 질환의 증상을 완화하는 데 기여할 수 있으며, 최근에는 특정 균주가 유전적으로 특정 질병에 대한 치료 물질을 생산하도록 하는 시도도 이루어지고 있다. 뿐만 아니라, 개인의 장내 마이크로바이옴을 사전에 조사한 후 어떤 미생물을 섭취했을 때 최대의 효과가 나타날지를 분석하여 개인화된 맞춤 프로바이오틱스를 개발하는 시도도 이루어지고 있다. 이러한 노력은 각 개인의 생태학적 특성을 고려하여 치료 효과를 최적화하고 부작용을 최소화하는 데 기여할 것으로 기대된다. 이러한 프로바이오틱스 기반의 치료 시도는 마이크로바이옴과 건강 간의 복잡한 상호작용을 탐구하는 과학적 연구의 연장선상에 있으며, 자폐스펙트럼장애와의 연관성에 대한 심층적인 이해를 도모하고 있다(Ligezka et al., 2021).

(2) 분변미생물총 이식치료(Fecal Microbiota Transplantation: FMT)

분변 미생물총 이식치료(FMT) 또는 미생물총 이식치료(Microbiota Transfer Therapy:

MTT)는 건강한 개인의 분변을 수용자에게 이식하는 치료 방법으로, 내시경이나 관장 등의 방법을 통해 수행된다. FMT는 오랜 기간 동안, 장내 미생물, 미생물 유전체, 단백체, 대사체 등을 함께 이식하여 질병의 치료에 활용되어 왔다. 최근에는 경구로 섭취 가능한 기증자의 대변 캡슐도 개발되었다. 장내 마이크로바이옴의 중요성과 분변 미생물 총 이식치료의 효과가 다양한 질환에서 입증되면서 각광받고 있다(Allegretti et al., 2019; Khanna et al., 2018).

미국에서는 오픈바이옴(Openbiome)이라는 비영리 연구기관이 대변 은행을 설립하여 안전하고 광범위한 분변 FMT 연구와 시술을 지원하고 있다. 비록 FMT는 비교적 안전한 것으로 간주되지만, 2019년 미국에서 항생제 내성균에 감염된 대변 샘플을 받은 환자 중 일부가 감염되어 사망한 사례가 발생한 이후 미국 식품의약안전처(Food and Drug Administration: FDA)에서는 기증자의 대변에 대한 약제내성 유기체 선별 검사를 강화하였다.

국내에서는 2022년에 클로스트로이데스 디피실 감염(Clostridioides Difficile Infection: CDI)을 중점으로 하는 '대변 이식 임상 가이드라인'이 발표되었으며, 현재의 권고안들은 감염성 질환 및 수여자에 영향을 미치는 기저 질환들을 배제하는 데 중점을 두고 있다. 자폐스펙트럼장애에서 FMT가 효과를 보인 근거가 있으나, 아직까지는 연구 과정에 있어 검증된 절차와 방법에 따라 이식이 이루어져야 하며, 추가적인 연구가 계속되어야 한다. 앞으로 FMT가 상용화되기 위해서는 효용성과 안정성에 대한 충분한 근거가 필요하다. 이를 위해서는 대변 은행 등의 시스템이 갖추어지고, 대변을 기증받아 저렴한 비용으로 분양하는 지원 과정도 함께 고려되어야 한다.

2. 신경조절술

신경조절술(Neuromodulation therapy)은 '신체의 특정 신경학적 부위로 전기 자극이나 화학 물질과 같은 자극의 표적 전달을 통해 신경 활동을 변화시키는 치료법'이다. 이는 신경 조직의 기능을 정상화하거나 조절하기 위해 사용되며, 침습적인 방법과 비침습적인 방법으로 나뉜다. 2023년까지 FDA에서 자폐스펙트럼장애에 대해 승인한 특정 신경조절술을 이용한 치료 기법은 없지만, 비침습적인 신경 조절술은 침습적인 방법보다 적용이 용이하고 안전하여 자폐스펙트럼장애에서 적용을 위한 노력이 진행 중이다.

비침습적인 신경조절술 중에는 반복적 경두개자기자극술(repetitive Transcranial Magnetic Stimulation: rTMS)과 경두개직류자극술(transcranial Direct Current Stimulation: tDCS)이 있다. 특히, 소아청소년 시기는 뇌의 가소성(neuroplasticity)이 가장 큰 시기로 알려져 있어 신경조절술이 매우 효과적일 수 있는데, 몇몇 연구에서 자폐스펙트럼장애에서 잠재적 적용 가능성을 시사하고 있다. 그러나 신경조절술의 적용은 안전성 문제나 임상적 적용에서의 실질적인 제한으로 치료법의 발달이 더딘 측면이 있다. 더 많은 연구와 임상 시험을 통한 안전성과 효용성에 대한 과학적 근거가 필요하지만, 이러한 현황에서도 자폐스펙트럼장애에서 신경조절술의 잠재적 적용 가능성이 기대되고 있다.

1) 반복적 경두개자기자극술(Repetitive Transcranial Magnetic Stimulation: rTMS)

(1) 반복적 경두개자기자극술의 작용 기전 및 안전성

반복적 경두개자기자극술(rTMS)은 대뇌 피질 영역 및 관련 신경 회로의 활동을 조절하여 치료하는 비침습적인 신경조절술(neuromodulation techniques) 중 하나이다. 경두개자기자극술(Transcranial Magnetic Stimulation: TMS)은 두피를 통해 자극을 가해 비침습적으로 뇌의 특정 부위를 활성화하거나 억제하여 정신과적 질환의 치료에 활용된다. 경두개자기자극술은 1985년 안토니 바커(Anthony Barker) 및 연구팀에 의해 처음 소개되었으며 초기에는 운동 시스템 평가와 다양한 신경정신적 질환의 연구를 위해 사용되다가 최근 들어 정신과적 질환의 치료 기법으로 각광받고 있다.

TMS는 두개골 외부에서 유도시킨 국소 자기장 파동을 이용하여 두뇌 피질을 자극하는 비침습적 두뇌 자극술이다. 이 기술은 두피에 위치한 전도 전자기 코일을 통해 강력한 전류를 이용하여 순간적으로 강력한 자기장을 형성하게 된다. 이 자기장은 두개골을 통과하여 피질의 특정 부위의 신경세포를 활성화시키거나 억제시킴으로써 작용한다. 경두개자기자극술은 주로 두피 아래 1.5~3cm 깊이의 피질 신경세포를 활성화시킬 수 있으며, 세기에 따라 다르지만 주로 축삭(axon)을 활성화시키는 특성을 가지고 있다.

이러한 TMS는 자극 횟수에 따라 단 한 번의 자극을 한 번에 가하는 single-pulse TMS, 간격을 두고 쌍을 이룬 자극을 가하는 paired-pulse TMS, 한 번에 여러 번의 반복적인 자극을 가하는 rTMS로 나뉜다. 특히 rTMS는 1990년대에 우울증의 치료에 적용되었으며, 2008년에는 미국 FDA에서 우울증 치료로 허가를 받은 치료 기법이다. rTMS는 시냅스

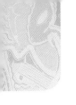

연결에 장기 저하(long-term depression)나 장기 강화(long-term potentiation) 현상을 유발하여 효과가 지속되는 특성을 가지고 있다.

　rTMS는 두피를 통해 비침습적으로 신경세포를 자극하는 치료 기법으로, 훈련받은 전문가가 지침을 준수하여 시행한다면 전반적으로 부작용이 적고 안전한 것으로 알려져 있다. 흔한 부작용으로는 두통이나 자극 부위의 미미한 정도의 통증이 나타날 수 있으며, 경련이나 실신과 같은 심각한 부작용은 흔하지 않다. 소아청소년을 대상으로 한 안전성 연구가 부족하지만, 성인에 준하는 수준의 안전성을 보여 주고 있으며, 향후 더 많은 연구가 필요할 것으로 판단된다.

(2) 자폐스펙트럼장애에서의 적용

　자폐스펙트럼장애를 대상으로 한 초기 연구에서는 특정 기간 동안 전전두엽 피질에 적용되는 기존의 1Hz의 반복적 rTMS가 자폐스펙트럼장애 아동의 행동 및 전기생리학적인 결과의 호전을 보였다는 결과를 보고했다. 최근에는 고주파의 세타 돌발 자극(theta-burst stimulation) 프로토콜을 운동 피질에 적용하는 연구도 진행 중이다. 그러나 아직까지 자폐스펙트럼장애에서 반복적 경rTMS 적용의 치료 효과와 안전성은 명확히 입증되지 않아 미국 FDA와 한국의 식품의약품안전처(KFDA)의 승인을 받지 못하였다. 향후 무작위배정임상시험(Randomized Controlled Trials: RCT) 등을 통해 rTMS의 유효성과 안전성을 입증하는 연구가 필요하다(Camsari et al., 2018).

2) 경두개직류자극술(Transcranial Direct Current Stimulation: tDCS)

(1) 경두개직류자극술의 기전 및 안전성

　비침습적인 신경조절술인 경두개직류자극술(tDCS)은 미세한 직류 전류(1-3mA)를 두피에 흘려 뇌를 자극하는 치료 기법이다. 뇌 내로 전달되는 미세한 직류 전류 중 10~20% 정도가 대뇌 피질(cortical area)에 도달하여 뇌신경의 활성에 영향을 미친다. tDCS는 양극 전극과 음극 전극을 사용하여 뇌신경의 활성을 촉진하거나 억제한다. 이때 역치 이하의 전류 크기를 사용하여 활동 전위(action potential)를 유발하지 않고 뇌신경을 조절하는 것이 특징이다. tDCS는 신경세포의 안정막 전압(resting membrane potential)을 조절하여 NMDA(N-methyl-D-aspartic acid) 수용체 활성화와 신경세포의 자발성 방전

[그림 15-2] 경두개직류자극술 기기 및 적용

율에 변화를 주어 작용한다.

양극 자극은 대뇌 피질의 활성도를 높이고, 음극 자극은 활성도를 억제한다. 또한 자극 후에도 30~120분 동안 효과가 지속된다. tDCS 장비는 작고 이동이 편리하며, 상대적으로 저렴하고, 소음이 적으며 통증이나 불편함이 적다. 또한 부작용이 적은 편으로, 자극 부위에서의 가려움, 따끔거림, 작열감, 두피 불편함 등이 나타날 수 있지만 심각한 부작용은 거의 없어 환자들이 잘 순응하는 치료법이다. 뇌에서 직류 전류가 뇌신경을 직접 자극하는 효과가 교류 전류에 비해 상대적으로 약하기 때문에 tDCS를 사용할 때 뇌피질이 자극되어 발생되는 이상 감각, 운동 이상, 경련, 의식 소실 등의 부작용 위험이 낮다. 자극 부위 관련 증상은 일반적으로 전극의 면적 및 시술 시간과 관련이 있어 이에 대한 안전 규칙을 준수해야 하며, 안전을 위해 사용 전 안내 및 처치법을 제공하는 것이 필요하다. 이때 충분한 양의 생리식염수를 사용하여 두피와 전극 간의 저항을 낮추는 것이 중요하다.

성인에서의 tDCS 안정성 및 부작용에 대한 연구는 많이 이루어졌지만, 아직까지 소아청소년에서의 tDCS 용량과 가이드라인은 명확히 확립되지 않았다. 소아청소년을 대상으로 한 몇몇 연구에서는 심각한 부작용이 보고되지 않았으며, 주로 가려움, 따끔거림 등의 경미한 증상이 나타났다. 하지만 소아청소년의 뇌 발달 단계에 따른 다양한 영향과 안전성에 대한 근거를 확립할 수 있는 추가적인 연구가 필요하다.

(2) 자폐스펙트럼장애에서의 적용

현재까지 자폐스펙트럼장애에서 tDCS를 적용하는 것과 관련해서는 제한된 연구만 진행되어 왔다. 현재까지 소아청소년 정신질환에서 tDCS를 치료 방법으로 적용하기에는 근거가 부족하지만, 치료 효과, 안전성 등에 대한 근거가 마련된다면 향후 효과적인 치료법으로 활용될 수 있는 잠재력을 가지고 있는 치료 방법이다(Lee et al., 2012).

3. 보완 대체 의학

자폐스펙트럼장애에 대한 치료적 개입을 위해 보완 대체 의학(Complementary and Alternative Medicine: CAM)이 활용되는 경우가 있다. National Center for Complementary and Integrative Health(NCCIH, 2018)에서 정의한 바에 따르면, 보완 대체 의학은 "서양의 주류 의학 또는 전통적인 의학 이외에서 개발된 건강 관리 방법"으로 정의된다. 이전에는 대체 의학이라고 불렸으나, 최근 이러한 실천에 대한 설명에서 대체(alternative) 대신 통합(Integrative)이라는 용어가 사용되기도 한다. NCCIH는 보완 대체 의학을 약초, 비타민, 미네랄, 프로바이오틱스와 같은 천연 제품, 요가, 카이로프랙틱, 명상, 마사지 등의 마음과 몸의 단련, 아유르베다 의학, 자연 요법, 전통 의학 등의 기타 건강 보완법과 같은 세 가지 주요 범주로 설명한다. 현재까지 시도되고 있는 보완 대체 의학은 다양하지만 대부분의 치료에 대한 잠재적 효과를 평가하기에는 증거가 충분하지 않다. 이 장에서는 자폐스펙트럼장애 혹은 자폐스펙트럼과 관련된 증상을 치료하는 데 효과를 보인, 상대적으로 근거가 있는 치료 방법들에 대해 살피고자 한다. 이러한 치료에는 멜라토닌, 오메가-3 지방산, 주사용 메틸코발라민(메틸 B,2), 췌장 소화 효소, 프로바이오틱스, 미네랄 및 면역치료 등이 있다.

1) 대체 의학의 종류 및 효능

(1) 멜라토닌

멜라토닌은 내인성 호르몬으로, 졸음을 유발하고 일주기성 리듬을 조절한다. 자폐스펙트럼장애에서 야간 멜라토닌 감소와 사회적 의사소통장애의 심각성 간에 중요한 관련성이 보고되기도 하였다. 35건의 연구를 대상으로 메타분석한 결과에 따르면, 18건의 멜라토닌 치료 연구 중 5건의 무작위 대조 실험에서 수면 시간이 증가하고, 수면 시작의 지연이 감소되었음이 보고되었다(Tordjman et al., 2013). 부작용은 미미하거나 전혀 없었고, 사회적 의사소통장애 및 집착하는 관심사나 행동의 개선에도 효과가 있었음이 보고된 바 있다.

(2) 오메가-3

오메가-3 지방산은 뇌 건강과 성장에 필수적인 중요한 고도 불포화 지방산(polyunsaturated fatty acid)이다. 이 오메가-3 지방산은 신경가소성(neuroplasticity)과 신경세포(neuron)의 기능에 도움을 주며, 장기적인 뇌 기능과 발달에 중요한 역할을 한다. 주목받고 있는 두 가지 오메가-3 지방산으로 eicosapentaenoic acid(EPA)와 docosahexaenoic acid(DHA)가 있다. 자폐스펙트럼장애를 가진 어린이들에서 오메가-3 지방산이 낮은 수준으로 보고되기도 하였다. 자폐스펙트럼장애에서 오메가-3 지방산을 사용하였을 때의 효과에 대해 아직까지 근거는 부족하지만 여러 연구에서 증상 호전에 긍정적인 영향을 미치는 경향이 보고되기도 하였다(Meguid et al., 2008). 오메가-3 지방산을 사용한 또 다른 41명의 참가자를 대상으로 한 12주 동안의 개방형 임상시험(open label trial)에서는 사회적 응답 척도의 모든 부분에서 유의미한 개선이 나타났고, 어린이 행동 척도의 사회적 문제 및 주의력 문제 증후군 부분에서도 개선되는 효과가 나타나기도 하였다. 혈중 지방산은 자폐스펙트럼장애의 핵심 증상의 변화와 유의미한 상관관계가 있었다(Ooi et al., 2015). 오메가-3 사용 전 혈중 지방산 수준은 오메가-3 치료에 대한 효과를 예측하는 데에도 기여하는 것으로 나타났다. 아직까지 효과에 대한 과학적인 근거는 부족하기 때문에 추가적인 연구가 필요하다.

(3) 메틸 B12(methyl B12, methylcobalamin)

메틸 B12는 비타민 B12의 하나로, 체내에서 중요한 역할을 하는 비타민이다. 메틸 B12는 주로 음식물에서 섭취되며, 정상적인 뇌 및 신경 기능, 혈소판 및 빈혈 예방, 그리고 DNA 합성에 기여하는 역할을 한다. 메틸 B12는 특히 체내에서 호모시스테인(homocyteine)이라는 아미노산을 메티오닌(methionine)으로 변환하는 과정에서 필요한 효소의 활성화에 중요한 역할을 한다. 메틸 B12는 메틸전이(transmethylation) 및 황전환작용(transsulfuration)을 포함한 대사 경로에 영향을 미친다. 황전환작용 경로의 활동 감소는 시스테인(cysteine)과 글루타티온(glutathione)의 감소로 이어질 수 있는데, 이러한 물질은 산화 스트레스에 의한 손상을 최소화하는 데 매우 중요한 항산화 물질이다. 자폐스펙트럼장애를 진단받은 어린이들에서 시스테인과 글루타티온의 감소와 산화 스트레스의 증가, 손상된 메틸전이의 대사 바이오마커가 보고되기도 하였다(James et al., 2004).

3~7세(평균 연령 5.3세; 남성 79%)의 53명 어린이를 대상으로 한 연구에서는 75μg/kg의 메틸 B12을 3일마다 피하로 투여하는 연구를 진행하였고, 8주 후 CGI-I 점수가 메틸 B12를 투여한 군에서 대조군에 비해 나아진 것으로 보고되었다. 해당 연구에서 CGI-I 점수의 임상 개선은 메티오닌과 유의미한 상관관계가 있었다. 이 연구에서는 연구 참여 전 메티오닌 수준이 유의미하게 낮은 군에서 치료에 반응을 더 보이는 것으로 보고되었다(Hendren et al., 2016). 이러한 초기 연구들은 자폐스펙트럼장애를 가진 어린이 중 일부 그룹에서 희망적인 결과를 보였고, 피하 투여형 메틸 B12 보충이 비교적 안전한 것으로 보이지만 이러한 치료가 자폐스펙트럼장애에서 치료로 권장할 수 있을지에 대해서는 추가 연구가 더 필요하다.

(4) 설포라판(Sulforaphane)

설포라판은 배춧과식물(Brassicaceae, 예: 브로콜리, 양배추, 꽃 양배추, 브뤼셀 스프라우트, 중국 양배추, 순무)에서 고농도로 발견되는 이소시아네이트(isothiocyanate)이다. 설포라판은 항산화 및 항염증 특성을 가진 화합물로, 특히 NRF2(Nuclear factor erythroid-2-related factor 2) 신호 전달 경로를 활성화시켜 세포의 항산화 방어체계를 강화하고 염증 반응을 억제함으로써 세포를 보호하는 역할을 하는 것으로 알려져 있다(Singh et al., 2014).

자폐스펙트럼장애 환자 15명(5~22세, 평균연령 14.7세)을 대상으로 한 설포라판을 이용한 12주 개방형 임상시험에서는 Aberrant Behavior Checklist 점수가 −7.1점 개선된 것으로 보고되었고, Social Responsiveness Scale(SRS) 점수가 −9.7점 개선된 것으로 보고되었다. 설포라판을 섭취하기 전과 후에 소변의 대사물질(urinary metabolites)을 비교하였는데, 12주 후 소변에서의 산화 스트레스, 아미노산과 장내 미생물, 신경전달물질, 호르몬과 스핑고 마이엘린(sphingomyelin)을 반영하는 대사물질의 변화는 아이들의 개선된 행동과 상관관계를 보였다고 발표하기도 하였다(Bent et al., 2018). 그러나 설포라판의 자폐스펙트럼장애에 대한 치료적 효과를 입증하기 위해서는 보다 검증된 연구 방법을 통한 추가적인 연구가 필요하다.

(5) 미량 영양소

자폐스펙트럼장애를 진단받은 어린이 및 성인 141명을 대상으로 진행된 3개월간의 경구 비타민/미네랄 보충제의 효과에 대한 연구에서 자폐스펙트럼장애 어린이의 영양 상태 및 대사 상태가 호전되는 결과가 보고되었다. 경구 비타민/미네랄 보충제를 사용한 군에서 과잉 활동, 짜증스러움 등의 증상이 대조군에 비해 유의미하게 개선을 보였다 (Adams et al., 2011).

(6) 기타 비타민 및 보충제

폴리닌산(folinic acid)을 복용한 48명의 어린이들이 대조군에 비해 언어적 의사소통의 개선이 유의미하게 나타나는 것으로 보고되었다. 체내 folate receptor-a-autoantibody 는 치료에 대한 반응을 예측하는 데 영향이 있었다(Frye et al., 2018). B6/마그네슘, 철, L-카르노신, 아스코르빈산, 아연 및 구리, 이노시톨을 포함한 기타 비타민 및 미네랄 치료는 자폐스펙트럼장애 증상을 개선할 것으로 기대되지만 현재까지 효과를 뒷받침하는 연구 결과는 제한적이다. 자폐스펙트럼장애를 가진 어린이들에서 비타민 D가 낮게 보고되는 경향이 있으나, 투여했을 때의 유용성에 대한 증거는 아직까지 불충분하다.

(7) 식이

Hyman 등(2016)은 자폐스펙트럼장애를 가진 14명의 어린이(3~5세)를 대상으로 한 12주간의 이중 맹검, 위약 대조(double-blind, placebo-controlled) 연구를 시행하였고, 그 결과 글루텐 제거/카제인 제거 식단(Gluten-Free/Casein-Free diet: GFCF)의 효과를 지지하는 결과는 보고되지 않았다(Hyman et al., 2016). 체계적인 문헌 검토 결과에 의하면 아직까지 GFCF 식이의 효과에 대한 근거는 제한적이며, 이러한 식이 제한의 효과가 명확치 않다고 보고되기도 하였다(Mari-Bauset et al., 2014). 따라서 GFCF 식이는 해당 식이에서 제외되는 식품의 알레르기 또는 알레르기 진단이 있는 경우를 제외하고는 권장되지 않는다. 몇몇 GFCF 식이의 효과에 대한 사례 보고가 있긴 하지만 아직까지 그 효과에 대한 근거는 매우 불충분하다.

(8) 운동

자폐스펙트럼장애 어린이 및 청소년을 대상으로 한 운동치료의 효과에 대한 체계적 문헌 고찰에 따르면, 개별적으로 조깅, 승마, 무술, 수영, 또는 요가/댄스로 이루어진 운동치료는 사회-정서적 기능, 인지 및 주의력 면에서 개선을 가져올 수 있는 것으로 보고되었다(Bremer et al., 2016). 승마 및 무술 치료는 사회적 의사소통의 개선에도 효과가 있는 것으로 보고되었다(Neely et al., 2015). 승마는 말 타기 자체의 감각적 경험, 말의 움직임과 리듬, 말과의 상호작용을 통해 자폐스펙트럼장애 아동들이 눈맞춤, 가리키기, 말하기 등 사회적 행동을 촉진하는 데 도움이 된다고 알려져 있다(Malcom et al., 2018).

(9) 기타 보완 대체 의학(Complementary and Alternative Medicine: CAM) 치료

침술은 β-엔도르핀(β-Endorphin), 세로토닌(serotonin, 5-hydroxytryptamine: 5-HT) 및 노르에피네프린(norepinephrine)의 농도를 높여 불안 및 우울 증상을 개선하기도 한다고 보고되었다. 침술은 구역감, 구토, 야뇨증에 효과가 있는 것으로 보고되었지만 자폐스펙트럼장애 증상을 치료하기 위한 의학적 근거는 부족하다(Jindal et al., 2008; Lee et al., 2012; Yang et al., 2015).

2) 보완 대체 의학의 향후 방향

여러 가지 보완 대체 의학이 시도되고 있으나, 잠재적인 효능을 판단할 적절한 의학적인 근거를 가진 치료법은 부족한 실정이다. 향후 신경발달장애에서 유전자-환경 상호작용의 대사 경로가 밝혀지고 생체 표지자가 밝혀지게 된다면 이에 개입할 수 있는 치료법들이 주목받을 수 있게 될 것이므로 향후 관련된 추가적인 연구가 필요하다.

4. 유전자 치료

유전적 요소는 자폐스펙트럼장애의 병태생리에서 매우 중요한 부분을 차지한다. 다양한 형태의 유전적 이상의 자폐스펙트럼장애에 대한 영향, 후성유전학적 변화로 인한 자폐스펙트럼장애의 병태생리까지 고려하면 유전자 이상 및 유전자 표현(gene expression)의 문제는 자폐스펙트럼장애의 핵심 문제 중 하나이다. 그렇기 때문에 유전자 치료는 자폐스펙트럼장애의 미래 치료 방법 중 하나로 고려될 수 있다(Benger et al., 2018).

유전자 치료는 병의 원인이 되는 유전자를 목표로 하여 세포에 핵산을 주입하여 유전자 발현을 변화시키는 방법이다. 유전자 치료는 주입한 핵산이 기존 유전자의 기능을 대체하거나(replacement), 침묵시키거나(silencing), 편집하거나(editing), 증강시키는(enhancement) 방식으로 작동한다. 현재까지 유전자 치료는 주로 단일 유전자 변이로 인한 질환들에 대하여 연구가 이루어지고 있으며, 자폐스펙트럼장애 관련 질환의 경우 레트 증후군(Rett syndrome), 안젤만 증후군(Angelman Syndorme), 취약 X 증후군(Fragile X syndrome)의 동물 연구에서 진행된 바 있다(Weuring et al., 2021).

유전자 치료는 자폐스펙트럼장애의 병태생리와 직접적인 관련이 있는 기전을 변화시키며, 치료 전략에 따라서 DNA 수준, mRNA 수준, 그리고 단백질 수준에서 치료가 이루어질 수 있다(Hong & Iakoucheva, 2023). DNA 수준에서의 개입은 실제 유전자를 편집하여 병을 치료하고자 하는 시도로, 단일 유전자 변이에 의한 질환의 치료에 효과적일 수 있다. mRNA 수준에서의 개입은 실제 유전자를 편집하지는 않으나 전사(transcription) 혹은 후전사(post transcription) 과정에 개입을 하여 치료하는 방법이다. 여러 유전자 변이가 공통된 유전자 전사 및 단백질 합성에 관여를 할 때 효과적일 수 있다. 단백질 수준에서의 개입은 소분자 약물(small molecule drug)을 활용하여 이미 알려져 있는 생물화학적 기전(biochemical pathway)에 개입한다. 이러한 치료들은 자폐스펙트럼장애의 핵심 증상 치료에 효과적인 미래의 대안이 될 수 있다. 다만, 자폐스펙트럼장애의 이질성을 고려하였을 때는 다양한 치료 방식이 계발될 필요가 있으며, 다양한 치료 방식이 다양한 환자들에게 적용될 수 있도록 연구되어야 한다.

유전자 치료는 임상에 적용이 되기까지 많은 어려움이 존재한다. 우선, 기술적으로 운반체(vector)의 활용 문제가 있다(Gray et al., 2010). 바이러스를 활용한 운반체가 많이 활용되어 왔으나 혈액-뇌 장벽(Blood-brain barrier), 면역 반응, 안전성 등의 문제로 나노입자 운반 체계(nanoparticle delivery system), 줄기세포(stem cell) 등을 활용하는 방법들이 논의되고 있다(Sun & Kurtzberg, 2018). 또한 치료를 언제 해야 하는지에 대해서도 아직 명확히 알려진 바가 없다. 자폐스펙트럼장애는 관련 유전자 혹은 외부 환경 요인에 의해서 병태생리의 결정적 시기(critical period)가 다양할 수 있는데, 이러한 상황에서 유전자 치료의 결정적 시기를 결정하는 일은 매우 어려운 일일 수 있다. 그뿐 아니라, 현재까지의 자폐스펙트럼장애 관련 유전자 치료는 거의 동물 연구로 이루어졌는데, 인간의 뇌, 인간의 자폐스펙트럼장애는 동물 모델과는 차이가 크다는 것이 유전자 치료 현실화의 어려움이라 할 수 있다.

5. 디지털 치료제

디지털 치료제(Digital Therapeutics)는 '의학적 장애나 질병을 예방, 관리, 치료하기 위해 환자에게 근거 기반의 치료적 개입을 제공하는 소프트웨어 의료기기'로 정의된다. 식

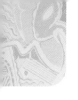

품의약품안전처에서는 디지털 치료기기 허가 및 심사 가이드라인을 제공하여 디지털 치료기기의 개발에 방향성을 제공하고 있다(식품의약품안전처, 2020).

디지털 치료제는 질병의 예방 및 건강 증진, 질병 관리 그리고 질병 치료에 활용이 되고 있다. 디지털 치료제는 '접근성(accessability)'의 향상에 획기적인 장점이 있어 현재 소아청소년 정신질환 치료의 의료 접근성의 문제, 치료 인프라 구축의 문제 등 늘어나는 소아청소년 정신질환 수요에 충분히 대응하지 못하고 있는 현실에서 중요한 역할을 할 것으로 보인다(Choi et al., 2023). 현재 소아청소년 정신질환에서는 ADHD, 우울장애, 불안장애에 대한 디지털 치료제가 주로 개발이 되고 있으며, 자폐스펙트럼장애에 대한 디지털 치료제들도 개발이 되고 있다. 자폐스펙트럼장애의 경우에도 높아져 가는 유병률, 조기 진단의 중요성 등을 고려하였을 때 디지털 치료제가 할 수 있는 역할이 매우 클 것으로 예측된다.

자폐스펙트럼장애 디지털 치료제로는 Cognoa사가 개발한 Canvas Dx가 2021년도 미국 식약처의 승인을 받았다. Canvas Dx는 18~72개월 아동을 대상으로 보호자 질문지 결과, 아동의 상호작용 영상, 임상의 질문지 결과를 합하여 머신러닝 알고리즘(machine learning algorithm)을 활용해 자폐스펙트럼장애의 진단을 돕는다(Megarian et al., 2022). EarliTec사의 Earlipoint Evaluation 역시 자폐스펙트럼장애 진단을 위한 보조도구로서 미국 식약처 승인을 받았다. 해당 치료기기는 16~30개월 아동의 시선을 추적하여 자폐스펙트럼장애의 가능성을 예측하고자 하였고, 자폐스펙트럼장애 진단에 도움이 되는 것으로 결과를 보고하였다(Jones et al., 2023).

비록 자폐스펙트럼장애에 대해 미국 식약처의 승인을 받은 디지털 치료제는 아직 많지 않지만, 자폐스펙트럼장애 디지털 치료제에 대한 관심 및 논문 발표는 지속적으로 증가하고 있는 추세이다. 인공지능 기술의 발달, 로봇기술의 발달 및 웨어러블 기술의 발달 등은 자폐스펙트럼장애에 적용할 수 있는 소프트웨어 치료 기기의 발전을 촉진시킬 것으로 기대된다(Wu et al., 2023). 디지털 치료제와 인공지능을 활용한 치료적 중재에 대해서는 제16장에서 보다 자세히 다루고 있다.

6. 결론 및 요약

이 장에서는 자폐스펙트럼장애 치료를 위해 새롭게 시도되고 있는 다양한 접근에 대해 살펴보았다. 대부분의 방법은 현재까지는 근거가 충분히 확립되지 않았지만 일부 환자군에서는 효과가 확인된 경우들이 있고, 무엇보다 이전에는 전혀 고려하지 않았던 새로운 시도들이 진행되고 있다는 것은 매우 흥미롭고 긍정적인 일이라고 할 수 있다. 하지만 근거가 충분하지 않은 치료를 고려하고 선택하는 것은 매우 신중해야 한다. 새로운 치료법들에 대해서는 주변의 특정 사례에 집중하기보다는 반드시 주치의와 충분한 상의를 통해 결정할 것을 권한다.

참고문헌

식품의약품안전처(2020). 디지털치료기기 허가 · 심사 가이드라인(민원인 안내서).

홍강의 외 공저(2023). 소아정신의학(3판). 학지사.

Adams, J. B., Audhya, T., McDonough-Means, S., Rubin, R. A., Quig, D., Geis, E., ··· & Lee, W. (2011). Effect of a vitamin/mineral supplement on children and adults with autism. *BMC Pediatrics, 11*, 1-30.

Allegretti, J. R., Mullish, B. H., Kelly, C., & Fischer, M. (2019). The evolution of the use of faecal microbiota transplantation and emerging therapeutic indications. *The Lancet, 394*(10196), 420-431.

Benger, M., Kinali, M., & Mazarakis, N. D. (2018). Autism spectrum disorder: prospects for treatment using gene therapy. *Molecular Autism, 9*(1), 39.

Bent, S., Lawton, B., Warren, T., Widjaja, F., Dang, K., Fahey, J. W., ··· & Hendren, R. L. (2018). Identification of urinary metabolites that correlate with clinical improvements in children with autism treated with sulforaphane from broccoli. *Molecular Autism, 9*, 1-12.

Bremer, E., Crozier, M., & Lloyd, M. (2016). A systematic review of the behavioural outcomes following exercise interventions for children and youth with autism spectrum disorder. *Autism, 20*(8), 899-915.

Camsari, D. D., Kirkovski, M., & Croarkin, P. E. (2018). Therapeutic applications of noninvasive neuromodulation in children and adolescents. *Psychiatric Clinics, 41*(3), 465-477.

Choi, H., Kim, B., Kim, I., Kang, J. G., Lee, Y., Lee, H., & Park, M. H. (2023). Analysis of the Status and Future Direction for Digital Therapeutics in Children and Adolescent Psychiatry. *Journal of the Korean Academy of Child and Adolescent Psychiatry, 34*(4), 192.

Davies, C., Mishra, D., Eshraghi, R. S., Mittal, J., Sinha, R., Bulut, E., ⋯ & Eshraghi, A. A. (2021). Altering the gut microbiome to potentially modulate behavioral manifestations in autism spectrum disorders: A systematic review. *Neuroscience & Biobehavioral Reviews*, *128*, 549-557.

Deverman, B. E., Ravina, B. M., Bankiewicz, K. S., Paul, S. M., & Sah, D. W. (2018). Gene therapy for neurological disorders: progress and prospects. *Nature Reviews Drug Discovery, 17*(9), 641-659.

Frye, R. E., Slattery, J., Delhey, L., Furgerson, B., Strickland, T., Tippett, M., ⋯ & Quadros, E. V. (2018). Folinic acid improves verbal communication in children with autism and language impairment: a randomized double-blind placebo-controlled trial. *Molecular Psychiatry, 23*(2), 247-256

Gray, S. J., Woodard, K. T., & Samulski, R. J. (2010). Viral vectors and delivery strategies for CNS gene therapy. *Therapeutic Delivery, 1*(4), 517-534.

Gupta, A., Saha, S., & Khanna, S. (2020). Therapies to modulate gut microbiota: Past, present and future. World Journal of Gastroenterology, 26(8), 777.

Ha, S., Oh, D., Lee, S., Park, J., Ahn, J., Choi, S., & Cheon, K. A. (2021). Altered Gut Microbiota in Korean Children with Autism Spectrum Disorders. *Nutrients*, *13*(10), 3300.

Hendren, R. L., James, S. J., Widjaja, F., Lawton, B., Rosenblatt, A., & Bent, S. (2016). Randomized, placebo-controlled trial of methyl B12 for children with autism. *Journal of Child and Adolescent Psychopharmacology, 26*(9), 774-783.

Hong, D., & Iakoucheva, L. M. (2023). Therapeutic strategies for autism: Targeting three levels of the central dogma of molecular biology. *Translational Psychiatry, 13*(1), 58.

Hyman, S. L., Stewart, P. A., Foley, J., Cain, U., Peck, R., Morris, D. D., ⋯ & Smith, T. (2016). The gluten-free/casein-free diet: a double-blind challenge trial in children with autism. *Journal of Autism and Developmental Disorders, 46*, 205-220.

Insel, T. R. (2014). The NIMH research domain criteria (RDoC) project: Precision medicine for psychiatry. *American Journal of Psychiatry*, *171*(4), 395-397.

James, S. J., Cutler, P., Melnyk, S., Jernigan, S., Janak, L., Gaylor, D. W., & Neubrander, J. A. (2004). Metabolic biomarkers of increased oxidative stress and impaired methylation capacity in children with autism. *The American journal of clinical nutrition, 80*(6), 1611-1617.

Jindal, V., Ge, A., & Mansky, P. J. (2008). Safety and efficacy of acupuncture in children: a review of the evidence. *Journal of Pediatric Hematology/Oncology, 30*(6), 431-442.

Jones, W., Klaiman, C., Richardson, S., Aoki, C., Smith, C., Minjarez, M., ⋯ & Klin, A. (2023).

Eye-tracking-based measurement of social visual engagement compared with expert clinical diagnosis of autism. *JAMA, 330*(9), 854-865.

Khanna, S. (2018). Microbiota Replacement Therapies: Innovation in Gastrointestinal Care. *Clin Pharmacol Ther, 103*, 102-111.

Kim, S., Kim, H., Yim, Y. S., Ha, S., Atarashi, K., Tan, T. G., ··· & Huh, J. R. (2017). Maternal gut bacteria promote neurodevelopmental abnormalities in mouse offspring. *Nature, 549*(7673), 528-532.

Lee, J. C., Kenney-Jung, D. L., Blacker, C. J., Camsari, D. D., & Lewis, C. P. (2019). Transcranial direct current stimulation in child and adolescent psychiatric disorders. *Child and Adolescent Psychiatric Clinics, 28*(1), 61-78.

Lee, M. S., Choi, T. Y., Shin, B. C., & Ernst, E. (2012). Acupuncture for children with autism spectrum disorders: a systematic review of randomized clinical trials. *Journal of Autism and Developmental Disorders, 42*, 1671-1683.

Ligezka, A. N., Sonmez, A. I., Corral-Frias, M. P., Golebiowski, R., Lynch, B., Croarkin, P. E., & Romanowicz, M. (2021). A systematic review of microbiome changes and impact of probiotic supplementation in children and adolescents with neuropsychiatric disorders. *Progress in Neuro-Psychopharmacology and Biological Psychiatry, 108*, 110187.

Malcom, R., Ecks, S., & Pickersgill, M. (2018). 'It just opens up their world': Autism, empathy, and the therapeutic effects of equine interactions. *Anthropology & Medicine, 25*(2), 220-234.

Mari-Bauset, S., Zazpe, I., Mari-Sanchis, A., Llopis-González, A., & Morales-Suarez-Varela, M. (2014). Evidence of the gluten-free and casein-free diet in autism spectrum disorders: A systematic review. *Journal of Child Neurology, 29*(12), 1718-1727.

Megerian, J. T., Dey, S., Melmed, R. D., Coury, D. L., Lerner, M., Nicholls, C. J., ··· & Taraman, S. (2022). Evaluation of an artificial intelligence-based medical device for diagnosis of autism spectrum disorder. *NPJ Digital Medicine, 5*(1), 57.

Meguid, N. A., Atta, H. M., Gouda, A. S., & Khalil, R. O. (2008). Role of polyunsaturated fatty acids in the management of Egyptian children with autism. *Clinical biochemistry, 41*(13), 1044-1048.

National center for complementary and integrative health, complementary, alternative, or integrative health: What's in a name? (2018). https://nccih.nih.gov/health/integrative-health. Accessed 5 Jan 2020.

Neely, L., Rispoli, M., Gerow, S., & Ninci, J. (2015). Effects of antecedent exercise on academic engagement and stereotypy during instruction. *Behavior modification, 39*(1), 98-116.

Ooi, Y. P., Weng, S. J., Jang, L. Y., Low, L., Seah, J., Teo, S., ⋯ & Sung, M. (2015). Omega-3 fatty acids in the management of autism spectrum disorders: findings from an open-label pilot study in Singapore. *European Journal of Clinical Nutrition, 69*(8), 969-971.

Sharon, G., Cruz, N. J., Kang, D. W., Gandal, M. J., Wang, B., Kim, Y. M., ⋯ & Mazmanian, S. K. (2019). Human gut microbiota from autism spectrum disorder promote behavioral symptoms in mice. *Cell, 177*(6), 1600-1618.

Shin, Y. Y., Park, A., Berrios, J., Lafourcade, M., Pascual, L. M., Soares, N., ⋯ & Choi, G. B. (2017). Reversing behavioural abnormalities in mice exposed to maternal inflammation. *Nature, 549*(7673), 482-487.

Singh, K., Connors, S. L., Macklin, E. A., Smith, K. D., Fahey, J. W., Talalay, P., & Zimmerman, A. W. (2014). Sulforaphane treatment of autism spectrum disorder (ASD). *Proceedings of the National Academy of Sciences, 111*(43), 15550-15555

Simkin, D. R. (2019). Microbiome and mental health, specifically as it relates to adolescents. *Current Psychiatry Reports, 21*(9), 1-12.

Sun, J. M., & Kurtzberg, J. (2018). Cell therapy for diverse central nervous system disorders: inherited metabolic diseases and autism. *Pediatric Research, 83*(1), 364-371.

Tordjman, S., Najjar, I., Bellissant, E., Anderson, G. M., Barburoth, M., Cohen, D., ⋯ & Vernay-Leconte, J. (2013). Advances in the research of melatonin in autism spectrum disorders: literature review and new perspectives. *International Journal of Molecular Sciences, 14*(10), 20508-20542.

Weuring, W., Geerligs, J., & Koeleman, B. P. (2021). Gene therapies for monogenic autism spectrum disorders. *Genes, 12*(11), 1667.

Wu, X., Deng, H., Jian, S., Chen, H., Li, Q., Gong, R., & Wu, J. (2023). Global trends and hotspots in the digital therapeutics of autism spectrum disorders: a bibliometric analysis from 2002 to 2022. *Frontiers in Psychiatry, 14*, 1126404.

Yang, C., Hao, Z., Zhang, L. L., & Guo, Q. (2015). Efficacy and safety of acupuncture in children: an overview of systematic reviews. *Pediatric Research, 78*(2), 112-119.

디지털 치료기기 및 인공지능을 활용한 진단 및 치료적 중재

김휘영

최근 디지털 기술의 발전으로 전형적인 약물이나 행동치료의 형태가 아닌 디지털 형태의 치료기기나 인공지능(Artificial Intelligence: AI)을 활용한 진단 및 치료적 중재에 대한 연구가 활발하다. 이 장에서는 이러한 디지털 기술의 활용이 어떤 개념으로 이루어지는지, 어떠한 연구들이 진행되고 있는지 알아보며 그 장점과 한계점에 대해서도 논해 보고자 한다.

1. 디지털 치료기기와 인공지능의 기본 개념

1) 디지털 치료기기

디지털 치료기기(Digital Therapeutics: DTx)는 소프트웨어를 기반으로 한 치료적 개입을 통해 질병을 예방, 관리, 또는 치료하는 방법이다. 기존의 디지털 도구를 이용한 건강관리는 주로 단순한 정보 제공이나 개인 맞춤형이 아닌 일반적인 운동 방법이나 식습관 개선법 등의 일반적인 지침을 제공하는 데 그쳤다. 이와는 달리, 디지털 치료기기는 환자에게 직접 근거 기반의 치료 개입을 시도한다. 즉, 디지털 치료기기 또한 약이나 행동 중재와 같은 전통적 치료 방법과 마찬가지로 임상적 근거를 기반으로 한다. 디지털 치료 기기는 스마트폰 앱, 비디오 게임, 온라인 플랫폼 등 다양한 형태로 제공될 수 있다.

　디지털 치료기기는 전통적인 약이나 행동중재치료와는 여러 면에서 차별점을 갖는데, 약물치료와의 차이점은 다음과 같다.

- **개발 속도**: 디지털 치료기기는 전통적인 신약에 비해 시장에 더 빨리 출시될 수 있다. 신약은 화학적 합성, 동물 실험(전임상)을 포함한 여러 단계의 임상시험을 거쳐야 하지만, 디지털 치료기기는 소프트웨어 개발 및 인허가, 보다 신속한 임상시험 절차를 통해 더욱 빠르게 필요로 하는 환자에게 제공될 수 있다(Hong et al., 2021).
- **맞춤형 치료**: 디지털 치료기기는 사용자 데이터를 실시간으로 수집 및 분석하여 개인 맞춤형 치료를 제공할 수 있다. 반면, 전통적인 약물은 모든 환자에게 동일한 방식으로 작용하며, 개인의 특성을 반영하기 어렵다(Huh et al., 2022).
- **부작용 관리**: 디지털 치료기기는 물리적 부작용이 거의 없다는 장점이 있다. 약물 치료는 종종 부작용을 동반할 수 있지만, 소프트웨어 기반의 디지털 치료기기는 이러한 위험이 적다. 다만, 사용자의 지속적인 참여와 기술 접근성 문제는 해결해야 할 과제이다(Zhang et al., 2022).

　행동중재치료와도 여러 면에서 차별점을 갖는다. 디지털 치료기기는 이러한 차별점을 바탕으로 전통적인 약물 및 행동중재 치료 방법들과 상호 보완적으로 사용될 수 있으며, 현대 의료 체계에서 중요한 역할을 하기 위한 근거를 확보하고 있는 중이다.

- **편의성**: 전통적인 행동중재치료는 주로 대면치료를 통해 이루어지며, 치료사와의 직접적인 상호작용이 필요하다. 디지털 치료기기는 시간과 장소에 구애받지 않고 접근할 수 있어, 치료의 연속성과 편의성을 높일 수 있다(Phan et al., 2023). 또한 디지털 치료기기는 인터넷을 통해 전 세계 어디서나 접근할 수 있어, 치료의 접근성을 크게 향상시킨다. 이는 특히, 의료 접근성이 낮은 지역에서도 치료를 받을 수 있게 하는 중요한 장점이 된다(Wang et al., 2023).
- **데이터 기반 접근**: 디지털 치료기기는 사용자의 행동 데이터를 실시간으로 수집하고 분석하여, 보다 과학적이고 데이터에 근거한 치료계획을 세울 수 있다. 이는 행동중

재치료에서 의료진이 자칫 놓칠 수 있는 미세한 변화를 감지하고 반영하는 데 유리하다(Dang et al., 2020).

2) 인공지능(Artificial Intelligence: AI)

AI는 인간의 지능적 행동을 모방하는 컴퓨터 프로그램 혹은 시스템이다. AI는 학습, 추론, 문제해결, 언어이해와 같은 다양한 기능을 수행할 수 있다. 그중 머신러닝으로도 알려진 기계학습(machine learning)은 AI의 하위 분야로, 데이터에서 패턴을 학습하고 예측 모델을 만드는 기술로서 대부분의 AI 모델은 기계학습 모델에 기반한다.

AI는 여러 산업 분야를 포함하여 의료 등 다양한 분야에서 활용되고 있다. 의료 분야에서는 AI가 영상 등 의료 데이터 분석을 통해 암을 조기에 발견하거나, 자연어 처리 기술을 사용하여 환자의 의무 기록을 분석하는 데 사용되기도 한다. 특히 자폐스펙트럼장애 진단에 있어 AI는 행동 데이터를 분석하여 조기 선별 및 예후 예측에 유용한 것으로 기대하고 있다(Jeong et al., 2023).

자폐스펙트럼장애의 전통적인 진단 방법과 AI 또한 여러 차별점을 갖는다.

- 데이터 분석 및 패턴 인식: 전통적인 자폐스펙트럼장애 진단은 주로 임상면담, 행동 관찰, 심리검사를 통해 이루어진다. 이는 시간이 많이 걸리고 주관적 판단이 개입될 수 있다. 반면, AI는 대규모 행동 데이터를 분석하여 패턴을 인식하고, 이를 기반으로 보다 빠르고 객관적인 진단을 내릴 수 있다. 예를 들어, 뇌 영상 데이터를 분석하는 AI는 자폐스펙트럼장애를 조기에 선별하고 예후를 예측하는 데 큰 도움을 줄 수 있다는 연구가 보고되었다(Hong et al., 2021).
- 조기선별 및 예후 예측: 전통적인 방법은 종종 아동이 이미 증상을 나타낸 후에야 진단이 가능하다. AI는 딥러닝 알고리즘을 통해 수집 가능한 초기 행동 데이터를 분석하여 자폐스펙트럼의 징후를 조기에 발견할 수 있을 것으로 기대된다. 이는 조기 개입이 가능하게 하여 아이들의 발달에 긍정적인 영향을 미칠 수 있을 것이다. 또한 전통적인 진단은 현재 상태를 평가하는 데 중점을 두지만, AI는 데이터 기반의 예측 모델을 통해 환자의 장기적인 발달 경로를 예측할 수 있다. 이는 치료계획을 세우는 데 중요한 정보를 제공하며, 맞춤형 치료를 가능하게 할 것으로 기대된다(Zhang et al., 2022).

2. 디지털 치료기기 및 인공지능을 활용한 자폐스펙트럼장애 진단 및 치료적 중재

1) 디지털 치료기기를 활용한 치료적 중재

앞서 소개한 대로 디지털 치료기기는 소프트웨어 기반의 치료도구로, 환자의 증상을 관리하고 개선하는 데 사용되며, 이는 게임, 앱, 온라인 프로그램 등을 통해 구현된다. 최근 연구에서는 디지털 치료기기가 자폐스펙트럼장애 아동의 행동 및 사회적 상호작용을 개선하는 데 효과적임을 보여 주고 있다(Dang et al., 2020). 일반적으로는 Zhang 등(2022)의 연구에서와 같이 심장질환 환자에서 디지털 치료기기가 효과적이고 안전하게 사용될 수 있음을 보여 주었으며, 이는 기존 치료법을 보완하는 역할을 할 수 있음을 시사한다. 또한 Huh 등(2022)은 디지털 치료기기가 임상 연구를 통해 그 유효성을 입증받아야 한다고 강조하며, 이를 통해 환자 맞춤형 치료계획을 수립하는 데 중요한 역할을 한다고 언급했다. 디지털 치료기기는 전통적인 약물치료와의 병행도 시도할 수 있는데, Phan 등(2023)은 디지털 치료기기의 임상 적용 사례를 통해 이러한 치료제가 암, 정신질환, 신경질환 등 다양한 질병에 대해 기존의 약물치료와 병행될 때 더욱 큰 효과를 나타낼 수 있음을 보여 주었다. Hong 등(2021)의 연구에 따르면, 디지털 치료기기는 주로 만성질환관리, 정신건강 치료, 그리고 재활 프로그램에서 많이 사용되며, 이는 환자의 생활습관 개선과 지속적인 치료 관리에 유익하다고 보고되었다. 이렇듯 디지털 치료기기는 지속적으로 발전하고 있으며, 미래의 의료 환경에서 중요한 역할을 할 것으로 기대된다.

자폐스펙트럼장애 디지털 치료기기 현황을 보면, 미국 식약처(FDA) 승인을 받은 Cognoa의 Canvas Dx와 EarliTec의 Earlipoint Evaluation 이외에도 다양한 치료기기가 연구 중이다. 현재 연구 중인 치료기기로는 먼저 자폐스펙트럼장애 아동 부모교육 프로그램이 있다. 이 프로그램의 목적은 부모가 자녀의 언어 능력과 행동을 개선하는 데 필요한 기술을 학습하도록 돕는 것이다. 디지털 플랫폼을 통해 원격으로 제공되며, 부모의 참여도가 아동 발달에 긍정적인 영향을 미친다. 이는 시간과 장소의 제약을 극복할 수 있어 높은 참여도와 긍정적 평가를 받고 있다(Jeong et al., 2023). 서울대병원에서는 자폐스펙트럼장애 아동의 문제행동 완화를 위한 디지털 치료기기를 개발 중이다. 이 치료기기는 아동의 문제행동을 기록하고 분석하여 부모와 치료사에게 맞춤형 개입 전략을 제공한다. 초기 연구 결과, 아동의 문제행동이 유의미하게 감소한 것으로 나타나 맞춤형 치료 제공하는 데에 디지털 기술의 활용 가능성을 보여 준다(서울대병원, 2022).

그 외에 언어 치료를 위한 디지털 플랫폼도 주목받고 있다. 이 플랫폼은 아동의 발음 및 언어 사용을 분석하고 맞춤형 피드백을 제공한다. 음성 인식 기술을 활용하여 전통적인 대면 치료에 비해 시간과 비용을 절감할 수 있으며, 치료 접근성을 크게 향상시킬 수 있을 것으로 기대된다(Yun & Im, 2022). 또한 게임 기반 치료기기가 개발되고 있으며, 이 치료기기는 가상 현실에서 사회적 상호작용을 연습하도록 도와 아동의 사회적 기술을 향상시키는 것을 목적으로 한다. 게임 요소를 통해 흥미를 유발하고 지속적인 참여를 유도하여 긍정적인 결과를 얻고 있다(Toma et al., 2024). 디지털 인지행동치료는 자폐스펙트럼장애 청소년을 대상으로 한 불안 및 우울 증상 감소에 효과적인 것으로 보고되고 있다. 인터넷을 통해 제공되는 이 심리치료 프로그램은 치료사가 원격으로 피드백을 제공하여 시간과 장소의 제약을 극복하는 새로운 형태의 심리치료이다(Wang et al., 2024).

이렇듯 디지털 치료기기는 자폐스펙트럼장애 치료에 혁신적인 접근을 제공하며, 전통적인 치료법의 한계를 극복할 수 있는 잠재력을 가지고 있다. 이러한 치료기기는 가정 내에서도 상시 적용 가능하므로 치료 접근성과 효율성을 높이고, 개인 맞춤형 치료를 가능하게 하여 환자의 삶의 질을 향상시킬 것으로 기대한다. 단, 디지털 치료기기의 발전을 위해서는 더 많은 임상 연구와 함께 사용자의 순응도를 높이기 위한 전략이 필요하다. 또한 기술 접근성을 높여 모든 환자가 디지털 치료기기의 혜택을 받을 수 있도록 해야 하며, 이러한 노력이 결합될 때, 디지털 치료기기는 헬스케어의 중요한 부분으로 자리잡을 것이다(박안선, 이승민, 2020).

2) 인공지능을 활용한 자폐스펙트럼장애 진단, 조기선별 및 예후 예측

AI 기술은 행동 데이터를 분석하여 자폐스펙트럼장애 진단 및 조기선별과 예후예측을 가능하게 할 것으로 기대된다. AI 기술 중 대표적인 딥러닝 알고리즘은 소아의 행동 패턴을 분석하여 자폐스펙트럼장애 여부를 정확히 평가할 수 있다는 연구들이 보고되었다. 한 연구에서는 AI 기반 모델이 행동패턴 분석을 통해 97.6%의 정확도로 자폐스펙트럼장애를 진단할 수 있음을 보여 주었다(Song et al., 2019). AI 기술은 자폐스펙트럼장애의 진단에 있어 혁신적인 도구로 자리 잡기 위해 여러 검증이 시도되고 있다.

(1) 진단

자폐스펙트럼장애는 조기진단이 매우 중요한데, 조기개입은 아이의 발달에 큰 영향을 미치기 때문에 이러한 도구의 활용은 큰 의미를 갖는다. 예를 들어, Megerian 등(2022)의 연구에서는 AI를 통해 18개월 된 아이들도 신뢰성 있게 자폐스펙트럼장애 진단을 받을 수 있다고 보고하였다. 그러나 여전히 진단 지연이 발생하고 있음도 보고하였다. Choi 등(2020)의 연구에서는 AI가 DSM-5 기준에 따라 자폐스펙트럼장애 아동을 스펙트럼에 따른 여러 하위 그룹으로 분류할 수 있음을 보여 주었다. Song 등(2019)은 행동 관찰을 기반으로 한 데이터 중심의 자폐스펙트럼장애 진단 방법을 제안하였는데, 이는 향후 보다 객관적인 진단을 가능하게 할 것으로 기대된다.

또한 Moridian 등(2022)은 MRI와 딥러닝 기술을 결합하여 자폐스펙트럼장애를 자동으로 감지하는 방법을 제시하였다. 이 연구에서는 구조적 MRI와 기능적 MRI 데이터를 활용하여 자폐스펙트럼장애의 진단 모델을 개발하였다. 딥러닝 알고리즘, 특히 Convolutional Neural Networks(CNN)를 사용하여 뇌의 백질 경로와 회백질 구조를 분석하여 모델의 정확도는 90% 이상을 기록하였으며, 민감도와 특이도 또한 높은 수준을 유지하였다. 다만, 딥러닝 모델의 설명 가능성에 대한 부족 및 MRI의 영상에서 담고 있는 표현형(phenotype)과 자폐스펙트럼장애의 기전과의 연관성 규명이 어려운 점 등 해석의 한계가 있다. Helmy 등(2023)은 AI가 기존의 자폐스펙트럼장애 진단 표준을 보완할 수 있는 가능성을 제시하였다. 이 연구는 다양한 데이터 소스를 통합하여 자폐스펙트럼장애 진단을 돕는 모델을 개발하였으며, 사용된 데이터 소스에는 보호자 질문지, 아동의 상호작용 영상, 임상의 질문지 결과가 포함된다. 머신러닝 알고리즘인 Support Vector Machine(SVM)과 Random Forest(RF)를 사용하여 모델을 훈련시켰으며, 결과적으로 정확도 92%, 민감도 87%, 특이도 85%의 높은 진단능을 기록하였다. Sohl 등(2022)은 ECHO Autism STAT 모델에 AI 기반 자폐스펙트럼장애 진단 도구를 통합하여 임상적용 가능성과 영향을 평가하였다. 연구는 18~72개월 아동을 대상으로 하며, 보호자 설문지, 가정에서 촬영한 짧은 비디오, 의료 제공자 설문지를 분석하여 진단을 돕는 AI 도구를 사용했다. AI 도구는 눈 움직임 추적과 얼굴 표정 분석을 통해 자폐스펙트럼장애를 예측하였으며, Random Forest 알고리즘을 적용하여 민감도 88%, 특이도 90%를 기록하였다. 이 연구는 AI 도구를 통합한 ECHO Autism STAT 모델이 기존 진단 경로보다 진단 속도를 30% 이상 높이고, 초기 치료 시작까지의 시간을 단축시켰음을 보여 주었다.

(2) 조기선별

조기선별은 자폐스펙트럼장애 치료의 성공률을 높이는 데 중요하며, AI 기술은 자폐스펙트럼장애의 조기선별에 중요한 역할을 할 것으로 기대한다. AI는 비디오 분석을 통해 초기 발달 지연을 감지하고, 부모나 교사가 놓칠 수 있는 미세한 행동 변화를 포착하여 조기 개입을 가능하게 하고 더 나은 예후를 기대할 수 있다. 자폐스펙트럼장애는 일반적으로 행동관찰에 기반하여 진단되지만, AI를 활용하여 더욱 객관적이고 신뢰성 있는 데이터에 기반한 방법론을 제공하기 위한 연구들이 보고되고 있다. 발표된 연구에 따르면, AI가 특히 MRI 및 뇌파 데이터와 같은 생물학적 데이터를 분석하여 자폐스펙트럼장애를 조기에 발견하는 데 유용하게 활용될 수 있음을 보여 주고 있다. 예를 들어, Moridian 등(2022)은 딥러닝 기술을 사용하여 MRI 뇌 신경 영상을 분석함으로써 자폐스펙트럼장애의 진단뿐 아니라 위험군 아동을 자동으로 선별하는 시스템을 개발했다. 이는 높은 정확도를 자랑하며, 기존의 행동 기반 진단보다 빠르고 효과적임을 보였으나 앞서 기술한 대로, 딥러닝 모델의 설명 가능성 부족에 대한 해결 및 MRI 등 뇌 신경계 영상에서의 이상치가 갖는 표현형이 어떻게 자폐스펙트럼장애의 기전과 연관성을 갖는지 규명하는 연구가 추가로 필요하다.

또한 AI는 조기선별에서 데이터 기반의 접근을 통해 진단의 객관성을 높일 수 있다. Song 등(2019)은 행동 데이터뿐만 아니라 생물학적 지표를 포함한 다양한 환아 유래 데이터를 분석하여 자폐스펙트럼장애를 조기에 발견하는 방법을 제안하였다. 이러한 접근은 조기 진단을 통해 해당 생물학적 지표에 기반한 조기중재와 치료를 가능하게 하여 환자의 예후를 크게 개선할 수 있을 것으로 기대된다.

AI 기반의 조기선별 시스템은 의료 접근성이 낮은 지역에서도 활용될 수 있어, 진단 격차를 줄이는 데도 기여할 수 있다. AI는 대량의 데이터를 빠르게 처리하고 패턴을 인식하는 능력이 뛰어나기 때문에 조기선별 도구로서의 잠재력이 크다. 이처럼 AI는 자폐스펙트럼장애의 조기선별에 있어서 혁신적인 도구로 자리 잡고 있으며, 앞으로도 그 활용도가 높아질 것으로 기대된다.

(3) 예후 예측

AI는 데이터를 기반으로 환자의 장기적인 발달 예후를 예측할 수 있을 것으로도 기대된다. 이를 통해 맞춤형 치료계획을 세우고, 환자 개개인의 필요에 맞춘 지원을 제공할 수 있을 것이다. 예를 들어, 언어발달 예측 모델은 아이가 언어치료가 필요한지 여부를 사전에 알 수 있게 함으로써 적절한 치료적 중재에 대한 결정을 가능하게 한다. AI 기반 예후 예측은 자폐스펙트럼장애 아동의 장기적인 발달과 치료 결과를 예측하는 데 중요한 도구로서 활용될 가능성을 보여 주고 있다. 여러 연구에서 AI 모델이 환자의 임상 데이터를 분석하여 예후를 예측하는 데 성공적으로 활용되고 있다. 예를 들어, Chang 등 (2023)은 AI를 사용하여 중추신경계 재활 환자의 예후를 예측하였으며, 이러한 접근법이 치료 계획을 개선하는 데 유용할 수 있음을 발견하였다. 이 연구에서는 AI가 다양한 임상 변수와 생체 데이터를 분석하여 개별 환자의 회복 가능성을 예측함으로써, 환자 맞춤형 치료 계획 수립에 기여할 수 있음을 시사하고 있다. Helmy 등(2023)의 연구는 AI가 확산텐서영상(DTI)과 같은 뇌 영상 MRI 데이터를 사용하여 자폐스펙트럼장애 진단 및 예후 예측에서 중요한 역할을 할 수 있음을 강조하였다. Helmy 등(2023)의 연구는 자폐스펙트럼장애 진단을 위해 DTI 데이터를 활용한 방법과 그 결과를 제시하고 있다. 연구는 자폐스펙트럼장애 진단을 받은 환자와 정상 대조군으로 구성된 피험자들을 모집하여 DTI 데이터를 수집하였다. 수집된 데이터는 영상에서의 허상(artifact)과 노이즈 제거를 위한 전처리 과정을 거쳤으며, 주요 생리학적 확산 지표 값들을 추출하였다. AI 학습 모델로는 SVM, RF, Decision Tree(DT) 알고리즘을 사용하여 모델을 훈련하였다. 결과로 자폐스펙트럼장애 환자 그룹에서 백질 경로의 무결성이 감소된 것으로 나타났으며, 특히 상측 종방향 다발과 궁형 다발에서 확산계수가 감소하는 경향이 관찰되었다. 사용한 모델 중에는 SVM 모델이 가장 높은 성능을 보였으며, 정확도 90% 이상을 기록하였다. 이 연구는 DTI 데이터를 활용한 머신러닝 모델이 자폐스펙트럼 진단에서 중요한 역할을 할 수 있음을 입증하였고, 뇌의 백질 경로 분석을 통해 자폐스펙트럼장애의 생리적 특징을 이해하고 조기진단에 기여할 수 있음을 보여 주었다. 이러한 접근은 특히 조기 개입과 지속적인 치료 모니터링에 유익할 수 있다.

AI 기술은 임상 전문가의 판단과 비교했을 때에도 높은 정확도를 보이며, 특히 장기적인 치료 결과를 예측하는 데 있어 유망한 도구로 떠오르고 있다. Sariyanidi 등(2023)은 AI 알고리즘이 얼굴 표현 분석을 통해 임상 전문가와 비슷한 수준의 정확도로 자폐스펙트럼장애 예후를 예측할 수 있음을 보여 주었다. 이 연구는 AI 기반 예측 모델이 전문가의 주관적 판단에 의존하지 않고도 높은 정확도를 유지할 수 있음을 입증하였으며, 자폐스펙트럼장애 환자의 장기적인 발달과 치료 결과를 보다 객관적으로 평가할 수 있는 도구로서의 가능성을 제시하였다. 마지막으로, Song 등(2019)의 연구에서는 자폐스펙트럼장애 평가 과정에서 AI를 활용한 연구들을 요약하고, 행동 데이터를 통해 자폐스펙트럼장

표 16-1 인공지능(AI)을 활용하여 자폐스펙트럼장애(ASD)의 진단, 조기선별 및 예후 예측 연구(각 연구는 AI 기술을 적용하여 자폐스펙트럼장애의 진단 정확성을 높이고 조기 개입 및 맞춤형 치료 계획을 가능하게 하는 방법을 제시하고 있음)

저자	제목	연구 목적과 의의	사용데이터	사용모델과 성능
Megerian et al. (2022)	AI-based medical device for ASD diagnosis	진단 지연을 줄이고 초기 개입을 가능하게 하여 1차 진료에서 자폐스펙트럼장애 진단 능을 증가시킬 수 있는 가능성을 보여 줌.	보호자 설문지, 두 개의 짧은 가정 비디오 분석, 의료 제공자 설문지	Gradient Boosted Decision Tree(GBDT) 민감도: 98.4% 특이도: 78.9%
Choi et al. (2020)	Applying artificial intelligence for diagnostic classification of Korean ASD	자폐스펙트럼장애 진단에서 기계학습의 적용 가능성을 입증하고, 중요한 ADI-R 항목의 축소된 세트를 사용하여 진단 과정을 단순화할 수 있는 가능성을 보여 줌.	자폐 진단 인터뷰 수정본(ADI-R) 진단 알고리즘 점수	Multiclass Decision Forest 평균정확도: 98.14% 매크로평균정밀도: 96.42% 매크로평균재현율: 98.78%
Song et al. (2019)	AI in screening and diagnosis of ASD	AI를 활용하여 자폐스펙트럼장애 진단을 위한 행동 특징을 식별하고, 이를 통해 진단 시간을 단축하고 정확도를 높일 수 있는 가능성을 보여 줌.	행동 관찰 데이터(예: 얼굴 표정, 손 움직임)	Support Vector Machine (SVM), Logistic Regression (LR), Naïve Bayes (NB), Random Forest (RF), Decision Tree (DT) 얼굴표정인식 정확도: 88.51%
Moridian et al. (2022)	Automatic autism spectrum disorder detection using artificial intelligence methods with MRI neuroimaging	뇌 영상 데이터를 기반으로 한 AI 모델이 자폐스펙트럼장애 진단에서 인간 전문가의 능력을 보완할 수 있음을 입증함.	기능적 MRI(fMRI), 구조적 MRI(sMRI)	Support Vector Machine (SVM), Deep Learning (DL) 정확도: 90% 이상

저자	제목	주요 내용	데이터	방법 및 결과
Helmy et al. (2023)	Role of Artificial Intelligence for Autism Diagnosis Using DTI and Fmri	DTI와 fMRI 데이터를 활용한 AI 모델이 자폐 스펙트럼장애 진단에서 유망하며, 다양한 데이터 유형을 통합하여 더 정밀한 진단을 가능하게 함.	확산 텐서 영상(DTI), 기능적 MRI(fMRI)	Random Forest (RF), Decision Tree (DT), Support Vector Machine (SVM) 정확도: 90% 이상
Sohl et al. (2022)	Feasibility and Impact of Integrating an Artificial Intelligence-Based Diagnosis Aid for Autism Into the Extension for Community Health Outcomes Autism Primary Care Model	AI 기반 진단 기기가 자폐스펙트럼장애 진단에서 초기 개입을 가능하게 하여 1차 진료에서 진단의 효율성을 높일 수 있음을 보여줌.	보호사 실문지, 짧은 가정 비디오, 의료 제공자 설문지	Gradient Boosted Decision Tree (GBDT) 민감도: 98.4% 특이도: 78.9%
Sariyanidi et al. (2023)	Comparison of Human Experts and AI in Predicting Autism from Facial Behavior.	AI가 인간의 진단 능력을 보완할 수 있으며, AI와 인간의 오류가 겹치지 않아 상호 보완적인 정보를 제공할 수 있음을 보여 줌.	얼굴 행동 분석(표정 및 머리 움직임)	Support Vector Machine (SVM) 정확도: 80.5%(AI), 83.1%(전문가), 78.3%(비전문가)
Chang et al. (2023)	The Use of Artificial Intelligence to Predict the Prognosis of Patients Undergoing Central Nervous System Rehabilitation	AI가 재활 과정에서 환자의 개인 맞춤형 치료 계획을 지원할 수 있는 가능성을 보여줌.	다양한 신경 재활 데이터(예: 임상 평가 점수, 치료 반응 데이터)	Random Forest (RF), Logistic Regression (LR), Deep Neural Networks (DNN), Convolutional Neural Networks (CNN) 정확도: 90% 이상

애 특성을 구별할 가능성을 탐구했다. 이 리뷰에서는 2009년부터 2019년까지의 13개 연구를 분석하였다. 연구 결과, AI가 기존 평가 도구를 개선하고 새로운 행동 데이터를 분

석하여 자폐스펙트럼장애 진단의 정확도를 높일 수 있음을 확인하였다. 예를 들어, AI는 SVM을 사용하여 어린이 발달 데이터를 분석해 높은 정확도로 자폐스펙트럼장애를 예측할 수 있음을 제시하였다. 또한 AI가 ADOS 및 ADI-R에서 예측력이 높은 항목을 식별해 질문 수를 줄이면서도 높은 진단 정확도를 유지할 수 있음을 보였다. AI는 자폐스펙트럼장애와 ADHD 등 다른 신경발달장애를 구별하는 데에도 유용했다. 이러한 AI 기반 접근법은 자폐스펙트럼장애 조기 진단 및 개입 전략 수립에 중요한 역할을 할 수 있다. 이러한 연구들은 AI 기반 예후 예측의 잠재력을 보여주며, 향후 자폐스펙트럼장애 치료 전략 수립에 중요한 기여를 할 수 있다. 그러나 Song 등(2019)은 AI를 활용한 진단에서 데이터 품질 및 양, 평가 항목 단순화, 알고리즘 이해, 실제 적용 가능성 등의 도전 과제가 있음을 지적했다. 머신러닝 알고리즘은 대량의 데이터가 필요하며, 자폐스펙트럼장애와 비자폐스펙트럼장애 참가자 간 불균형이 결과에 영향을 미칠 수 있음을 언급하였다. 평가 항목을 줄이면 일부 증상이나 발달 지연을 가진 개인을 간과할 수 있으며, 다양한 알고리즘의 결과 차이를 이해하고 적합한 접근법을 찾는 것이 중요함을 강조하였고, 대부분의 AI 발전은 후향적 데이터에 기반하고 있어 실제 환경에서의 검증과 타당성 연구가 필요함을 제시하였다.

3. 디지털 치료기기 및 인공지능을 활용한 연구의 제한점 및 지향점

1) 디지털 치료기기 연구의 제한점 및 지향점

(1) 제한점

- 효과 및 안전성 입증의 어려움: 디지털 치료기기는 전통적인 약물과 달리 소프트웨어 기반의 치료 방법이기 때문에 임상시험을 통해 그 효과와 안전성을 입증하는데 어려움을 겪고 있다. 전통적인 약물은 화학적 구성 요소를 기반으로 하는 반면, 디지털 치료기기는 행동 데이터와 소프트웨어 알고리즘을 활용하여 치료 효과를 제공한다. 이는 임상시험 설계와 실행에서 새로운 도전 과제를 제시한다. 예를 들어, 환자의 행동 변화를 객관적으로 측정하고 분석하는 데 필요한 표준화된 도구가 부족하다. 또한 소프트웨어 업데이트와 같은 디지털 치료기기의 특성

상 임상시험 중간에 변경이 발생할 수 있으며, 이는 결과의 일관성을 저해할 수 있다. 이러한 문제로 인해 디지털 치료기기의 효과와 안전성을 입증하는 데 시간이 더 많이 소요될 수 있다(Kim et al., 2023).

- **사용자 순응도**: 디지털 치료기기는 사용자의 지속적인 참여와 순응이 필요하다. 그러나 사용자들은 다양한 이유로 지속적으로 참여하는 데 어려움을 느낄 수 있다. 예를 들어, 기술에 대한 이해 부족, 사용 환경의 변화, 지속적인 동기 부여의 부족 등이 원인이 될 수 있다. 특히, 디지털 치료기기는 장기적인 참여를 요구하는 경우가 많아 사용자의 피로감이 누적될 수 있다. 이는 치료 효과의 일관성을 떨어뜨리고, 전체적인 치료 성과에 부정적인 영향을 미칠 수 있다. 따라서 사용자 순응도를 높이기 위한 전략이 필요하다(Williams et al., 2020).

- **접근성 문제**: 기술적 장벽으로 인해 모든 환자가 디지털 치료기기에 접근할 수 있는 것은 아니다. 특히, 기술에 익숙하지 않은 고령자나 저소득층은 이러한 디지털 치료기기의 혜택을 누리기 어려울 수 있다. 인터넷 연결, 스마트폰 또는 컴퓨터와 같은 디지털 기기에 대한 접근성 부족은 큰 장애물이 된다. 이는 디지털 격차를 발생시키고, 건강 불평등을 심화시킬 수 있다. 또한 디지털 기기를 사용하는 데 필요한 기본적인 기술 지식이 부족한 경우, 디지털 치료기기의 사용이 더욱 어려워질 수 있다. 따라서 이러한 문제를 해결하기 위한 노력이 필요하다 (BUTT, 2024).

(2) 앞으로의 지향점

- **엄격한 임상시험**: 디지털 치료기기의 효과와 안전성을 입증하기 위해 더욱 엄격한 임상시험이 필요하다. 이는 전통적인 약물시험과 마찬가지로, 무작위 대조시험(RCT)을 포함한 다양한 연구 설계를 통해 이루어질 수 있다. 디지털 치료기기의 특성을 고려한 맞춤형 임상시험 프로토콜을 개발하여, 소프트웨어 업데이트와 같은 변수에도 대응할 수 있도록 해야 한다. 또한 장기적인 효과와 안전성을 평가하기 위해 장기 추적 연구가 필요하다. 이를 통해 디지털 치료기기의 신뢰성을 높이고, 임상 적용성을 강화할 수 있다(Wu et al., 2023).

- **사용자 교육 및 지원**: 사용자의 순응도를 높이기 위해 교육 프로그램과 지속적인 지원 시스템을 마련해야 한다. 이는 디지털 치료기기 사용 방법에 대한 이해를 높이고, 사용 동기를 지속적으로 부여할 수 있도록 도와준다. 예를 들어, 사용자

를 위한 단계별 교육 자료를 제공하고, 정기적인 피드백과 지원을 통해 사용자의
참여를 독려할 수 있다. 또한 커뮤니티 지원 그룹을 통해 사용자들 간의 경험 공
유와 상호 지원을 촉진할 수 있다. 이러한 노력을 통해 사용자 순응도를 높이고,
치료 효과를 극대화할 수 있다(Kim et al., 2023).

- **기술 접근성 향상**: 기술적 장벽을 낮추고 모든 환자가 디지털 치료기기에 접근할
수 있도록 지원해야 한다. 이는 인터넷 연결과 디지털 기기의 접근성을 높이는
데 중점을 두어야 한다. 예를 들어, 공공 와이파이 확대, 저렴한 디지털 기기 보
급, 디지털 리터러시 교육 등을 통해 기술 접근성을 개선할 수 있다. 또한, 다양한
언어와 문화에 맞춘 사용자 인터페이스를 제공하여, 다양한 인구 집단이 쉽게 사
용할 수 있도록 해야 한다. 이를 통해 디지털 격차를 줄이고, 모든 환자가 디지털
치료기기의 혜택을 누릴 수 있도록 할 수 있다(Wu et al., 2023).

2) AI 연구의 제한점 및 지향점

(1) 제한점

- **데이터의 품질 및 다양성 부족**: AI 모델의 성능은 훈련 데이터의 품질에 크게 의존
한다. 자폐스펙트럼장애 진단을 위한 데이터는 종종 제한적이며, 다양한 연령,
성별, 문화적 배경을 포함하지 않을 수 있다. 이는 AI 모델이 특정 그룹에 대해서
는 높은 성능을 보이지만, 다른 그룹에 대해서는 낮은 성능을 보일 수 있음을 의
미한다. 예를 들어, 백인 남성을 중심으로 수집된 데이터로 훈련된 모델은 아시
아 여성에게 적용할 때 정확도가 떨어질 수 있다. 따라서 AI 모델의 일반화 능력
을 확보하기 위해 다양한 인구 통계학적 배경을 반영한 데이터가 필요하다. 또한
데이터의 편향성 문제를 해결하기 위한 지속적인 노력이 요구된다. 이를 통해 모
델의 공정성과 신뢰성을 높일 수 있다(Suresh & Guttag, 2019).
- **모델의 투명성 부족**: 딥러닝 모델은 일반적으로 블랙박스 모델로 간주되며, 모
델의 결정 과정을 이해하고 설명하는 것이 어렵다. 이는 의료 분야에서 중요한
신뢰 문제를 야기할 수 있다. 의료진은 AI의 진단 결과를 신뢰하기 위해 그 결
정 과정과 논리를 이해할 필요가 있다. 그러나 현재의 AI 모델은 이러한 투명성
을 제공하지 못해 신뢰 구축에 어려움이 있다. 이는 AI 기반 진단도구가 임상에
서 광범위하게 채택되는 것을 방해할 수 있다. 따라서 모델의 해석 가능성을 높

이는 연구가 필요하다. 예를 들어, 설명 가능한 Explainable AI(XAI) 기법을 통해 모델의 내부 작동 방식을 설명하고, 이를 통해 의료진의 신뢰를 얻을 수 있다(Holzinger et al., 2019).

- **윤리적 고려사항:** 개인정보 보호 및 데이터 사용에 대한 윤리적 문제는 여전히 해결해야 할 중요한 과제이다. 특히 취약 대상군인 아동·청소년의 경우, 데이터 수집 및 사용에 대한 엄격한 규제가 필요하다. AI 연구는 대량의 개인 데이터를 필요로 하며, 이 데이터가 적절하게 보호되지 않을 경우 심각한 프라이버시 침해가 발생할 수 있다. 또한 데이터 사용의 투명성과 동의 절차가 명확하지 않으면 사용자들의 신뢰를 얻기 어렵다. 윤리적 문제를 해결하기 위해서는 데이터 수집과 사용에 대한 명확한 가이드라인과 규제가 필요하다. 이를 통해 데이터 보호와 사용자 신뢰를 동시에 확보할 수 있다. 예를 들어, 민감한 데이터를 다룰 때는 익명화 기술을 적용하고, 데이터 사용 목적을 명확히 하여 사용자 동의를 받는 절차가 필요하다(Jobin et al., 2019).

(2) 앞으로의 지향점

- **다양한 데이터셋 구축:** 다양한 인구 통계학적 변수를 포함한 포괄적인 데이터셋을 구축하여 모델의 일반화를 개선해야 한다. 이를 통해 AI 모델이 다양한 환경과 조건에서도 높은 성능을 유지할 수 있다. 예를 들어, 다양한 연령대, 성별, 인종, 문화적 배경을 반영한 데이터를 수집하여 모델을 훈련시킬 수 있다. 또한 데이터의 양뿐만 아니라 질을 개선하기 위한 노력도 필요하다. 데이터 수집 과정에서 발생할 수 있는 편향을 최소화하고, 신뢰할 수 있는 데이터를 확보하기 위한 체계적인 접근이 필요하다. 이를 통해 AI 모델의 공정성과 신뢰성을 높일 수 있다.

- **모델의 해석 가능성 향상:** AI 모델의 투명성을 높이기 위해 해석 가능한 AI 기법을 연구하고 도입해야 한다. 이는 AI 모델이 내린 결정을 설명하고, 그 과정에 대한 이해를 돕는 것을 목표로 한다. 예를 들어, 설명 가능한 AI(XAI) 기술을 통해 의료진이 AI의 진단 과정을 이해하고, 이를 기반으로 보다 신뢰할 수 있는 결정을 내릴 수 있다. 이는 AI 기반 진단도구의 임상 채택을 촉진하는 데 중요한 역할을 할 수 있다. 또한 모델의 해석 가능성 향상을 통해 사용자와의 신뢰 관계를 강화할 수 있다. 이를 통해 AI 기술이 의료 현장에서 보다 효과적으로 활용될 수 있다.

- **강화된 윤리적 프레임워크:** 개인정보 보호 및 데이터 윤리에 대한 명확한 가이드라

인을 수립하고 준수해야 한다. 이는 AI 연구와 개발 과정에서 발생할 수 있는 윤리적 문제를 예방하고, 사용자 신뢰를 확보하기 위한 필수적인 단계이다. 예를 들어, 민감한 데이터의 익명화, 데이터 사용 목적의 명확화, 사용자 동의 절차 강화 등을 포함한 윤리적 프레임워크를 구축할 수 있다. 또한 AI 모델의 개발과 활용 과정에서 지속적으로 윤리적 기준을 점검하고, 이를 준수하는 것이 중요하다. 이를 통해 AI 기술이 사회적으로 책임감 있게 사용될 수 있다.

4. 결론 및 제언

디지털 치료기기 및 AI 등 디지털 기술의 활용으로 자폐스펙트럼장애의 진단 및 치료적 중재에 새로운 기회를 제공할 수 있을 것으로 기대한다. 하지만 전통적인 진단 및 치료방식과 대비되는 부작용과 한계점들을 명확히 이해하고 다루어야 하며, 특히 사용되는 의료 데이터의 수집 및 활용에 대한 명확한 가이드라인 및 규제가 필요하다.

참고문헌

김윤진(2020). 디지털 치료기기(Digital. Therapeutics) 개발현황". KIRI 고령화리뷰 국내외동향, 38, 23-25.

박안선, 이승민(2020). 디지털 치료기기의 현황분석및 발전 방향. 기술정책 이슈, 5, 1-65

서울대학교병원(2022. 7. 14.). 자폐스펙트럼장애 디지털 치료기기 개발 착수. 서울대학교병원 뉴스.

BUTT, J. S. (2024). Navigating the Grey Area: Legal Frameworks for Digital Health Monitoring & Use of AI for Elderly Patients in the Nordics.

Chang, M. C., Kim, J. K., Park, D., Kim, J. H., Kim, C. R., & Choo, Y. J. (2023, October). The Use of Artificial Intelligence to Predict the Prognosis of Patients Undergoing Central Nervous System Rehabilitation: A Narrative Review. *Healthcare, 11*(19), 2687. MDPI.

Choi, E. S., Yoo, H. J., Kang, M. S., & Kim, S. A. (2020). Applying artificial intelligence for diagnostic classification of Korean autism spectrum disorder. *Psychiatry Investigation,*

17(11), 1090.

Dang, A., Arora, D., & Rane, P. (2020). Role of digital therapeutics and the changing future of healthcare. *Journal of Family Medicine and Primary Care, 9*(5), 2207-2213.

Helmy, E., Elnakib, A., ElNakieb, Y., Khudri, M., Abdelrahim, M., Yousaf, J., ⋯ & El-Baz, A. (2023). Role of Artificial Intelligence for Autism Diagnosis Using DTI and fMRI: A Survey. *Biomedicines, 11*(7), 1858.

Holzinger, A., Langs, G., Denk, H., Zatloukal, K., & Müller, H. (2019). Causability and explainability of artificial intelligence in medicine. *Wiley Interdisciplinary Reviews: Data Mining and Knowledge Discovery, 9*(4), e1312.

Hong, J. S., Wasden, C., & Han, D. H. (2021). Introduction of digital therapeutics. *Computer Methods and Programs in Biomedicine, 209*, 106319.

Huh, K. Y., Oh, J., Lee, S., & Yu, K. S. (2022). Clinical evaluation of digital therapeutics: present and future. *Healthcare Informatics Research, 28*(3), 188.

Jeong, P. Y., Yeon, S. J., & Hong, K.-H. (2023). A meta-analysis of parent training program in children with autism spectrum disorder for digital therapeutics. *Commun Sci Disord, 28*(1), 1-15.

Jobin, A., Ienca, M., & Vayena, E. (2019). The global landscape of AI ethics guidelines. *Nature Machine Intelligence, 1*(9), 389-399.

Kim, M., Patrick, K., Nebeker, C., Godino, J., Stein, S., Klasnja, P., Perski, O., Viglione, C., Coleman, A., & Hekler, E. (2023). The Digital Therapeutics Real World Evidence Framework: An approach for guiding evidence-based DTx design, development, testing, and monitoring. Journal of Medical Internet Research. Preprint,

Megerian, J. T., Dey, S., Melmed, R. D., Coury, D. L., Lerner, M., Nicholls, C. J., ⋯ & Taraman, S. (2022). Evaluation of an artificial intelligence-based medical device for diagnosis of autism spectrum disorder. *NPJ Digital Medicine, 5*(1), 57.

Moridian, P., Ghassemi, N., Jafari, M., Salloum-Asfar, S., Sadeghi, D., Khodatars, M., ⋯ & Acharya, U. R. (2022). Automatic autism spectrum disorder detection using artificial intelligence methods with MRI neuroimaging: A review. *Frontiers in Molecular Neuroscience, 15*, 999605.

Phan, P., Mitragotri, S., & Zhao, Z. (2023). Digital therapeutics in the clinic. *Bioengineering & Translational Medicine, 8*(4), e10536.

Sariyanidi, E., Zampella, C. J., DeJardin, E., Herrington, J. D., Schultz, R. T., & Tunc, B. (2023, March). Comparison of Human Experts and AI in Predicting Autism from Facial Behavior. In CEUR workshop proceedings (Vol. 3359, No. ITAH, p. 48). NIH Public Access.

Sohl, K., Kilian, R., Curran, A. B., Mahurin, M., Nanclares-Nogués, V., Liu-Mayo, S., ⋯ & Taraman, S. (2022). Feasibility and Impact of Integrating an Artificial Intelligence-Based Diagnosis Aid for Autism Into the Extension for Community Health Outcomes Autism Primary Care Model: Protocol for a Prospective Observational Study. *JMIR Research Protocols, 11*(7), e37576.

Song, D. Y., Kim, S. Y., Bong, G., Kim, J. M., & Yoo, H. J. (2019). The use of artificial intelligence in screening and diagnosis of autism spectrum disorder: a literature review. *Journal of the Korean Academy of Child and Adolescent Psychiatry, 30*(4), 145.

Suresh, H., & Guttag, J. V. (2019). A framework for understanding sources of harm throughout the machine learning life cycle. arXiv preprint arXiv:1901.10002.

Toma, M. V., Turcu, C. E., Turcu, C. O., Vlad, S., Tiliute, D. E., & Pascu, P. (2024). Extended Reality-Based Mobile App Solutions for the Therapy of Children With Autism Spectrum Disorders: Systematic Literature Review. *JMIR Serious Games, 12*, e49906.

Wang, C., Lee, C., & Shin, H. (2023). Digital therapeutics from bench to bedside. *NPJ Digital Medicine, 6*(1), 38.

Wang, T., Ma, Y., Du, X., Li, C., Peng, Z., Wang, Y., & Zhou, H. (2024). *Digital interventions for autism spectrum disorders: A systematic review and meta-analysis.* Pediatric Investigation.

Williams, M. G., Stott, R., Bromwich, N., Oblak, S. K., Espie, C. A., & Rose, J. B. (2020). Determinants of and barriers to adoption of digital therapeutics for mental health at scale in the NHS. *BMJ Innovations, 6*(2), 92-98.

Wu, X., Deng, H., Jian, S., Chen, H., Li, Q., Gong, R., & Wu, J. (2023). Global trends and hotspots in the digital therapeutics of autism spectrum disorders: A bibliometric analysis from 2002 to 2022. *Frontiers in Psychiatry, 14*, 1126404.

Yun, E., & Im, I. (2022). Analysis of domestic research trends related to the development of digital therapeutics (DTx) in the field of communication disorders. *Phonetics and Speech Sciences, 14*(4), 57-66.

Zhang, X., Luo, Z., Yang, M., Huang, W., & Yu, P. (2022). Efficacy and safety of digital therapeutics-based cardiac rehabilitation in heart failure patients: A systematic review. *ESC Heart Failure, 9*(6), 3751-3760.

PART ④

자폐스펙트럼장애에서의 공존질환과 청소년 및 성인기

CHAPTER
17

자폐스펙트럼장애에서의 공존질환

한태선

자폐스펙트럼장애 환자는 공존질환이 매우 흔하게 진단되고는 하나, 그 이환율은 매우 이질적이다. 이는 자폐스펙트장애의 핵심 증상으로 표현되는 증상을 공존질환으로 과도하게 진단하거나, 혹은 반대로 전형적인 증상이 표현되지 않아 공존질환을 놓치게 되는 경우가 있기 때문으로 보인다. 따라서, 이 장에서는 자폐스펙트럼장애에서 흔하게 진단되는 공존질환들의 특징과 자폐스팩트럼장애의 핵심 증상 특징을 알아보고자 하며, 동시에 감별진단이 필요한 다른 질환들에 대해서도 다루어 보고자 한다.

1. 공존질환의 진단과 치료

자폐스펙트럼장애 환자의 공존질환은 매우 흔해서, 한 대단위 인구집단의 연구에 따르면, 95%의 자폐스펙트럼장애 환자가 적어도 하나의 추가적 동반 증상을 갖는다고 한다(Boulet et al., 2009). 한편, 여러 연구들에서 공존질환의 유병률은 매우 다양하다. 최근 이루어진 체계적 문헌 고찰에서 각 공존질환들의 이환율은 〈표 17-1〉에 나타나듯 90% 이상의 매우 심한 이질성을 보이고 있었다(Lai et al., 2019). 이는 자폐스펙트럼장애 환자에서 나타나는 증상들이 전형적이지 않을 때가 많아 공존질환의 진단을 실패하거나, 혹

은 반대로 자폐스펙트럼장애의 핵심 증상으로 인해 표현되는 증상들을 공존질환으로 과
도하게 진단하는(예: 제한적이고 반복적인 행동이나 흥미, 활동을 강박증상이라고 진단하는)
경우가 있기 때문으로 보인다. 따라서 치료자는 환자가 보이는 특정 증상이 자폐스펙트
럼장애의 공존질환의 표현인지 혹은 자폐스펙트럼장애의 핵심 증상에서 기인하는 표현
인지를 감별하는 것이 중요하다. 6세 미만의 초기 소아기의 경우 자폐스펙트럼장애와
여러 질환은 표현되는 증상들이 비특이적일 때가 많아 어려울 때가 많지만, 각 질환에
따른 치료와 예후들이 다르므로 이러한 구분이 중요하다. 공존질환은 자폐스펙트럼장애
환자들의 증상에 다양하게 영향을 미쳐서, 자폐스펙트럼장애 진단을 어렵게 하거나 환
자와 보호자들의 삶의 질에 영향을 미친다. 한편, 잘못된 공존질환의 진단 및 치료로 인

표 17-1 자폐스펙트럼장애에서 공존질환의 비율

구분	유병률 (95% 신뢰구간)	이질도 (95% 신뢰구간)	일반군의 유병률 (95% 신뢰구간)
주의력결핍 과잉행동장애	28% (25-32)	99.65% (99.55-99.85)	7.2% (6.7-7.8)
불안장애	20% (17-23)	99.53% (99.42-99.87)	7.3% (4.8-10.9)
우울증	11% (9-13)	99.41% (99.39-99.81)	4.7% (4.4-5.0)
양극성장애	5% (3-6)	99.50% (99.40-99.82)	0.71% (0.56-0.86)[†] 0.50% (0.35-0.64)[††]
조현병	4% (3-5)	99.18% (99.00-99.87)	0.46% (0.41-0.50)
강박증	9% (7-10)	96.85% (96.75-99.87)	0.7% (0.4-1.1)
파괴적 충동조절 및 품행장애	12% (10-15)	99.52% (99.47-99.90)	8.9% (표준오차 0.5)
수면장애	13% (9-17)	99.87% (99.78-99.93)	3.7% (측정불가)

[†] 제1형 양극성장애; [††] 제2형 양극성장애
출처: Lai et al. (2019). p. 824, Table 1.

해, 자폐스펙트럼장애 환자들은 일반군에 비해 효과는 부족하고 더 많은 부작용만을 경험할 수 있어, 결과적으로 환자와 보호자의 고통만 증가될 수 있다. 따라서 치료자는 자폐스펙트럼장애에서 공존되는 장애들의 진단적 특징들을 명확히 알아야 한다. 자폐스펙트럼장애 환자가 갖는 정신과 공존질환은 빈도별로 주의력결핍 과잉행동장애, 불안장애, 수면장애, 파괴적 충동조절 및 품행장애, 우울증, 강박증, 양극성장애, 조현병 순이었다(Lai et al., 2019). 이 외에도 자폐스펙트럼장애 환자들은 지적장애, 수면 및 식사 문제, 배설문제, 뇌전증, 위장장애, 뇌성마비, 언어문제, 시각 및 청각 장애, 유전질환 등 여러 문제를 동반한다(Forde, 2022; Soke, 2019).

1) 주의력결핍 과잉행동장애(Attention-Deficit Hyperactivity Disorder: ADHD)

자폐스펙트럼장애 환자에서 ADHD의 공존 비율은 최근 메타분석(Meta-analysis) 결과에서 28%로 일반군의 7.2%에 비해 흔하였으나, 연구마다 1%에서 86%로 이환율이 매우 이질적이었다(Lai et al., 2019). 이는 자폐스펙트럼장애 환자에서 나타나는 ADHD 증상이 일반군과 비교해서 전형적이지 않아 진단하는 과정이 어렵다는 것을 뜻하거나, 혹은 자폐스펙트럼장애 증상으로 인해 ADHD를 과하게 진단하거나, 과소하게 진단할 수 있다는 점을 의미한다. ADHD와 비교되는 자폐스펙트럼장애의 특징은 〈표 17-2〉와 같다. 이를 통해 치료자는 아동이 보이는 과활동성, 부주의함과 충동성이 자폐스펙트럼장애의 증상으로 표현되는 것인지, ADHD의 공존질환으로 표현되는 것인지 구분할 수 있어야 한다. 자폐스펙트럼장애 아동이 비록 ADHD와 유사한 증상을 보이더라도, 자폐스펙트럼장애 증상의 한 표현형일 경우, 치료자는 이중으로 과잉진단해서는 안 된다는 것이다. 따라서 치료자는 부모로부터 영유아기부터 이어져 오는 발달력을 자세히 평가하여 자폐스펙트럼장애를 파악하는 것을 가장 우선시하여야 한다.

또한 여러 연구에서 두 진단 사이의 유전적, 신경 인지적인 교집합을 보여 주고 있으며(Aoki et al., 2017; Bethlehem et al., 2017; Bora & Pantelis, 2016; Ghirardi et al., 2018; Ghirardi et al., 2019), 과잉 활동성을 보이는 자폐스펙트럼장애 아동들에게 중추신경 자극제를 투여하였을 때 49%(RUPP, 2005)의 반응률을 보였음을 감안할 때, ADHD를 공존질환으로 갖는 자폐스펙트럼장애 환자가 상당하다는 것을 추정해 볼 수 있어, 임상에서 주의 깊은 진단 과정을 요한다.

자폐스펙트럼장애 환자가 ADHD를 공존질환으로 가질 경우 자폐스펙트럼장애 증상의 심각도, 즉 사회적 손상, 인지적 문제, 적응기능의 문제, 전반적 내현화, 외현화 증상들의 악화를 경험할 수 있다. 자폐스펙트럼장애 환자가 보이는 다양한 양상의 행동문제에 대해서 첫 번째로 고려되어야 할 치료는 행동치료이다. 하지만 ADHD 진단기준을 만족하는 자폐스펙트럼장애 청소년의 1/3이 중추신경 자극제를 복용하고 있다는 연구 결과를 고려했을 때, 행동치료만으로는 해결되지 않고 다양한 약물적 치료를 고려해야 하는 다양한 임상적 상황도 간과할 수 없다(Frazier et al., 2011).

중추신경 자극제 중 메틸페니데이트(Methylphenidate)가 ADHD 증상(과활동성, 주의집중력 문제)을 동반한 자폐스펙트럼장애 환자의 증상을 호전시키는지에 대한 무작위 대

표 17-2 주의력결핍 과잉행동장애와 비교되는 자폐스펙트럼장애 증상의 특징

증상	자폐스펙트럼장애	ADHD
세부 사항에 주의를 기울이지 않음	세부 사항에 집중해서 오류 적음	부주의와 부주의한 실수
주의 지속에 어려움	특정 관심사에 오래 집중	명확한 주의 지속 어려움
정신적 노력이 필요한 작업 회피	예측 가능하고 어렵지 않은 작업에는 어려움 없음	쉽게 싫증
물건을 자주 잃어버림	고정된 장소에 물건을 둠	물건을 자주 잃어버림
일상 활동을 자주 잊어버림	다른 점을 빠르게 인지	자주 일상 활동을 잊어버림
비언어적 의사소통 행동 결함	언어적·비언어적 의사소통 통합 부족, 비정상적인 눈맞춤, 제스처 이해 및 사용 결함	제스처 사용과 의미 있는 눈맞춤 존재
고정적/반복적 운동 움직임, 사물 사용, 말하기	반복적 움직임, 장난감 조직화, 감각 놀이, 반향어 사용	운동 불안
동일성 고집, 일상/의례화된 행동 패턴 고수	새로운 상황에 대한 두려움/회피 행동	충동적 행동/보상 초점, 새로운 상황에서 혼란
강하게 제한된 고착된 관심	비정상적인 강도나 초점의 강한 애착이나 집착	흔하지 않음
감각에 과민/과소 반응	통증/온도 무감각, 특정 소리나 질감에 과민반응, 과도한 냄새 맡기/사물 만지기, 빛이나 움직임에 시각적 매료	전형적인 증상 아님

출처: Rommelse et al. (2018).

조군 연구(Randomized Controlled Trial: RCT)는 소수의 연구들에서 진행되었다. 그 결과를 종합하면 메틸페니데이트가 자폐스펙트럼장애 환자의 과활동성에 대해서 효과가 있으며, 주의집중 문제에 대해서는 잠재적으로 효과가 있는 것으로 평가되었다(Sturman et al., 2017). 하지만 자폐스펙트럼장애 환자는 일반군에 비해 메틸페니데이트의 효과가 적은 편인데 비해, 성마름이나, 소화기 장애 문제 등의 부작용이 흔하게 관찰되어, 해당 약제를 사용하기 전에 진단적 과정을 확실히 하고, 약제 사용 시 천천히 적은 용량부터 증량하도록 권고되고 있다.

아토목세틴(Atomoxetine) 역시, 자폐스펙트럼장애 환자의 ADHD 증상 호전에 메틸페니데이트에 비해서는 적지만 유의미한 정도의 효과를 보였으며, 식욕 감소, 복부 불편감, 구역감 등 다양한 부작용이 관찰되었다. 그 외에도, 알파효능제(Guanfacine, Clonidine), 도파민조절제(Aripiprazole, Risperidone)에 대한 연구가 진행되었으며 일부 효과를 보이기도 하였으나 향후 추가적인 연구가 필요하다(Rodrigues et al., 2021).

2) 불안장애(anxiety disorder)와 강박증(obsessive-compulsive disorder), 우울증(depressive disorder)

자폐스펙트럼장애 환자는 기분의 변화, 부적절한 정동의 반응, 우울, 불안 등 다양한 정서적 문제를 보이며, 일반군에 비해 높은 비율의 불안장애와 강박증, 우울증 등 기분장애의 유병률을 보인다.

공존한 불안장애는 자폐스펙트럼장애 환자의 사회적 문제, 감각적 문제를 악화시키고 제한적이고 반복적인 행동이나 흥미, 활동을 늘리는 등 자폐스펙트럼장애 증상을 악화시킨다. 또한 자폐스펙트럼장애 환자는 불안장애로 인해 동반한 우울증이 악화되거나 자해 행동이 늘어날 수 있어, 환자와 환자를 돌봐야 하는 가족의 스트레스가 늘게 된다. 자폐스펙트럼장애 환자에서의 불안장애는 전형적인 불안 증상으로 나타날 수도 있으나, 자폐스펙트럼장애 증상과 겹쳐서 비전형적인 방식으로 나올 수 있다. 특히 인지적으로 미숙한 어린 아동들은 특정 불안한 주제에 대해 같은 질문을 반복하거나, 신체적 불편감을 보고하거나, 충동적 행동 혹은 과활동성을 포함한 행동 문제나 학습 문제 등으로 증상이 표현될 수 있어 주의를 요한다. 고기능 자폐스펙트럼장애의 경우 대조적으로 행동적 위축이나 부정적 상황에 대한 공포 등 인지적인 불안 증상을 보이는 경향이 있다.

강박증은 종종 자폐스펙트럼장애의 반복적인 행동과 제한된 관심을 보이는 증상과 감

표 17-3	불안장애 및 강박증과 비교되는 자폐스펙트럼장애 증상의 특징	
구분	불안 증상	자폐스펙트럼장애
걱정	특별한 이유를 찾을 수 없는 걱정	다가올 변화에 대한 걱정
분리불안	주 양육자와의 헤어짐에 대한 불안	루틴을 비롯한 변화에 대한 저항, 사회적 상황을 피하기 위한 행동
범불안장애	안도감을 추구하기 위한 반복적 질문 불안한 상황을 끝내기 위한 반복적 질문	특정한 주제에 대한 관심으로 인한 반복된 질문
사회불안	창피, 거절, 부정적 평가에 대한 불안	사회적 소통에 대한 무관심
특정 공포증	특정 자극을 예상하는 불안과 해당 자극을 피하기 위한 노력	자극과민성으로 인해 자극을 회피
강박증	구조화되어 있고, 침투적이고 괴로운 강박 증상	덜 구조화되어 있고, 즐거움을 주는 행동

출처: Rosen et al. (2018).

별이 어려울 때가 있는데, 강박증은 해당 증상으로 환자가 힘들어하는 것과는 달리, 자폐스펙트럼장애의 전형적인 반복적 행동은 해당 행동이 오히려 편안함을 주거나 즐거움을 주는 행동이라는 차이점이 있다. 불안장애 및 강박증과 자폐스펙트럼장애 증상의 차이점은 〈표 17-3〉과 같다.

자폐스펙트럼장애와 공존된 우울증은 삶의 질을 악화시키고, 환자의 자살율을 높여 조기사망률을 증가시키며, 한편으로는 공격성, 자해, 반항적이고 적대적인 행동을 증가시키기도 한다. 특히 우울증으로 인한 성인 자폐스펙트럼장애 환자의 자살사고는 일반군에 비해 유의미하게 높아 주의 깊게 봐야 할 문제이다. 자폐스펙트럼장애 환자의 우울증 증상은, 전형적인 우울증 증상으로 슬픔을 표현하거나, 의욕이 떨어지는 등의 증상을 보이기도 하지만, 한편으로는 자폐스펙트럼장애의 핵심 증상들을 악화시키는 식으로 나타나 이전에 비해 특정 주제에 더욱 집중하는 행동들을 보일 수 있다. 한편, 우울증에서 보이는 사회적 고립이나, 수면 문제, 정서 문제 등은 자폐스펙트럼장애의 증상과 겹쳐 보일 수 있으므로 치료자는 공존한 우울증을 놓치지 않도록 해야 한다. 고기능 자폐스펙트럼장애 환자의 경우 좀 더 사회적 관계에서의 문제를 인지하여 우울 증상을 더 경험할 것이라고 추정할 수 있다. 이들은 또한 죄책감이나, 실패감, 비관주의 등 인지적인 면에서 우울 증상을 더욱 보일 수 있다.

인지행동치료(Cognitive Behavioral Therapy: CBT)는 불안장애가 있는 아동에서 첫 번째로 고려되어야 할 치료이다. 자폐스펙트럼장애 환자의 정서장애에 행하는 인지행동치료에 대한 최근 메타분석 결과에서, 인지행동치료는 자폐스펙트럼장애 환자의 불안, 우울, 정서 문제의 조절에 경도에서 중등도 정도의 효과를 보였다(Wetson et al., 2016). Wood 등(2020)은 한 무작위 대조 연구에서 만 6~13세의 불안한 증상을 경험하는 167명의 자폐스펙트럼장애 소아를 대상으로 16주간 일주일에 90분간의 인지행동치료를 시행하여 대조군에 비해 불안 증상을 감소시킴을 보였다. 또한 해당 연구의 저자는 자폐스펙트럼장애 환자에게 시행하는 인지행동치료는 자폐스펙트럼장애 환자의 특성에 맞게 조정되어 시행되어야 인지행동치료의 효과를 높일 수 있음을 보였다. 여러 연구에서 강조되고 있는 자폐스펙트럼장애 환자에게 인지행동치료를 시행할 때 조정되어야 하는 점은 〈표 17-4〉와 같다.

하지만 이 연구들은 주로 소아, 청소년에 집중되어 있고, 상대적으로 인지 · 언어 능력이 좋고, 행동문제가 적은 개인들에 치우친 면이 있어 전체 자폐스펙트럼장애 환자에

표 17-4 자폐스펙트럼장애 아동에서 인지행동치료를 할 때 고려해야 할 사항

- 자폐스펙트럼장애 아동은 일반군에 비해 좀 더 많은 회기 수를 시행하고, 회기당 진행 시간도 길게 시행해야 한다.
- 부모를 치료에 참여하게 하는 데 더 많은 시간과 노력을 기울인다.
  (예: 일반군의 경우 한 회기당 60분으로 진행하며 전체 치료 과정 중, 두 차례의 회기에만 15분 가량의 부모 면담을 갖는 데 비해, 자폐스펙트럼장애 아동은 한 회기를 90분으로 구성하여, 아동과 부모에게 각각 45분씩 치료를 진행한다.)
- 자폐스펙트럼장애 아동은 자폐 증상이 다양하게 표현될 수 있으므로 일반군에 비해 좀 더 개인화된 치료 모듈을 사용해야 한다.
- 아동의 파괴적인 행동은 선행 치료로 해결해야 하며, 이를 위해 보상 기반 방식을 활용하여 공격성과 비순응이 치료에 미치는 영향을 줄인다.
- 필요하면 아동에게 사회적 참여 기술도 같이 가르치도록 한다.
  (예: 같이 노는 날 주최하기, 놀이에 또래를 합류시키기 등)
- 자폐스펙트럼장애 아동의 특별한 관심사는 치료에의 참여를 촉진하기 위한 치료적 자산으로 취급한다.
- 목표 행동에 대해서는 가정 및 학교 등에서 보상 시스템을 활용하여 동기 부여를 강화해 준다.
- 언어적 전달이 어려울 경우, 그림이나 사진 등의 시각적 보조재를 적극 활용한다.
- 개방형 문제보다는 객관식으로 선택할 수 있는 워크시트지를 활용해야 한다.

출처: Wood et al. (2020); Driscoll et al. (2020).

게 적용하기에는 제한이 있다(Rosen et al., 2018). 한편, 약물학적 치료로 항우울제인 선택적 세로토닌 재흡수차단제(Selective serotonin reuptake inhibitors)가 자주 불안이나 강박 증상을 치료하기 위해 자폐스펙트럼장애 환자들에게 쓰이고 있으나, 최근 코크란 리뷰(Cochran review)에 의하면 해당 약제는 큰 효과를 보이지 않고 부작용으로 행동문제만을 악화시킨다는 결과를 보였다(Williams et al., 2013). 따라서 자폐스펙트럼장애 환자에게 항우울제를 사용할 경우에는, 필요한 경우에 한해서 최소한으로 시작해서 천천히 증량하며 부작용을 주의 깊게 파악해야 할 것으로 보인다.

3) 틱 장애(Tic Disorders)

자폐스펙트럼장애 환자에서 만성 틱 장애의 공존율은 10~25%로 일반 집단의 0.3~2.9%에 비해 높은 편이며(Darrow, 2018), 투렛 증후군(Tourette syndrome) 환자들에서 이루어진 자폐스펙트럼장애 유병률 연구에서 소아의 경우 22.8%, 성인의 경우 8.7%가 자폐스펙트럼장애에 해당하는 증상을 보였다. 따라서 투렛 증후군을 비롯한 만성 틱 장애는 자폐스펙트럼장애와 종종 함께 발생하고 임상적으로 여러 특징을 공유하는 것으로 보인다(Clarke et al., 2012; Robertson, 2015). 하지만 이런 높은 비율의 공존률은 두 질환 사이의 공통적으로 관찰되는 증상, 즉 정형화되고 반복적인 행동이 영향을 미치는 것으로 보인다. 두 질환의 감별점으로, 자폐스펙트럼장애의 상동행동은 틱에 비해 더 오래 유지되며, 같은 근육 그룹을 일관되고 반복적으로 사용하여 움직임이 리듬감이 있는 편이다. 다음으로, 자폐스펙트럼장애의 상동행동은 평균 발병 연령이 만 3세 미만으로 틱 장애(만 5~7세)보다 다소 빠르다. 또한 자폐스펙트럼장애의 상동행동은 일반적으로 과소 자극 또는 과잉 자극 환경에서 발생하는 편이며, 틱은 행동에 집중을 하면 증상이 완화가 되는 면이 있어 차이가 있다. 마지막으로 자폐스펙트럼장애의 상동행동은 불안을 줄이거나 지루할 때 자극을 위해 하게 되는 데 비해, 틱 증상은 주관적인 내적 긴장감이나 충동이 선행되며 틱 행동을 통해 해당 긴장감이 완화되는 경험을 하게 된다. 하지만 이런 미묘한 감각을 자폐스펙트럼장애 환자가 적절히 표현하는 것은 어려운 일이다. 그럼에도 틱 장애와 자폐스펙트럼장애의 상동행동은 치료적 접근이 다르다. 즉, 틱 장애는 약제를 통해 상당한 효과를 경험할 수 있는 데 비해, 상동행동은 약제로는 효과가 좋지 않으며 행동 치료적 접근이 더 적절할 수 있다. 따라서 치료자는 이러한 한계 속에서도 최대한 두 질환을 감별하여 진단에 알맞은 치료를 제공해야 한다(Martino & Hedderly, 2019;

Termine et al., 2021).

4) 수면장애(Sleep-wake Disorders)

수면장애는 자폐스펙트럼장애 환자가 흔하게 경험하는 문제 중 하나로 유병률은 연구에 따라 40~86% 정도이다(Cortesi et al., 2010; Liu et al., 2006; Richdale, 1999). 자폐스펙트럼장애 환자들은 입면이 잘 안 되고, 수면 중 자주 깨고, 수면의 효율이 부족하며, 수면의 총 시간도 적은 경향을 보이며, 낮에도 많은 피로함을 보고한다(Kim et al., 2023; Ming et al., 2008). 천근아 교수 연구팀은 자폐스펙트럼장애 환자들이 일반군에 비해 수면 입면이 지연되는 것, 총 수면 시간이 짧은 것, 수면 효율이 부족한 것 등 다양한 수면문제가 주관적·객관적 평가 모두에서 나타남을 메타분석 결과로 제시하였으며, 자폐스펙트럼장애의 핵심 증상 및 행동문제가 서로 연관되어 있는 만큼 수면문제에 대한 적극적인 대처를 강조하였다(Kim et al., 2023).

임상에서, 수면장애로 자폐스펙트럼장애 환자가 내원할 경우 치료자는 순서대로, ① 수면문제가 무엇인지 감별하고, ② 수면 패턴과 수면 환경을 조사하고, ③ 다양한 공존질환(ADHD 등)을 조사하고, ④ 낮 동안 활동량을 평가하고, ⑤ 신체적 불편감이 없는지 확인하고, ⑥ 수면에 영향을 줄 수 있는 약제의 영향을 확인한 후, ⑦ 수면문제로 인한 환자와 보호자의 삶의 영향을 평가해야 한다. 이후 위의 평가를 바탕으로 적절한 수면계획을 세워 본 후에도 수면문제가 지속되고 있으면 약제 사용을 고려한다.

자폐스펙트럼장애 환자의 수면장애에 대해서는 승인된 약제가 없으며 오프라벨(off-label)로 약제를 사용하게 된다. 자폐스펙트럼장애에서 첫 번째로 쓰도록 권고되는 약제는 멜라토닌(Melatonin)으로 소규모 연구에서 수면 개선에 효과를 보이면서 적은 부작용을 보였다(Giannotti et al., 2006). 이 외에도 수면용으로 자주 쓰이는 약제로는 알파효능제, 비전형 도파민 조절제, 일부 항우울제 등이다. 주의할 것은 수면 개선을 위한 약제를 투여하면서 비약물적 치료를 같이 진행해야 하며, 반복적으로 약제의 효과가 부작용이나 잠재적인 위험을 상회하는지 판단해야 한다는 것이다.

5) 내과적 공존질환

자폐스펙트럼장애 환자들이 다양한 내과적 공존질환을 갖고 있다는 연구들은 최근 들어 점차 활발히 연구되는 추세이다. 이들의 내과적 질환 진단에 있어서 어려운 점은, 첫째로, 자폐스펙트럼장애 환자들은 그들의 신체적 고통을 말로 표현하기 힘든 데 반해, 표현되는 증상은 전형적이지 않은 방식(즉, 성마름이나, 식욕문제, 자해 및 다양한 행동문제 등)으로 표현이 되어 치료자가 적절히 알아내기 어려울 때가 있다는 것이다. 두 번째로 어려운 점은, 자폐스펙트럼장애 환자들은 필요한 검사나 시술을 진행할 시, 이에 잘 협조하지 않음으로써 의료진이 시기적절한 진단의 시기를 놓치게 되는 경우가 자주 있다는 것이다.

이 중에서, 위장관 장애는 자폐스펙트럼장애 환자에서 상당히 흔한 편이며, 위장관의 문제와 행동의 문제가 종종 연관성을 보이기도 하여, 장내 미생물과 뇌와의 연결성 등에 대한 연구가 활발히 진행되고 있다(Sharon et al., 2019). 이와 관련해서는 이 교과서의 제15장에서 좀 더 심층적으로 다루었다. 천근아 교수 연구팀은 체계적 문헌고찰을 통해 자폐스펙트럼장애가 향후 발생하는 염증성 장 질환(Inflammatory Bowel Disorders)와 유의미한 연관성이 있음을 밝혔다(Kim et al., 2022). 이 외에도 자폐스펙트럼장애 환자에서 흔한 위장관 장애는 변비, 설사, 유분증, 복부 통증, 위 식도 역류 질환 등이 있으며, 식이장애 역시 흔한 문제이다.

자폐스펙트럼장애의 핵심 증상으로 인해 특정 음식을 기피하는 양상의 식이장애로 인해 영양상의 불균형이 초래할 수도 있으므로 이러한 증상이 발생하면 의사, 영양사, 행동치료사, 언어치료사 등 여러 직종의 사람들이 함께 노력해서 환경을 조정하여 적절한 수준의 영양을 섭취할 수 있도록 해 주어야 한다.

또한 위장관장애 중 변비는 자폐스펙트럼장애 환자에서 흔한 편으로, 한 비교 연구에서 자폐스펙트럼장애 환자와 그 형제자매가 각각 42%, 12%의 유병률을 보였다(Wang et al., 2011). 임상에서 종종 수면문제나 성마름 등의 증상으로 방문하는 자폐스펙트럼장애 환자들이 종종 위장관문제를 갖고 있을 때가 있으므로 갑작스런 행동문제의 악화가 보일 시에는 변비 등 위장관장애의 가능성을 염두에 두고 복부에 대한 신체검진이나 단순 복부방사선촬영 등을 고려해야 한다. Autism Treatment Network(ATN)는 자폐스펙트럼장애 환자에서 변비의 정확한 진단과 개입이 최우선적으로 고려되어야 할 의료적 조치로 권고한 바 있으며, ATN 내 소아 위장관 위원회에서, 변비의 평가 및 개입에 대한 알고리즘을 개발하며 체크리스트를 구성하였는데 이는 〈표 17-5〉와 같다.

또한 자폐스펙트럼장애 환자는 다양한 대사문제를 경험한다. 한 연구에 따르면 자폐스펙트럼장애 환자의 34.9%가 비만, 31.5%가 고지혈증, 19.4%가 고혈압을 경험한다고

표 17-5   자폐스펙트럼장애가 있는 아동을 위한 변비 체크리스트

평가과정	치료과정

• 평가 과정이 필요한 경우: 발달력과 신체검진 시행(일주일에 배변 횟수가 3회 미만이거나 배변이 어려운 경우)
• 위험 신호[*]를 포함한 평가 과정
• 부모면담
• 감별진단
• 변이 차 있는 것의 확인
  x-ray, 복부진찰, 직장검사
	• 필요한 경우 가족교육
	• 식단상담(예: 섬유질, 수분 섭취량 증가)
	• 행동치료(예: 매일 정해진 시간에 변기 앉기)
	• 경구용 약물-PEG 3350, Lactulose(참고, Kristalose는 투명하고 맛이 없음), Senna 등
	• 약물 조정
	• 추적관찰
	  −주기적으로 관찰하기
	  −소아 위장관 의사에게 협진 고려하기
	  −만성적 변비가 잘 해결되지 않을 경우, 혈액 검사(T4, TSH, Ca, Pb, Celiac) 고려하기

[*]위험 신호 → 자폐증 아동에서 변비를 의심해야 하는 비전형적인 증상들: 자기학대행동(자기 자신을 깨물거나 때리기, 머리 부딪치기) 또는 가구에 몸을 구부리기, 찡그리기, 복부 움켜쥐기, 다리 꽉 쥐기, 변을 참기 위해 좁은 걸음걸이로 걷기 등의 자세

출처: Furuta et al. (2012), p. S103, Table 3.

한다(Tyler et al., 2011). 이러한 대사문제는 관상동맥 질환의 위험 요인이나 제2형 당뇨의 위험 요인이 되어 주의를 요한다. 이러한 문제는 자폐스펙트럼장애 환자의 많은 수가 항정신병 약물을 복용하는 것과 일부 연관이 있을 수 있으나 이에 대해서는 추후 지속적인 연구가 필요하다(Chen et al., 2016).

2. 감별진단

발달 지연과 자폐스펙트럼장애는 생후 초기에는 감별이 어려울 수 있으며, 실제로 발달 지연의 부모와 자폐스펙트럼장애 아동의 부모들이 아동의 발달 상태에 대한 걱정을 시작하는 시점(만 16~18개월)이나 처음으로 병원이나 센터를 방문하는 시점(만 22~24개월), 혹은 처음으로 걱정하는 증상(언어 발달 지연) 모두 비슷하다(Coonrod et al., 2004). 그러나 최근 자폐스펙트럼장애 치료에 대한 연구들은 자폐스펙트럼장애를 최대한 조기에 발견하여 조기 치료를 시행하는 것이 중요하다는 것들이 강조되고 있으므로, 어린 시기

에 발달 지연과 자폐스펙트럼장애를 적절히 감별하는 것은 중요하다.

자폐스펙트럼장애를 조기에 발견하고, 감별하기 위한 여러 가지 검사가 있다. 특히 많이 사용되고 있는 검사들은 이 교과서의 제3장에서 소개하고 있는 바와 같이, Autism Diagnostic Interview-Revised(ADI-R), Autism Diagnostic Observatrion Schedule(ADOS), Childhood Autism Rating Scale-2(CARS-2) 등이 있다. 중요한 것은 해당 검사들은 학령기 아동들에게 주로 사용되고 있으며, 특히 경계선 지능에서 경도 지적장애 정도의 수준은 되는 자폐스펙트럼장애 환자들을 대상으로 주로 사용되는 검사라는 것이다. 따라서 더 어리거나 인지적 문제가 있는 환자, 혹은 나이가 더 많은 환자의 경우 해당 검사만으로 진단하기에는 한계가 있다. 따라서 치료자는 단순히 검사상의 수치로 자폐스펙트럼장애를 평가하면 안 되며, 자폐스펙트럼장애의 특징과 다른 질환들의 특징들을 알고 임상적인 진단을 해야 한다. 다음은 임상에서의 한 예이다.

사례

준우는 만 3세 아동으로 '자폐가 걱정된다'는 엄마의 주 호소로 진료실로 내원하였다. 진료실에 들어올 때 준우는 엄마 옆에 붙어서 치료자의 눈을 잘 쳐다보지 않았고 이름을 불러도 잘 대답하지 않았다. 엄마의 보고에 따르면, 준우는 집에서 까치발을 들고 다니고, 놀이를 할 때도 장난감들을 줄을 세워서 노는 걸 좋아한다고 하며, 항상 하던 방식의 루틴이 깨지면 크게 화를 내고는 했다고 한다. 또한 아이는 원하는 걸 잘 들어 주지 않으면 자지러지게 울고 잘 진정이 안됐다고 한다.

치료자가 작은 공을 아이에게 굴려 주자, 아이는 공을 받고 아주 소심하지만 살짝 되돌려서 굴려 주는 듯한 시도를 하였고, 엄마와 둘이 노는 시간에는 좋아하는 타요버스를 보고는 좋아하는 듯한 신호를 엄마에게 살짝 보여 주었다. 치료자가 엄마에게 타요버스가 아프니 위로해 주자는 놀이를 아이와 하도록 시켜 보자, 아이는 수동적이지만 엄마의 놀이에 따라서 타요버스에게 호하고 불어 주고 쓰다듬으면서 위로를 해 줬다. 엄마의 말에 따르면, 집에서는 아이가 스스로 장난감들로 여러 상황을 상상해서 엄마와 함께 놀기도 한다고 했다. 또한 아이는 반향어가 있다고 하며, 엄마가 "우유 줄까?" 하면, 그대로 "우유 줄까?" 하는 말을 수차례 반복하였고, 이는 실제로 우유를 주어야 멈추었다고 한다. 아이는 어릴 때부터 언어가 느렸고, 소심하고 예민한 아이였다고 한다.

준우는 보통 진료실에서 부모님들에게 자폐스펙트럼장애의 흔한 초기 신호로 듣게 되는 '눈맞춤 잘 안함' '까치발' '반향어' '줄 세우기' '루틴' '정서 문제'를 골고루 보여 주고 있었다. 하지만 준우는 사회적 소통을 하려는 의도가 있었고, 모방, 상상놀이를 하여 자폐스펙트럼장애와는 차이가 있었다. 또한 준우의 반향어는 언어가 발달하는 과정에서도 정상적으로 보일 수 있는 기능적인 표현이었으므로 상동언어라고 규정하기에는 부합되지 않았다. 치료자는 임상적으로 판단했을 때, 아이의 언어지연과 불안한 기질이 해당 증상에 영향을 미친 것이라고 최종적으로 판단했다.

보호자는 비특이적인 증상을 주 호소로 자폐스펙트럼장애를 의심하여 치료실에 방문할 수 있다. 하지만 이러한 증상들은 정상발달 아동들에게서도 시기에 따라 발견이 가능한 행동으로, 예를 들면, 2~6세까지의 아동들이 만족할 때까지 물건들을 배열하는 강박적인 행동이나 같은 일과 활동을 고집하거나 혹은 같은 역할놀이를 고집하는 집착 등이 있다. 치료자는 임상적 진단을 위해, 보호자가 보고하는 증상이 다른 질환과는 어떤 차이가 있는지, 정상적인 발달 과정 중의 일부인지 등에 대해 평가해야 한다. 동시에 아동의 증상을 아동의 인지기능, 언어기능의 맥락에서 평가하고 증상의 기능적인 목적을 이해하는 것이 필요하다. 따라서 임상 상황에서 치료자는 아동의 인지기능, 언어기능, 사회기능, 놀이방식 등의 자세한 발달력의 청취 및 주의 깊은 관찰을 시행하며, 다양한 영역에서의 평가를 종합해서 감별진단하여야 한다.

1) 단순언어장애(Specific Language Impairment)

아동들은 언어를 통해 다양한 기능을 습득하고, 사회적인 소통 과정에 참여하게 된다. 언어장애가 있는 아동들은 언어에서의 지연이 있으므로 제스처나 기타 행동으로 주변과 의사소통을 해 보고자 하지만, 종종 소통이 어려워질 때 실망하고 심하게 떼를 부리고는 한다. 또한 그들은 자신들만의 루틴을 좋아하고, 새로운 방식에 저항하기도 하여 마치 자폐스펙트럼장애 같은 모습을 보이기도 한다. 하지만 단순언어장애가 있는 아동들은 대체로 언어적 기능이 늘면서 사회적 행동이나, 변화에 적응하는 문제들이 호전되고는 한다. 또한 단순언어장애가 있는 아동들은 언어 사용을 시작하게 될 때, 영화나 책에서 보았던 문장이나 구를 따라 하는 반향어를 보일 수 있다. 하지만 이들에게서는 자폐스펙트럼장애와는 달리 반향어를 통해 자신들만의 의사소통을 하는 의도를 관찰할 수 있다. 결국 이들의 반향어는 이들이 문법적 이해가 취약하므로, 새로 문장을 구성하기보다는 들었던 말을 그대로 사용해서 소통을 시도하는 노력이라고 볼 수 있다. 반면, 자폐스펙트럼장애의 반향어는 의사소통의 의미는 부족하고, 자신만의 감각적인 욕구를 충족시키기 위해 반복하고자 하는 상동행동으로 볼 수 있어 차이가 있다.

이 외에도 감별점으로는, 단순언어장애의 경우 남녀비가 비슷하게 유지되고, 청각장애가 동반되는 경우가 있고, 비언어적 의사소통(몸동작을 이용한 의사소통 등)이 유지되고, 조음문제가 더 흔하고, 사회적 기능이 유지되고, 제한되고 반복적 행동이 없거나 있어도 약하게 표현되고, 상상놀이가 있다는 점 등이 있다. 또한 일관적이진 않으나 여러 연구에서 2세경 언어검사를 했을 때, 자폐스펙트럼장애 아동은 표현언어가 수용언어보다 더 나은 기능을 보이는 특징이 관찰되었다. 자폐스펙트럼장애와 비교되는 의사소통장애의 특징은 〈표 17-6〉에 기술하였다(Simms & Jin, 2015).

2) 사회적의사소통장애(Social (Pragmatic) communication disorder)

해당 질환은 주로 화용론적인 언어, 사회적 기능에서의 손상은 있으나, 자폐스펙트럼

표 17-6 단순언어장애, 사회적의사소통장애, 자폐스펙트럼장애의 비교

구분	단순언어장애	사회적의사소통장애	자폐스펙트럼장애
사회성	• 강한 관심을 보임 • 공동 관심 보임 • 언어능력 결핍으로 인한 어려움	• 강한 관심을 보임 • 부적절한 상호작용	• 거의 관심 없음 • 공동 관심 제한적/부재
정서성	• 정서적 상호성		• 제한적/부재한 정서적 상호성
놀이	• 모방 있음 • 역할놀이	• 모방 있음 • 역할놀이	• 매우 제한적인 모방 • 상징놀이 없음 • 이상한 물건에 대한 애착
루틴을 고집	• 제한적이고 반복적인 행동이나 흥미. 활동 없음	• 제한적이고 반복적인 행동이나 흥미. 활동 없음	• 기능이 없는 경직되고 틀에 박힌 행동
행동 방식	• 이해 부족 또는 의사소통 불능으로 인한 좌절감	• 사회적 상호작용에서 성공하지 못하여 좌절감	• 상동행동 • 자극에 대한 비정상적인 반응

출처: Simms & Jin(2015), p. 361, Table 4.

장애와는 달리 제한적이고 반복적인 행동이나 흥미, 활동은 보이지 않는 경우 내리게 되는 진단이다. 해당 질환의 아동들은 다른 사람들에게 인사를 하거나, 대화에서 순서를 지키거나, 대화를 나누는 사람의 언어적 및 비언어적 신호에 반응하는 것에 실패를 하는 것을 특징으로 보인다. 동반된 언어적 문제는 수용, 표현적 언어 모두에서 지연을 보일 수가 있다. 해당 질환은 자폐스펙트럼장애 가족력이 있을 때 더 많이 발병하는 편이므로 자폐스펙트럼장애와의 감별에 더욱 어려움이 있을 수가 있다. 자폐스펙트럼장애와의 감별점으로, 사회의사소통장애 아동은 상상놀이나 역할놀이를 잘하고 또래와의 관계에 관심이 있으나 자폐스펙트럼장애 아동은 더 사회적 소통에 냉담해 보이고 관심이 적어 보인다. 자폐스펙트럼장애와의 감별점은 마찬가지로 〈표 17-6〉에 기술하였다.

3) 지적장애(Intellectual disability)

이전까지는 자폐스펙트럼장애 환자의 많은 수가 지적장애를 동반한다고 보고되어 왔으나, 최근 연구에 따르면, 자폐스펙트럼장애 환자의 2/3 이상이 IQ(intelligence quotient)가 70보다 높게 관찰되고 있다. 이는 미국 정신의학회『정신질환의 진단 및 통계편람 5판(Diagnostic statistical manual-5: DSM-5)』에서 '스펙트럼'으로 진단을 하게 되면서 인지적으로 정상인 아동이 진단에 많이 포함되었기 때문이다(Christensen et al., 2018). 반면, 지적장애가 있는 아동은 종종 자폐스펙트럼장애 질환에서 보일 수 있는 행동들을 보일 수 있다. 이때 중요한 감별점은 자폐스펙트럼장애 아동의 경우는 특히 사회적 기능의 손상이 특징적으로 두드러지지만, 자폐스펙트럼장애를 동반하지 않은 지적장애 아동의 경우 전반적인 인지력의 문제가 있어 언어적·비언어적 기능 모두에서 손상이 있으며, 이로 인해 인지적 수준에 맞는 사회적 기능을 보인다는 차이점이 있다. 그러나 최중도 지적장애의 경우에는 이러한 감별이 어려울 때가 많다. 전형적인 자폐스펙트럼장애 환자의 경우 언어적 기능보다는 비언어적 기능이 좋은 편이므로 웩슬러 검사상의 IQ 수치는 실제 기능보다 낮게 나올 수도 있다. 따라서 치료자는 자폐스펙트럼장애 아동의 지적기능을 평가할 때 언어학자, 특수교육자, 작업치료사 등 여러 직종의 평가자를 동원하여 다양한 영역을 평가하는 것이 필요하며, 단순 지적기능보다는 적응적 기능에 대한 평가를 같이 하는 것이 중요하다.

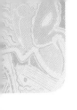

4) 시각 및 청각 장애

정상 아동들이 시각을 통해, 양육자와 인지적 · 감정적 교감을 하고 주변과 소통하는 경험들을 하는 것과는 달리, 시각문제가 있는 아동들은 이러한 경험들이 제한될 수 있으며, 자기 자극적인 성향을 보이는 등의 자폐적인 특징들을 보이게 된다. 이는 예를 들면, 눈을 찌르거나 비비는 행동, 손을 흔드는 행동, 반향어, 자기 자극 행동, 상상놀이의 부족, 지연된 사회적 상호작용과 의사소통 기술 등이다. 하지만 이런 행동이 바로 자폐스펙트럼장애를 뜻하지는 않으며, 시각장애 아동들은 인지적으로 성숙해 가고, 언어기능이 늘고, 주변 상황들을 이해하는 능력이 늘어나며 대부분 이런 행동들을 조절하게 된다. 시각장애로 설명되지 않는 행동이 지속되는 아동들에게는 자폐스펙트럼장애 진단을 고려할 수 있으나 대부분의 평가도구들이 시각이 있는 아동들을 대상으로 개발되었으므로 이를 감별하는 것은 매우 어려울 수 있다. 윌리엄스(Williams) 등은 ADOS를 시각장애 아동에게 맞게 수정하는 연구에서, 상동행동, 제한된 관심사, 손가락으로 가리키는 (Pointing) 행동의 부재, 제한된 범위의 얼굴 표정, 소음에 대한 과도한 민감성, 상상력 놀이의 어려움, 연령에 맞는 친구관계 형성의 어려움은 자폐스펙트럼장애가 없는 시각장애 아동에게서도 나타날 수 있으므로 감별에 도움이 되지 않는다고 하였다. 반면, 자폐스펙트럼장애가 없는 시각장애 아동들은 사회적 상황에 대해 반응하고, 즐거움을 나누고, 위로를 제공하고, 다른 사람의 주의를 끄는 사회성을 발휘할 수 있고, 반대로 자신이나 타인을 공격하는 행동은 나타나지 않으므로 감별에 도움이 되는 증상이라고 제시하였다(Williams et al., 2014). 또한 시각장애 아동들은 언어적 기능은 성장하지만, 화용론적인 언어기능은 주변의 반응을 보면서 미묘한 감각을 성장시켜야 하므로 나이가 들어서도 제한이 될 수 있으며, 다른 사람의 감정을 읽는 능력은 느리지만 자신만의 방식으로 성숙한다.

청각장애가 있는 아동은 말을 하지 않거나, 언어적 발달의 문제를 보이기도 하므로 자폐스펙트럼장애 질환과의 감별이 필요하다. 청각장애가 있는 아동은 자폐스펙트럼장애 아동에 비해 옹알이를 생후 초기에는 잘하는 편이며, 점차 옹알이의 빈도가 만 6개월에서 1세 사이에 줄어드는 특징을 보인다. 또한 청각문제가 있는 아동은 큰 소리가 날 경우에는 반응을 하지만, 자폐스펙트럼장애 아동은 큰 소리나 보통 소리에는 반응을 하지 않고, 오히려 반대로 작은 소리에 반응하는 특징을 보일 수가 있다. 또한 청각문제가 있는 아동들은 비언어적 의사소통 방법으로 소통하려 노력하고 또래나 가족들에게 관심을 보이나, 자폐스펙트럼장애 아동들은 이런 모습을 상대적으로 덜 보이게 된다. 무엇보다 해당 질환의 감별에 가장 중요한 건 청력도검사(Audiogram)나 청각유발전위검사(Auditory-evoked potentials) 등을 통해서 확정적인 청각에 대한 검사를 진행하여야 한다는 것이다.

5) 조기발병형 조현병(Schizophrenia)

자폐스펙트럼장애 질환은 초기에는 조현병의 한 유형으로 평가되었으나, 미국 정신의학회『정신질환의 진단 및 통계편람-III(DSM-III)』부터는 구분되는 진단으로 진단되기 시작하였다(APA, 1980).

자폐스펙트럼장애 질환에 비해 조현병의 경우 12세 이전에는 흔치 않으며 5세 이전에는 매우 희귀하므로 감별점이 된다. 또한 조현병의 경우 환청이나 망상의 증상들이 보이고, 간질의 증상이나 지적 문제, 사회적 기능의 손상 등은 보이지 않는 편이므로 이런 점들 역시 자폐스펙트럼장애와의 감별점이 된다. 웩슬러 검사상에서도 조현병은 자폐스펙트럼장애에서 특징적으로 보이는 언어적 기능의 손상보다는, 언어적 기능과 비언어적 기능이 비교적 비슷하게 유지되는 편이다. 또한 조현병과는 달리 자폐스펙트럼장애는 해당 질환의 특징적인 증상들인 반복적이고 정형화된 행동이나 변화에 대한 저항, 비언어적 의사소통의 문제, 사회적 영역에서의 손상이 두드러지는 편이다. 물론 조현병에서도 사회적인 위축 등이 보일 수 있으나, 조현병은 사회적 상황에서 단조로운 정서적 표현과 부족한 눈맞춤이 보이는 것에 비해, 자폐스펙트럼장애는 타인과의 대화 시에 질문을 덜 하는 식으로 표현되어 차이가 있다. 자폐스펙트럼장애 환자에서 조현병의 유병률은 0~0.3%로 흔치 않은 편이다(Levy et al., 2010; Leyfer et al., 2006).

3. 결론 및 요약

자폐스펙트럼장애는 사회적 상호작용과 의사소통의 어려움, 그리고 제한적이고 반복적인 행동을 특징으로 한다. 하지만 이와 더불어 ADHD, 불안장애, 우울증 등 다양한 정신 건강 문제들이 함께 나타날 수 있다. 이러한 공존질환들은 자폐스펙트럼장애의 증상을 더 복잡하게 만들고, 환자와 그 가족의 삶에 큰 영향을 미칠 수 있다. 따라서 치료자는 각 공존질환의 특징과 자폐스펙트럼장애의 특징을 정확하게 알고, 정확한 진단하에 개별 환자의 필요에 맞춘 치료계획을 세우는 것이 중요하다.

참고문헌

American Psychiatric Association. (1980). Diagnostic and statistical manual of mental disorders (3rd ed.). Author.

American Psychiatric Association & American Psychiatric Association DSM-5 Task Force. (2013). *Diagnostic and statistical manual of mental disorders: Dsm-5* (5th ed.). American Psychiatric Association American Psychiatric Association.

Aoki, Y., Yoncheva, Y. N., Chen, B., et al. (2017). Association of white matter structure with autism spectrum disorder and attention-deficit/hyperactivity disorder. *JAMA Psychiatry, 74*, 1120-28.

Autism spectrum disorder in under 19s: support and management. London: National Institute for Health and Care Excellence, (National Institute for Health and Care Excellence, NICE); 2021 Jun 14.

Bethlehem, R. A. I., Romero-Garcia, R., Mak, E., Bullmore, E. T., & Baron-Cohen, S. (2017). Structural covariance networks in children with autism or ADHD. *Cerebral Cortex, 27*, 4267-76.

Boland, R. J., Verduin, M. L., Ruiz, P., Shah, A., Kaplan, H. I., & Sadock B. J. (2022). Kaplan & sadock's synopsis of psychiatry (Twelfth). Wolters Kluwer. Retrieved December 10 2023 from https://emergency.lwwhealthlibrary.com/book.aspx?bookid=3071.

Bora, E. & Pantelis, C. (2016). Meta-analysis of social cognition in attention-deficit/ hyperactivity disorder (ADHD): Comparison with healthy controls and autistic spectrum disorder. *Psychological Medicine, 46*, 699-716.

Boulet, S. L., Boyle, C., & Schieve, L. A. (2009). Health care use and health and functional impact of developmental disabilities among US children, 1997-2005. *Archives of Pediatrics and Adolescent Medicine, 163*, 19-26.

Chen, M. H., Lan, W. H., Hsu, J. W., Huang, K. L., Su, T. P., Li, C. T., et al. (2016). Risk of developing type 2 diabetes in adolescents and young adults with autism spectrum disorder: A nationwide longitudinal study. *Diabetes Care, 39*(5), 788-793.

Christensen, D. L., Braun, K. V. N., Baio, J., Bilder, D., Charles, J., Constantino, J. N., Daniels, J., Durkin, M. S., Fitzgerald, R. T., Kurzius-Spencer, M., Lee, L. C., Pettygrove, S.,

Robinson, C., Schulz, E., Wells, C., Wingate, M. S., Zahorodny, W., & Yeargin-Allsopp, M. (2018). Prevalence and Characteristics of Autism Spectrum Disorder Among Children Aged 8 Years-Autism and Developmental Disabilities Monitoring Network, 11 Sites, United States, 2012. *MMWR Surveill Summ, 65*(13), 1-23.

Clarke, R., Lee, S., & Eapen, V. (2012). Pathogenetic model for Tourette syndrome delineates overlap with related neurodevelopmental disorders including Autism. *Translational Psychiatry, 2*, e158.

Coonrod, E. MS; Stone, L. PhD. , Early Concerns of Parents of Children With Autistic and Nonautistic Disorders. *Infants & Young Children, 17*(3), 258-268, July 2004.

Cortesi, F., Giannotti, F., Ivanenko, A., & Johnson, K. (2010). Sleep in children with autistic spectrum disorder. *Sleep Medicine, 11*(7), 659-664.

Darrow, S. M., Grados, M., Sandor, P., Hirschtritt, M. E., Illmann, C., Osiecki, L., Dion, Y., King, R., Pauls, D., Budman, C. L., Cath, D. C., Greenberg, E., Lyon, G. J., McMahon, W. M., Lee, P. C., Delucchi, K. L., Scharf, J. M., & Mathews, C. A. (2017). Autism spectrum symptoms in a tourette's disorder sample. *Journal of the American Academy of Child & Adolescent Psychiatry, 56*(7), 610-617.e1.

de Verdier, K., Fernell, E., & Ek, U. (2020). Blindness and Autism: Parents' Perspectives on Diagnostic Challenges, Support Needs and Support Provision. *Journal of Autism and Developmental Disorders, 50*(6), 1921-1930.

Driscoll, K., Schonberg, M., Stark, M. F., & Carter, A. S., & Hirshfeld-Becker, D. (2020). Family-centered gognitive behavioral therapy for anxiety in very young children with autism spectrum disorder. *Journal of Autism and Developmental Disorders, 50*, 3905-3920.

Ekinci, O., Arman, A. R., Isik, U., Bez,Y.,& Berkem, M. (2010). EEG abnormalities and epilepsy in autistic spectrum disorders: Clinical and familial correlates. *Epilepsy and Behavior, 17*, 178-182.

Forde, J., Bonilla, P. M., Mannion, A., et al. (2022). Health Status of Adults with Autism Spectrum Disorder. *Review Journal of Autism and Developmental Disorders 9*, 427-437.

Frazier, J. A., Biederman, J., Bellordre, C. A., Garfield, S. B., Geller, D. A., CoDey, B. J., et al. (2001). Should the diagnosis of attention-deficit/hyperactivity disorder be considered in children with pervasive developmental disorder? *Journal of Attention Disorders, 4*(4), 203-211.

Fuentes, J., Hervás, A., & Howlin, P. (2021). (ESCAP ASD Working Party). ESCAP practice guidance for autism: a summary of evidence-based recommendations for diagnosis and treatment. *European Child & Adolescent Psychiatry, 30*(6), 961-984.

Furuta, G. T., Williams, K., Kooros, K., Kaul, A,, Panzer, R., Coury, D. L., & Fuchs, G. (2012). Management of constipation in children and adolescents with autism spectrum disorders. *Pediatrics, 130*, S98-105.

Ghirardi, L., Brikell, I., Kuja-Halkola, R., et al. (2018). The familial co-aggregation of ASD and ADHD: a register-based cohort study. *Molecular Psychiatry 23*, 257-62.

Ghirardi, L., Pettersson, E., Taylor, M. J., et al. (2019). Genetic and environmental contribution to the overlap between ADHD and ASD trait dimensions in young adults: a twin study. *Psychological Medicine 49*, 1713-21.

Giannotti, F., Cortesi, F., Cerquiglini, A., & Bernabei, P. (2006). An open-label study of controlled-release melatonin in treatment of sleep disorders in children with autism. *Journal of Autism and Developmental Disorders, 36*(6), 741-752.

Holtmann, M., B€olte, S., & Poustka, F. (2007a). Attention deficit hyperactivity disorder symptoms in pervasive developmental disorders: Association with autistic behavior domains and coexisting psychopathology. *Psychopathology, 40*, 172-177.

Kim, H., Kim, J. H., Kim, J., Kim, J. Y., Cortese, S., Smith, L., Koyanagi, A., Radua, J., Fusar-Poli, P., Carvalho, A. F., Salazar de Pablo, G., Shin, J. I., Cheon, K. A., Solmi, M. (2023). Subjective and objective sleep alterations in medication-naïve children and adolescents with autism spectrum disorder: a systematic review and meta-analysis. *Epidemiology and Psychiatric Sciences, 20*, 32, e48.

Kim, H., Kim, J. H., Yi, J. H., Kim, J. Y., Solmi, M., Cortese, S., Smith, L., Koyanagi, A., Shin, J. I,, Cheon, K. A., & Fusar-Poli, P. (2023). Correlations between sleep problems, core symptoms, and behavioral problems in children and adolescents with autism spectrum disorder: A systematic review and meta-analysis. *European Child & Adolescent Psychiatry.*

Kim, J. Y., Choi, M. J., Ha, S., Hwang, J., Koyanagi, A., Dragioti, E., Radua, J., Smith, L., Jacob, L., Salazar de Pablo, G., Lee, S. W., Yon, D. K., Thompson, T., Cortese, S., Lollo, G., Liang, C. S., Chu, C. S., Fusar-Poli, P., Cheon, K. A., Shin, J. I., & Solmi, M. (2022). Association between autism spectrum disorder and inflammatory bowel disease: A systematic review and meta-analysis. *Autism Research, 15*(2), 340-352.

Konstantareas, M. M. & Hewitt, T. (2001). Autistic disorder and schizophrenia: Diagnostic overlaps. *Journal of Autism and Developmental Disorders, 31*(1), 19-28.

Lai, M. C., Kassee, C., Besney, R., Bonato, S., Hull, L., Mandy, W., Szatmari, P., & Ameis, S. H. (2019). Prevalence of co-occurring mental health diagnoses in the autism population: A systematic review and meta-analysis. *Lancet Psychiatry, 6*(10), 819-829.

Levisohn, P. (2004). Electroencephalography findings in autism: Similarities and differences from Landau–Kleffner Syndrome. *Seminars in Pediatric Neurology, 11*(3), 218–224.

Levy, S. E., Giarelli, E., Lee, L. C., Schieve, L. A., Kirby, R. S., Cunniff, C., & Rice, C. E. (2010). Autism spectrum disorder and co-occurring developmental, psychiatric, and medical conditions among children in multiple populations of the United States. *Journal of Developmental and Behavioral Pediatrics, 31*, 267–275.

Leyfer, O. T., Folstein, S. E., Bacalman, S., Davis, N. O., Dinh, E., Morgan, J., … & Lainhart, J. E. (2006). Comorbid psychiatric disorders in children with autism: Interview development and rates of disorders. *Journal of Autism and Developmental Disorders, 36*, 849–861.

Liu, X., Hubbard, J. A., Fabes, R. A., & Adam, J. B. (2006). Sleep disturbances and correlates of children with autism spectrum disorders. *Child Psychiatry and Human Development, 37*(2), 179–191.

Martin, A., Bloch, M., & Volkma, F. R. (2018). Lewis's child and adolescent psychiatry: A comprehensive textbook (Fifth). Wolters Kluwer.

Martino, D. & Hedderly, T. (2019). Tics and stereotypies: A comparative clinical review. *Parkinsonism Relat Disord, 59*, 117–124.

Matson J. L. & Sturmey P. (2022). *Handbook of autism and pervasive developmental disorder: Assessment diagnosis and treatment.* Springer. https://doi.org/10.1007/978-3-030-88538-0

Ming, X., Brimacombe, M., Chaaban, J., Zimmerman-Bier, B.,& Wagner, G. C. (2008). Autism spectrum disorders: Concurrent clinical disorders. *Journal of Child Neurology, 23*(1), 6–13.

Molinaro, A., Micheletti, S., Rossi, A., Gitti, F., Galli, J., Merabet, L. B., & Fazzi, E. M. (2020). Autistic-Like Features in Visually Impaired Children: A Review of Literature and Directions for Future Research. *Brain Sciences 10*(8), 507.

Moskowitz, L. J., Rosen, T. E., Lerner, M. D., & Levine, K. (2016). *Assessment of anxiety in youth with autism spectrum disorder. In Evidence based assessment and treatment of anxiety in children and adolescents with autism spectrum disorder.* Elsevier.

Pauls, D., Budman, C. L., Cath, D. C., Greenberg, E., Lyon, G. J., McMahon, W. M., Lee, P. C., Delucchi, K. L., Scharf, J. M., & Mathews, C. A. (2017). Autism Spectrum Symptoms in a Tourette's Disorder Sample. *Journal of the American Academy of Child & Adolescent Psychiatry, 56*(7), 610–617.e1.

Peake, D., Notghi, L. M., & Philip, S. (2006). Management of Epilepsy in Children with Autism. *Current Paediatrics, 16*(7), 489–494.

Rao, P. A. & Landa, R. J. (2014). Association between severity of behavioral phenotype and comorbid attention deficit hyperactivity disorder symptoms in children with autism spectrum disorders. *Autism, 18,* 272-280.

Research Units on Pediatric Psychopharmacology Autism Network. (2005). Randomized, controlled, crossover trial of methylphenidate in pervasive developmental disorders with hyperactivity. *Archives of General Psychiatry, 62*(11), 1266-74.

Richdale, A. L. (1999). Sleep problems in autism: prevalence, cause, and intervention. *Developmental Medicine & Child Neurology, 41*(01), 60-66.

Robertson, M. M. (2015). A personal 35 year perspective on Gilles de la Tourette syndrome: prevalence, phenomenology, comorbidities, and coexistent psychopathologies. *The lancet Psychiatry, 2*(1), 68-87.

Rodrigues, R., Lai, M. C., Beswick, A., Gorman, D. A., Anagnostou, E., Szatmari, P., Anderson, K. K., & Ameis, S. H. (2021). Practitioner Review: Pharmacological treatment of attention-deficit/hyperactivity disorder symptoms in children and youth with autism spectrum disorder: A systematic review and meta-analysis. *Journal of Child Psychology and Psychiatry, 62*(6), 680-700.

Rommelse N, Visser J, & Hartman C. (2018). Differentiating between ADHD and ASD in childhood: some directions for practitioners. *European Child & Adolescent Psychiatry, 27*(6), 679-681.

Rosen, T., Mazefsky, C. A., Vasa, R. A., & Lerner, M. D. (2018). Co-occurring psychiatric conditions in autism spectrum disorder. *International Review of Psychiatry, 30*(1), 40-61.

Sharon, G., Cruz, N. J, Kang, D. W., Gandal, M. J., Wang, B., Kim, Y. M., Zink, E. M, Casey, C. P., Taylor, B. C., Lane, C. J., Bramer, L. M., Isern, N. G., Hoyt, D. W., Noecker, C., Sweredoski, M. J., Moradian, A., Borenstein, E., Jansson, J. K., Knight, R., Metz, T. O., Lois, C., Geschwind, D. H., Krajmalnik-Brown, R., & Mazmanian, S. K. (2019). Human Gut Microbiota from Autism Spectrum Disorder Promote Behavioral Symptoms in Mice. *Cell, 177*(6), 1600-1618.

Simms, M. D. Jin, X. M. (2015). Autism, Language Disorder, and Social (Pragmatic) Communication Disorder: DSM−V and Differential Diagnoses. Pediatrics In Review, *36*(8), 355-362.

Soke, G. N., Maenner, M. J., Christensen, D., Kurzius-Spencer, M., & Schieve, L. A. (2018). Prevalence of Co-occurring Medical and Behavioral Conditions/Symptoms Among 4-and 8-Year-Old Children with Autism Spectrum Disorder in Selected Areas of the United States in 2010. *Journal of Autism and Developmental Disorders, 48*(8), 2663-2676.

Sprenger, L., B€uhler, E., Poustka, L., Bach, C., Heinzel-Gutenbrunner, M., Kamp-Becker, I., & Bachmann, C. (2013). Impact of ADHD symptoms on autism spectrum disorder symptom severity. *Research in Developmental Disabilities, 34*, 3545-3552.

Sturman, N., Deckx, L., & van Driel, M. L. (2017). Methylphenidate for children and adolescents with autism spectrum disorder. *Cochrane Database Syst Rev, 11*(11), CD011144.

Termine, C., Grossi, E., Anelli, V., Derhemi, L., & Cavanna, A, E. (2021). Possible tics diagnosed as stereotypies in patients with severe autism spectrum disorder: A video-based evaluation. *Neurological Sciences, 42*(4), 1559-1561.

Tyler, C., Schramm, S., Karafa,M., Tang, A., & Jain, A. (2011). Chronic disease risks in young adults with autism spectrum disorder: Forewarned is forearmed. *American Journal on Intellectual and Developmental Disabilities, 116*(5), 371-380.

Volkmar, F. R., & Nelson, D. S. (1990). Seizure disorders in autism. *Journal of the American Academy of Child & Adolescent Psychiatry, 29*(1), 127-129.

Volkmar, F., Siegel, M., Woodbury-Smith, M., King, B., McCracken, J., & State, M. (2014). American Academy of Child and Adolescent Psychiatry (AACAP) Committee on Quality Issues (CQI). Practice parameter for the assessment and treatment of children and adolescents with autism spectrum disorder. *J Am Acad Child Adolesc Psychiatry, 53*(8), 931.

Wang, L. W., Tancredi, D. J., & Thomas, D. W. (2011). The prevalence of gastrointestinal problems in children across the United States with autism spectrum disorders from families with multiple affected members. *Journal of Developmental & Behavioral Pediatrics, 32*(5), 351-60.

Weston, L., Hodgekins, J., & Langdon, P. E. (2016). Effectiveness of cognitive behavioural therapy with people who have autistic spectrum disorders: A systematic review and meta-analysis. *Clinical Psychology Review, 49*, 41-54.

Williams, K., Brignell, A., Randall, M., Silove, N., & Hazell, P. (2013). Selective serotonin reuptake inhibitors (SSRIs) for autism spectrum disorders (ASD). *Cochrane Database of Systematic Reviews, 8*.

Williams, M. E., Fink, C., Zamora, I., & Borchert, M. (2014). Autism assessment in children with optic nerve hypoplasia and other vision impairments. *Developmental Medicine & Child Neurology, 56*(1), 66-72.

Wood, J. J., Kendall, P. C., Wood, K. S,, et al. (2020). Cognitive behavioral treatments for anxiety in children with autism spectrum disorder: A randomized clinical trial. *JAMA Psychiatry, 77*(5), 474-483.

청소년기 자폐스펙트럼장애

정경운

　청소년기는 폭넓은 발달이 이루어지는 시기로, 모든 청소년은 이 시기를 각자의 속도로 지나가며 그 경과는 매우 다양할 수 있다. 청소년들은 앞으로 펼쳐질 자신의 인생과 진로의 밑그림을 그리는 과제를 맞닥뜨리게 되는데, 자폐스펙트럼장애를 가진 청소년들에게는 특히 도전적인 과제일 수 있다. 자폐스펙트럼장애 청소년들은 사회적 의사소통 문제, 제한된 관심사, 행동의 경직성 등으로 인해 더욱 복합적으로 변하는 학교와 사회의 요구에 대한 대응에 더욱 큰 어려움을 느낄 수 있다. 특히, 청소년기에는 또래와의 '다름'에 더욱 민감하게 반응하며, 이는 개인의 자아상뿐만 아니라 가족, 또래, 학교 선생님 등과의 관계에 많은 영향을 미친다. 자폐스펙트럼장애의 진단과 치료에 있어서도 영유아기와 초기 아동기와는 다른 청소년기의 특성과 난점들이 고려되어야 한다. 따라서 이 장에서는 자폐스펙트럼장애 청소년들의 임상적 특성과 진단적 어려움, 공존질환과 치료에 대해서 살펴보고자 한다.

1. 청소년기 자폐스펙트럼장애의 임상적 특성

　청소년기는 성인기로 이행하는 전환기로, 자폐스펙트럼장애를 가진 사람들에게 발달적으로 중요한 시점이다. 모든 청소년이 그러하듯, 자폐스펙트럼장애를 가진 청소년들도 이 특징적인 시기에 급격하고 다양한 변화를 겪는다. 다음은 자폐스펙트럼장애를 가진 청소년들에서 임상적으로 고려되어야 할 특성들이다.

1) 사춘기와 성적 발달

성적 발달은 청소년기의 중요한 발달 영역 중 하나이다. 연구에 따르면, 자폐스펙트럼장애 청소년들도 일반 청소년들과 비슷한 정도의 성적 관심을 보이며, 성적 행동의 모든 범위를 보일 수 있고, 종종 애정 관계나 성적 경험을 추구하기도 한다(Byers et al., 2013a; Byers et al., 2013b; Dewinter et al., 2015; Schottle et al., 2017). 하지만 지적기능, 사회적 의사소통의 장애, 감각적 예민성 등 다양한 특성으로 인하여 각 개인에서 발현되는 성적 생각, 느낌 그리고 행동은 차이를 보일 수 있다. 사회적 의사소통의 장애와 미묘한 사회적 단서들에 대한 이해의 부족으로 자폐스펙트럼장애 청소년 및 성인은 애정 관계나 성적 관계를 발달시키거나 유지하는 데 어려움을 보인다(Howlin et al., 2000). 또한 이런 사회적 장애로 인하여 성적 피해, 학대 및 착취 등에 노출될 위험성이 더욱 높다(Mandell et al., 2005).

연구에 따르면, 자폐스펙트럼장애 청소년들은 성적 지식에 덜 노출되는 경향이 있다(Mehzabin & Stokes, 2010). 이는 자폐스펙트럼장애를 가진 소아청소년이 체계적 성교육으로부터 제외되는 경우가 잦고, 부모를 통한 직접적인 교육뿐만 아니라 또래로부터 관련된 이야기를 듣고 노출될 기회가 적기 때문이기도 하다(Brown-Lavoie et al., 2014; Stokes & Kaur, 2015). 성교육의 부족과 더불어 마음 읽기 등의 사회적 인지장애의 영향과 사회적 기술의 부족으로 인해 공공장소에서의 성적으로 부적절한 행동 문제 등이 나타날 수도 있다. 이에 성 건강과 관련된 지식뿐 아니라 어떻게 관련된 동의를 얻는지 등의 사회 기술에 대한 정보가 포함된 성교육이 권고된다(Travers & Tincani, 2010). 하지만 실제 자폐스펙트럼장애 청소년들을 대상으로 개발된 근거 기반의 성교육 프로그램은 드물다.

자폐스펙트럼장애의 성적 지향성

자폐스펙트럼장애를 가진 사람들에서 성적 지향성의 다양성은 일반 인구에 비해 더욱 높은 빈도로 나타나는 것으로 보인다(Janssen et al., 2016; Jones et al., 2012; van der Miesen et al., 2018). 자폐스펙트럼장애 성인을 대상으로 한 연구에서 성적 관심이나 행동이 없거나(asexuality) 성적 행동에 대한 관심이 적은 비율이 일반 성인에 비해 더욱 높게 보고되었다(Gilmour et al., 2012). 자폐스펙트럼장애 청소년에서 스스로를 동성애자라고 보고하는 빈도가 정상발달 청소년에 비해 높다는 연구 결과들이 있었으나, 다른 연구들에서는 결과가 일관되지는 않았다(Dewinter et al., 2015; Turner et al., 2017).

생물학적인 관점에서 볼 때, 자폐스펙트럼장애를 가진 사람들의 생물학적 성적 기능은 대개의 경우 정상적이나 사회적 인지 및 성적 행동과 상호작용에 대한 판단이 저하되어 있다고 볼 수 있다. 성적 행동에 대한 판단의 문제가 지속될 경우, 자폐스펙트럼장애 청소년 혹은 성인의 삶의 질이 저하될 수 있으며, 사회적 혹은 직업적 기회들이 더욱 제한될 수 있다.

성적 정체성에 대한 불쾌감이 자폐스펙트럼장애를 가진 사람에서 일반 인구보다 더욱 높은 빈도로 보고되었다(De Vries et al., 2010). 이를 설명하기 위해, 사회적 기전 외에도 자폐스펙트럼장애는 동성애와 마찬가지로 태아의 테스토스테론 레벨이 높다는 연구 결과 등 신경생물학적인 기전들 또한 제시되었다(George & Stokes, 2016). 한 질적 연구에 따르면, 자폐스펙트럼장애를 가진 경우에도 초기 아동기에 자신의 성별에 대한 일치감 혹은 불일치감을 느끼게 되는데, 이때의 경험은 사회성 결함으로 인해 영향을 받을 수 있다. 예를 들어, 자폐스펙트럼장애로 인하여 성적 역할과 관련된 사회적 단서들을 인지하는 데 어려움이 있을 수 있으며, 자신이 사회적으로 어떻게 보일지 이해하는 자기인식에도 차이가 있을 수 있다(Strang et al., 2018). 자폐스펙트럼장애에서의 성 정체성 발달의 궤도에 차이가 있을 수 있음을 고려하여 향후 더 많은 관련 연구가 필요하다. 임상가들은 자폐스펙트럼장애 청소년을 평가할 때, 성정체성과 성적 관심 및 행동 등에 대한 평가를 포함할 것이 권고되며, 관련 정보 및 교육 자원에 대한 안내와 필요시 치료와 같은 더욱 집중적 개입 또한 제공될 수 있다.

2) 대인관계

자폐스펙트럼장애의 주요 특성이 사회적 의사소통 및 사회적 상호작용의 결함인 만큼, 자폐스펙트럼장애 청소년은 이 시기에 특히 중요하게 여겨지는 또래 관계 형성 및 유지에 어려움을 겪는다. 자폐스펙트럼장애 청소년들이 대인관계에 관심이 없을 것이라고 생각하는 경우가 많으나, 실제 많은 자폐스펙트럼장애 청소년들은 더욱 풍성한 사회적 관계를 맺길 원한다. 그러나 이러한 바람에도 불구하고, 자폐스펙트럼 청소년들은 청소년기 동안 전반적으로 만연한 외로움을 경험한다고 보고된다(Bauminger et al., 2003). 자폐스펙트럼장애 청소년 및 성인을 대상으로 한 연구에서, 동년배 친구가 있다고 보고한 비율은 8%였으며, 피험자의 50% 정도에서 학교나 직장 등에서 지정되는 관계 이외의 또래 관계가 전혀 없다고 보고하였다(Orsmond et al., 2004). 학교 내에서 자폐스펙트럼장애 청소년들은 또래보다 일반적으로 더 지지적인 교사나 다른 어른들을 '친구'로 인식하는 경향이 있었다(Daniel & Billingsley, 2010; Orsmond et al., 2004). 자폐스펙트럼장애의 사회적 · 의사소통적 결핍은 관계 형성을 방해하고, 이는 사회적 학습의 기회를 감소시키게 되어, 결과적으로는 성공적인 관계 형성을 더욱 억제시키는 악순환의 고리가 생기게 된다.

자폐스펙트럼장애 청소년과 학교폭력

자폐스펙트럼장애를 가진 청소년은 대인관계 폭력, 특히 학교폭력의 피해자가 되는 경우가 잦다. 사회적 상호작용과 의사소통의 어려움 등 자폐스펙트럼장애의 핵심적인 특성들은 자폐스펙트럼장애를 가진 청소년을 학교폭력에 더욱 취약하게 한다(Schroeder et al., 2014; Sterzing et al., 2012). 상동행동이나 제한적이고 때로는 독특한 관심사들은 자폐스펙트럼장애 청소년들을 또래 집단으로부터 튀어보이게 하고, 이러한 이유로 놀림의 대상이 되기도 한다. 감각적 과민성이나 운동 협응 혹은 운동능력의 저하 또한 영향을 줄 수 있다. 학교폭력 피해의 보호요인이 되는 가까운 친구 관계의 부재도 위험성을 높이게 된다. 자폐스펙트럼장애를 가진 청소년만을 대상으로 한 연구는 드물지만, 자폐스펙트럼장애 소아청소년에서 학교폭력 피해의 비율은 연구에 따라 7~75%까지 보고되었으며, 체계적 고찰과 메타분석에서의 집계유병률은 44%였다(Hwang et al., 2018; Maiano et al., 2015).

학교폭력의 가해자가 된 경험도 일반적인 소아청소년보다 높은 19~46%로 보고되었었는데, 체계적 고찰에서 가해자 및 피해자와 가해자 양쪽 모두에 해당되는 집계유병률은 각각 10%와 16%였다(Hwang et al., 2018; Maiano et al., 2015). 학교폭력이 다른 사람에게 우위를 가지려고 하는 가해행동으로써 정서적이거나 물리적으로 고통을 입히려는 명확한 의도가 있고, 복잡한 사회적 상호작용 내에서 일어난다는 점에서는(Olweus, 1994), 자폐스펙트럼장애와 명확한 의도를 가진 폭력 사이에 뚜렷한 근거가 없다는 점은 쉽게 수긍이 가능하다. 그럼에도, 자폐스펙트럼장애 청소년과 학교폭력 가해 문제는 임상적으로는 꽤나 문제가 되는 사안이다. 복잡하고 난점이 있는 문제이나, 자폐스펙트럼장애 청소년들에게 효과적으로 도움을 주기 위해서는 학교폭력 가해와 자폐스펙트럼장애 사이의 관계에 대해 조금 더 실증적인 조사와 폭넓은 이해가 필요하다. 자폐스펙트럼장애 청소년의 마음읽기의 어려움, 공감능력의 저하, 관습적 이해의 저하 등으로 인하여 상대방의 권리를 침해하는 언행이 나타날 수 있다. 자폐스펙트럼장애를 가진 아동·청소년은, 사회적 과정에 대한 제한된 이해로 인해, 자신의 행동과 말로 인한 결과를 인식하는 데 어려움이 있을 수 있다(van Roekel et al., 2010). 예를 들어, 자폐스펙트럼장애 청소년이 또래의 특징에 대해 정확하지만 노골적으로 직설적인 말을 하는 경우, 상대는 이를 의도적인 모욕으로 받아들일 수도 있다(van Roekel et al., 2010). 역으로, 자폐스펙트럼장애 청소년이 정확한 상황을 이해하지 못하여 과도한 반응으로 공격적인 행동을 하게 되는 경우도 있을 수 있다. 예를 들어, 친구의 농담이나 장난을 과도하게 진지하게 받아들여 피해적인 감정이 누적되면서 결국 공격적인 행동을 하게 되어 학교폭력 가해자가 되는 경우이다. 한편, 매일의 루틴이 망가지거나, 민감한 감각적 자극에 노출되게 되는 경우, 사회적인 의도와는 무관하게 공격적인 행동이 나오는 경우 또한 있을 수 있다(van Roekl, 2010). 마지막으로, 다양한 공존질환이 과민한 정동 혹은 공격적 행동에 영향을 줄 수 있다. 연구에 따르면, 자폐스펙트럼장애 환자 중 주의력결핍 과잉행동장애가 동반되는 경우에만 학교폭력 가해의 위험성이 올라간다고 보고된 바 있다(Montes & Halterman, 2007; Sterzing et al., 2012). 또 다른 연구에서는, 자폐스펙트럼장애에서의 학교폭력 가해 행동이 품행장애나 적대적 반항장애와 같은 파괴적 행동장애가 공존하거나 정서 조절의 어려움이 있는 경우에만 연관된다고 보고하였다(Zablotsky et al., 2013). 공존질환을 통제한 경우 자폐스펙트럼장애와 학교폭력 가해 행동과의 연관성은 유의미하지 않았다(Hwang et al., 2018).

3) 실행기능

억제기능, 작업기능, 유연성, 계획 세우기 등을 포함하고 있는 실행기능은 일상생활의 모든 기능에 영향을 준다. 실행기능과 관련된 뇌 영역들은 특히 청소년기에 큰 발달을 거치게 되는데, 자폐스펙트럼장애인과 정상발달인의 실행기능의 간극이 특히 청소년기에 크게 나타날 수 있다. 종합적으로, 자폐스펙트럼장애에서 실행기능은 다양한 영역에 걸쳐 기능의 저하가 보고되었다. 신경발달장애의 일종으로서, 영유아기 뇌의 과대 성장과 이를 뒤따르는 빠른 하락 속도, 뇌 연결성의 차이, 감소된 가지치기 등이 자폐스펙트럼장애에서 보고된다(Belmonte et al., 2004; Hill, 2004a; Khan et al., 2013). 특히 가지치기와 연결성의 감소는 실행기능과 관련된 신경회로의 효율성 감소에 기여한다(Hill, 2004a). 한편, 자폐스펙트럼장애의 실행기능의 저하가 손상 수준이 아니라도, 종종 효율적이지 못한 전략이 특징적으로 관찰된다. 일상적 문제들에 대한 해결방안을 제시하도록 하였을 때, 자폐스펙트럼장애 청소년들 또한 정상발달 또래와 양적으로 비슷한 수의 해결방안들을 제시할 수 있었으나, 이러한 해결방안들은 덜 효과적이거나 사회적으로 덜 적합한 경우가 많았다. 또한 실행기능 중 계획 영역에 있어서도 자폐스펙트럼장애에서 기능의 차이를 보였는데, 문제가 복합적일수록 어려움은 더욱 두드러지게 나타났다. 이러한 실행기능의 장애가 자폐스펙트럼장애의 특징적인 것인지, 혹은 흔히 동반되는 임상적 혹은 준임상적 수준의 주의력결핍 문제 등과 관련되는지는 명확하지 않다. 실행기능의 장애는 놀이 기술, 화용언어기술, 그리고 '마음이론(theory of mind)' 등의 결함을 예측할 수 있는데, 이러한 기술들은 모두 자폐스펙트럼장애인의 기능에 있어 핵심적인 기능들이다(Pellicano, 2007; Schuh et al., 2016). 청소년기는 이전보다 더욱 복잡한 과제의 수행이 요구되며, 실행 기능의 장애는 학교나 직업 훈련 현장에서 많은 어려움을 유발할 수 있다.

4) 뇌전증

자폐스펙트럼장애에서 뇌전증의 유병률은 일반 인구보다 높은데, 아동기에 비해 청소년기에서 일반적으로 더욱 높은 유병률을 보이며, 대체적으로 청소년기에 그 빈도가 최고조로 나타난다. 자폐스펙트럼장애를 가진 사람의 20~30% 정도에서 뇌전증이 동반되는데, 지적장애가 동반된 경우 30~50% 정도로 빈도가 더 높다(Tuchman & Rapin, 2002). 원인은 명확하지 않으나, 유전적·신경발달학적·환경적 요인 등이 복합적으로 작용할 수 있다. 뇌전증과 자폐스펙트럼장애는 공유된 유전적 요인을 가질 수 있는데, 결절성 경화증 등의 특정 유전증후군에서 두 질환 모두 높은 발생률을 보인다(Tuchman and Cuccaro, 2011). 또한 피질 이형성증(cortical dysplasia)과 같은 뇌 구조의 이상이 자폐스펙트럼장애 환자에서 일반 인구보다 더 흔히 나타나며, 이는 뇌전증과도 관련이 있을 수 있다(Lewis & Kanner, 2019). 청소년기의 경우, 신경 흥분성과 발작의 역치에 영향을 미치는 호르몬이 변화하는 시기로서 뇌전증의 위험을 증가시킬 수 있다는 가설이 있다(Hermann et al., 2002). 또한 청소년기 동안 뇌는 상당한 성숙 과정을 겪게 되는데, 자폐스펙트럼장애와 같은 신경발달장애가 있는 경우 잠재적인 간질발생 특성(epileptogenic process)이 발현되면서 발생률에 영향을 줄 수 있다(Bolton et al., 2011). 이 외에도 자폐스펙트럼장애에서 흔히 나타나며 청소년기에 더욱 취약할 수 있는 수면문제나 스트레스의 증가 등이 청소년기 뇌전증의 증가에 기여할 수 있다(Malow et al., 2006; Gillberg & Billstedt, 2000).

5) 과체중

자폐스펙트럼장애를 갖는 청소년들은 일반적인 청소년에 비해 비만의 위험이 더 높은 것으로 보고된다. 메타분석에 따르면, 자폐스펙트럼장애 청소년의 비만율은 약 22%로, 일반 청소년에 비해 40% 이상 높은 것으로 보고되었다(Kahathuduwa et al., 2019). 특히 자폐스펙트럼장애 증상의 심각도와 과체중 사이에 유의미한 관련이 있었으며, 위장장애, 수면장애 등의 신체적 질병이나 정신과적 공존질환이 동반된 경우에는 그렇지 않은 경우에 비해 과체중 및 비만이 더 높게 나타났다(Levy et al., 2019). 자폐스펙트럼장애의 특성들과 관련된 선택적 식습관, 제한된 신체 활동, 약물의 사용 등 다양한 요인이 영향을 줄 수 있다(Mazurek & Wenstrup, 2013; Tyler et al., 2011).

사례

14세 여학생 소은이가 감정조절의 어려움을 주 호소로 병원에 왔다. 어린 시절에는 원하는 대로 안 되면 고집을 피우는 문제로 심리상담을 받은 적이 있다고 하며, 2년 전 다른 병원에서 검사를 받았을 때 지능은 좋고 주의력결핍 과잉행동장애 및 우울감이 있다는 소견을 듣고 약물치료를 하였다고 한다. 평소 공격적 행동은 없었으나, 최근 학교에서 자신을 놀리는 친구에게 물건을 집어던지는 일이 있은 후 추가적인 평가를 권고받고 내원하게 되었다.

면담 시 소은이는 처음엔 치료자의 눈을 거의 쳐다보지 않다가 익숙해지자 과도하게 뚫어지듯 쳐다보았다. 목소리는 고음으로 살짝 불안정하였으며 목소리의 크기가 과도하게 커질 때가 자주 있었다. 가족에 대해 질문하자, "자손번식을 하는 것이 싫다."라고 하였고, 또래들이 잘 사용하지 않는 문어체 표현을 자주 사용하였다. 자신이 잘 알고 있는 주제에 대한 지식은 자발적으로 자세히 설명할 수 있었으나, 과거 자신의 경험에 대한 질문에는 조리 있게 이야기하지 못하였다. 표정은 전반적으로 단조로웠다.

발달력상 언어발달을 포함한 초기 발달은 빨랐다고 하나, 상황에 부적절한 말을 해서 어머니가 당황할 때가 많았다고 한다. 또한 나이에 맞지 않게 자기 자신을 이름으로 지칭해서 말할 때가 자주 있었다. 소리가 크게 울리면 귀를 막고 싫어했고, 옷감의 촉감에 민감하여 늘 내복을 입으며, 누가 등을 두드리는 것이 너무 싫다고 하였다. 학교에서는 선생님이 거짓말을 했다고 울거나, 코를 파는 행동 등을 보여 놀림을 받기도 했으며, '특이한 아이'로 인식되어 친구가 없었다고 한다. 한번은, 특수교육대상자인 반 친구에게 대답을 하라고 강요하다 화가 나서 배드민턴을 그 방향으로 던져서 학교폭력 가해 학생으로 문제가 된 적도 있었다. 자폐스펙트럼장애에 주의력결핍 과잉행동장애와 우울장애 공존 소견 하에 약물치료를 병행하며 소은이의 충동성과 과잉행동은 감소하고 학교에서 크게 싸우지 않고 불안도 다소 감소하였으나, 사회적 화용언어의 어려움, 사회기술의 결핍 등 사회성의 문제는 지속되었다.

2. 청소년 자폐스펙트럼장애의 진단

자폐스펙트럼장애의 진단은 조기선별 및 조기진단에 많은 초점이 맞추어져 있다. 실제로 많은 자폐스펙트럼장애 아동은 초기 아동기에 진단을 받는다. 하지만 일부에서는 자폐스펙트럼장애의 행동적 특성이 명확하지 않을 수도 있으며, 특히 고기능의 경우 초등학교나 중학교에 이르러서야 자폐스펙트럼장애의 가능성이 제기되는 경우도 있다. 학교 입학 전까지 수면 아래에 숨어 있던 자폐적 특성들이 과도한 자극과 낯선 불안에 압도되는 학교 입학과 같은 새로운 환경에서 더욱 두드러지게 나타나 수면 위에 드러나는 경우도 있을 수 있다.

자폐스펙트럼장애의 진단기준은 청소년기에 진단하는 경우에도 영유아기 및 아동기의 기준과 동일하다. 진단 절차에 있어서도 발달력, 현재 나타나는 증상, 언어 및 지능, 기능 수준, 공존증상의 평가, 기질적 문제의 확인 등이 동일하게 필요하다. 진단에 필요한 정보는 다양한 정보원으로부터 여러 가지 방법으로 얻게 되는데, 첫째로는 보호자와의 발달력 면담을 통해 소아 혹은 청소년의 행동과 발달이정표의 경과를 조사하게 된다. 이때 행동평가척도를 사용하여 다양한 환경에 걸쳐 나타나는 자폐스펙트럼장애와 관련된 증상의 유무를 확인한다. 또한 아동의 행동을 임상가가 직접 시간 경과를 가지고 관찰함으로써 진단을 완성하게 된다. 이러한 일반적인 진단 절차에는 구조화된 면담 도구인 자폐증 진단 면담-개정판(Autism Diagnostic Interview-Revised: ADI-R)과 구조화된 관찰 평가 도구인 자폐증 진단관찰 스케줄(Autism Diagnostic Observation Schedule-Second Edition)이 사용될 수 있으며, 이러한 두 가지 도구의 조합이 자폐스펙트럼장애의 가장 효과적인 접근 방법으로 알려져 있다(Risi et al., 2006). 청소년에서도 이러한 도구들은 동일하게 적용되나, 평가 대상자의 나이가 많아질수록 난점들이 있다. 우선, 직접 관찰식의 평가 방법은 단면적인 증상과 증후를 확인하는 데 필요하나, 성장 과정에서 새롭게 획득된 보상적 전략들로 인해 자폐스펙트럼장애의 전형적인 행동 특성들이 두드러지지 않을 수 있다. 또한 높은 비율로 나타나는 공존질환들에 의해 청소년의 임상적 양상은 더욱 복잡해져, 자폐 특성과 관련된 증상과 증후를 단면적 관찰만으로 감별해 내기 어려워진다. 따라서 자폐스펙트럼장애와 관련된 현재의 행동 특성뿐 아니라 과거 발달력상 나타났던 자폐스펙트럼장애 관련 양상들을 정확히 평가하는 것이 특히 중요하다. 발달력에서의 자폐스펙트럼장애 증상들에 대한 상세한 평가를 위해, 앞서 언급된 보호자 면담 도구인 ADI-R의 항목들을 청소년에서도 활용할 수 있다. 하지만 평가 대상자의 나이가 많을수록 발달력에 대해 보호자가 제공하는 정보는 정확하지 않을 수 있으므로, 과거의 의무 기록이나 학교로부터의 정보, 치료 기록 등 다양한 정보원과 방법을 통해 획득된 정보를 참고해야 한다.

3. 청소년 자폐스펙트럼장애의 공존질환

자폐스펙트럼장애에서의 공존질환의 비율과 양상은 연령에 따라 차이가 있다. 청소년기에는 특히 우울증을 비롯한 기분장애의 병발에 주의를 기울여야 한다. 우울증은 연령이 높아질수록 더욱 자주 나타나며, 평균 이상의 지능을 가진 경우에는 그 비율이 더 높다. 우울증을 평가하는 데 있어서, 보호자 보고보다 자기 보고 시 유병률이 더 높다는 점도 유의할 필요가 있다(Hudson et al., 2019). 자폐스펙트럼장애에 우울증이 동반되는 경우, 자살사고와 자살시도가 일반 인구보다 더욱 높게 보고되므로, 특히 적극적인 발견을 통한 치료가 필요하다(Cassidy & Rodgers, 2017). 임상 현장에서 실제로 자폐스펙트럼장애 청소년의 우울증이나 기분장애를 정확히 진단하는 데 어려움이 따를 수 있다. 우울증의 진단은 전통적으로 환자 본인이 자신의 기분 상태를 인지하고 표현할 수 있는 능력에 의지하게 되는데, 자폐스펙트럼장애가 있는 경우 자신의 기분 상태에 대한 정확한 기술이 어려울 수 있으며, 언어 및 의사소통 기술이 매우 제한적인 경우는 거의 불가능할 수도 있다. 이 경우, 임상가들은 수면 혹은 식욕의 변화, 무감동증, 피로 등 우울증의 신경식물(neurovegetative) 증상의 관찰과 기능의 변화, 그리고 보호자 보고에 의존해야 할 수 있다.

자폐스펙트럼장애를 가진 소아청소년의 약 40%에서 불안장애가 공존하는 것으로 보고된다(Gotham et al., 2013). 불안장애도 나이에 따라 더 흔히 나타나며, 고기능 자폐스펙트럼장애 청소년에서 더욱 높은 비율을 보인다. 사회적 관계에서의 어려움과 제한된 적응능력에 대한 자기 인식이 높아지는 것이 불안 증상에 영향을 주기도 하며, 자폐스펙트럼장애 청소년에게 불편한 사회적 상황을 피하고 싶은 마음, 부정적 사회적 경험과 이를 따르는 회피, 학습된 무기력 등이 관련된다(Barnhill, 2001; Ghaziuddin et al., 2002; Humphrey & Symes, 2010). 자폐스펙트럼장애에서의 사회적 기술의 결핍은 부정적 사회경험을 초래하고, 이러한 경험은 사회 불안과 우울감 등으로 이어질 수 있으며, 이는 상호작용과 관계 형성을 위한 추가적 시도를 막게 된다. 대인관계 괴롭힘 또한 불안장애의 위험 요인이 된다(Weiss et al., 2015). 자폐스펙트럼장애의 다른 주요 특성 중 하나인 상동 행동이나 반복적 행동과 불안의 관련성이 보고되기도 한다(Vasa & Mazurek, 2015). 불안장애는 자폐스펙트럼장애 청소년의 삶의 질을 낮출 뿐 아니라, 사회적 상황에 대한 노출을 감소시킴으로써 사회성 기술을 발달시킬 수 있는 기회를 제한시키며, 반복적 행동에의 몰두를 증가시키는 결과를 초래하므로 적극적으로 치료할 필요가 있다.

초기 아동기에는 진단에 있어 다른 발달학적 장애와의 감별이 중요한 반면, 청소년기나 성인기에 자폐스펙트럼장애를 진단하는 경우에는 만성 기분장애, 강박장애, 사회불안장애, 조현병, 회피성 또는 조현형 인격장애 등의 다른 정신건강 문제들과의 감별이 필요하다. 발달력과 종적인 궤적을 자세히 확인하고, 어린 시절의 행동 특성에 대한 정보를 얻는 것이 중요하다.

청소년기에도 주의력결핍 과잉행동장애가 자주 동반되는데, 자폐스펙트럼장애의 사회–정서적 상호작용의 결함에 더불어 주의력결핍 과잉행동장애의 핵심 증상들로 인해 더 큰 사회적 결함이 나타날 수 있다. 예를 들어, 주의력결핍 과잉행동장애로 인해 사회적 단서에 주의를 기울이기 어렵고, 사회적 상호작용을 방해하는 과잉행동과 부적절한 반응을 억제하는 능력 또한 저해된다. 따라서 두 장애가 동반되는 청소년들은 사회적 환경에서 어려움을 겪을 가능성이 보다 높아진다(Goldstein & Schwebach, 2004). 주의력결핍 과잉행동장애가 동반된 청소년의 경우 다른 불안장애 혹은 정서장애에 더욱 취약하다는 보고들도 있다.

자폐스펙트럼장애를 가진 청소년에서 공격성, 자해행동, 분노발작 등의 문제행동도 종종 관찰된다. 이러한 문제는 어느 나이에서든 나타날 수 있으나, 청소년기의 생물학적-사회적 스트레스로 인해 새로운 문제행동이 이 시기에 발생하거나 악화될 수 있다. 청소년에서 공격적인 행동을 보일 때, 청소년의 힘과 체격 때문에 부모나 보호자들이 행동을 멈추게 하거나 안전하게 제어하기 더욱 어렵다. 자폐스펙트럼장애에서의 공격적 행동은 부모의 스트레스 및 정신약물 사용에 대한 가장 강력한 예측 요인 중 하나이다 (Lecavalier, 2006).

자폐스펙트럼장애 청소년에서 수면 유도의 어려움, 짧은 수면 시간, 주간 졸음 등이 자폐스펙트럼장애 아동에 비해 더욱 높게 나타났다. 연구 결과, 자폐스펙트럼장애 청소년들에서 잠들기 전 불안이나 긴장감이 높은 것으로 나타났으며, 이는 식은땀, 복통 등의 신체 증상과 동반될 수 있고 불면 증상과 연관된다(Richdale et al., 2014). 수면의 질이 좋지 않은 경우, 주간 피로 증상이 증가할 뿐만 아니라 불안 및 우울 증상의 증가와도 연관되어 있기에, 청소년기에 수면문제에 대해 적절히 평가하고 대처하는 것이 중요하다.

4. 청소년 자폐스펙트럼장애의 치료

청소년기 자폐스펙트럼장애의 치료 원칙은 개별적인 특성에 따라 부족한 기술을 훈련하고, 강점을 찾아 주며, 공존질환을 적극적으로 치료한다는 측면에서 아동기 치료와 크게 다르지 않다. 하지만, 청소년기 고유의 특성들에 유의하며, 학교 및 일상 생활에서의 적응을 높일 수 있도록 지원해 주는 것이 무엇보다 중요해진다. 자폐스펙트럼장애 환자들의 청소년기는 우울, 불안 등 동반질환의 병발이 높고, 이 외에도 수면문제, 성 관련 행동문제, 적응기능 혹은 직업기술과 관련된 문제 등이 나타날 수 있는 취약한 시기로, 이러한 문제의 양상 및 정도에 따라 비약물적 혹은 약물적 치료가 필요할 수도 있다. 자폐스펙트럼장애의 치료에 대한 자세한 내용은 영역별로 다른 장에서 자세히 다루어지고 있으며, 이 절에서는 청소년기 자폐스펙트럼장애의 치료에 있어서 특히 고려해야 될 부분과 청소년기 대상의 근거기반치료에 대해 설명하고자 한다.

최근 자폐스펙트럼장애의 치료와 관련된 무작위 대조군 연구의 수가 유의미하게 증가하였으나, 대다수가 학령전기 혹은 학령기 아동을 대상으로 하고 있으며 청소년을 대상

표 18-1 15~22세 대상 근거기반치료와 치료 결과 영역

근거기반치료	학습	적응/자조 기술	도전적/문제행동	인지	의사소통	공동주의	정신건강	운동	놀이	학교 준비도	자기결정력	사회성	직업 관련
ABI	■						■					■	
AAC					■			■					
BMI		■											
CBIS		■	■							■		■	
DR		■	■		■		■					■	
DI					■								
DTT	■											■	
EXM			■							■			
EXT			■	■	■								
FBA		■			■								
FCT			■		■								
MD					■							■	■
MMI													
NI					■				■			■	
PII			■		■							■	
PBII			■									■	
PP	■		■		■				■	■		■	■
R	■					■							

RIR, SM, SI, SN, SST, TA, TAII, TD, VM, VS

ABI, Antecedent-based interventions: 선행 사건 기반 중재; AAC, Augmentative and alternative communication: 보완 및 대체 의사소통; BMI, Behavioral momentum intervention: 행동 모멘텀 중재; CBIS, Cognitive behavioral/instructional strategies: 인지 행동/교육 전략; DR, Differential reinforcement of alternative, incompatible, or other behavior: 대체, 비호환, 또는 기타 행동의 차별 강화; DI, Direct instruction: 직접 교수법; DTT, Discrete trial training: 개별 시도 훈련; EXM, Exercise and movement: 운동 및 움직임; EXT, Extinction: 소거; FBA, Functional behavioral assessment: 기능적 행동 평가; FCT, Functional communication training: 기능적 의사소통 훈련; MD, Modeling: 모델링; MMI, Music-mediated intervention: 음악 매개 중재; NI, Naturalistic intervention: 자연주의적 중재; PII, Parent-implemented intervention: 부모 시행 중재; PBII, Peer-based instruction and intervention: 또래 기반 교수 및 중재; PP, Prompting: 촉진; R, Reinforcement: 강화; RIR, Response interruption/redirection: 반응 중단/재지시; SM, Self-management: 자기 관리; SI, Sensory integration: 감각 통합; SN, Social narratives: 사회적 이야기; SST, Social skills training: 사회적 기술 훈련; TA, Task analysis: 과제 분석; TAII, Technology-aided instruction and intervention: 기술 보조 교수 및 중재; TD, Time delay: 시간 지연; VM, Video modeling: 비디오 모델링; VS, Visual supports: 시각적 지원

출처: Modified from Hume et al. (2021).

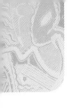

으로 한 연구의 수는 여전히 제한적이다. 특히, 대규모 무작위 대조군 연구 결과들을 바탕으로 현재까지 가장 많은 근거가 확립되어 있는 치료적 개입은 초기 부모−자녀 상호작용에 초점을 두는 치료들로서, 청소년에게는 상대적으로 해당이 적다.

　자폐스펙트럼장애 청소년은 다양한 기능을 가지고 있으며, 특수학교이든 일반학교이든, 청소년의 적응을 위하여 각 개인의 기능 수준과 장애에 따라 학교의 일반적 커리큘럼으로부터 조정이 필요할 가능성이 높다. 이러한 조정의 예로는, 보완 의사소통 전략(augmentative communication strategies)의 사용, 시각적 단서(visual cues)의 사용, 과제 분석(task analysis), 시간, 환경, 활동의 구조화 등이 포함될 수 있다.

　필수적인 적응기술들을 획득하기 위해 특정 기능의 증진에 집중한 프로그램들이 필요한데, 의사소통이 가능하고 경계선 지능 이상인 자폐스펙트럼장애 청소년에서 사회성 기술의 습득에 초점을 맞춘 개입은 치료의 중요한 요소 중 하나이다. 청소년들의 실제 학교 현장 및 일상의 장면에서 사회적 기술을 이해하고, 수용하고, 연습하는 것은 매우 중요하다. 메타분석 결과에 따르면, 인지 기능의 저하가 없는 자폐스펙트럼장애 청소년들을 대상으로 한 그룹 기반의 사회기술훈련은 유의미한 효과를 보였다(Spain & Blainey, 2015: Wolstencroft et al., 2018). 특정한 사회기술 증진 프로그램이 다른 프로그램보다 더 우수하다는 결과는 없으나, 치료 효과에 대한 근거가 높은 프로그램을 선택하기를 권한다. 사회성기술훈련의 예시로는, 개별적 치료 프로그램 중 가장 많은 무작위 대조군 연구가 시행된 사회기술훈련으로 Programme for Education and Enrichment of Relational Skills(PEERS)가 있다. PEERS는 청소년과 청소년의 중요한 조력자인 부모를 대상으로 하는 집단 사회성치료이다. 12~18세 청소년들을 대상으로 총 14회에 걸쳐 구조화된 교육과정을 통해 진행되며, 자폐스펙트럼장애 청소년이 갖고 있는 흥미와 관심사를 대인관계 형성에 활용하고, 전형적 발달을 하는 청소년들이 사용하는 실제 사회적 기술들을 구체적으로 교육하는 한편, 부모교육을 통해 기술들을 일반화할 수 있도록 모색한다. 사회기술훈련의 효과성은 비교적 일관되나, 참여자가 스스로 보고한 사회기술에 대한 지식의 변화가 가장 컸으며, 실제 사회적 행동의 변화와 사회적 행동의 유연성, 장기적으로 다양한 상황에 대한 일반화 등은 상대적으로 제한점이 있다. 의사소통 영역에 있어서는, 언어가 없는 경우 보완적 의사소통 전략을 사용하게 되며, 언어가 유창한 청소년의 경우 직접적인 교육을 통한 화용적 언어 기술의 습득이 초점이 된다. 〈표 18-1〉은 자폐스펙트럼장애 청소년을 대상으로 근거기반치료를 치료 결과의 영역별로 정리한 것이다(Hume et al., 2021).

공존질환은 자폐스펙트럼장애 청소년의 삶의 질에 중요한 영향을 미치며, 이에 대한 적극적인 개입이 필요하다. 우울장애 약물치료의 경우, 높은 동반이환율에도 불구하고 청소년기 자폐스펙트럼장애군을 대상으로 한 이중맹검 위약 대조 실험은 아직 없다. 비약물적 치료로 가장 넓게 활용되는 인지행동치료의 경우, 자폐스펙트럼장애를 가진 환자들의 고유한 특성을 고려하여 전통적 인지행동치료 방법에서 수정된 경우들을 볼 수 있다. 한 예시로, 고기능 자폐스펙트럼장애로 진단된 환자들을 대상으로 한 인지행동치료에서는 이들의 정서 인지 및 마음읽기 어려움을 고려하여 정서에 대한 더욱 세밀하고 구체적인 교육으로 치료를 시작하도록 하고 있다. 또한 인지적 재구조화에 있어, 타인의 관점을 이해하기 위해 사회적 상황을 다양한 방식으로 해석할 수 있도록 만화와 같은 시각적 자료를 사용하기도 한다(Attwood, 2004). 자폐스펙트럼장애 청소년에서 이러한 수정된 인지행동치료적 접근의 효과에 대한 예비 연구들의 결과는 긍정적이었다. 또한 인지적 요소에 대한 강조가 덜한 행동활성화 치료도 전통적 인지행동치료에서의 인지적 부분에 어려움이 있는 자폐스펙트럼장애 청소년의 치료에 있어 선택지가 될 수 있다.

불안장애의 경우도 우울장애와 마찬가지로 인지행동치료가 도움이 될 수 있다. 최근의 메타분석 결과, 수정된 인지행동치료 기법들로 자폐스펙트럼장애 소아청소년에서 불안 증상이 효과적으로 감소되었다(Lang et al., 2010). 하지만 대부분의 연구는 정상 이상의 지능을 가진 자폐스펙트럼장애 환자들을 대상으로 진행되었다는 점이 고려되어야 한다. 자폐스펙트럼장애 소아청소년의 사회불안에 대해서도 수정된 인지행동치료 기법들이 제시된 바 있다. 한편, 자폐스펙트럼장애와 사회공포증이 동반된 청소년들은, 사회적 의사소통과 화용적 기술에 있어 실제 결함이 있음을 스스로 인지하고 있으므로 인지적 재구조화뿐 아니라 사회기술에 대한 실제적인 안내 혹은 교육 또한 치료의 필수적인 요소가 된다.

5. 자폐스펙트럼장애의 청소년기 경과와 예후

자폐스펙트럼장애 환자들은 다양한 스펙트럼의 기능을 보일 수 있으며, 이는 경과의 예상을 어렵게 한다. 경과 및 예후에 대한 연구는 비일관된 결과들이 많았으며, 유의미하게 큰 표본 숫자를 지닌 대규모 연구의 수는 적었다. 비교적 대규모 연구에 해당되는 National Longitudinal Transitional Study(NLTS-2) 연구는 특수교육서비스를 받는 대상자들을 대상으로 하여, 고기능 자폐스펙트럼장애를 가진 사람의 경우 잘 대표되지 않을 수 있다.

자폐스펙트럼장애의 경과를 본다면, 일반적으로 아동기에서 청소년기 후반까지 점진적으로 발달하는 것으로 볼 수 있다. 기능 향상의 속도는 연령별로 다를 수 있는데, 6세 이전까지의 속도가 더욱 빠르게 진행되는 편이며, 청소년기에는 이러한 속도가 둔화될 수 있다. 아동기와 비교하여, 청소년기의 자폐스펙트럼장애인은 감각예민성이나 과잉행동, 비적응적 행동, 반복적 행동이 줄어들고, 일상생활 기능에 필요한 적응능력이 더 발달한다(Schattuck et al., 2007). 핵심적인 사회성 영역, 의사소통, 반복적 행동의 발달 경로는 개인에 따라 다양한데, 소아청소년기를 거치며 어느 정도의 발달이 이루어지기는 하나, 실제 독립적인 생활을 할 수 있는 정도의 기능을 획득하지 못하는 경우가 많다.

지적장애가 동반되지 않은 자폐스펙트럼장애의 발달 경로에 대한 연구는 그 수가 많지 않다. ADOS 점수를 추적 관찰한 소수의 연구에서 초기 아동기부터 청소년기까지 진단의 안전성이 80% 가량으로 높게 유지되었다(Giserman-Kiss & Carter, 2019). 자폐스펙트럼장애의 핵심적인 증상들의 심각도도 시간의 경과에도 유지되었으며, 이러한 경향은 남성과 여성 모두에서 관찰되었다. 또한 지적장애가 동반되지 않은 자폐스펙트럼장애 아동에서 실행기능 및 마음이론 과제의 수행이 시간이 갈수록 향상되는 결과를 보였다. 하지만 여전히 정상발달 아이들의 수준에는 도달하지 못했던 바, 그룹 내 개선에도 불구하고 해당 기능의 장애는 지속되었다.

유아기부터 청소년기까지의 추적관찰 연구에 따르면, 유아기에 진단 당시의 인지능력이 높고 초기 사회적 정서(social affect) 증상이 덜 심할수록 일반적으로 예후가 더 좋았다. 가리키기, 보여 주기, 공동주의에 대한 반응 등 걸음마기의 초기 사회적 행동은 청소년기의 더 나은 예후와 관련이 있었으며, 반복적이고 제한된 행동 영역은 관계가 적었다 (Zachor & Ben-Itzchak, 2020).

6. 결론

이 장에서 여러 차례 언급되었듯, 자폐스펙트럼장애 청소년의 경험들은 개인차가 매우 크고 광범위하다. 따라서 자폐스펙트럼장애 청소년에 대한 효과적인 개입을 연구하기 위해서는 연구 대상의 특성을 더욱 명확하게 정의하여 각 개입으로부터 이득을 볼 수 있는 더욱 균질한 대상군을 특정하는 것이 필요하다. 한편, 근거를 가진 치료들이 존재하나, 실제 임상 현장에서 치료의 적용에 장애물이 되는 요인들을 연구하는 것 또한 자폐스펙트럼장애 청소년의 경과와 예후에 더욱 좋은 결과를 불러오는 데 중요하다고 볼 수 있다. 마지막으로, 지금까지 많은 연구들이 이루어져 왔지만, 자폐스펙트럼장애 청소년 대상으로 한 연구가 의심할 여지 없이 더 필요하다.

자폐스펙트럼장애를 가진 청소년들은 크고 작은 도전들을 만나게 될 것이다. 다양한 도전 앞에서 그들의 여정은 매끄럽지 않을 수 있다. 신체의 변화, 학교 및 사회에서의 높아진 요구와 기대, 전보다 더욱 독립적인 개체로서 발달되어 가며 나타나는 자기주장의 표현 등, 자폐스펙트럼장애 청소년들이 경험하는 것들과 갖게 되는 욕구들은 여러 면에서 또래 청소년들과 본질적으로 다르지 않을 수 있다. 이러한 변화들은 각자 다른 단계에서 다양한 상황으로 경험되며, 자폐스펙트럼장애 청소년을 돕는 임상가와 부모는 이 시기에 특징적인 자폐스펙트럼장애의 양상 및 경과와 각 개인의 특성들을 이해하는 것이 중요하다.

참고문헌

Attwood, T. (2004). Cognitive behaviour therapy for children and adults with Asperger's Syndrome. *Behaviour Change, 21*(3), 147-161.

Barnhill, G. P. (2001). Social attributions and depression in adolescents with Asperger syndrome. *Focus on Autism and Other Developmental Disabilities*, 16(1), 46-53.

Bauminger, N., Shulman, C., & Agam, G. (2003). Peer interaction and loneliness in highfunctioning children with autism. *Journal of Autism and Developmental Disorders, 33*(5), 489-507.

Belmonte, M. K., Allen, G., Beckel-Mitchener, A., Boulanger, L. M., Carper, R. A., & Webb, S. J. (2004). Autism and abnormal development of brain connectivity. *The Journal of Neuroscience, 24*(42), 9228-9231.

Bolton, P. F., Carcani-Rathwell, I., Hutton, J., Goode, S., Howlin, P., & Rutter, M. (2011). Epilepsy in autism: features and correlates. *The British Journal of Psychiatry, 198*(4), 289-294.

Brown-Lavoie, S. M., Viecili, M. A., & Weiss, J. A. (2014). Sexual knowledge and victimization in adults with autism spectrum disorders. *Journal of Autism and Developmental Disorders*,

44(9), 2185-2196.

Byers, E. S., Nichols, S., & Voyer, S. D. (2013a). Challenging stereotypes: sexual functioning of single adults with high functioning autism spectrum disorder.*Journal of Autism and Developmental Disorders, 43*, 2617-2627.

Byers, E. S., Nichols, S., Voyer, S. D., & Reilly, G. (2013b), Sexual well-being of a community sample of high-functioning adults on the autism spectrum who have been in a romantic relationship. *Autism, 17*(4), 418-433.

Cassidy S, Rodgers J. (2017). Understanding and prevention of suicide in autism. *Lancet Psychiatry, 6*, Article e11

Daniel, L. S., & Billingsley, B. S. (2010). What boys with an autism spectrum disorder say about establishing and maintaining friendships. *Focus on Autism and Other Developmental Disabilities, 25*(4), 220-229.

Dewinter, J., Vermeiren, R., Vanwesenbeeck, I., Lobbestael, J., Van Nieuwenhuizen, C. (2015). Sexuality in adolescent boys with autism spectrum disorder: Self-reported behaviours and attitudes. *Journal of Autism and Developmental Disorders, 45*(3), 731-741.

George, R., & Stokes, M. A. (2016). Psychiatric symptoms and comorbidities in autism spectrum disorder, in *Psychiatric Symptoms and Comorbidities in Autism Spectrum Disorder*. Edited by L, Mazzone, B. Vitiello. Springer. pp. 139-150.

Giserman-Kiss, I., & Carter, A. S. (2019). Stability of ASD diagnoses in young children. *Journal of Clinical Child & Adolescent Psychology, 48*(6), 928-939.

Goldstein, S., Schwebach, A. J. (2004). The comorbidity of Pervasive Developmental Disorder and Attention Deficit Hyperactivity Disorder: Results of a retrospective chart review. *Journal of Autism and Developmental Disorders, 34*(3), 329-339.

Deokar, A. M., Huff, M. B., Omar, H. A. (2008) Clinical Management of Adolescents with Autism. *Pediatric Clinics of North America*, 55, 1147-1157.

De Vries, A. L. C., Noens, I. L. J., Cohen-Kettenis, P. T., van Berckelaer-Onnes, I. A., & Doreleijers, T. A. (2010). Autism spectrum disorders in gender dysphoric children and adolescents. *Journal of Autism and Developmental Disorders, 40*(8), 930-936.

Fountain, C., King, M. D., & Bearman, P. S. (2011). Age of diagnosis for autism: individual and community factors across 10 birth cohorts. *Journal of Epidemiology and Community Health*, 65(6), 503-510.

Ghaziuddin, M., Ghaziuddin, N., & Greden, J. (2002). Depression in persons with autism: Implications for research and clinical care. *Journal of Autism and Developmental Disorders, 32*(4), 299-306.

Gillberg, C., & Billstedt, E. (2000). Autism and Asperger syndrome: coexistence with other clinical disorders. *Acta Psychiatrica Scandinavica*, *102*(5), 321-330.

Gilmour, L., Schalomon, P. M., & Smith, V. (2012). Sexuality in a community based sample of adults with autism spectrum disorder. *Research in Autism Spectrum Disorders*, *6*(1), 313-318.

Gosling, C. J., Cartigny, A., Mellier, B. C., Solanes, A., Radua, J., Delorme, R. (2022). Efficacy of psychosocial interventions for Autism spectrum disorder: an umbrella review. *Molecular Psychiatry*, *27*, 3647-3656.

Gotham, K., Bishop, S.L., Hus, V., Huerta, M,, Lund, S., Buja A., Krieger, A., Lord, K. (2013) Exploring the relationship between anxiety and insistence on sameness in autism spectrum disorder. *Autism Research*, *6*(1), 33-41.

Hallett, V., Ronald, A., Colvert, E,, Ames, C., Woodhouse, E., Lietz, S., Garnett, T., Gillan, N., Rijsdijk, F., Scahill, L., Bolton, P., Happe, F. (2013). Exploring anxiety symptoms in a large-scale twin study of children with autism spectrum disorders, their co-twins and controls. *Journal of Child Psychology and Psychiatry*, *54*, 1176-1185.

Henault, I. (2005). *Asperger's syndrome and sexuality: From adolescence to adulthood*. Jessica Kingsley Publishers.

Henault, I. (2013). Understanding relationships and sexuality in individuals with highfunctioning ASD. In A. Scarpa, S. W. White, & T. Attwood (Eds.), *CBT for Children and Adolescents with High-Functioning Autism Spectrum Disorders* (pp. 278-299). The Guilford Press.

Hermann, B., Seidenberg, M., Bell, B., & Rutecki, P. (2002). The neurodevelopmental impact of childhood-onset temporal lobe epilepsy on brain structure and function. *Epilepsia*, *43*(9), 1062-1071.

Hill, E. L. (2004a). Evaluating the theory of executive dysfunction in autism. *Developmental Review*, *24*(2), 189-233.

Holmes, L. G., & Himle, M. B. (2014). Brief report: Parent-child sexuality communication and autism spectrum disorders. *Journal of Autism and Developmental Disorders*, *44*, 2964-2970.

Howlin, P., Alcock, J., & Burkin, C. (2005). An 8 year follow-up of a specialist supported employment services for high-ability adults with autism or Asperger syndrome. *Autism: The International Journal of Research & Practice*, *9*(5), 533-549.

Howlin, P., Goode, S., Hutton, J., & Rutter, M. (2004). Adult outcome for children with autism. *Journal of Child Psychology and Psychiatry*, *45*(2), 212-229.

Howlin, P., Mawhood, L., Rutter, M. (2000). Autism and developmental receptive language disorder-a follow-up comparison in early adult life. II: Social, behavioural, and psychiatric outcomes. *Journal of Child Psychology and Psychiatry, 41*(5), 561-578.

Hudson, C.C., Hall, L., & Harkness, K.L. (2019). Prevalence of Depressive Disorders in Individuals with Autism Spectrum Disorder: a Meta-Analysis. *Journal of Abnormal Child Psychology, 47*, 165-75.

Hume, K., Steinbrenner, J. R., Odom, S. L., Morin, K. L., Nowell, S. W., Tomaszewski, B., Szendrey, S., McIntyre, N. S., Yucesoy-Ozkan, S., Savage, M. N. (2021). Evidence-Based Practices for Children, Youth, and Young Adults with Autism: Third Generation Review. *Journal of Autism and Developmental Disorders*, 51.4013-4032.

Humphrey, N., & Symes, W. (2010). Perceptions of social support and experience of bullying among pupils with autistic spectrum disorders in mainstream secondary schools. *European Journal of Special Needs Education*, 25(1), 77-91.

Hwang, S., Kim, Y.S., Koh, Y.J., Leventhal, B.L. (2018). Autism Spectrum Disorder and School Bullying: Who is the Victim? Who is the Perpetrator? *Journal of Autism and Developmental Disorders, 48*(1), 225-238.

Janssen, A., Huang, H., Duncan, C. (2016). Gender Variance Among Youth with Autism Spectrum Disorders: A Retrospective Chart Review. *Transgend Health, 1*(1), 63-68.

Jones, R. M., Wheelwright, S., Farrell, K., Martin, E,, Green. R,, Di Ceglie, D., & Baron-Cohen, S. (2012). Brief report: Female-to-male transsexual people and autistic traits. *Journal of Autism and Developmental Disorders, 42*(2), 301-306.

Kahathuduwa, C. N., West, B. D., Blume, J., Dharavath, N., Moustaid-Moussa, N., & Mastergeorge, A. (2019). The risk of overweight and obesity in children with autism spectrum disorders: A systematic review and meta-analysis. *Obesity Reviews, 20*(12), 1667-1679.

Kapp, S. K., Gantman, A., & Laugeson, E. A. (2011). Transition to adulthood for high functioning individuals with autism spectrum disorders. In M. R. Mohammadi (Ed.), *A Comprehensive Book on Autism Spectrum Disorders* (pp. 451-478). InTech.

Khan, S., Gramfort, A., Shetty, N. R., Kitzbichler, M. G., Ganesan, S., Moran, J. M., ··· & Kenet, T. (2013). Local and long-range functional connectivity is reduced in concert in autism spectrum disorders. *PNAS: Proceedings of the National Academy of Sciences of the United States of America, 110*(8), 3107-3112.

Lai, M. C., & Baron-Cohen, S. (2015). Identifying the lost generation of adults with autism spectrum conditions. *The Lancet Psychiatry*, 2(11), 1013-1027.

Lai, M. C., Anagnostou, E., Wiznitzer, M., Allison, C., Baron-Cohen, S. (2020). Evidence-based support for autistic people across the lifespan: Maximising potential, minimising barriers, and optimising the person-environment fit. *Lancet Neurology*, *19*(5), 434-451.

Lang, R., Regester, A., Lauderdale, S., Ashbaugh, K., & Haring, A. (2010). Treatment of anxiety in autism spectrum disorders using cognitive behaviour therapy: A systematic review. *Developmental Neurorehabilitation*, *13*(1), 53-63.

Lecavalier, L. (2006). Behavioral and emotional problems in young people with pervasive developmental disorders: Relative prevalence, effects of subject characteristics, and empirical classification. *Journal of Autism and Developmental Disorders*, *36*(8), 1101-1114.

Levy, A., & Perry, A. (2011). Outcomes in adolescents and adults with autism: A review of the literature. *Research in Autism Spectrum Disorders*, *5*(4), 1271-1282.

Levy, S. E., Pinto-Martin, J. A., Bradley, C. B., Chittams, J., Johnson, S. L., Pandey, J., Pomykacz, A., Ramirez, A., & Reynolds, A., Rubenstein, E., Schieve, L. A,, Shapira, S. K., Thompson, A., Young, L., & Kral, T. V. E. (2019). Relationship of weight outcomes, co-occurring conditions, and severity of autism spectrum disorder in the study to explore early development. *Journal of Pediatrics*, *205*, 202-209.

Lewis, L. F., & Kanner, A. M. (2019). Cortical Dysplasia and Epilepsy in Autism Spectrum Disorders. *Neurology*, *92*(1), 123-131.

Maiano C., Normand, C.L., Salvas, M.C., Mouller, G. Aime, (2016). A. Prevalence of School Bullying Among Youth with Autism Spectrum Disorders: A Systemic Review and Meta-Analysis. *Autism Research*, *9*, 601-15.

Mandell, D. S., Walrath, C. M., Manteuffel, B., Sgro, G., & Pinto-Martin, J. A. (2005). The prevalence and correlates of abuse among children with autism served in comprehensive community-based mental health settings. *Child Abuse and Neglect*, *29*, 1359-1372.

Malow, B. A., Byars, K., Johnson, K., Weiss, S., Bernal, P., Goldman, S. E., Panzer, R., Coury, D., Glaze, D., Wang, L. (2006). A practice pathway for the identification, evaluation, and management of insomnia in children and adolescents with autism spectrum disorders. *Pediatrics*, *122*(Supplement 1), S139-S149.

Mazurek, M. O., & Wenstrup, C. (2013). Physical activity and obesity in children with autism spectrum disorders: An observational study. *Autism*, *17*(3), 331-341.

McGovern, C. W., & Sigman, M. (2005). Continuity and change from early childhood to adolescence in autism. *Journal of Child Psychology and Psychiatry*, *46*(4), 401-408.

Mehzabin, P., Stokes, G. (2011). Self-assessed sexuality in young adults with High-

Functioning Autism. *Research in Autism Spectrum Disorders, 5*(1), 614-621.

Montes, G., & Halterman, J. S. (2007). Bullying among Children with Autism and the Influence of Comorbidity with ADHD: A Population-Based Study. *Ambulatory Pediatrics, 7*, 253-257.

Olweus D. (1994). Annotation: Bullying at School: Basic Facts and Effects of a School Based Intervention Program. *Journal of Child Psychol Psychiatry, 35*(7), 1171-1190.

Orsmond, G. I., Krauss, M. W., & Seltzer, M. M. (2004). Peer relationships and social and recreational activities among adolescents and adults with autism. *Journal of Autism and Developmental Disorders, 34*(3), 245-256.

Pellicano, E. (2007). Links between theory of mind and executive function in young children with autism: Clues to developmental primacy. *Developmental Psychology, 43*, 974-990.

Renno, P., Wood, J. J. (2013). Discriminant and convergent validity of the anxiety construct in children with autism spectrum disorders. *Journal of Autism and Developmental Disorders, 43*, 2135-2146.

Richdale, A. L., Baker, E., Short, M., & Gradisar, M. (2014). The role of insomnia, pre-sleep arousal and psychopathology symptoms in daytime impairment in adolescents with high-functioning autism spectrum disorder. *Sleep Med, 15*(9), 1082-1088.

Risi, S., Lord, C., Gotham, K., Corsello, C., Chrysler, C., Szatmari, P., Cook, E. H., Leventhal, B. L., & Pickles, A. (2006). Combining information from multiple sources in the diagnosis of autism spectrum disorders. *Journal of the American Academy of Child & Adolescent Psychiatry, 45*(9), 1094-1103.

Schottle, D., Briken, P., Tuscher, O., & Turner, D. (2017). Sexuality in autism: hypersexual and paraphilic behavior in women and men with high-functioning autism spectrum disorder. *Dialogues in Clinical Neuroscience, 19*(4), 381-393.

Schuh, J., Eigsti, I., & Mirman, D. (2016). Discourse comprehension in autism spectrum disorder: Effects of working memory load and common ground. *Autism Research, 912*, 1340-1352.

Schroeder, J. H., Cappadocia, M. C., Bebko, J. M., Pepler, D. J., & Weiss, J. A. (2014) Shedding light on a pervasive problem: A review of research on bullying experiences among children with autism spectrum disorders. *Journal of Autism and Developmental Disorders.*

Seltzer, M. M., Krauss, M. W., Shattuck, P. T., Orsmond, G., Swe, A., & Lord, C. (2003). The symptoms of autism spectrum disorders in adolescence and adulthood. Journal of Autism and Developmental Disorders, *33*(6), 565-581.

Seltzer, M. M., Shattuck, P., Abbeduto, L., & Greenberg, J. S. (2004). Trajectory of development in adolescents and adults with autism. *Mental Retardation and Developmental Disabilities Research Reviews, 10*(4), 234–247.

Shattuck, P. T., Seltzer, M. M., Greenberg, J. S., Orsmond, G. I., Bolt, D., Kring, S., Lounds, J., Lord, C. (2007). Change in autism symptoms and maladaptive behaviors in adolescents and adults with an autism spectrum disorder. *Journal of Autism and Developmental Disorders, 37*(9), 1735–1747.

Simonoff, E., Pickles, A., Charman, T., Chandler, S., Loucas, T., & Baird, G. (2008). Psychiatric disorders in children with autism spectrum disorders: Prevalence, comorbidity, and associated factors in a population-derived sample. *Journal of the American Academy of Child & Adolescent Psychiatry, 47*(8), 921–929.

Simonoff, E., Jones, C. R., Baird, G., Pickles, A., Happé, F., & Charman, T. (2013). The persistence and stability of psychiatric problems in adolescents with autism spectrum disorders. *Journal of Child Psychology and Psychiatry, 54*(2), 186–194.

Spain, D., Blainey, S.H. (2015). Group social skills interventions for adults with high-functioning autism spectrum disorders: a systematic review. *Autism, 19*, 874–886.

Sterzing, P. R., Shattuck, P. T., Narendorf, S. C., Wagner, M., & Cooper, B. P. (2012) Bullying Involvement and Autism Spectrum Disorders: Prevalence and Correlates of Bullying Involvement Among Adolescents With an Autism Spectrum Disorder. *Arch Pediatr Adolesc Med, 3*, 1–7

Stokes, M. A., & Kaur, A. (2005). High-functioning autism and sexuality: A parental perspective. *Autism, 9*, 266–289.

Strang, J. F., Powers, M. D., Knauss, M., Sibarium, E., Leibowitz, S. F., Kenworthy, L., Sadikova, E., Wyss, S., Willing, L., Caplan, R., Pervez, N., Nowak, J., Gohari, D., Gomez-Lobo, V., Call, D., & Anthony, L. G. (2018). "They Thought It Was an Obsession": Trajectories and Perspectives of Autistic Transgender and Gender-Diverse Adolescents. *Journal of Autism and Developmental Disorders*.

Tantam, D. (2003). The challenge of adolescents and adults with Asperger syndrome. *Child and Adolescent Psychiatric Clinics of North America, 12*(1), 143–163.

Travers, J., & Tincani, M. (2010). Sexuality education for individuals with autism spectrum disorders: Critical issues and decision making guidelines. *Education and Training in Autism and Developmental Disabilities, 45*, 284–293.

Tuchman, R., & Cuccaro, M. (2011). Epilepsy and autism: neurodevelopmental perspective. *Current Neurology and Neuroscience Reports, 11*(4), 428–434.

Tuchman, R., & Rapin, I. (2002). Epilepsy in autism. *The Lancet Neurology, 1*(6), 352–358.

Turner, D., Briken, P., & Schöttle, D. (2017). Autism-spectrum disorders in adolescence and adulthood: Focus on sexuality. *Current Opinion in Psychiatry, 30*(6), 409–416.

Tyler, K., Schramm, A., Karhu, E., & McPherson, S. (2011). The relationship between overweight and autism spectrum disorder: A study of children in the United States. *Journal of Autism and Developmental Disorders, 41*(4), 584–591.

van der Miesen, A. I. R., Hurley, H., Bal, A. M., & de Vries, A. L. C. (2018). Prevalence of the Wish to be of the Opposite Gender in Adolescents and Adults with Autism Spectrum Disorder. *Archives of Sexual Behavior, 47*(8), 2307–2317.

van Roekel, E., Scholte, R. H. J., & Didden, R. (2010). Bullying Among Adolescents With Autism Spectrum Disorders: Prevalence and Perception. *J Autism Dev Disord, 40*, 63–73

Vasa, R. A., & Mazurek, M. O. (2015). An update on anxiety in youth with autism spectrum disorders. *Cument opinion in Psychiatry, 28*(2), 83–90.

Volkmar, F., Siegel, M., Woodbury-Smith, M., King, B., McCracken, J., State, M., AACAP Committee on Quality Issues. (2014). Practice Parameter for the Assessment and Treatment of Children and Adolescents With Autism Spectrum Disorder. *Journal of the American ACademy of Child & Adolescent Psychiatry, 53*(2), 237–257.

Weiss, J. A., Cappadocia, M. C., Tint, A., & Pepler, D. (2015). Bullying Victimization, Parenting Stress, and Anxiety among Adolescents and Young Adults with Autism Spectrum Disorder. *Autism Research, 8*(6), 727–737.

White, S. W., Ollendick, T. H., & Bray, B. C. (2011). College students on the autism spectrum: Prevalence and associated problems. *Autism, 29*(3), 216–229.

White, S. W., Oswald, D., Ollendick, T., & Scahill, L. (2009). Anxiety in children and adolescents with autism spectrum disorders. *Clinical Psychology Review, 29*(3), 216–229.

Wolstencroft, J., Robinson, L., Srinivasan, R., Kerry, E., Mandy, W., Skuse, (2018). D. A systematic review of group social skills interventions, and meta-analysis of outcomes, for children with high functioning ASD. *Journal of Autism and Developmental Disorders, 48*, 2293–307.

Zablotsky, B., Bradshaw, C. P., Anderson, C., & Law, P. A. (2013). The association between bullying and the psychological functioning of children with autism spectrum disorders. *Journal of Developmental & Behavioral Pediatrics, 34*(1), 1–8.

Zachar, D. A., Ben-Itzchak, E. (2020), From Toddlerhood to Adolescence, Trajectories and Predictors of Outcome: Long-Term Follow-Up Study in Autism Spectrum Disorder. *Autism Research, 13*(7), 1130–1143.

CHAPTER
19

성인기 자폐스펙트럼장애의 건강과 직업 재활

이나현

어색한 눈맞춤, 독특한 억양을 가진 그녀는 한 번 본 것은 절대 잊지 않는 기억력의 소유
자로 로스쿨을 수석으로 졸업하고 인턴 변호사가 되었다. 법조문을 모두 외울 정도로 천재
적인 암기력을 가지고 있지만 대화 중 농담이나 의도가 숨겨진 질문은 바로 이해하지 못하
고, 상대방의 감정을 헤아리기 어려워한다. 좋은 기억력을 가지고 있으나, 감각이 예민해 종
종 불안해하고, 몸을 조화롭게 다루지 못해 회전문 통과도 서툴다. 변호사로서 고집스러울
만큼 정직하고 성실하고 집요하다. 로스쿨 졸업 이후 자폐스펙트럼장애인이라는 이유로 취
직이 어려웠지만, 자신을 인정해 준 법무 법인에 취직해 독특한 사고 방식으로 풀기 어려운
사건들을 해결하며 씩씩하게 성장한다.

2022년 방영된 드라마 〈이상한 변호사 우영우〉의 이야기이다. 많은 사람들에게 인기
가 있었던 이 드라마는 일반인이 자폐스펙트럼장애에 대한 관심을 가지는 계기가 되기
도 했고 발달장애인들의 취업과 재활에 희망을 부여하기도 했다. 하지만 현실에서 성인
자폐스펙트럼장애인이 드라마의 주인공 우영우만큼 훌륭한 기능을 할 수 있을지, 자폐
스펙트럼장애인의 독특한 상동행동들과 타인을 의식하지 않는 거침없는 행동들을 다른
사람들이 인내하고 이해해 줄 수 있을지 의문이 들었고, 또한 대부분의 자폐스펙트럼장
애인은 천재적인 특성을 가지지도 않고 독립적인 생활도 어렵다는 점을 고려하지 못했

다는 보호자들의 의견도 많았다. 아직까지 국내에는 자폐스펙트럼장애를 가지고 있는 변호사는 없다. 솔직히 현재의 국내 상황에서는 발달장애를 가지고 있는 채 변호사 시험을 통과하기는 매우 어렵다고 한다. 하지만 미국에서는 2018년에 3세 때 자폐스펙트럼장애를 진단받은 헤일리 모스(Haley Moss)가 자폐증이 있는 플로리다 최초의 변호사가 되기도 했으니, 절대 불가의 일이라고 할 수도 없다.

자폐스펙트럼장애는 아동기부터 시작되어 일생 동안 지속되는 신경 발달 관련 장애로 개인의 인생 전반에 걸쳐 광범위한 영향을 주는 질환이다. '스펙트럼'이라는 명칭에서도 알 수 있듯이, 동일한 질병을 진단받은 사람들 사이에도 증상의 심각도가 다양하고, 궁극적으로 획득하는 사회 기술, 의사소통, 인지와 적응 기능의 수준 또한 개인 차이가 크다. 따라서 아동기에 자폐스펙트럼장애를 진단받은 아이들이 지속적인 치료를 받고 꾸준한 성장을 이룬 성인기에 도달하는 상태는 매우 다양하다. 대부분의 아이들은 일부 증상의 개선을 기대할 수 있지만 사회적인 적응 기술은 여전히 미숙한 상태로 성인이 되어 사회 구성원으로서의 역할과 책임을 직면하게 된다. 이 장에서는 성인기가 된 자폐스펙트럼장애 환자들에게 나타날 수 있는 정신적·신체적 건강문제에 대해 살피고, 직업 재활 측면에서 국내외의 현 상황을 살펴보고자 한다. 또한 자폐스펙트럼장애 환자들의 자립을 돕기 위해 개인과 가족 및 사회가 담당해야 하는 각각의 역할에 대해 제안하고자 한다.

1. 성인 자폐스펙트럼장애의 정신적·신체적 건강문제

기존의 자폐스펙트럼에 대한 연구는 주로 어린이와 청소년의 자폐 증상을 이해하고 진단하는 데 중점을 두었고, 그 결과 자폐스펙트럼에 대한 인식이 향상되고 조기 진단과 치료 제공이 가능해졌다. 이후 청년기 전환에 대한 후속 연구들이 다양하게 진행되며, 청소년기, 초기 성인기의 자폐스펙트럼장애의 특징에 대한 이해를 넓히고 있으나, 중년 이후의 시기 등 성인 자폐스펙트럼장애인의 전반적인 삶의 영역에 대해서는 아직 연구가 적은 실정이다. 대부분의 사람들이 일생의 전환점에서 어려움을 겪는 것과 같이 자폐스펙트럼장애가 있는 경우에도 성인기 생활에 적응하고, 일상의 영위해 갈 때 어려움을 겪을 수 있다. 질병의 고유한 증상들에 더불어 정신적·신체적 건강 상태에 발생할 수 있는 특정 문제들은 건강한 적응 과정을 방해하는 요인이 될 수 있다. 어른이 된 환자들 중 일부는 여전히 의사소통 기술이 미숙하여 자신의 건강 상태를 타인에게 제대로 설명하지 못할 수 있고, 자폐스펙트럼장애에 익숙하지 않은 지역사회의 의료진은 환자와의 소통에 실패하여 정확한 상태를 파악하지 못하거나, 올바른 대응 방안을 마련하지 못할 수 있다. 따라서 자폐 당사자와 가족, 치료자 모두가 성인기 이후의 전인적인 건강에 관심을 가지고, 관리하는 것은 환자가 성인기 생활에 최대한 적응하도록 돕고 건강한 삶을 영위하도록 돕기 위해 중요한 사안이다.

1) 정신적 건강

(1) 수면문제

36명의 성인 자폐스펙트럼환자의 일중 수면리듬의 장애를 분석한 연구에서 성인 환자들은 대조군에 비해 수면장애 이환률이 높았다(Baker & Richdale, 2017). 특히 수면 위상의 지연(delyaed sleep-wake phase disorder)이 관찰되었다. 수면장애는 수면 자체의 이상 이외에 우울이나 불안 증상이 동반될 경우에도 관찰될 수 있으며, 불면으로 인해 집중력 저하나 기억력 저하가 더 심해져 기능 저하와 연관될 수도 있다.

(2) 우울, 불안 및 스트레스

Croen(2015)은 약 1500명의 성인 환자에 대한 연구에서는 우울증, 불안증, 조울증, 강박장애, 자살시도 등의 상승을 보고했다. 다른 연구들에서도 성인기 불안 또는 강박 증상들의 증가를 보였다. Hollocks 등(2019)의 연구에서는 불안의 현재 유병률이 23%, 평생 유병률이 42%에 해당하였고, 우울 증상의 현재 유병률은 23%, 평생 유병률은 47%에 해당하였다. 이 연구에서는 지적장애의 동반 또한 우울, 불안 증상에 영향을 미쳤다. Wallace(2016)은 성인 자폐스펙트럼환자의 실행 기능(Executive function)의 문제와 불안, 우울 증상의 연관성을 보고하였다. 특히 유연성(flexibility)과 관련된 문제는 불안 증상과 관련이 크고, 초인지적(metacognition) 문제는 우울 증상 및 적응 기능의 손상과 관련되었다. 자폐스펙트럼장애와 신경석 식욕부진증 사이 연관성을 분석한 연구에서, 자폐증상이 심할수록 식이장애에 국한되지 않은 전반적인 강박 증상이 증가하는 결과를 확인하였다(Westwood et al., 2017). 강박장애, 사회불안장애 등은 자폐스펙트럼장애와 빈번하게 공존하는 질환이나, 사회적인 관계에 대한 동기가 적고, 회피를 하는 사회 불안 증상과 반복적이고 제한된 강박행동 등을 보이는 강박증은 질병의 특성상 자폐스펙트럼장애의 증상과 구분이 어려운 경우가 있어 세밀한 평가가 필요하다. 정신과적 질환이 공존하는 이외에도 성인 자폐스펙트럼장애 환자의 경우 스트레스의 지각이 더 높은 것으로 관찰되며 높은 스트레스는 독립적인 생활을 방해하고, 다양한 영역의(신체적, 심리적, 사회적, 환경적 영역 및 자폐 증상 자체와 관련된) 삶의 질을 광범위하게 저하시키는 요인이 된다.

2) 신체적 건강

Tyler 등(2011)의 연구에 의하면 자폐스펙트럼장애가 있는 성인들은 비만과 같은 만성질환의 유병률이 높았다. 특히 108명의 연구 대상자 중 비만 34.9%, 고지혈중 31.5%, 고혈압 19.4%에 해당하였다. 따라서 성인기 만성질환에 대한 조기발견과 적절한 관리를 소홀히 하면 중년 이후에 당뇨, 관상동맥질환, 암 등의 발생 가능성이 상승할 수 있다. 또한 Chen(2016)은 타이완의 성인 자폐스펙트럼 환자 6000여명을 대상으로 분석하였을 때, 건강한 성인 집단과 비교하여 제2형 당뇨의 발병률이 유의미하게 높았고, 단기간 혹은 장기간 비전형 항정신병적 약물을 사용했던 경우도 당뇨병 위험률의 상승과 연관되었다. 자폐스펙트럼장애에서 흔히 관찰되는 독특한 식습관이나, 사회생활의 위축과 운동량의 감소, 수면 장애 등 뿐만 아니라 심한 증상을 조절하기 위하여 사용하는 약물까지 비만 등 만성질환의 발생에 복합적으로 기여할 수 있기 때문에 이에 대한 주의가 필요하다.

그 외의 연구들에서도 성인 환자들에게서 비만, 변비, 경련, 불면 등의 호발 경향을 보고하고 있다. Wakeford 등(2015)은 자폐스펙트럼장애와 뇌전증의 연관성을 분석하였고, 뇌전증이 있는 경우 자폐스펙트럼의 특징적인 증상이 더 두드러지는 경향성을 보였다. Fortuna(2016)의 연구에서는 18~71세에 해당하는 성인 자폐스펙트럼환자 약 260명을 대상으로 분석하였을 때 일반 인구에 비해 높은 경련성 질환, 우울증, 고혈압, 알레르기 등의 유병률이 나타났다. 상대적으로 성매개 감염, 흡연 및 알코올 사용 문제는 낮은 정도로 나타났다.

2. 자폐스펙트럼장애 성인의 자립

자폐스펙트럼장애 아동들에 대한 조기 발견과 적극적인 조기개입의 결과 자폐성 장애에 속하는 성인들의 경우 과거에 비해 자립과 자기 관리 기능의 향상을 기대할 수 있다. 그러나 이전만큼 전적인 도움이 필요하지 않더라도 이들의 상태에 대해 정확히 파악해야 완전한 자립(혹은 준자립)을 도울 수 있을 것이다. 자폐스펙트럼장애 청소년과 초기 성인기 환자들의 경과에 대해서는 다양한 결과가 있다. Kanner(1972)은 초기에 자폐 중상을 가진 일부 사람들이 청소년기에는 보다 중상이 호전된다고 하였으나, 이후 Howlin 등(2017)은 오히려 청소년 시기 기능 저하가 관찰된다고 하였다. 또한 2015~2016년의 문헌 고찰을 통해 성인기의 직업, 대인관계, 정신건강 영역이 대조군에 비해 저조하다고 보고하였다.

많은 청소년에게 고등학교 졸업은 청소년기에서 성인기로의 이행을 상징하며, 일상 생활에서 자율적인 의사결정이 시작되는 시기이다. 66명의 자폐스펙트럼장애 청소년을 대상으로 한 연구에서 대부분의 환아들은 보호를 받는 형태의 워크샵이나 주간 활동 센터 등에 참석하거나 전혀 구조화된 활동을 하지 않는 것으로 나타났다(Taylor & Seltzer, 2011). 이는 자폐스펙스럼장애에 해당하는 청소년들이 성인기로 이행하는 과정에서 자율적이거나 독립적인 활동을 충분히 경험하지 못한다는 것을 의미한다.

가장 유능한 자폐스펙트럼장애 범주의 성인들에서도 사회적 상호작용, 적응적/일상생활 기술, 직업적 지위의 한계는 두드러졌으며 거의 60%가 가족과 계속 함께 살고 있는 결과를 보였고, 대부분의 경우에 사회적 관계의 제한을 보고했다. 미국에서 2001~2009년까지 장애를 가진 11,000명의 청소년과 초기 성인기(13~26세) 환자들을 대상으로 수행한 국가종단적전환연구(National Logitudinal Transition Study-2: NTLS-2)는 자폐스펙트럼장애를 가진 922명의 환자들을 포함하고 있다. 이들 중 80%는 부모님과 함께 살고 있었고, 40%는 친구가 없다고 보고했으며, 32%는 중등교육 이후의 교육을 받을 수 있었고, 21%는 구직이나 중등교육 이후의 교육 경험이 없었다. 또한 9%가 건강보험이 없었고, 단 6%만 경쟁력 있는 고용을 달성한 결과를 보였다(Shattuck et al., 2011).

자폐스펙트럼장애 환자들은 지나친 고집과 특정한 루틴에 대한 과도한 집착, 타인과 상호작용이 어렵고 사회적 의사소통이 제한되는 중상들을 보일 수 있다. 학교 환경에서도 이런 중상들은 괴팍하고 짜증나는 모습으로 비춰질 수 있는데, 직장에 취직할 경우에는 이로 인한 문제들이 더욱 두드러져서 직장 동료들 사이에 잦은 갈등과 의견 불일치, 생산성 저하 등을 초래할 수 있다. 또한 고용주 역시 학교 선생님들에 비해 이런 행동들에 대한 이해와 포용력이 부족한 경우가 많다. Shattuck 등(2011)의 연구에서 지적장애, 언어장애 및 학습장애로 확인된 사람들과 자폐스펙트럼장애를 가진 사람들의 경과를 비교했을 때, 자폐스펙트럼장애를 가진 사람들이 다른 세 장애 그룹과 비교할 때 고용과 중등 교육 진학에서 더 나쁜 결과가 나타났다. 20대 초반의 지적장애 청년들의 경우 74%, 언어장애나 정서장애 청년은 91%, 학습장애는 95% 정도의 청년들이 유급 근로의 경험이 있는 것에 반해 자폐스펙트럼장애 청년들의 경우 약 58%만이 유급 취업 경험이 있는 것으로 나타났다(Shattuck et al., 2011).

자폐스펙트럼장애의 초기 증상의 심각도와 최종 예후 사이의 관계는 불분명하다. Farley(2009)와 Holwin 등(2017)의 연구에서 사회적인 기술이 손상된 정도가 가장 중요한 예측 요소로 나타났다. 또한 지원 서비스, 지원 커뮤니티 및 네트워크가 삶의 질에 상당히 긍정적인 영향을 미치고, 예후를 더 좋게 만든다는 결과를 보였다. 따라서 학교를 벗어나 성인으로 이행하는 초기 성인기 시기의 자폐스펙트럼장애 환자들에게는 성인의 직업 세계, 또는 고등 교육의 세계로 이행하는 것을 도와주는 숙련된 팀과 사회적 시스템이 필요하다. 이러한 노력에는 지역사회 기관과 조직, 대상자 개인과 보호자들까지 모두 포함되어야 하며, 다양한 분야의 기술들, 즉 의사소통 및 사회적 기술 교육, 지역사회 기관과의 조정, 행동 분석 및 행동 지원 계획 개발, 잠재적 고용주와의 연결, 중등교육 이후 교육, 기능 기술 교수, 사람 중심 계획 촉진 등을 향상시키고 활동을 함께하는 것이 포함된다.

3. 자폐스펙트럼장애 성인의 직업 재활

1) 국내 발달장애인 고용 현황

2022년 한국장애인고용공단에서 실시한 '발달장애인 일과 삶 실태조사'에 의하면 2022년 6월 15세 이상의 발달장애인 214,064명 중 남성은 132,390명(61.8%), 여성은 81,674명(38.2%)이다. 이 중 지적장애인은 195,328명(91.2%), 자폐성장애인은 18,736명(8.8%)이다. 지적장애와 자폐성장애를 모두 포함하는 발달장애인의 취업 현황을 살펴보면 만 15세 이상의 발달장애인 중 취업하여 일을 하는 사람은 63,071명(29.5%)였다. 이 중 92%가 임금 근로자이며, 2.3%는 자영업자, 5.7%는 무급 가족 종사자였다. 취업자들은 주로 '돈을 벌기 위해(34.10%)' '당당히 사회에 참여하기 위해(30.7%)' '자립을 준비하기 위해(18.2%)' 등의 이유로 취업을 결심한 것으로 나타났다. 취업 중인 발달장애인들이 근무 중 경험하는 어려움으로 '출퇴근의 어려움(10.1%)' '대인관계의 어려움, 의사소통 포함(6.8%)'을 주로 보고 하였고, 당사자의 직업 유지를 위하여 가장 필요한 사항은 '의사소통 능력 향상(14.9%)' '근로 능력, 기술 향상(14.6%)' '사람들과 잘 지내는 방법 터득(12.7%)' 등으로 나타났다. 이 결과들은 자폐스펙트럼장애와 지적장애 대상자를 모두 포함하는 결과로 자폐스펙트럼장애인에 국한한 결과는 아니지만, 약 30% 내외의 낮은 취업률은 전체 발달장애인의 구직 상황에 대한 의의를 내포하고 있다. 2019년 이후 COVID-19의 여파로 인하여 9%(2020년)까지 상승했던 국내 청년 실업률은 점차 회복세를 보여 2022년에는 6.4%까지 감소하였고, 2023년에는 5~6% 내외를 유지하고 있으며, 청년 고용률은 46% 내외, 전체 고용률은 60% 내외에 해당하는 데 반해 발달장애인의 취업 현황은 저조한 상태이다. 아직도 발달장애인들이 소망하는 당당한 사회 참여와 경제적 자립을 이루기에는 제한점이 많은 상황이다.

2) 타국의 직업 재활 정책들

(1) 미국

1970년 「발달장애인 지원 및 권리 장전법(Developmental disabilities Assistance and Bill of Rights Act: DD Act)」(1975)의 제정을 시작으로 다양한 법률과 제도, 중앙 정부 차원의 사업들이 발전되었다. 연방법 외에도 주(State) 법으로도 발달장애인 개인과 가족에 대한 지원을 강화하고 있다. 자폐스펙트럼장애 진단을 받은 사람들을 포함한 발달장애인들의 직업 환경은 차별적 주간 프로그램(Segregated day programs)부터 지원 없는 경쟁적 고용, 지원 고용 체계 등에 이르기까지 다양하다. 미국 내에서도 자폐스펙트럼장애를 진단받은 개인만을 위한 프로그램은 부재하며 다양한 발달장애를 가진 사람들을 위하여 마련된 공공 및 민간 프로그램들을 활용할 수 있다.

① 직업 재활 기관(vocational rehabilitation agencies)

직업 재활 기관이란 장애인을 위한 포괄적인 직업 재활 서비스를 운영하는 기관으로 직업 재활 서비스 조정 허브의 위치이다. 이곳에서는 상담, 안내, 취업 알선 등 직접적인 서비스를 제공하고, 다른 지역 서비스 제공자들과 연계하여 구직을 돕는다. 다음과 같은 서비스들을 지원하고 있다.

- 직업 재활 서비스의 적격성 판단을 위한 평가
- 직업 상담, 지도 및 추천 서비스

- 직업 기타 훈련
- 현장 훈련을 포함하는 훈련
- 개인 보조자 관리 및 지도 교육을 포함하는 개인 보조 서비스
- 재활 기술 서비스
- 취업 알선 서비스 및 지원되는 고용 서비스

직업 재활 기관은 일을 할 수 있을 만한 대상자들에 대해 개인화된 고용 계획(Individualized Plan of Employment: IPE)을 수립하고, 이를 적용하여 목표를 이루기 위한 서비스를 제공한다. 이런 시도에도 불구하고 Lawler 등(2009)의 연구에 따르면 전형적인 직업 재활 프로그램은 자폐스펙트럼장애인의 요구를 충분히 충족하지 못하는 것으로 나타났다. 2005년에 직업 재활 프로그램을 제공받은 38만여 명의 대상자들 중에 자폐스펙트럼장애인의 4.3%는 장애가 너무 심해서 서비스를 받을 수 없다고 판단되었는데, 같은 사유로 참여가 어려웠던 다른 질환들(인지장애가 있는 사람의 2%, 특정학습장애가 있는 사람들의 0.4%)에 비해 높은 수치였다(Lawler et al., 2009).

② 지역사회 재활 프로그램(community rehabilitation program)

지역사회 재활 프로그램은 일반적으로 경쟁력 있는 직업을 구하고 유지할 수 있도록 장애를 가진 사람들을 돕는 비영리 또는 영리적인 민간 기관으로 서비스 제공자들은 장애를 가진 사람들이 지역사회에서 생활하고 일할 수 있도록 고안된 경력 상담, 평가, 혜택 상담, 직업 배치 및 고용 서비스 지원 등 다양한 서비스를 제공한다. 대상자들은 모의 면접 연습, 구직 기술 배우기, 이력서 준비, 직업 탐색 안내, 고용주와의 협상 등의 도움을 받을 수도 있고 고용 컨설턴트가 지원자의 동의 하에 고용주에게 장애를 가진 개인의 업무적 특성을 상의하고 맞춤형 직무를 협상할 수도 있다. 직무가 정해지면 고용 컨설턴트는 직무 현장에서의 훈련을 돕거나, 대상자의 직무 적응을 돕고, 직업 유지나 이직을 위한 지속적인 지원을 제공한다.

③ 보호 대상 고용(sheltered employment programs/sheltered workshop)

발달장애인의 직업 형태 중 하나로서 '보호 대상 고용'이 있다. 이는 "장애의 특성과 심각성 때문에 일반적인 경쟁 조건 하에서 직무를 수행할 수 없거나, 매우 짧은 기간에만 수행할 수 있는 장애인을 위하여 특별한 조건(예, 특수 작업장 또는 가정에서)에서 제공되

는 고용"을 의미한다. 보호 대상 작업장의 개인은 작업에 대한 급여를 받을 수도 있고 급여를 받지 않을 수도 있다. 주로 분류, 대조, 조립 및 분해를 포함하는 다양한 활동이 포함된다.

④ 지원 고용 프로그램(supported employment)

1980년대 미국에서 '지원 고용 프로그램'이 시작되었고 장애인이 지역사회 기반 유급 일자리를 얻을 수 있도록 현장에서 직접 필요한 지원을 하기 위해 만들어졌다. 진정한 지원 고용은 유급 고용, 통합적인 작업 환경, 지속적인 지원의 세 가지 측면을 가진다. 지원 고용을 구성하는 구체적인 요소들로는 직장 숙소, 직무 코칭, 지원 상담, 외부 지원, 현장 지원, 지역사회 지원과 연계된 지원 그룹, 일자리 확보 후 지속적인 지원 요구 평가, 작업 현장 환경에 대한 지속적인 평가 등이 있다. Bond(2004)는 성공적인 지원 고용을 위한 6가지 원칙을 제시하였다.

- 프로그램의 참여 자격은 개인의 선택에 의할 것
- 지원 고용은 다른 서비스 및 치료와 통합될 것
- 프로그램의 목표는 경쟁적 고용에 초점을 둘 것
- 구직과 직무 배치는 신속할 것
- 구직은 참여자의 선호에 따라 개별적일 것
- 지속적이고 계속적인 지원이 될 것

지원 고용 프로그램의 참여자들은 보호 고용이나 주간 보호 환경에 참여한 참여자들보다 더 큰 경제적인 이익을 얻었고, 높은 만족도를 보였으며, 더 큰 사회적 통합, 서비스 비용과 관련된 비용 절감 효과 등이 관찰되었다. Schaller와 Yang(2005)은 2001년 직업 재활 프로그램을 제공받은 자폐스펙트럼장애인 815명의 사례를 분석하여 직업 재활 프로그램에 참여한 55.2%와 지원 고용 서비스를 받은 44.8%의 대상자를 비교하였다. 연구 결과, 지원 고용 서비스를 받은 대상자들의 고용 지속률이 더 높았다. 저자들은 이러한 차이가 지원 고용 서비스의 일자리 유지를 위한 지속적인 지원을 제공한다는 장점에서 기인한다고 보고했다. 반면, 지원 고용 서비스를 제공받은 사람들의 근로 시간이 더 적고, 임금이 더 적은 결과도 관찰되었는데, 연구자들은 지원 고용 프로그램에서 제공하는 업무 자체의 특성이 독립적인 근로자들이 참여하는 업무에 비해 단시간, 저임금의 업무들로 구성되어 있을 가능성과 참여자들이 정부의 소득 지원을 받기 위하여 허용 가능한 연 소득이 제한되었을 가능성 등을 추정하였다. 그 외에도 지원 고용 프로그램 참여 시 자폐 증상을 가진 개인에게 직무 만족도 향상, 비언어적 기능 향상 결과가 보고되었고, 지역사회 고용주들의 자폐스펙트럼장애에 대한 지식이 증가되는 결과가 나타나기도 했다(Schaller & Yang, 2005).

(2) 독일

독일은 우리보다 앞서 장애인의 직업 재활에 관심을 가지고 있던 국가로 유엔 장애인 권리 협약(Convention on the Rights of Persons with Disabilities: CRPD) 비준 이후 독일 내에서 장애인의 권리를 위한 사회적 포용에 대한 논의가 더욱 활발해졌다.

독일의 사회법전 제9권「장애인의 재활 및 참여법(Reahbilitation und Teilhabe behinderter Menschen)」를 통한 전반적인 지원 정책은 자폐스펙트럼장애를 구분해서 시행하기보다는 노동 능력이 저하된 장애인들의 고용을 돕기 위한 전반적인 전략으로 시행되고 있다. 장애인을 위한 직업훈련기관으로 청소년 장애인을 위한 직업훈련원(Berufsbildungswerk), 성인 장애인을 위한 직업진흥원(Berufsförderungswerk), 그리고 장애 정도가 심하기 때문에 다른 곳에서 근무하기 어려운 장애인에게 직업훈련과 취업의 기회를 제공하는 장애인작업장(Werkstatt für behinderte Menschen)이 있다. 직업훈련원을 운영하는 관리운영 주체들은 '직업훈련원 연방공동협력체(Bundesarbeitsgemeinschaft Berufsbildungswerke: BAG BBW)'를 구성하여 당사자와 기업을 지원하고 있다.

장애인작업장은 비영리성 기관으로 장애인들에게 전문 인력의 도움으로 적합한 일자리를 제공하고자 하며, 장애인의 직업 능력을 발달시키고 교육, 심리 및 사회생활 훈련, 돌봄 및 의료 보호 등의 전반적인 인격 향상 훈련의 기능을 담당하고 있다. 대상은 일반 노동 시장에서 하루 3시간 이상 일할 수 없을 정도로 노동 능력이 감소된 장애인이 해당하며, 채용심사 절차, 직업훈련 과정 및 노동 과정으로 구성된다. 채용심사 과정에서는 해당 장애인에 대한 파악과 필요한 서비스, 프로그램에 대해 고려하여 적응 계획을 수립하고, 직업훈련 과정에서는 장애의 유형과 경중, 능력, 적성 등을 고려하여 적절한 업무와 훈련을 제공한다. 이 과정들을 이수한 뒤에는 노동 과정으로 가능한 일반 노동 시장에 상응하는 일자리를 제공하여 근로와 훈련을 제한다. 작업장의 노동 과정 업무에 종사하기가 어려운 최중증 장애인들에 대해서도 특별한 능력향상훈련이나 돌봄 과정 또한 존재하며, 각종 전문인력들의 보조를 받을 수도 있다.

특히 BAG BBW는 자폐스펙트럼장애인의 직업 관련 자격과 통합을 개선하기 위해 '자폐증을 가진 사람들을 촉진하기 위한 연방협회(autismus deutschland e.v.)'와 협력하고 있으며 직업훈련원이 자폐성 장애인의 직업훈련 개발에 적극적으로 참여하고 다양한 직업 훈련 방법을 제공하고 있다. 전국 30개소 이상의 직업훈련원이 자폐스펙트럼장애인에게 전문화된 직업훈련을 제공하고 있으며, 2019년부터는 '자폐증 친화적 직업훈련원'이라는 인증도 시행하고 있다.

독일은 이미 타국에 비해 장애인 복지에 대해 관심을 가지고 많은 지원을 하고 있었지만 2015년 유엔 장애인권리위원회에서는 독일의 장애인 작업장이 장애인의 사회 통합에 반한다는 의견을 제시했다. 독일 정부는 장애인이 장애인작업장 내에서만 머무르지 않고 노동시장으로 진출할 수 있도록 돕고, 장애인의 보다 광범위한 참여권과 선택권을 보장하기 위해 2016년 「연방장애인참여법」을 제정하는 등 적극적인 노력을 했다. 노동 예산을 별도로 편성하여 장애인을 고용한 사업주에 대한 임금 비용과 장애인 활동 보조인에게 지불하는 비용을 지원하거나 기타 시설비 등 추가 비용을 지불한다. 또한 장애인의 현장 체험과 외부 작업장 체험을 적극적으로 연계하고 중증 장애인을 평균 30~50%까지 고용한 통합기업을 운영하여 장애인에 대한 고용의 기회를 제공하고자 하였다. 2011년 독일에서는 자폐스펙트럼장애인만을 고용하는 사회적 기업체 Auticon이 설립되었다. 이 기업은 자폐스펙트럼장애인이 가지고 있는 집중력, 관찰력 등의 능력을 활용해 컴퓨터 프로그램 기술과 제품을 검토하는 소프트웨어 검사자로서의 역량으로 활용하였고, 국제기구에서 실시하는 전문가 교육 과정을 지원하여 소프트웨어 전문가 인증 시험을 합격할 수 있도록 지원하고 있다. 이는 자폐스펙트럼장애인을 대상으로 하는 사회적 기업으로서의 의의를 가질 뿐 아니라, 자폐인을 기업의 중요한 노동력으로 인정하고 IT 전문가로서 발전을 도울 수 있는 훈련 과정을 기업에서 제공하고 있다는 점도 중요한 의의가 있다.

3) 한국의 직업 재활

(1) 국립특수교육원

국립특수교육원은 특수 교육이 필요한 학생과 장애인에게 생애주기에 따른 교육 지원을 제공하기 위하여 1994년 개원한 기관이다. 장애 아동·청소년들의 교육 지원부터 향후 진로를 위한 직업 훈련·교육를 위한 서비스를 제공하고 있다. 「장애인 등에 대한 특수교육법」제20조, 제24조 및 시행령 제19조에 의거하여 장애 학생들의 고등학교 졸업 이후 진학 및 취업을 지원하고자 일부 특수 학교 및 일반 학교에서는 고등학교 3학년 이후 진학 가능한 전공과를 운영하고 있다. 보통 학교 재량으로 1~3년 과정을 운영하고 있으며, 전공과 재학을 희망하는 경우 지원자는 정해진 선발 인원 내에서 선정되며 면접 또는 기능 평가 등의 선정 과정을 거친다. 성공적인 진로ㆍ직업 교육을 위한 직업 기능 향상을 중심으로 사회적응 기능 및 자립 생활 기능을 습득하고 사회의 구성원으로서 역할을 수행할 수 있도록 돕고자 한다. 학교의 특성에 따라 교육과정을 지원하며 집단 체험 활동 및 제과, 외식 서비스, 대인 서비스 등 다양한 직무에 대한 훈련과 직업 실습을 제공한다. 교육부 국립특수교육원에서 발행한 2024년 특수교육통계의 특수학교 현황을 보면, 현재 약 760명의 자폐성 장애 학생이 전공과에 재학 중이다.

(2) 한국장애인고용공단

한국장애인고용공단은「장애인고용촉진 및 직업재활법」제43조 제1항에 근거하여 장애인의 직업 생활을 통한 자립 지원과 사업주의 장애인 고용을 지원하기 위하여 설립된 기관이다. 발달장애인을 포함한 장애인들을 지원하며 다음의 사업들을 수행하고 있다.

- 장애인의 고용 촉진 및 직업 재활에 관한 정보의 수집ㆍ분석ㆍ제공 및 조사ㆍ연구
- 장애인에 대한 직업 상담, 직업적성검사, 직업 능력 평가 등 직업지도
- 장애인에 대한 직업 적응 훈련, 직업능력개발훈련, 취업 알선, 취업 후 적응 지도
- 장애인 직업 생활 상담원 등 전문 요원의 양성ㆍ연수
- 사업주의 장애인 고용환경 개선 및 고용 관리에 관한 기술적 사항의 지도ㆍ지원
- 장애인의 직업 적응 훈련시설, 직업 능력 개발 훈련시설 및 장애인표준사업장 운영
- 장애인의 고용 촉진을 위한 취업 알선 기관 사이의 취업 알선 전산망 구축ㆍ관리, 홍보ㆍ교육 및 장애인 기능 경기 대회 등 관련 사업
- 장애인 고용 촉진 및 직업 재활과 관련된 공공기관 및 민간 기관 사이의 업무 연계 및 지원 등

(3) 장애인 취업 성공 패키지

성공적인 취업과 직업 적응을 지원하기 위해 단계별 통합적인 서비스를 제공하는 전문적인 취업 지원 프로그램으로 취업을 희망하는 18세 이상~69세 이하 장애인이 신청 가

능하다. 참여 제한 기준으로 ① 취업 의지가 없이 직업훈련에만 관심 있는 경우, ② 고등학교 또는 대학교 재학 중인 경우(졸업 예정자 및 학점 은행제, 사이버대, 방송통신고, 방송통신대, 야간대학 재학생 가능), ③ 주 30시간 이상 고용보험 가입 근로자, ④ 취업 성공 패키지에 이미 참여한 경우, ⑤ 외국인 및 기타 등이 해당하므로 담당자와 상의가 필요하다.

지원 프로그램의 내용은 다음과 같다. 1단계는 초기 상담과 직업 평가를 시행하고 개인별 취업활동계획서(IPA)를 수립하는 단계이다. 2단계는 직업능력개발원이나 훈련센터 등을 통하여 특화 훈련을 시행하고 취업 코칭 프로그램 등에 참여하거나 자기 주도적 구직 활동 계획을 수립한다. 3단계는 고용의 안정과 유지를 돕기 위해 취업자의 경우 직장 적응과 장기 근속을 격려하기 위한 사후 관리를 지원하고 미취업자의 경우 일자리 정보 제공으로 취업을 독려한다. 취업에 성공하고 근속한 경우 소정의 취업성공수당을 제공한다.

2012년도 10월 한국장애인고용공단의 보도자료를 보면, 장애인 취업 성공 패키지 프로그램을 통하여 컴퓨터 타자에 흥미와 집중력을 보이던 자폐스펙트럼장애인의 특성을 활용하여 직무 역량을 강화하고 도서관 사서 보조로 정식 채용을 도운 사례를 확인할 수 있다.

(4) 근로지원인 서비스 제도

중증장애인 근로자가 업무에 필요한 핵심적인 업무 수행 능력을 보유하고 있으나 장애로 인하여 부수적인 어려움을 겪고 있는 경우 근로지원인의 도움을 받아 업무를 수행할 수 있도록 지원하는 제도이다. 특히 자폐스펙트럼장애나 지적장애와 같은 발달장애인이 보다 전문적인 근로지원 서비스를 받을 수 있도록, 발달장애의 특성에 대한 이해나 소통 훈련 등을 위주로 한 발달장애인 맞춤 근로지원인 양성 교육 과정 또한 개설・운용되고 있다.

(5) 직업능력개발원

직업능력개발원은 기숙형 장애인 공공직업능력개발 훈련기관으로, 산업 수요에 맞는 훈련을 통해 기능 인력 양성 및 다양한 훈련지원 프로그램을 제공하는 기관이다. 일산, 부산, 대구, 대전, 전남 지역의 5곳에 있으며 시각장애, 청각장애 및 발달장애 등 장애 유형별 전용 훈련을 제공하고 있다. 특히 대부분의 기관에서 자폐나 지적장애와 같은 발달장애인에게 스마트 사무 행정, 제조 기술 측면의 훈련 프로그램을 제공하고 있다.

직업능력개발원의 교육 체계는 융복합 훈련, 특화 훈련, 일반 훈련, 맞춤 훈련, 재직 근로자 능력 향상 훈련, 특별과정으로 이루어져 있다. 이 중 특별과정에는 직업훈련 진입이 어려운 중증 장애인을 위한 직업능력 향상 훈련과 자립기술 훈련 등이 포함된 직업훈련 준비과정, 직업 흥미와 적성 발견을 위한 실제 현장과 유사한 직업 체험관에서의 직업 체험, 직업능력개발원·훈련센터와 지역 본부·지사 간의 협업을 통하여 사업체가 필요로 하는 직업훈련을 실시하는 단기 직무 프로그램이 포함된다. 특히 발달장애를 포함하는 두 가지 이상의 장애가 있는 경우의 중증장애인을 대상으로 직업 동기 학습, 직무 체험 실습, 고용 현장 체험, 부모 교육 등을 제공하는 중복 발달장애인 특별과정도 운영하고 있다. 중복장애, 정신장애 등 직업 훈련 접근이 어려웠던 장애 유형의 장애인을 대상으로 장애 유형별 특성을 반영한 훈련 프로그램을 개발·적용하여 직업 훈련의 기회를 제공하고자 직업 훈련 접근성 확대 프로그램도 시행하고 있다.

(6) 맞춤훈련센터

맞춤훈련센터는 교과과정 설계부터 훈련생 선발, 맞춤 훈련, 채용에 이르는 모든 과정을 기업과 연계하고 있으며, 기업이 원하는 직무에 맞추어 유연한 훈련 과정을 설계하고 제공한다. 직업 현장과 유사한 실습장을 구축하여 모의 훈련을 통해 현장 적응력을 강화하고 기업체의 현업 과제를 활용한 훈련으로 실무 능력을 향상시키며, 현업 실무자가 직접 훈련에 참여하여 기술을 전달하도록 돕는다. 훈련생들의 교육 비용은 전액 무료이며 소정의 훈련참여수당이 지급된다.

(7) 디지털 훈련센터

디지털 훈련센터는 훈련생 역량에 따라 수준별 IT 훈련 과정을 운영하고 있으며 장애인 채용을 희망하는 기업의 채용 직무에 맞춘 탄력적인 훈련 과정을 설계하여 제공한다. 취업 후에도 급변하는 IT 기술 및 업무 환경 변화에 적응할 수 있도록 지원하고 있다. 디지털 기기를 활용하는 기초 활용 능력부터 자격증 취득과 소프트웨어 개발 등 첨단 IT 기술과정까지 수준별 훈련을 제공하고 있으며 현재 구로디지털훈련센터, 판교디지털훈련센터, 광주디지털훈련센터 등 3곳에 위치하고 있다.

(8) 발달장애인훈련센터

서울시교육청과 한국장애인고용공단의 협력 하에 2016년 12월 국내 최초의 발달장애인 전용 훈련기관인 서울 발달장애인훈련센터가 최초로 개소하였고 2017년 2월 인천 발달장애인훈련센터가 개소하였다. 발달장애인훈련센터에서는 발달장애인이 직업 체험을 통하여 직업적 흥미와 적성을 발견할 수 있도록 지원하고, 발달장애인 개인별 특성에 따라 설계된 직업 훈련을 제공하고 있다. 지적장애 및 자폐스펙트럼장애인에 해당하는 발달장애인의 개인별 특성에 따라서 제조 기술, 스마트 사무 행정, 서비스 산업 등 다양한 직종에 대한 특화 훈련을 제공한다. 15세 이상의 발달장애인 구직자가 참여 가능하며 직업 훈련 준비 과정, 직업 체험 등의 프로그램 등이 있다. 교사 및 사업주 교육과 전문가 네트워크 형성 또한 지원하고 있다. 훈련비는 전액 국가에서 지원하며 요건이 해당할 경우 소정의 훈련참여수당도 지급하고 있다.

현재는 경기 북부, 강원, 인천, 서울, 서울 남부, 경기, 충남, 충북, 세종, 대전, 경북, 전북, 대구, 울산, 경남, 부산, 광주, 전남, 제주 등의 19개 지역에 발달장애인훈련센터가 위치하고 있다. 서울시 발달장애인훈련센터의 경우 방송, 사무 행정, 제과, 바리스타, 분류 및 물품 판매, 간병 보조, 도시 농업, 외식 서비스 등 다양한 직업 분야에 대한 훈련 서비스를 제공하고 있다.

센터전경

직업체험관(BEAR.BETTER)

직업체험관(CU)

직업체험관(서울특별시교육청)

훈련실 1

훈련실 2

[그림 19-1] 서울 발달장애인훈련센터의 전경과 직업체험관들
출처: https://www.kead.or.kr

(9) 장애인기업종합지원센터

장애인기업종합지원센터는 장애인 창업 및 기업 활동 촉진을 통해 장애인의 경제적 자립과 장애인 고용 창출을 기대하고 창업과 기업 활동 촉진을 위한 정보·기술·교육·훈련·연수·상담·연구조사 및 보증 추천 등의 종합적인 지원 기능을 수행하는 기관이다. 발달장애인과 가족의 경제적인 자립을 위하여 발달장애인 가족 창업 특화 사업장 구축을 통하여 발달장애인과 가족 구성원을 대상으로 기술 교육과 창업 지원 서비스 등을 제공하고 있다. 현재는 8개의 사업장에서 표고버섯 가공 및 재배, 곤충 사육, 쌀·엽채·새싹삼 스마트팜 재배 등의 아이템에 대한 교육을 제공하고 있다.

앞에 소개한 바와 같이 국내에 다양한 프로그램을 통해 장애인들을 지원하고자 하는 직업 재활 프로그램이 있으나 몇몇 사항들은 여전히 아쉬움이 있다. 먼저 2022년 장애인 등록 현황을 보면 지적장애인 225,708명, 자폐성장애인 37,603명으로 발달장애인의 대부분의 비율이 지적장애인에 해당하고 있다. 발달장애인훈련센터를 설립하며 비교적 발달장애인 특성에 맞춘 지원을 제공하는 것을 지향하고 있으나 지적장애인에 비해 사회적 소통의 기술이 부족하고, 적응에 시간이 더 많이 소요될 수 있는 자폐스펙트럼장애인의 고유한 특성을 고려한 전문적인 지원은 부족한 상황이다.

또한 발달장애인들의 필요에 비해 참여할 수 있는 기관과 훈련 프로그램들은 그 수가 무척 부족한 실정이다. 예를 들어, 서울 지역에 위치한 1개소의 발달장애인훈련센터에서는 30명 정원으로 다섯 반의 훈련을 진행하고 있는데, 2022년도의 서울시 지적장애인은 27,634명(15~25세, 6,257명), 자폐성장애인은 7,491명(15~25세, 2,251명)에 해당하고 있어 수요와 공급에 대한 불균형을 예상할 수 있다. 이와 같은 프로그램들은 2017년 이후 점차 확대되고 있는 추세로 보이나, 더 많은 지역사회로의 확대가 필요하며 지원 내용들도 미래 직업을 대비하기 위한 다양성을 확보해야 할 것으로 보인다.

광주 가치만드소 전경　　　　재배시설　　　　창업보육실　　　　회의실 및 교육장

[그림 19-2] 장애인기업종합지원센터 지원 사업장의 전경과 시설들

출처: https://www.debc.or.kr/

4. 직업 현장에서의 자폐스펙트럼장애

(1) 직장 내 발생 가능한 문제들과 대책

사례

19세의 대한 씨는 4세경 눈맞춤과 호명 반응이 적고, 다른 사람들에게 관심을 보이지 않는 모습으로 인하여 소아정신과 병원 진료를 받았고, 임상적 평가와 발달 상태에 대한 검사 등을 통해 자폐스펙트럼장애를 진단받았다. 웩슬러 지능검사상 전체 지능은 정상 수준이었으나, 항상 달력의 숫자에 관심이 많고, 수를 암산하거나 숫자들을 나열하고 수 배열 사이의 규칙을 찾는 것에 흥미가 있었고, 자신이 좋아하는 숫자들에 대해서 계속 이야기를 하곤 했다. 목소리 톤은 다소 단조롭고, 숫자 이야기를 하게 되면 흥분하여 더 높은 목소리로 빠르게 쏟아내듯이 이야기를 하곤 했다. 일반 학교에서 통합 교육을 받으며 초, 중, 고등학교를 다녔으며 학교를 다닐 때도 수업 시간에 자신이 좋아하는 숫자가 나오면 이에 대한 이야기를 계속하다가 선생님에게 제지를 당하는 일이 자주 있었다. 다행히 우호적인 환경에서 학업을 마치고 금년에 졸업을 하였고, 평소 수에 대한 관심을 활용하여 집 근처 세무 사무소에서 영수증의 숫자와 기록 사이의 검토를 보조하는 업무를 담당하게 되었다. 대한 씨는 처음으로 직장에 출근한 첫날 낯선 환경과 낯선 사람들 속에 있는 것이 매우 불안했고 평소 자신이 좋아하는 숫자들을 계속 반복적으로 읊조렸다. 신입 직원을 환영하기 위해 모여 있던 다른 직장 동료는 대한 씨의 긴장을 줄여주고 싶은 생각에 쾌활한 목소리로 인사를 건넸으나, 불안이 심해진 대한 씨는 동료의 얼굴도 보지 않은 채 숫자만 중얼거렸고, 동료는 대한 씨의 태도가 무례하다는 생각이 들어, 굳은 표정으로 자리로 돌아갔다.

자폐스펙트럼장애 직원이 보일 수 있는 행동들에는 다음과 같은 모습들이 있다.

- 단체 활동에 참여를 원하지 않음.
- 특정 주제에 대해서 지나치게 이야기함.
- 지나치게 많은 말을 하거나 너무 많은 정보를 제공함.
- 주변 사람들이 귀찮아하거나, 싫어하는 것을 알아차리지 못함.
- 눈맞춤이 어색함.
- 목소리 톤이 독특하거나, 대화 주제를 어색하게 바꿈.

- 자신의 요구 사항에 대해 필요 이상으로 반복함.
- 사소한 일정이나 계획의 변경에 대해 매우 당황함.
- 다른 사람의 실수를 직설적으로 지적함.
- 풍자, 농담, 비유, 관용어 해석에 어려움을 보임.

이 교과서의 제2장 진단기준, 임상양상 부분에서 서술된 바와 같이 자폐스펙트럼장애에서 관찰되는 의사소통의 질적인 제한과 제한적이고 반복적인 관심, 행동, 집착 등은 직장 내에서 다양한 형태의 문제로 나타날 수 있다. 자폐스펙트럼장애 성인은 일반적인 사람들은 별도로 배우지 않아도 저절로 터득하는 능력, 즉 타인의 관점을 이해하거나, 상황과 맥락을 파악하는 능력이 미숙하여 사내 정치, 직장 동료와의 사회적인 관계 유지에서 어려움을 겪을 수 있다. 직장에서 자신의 장애를 공개하는 것이 매우 어려운 일이지만, 모든 장애와 마찬가지로 직원이 자신의 장애를 공개하면 그들의 행동이 다른 직원의 오해를 사지 않고, 특정 증상으로 인한 문제행동에 어떻게 대처해야 할지 의논할 기회를 마련할 수 있게 된다. 자신이 흥미가 있는 엘리베이터 회사 종류들에 대해 거듭 이야기하는 자폐스펙트럼장애 근무자는 상대방이 더 이상 이야기를 듣고 싶지 않아 표현하는 미묘한 얼굴 표정이나 몸짓의 의미를 포착하기 어렵기 때문에, 단순히 "직장에서 엘리베이터에 대해서는 이야기하지 마세요." 하고 허용 가능한 행동의 한계를 명확하게 하거나 "매우 흥미로운 이야기이지만, 지금은 일 때문에 자리로 돌아가야 합니다."와 같이 말하는 전략으로 말을 멈추게 할 수 있다.

일반적으로 자폐스펙트럼장애 성인들의 경우 관용구나 비유적 표현을 접할 때, 얼굴 표정, 목소리 톤, 몸짓 언어 등에 포함된 미묘한 메시지를 전달받고 해석하는 데 어려움이 있다. 따라서 자폐스펙트럼장애 동료들에게 의사를 전달할 때는 직접적이고 구체적으로 표현하는 것이 바람직하다. "지금 많이 바빠요?" 대신 "지금 하던 일을 멈추시고 여기 와서 이 보고서를 확인해 주세요."라고 말하는 것이 필요하다.

자폐스펙트럼장애 성인들은 감각 정보에 대해 독특하게 반응하는 경향이 있어 직장 환경에서 과민하고 유난스럽게 행동할 수 있다. 사람들은 일반적으로 발생하는 감각 정보들의 처리에 관심을 많이 두지 않고, 자신이 처한 상황의 맥락을 고려하여 중요한 것에 주의를 기울이고 사소한 것들을 무시하는 식으로 대처한다. 따라서 보통의 경우에는 상사와 대화를 하는 중에 들릴 수 있는 사무실의 작은 소음들(동료들의 키보드 자판 타격음이나 마우스 클릭음 등)에는 크게 주의를 두지 않는다. 하지만 자폐스펙트럼장애인들은 일반적인 감각 자극들에 대한 처리와 해석에 상당히 차이가 있어 불빛이나 사무실 소음에 과도하게 민감하거나, 작은 소란에도 쉽게 압도되는 모습을 보일 수 있다. 이런 상태에 대해 직업 관리자와 동료들은 이해할 필요가 있으며 작업 환경을 그들에게 우호적으로 수정하고 개별적 조정을 돕는 것이 필요하다.

모든 자폐스펙트럼장애인이 동시에 모든 문제행동을 보이는 것은 아니다. 자폐스펙트럼장애라는 병명에서 의미하듯 증상은 매우 다양하고, 심각도의 차이도 크며, 동일한 개인 내에서도 여러 증상의 차이가 관찰될 수 있다. 따라서 자폐스펙트럼장애 근로자 한 명 한 명에 대한 개별적인 이해와 전체적인 질병 특징에 대한 포괄적인 이해가 모두 필요할 것이다.

(2) 자폐스펙트럼장애 성인 고용의 필요성과 이점

자폐스펙트럼장애의 특징적인 증상들로 인하여 직장 생활에서 일부 갈등이 발생할 가능성이 있으나, 회사가 그들을 이해하고 성공적으로 고용하는 것은 사업에 명백한 유익함이 있다. 일반적으로 직원들의 다양성과 포용성을 수용하는 근무 환경은 근무자들의 사기를 증진하고 자부심을 가지게 하며 기업의 사회적 이미지를 높일 수 있다. 또한 자폐스펙트럼장애 근로자를 고용할 경우, 변화를 싫어하는 특성 때문에 업무 환경이 적절하다면 한 직장에서 오래 근무는 경향을 보여 낮은 이직율을 보일 수 있다. 자폐스펙트럼장애 근로자는 타인과의 사교적인 활동보다 세부적인 사항에 대한 집중, 정확성, 수에 대한 기억, 반복적인 작업에 집중하는 능력 등이 탁월할 수 있어 다른 사람들이 쉽게 지루해 할 반복적인 직무에서도 뛰어난 생산성을 보일 수 있다. 자폐스펙트럼장애인과 그 가족 등으로 구성된 커뮤니티 또한 사회적 문제에 민감한 소비자이기 때문에 자폐스펙트럼장애인을 지원하는 기업에 대해 적극적인 지지를 보낼 것이다.

국내에서는 1991년부터 국가 및 지방자치단체와 민간 사업주에게 일정 비율의 장애인 고용을 할당하는 '장애인 고용의무제도'를 시행하고 있다. 이에 따르면 근로자를 고용하는 사업주는 총 근로자 수의 100분의 5 범위 안에서 대통령령으로 정하는 비율(민간기업 3.1%, 국가 및 지자체와 공공기관 3.6%, 2023년) 이상에 해당하는 장애인 근로자를 고용할 것을 규정하고 있다. 특히 국가·지방자치단체와 50명 이상의 공공기관·민간기업 사업주에게는 장애인 고용 의무를 부과하고 100인 이상의 사업체가 이를 준수하지 않을 경우에는 부담금을 부과하고, 민간기업의 경우 의무 고용 비율을 초과할 경우에는 장려

드림위드 앙상블: 발달장애인으로 구성된 클라리넷 앙상블로 음악 공연 및 장애인 인식 개선 사업, 음악 교육 사업에 참여하고 있다.

[그림 19-3] 성공적인 취업 사례

출처: http://www.dreamwith.or.kr

금을 지급하고 있다.

그 외에도 고용노동부에서 장애인 신규 고용 장려금, 장애인 표준사업장 설립 비용 지원, 장애인 고용 관리 비용 지원, 장애인 고용시설 자금 융자, 장애인 고용시설·장비 무상 지원, 장애인 근로지원인 제도 등의 다양한 서비스를 제공하고 있다.

국내에서 기업체가 장애인 고용을 위해 노력한 예시로 (주)톡톡이네 등의 경우가 있다. 이는 한국장애인고용공단에서 지원하는 장애인 표준사업장 중 사업주가 장애인 고용을 목적으로 요건을 갖춘 자회사를 설립하는 자회사형 장애인 표준 사업장의 예로, (주)서플러스글로벌과 반도체 장비 클러스터의 입주사들이 공동으로 출자하여 설립한 장애인 표준 사업장이다. 이 회사에서 발달장애인들은 클러스터 시설 관리, 카페 업무, 안내데스크 관리, 편의점 물품 관리, 도서 정리 등의 다양한 업무를 담당하고 있다.

앞에 기술한 여러 이점에도 불구하고 자폐스펙트럼장애인을 포함하여 국내 장애인들의 고용 여건과 현황은 여전히 미흡한 성적이다. 2022년 전체 근로자 고용률 68.5%에 비해, 장애인 고용률은 36.4%에 불과했고, 장애인 의무 고용 대신 부담금 납부를 택하는 기업들도 많다. 또한 일자리의 질 문제도 중요한 과제이다. 고용 장애인의 상당수가 50인 미만 소규모 기업체에 종사하고 있으며 저임금 노동자 비중도 전체 인구의 두 배 이상이다.

2022년 시행된 기업체장애인고용실태조사에 의하면 2021년 12월 31일 기준으로 전체 1,800,156개 기업체 중 장애인 상시 근로자 1명 이상을 고용하고 있는 기업체는 77,012개로 4.3% 수준이다. 장애인 상시 근로자 수는 222,671명으로, 전체 상시 근로자 대비 장애인 상시 근로자 비율은 1.49%에 해당했다. 고용 의무 기업체의 69.3% 경우 장애인을 고용하고 있었고, 50인 미만 기업체로 고용 비의무 기관에서는 2.3%의 기업에서 장애인을 고용하는 것으로 나타났다. 100인 이상의 기업체로 부담금 납부 대상인 기업체에서는 90.5%의 기업이 장애인을 고용하는 것으로 나타났으나 2020년도 91.4%에 비해 0.9%p 감소한 양상을 보였다. 고용의무 기업체의 장애인 고용률은 2.20%, 부담금 납부 대상 기업은 2.28%의 장애인 고용률을 보였고, 장애인 근로자 222,671명 중 가장 많은 비중을 차지하는 장애 유형은 '지체장애'로 전체의 66.9%인 149,017명이며, '청각·언어장애'(8.4%), '지적, 자폐성 장애'(8.2%), '시각장애'(6.3%), '정신장애(1.1%)' 등의 순서로 나타났다. 기업체 규모가 커질수록 장애인에게 적합한 직무 부족과 업무 능력의 부족을 이유로 채용의 제한 사항을 주장하였고, 다른 장애 유형들 중에서 특히 발달장애나 정신장애의 경우 고용의 제한점이 더 큰 것으로 보인다.

2021년 근로자의 월평균 임금을 비교하면 전체 근로의 월 평균 임금이 316.2만 원, 장애인 근로자의 월 평균 임금은 288.6만 원으로 약 91.3% 정도 수준에 해당하는 것으로 추정되었다. 2023년 특수교육 통계 자료에서는 2023년 2월 고등학교 및 전공과 졸업생의 졸업 이후 취업 성공자의 급여 수준을 보면 과반수 이상이 50만~150만 원 미만의 임금을 받는다고 한다. 장애인의 적은 임금에 대해서 장애 정도와 근무 적응을 위한 유연한 근무 시간 적용으로 인한 근무 시간 단축도 기여할 수 있으나, 아직까지 현행「최저임금법」 제7조(최저임금 적용 제외)에서는 정신장애나 신체장애로 근로능력이 현저히 낮은 사람에 해당하는 사람의 경우 법 적용의 예외 규정을 두고 있다는 점도 주목해야 한다. 현재 고용노동부는 장애인고용공단에 작업능력평가를 의뢰해 장애인의 근로 능력을 평가하고 이에 따라 최저 임금 적용 예외 여부를 결정하게 되는데, 2018년도 최저임금 제외 기준 인가 기준을 작업능력 90%에서 70%로 하향 조정했으나, 여전히 많은 장애 근로자들이 적은 임금을 받고 있는 현실이다.

독일의 경우 더 이상 보호 작업장이라는 단어를 사용하지 않으며 전 직원의 30~50%가 장애인으로 구성된 '포용(통합) 사업장'을 설치해 운영하고 있다. 해당 작업장은 국가의 재정 지원을 70%까지 받으면서 장애인 일자리를 제공하고 있으며 정부는 교육, 훈련, 고용 지원 등 다양한 활동 등 장애인과 고용주를 위해 필요한 지원 서비스를 제공한다. 호주 역시 보호 고용 제도를 점진적으로 폐지하고 있는 상황이나 아직까지 국내의 현실은 아쉬움이 크다.

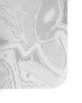

5. 결론

성인기 자폐스펙트럼장애인의 정신적·신체적 건강에 대한 연구는 많지 않으나, 일상 생활에 대한 적응을 돕고, 삶의 질을 향상시키기 위해 주목할 필요가 있다. 아동·청소년기의 자폐스펙트럼장애에서 ADHD, 불안, 우울 등의 다양한 정신과적 질환이 공존하는 것처럼, 성인기에서도 수면 장애, 불안 및 우울 장애, 강박증, 높은 스트레스 등의 심리적 상태가 관찰되었다. 또한 건강한 대조군에 비해 비만이나 당뇨, 고혈압과 같은 만성질환의 발생 빈도도 높은 편으로 이를 관리할 수 있는 건강한 생활 습관의 유도와 포괄적인 치료 계획 마련이 필요하다.

한국을 포함한 주요 국가들에서 자폐스펙트럼장애를 포함한 장애인들의 직업 재활을 돕기 위해 다양한 기관을 운영하고 지원 정책을 시행하고 있다. 주로 개인의 직무 수행 능력을 고려한 맞춤형 훈련과 취업 기회 제공, 장애인 고용을 확대하기 위한 기업 지원 정책(교육, 훈련, 고용 지원 등)들을 제공한다. 아직까지 자폐스펙트럼장애인들의 고용률은 높지 않은 편이며, 성공적인 직장 생활을 유지하기 위해 이들의 독특한 의사소통의 방식과 대인관계의 특성에 대한 고용주와 동료 직원들의 양해가 필요하다. 하지만 개인의 특성을 적절히 활용하여 업무 능력의 향상을 이룰 수 있으며 기업과 동료들에게 적절한 지원을 확대하는 방식을 통하여 자폐스펙트럼장애인들의 직업 생활을 보다 향상시킬 수 있을 것으로 생각한다.

발달장애를 포함한 많은 장애인이 건강한 자립을 이뤄 역할을 수행하고 당당한 사회 구성원으로서 참여할 수 있기를 희망한다. 자폐스펙트럼장애를 진단받고 성장하여 어른이 된 자녀들이 차별 없이 이 나라의 사회구성원으로 받아들여지고 최선을 다해 생활하며 자립할 수 있기를 희망하는 가족들의 마음과 주체적이고 자율적인 삶을 희망하는 당사자들의 바람, 그들의 곁에 있는 수많은 치료자들의 염원에 부응하여 우리 사회 또한 그들을 포용하고 통합된 사회를 이루기 위해 상호 이해와 기업, 국가 차원에서의 많은 노력을 기울여야 한다.

참고문헌

교육부(2023). 특수교육통계.

교육부(2024). 특수교육통계.

김윤옥, 전보성(2010). 정신지체 특수학교 전공과 교육과정 편성과 운영실태. 지적장애연구, 12(2), 71-96.

남현주(2021). 독일 청소년 및 청년 장애인을 위한 직업훈련원. 세계장애동향 59, 2, 28-33.

보건복지부(2022). 장애인등록현황.

조성혜(2018). 독일의 장애인작업장 제도와 최근의 장애인 사회통합정책. 사회법연구, 36, 311-361

이아영(2019). 장애인의 사회적 포용(social inclusion)을 위한 독일 연방참여법의 제정과 시사점. 국제사회보장리뷰, 10, 102~113.

한국장애인고용공단 고용개발원(2022). 기업체장애인고용실태조사,

황주희(2016). 발달장애인 직업재활정책의 방향 모색: 미국의 발달장애인 지원정책의 변화를 중심으로. 한국장애인복지학, 34, 65-92.

Baker, E. K., & Richdale, A. L. (2017). Examining the behavioural sleep-wake rhythm in adults with autism spectrum disorder and no comorbid intellectual disability. *J Autism Dev Disord, 47*(4), 1207-1222.

Bond, G. R. (2004). Supported employment: Evidence for an evidence-based practice. *Psychiatr Rehabil J, 27*(4), 345-359.

Chen, M. H., Lan, W. H., Hsu, J. W., Huang, K. L., Su, T. P., Li, C. T., Lin, W. C., Tsai, C. F., Tsai, S. J., Lee, Y. C., Chen, Y. S., Pan, T. L., Chang, W. H., Chen, T. J., & Bai, Y. M. (2016). Risk of developing type 2 diabetes in adolescents and young adults with autism spectrum dsorder: A nationwide longitudinal study. *Diabetes Care, 39*(5), 788-793.

Croen, L. A., Zerbo, O., Qian, Y., Massolo, M. L., Rich, S., Sidney, S., & Kripke, C. (2015). The health status of adults on the autism spectrum. *Autism, 19*(7), 814-823.

Farley, M. A., McMahon, W. B., Fombonne, E., Jenson, W. R., Miller, J., Gardner, M., Block, H., Pingree, C. B., Ritvo, E. R., Ritvo, R. A., & Coon, H. (2009). Twenty-year outcome for individuals with autism and average or near-average cognitive abilities. *Autism Res, 2*(2), 109-118.

Farley, M. A., McMahon, W. M., Fombonne, E., Jenson, W. R., Miller, J., Gardner, M., Block, H., Pingree, C. B., Ritvo, E. R., Ritvo, R. A., & Coon, H. (2009). Twenty-year outcome for individuals with autism and average or near-average cognitive abilities. *Autism Res, 2*(2), 109-118.

Forde, J., Bonilla, P. M., Mannion, A. et al. (2022(. Health status of adults with autism spectrum disorder. *Rev J Autism Dev Disord, 9*, 427-437.

Fortuna, R. J., Robinson, L., Smith, T. H., Meccarello, J., Bullen, B., Nobis, K., & Davidson, P. W. (2016). Health conditions and functional status in adults with autism: A cross-sectional evaluation. *J Gen Intern Med, 31*(1), 77-84.

Hollocks, M. J., Lerh, J. W., Magiati, I., Meiser-Stedman, R., & Brugha, T. S. (2019). Anxiety and depression in adults with autism spectrum disorder: a systematic review and meta-analysis. *Psychological Medicine, 49*(4), 559-572.

Howlin, P. & Magiati, I. (2017). Autism spectrum disorder: Outcomes in adulthood. *Curr Opin Psychiatry, 30*(2), 69-76.

Jadav, N., & Bal, V. H. (2022). Associations between co-occurring conditions and age of autism diagnosis: Implications for mental health training and adult autism research. *Autism Research, 15*(11), 2112-2125.

Kohane, I. S., McMurry, A., Weber, G., MacFadden, D., Rappaport, L., Kunkel, L., Bickel, J., Wattanasin, N., Spence, S., Murphy, S., & Churchill, S. (2012). The co-morbidity burden of children and young adults with autism spectrum disorders. *PLoS One, 7*(4), e33224

Lawler, L., Brusilovskiy, E., Salzer, M. S., & Mandell, D. S. (2009). Use of vocational rehabilitative services among adults with autism. *Journal of Autism and Developmental Disorders, 39*, 487-494.

McQuaid, G. A., Weiss, C. H., Said, A. J., Pelphrey, K. A., Lee, N. R., & Wallace, G. L. (2022). Increased perceived stress is negatively associated with activities of daily living and subjective quality of life in younger, middle, and older autistic adults. *Autism Research, 15*(8), 1535-1549.

Rutter, M., Kim-Cohen, J., & Maughan, B. (2006). Continuities and discontinuities in psychopathology between childhood and adult life. *J Child Psychol Psychiatry, 47*(3-4), 276-295.

Schaller, J. & Yang, N. K. (2005). Competitive employment for people with autism: Correlates of successful closure in competitive and supported employment. *Rehabilitation Counseling Bulletin, 49*, 4-16.

Scheiner, M. (2021). 자폐성 장애인과 함께 일하기: 사업체를 위한 가이드. (전상신, 노승림, 김은경 공역). 에이스북.

Shattuck, P. T., Narendorf, S. C., Cooper, B., Sterzing, P. R., Wagner, M., & Taylor, J. L. (2012). Postsecondary education and employment among youth with an autism spectrum disorder. *Pediatrics, 129*(6), 1042-1049.

Shattuck, P. T., Wagner, M., Narendorf, S., Sterzing, P., & Hensley M. (2011). Post-high school service use among young adults with an autism spectrum disorder. *Arch Pediatr Adolesc Med, 165*(2), 141-146

Taylor, J. L. & Seltzer, M. M. (2011). Employment and post-secondary educational activities for young adults with autism spectrum disorders during the transition to adulthood. *J Autism Dev Disord, 41*(5), 566-574.

Tyler, C. V., Schramm, S. C., Karafa, M., Tang, A. S., & Jain, A. K. (2011). Chronic disease risks in young adults with autism spectrum disorder: Forewarned is forearmed. *Am J Intellect Dev Disabil, 116*(5), 371-380.

Volkmar, F. R., et al. (2014). *Adolescent and adults with autism spectrum disorders.* Springer Science+Business Media New York.

Wakeford, S., Hinvest, N., Ring, H., & Brosnan, M. (2015). Autistic characteristics in adults with epilepsy and perceived seizure activity. *Epilepsy Behav, 52*(Pt A), 244-250.

Wallace, G. L., Kenworthy, L., Pugliese, C. E., Popal, H. S., White, E. I., & Brodsky, E., & Martin, A. (2016). Real-world executive functions in adults with autism spectrum dsorder: Profiles of impairment and associations with adaptive functioning and co-morbid anxiety and depression. *J Autism Dev Disord, 46*(3), 1071-1083.

Westwood, H., Mandy, W., & Tchanturia, K. (2017. Clinical evaluation of autistic symptoms in women with anorexia nervosa. *Mol Autism, 8,* 12.

찾아보기

자폐스펙트럼장애
−최신 뇌과학 이론과 임상적 실제의 모든 것−
Textbook of Autism Spectrum Disorders

2024년 10월 30일 1판 1쇄 발행
2025년 2월 20일 1판 3쇄 발행

대표저자 • 천근아
펴낸이 • 김진환
펴낸곳 • ㈜ 학지사

　　　　04031 서울특별시 마포구 양화로 15길 20 마인드월드빌딩
대표전화 • 02-330-5114　　팩스 • 02-324-2345
등록번호 • 제313-2006-000265호

홈페이지 • http://www.hakjisa.co.kr
인스타그램 • https://www.instagram.com/hakjisabook

ISBN 978-89-997-3256-0 93370

정가 32,000원

출판미디어기업 **학지사**
간호보건의학출판 **학지사메디컬** www.hakjisamd.co.kr
심리검사연구소 **인싸이트** www.inpsyt.co.kr
학술논문서비스 **뉴논문** www.newnonmun.com
교육연수원 **카운피아** www.counpia.com
대학교재전자책플랫폼 **캠퍼스북** www.campusbook.co.kr